JN280990

岩波 ことわざ辞典

時田昌瑞 著

岩波書店

序文

世に辞典と呼ばれるものは多く、なかでもことわざ辞典の類は群を抜いて多い。いま、大筋で似たり寄ったりのそうした類をあらためて世に出す意味があるのか、という疑問に具体的な内容で応えるのはやさしいことではない。

従来、ことわざには、古くからの人生の知恵を表現した言葉の技とか、処世のための短い有効な教訓などと、さまざまな意味づけがなされてきた。言葉としての機能にしても、人を批評し、気の利いた表現によって会話を面白くし、その場を和ませ、苦しむ相手の心には癒しや励ましの言葉となる。時と場合によっては相手を笑いのめし、ぎゃふんとさせる言葉の武器ともなるように幅広い。ことわざにこのような面や働きのあることをおおよそ認めた上で、あえて私なりに言い表すならば、「糠に釘」「花より団子」「猿も木から落ちる」など、一七音の俳句より短い、世界で最短の慣用言語芸術だと考えている。もちろん「長崎ばってん江戸べらぼう神戸兵庫のなんぞいやついでに丹波のいも訛《なま》り」「落ちそうで落ちぬものは二十坊主と牛の睾丸《きんたま》、落ちそうもなくて落ちるものは五十坊主に鹿の角」のように極端に長いもの、また、対句形式をとって相当に長いものなどもあるが、一七音以下が圧倒的に多い。そして、それらの多くにたとえが多用され、イメージ豊かで響きのよい語調を有した技巧の粋が見て取れる。

古いといえば、聖徳太子の残した「和を以《もつ》て貴《とうと》しとす」が千数百年を経た今も健在なまれな例である一方で、死語となったことわざはおびただしい。かといえば「赤信号皆で渡れば怖くない」が新たなことわざとして生まれてもいる。古代から現在まで、ほとんどあらゆる分野に関連し、五万とも六万ともいわれることわざが、生成・変容・消滅しながら歴史を刻んできている。言い回しに死滅・変容・新生があるだけでなく、意味の面でも時代によって変化するものがあるように、必ずしも古くからある固定した言葉がことわざではない。ことわざ=古くからの立派な教訓とする図式はむしろ誤解された固定観念とも言えよう。

こうしたことわざの姿や果たしてきた役割や機能を辞典という形態で表すことができていたであろうか。辞典の機能上の限界を前提にしても、残念ながら不十分だと言わざるを得ない。四万以上もの項目と膨大な用例を有する最高レベルの辞典ですら、ことわざを生きているものとして動態的にとらえる視点がないため、個々のことわざの歴史や現在の実相を明らかにし得ていない。

ことわざを動態的に視ることが重要だと思いつき、個々のことわざについて、①いつごろ　②どのように(=用法)　③誰がどんなジャンルで　④どれくらい用いた(=使用頻度)か　⑤表現・意味の変化・変容　⑥視覚化表現の有無　⑦ことわざとしての構造解析　⑧ことわざとしての生命はどれくらいだったか、などの言葉の戸籍・履歴・構造を可能な限り追究してみることで、一歩前に進めることができるのではないかと考えた。現代の生活の中では見たことも聞いたこともないようなおびただしい数のことわざの簡単な意味を記してすませてしまう辞典から、読者の疑問に応え、関心や興味を深化させられるもの、ただ意味を調べる辞典から読んで見て楽しめる、歴史的・構造的・立体的な辞典が、冒頭の疑問に対して指向されるべき一つの方向かと思われた。

もう一つは、編者の主観的な選定を排して項目を選出することも重要だと考えた。そこでまず、①現在生きていることわざを反映させることとして、この八年間の実際の使用例を新聞・週刊誌・テレビ、そして著者自身が耳にしたものを収集し、そのなかから使用頻度の高いものを選んだ。次に、②明治以前のものは、近代以前のことわざ集類収載のものと、諸文献から収集した用例を土台にして選出した。この①と②とをほぼ半々に併せて一五〇〇項目を選定した。その理由は、今日の日本で比較的よく用いられることわざは七〇〇前後であることから、①は言わば〈常識のことわざ〉であり、知っているだけでなく、言語表現として実践されていることわざということ。②は、今はほとんど辞典の中や古い文献でしか見られないことわざながら、日本の文化史の中で果たした役割と、ことわざとしての機能において現代の常用ことわざにない機能を持つ〈歴史的なことわざ〉と位置づけた。〈歴史的なことわざ〉の選定に際しては、その依拠した実際の用例を飛鳥時代から近代まで、文学作品に限らず、広く宗教・思想・芸能・農業・医術、その他にも広げて探求してみた。結果として広範な分野で膨大な用例が採集できたが、それらを手繰ることによって、また、①と②とを重ね合せることによって、ことわざを通した日本の思想・文化史の一端をたどることができるようになった面があるのではないかと密かに思っている。

本書は内容的にも多岐にわたっているため、さまざまなジャンルのことを多数の方からご教示賜った。ご芳名(敬称略)を記し、感謝の意の代わりとさせて戴きます。

秋葉真奈美・浅井洌・石塚秀子・入佐一俊・江口宏・大冨啓子・小尾芳視・河上隆一・菅野俊之
北村孝一・鷹家春文・時田晴美・福與篤・藤重睦正・古保勲・森洋子

時田昌瑞

二〇〇〇年八月

凡　例

【見出し項目】

一、解説を施した項目数は一五〇〇項目で、その半数は現代に生きていることわざ、残りの半数は、現代では耳遠くなっているがかつては盛んに用いられていたもの、やや意味の取りにくいものなどから成っている。現代に生きていることわざは、一九九二年以降、新聞(朝日・毎日・読売・日経・スポニチ)・主要週刊誌・テレビなどで実際に使われたことわざおよび著者が耳にしたことわざから、使用頻度の高いものを選んだ。歴史的なことわざは、近代以前の約百のことわざ集類収載のものと、諸文献から収集した数万の用例の中から、頻度が高く重要と思われるものを選んだ。

二、ことわざには、同じとみなせるものでも表現が少しずつ異なっているものがたくさんある。見出し項目の形は、おおむね現代最も多く使われている形を配慮して決めた。

三、同じことわざとみなせ、冒頭部が見出しと大きく異なるものを中心に、解説の中で取り上げている関連する重要なことわざの一部を加えた三〇〇項目を参照項目に掲げた。

四、五十音順に配列した。

五、見出し項目の初出漢字にはすべて振仮名をつけた。「蛙」をカエルとカワズ、「盗人」をヌスビトとヌスットなど読みが一様でないものは、原則として現代一般的な読み、慣用の読みによった。必要によって解説で触れ、また、参照項目を立てたものもある。

【異表現】

同じことわざとみなせるいろいろな表現のうち、見出しに掲げた表現以外のものをこの辞典では「異表現」と称する。小異のものを除外した代表的な異表現を、見出しの次にゴシック体でまとめて掲げた。解説の中で特定の異表現について言及する場合にかぎり、異表現に番号を付した。

【解説】

解説の冒頭に、そのことわざの意味・用法を記した。大きく異なる意味・用法を二つ以上もつものについては、番号を付して区分した。

解説中で別なことわざに触れる場合、この辞典に立項されているものについては(別項)と注記を入れた。それ以外のことわざについては、意味・用法を補足することを心がけた。

【解説中の文献表示】

ことわざの発生、使用度合、語形・用法の変化などを重視して解説を施している関係から、この辞典には文献名、特に日本の古典の作品名が多く登場する。

一、いつ頃のどのような性質の作品に用いられているかを明示するために、できるだけ時代とジャンルを添えた。江戸時代は可能なかぎり、初期・前期・中期・後期・末期に区分した。

二、一般になじみの深い作品については上記の添書を省略した。

万葉集、古今集、和漢朗詠集、源氏物語、平家物語、太平記　など

また、略称が一般に流布している以下の作品については略称を使用した。

古今和歌集など著名な和歌集　「和歌」を省略

大日本国法華経験記　法華験記

今昔物語集　今昔物語

東海道中膝栗毛　道中膝栗毛

南総里見八犬伝　里見八犬伝

誹風柳多留　柳多留　など

以下の作者名は略称を使用した。ジャンルも限定されるため省略した。

　井原西鶴（浮世草子）　西鶴

　近松門左衛門（浄瑠璃）　近松

　滝沢馬琴（読本）　馬琴　など

三、具体的な成立年は特に意味のある場合以外は省略したが、近代のことわざ集・辞典類は酷似した書名のものが多いことから判別のために刊年を明示した。

四、用例の提示は、主に日本古典文学大系・新日本古典文学大系・日本思想大系（ともに岩波書店）以下、近現代の活字本によった。

【図版】

一、ことわざは古くからさまざまな形式で視覚化されてきた。それらの中から江戸・明治時代のものを中心に一五〇点を選び、解説に添えた。

二、図版の典拠はすべて解説文中に示し、できるだけ刊年を入れた。

【巻末付録】

一、ことわざ史料略年表

古代から第二次世界大戦前までに成立したことわざ集・ことわざ解説書・ことわざ辞典などことわざ関連の主な文献を編年し、略解を付した。

二、準項目索引

解説文中に用いたことわざのうち、この辞典で本項目（別項の注記あり）、および参照項目の立っているもの以外のことわざをまとめ、本文の記述箇所にたどれるように配慮した。

三、語句索引

見出し項目、異表現、参照項目の立っていることわざから、検索のために役に立つと思われる語を集めた。編集には、たとえば「犬猿《けんえん》の仲」を「いぬ」「さる」「仲」から引けるようにするなどの工夫も加えた。

あ

合縁奇縁《あいえんきえん》

人と人との付き合いや結び付きには、互いの気心が合うかどうかが問題。それはみな、世の中の不思議な巡り合せによるものだということ。

広く男女・夫婦・友達などの仲について言うが、一説では、本来仏教語で「愛縁機縁」と書き、愛の縁《えにし》があれば愛し、その機会は巡り合せによるという意味だったという。近松の『大経師昔暦《だいきょうじむかしごよみ》』（巻上）に「猫にも人にも合縁奇縁、隣の紅粉屋《べにや》の赤猫は、見かけから優《やさ》しう此の三毛を呼出すも、声を細めて恥しさうに見えて」と見える。近松にはほかにも数例見られるし、浮世草子や江戸後期の人情本・滑稽本などにも確認でき、現代にも生き続けている。

匕首《あいくち》に鐔《つば》

＝合口《あいくち》に鐔を打ったよう ◈小刀《こがたな》に鐔

物事の不釣合いなことのたとえ。

匕首はもともと鐔のない短刀で、それに長刀用の鐔を付けることから。江戸中期の儒学者・荻生徂徠《おぎゅうそらい》は『太平策』で、元服を早める当時の風潮に対し、十分学び修業しないうちに大人扱いされる若者の奇妙にませてはいても未熟な精神面の不釣合いを、このことわざを使って嘆いている。図は、『近世職人尽絵詞《づくしえことば》』を描き、葛飾北斎に影響を与えたとも評される鍬形蕙斎《くわがたけいさい》（北尾政美《まさよし》）によることわざ図集の『諺画苑《げんがえん》』（一八〇八年）から。大きな鐔が小さな刀に嵌《はま》っているのを不審気に眺めている侍が描かれている。詞書《ことばがき》は「小刀につば」。

挨拶《あいさつ》は時《とき》の氏神《うじがみ》

＝仲裁《ちゅうさい》は時の氏神

争いごとが生じた時、仲裁する人がいたらその人は氏神様のようにありがたいものなので、その人の調停に従うのがよいということ。

「挨拶」は仲裁者の意。古くからあることわざではないようで、近世では幕末の絵解き小話集『諺臍《ことわざへそ》の宿替《やどかえ》』に用例が見える程度である。

挨拶《あいさつ》より円札《えんさつ》

言葉で礼を言われるより、金銭や実際に役立つものをもらった方がよいという意。

「円札」は一円札のこと。これから分るように明治時代になってからできたことわざ。「挨拶」に、同じ「さつ」の付く「円札」を取合せて洒落にしている。江戸時代では幕末のことわざ集『俗諺集成』に「挨拶より銀札、酒樽《さかだる》より木樽」「思《おぼ》し召《め》しより米の飯」という表現が見える。

開《あ》いた口《くち》がふさがらぬ

呆気《あっけ》にとられたりあきれかえったりして物も言えずにぽかんと口を開けたままでいる様子。

ことわざというより慣用句と言ってよい。言葉遣いもやさしく語釈の必要もないだろうが、口がふさがらないのは別に顎《あご》がはずれたからではない。茫然自失、思わず口がぽかーんと開いたままになってしまうこと。現代ではよく使われる語句だが、江戸時代には多用されていなかったようだ。用例は、江戸中期の浮世草子『御前義経記』に見られるのが早いものだが、主に使われるようになったのは、滑稽本『道中膝栗毛』など江戸後期からである。

開《あ》いた口《くち》へ牡丹餅《ぼたもち》

＝①開いた口へ餅　②開いた口へお萩《はぎ》　③開いた口へ団子《だんご》

なんの努力もしていないのに、思いがけない幸運が訪れること。

「牡丹餅」は、小豆《あずき》や黄粉《きなこ》をまぶして丸めた餅。小豆をまぶしたところが牡丹の花に似ているところからの名で、「お萩」とも言う。江戸時代の中頃には作られていた。餅そのものの歴史は古く、古代にまでさかのぼる。昔の餅は現在とは比べられないほど価値が高かった。そんな貴重な餅が向うから口の中に入ってくるわけだから言うことなしだ。このような願望は人間の本性に根ざしているものと見え、用法・ニュアンスに微妙な違いがあるものの同工異曲のことわざは多い。「飴《あめ》で餅」（飴をつけて餅を食べる意）、「あんころ餅で尻を叩《たた》かれる」「鴨《かも》が葱《ねぎ》を背負《しょ》ってくる」（別項）、「寝耳《ねみみ》へ小判」「棚《たな》から牡丹餅」（別項）等々。なお、江戸時代では異表現①が多数派で、見出し形は『学通三客《がくつうさんきゃく》』など洒落本類に数例が認められる程度である。図は、ことわざ図集『諺《げん》画苑《がえん》』（一八〇八年）から。

相手《あいて》変《かわ》れど主《ぬし》変らず

相手側は次々に変るのに、本人は変らないこと。広くは、人間だけでなく、まわりの状況が変化しても主体側は同じことの繰り返しをする意。

江戸前期の狂歌『吾吟我集《ごぎんわがしゅう》』の序にこのことわざを踏まえて「はじめの相手は変れども、同じ主は変らぬ碁好きなるべし」と記されている。囲碁や将棋に限らず、相手や状況がたえず変化するにもかかわらず、対応する側が同じことを繰り返すことを揶揄《やゆ》する時にも用いられる。

相手《あいて》のない喧嘩《けんか》はできぬ

‖相手のない喧嘩はならず

喧嘩は一人ではできず、必ず相手がいる。だから喧嘩を仕掛けられても相手になるなという戒めの言葉。

同じような発想のことわざに「一人喧嘩はならぬ」というのがあるが、英語でも It takes two to make a quarrel.（一六世紀。喧嘩するには二人が必要）というのがあって、どちらも意味するところは同じ。「売られた喧嘩は買わねばならない」とか、「降りかかる火の粉は払わねばならない」と、積極的とまでは言えないが、相手に対抗する立場を肯定することわざもある。このようにことわざは、喧嘩という一見否定的な事柄に対しても、場面・状況によっては肯定もしてしまう面白さをもっている。江戸末期の合巻『教草《おしえぐさ》女房形《かた》気《ぎ》』に用例があるが、近代以前にはあまり用いられていない。

愛《あい》は屋上《おくじょう》の烏《からす》に及《およ》ぶ

＝愛屋烏《おくう》に及ぶ ◈屋烏の愛

人を愛すると、その人に関係するものすべてに愛情が及ぶことのたとえ。

人を愛すると、その家の上の烏までも好きになるということから。出典は、中国・漢代の『説苑《ぜいえん》』に求められ、日本でも江戸初期の仮名草子『可笑記』などに用例がある。

会《あ》うは別《わか》れの始《はじ》め

＝①会うは別れ ②会うは別れの基《もとい》 ③会う者は別れる定め

出会った者同士には、いつか必ず別れの時がくるのがこの世の定めだということ。

人と人との遭遇と別離を簡潔に対比したことわざとして、異表現①の形が古くからある。仏典『大般涅槃《だいはつねはん》経《ぎょう》』の「世皆常《みなつね》無し、会えば必ず離るること有り」に由来する。世の中のものみな変転してやまないとする仏教の無常観が説かれた言葉である。『平家物語』には、無常を主題とする文学にふさわしく「生者必滅《しょうじゃひつめつ》、会者定離《えしゃじょうり》」（命ある者は死に、会えば必ず離れる）という同義の表現が見られる。見出し形は謡曲『佐保川』に見られ、以降、江戸・明治時代へと続く。

阿吽《あうん》の呼吸《こきゅう》

＝阿吽の息

共に一つの事をする際に、互いの呼吸がぴったり合い気持が一つになること。また、その微妙な気持や調子を言う。

原義的には、吐く息と吸う息のこと。「阿」はインドの古典語サンスクリットの口を開いて発する最初の字音で、「吽」は口を閉じて発する最後の字音。これを密教では、万物の始源と終極とに象徴させている。「阿吽」は古くから図像に表現されてきた。大きな寺院の山門の両脇に配置された仁王像や、神社の境内にある石造りの狛犬《こまいぬ》像は、口をかっと開いた「阿」形と、閉じた「吽」形をしている。見出しの表現は、現代では相撲の立会いの際の形容などでよく使われる。

青柿《あおがき》が熟柿《じゅくし》弔《とむら》う

＝青柿が熟柿くさす

似たり寄ったりでたいして差異のない者が、少しばかりの優劣をとやかく言うたとえ。

指している情景は、まだ青い柿の実が、熟して木から落ちて潰《つぶ》れてしまった柿に「お可哀相に」とでも言うところであろう。自分もやがては鳥につつかれ、また熟して同じような運命になることは予想だにせずに。人間によく見られる心理の一面を柿に託してユーモラスに表現したもの。同じように他人の欠点をあげつらうことわざは多く、「蝙蝠《こうもり》が燕《つばめ》を笑う」「猿の尻笑い」（別項）はまだ汚くないが、「牡蠣《かき》が鼻垂れを笑う」「目糞《めくそ》鼻糞を笑う」（別項）となると映像がはっきり浮ぶだけに強烈だ。見出しのことわざは江戸中期の随筆『それぞれ草』や浮世草子『庭訓染匂車《ていきんぞめにおいぐるま》』などに見られるが、「猿の尻笑い」ほどは多用されていなかった。

青菜《あおな》に塩《しお》

＝青菜に塩をかけたよう◆菜《な》の葉《は》に塩をかけたよう

急に元気がなくなったり、しょんぼりとしていることとの形容。

青い菜っ葉に塩をかけるとすぐに萎《しお》れてしまう。これは塩の脱水作用のためで、塩分濃度の薄い方の水分が濃い方へ出てしまうことから起る現象。これを食品に応用したのがお馴染みの漬物である。塩を青物以外の、例えば蛞蝓《なめくじ》にふりかけても同様の現象が起り「蛞蝓に塩」（別項）という同義のことわざにもなっている。「ぢり〱といりつくばかりてる日には青菜にしほか夏山の草」（『大団』）と江戸前期の狂歌に詠まれているのをはじめ、江戸時代全体にわたって種々の文芸ジャンルでよく用いられていた。

青海苔《あおのり》の答礼《とうれい》に太太神楽《だいだいかぐら》を打《う》つ

＝青海苔貰《もろ》うた礼に太太神楽

わずかな物を貰った返礼に、多額すぎる礼をすることのたとえ。

「太太神楽」は、伊勢神宮に奉納される大規模な神楽。青海苔を貰った礼に、太太神楽の太鼓を打って聴かせるということから。青海苔も伊勢の名産品だが安価で、太太神楽との間の価値の開きは大きい。江戸中期の洒落本『徒然睟《つれづれすいが》か川《かわ》』や、後期の町人学者・山片《やまがた》蟠桃《ばんとう》の『夢の代』、浄瑠璃『仮名手本忠臣蔵』に用例があり、江戸中期には用いられていたが、近代に入っては忘れられたことわざのようだ。

青《あお》は藍《あい》より出《い》でて藍より青し

＝藍より出でて藍より青し

弟子が師より優れていることのたとえ。

昔は、糸や布地を染める染料には、植物からとったものが多かった。その代表的なものが藍。藍は古くから栽培され、その葉を発酵させて染料をとる。中国・戦国時代の『荀子《じゅんし》』（勧学）そのほかの古典にある語句で、本来は、染めると藍のもつ色がさらに濃くなることから、人が学問を続けることによって持って生まれた性質を超える人物になるという意味であった。日本の古い文献にも数多くみられ、鎌倉時代の説話『沙石《しゃせき》集《しゅう》』、室町時代の『鴉鷺《あろ》合戦物語』などから江戸時代に盛んに用いられていた。「出藍《しゅつらん》の誉《ほま》れ」という言い回しでも知られている。

赤信号皆《あかしんごうみんな》で渡《わた》れば怖《こわ》くない

不正なことや違法なことでも、皆がやっていると自分も罪悪感なしにやってしまうという意。また、そういう人間心理を揶揄《やゆ》する言葉。

現代のマスメディアから生れた代表的なもの。漫才師ツービートが一九七九年に言い出して流行語となった。「…皆で…怖くない」を生かしたもじりも多く作られ、近年は、「赤信号」部分を省いた形も多い。

秋高《あきたか》く馬肥《うまこ》ゆ ⇓ 天《てん》高く馬肥える秋

商《あきな》いは牛《うし》の涎《よだれ》

商売は、細く長く途切れなく気長に辛抱強く営めという教訓。

「商い」には、物事に「飽きない」が重ねてある。細く長く続くことのたとえに「牛の涎は百里続く」ということわざがある。牛の涎が百里（約四百キロメートル）も続くというのである。牛の胃袋は四つあって、一日六〜八回反芻《はんすう》して約六時間も口を動かしている。この間涎が垂れ続くと見た誇張した表現であろうが、とにかく牛の涎は長く途切れがない。見出しのことわざは、江戸後期の上方系のいろはカルタには用いられているものだが、江戸時代の用例はさほど多くないので、普及にはカルタが大きな役割を果しているかもしれない。図は明治時代のいろはカルタの一種。

秋茄子《あきなす》は嫁《よめ》に食《く》わすな

＝**秋茄子は娘に食わすな◆嫁に食わすな秋茄子《なすび》**

江戸時代から相対立する意味が説かれ、諸説が入り乱れている。最も有力なのが、⑴秋の茄子は美味なので嫁に食わせるのは惜しいからだという嫁いじめの説。逆に、⑵茄子はアクが強く体を冷すので体によくないから嫁に食べさせてはいけないといういたわり説(『安斎随筆』一八世紀後半)。さらに、⑶秋の茄子は種子が少ないから子種がなくなることを懸念《けねん》する意の歌があるからだとする説(浄瑠璃注釈書『瑠璃天狗《るりてんぐ》』一八〇六年)。⑷茄子自体は種子が非常に多いから、子供が生れすぎては困るからだとする説。以上までが人間の嫁を対象にしたものだが、ほかに、⑸「秋なすび早酒《わささ》の粕《かす》にかきそへて嫁に食はすな棚におくとも」(仮名草子『似我蜂《じがばち》物語』一六六一年)という歌の解釈から、「嫁」は鼠の異称で、鼠に人間の食料を食わせないことだという説がある。

全国各地には、嫁に食わすなという食物は茄子以外にもたくさんある。秋のものでは、鯖《さば》・魳《かます》・鱰《しいら》・鯛・蕗《ふき》。ほかの季節では、鯒《こち》、二月のそうはち(鰈《かれい》)、三月の鱈《たら》、夏の蛸《たこ》、五月の蕨《わらび》など。これらは総じて美味ゆえ嫁に食わすなというもの。こうした類型を加味してみると、⑵以下の説を否定する根拠はないながら、数の上からは⑴が有力と言えよう。

秋《あき》の日《ひ》は釣瓶《つるべ》落《お》とし

秋の日の暮れるのが早いことのたとえ。

釣瓶は今日ほとんど見られなくなったが、ポンプや水道が普及する前まではどこにでもあった。竹竿や縄に取り付けて井戸水を汲むための桶《おけ》で、近世以降は木製だった。水の汲み上げが容易なように鉄の箍《たが》で分厚い板をがっしりと押さえた作りになっていたために、空でも重量があり手を放すとたちまち井戸の底に落ちる。この釣瓶の落下速度を秋の日の暮れる速さになぞらえたことわざである。実際には、釣瓶の落下速度と日の暮れる速さは比べるべくもないのだが、これもことわざ特有の誇張表現なのである。江戸末期の脚本『勧善懲悪覗機関《のぞきからくり》』に用例があるが、江戸時代には「冬の日は釣瓶落し」(脚本『傾城吾嬬鑑《けいせいあずまかがみ》』江戸中期)とも言っていた。

秋《あき》の夕焼《ゆうや》け鎌《かま》を研《と》げ

〓秋の夕焼けには鎌を研いで待て◈夕焼けに鎌を研げ

秋の夕焼けは翌日が晴の前兆だから、草刈り稲刈りに鎌を研いで用意しておけという意。

夕焼けは、太陽の光線が昼間より長く大気層を通ってくるため、空気の分子によって青色の光は散乱し、波長の長い赤色に近い光が強く見える現象。日本付近を通過する低気圧の多くは、西から東へと移動する。つまり、天気も西から東へと移る。特に春と秋は、高気圧と低気圧が西から東へ交互に移動する場合が多いので、西の空が夕焼けなら移動性高気圧が近づいてることであり、一～二日は晴れる。秋の農繁期の作業には絶好の天気が予想されるというわけである。なお、このことわざもそうだが、このような天気俚諺は近世のことわざ集にはあまり収められていない。

呆《あき》れが礼《れい》に来《く》る

〓呆れが礼に参《まい》る◈呆れが股引《ももひき》で礼に来る

呆れることを誇張した言い回しで、呆れ返ってその上におつりがくるという意。

江戸時代の軽文芸には、軽口や洒落などが多用される。「呆れる」という言葉をそのままの形で用いずにさまざまな飾りをつける。「呆れが宙返りする」「呆れが宙返りして軽業《かるわざ》を出す」「呆れが湯気に上る」は、呆れ返るの洒落言葉。「呆れ返るの頬冠《ほおかむ》り」は軽口。「呆れがお礼で足切れが踵《あきかかと》だ」(「足切れ」は足の先の切傷)、「呆れ切り幕とんとん拍子」などは口遊びになったもの。

商人《あきんど》と屏風《びょうぶ》は曲《まが》らねば立《た》たぬ

〓屏風と商人は直《すぐ》には立たぬ◈商人と屏風は歪《ゆが》まねば立たず◈人と屏風は直には立たぬ

(1)商人は感情を抑え、腰を低めて客に対応する必要があること。⑵商人は正直なだけではやってゆけないこともあるということ。

屛風は、現代の一般家庭ではほとんどお目にかからなくなったが、風よけ、間仕切や装飾に使われた折り畳み式の建具。つなぎ目を真直ぐにしては立たず、曲げなければ使えない。商人も同じことで、腰を曲げて接客しなければうまくゆかないというわけである。「商人の嘘《うそ》は神もお許し」とことわざに言われるくらいに商売には嘘はつきもののようだ。そのためか、当初は曲げるのは商人の腰だったものが、いつの間にか相手(客)を誑《たぶら》かす曲った商売を行うことという解釈も生じてきた。古くは鎌倉時代の説話『古今著聞集《ここんちょもんじゅう》』に、ことわざの形にはなっていないが人と屛風を用いた同趣旨の一節がある。

悪妻《あくさい》は六十年《ろくじゅうねん》の不作《ふさく》

悪い妻を娶《めと》ると夫一人だけでなく子孫の代まで悪影響が及ぶこと。

妻の存在が家で重要な位置を占めることを、裏側から述べているとも言える。「六十年」はほかに、「六十二年」「百年」「一生」の形がある。「悪妻」という語は案外に古く、江戸初頭の『日葡《にっぽ》辞書』に収載されている。ところが、種々のことわざ辞典類や、筆者のことわざ数万の用例リストを見ても、「悪妻」が登場するのはこれしかない。時代も、明治中頃までしかさかのぼれない(『古今俚諺類聚』一八九三年)。「六十二年」などの形はさらに後のものとなる。明治時代に作られて(?)明治後期以降に普及したことわざであろうか。江戸時代のもので類義のものは「女房の悪いは五十年の飢饉《ききん》」が挙げられる程度で、同義の「嬶《かか》はずすと六十年の不作」も明治時代からのようである。

悪事千里《あくじせんり》を走《はし》る

‖①悪事千里を行く ②悪事千里に伝《つた》う ③悪事千里 ④好事《こうじ》門を出《い》でず、悪事千里を行く
悪しき評判や行いはすぐに世間に広まるという意。

反対に、善行はなかなか世間に知られることがない。すなわち異表現④のように「好事門を出でず」と対になって用いられることも多い。それにしても、評判や噂話《うわさばなし》の類が千里（約四千キロメートル）も伝わるとは大陸的でスケールが大きい。古くは、中国・北宋の『北夢瑣言《ほくぼうさげん》』（巻六）にこの④が見られる。日本では南北朝時代と推定される『曾我物語』に見出し形が見られ、室町から江戸時代全般に用例は多い。当時は、見出し形や③の短縮形が常用されていたものと思われる。①は、謡曲『藤戸《ふじと》』、古浄瑠璃『酒天童子《しゅてんどうじ》』などに数例見られ、室町時代の一向一揆の書『本福寺跡書』には「悪事千里を駆くる」という形も見えるが、②は近代以前の例を確認できていない。

図は明治初期の謎の絵師・昇《しょう》斎一景《さいいっけい》の連作錦絵集『教訓言黒白《くろしろ》』の一枚。

悪事身《あくじみ》に返《かえ》る

＝悪事身にとまる

悪行は、最後には自分の身に返ってきて、自分自身が苦しむ結果となるということ。

「自業自得《じごうじとく》」（別項）、「身から出た錆《さび》」（別項）と類義のことわざで、『毛吹草』など江戸前期から見られる。

悪女《あくじょ》の深情《ふかなさけ》

器量の悪い女は情が深く男に尽す一方、嫉妬《しっと》も強いこと。また、転じて男女関係にかかわらず、ありがた迷惑の意。

「悪女」は、性格の悪さを言う場合と醜女を言う場合があり、ここは後者。「深情」は、異性への情愛が過剰なこと。一体に、美人は容貌がよいというだけで男にちやほやされる傾向があるから、お高くつんとすます反面、情愛に乏しいと見られがちだ。他方、醜女は容貌の欠点を補うために男に尽すが、その情の深さはいわば焼餅と隣合せなのだ、と見る男側の心理がこのことわざの根底にあるのだろう。江戸時代では中期の洒落本『口学諺種《くちまねことわざくさ》』、後期の人情本『春色梅児与《しゅんしょくうめごよ》美《み》』などに散見される。

悪銭身《あくせんみ》に付《つ》かず

不正な方法で得た金は、苦労していないのでありがた味がない。そのため無駄遣いしやすく、すぐになくなってしまうということ。

「悪銭」は、ここでは材料の粗悪な貨幣のことではなく、不正な手段で得た金。泡銭《あぶくぜに》とも言うが、こちらは苦労せずに得た金というニュアンスが強い。泡銭の代表格は賭事《かけごと》だろうし、悪銭の方は盗みだろう。誰だって、それほど苦労せずに一度に大金を得れば気が大きくなり浪費しがちになる。まっとうに働いて収入を得よ、という勧めを裏側から言ったことわざで、それを正面から言うと「正直の儲《もう》けは身に付く」(別項)ということになる。近代以前の用例は幕末の脚本『三人《さんにん》吉三廓初買《きちざくるわのはつがい》』に確認できる程度で、よく用いられるようになるのは明治以降のようだ。

悪《あく》に強《つよ》ければ善《ぜん》にも強し

①悪に強きものは善に強し ②悪に強いは善にも強い ③悪に強きは善の種《たね》

大悪人はいったん改心すると、かえって非常な善人になるということ。

反対に「善に強い者は悪にも強い」ということわざもあるように、一方を極める者はその逆も極めてしまうというのだろう。大悪にせよ大善にせよ、極めるには強い意志や気力が不可欠。中途半端や、なあなあ主義では、大成はおぼつくまい。異表現①が室町時代の『弁慶物語』に、見出し形が謡曲『千人伐《せんにんぎり》』、幸若舞『敦盛《あつもり》』に見られるように、中世からよく言い慣わされてきたもの。安土桃山時代のことわざ集『月菴酔醒《げつあんすいせい》記《き》』にこれが入っているということは、当時の代表的なことわざだったとも考えられる。

開《あ》けて悔《くや》しき玉手箱《たまてばこ》

予想に反した結果に落胆すること。

浦島太郎の昔話に基づく。『拾遺集』（巻二）に「夏の夜は浦島の子が箱なれやはかなくあけて悔しかるらむ」と詠まれており、古くから常用されていた。

朱《あけ》を奪《うば》う紫《むらさき》 ⇒ 紫の朱を奪う

顎《あご》で人《ひと》を使《つか》う

高慢な態度で人をこき使うこと。

人に指図する場合に普通は手で示すことを顎で代用することから。現代の常用語句であるが、早い文献では江戸後期のことわざ集『諺苑《げんえん》』に収録されている。

朝雨《あさあめ》と女《おんな》の腕《うで》まくり

＝朝雨女の腕まくり◈女の腕まくりと朝雨に驚くな

朝雨は大降りでも長く続かず、間もなく止んでしまう。同じように、女が腕まくりしていくらすごんでも知れていることから、どちらも大したことではないという意。

日本の朝雨はたいていすぐ上がってしまうと考えられていて、「朝雨に笠を脱げ」「朝雨に傘いらず」「朝雨には蓑《みの》いらず」「朝雨に長時化《ながしけ》ない」（「長時化」は、雨風が長く続くこと）、「朝雨は旱《ひでり》の元」「朝雨に鞍《くら》置け」（馬に鞍をつけて出発の準備をせよという意）など、ほぼ同義のことわざが多い。むろん女の腕まくりといっても個人差があろうが、ここでは朝雨と同じに大したことはない、無視してよいものと扱われている。朝雨を使った数多いことわざの中でもこれは、突飛なものを組合せるということわざ特有の技法を巧みに使った印象の強いものである。

浅《あさ》い川《かわ》も深《ふか》く渡《わた》れ

(1)浅い川でも、深い川を渡る時と同じように用心して渡れということ。⑵やさしそうに見えることにも細心の注意を払えという戒めのたとえ。

一見したところ浅くて渡りやすいと見える川でも、川底の石には苔《こけ》も生えて滑りやすくなっていることもあるだろう。物事は簡単そうに見えても案外難しいこともある。「深く渡れ」の「深く」は、ここでは程度の強さを表すと考えられるから、十分に注意を払うというニュアンスになろう。もちろん、「浅い」に対して反対語の「深い」を対置して印象を強めていることは言うまでもない。さらにこの「浅い」「深い」は川に関係の深い言葉、歌語で言うところの縁語で、二重の技巧がこらされている。

朝起《あさお》き三文《さんもん》の得《とく》 ⇓ 早起《はやお》きは三文の得

朝酒《あさざけ》は門田《かどた》を売《う》っても飲《の》め

朝酒は、最もよい田を売って工面しても飲む価値があるということ。

「門田」は、門の前の田。耕作に便利なので大切にされている門田を酒のために売るというのである。普通は朝から酒を飲むのは非難されることが多いが、ここは逆に朝酒を礼賛している。どういうわけか朝酒を勧めることわざは多く、「朝酒は女房を質に置いても飲め」「朝酒は牛売ってでも飲め」などがある。

浅瀬《あさせ》に仇波《あだなみ》

⑴川は流れの浅い所ほど波が立つということ。転じて、⑵思慮の浅い人ほどささいなことで騒ぎ立てるものだという意。

「仇波」は「徒波」とも書き、いたずらに立つ波の意。「深い川は静かに流れる」(別項)ということわざもあるように、深い流れは波立たず静かだが、浅い箇所は底の石なども水面近くにあるから波立ちやすい。『古今集』(巻一四)に「底ひなき淵やはさわぐ山河の浅き瀬にこそあだ浪はたて」と詠われていたものの、中世以降にことわざとして活用された頻度は高くない。

意味するところは常日頃見聞きすることなので、たとえを別のものにとった「痩せ犬は吠《や》える」「能なし犬の高吠《ほ》え」「痩せ馬の声嚇《こえおど》し」「空樽《あきだる》は音が高い」など類義のことわざが多くある。

朝題目《あさだいもく》に昼念仏《ひるねんぶつ》

＝①朝題目に宵念仏《よいねんぶつ》　②朝題目に夕念仏

定見のなさを言うたとえ。

朝に「南無妙法蓮華経」と日蓮宗の題目を唱え、後では「南無阿弥陀仏」と浄土宗の念仏を唱えるということから。江戸中期の浄瑠璃『摂州合邦辻《せっしゅうがっぽうがつじ》』に異表現①が見えるが、近代以前の用例は極めて少ない。

朝茶《あさちゃ》はその日《ひ》の難逃《なんのが》れ

朝、茶を飲めば、その日一日のさまざまな災難を逃れることができるという意。

茶に対する信仰とでも言うべきものだが、特に朝茶は評価が高く種々の類句がある。「朝茶は縁がよい」は反対の視点から表現したもの。「朝茶に別れるな」は朝茶は必ず飲むものだ、「朝茶は七里戻っても飲め」は旅立ちして七里（約二八キロメートル）行ってからでも戻って飲め、「朝茶は質を置いても飲め」となると金の工面までしても飲めということになる。いずれも、茶は体にいいから飲んだ方がよいという考えが根底にあるようで、「朝茶は福が増す」というものもある。

朝虹《あさにじ》は雨《あめ》、夕虹《ゆうにじ》は晴《はれ》

朝、虹がかかるのは雨の前兆で、夕方の虹は晴の前兆だということ。

天気を占う同じ発想の類句は各地にある。虹を引合いにしたものだけでも、「朝虹傘忘るな」（各地）、「朝の虹は雨、夕方の虹は風」（青森地方）、「朝虹に川越えな、夕虹日見な」（秋田地方）、「朝虹は七里戻って傘を持て」（会津地方）、「朝虹がかかれば雨乞いするな」（長野）、「朝虹しぐれあり、夕虹晴」（岐阜県）、「朝日に向から虹は雨」（香川県）、「朝焼朝虹その日は雨」（愛媛県南部）など枚挙に暇《いとま》がない。朝虹を天気が崩れる前兆としているものが多いが、実際には気象は山や川の有様など地形的条件に大きく左右されるもので、虹が必ずしも定まった天候の予兆となるわけではない。

朝寝《あさね》朝酒《あさざけ》は貧乏《びんぼう》の基《もと》

朝寝坊をしたり、朝から飲酒をするような者は、怠け者だから貧乏をするという意。

大多数の人が農耕に従事していた江戸時代には、「朝起きは富貴《ふうき》の相《そう》、朝寝は貧乏の相」と言うように、朝寝坊は戒めの対象だった。これは近代になってからのことわざのようだが、朝寝坊に朝酒が加わるのだから、金の溜る道理がない。

朝《あさ》の果物《くだもの》は金《きん》

朝に食べる果物は健康によいということ。

朝の果物は、体の目覚めをうながし、胃の働きを促進すると言われる。イギリスには「午前中の果物は金、昼から三時までは銀、三時から六時までは鉄、六時以降は鉛」という表現があるというので、もとは西洋のもので、近年になって言い出されるようになったものと思われる。

朝《あさ》の来《こ》ない夜《よる》はない

＝夜の明けない朝はない

事態はいつか好転することがあるということ。

英語のことわざに After night comes the day.（夜の後には昼が来る）というのがあり、フィンランドにも「夜はどんなに長くとも夜明けは必ず来る」とある。第二次大戦前のことわざ辞典などに見えないので、近年に欧米からもたらされたものであろう。

麻《あさ》の中《なか》の蓬《よもぎ》

＝麻につるる蓬◆麻につるる蓬は真直《まっす》ぐに育つ

善い人に交わればその人に感化され、特に教育をしなくても善人になるというたとえ。

異表現の「つるる」は「連れる」で、つながる、従う、などの意。麻は真直ぐに伸びる。蓬は逆に、枝葉をたくさん出して曲りくねって成長する。ところが、蓬が麻の中に交じると、横へはびこる余地がなく、上へと伸びるしかなくなる。置かれた環境の影響力の強さを言うことわざである。中国・戦国時代の『荀子《じゅんし》』（勧学）に見える句で、日本でも古くから「麻の中の蓬はためざるに自ら直しといふたとへあり」（説話『十訓《じっきん》抄《しょう》』巻中ノ五、鎌倉時代）などと見える。江戸時代には多用されたが現在では忘れかけられようとしている。このことわざがよい環境の面を言うのに対して、「朱に交われば赤くなる」（別項）は悪しき環境の影響力の強さを言うもので、こちらの方は現在でも健在だ。

朝日《あさひ》が西《にし》から出《で》る

＝お天道《てんとう》さんが西から出る

あり得ないことのたとえ。

近松の『曾我扇八景』に見えるが、近代以前の用例はきわめて少ない。

朝比奈《あさひな》と首引《くびひ》き

まったく及びもつかない、敵わないという意。

「あさひな」は「あさいな」とも。朝比奈三郎義秀は大力無双で知られた鎌倉時代の武将で、父は和田義盛、母は木曾義仲の妾《しょう》、巴《ともえ》御前とも伝えられる。そんな朝比奈三郎と力競べをしたところでとても勝ち目はない。江戸後期の『狂歌栗下草《くりのしたくさ》』に「酒」と題して「朝比奈の朝ともいはずただ酒と首引しやこれ鬼ころしても」と、このことわざを踏まえた歌が詠まれている。朝比奈三郎は、馬琴の『朝夷巡島記』や歌舞伎の「草摺引《くさずりびき》」に登場し、歌川国芳の浮世絵「朝比奈義秀小人遊」などにも顔をだす著名人である。図は英一蝶《はなぶさいっちょう》の『一蝶画譜』（一七七〇年）から。図中の詞書《ことばがき》は

「朝比奈勇りき」とある。

薊《あざみ》の花《はな》も一盛《ひとさか》り

薊のようなあまり人に好まれない花でも盛りがあり、心惹《ひ》かれる人もあること。広くは、顔立ちがよくない人でも年頃になればそこそこの魅力が出てくるという意。

日本に自生する薊の種類は少なくない。花は可憐とは言えないが、なかには地味ながら味わいのあるものもある。また、ドイツアザミのように栽培して生花に使うものもある。このことわざがどの種の薊を指したものか特定できないが、最も普通にどこにでもある野薊あたりであろうか。ものの盛りとか絶頂期には通常の姿を超えるとする考えはよくあるもので、類義のことわざも少なくない。悪臭を放つことからそのままを名前にされた「屁糞葛《へくそかずら》も花盛り」とか、「蕎麦《そば》の花も一盛り」と植物をたとえにしたもの、そして「鬼も十八番茶も出花」(別項)。

朝《あした》に紅顔《こうがん》あって夕《ゆう》べに白骨《はっこつ》となる

朝の紅顔夕べの白骨

人の生死はいつどうなるか分からないこと。世の中は無常ではかないという意。

朝は紅顔の美少年が、夕方には死んで白骨となるということから。半日で人間の身体が白骨になるというのは非科学的だが、仏教の無常観を表している。『和漢朗詠集』(巻下)で藤原義孝が「朝に紅顔あつて世路《せろ》に誇れども暮《ゆうべ》に白骨となつて郊原《こうげん》に朽ちぬ」(「世路」は世の中、「郊原」は野辺)と詠んでいる。のちに蓮如の『御文章』に引用され、浄土真宗の葬儀の時に詠まれて広まったという。日本で生れたことわざで、現代でも生き続けている最も古いものの一つと言えるだろう。

明日《あした》は明日の風《かぜ》が吹《ふ》く

明日のことは明日案《あん》じよ◈明日は又明日の風が吹く◈明日は明日の習わせ

明日の風向きはどう変るか知れないように、物事の成行きもどうなるか分らない。だから今から先行きを案じても始まらないというたとえ。

異表現の「習わせ」は「習わし」に同じ。「女と風と運はすぐ変る」ということわざが西欧諸国にある。季節や地形の影響はむろんあろうが、いったいに風向きはよく変るというのが普通なのであろう。そんな変りやすい風向きを、今からああだこうだと心配しても無駄なだけ。向い風が逆に追い風になることだってある。先走って未来に思いを馳せることもない。江戸末期の脚本『上総棉小紋単地《かずさもめんこもんのひとえじ》』や落語『金の味』に見られるが、あまり古いものではなさそうだ。

味《あじ》ない物《もの》の煮《に》え太《ぶと》り

＝まずい物の煮え太り

(1)味のないまずいものに限って煮ると予想外に量が増えること。(2)つまらないものには量ばかり多いものがあるということ。

反対に、よいものは量が少ないということになろうか。食べる側からすれば、いくら旨《うま》いものでもあまり大量だと飽きるし美味しく感じなくなる。ほどほどがよい。現代ではほとんど用いられなくなっているが、江戸中期頃にはよく用いられていた。類義に「独活《うど》の煮え太り」があるが、独活はまずい物とはされていないからであろうか、こちらは(2)の意味だけで(1)は該当しないようだ。

足元《あしもと》から鳥《とり》が立《た》つ

＝足元から鳥◈足元から雉《きじ》が立つ

(1)身近なところから、予想もしないことが起ること。(2)突然思いついたように事を始める意。

歩いている道端の草むらから急に鳥が飛び立てば、だれでも驚く。普通の野鳥は人の気配を察すれば、近づく前に姿を消す。ところが、雉や山鳥などは、草むらや木の根に潜み、人がすぐ近くに来てから飛び立つ。二通りの解釈にはそれぞれ用例がある。(1)は近松の『大経師昔暦《だいきょうじむかしごよみ》』（巻上）に「返事次第に五日には目安あげると、足もとから鳥の立つ様に、俄《にわか》に町へ届けたといの」とあり、(2)は西鶴の『世間胸算用』（巻四）に「不断は手をあそばして、足もとから鳥の立つやうに、ばたくさとはたらきてから、何の効《かい》なし」とある。昔は(1)の意味の方がよく使われたが、現代ではもっぱら(2)の意味で使われるようになっている。

足《あし》を棒《ぼう》にする

＝足を擂粉木《すりこぎ》にする

長時間歩いたり立ち続けたりして疲れ切ること。脚の筋肉が硬直し、圧《お》してみても硬くて感覚がなくなり、膝もつっぱったように曲らなくなる状態を指しているのであろう。現代も「足が棒だね」などとよく言うが、江戸時代は「擂粉木」形の方がよく使われていた。「棒」の早いものでは江戸前期の俳諧『江戸広小路』や、後期の黄表紙『児童文殊稚教訓《ちごもんじゅおさなきょうくん》』（葛飾北斎の戯作名・時太郎可候の画作）に見られる。後者では、人の太股《ふともも》のような木肌のままの棒が描かれており、強烈な印象を与える。このような大きく誇張された棒の映像によって、はじめは数的に多かった「擂粉木」が「棒」へ移っていったのかもしれない。

預《あず》かり物《もの》は半分《はんぶん》の主《ぬし》

人の物を預かった場合、その所有権の半分は預かった人のものだということ。

近松の『山崎与次兵衛寿《ねびき》の門松』や江戸後期の人情本『春色辰巳園《たつみのその》』などに用例がある。

明日《あす》の塩辛食《しおからく》わんとて宵《よい》に水飲《みずの》む

⇒塩辛食おうと水を飲む

明日《あす》の百《ひゃく》より今日《きょう》の五十《ごじゅう》

＝明日の百より宵《よい》の五十◆後《あと》百より今五十◆後《のち》の百より今五十

どうなるか分らない未来にたくさん貰うより、少しでもいいから確実な今貰いたいという意。

後であげるというのは約束にすぎない。約束は往々にして破られ、当てにはならない。だから後の約束より、わずかでも今の益の方がまし。「小利口なる商人のごとし。大どりしやうより、小どりく＼。出るいきの、入るをもまたぬ世の中に、明日の百よりけふ五十とれ」と江戸後期の教訓書『画本《えほん》道の手引』に見える。たとえるものが異なる類義のものも多い。金のものでは「後《のち》の千金より今の百文」「末の百両より今の五十両」「先の千両より今の十両」「聞いた百文より見た一文」、手に入る獲物では「先の雁《がん》より手前の雀」「先の雁より前の雲雀《ひばり》」とある。

明日《あす》は我《わ》が身《み》

①今日《きょう》は人《ひと》の上《うえ》、明日は我が身の上　②今日は人の身の上、明日は我が身の上

(1)他人にふりかかった災難を、自分とは関係ないと思ってはならない。次は自分にやってくると思え、という戒め。(2)人の運命は予測できないことのたとえ。
現代は、見出しのような短縮形が多い。異表現①は『平治物語』や幸若舞『やしま』などに用例があり古い。もちろん江戸時代でも初期の仮名草子『伊曾保《いそほ》物語』、中期の浮世草子『女大名丹前能《おんなだいみょうたんぜんのう》』など多用されていた。なお、「昨日《きのう》は人の上、今日は身の上」という形が日蓮の『如説《にょせつ》修行鈔』にあり、『源平盛衰記』には「昨日は人の上、今日は我」という形が見られるが、これらは後世には引き継がれなかったようだ。

東男《あずまおとこ》に京女《きょうおんな》

①東男に京女郎《きょうじょろう》　②京女に江戸男

(1)男は関東、女は京都の出身がよいということ。(2)粋で元気な江戸っ子に、優美な京の女を取合せた言葉。
異なる出身地を取合せた古いものに狂言『若和布《わかめ》』の「京女に奈良男」があるから、江戸時代以前からこうした着想のことわざがあったことが分る。見出しの表現が言われるようになったのは、江戸時代でも、江戸が上方文化に対抗できる力をつけ、独自の文化を作り上げた頃からであろう。後期の洒落本『阿蘭陀鏡《おらんだかがみ》』、落語『角兵衛の婚礼』には異表現①が見られ、江戸時代の用例としてはこちらの方が多い。見出し形は江戸中期の『雲鼓評万句合《うんこひょうまんくあわせ》』に「初舞台あづま男に京女」と見える。なお、どこどこの男とどこどこの女は取合せがよい、という表現は、町と町、村と村同士の組合せの例が全国各地にある。

頭《あたま》が動《うご》けば尾《お》も動く

かしらが動けば尾も動く◈かしらが動かねば尾も動かず◈かしらが回《まわ》らにゃ尾が回らぬ

上に立つ者が先頭に立って行動すれば、それに従って下の者はおのずから行動するというたとえ。

仕事上の上司と部下、親分と子分の間柄など、下の者を上手に使う心得の言葉として知られる。古い表現は「あたま」ではなく異表現のような「かしら」で、江戸中期のことわざ解義書『和漢故事要言』に解説がある。ところで、動物や魚の頭を人間社会の上位者、尾をその下にいる者にたとえる発想は、世界的なもののようだ。ヨーロッパ全域・中央アジア・中東では「魚は頭から臭くなる」という、社会の腐敗は上部から進行するということわざがある。また、日本でよく知られる「鶏口《けいこう》となるも牛後となる無かれ」(別項)に当る「ライオンの尻尾になるより鼠の頭がまし」も、ヨーロッパ全域にある。

頭隠《あたまかく》して尻《しり》隠さず

かしら隠して尾を出す◈かしら隠して尻隠さず

一部の悪事や欠点を隠しただけで、全体を隠したつもりでいること。

多くは他人の行状を揶揄《やゆ》したり嘲《あざけ》る意味で使われる。図は明治時代のものだが、第二次大戦前までの江戸系いろはカルタの絵札は、このように褌《ふんどし》をした男の尻を描いたものが多かった。これは、葛飾北斎の描いたカルタ絵の、蚊帳《かや》に入り込もうとする夜這《よば》いの男の図柄が長く継承されたからである。このことわざが非常によく知られているのは、このような図柄からくる印象によるところもありそうだ。江戸時代全般では「かしら」を使った言い回しが主流で、用例から見ると、人間ではなく鳥、特に雉《きじ》の頭だったと言えるようだ。「あたま」と表記したものは、ことわざ集『諺苑《げんえん》』（一七九七年）あたりからのようだが、人口に膾炙《かいしゃ》するようになったのは、やはりカルタの存在が大きいと思われる。

頭《あたま》剃《そ》るより心《こころ》を剃れ

〓頭剃らんより心を剃れ◆頭剃ろうより心剃れ

外見上、頭を丸めて僧になるより、まず心を清らかにすべきであるということ。

「心を剃る」という表現は分りにくいが、「そりたきは心の中の乱れ髪つむりの髪はとにもかくにも」という鴨長明作と伝えられる歌のように、心の中の乱れた髪を剃る、すなわち、煩悩に迷い乱れた心を清浄にする意であろう。「頭を剃る」との対句をなす技法が施されたもの。江戸中期のことわざ解義書『諺草《ことわざぐさ》』は、対となる「衣《ころも》を染めんより心を染めよ」を併せた形であげている。「衣」の句は、幸若舞『小袖曽我』に「染めばやな心のうちを墨染に衣の色はとにもかくにも」と詠われている。ともに、仏教の影響の強い中世にあった〈思想〉だったのであろう。

頭《あたま》でっかち尻《しり》つぼみ

(1)始めが大きく、終りの小さいこと。(2)始めは勢いがよかった物事が、終りは振わないこと。

江戸後期には「あたまがちの尻すぼまり」（合巻『有《う》喜世諺草《きよことわざぐさ》』）と言われていたが、明治後半から「頭でっかち尻すぼり」と表現されるようになり、第二次大戦後になって見出しの形になったようだ。

頭《あたま》禿《は》げても浮気《うわき》は止《や》まぬ

老年になっても浮気は抑えることが難しいということ。

もっぱら男に対して言う。禿頭には洋の東西を問わず好色漢の印象がつきまとう。推測するに、男性ホルモンが強い人は髪が薄くなりやすい。そこから、禿→男性ホルモン→性欲旺盛、といった連想が起るのであろうか。このことわざに重なる意も持つ「雀《すずめ》百まで踊忘れず」（別項）が、ことわざらしくたとえを用いた形になっているのに対して、たとえも言葉の技巧も一切ない直截《ちょくせつ》な表現でいささか味わいに欠ける。そのせいか、ことわざとしての普及度、使用頻度は高くないか、文献に見えるのも『古今俚諺類聚』（一八九三年）以降のようだ。

新《あたら》しい酒《さけ》は新しい革袋《かわぶくろ》へ

＝ 新しい酒は新しい革袋に盛《も》れ▣新しい革袋へ新しい酒を▣古き革袋に新しい酒は盛られぬ

新しい思想・考えを表現するためには新しい形式・方法が必要だということ。

ここの「酒」は葡萄酒《ぶどうしゅ》を指し、「革袋」は酒を入れる山羊革の袋。革袋は一度使うと酒の発酵で革が伸びてしまい、再び使うと破れる危険がある。『新約聖書』（マタイ伝九章）の「誰も新しい葡萄酒を古い革袋に入れはしない。もしそうしたら、革袋は張り裂け、酒は流れ出して革袋もまた駄目になる。新しい葡萄酒は新しい革袋に入れよ。そうすれば両方が保てるだろう」による。原意は、キリストの教えが古い腐った心にはそぐわず、洗礼で一新された心にだけ意味をもつのだ、と解釈されている。日本では、江戸初期のキリシタン書『御パションの観念』（『スピリツアル修行』二篇）に「御主の御言葉に新しき酒は古き器に入れずと宣ふ如く」と用いられている。なお、新しい思想・考えを古い形式で表現してもうまくゆかないということで「新しい酒を古い革袋に入れる」という表現もある。

中《あた》らずと雖《いえど》も遠《とお》からず

正確には正しいとは言えないが、的外れではなく、だいたいは推測通りだということ。

中国の『大学』に見える。現代では上記のように解釈されているが、『大学』では国の統治方法に関して述べた言葉の説明として用いられている。すなわち「心誠《まこと》にこれを求むれば」の後をうけた語句で、心底から希求するならば完璧とはいかなくともそれに近いところまでは求められる、という意であった。しかし江戸時代では、統治に関わる意味での使われ方は太宰春台の『経済録』や上杉治憲《はるのり》の『老が心』などの思想書には見受けられるが、文芸書では一般的な事象の用法で多用されていた。

当《あた》るも八卦《はっけ》当らぬも八卦

占いは当ることもあり当らぬこともあるから、いちいち気にするものではないということ。

江戸後期の滑稽本『道中膝栗毛』や人情本『娘太平記操早引《みさおのはやびき》』に見られるのが早い例である。

あちらを立《た》てればこちらが立たぬ

(1)両立が困難なこと。双方によいことはないという意。(2)二人の主人には仕えられないこと。

この後に「双方立てれば身が立たぬ」と続けた俗謡があり、利害の異なる二人の間に立つ者の苦渋を唄っている。古くは「あなたを祝えばこなたの怨み」(『毛吹草』江戸前期)とか、「かなたによければこなたの怨」(随筆『鷺水《ろすい》閑談』江戸中期)という類義の言い回しが多用されていた。見出しの表現は年代不明の大島の民謡「大島節」には見られるが、それ以外では幕末の大判一枚刷錦絵「対面曾我の戯」に見えるのが早いもののようである。

悪貨《あっか》は良貨《りょうか》を駆逐《くちく》する

良いものが追い払われて、悪いものがのさばるたとえ。

名目価値が同じで、つぶした時の価値（＝実質価値）の異なる貨幣が国内に同時に流通する場合、価値の高い貨幣（＝良貨）は貯蓄のために姿を隠し、価値の低い貨幣（＝悪貨）が使われる傾向がある、という法則は「グレシャムの法則」と呼ばれている。グレシャムは一六世紀に英国王立取引所を創設した人物で、当時のエリザベス女王への書簡の中でこの表現を用いているが、特に彼が法則として唱えたわけではなかった。グレシャム以前に、地動説を唱えたコペルニクスが言ったという説もある。グレシャムが言い始めたというのは誤伝と思われ、起源は未詳である。なお英語ではBad money drives out good. と言う。

暑《あつ》さ寒《さむ》さも彼《ひ》岸《がん》まで

＝暑さ寒さも彼岸ぎり◆暑い寒いも彼岸まで◆寒さの果《はて》も彼岸ぎり

残暑も秋の彼岸頃になればしのぎやすくなるし、余寒の厳しさも春の彼岸頃になれば和らぐこと。

「彼岸」は、もともとは春分と秋分の日を中日として行われる仏事「彼《ひ》岸《がん》会《え》」のこと。のちに、この期間の七日間を言うようになった。このことわざの言うところは気象学の観点から見ても大体当っているようだ。しかし、気象上の事実を表現している以上に、暑さ寒さに苦しむ人々を慰め癒《いや》すことわざとして使われてきた。異表現も含めて江戸時代の使用頻度は高くはない。見出し形は簡潔な表現ということもあって、今日、常用されている。

暑《あつ》さ忘《わす》れりゃ陰《かげ》忘れる

＝暑さ忘れて陰忘る◆暑さ過《す》ぐれば木《こ》陰《かげ》を忘れる

苦難が過ぎ去ると、その時に助けてくれた人の恩は忘れてしまうこと。

夏の炎天下では、一服できる物陰や木陰はありがたい。そのありがたく感じた木陰も、季節が変り暑さを感じなくなると存在自体を忘れてしまう。場合によってはかえって邪魔でうとましくなることすらある。まことに人間は身勝手なものである。こうした人間の身勝手を批評することわざは少なくない。異なるたとえでは「病治《やまいなお》りて薬忘れる」(別項)、「雨晴れて笠を忘る」とある。また、「魚《うお》を得て筌《うえ》を忘る」(別項)となると、恩を忘れるというより目的を達した後はその手段を顧みないという意味合いが強くなり、状況が少し異なったものになる。

熱火《あつび》を子《こ》に払《はら》う

=熱火子にかける◆熱き火は子に払う

自分の身の安全を図って、最愛の我が子ですら犠牲にすること。危難が迫ると利己心がむきだしになることのたとえ。

早くは室町時代の連歌『新撰犬筑波』に「あつ火をばげに子にかくる炬燵《こたつ》かな」と詠まれ、江戸時代にはさまざまなジャンルでいろいろな表現で常用されるようになった。

羹《あつもの》に懲《こ》りて膾《なます》を吹《ふ》く

=羹に懲りてあえ物《もの》を吹く◆羹に懲りてしたし物を吹く

前の失敗に懲りたため、必要以上にばかばかしい用心をすること。また、その行為を嘲《あざけ》る意。

「羹」は、肉と野菜が入っている熱い吸物。「膾」は、今では大根など野菜の酢の物が一般的だが、もとは細かく切った生肉。異表現の「したし物」は、浸《ひた》し物。熱い吸物で舌を火傷《やけど》したことから、今度は冷たい膾を食べるにも冷まそうとする情景。中国・戦国時代の『楚辞《そじ》』に見られる語句で、江戸中期の荻生徂徠《おぎゅうそらい》の『弁名』などに用いられているが、当時はことわざとはみなされなかったのか、普通のことわざ辞典に載るようになるのは意外にも第二次大戦後のことである。もっとも、同義のことわざは多く、「黒犬《くろいぬ》に嚙《か》まれて灰汁《あく》のたれ滓《かす》に怖《お》じる」は江戸時代に常用されており、そのほか「蛇《へび》に嚙まれて朽縄《くちなわ》に怖じる」(別項)、

「火傷火に怖じる」「舟に懲《こ》りて輿《こし》を忌《い》む」などもある。世界的にも多く、蛇と縄を用いたものは広く中東・インド・中央アジア・東欧・北アフリカにわたる。

当《あ》て事《ごと》と越中《えっちゅう》褌《ふんどし》は向《む》うから外《はず》れる

当て事と越中褌 ◉越中褌と当て事は向うより外れる

勝手に自分に都合よく当てにしていた事は、先方の都合で外れることが多いということ。

「当て事」は、ある物事を期待や予期すること。「越中褌」は細川越中守忠興《ただおき》が始めたという言い伝えのある褌で、長さ三尺（約九〇センチメートル）ほどの木綿の一端に紐《ひも》を付けたもの。背中の方から前へ回した布を、結んだ紐に挟んで使うため、背に対する「向う」すなわち腹の側から外れやすい。当て事も向う（＝相手）から外れやすい。褌と当て事という奇抜な取合せで、滑稽感あふれることわざとなっている。技巧を施さず単に「当て事は向うから外れる」という言い回しも使われる。

後足《あとあし》で砂《すな》

①後足で砂をかける ②後足で土をかける

恩を受けた人を裏切るばかりか、別れ際にさらに迷惑や損害を与えること。

原意についていくつか見解があるが、古くは二つに大別される。(ア)犬や馬などが逃げる時に後足で砂を蹴散らしてゆくように、後のことを顧慮せず平気で去ることから（『諺語大辞典』一九一〇年）。(イ)猫が糞尿《ふんにょう》をしたあと、後足で土砂をかけて去ることから（『俚諺大辞典』一九三三年）。しかし、これらの情景説明では、後のことは知ったことではないという意の「後《あと》は野となれ山となれ」（別項）と同義であって、裏切りや恩を仇《あだ》で返す意は出てこない。今日一般的に知られている解釈になったのは、『俚諺小辞典』（一九五一年）が「主人の許《もと》を去るにのぞんで、仇を残して行く譬《たとえ》」と明示してからのことである。初出は異表現②が十返舎一九の滑稽本『世中《よのなか》貧福論』に見られるが、見出し形は、用例では明治時代の脚本『芽出柳緑翠松前《めだしやなぎみどりのまつまえ》』、ことわざ集では『国民錦嚢』(一八九一年)と古くない。一般的になるのは明治以降のようだ。

後《あと》の雁《がん》が先《さき》になる

＝後の烏《からす》が先になる◈後の馬《うま》先になる

(1)後から行った者が先の者を追い越すこと。(2)後輩が先輩を凌《しの》いだり、学識・財産・権力・地位・力量などで遅れをとっていた者が先にいる者を追い越すこと。また、(3)若い人が先に死ぬ場合などにも言う。

雁は隊列を組んで飛行する。一列縦隊になったり、Λ形の編隊だったりする。「雁行《がんこう》」という語は、雁が斜めに並んで飛行する様子から出た。そうした雁の隊列は、リーダーを先頭に順序よく飛ぶものと理解されていた。そんな隊列でも、時には後の雁が先に立つ。このことわざは、そうした雁の飛行ぶりを観察した人が作り出したものに違いない。黄表紙『啌《うそ》多《しつかり》雁取《がんとり》帳《ちょう》』など江戸中期には使われていた見出し形も、雁の隊列を見ることの少なくなった現代では、異表現の「烏」の形に取って代られた。なお、地方によって同義のものに馬や舟を用いたものもあるが、どれも雁のような鮮明な情景は浮んでこない。

後《あと》の喧嘩《けんか》先《さき》でする

事前に十分な論議をしておけば、あとでいざこざが起きないということ。

悶着《もんちゃく》が起りそうな事柄を切り出すときに前置きとして用いられることが多い。明治以前に用例が見えず、ことわざ集への収載もないので、近代になって言い慣わされるようになったと推定される。

後《あと》の祭《まつり》

(1)時機を逸して手遅れになること。(2)後悔しても遅いこと。(3)男色のこと。

江戸時代によく使われていたことわざであるが、当時どういう意味で使っていたかがはっきりしない。(1)(2)の用法は、語義的に考えてみると「祭の後」であって、「後の祭」ではない。そこで、「祭の後」だったものが「後の祭」という表現に混同されてしまったとする見方がある。一方、語義的にも「後の祭」だったと見る場合、「後の祭」が具体的には何を指しているかが問題になる。考えられるものとして以下のような説がある。(ア)祭日の後に曳《ひ》かれる山車《だし》のこと。(イ)人の死を祭る死後祭。(ウ)祭の翌日に神酒《みき》・神饌《みけ》を下げてする直会《なおらい》の酒宴。(エ)男色。その中で(エ)は、雑俳『末摘花』(巻三)の「跡の祭り野郎の傾城《けいせい》をあげ」という句の「跡の祭り」が、隠語で男女の交合を「お祭」と言うことから男色を指すと見たのによる。(ア)から(ウ)にはこれという決め手になる資料はなく、推測の域に留まっている。江戸時代の文芸にも用例は多く残っているが、ことわざの真意にまで言及しているものは確認できていない。着眼を変えて、先人が残した視覚面から見たらどうだろうか。二つ掲げた図の右側はことわざ図集『諺画苑《げんがえん》』(一八〇八年)からだが、どうも舞楽(?)の面を被《かぶ》った男が祭に遅れてうなだれているように見えるから、「祭の後」の意のようだ。左の図は河鍋暁斎《きょうさい》の『狂斎百図』(江戸末期)からで、登場する四人の男は「後の祭」を楽しんでいるようで、(イ)とも(ウ)ともとれる。というわけで、視覚面からも結論を出すに至っていない。

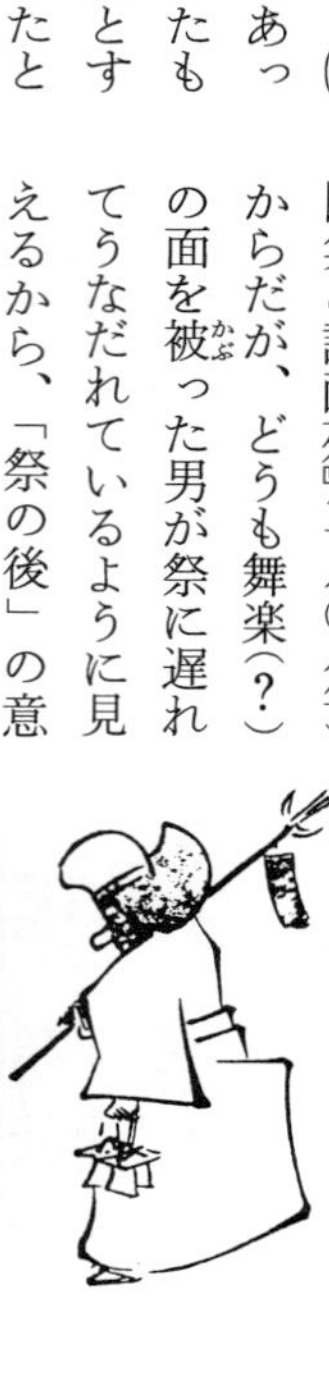

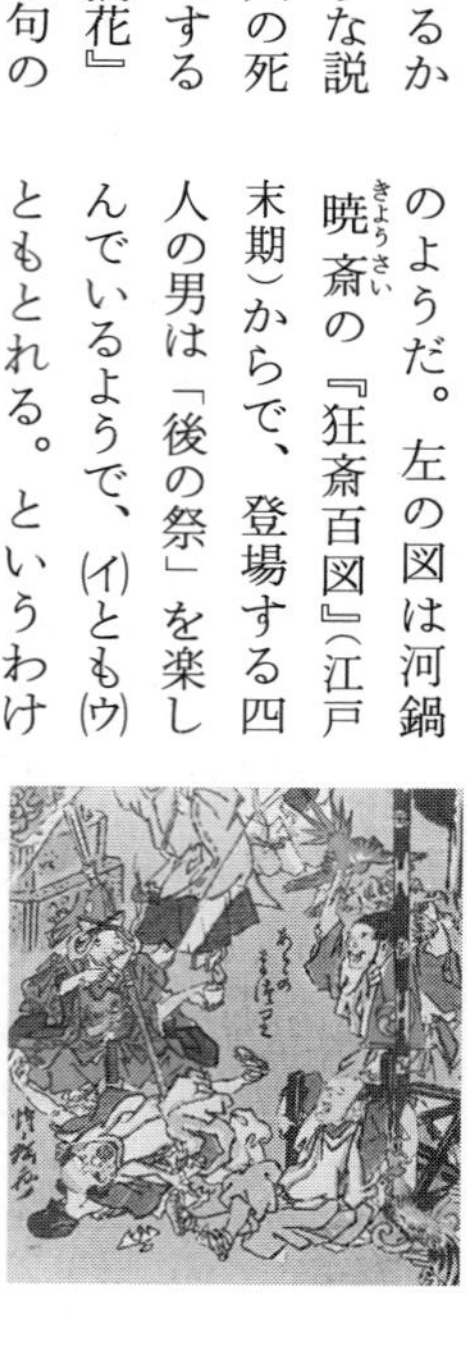

後《あと》は野《の》となれ山《やま》となれ

末《すえ》は野となれ山となれ◈先《さき》は野となれ山となれ◈後は野となれ海となれ

現在さえよく、または目先の問題さえ済めば、後はどうなろうと構わないということ。

農耕民族である日本人の言葉であるから、「野」となり「山」となる前の地は田や畑であろう。とすればこれは、自己の行為への責任を放棄し、その結果もまったく意に介さず、たとえ悪しき結果を招くことになっても関知しないという態度にもなる。無責任の極みともいう姿勢であるが、もとよりたとえであるから誇張された表現であることは当然である。また、例えば江戸前期の『俳諧江戸通り町』の「折てからは跡は野となれ山桜」の句や、その他の江戸時代の用例類から見ると、少なくとも江戸時代においてはそこまでの無責任さを言っているとは思えない。もう少し軽い意味で、自分と関りのなくなった先のことは分からないという程度のものではなかったのではなかろうか。

後腹《あとばら》が病《や》める

事が終った後でいつまでも面倒や迷惑を蒙ったり、出費がかさむこと。

「後腹」は、分娩《ぶんべん》後の腹痛、転じて事が終ったあとに残る苦労。江戸後期の合巻『童蒙話赤本事始《わらべばなしあかほんじし》』に「ばらしてしまはば我が子の為に後腹病めず」と用いられている。

後百《あとひゃく》より今五十《いまごじゅう》 ⇒ 明日《あす》の百より今日《きょう》の五十

姉女房《あねにょうぼう》は身代《しんだい》の薬《くすり》

＝姉女房は所帯《しょたい》の薬

夫より年上の妻は夫の扱いも上手で、家庭をうまく治められるということ。

「身代」「所帯」は、暮し向き、家庭生活の意。ことわざの世界では姉さん女房の評価は高く、「姉女房蔵建つ」「姉女房は子ほど可愛がる」(夫を子供のようにかわいがって大切にする)などと言われる。なかにはあまりことわざらしくない「姉女房は可愛がってくれる」(『北安曇郡郷土誌稿』一九三二年)というものもある。そこで、「一つまさりの女房は金の草鞋《わらじ》で探しても持て」(別項)ということになる。

痘痕《あばた》も靨《えくぼ》

＝惚《ほ》れた欲目《よくめ》には痘痕も靨

好きになった者は贔屓目《ひいきめ》で見るので、相手の欠点も長所に見えるということ。

「痘痕」は疱瘡《ほうそう》（天然痘）の跡のことで、古くは珍しいものではなかった。のちには吹出物などによってできた小さな凹みのことも言う。同じ頬《ほお》の凹みでも、女を魅力的に見せる靨はできるといっても一つが普通で、痘痕は症状や人によって異なろうが、一つということはまずあるまい。だから、いくぶん目が悪くても実際に痘痕を靨と見誤ることはない。その醜い痘痕を可愛い靨に、つまりは醜を美に大転換させてしまったことわざである。「恋は盲目」というように、好いた者の力は理性を超えるのであろう。江戸後期の人情本『廓《さと》の花笠』や古典落語『あばた会』に用例はあるが、人口に膾炙《かいしゃ》するようになるのは明治以降になってからのようだ。『俗諺辞林』（一九〇一年）に、いくぶん散文的ではあるが「愛して視《み》れば鼻欠《はなかけ》も靨と見える」とするものもある。

危《あぶ》ないことは怪我《けが》のうち

危険なことをするのは、すでにけがの生じる圏内にあるということ。

だから危ないことには手を出すな、近づくな、と相手に注意を喚起したり、また、だから自分はそうしないと自己弁護したりする時に使う。何百ものことわざを繋ぎ合せて浮世草子風に仕立てた『やぶにまぐわ』やことわざ解義書『普世俗談』に収載されているので、江戸中期から言い慣わされたと考えられる。

虻蜂捕《あぶはちと》らず

＝①虻蜂捕らず鷹の餌食《えじき》　②虻も捕らず蜂も捕らず

同時に二つのことを試みても、どちらもうまくゆかないことのたとえ。

普通に受け取れば、虻と蜂の両方を欲張って捕ろうとし、結果としてどちらも捕れずに損をする意であろう。しかし、人が虻や蜂を捕まえて何にしようとしたのだろうか。食用ということなら、蜂の子はともかく、虻を食べるとは聞いたことがない。そのためなのか、虻蜂を捕ろうとするのは人ではなく蜘蛛《くも》だとする説も唱えられた。着眼は面白いが、蜘蛛の網に両方がかかっていれば蜘蛛には容易に「捕れる」はずだからこの説には難がある。ところで、「とる」という動詞には、物を手に入れるとか捕獲する意のほかに、討ち取るとかやっつける意がある。後者の意味に解釈すると、蜂や虻の来襲に際してどちらも撃退できなかった様子が想像できよう。江戸後期の『譬喩尽《たとえづくし》』には「虻も取らず蜂にさされたる顔付」というのがあり、このあたりの情景を伝えているものと思われる。また異表現①に着目すると、虻や蜂を捕るのは人間ではなく、鷹に狙われる小鳥や小さい獣、蛙などということも考えられる。

甘《あま》い物《もの》には蟻《あり》がたかる

＝蟻の甘きにつどう◈蟻の甘きに付く

旨《うま》い話や利益のあるところには人が集まってくるものだということ。

蟻は食い物であれば何でもござれだが、特に甘い物には敏感に反応するようだ。馬琴の『里見八犬伝』は、四百字詰原稿用紙に換算すると五千枚はゆうに超える大長編で、そこに使われていることわざは約六百種、使用総数は千回に及ぶ。まさに「ことわざの山」の作品である。その中で、二つの異表現が合せて六回登場する。このことわざはこれまで近代以前の使用例が明示されていなかったが、意外にも馬琴が「愛用した」ものだったのである。

雨垂《あまだ》れ石《いし》を穿《うが》つ

＝雨垂れに石窪《くぼ》む◈点滴《てんてき》石を穿つ

どんな小さな力でも根気強く続ければ、いつかは成功し、事が成るという意。

小さな雨垂れ一粒ずつでも、同じ箇所に長く落ち続けていれば、やがて石に凹みや穴ができる。ことわざが指す具体的な情景は、現代の日常ではあまり目にしないが、類似したものはある。古い寺の石段は、長年の人々の通行でよく踏まれる部分が磨耗《まもう》して低くなっており、現代の駅の階段にも見られる。人と雨垂れでは重量が比較にならないものの、たとえほんの小さな雨垂れでも同じ箇所に何万回も当れば固い石でも減ってしまうわけだ。出典は中国の『文選《もんぜん》』(枚乗《ばいじょう》、上書諫呉王)。日本における用例も古く、『曾我物語』(巻八)の「それ泰山《たいざん》の霤《らい》は石をうがつ」(「泰山」は中国・山東省にある名山。「霤」は正しくはリュウで、雨垂れの意)は、『文選』の表現を受けている。図は教科書『尋常小学読本』(一八八七年)の挿絵。

余《あま》り物《もの》には福《ふく》がある ⇩ 残《のこ》り物に福がある

阿弥陀《あみだ》の光《ひかり》も銭次第《ぜにしだい》

①阿弥陀の光も金《かね》次第 ②阿弥陀も銭ほど光る ③阿弥陀も銭で光る ④阿弥陀も金で光る

金の威力は絶大で、すべて世の中は金次第であるということ。

何事も金の世の中で、仏様の御利益までも、賽銭《さいせん》が多いか少ないかで決ってしまうという。たしかに仏教の一部宗派では、死者に付けられる戒名にしても金額の多少によりランク分けされているし、お経にしても包む金の額によってどの経を読むか異なるというから、まさに金次第と言える。このことわざは、「葬式仏教」と陰口を叩かれる現代のはるか以前、江戸初期から常用されていた。もっとも江戸時代全般では、主に見出し形以外の言い回しで表現されていた。古い用例としては、異表現②が江戸初期の仮名草子『竹斎《ちくさい》』に、見出し形は後期の滑稽本『六あみだ詣』にそれぞれ見られる。

網無《あみな》くて淵《ふち》を覗《のぞ》くな

＝網なくして淵をのぞむ

⑴物事をする際には事前に準備しておかないと成功はおぼつかないということ。⑵必要な方策も講じないで人を羨むものではないということ。

中国の『漢書』(董仲舒《とうちゅうじょ》伝)に出典が求められ、日本でも江戸前期から用いられ、『毛吹草追加』や『町人《ちょうにん》嚢《ぶくろ》』に用例がある。

網《あみ》の目《め》に風《かぜ》たまらず

＝網の目に風とまらず

なんの効果もない無駄なことのたとえ。

和泉式部の歌に「網の目に風もとまらぬ浦に来てあまならなくにながら居つるかな」と詠まれ、江戸時代には常用されていた。なお、「網の目に風たまる」と肯定形になると、不可能なこと、また、わずかに可能性のあることといった意になる。

飴《あめ》と鞭《むち》

⑴優しい面と厳格な面の両面を備えていることのたとえ。⑵おだてと恫喝《どうかつ》の両方をもって、人を支配すること。

ドイツ帝国の宰相ビスマルクの取った政策としても知られるが、現代では人の使い方や教育方法などで用いられることが多い。

雨《あめ》の降《ふ》る日《ひ》は天気《てんき》が悪《わる》い

当り前だというたとえ。

天気は晴だとよく、雨は悪いと言われる。天気自体「悪い」ことには変りないのに「結構なお湿り」「恵みの雨」と喜ばれるのは、カラカラ天気が続いたり、水不足の時に降る雨くらいのもの。このことわざのように、取り立てて説明するまでもないことをわざわざ表現する一群があり、〈自明ことわざ〉と呼ばれる。

「親父《おやじ》は俺より年が上」「兄は弟より年ゃ上だ」「親父は男でおっかあ女《おなご》」「どこの烏《からす》も黒い」「鶏はみな裸足《はだし》」「雉《きじ》の雌鳥《めんどり》は女鳥」「目は二つ、鼻は一つ」「面《おもて》は顔」「背中に目はない」「北に近ければ南に遠い」「唐辛子《とうがらし》は辛くて砂糖は甘い」など。その中では「犬が西向きゃ尾は東」(別項)がよく知られている。しかし、どれも江戸時代のことわざ集には見えず、見出しのことわざも明治時代の『日本俚諺大全』からと遅い。

雨降《あめふ》って地《じ》固《かた》まる

いざこざやもめごとが起っても、それがかえってよい結果や、以前よりよい状態をもたらすこと。

雨が降ると地面は一時的に軟らかくなりぬかるむが、やがて再び固まる。雨によって地盤がしっかり安定する現象に着目したことわざ。文献上の初出は安土桃山時代のことわざ集『月菴酔醒記《げつあんすいせいき》』。『毛吹草』をはじめ江戸前期から常用されており、現代でも特に結婚披露宴でのスピーチには欠かせない言葉になっている。ふつう常套句化して手垢にまみれると敬遠されがちなのだが、なぜか根強く支持され続けている。

過《あやま》ちては改《あらた》むるに憚《はばか》ること勿《なか》れ

過ちては則《すなわ》ち改むるに憚ること勿れ◉過っては改むるに憚ること勿れ◉改むるに憚ること勿れ

過ちを犯したと知ったら、世間体や体面などにこだわらず、すぐに改めなければならないという教訓。

「憚る」は、ためらい、ぐずぐずすること。『論語』(学而)に見える有名な句である。『論語』では「己《おのれ》に如《し》かざる者を友とすることなかれ」(自分より徳が劣る者を友とするな)に続く。いずれも君子の心掛けを説くもので、お気に入りを側に置き、過ちを取繕う姿勢を戒めたもの。日本の古いものでは、平安前期の最澄の『顕戒論』(巻中)に「過てば則ち改むることを憚るなかれ」と用いられている。

過《あやま》ちの功名《こうみょう》 ⇓ 怪我《けが》の功名

蟻《あり》が鯛《たい》なら芋虫《いもむし》ゃ鯨《くじら》

蟻が十《とお》なら芋虫ゃ二十《はたち》

「ありがたい」を、照れ隠しに雑《ま》ぜ返して言うもの。

「蟻が鯛」は発音上では「ありがたい」に同じである。小さな蟻を魚の鯛とするならば、少し大きい芋虫なら鯨に相当するという、突飛な組合せで大小比較をした言葉遊びとなっている。このように語呂合せの技巧が施されてことわざとなった洒落は一般には多いとは言えないが、このことわざに関しては類句が多い。「蟻が鯛なら蚯蚓《みみず》は鱧《はも》」「蟻が鯛なら蚯蚓は鰯《いわし》」「蟻が十なら蚯蚓が二十、蛇は二十五で嫁に行く」など。そのなかでも見出しの表現は傑作と言えよう。なお、こうした語句は古いことわざ集に見えず、江戸時代の用例も見つかっていない。「鱧」の句が明治後期に見えるので(『滑稽新聞』一九〇三年一月、投書欄)、その前後に各地でさまざまに言い換えた形が生じたのではないだろうか。

蟻《あり》の甘《あま》きに付《つ》く ⇒ 甘い物《もの》には蟻がたかる

蟻《あり》の思《おも》いも天《てん》に届《とど》く

蟻の思いも天に上がる ◉蟻の思いも天に通ずる ◉蟻の思いも天上り

小さく非力な者でも、念ずる力が強ければ、天の神の聞くところとなり、望みを達成できることのたとえ。

望みは、現在点と達成点との隔たりが大きければ大きいほど、達成した時の喜びは大きい。蟻より小さな生物には蚤《のみ》もいる。同義のことわざで「蚤の息天に上《のぼ》る」というのが『源平盛衰記』(巻四五)に見られる。これはそれ以降も多数のことわざ集に収載され、なかには『諺草《ことわざぐさ》』(一七〇一年)のようにわざわざ「農民の息……」の誤用だとする解説を施しているものもある。蟻の方はさほど古いものにはなさそうで、江戸中期の洒落本『大通俗一騎夜行《やぎょう》』、黄表紙『文武二道万石通《まんごくどおし》』などに見られる。

蟻《あり》の熊野《くまの》参《まい》り

蟻の熊野参りするよう◉蟻の伊勢《いせ》参り◉蟻の堂《どう》参り◉蟻の開帳《かいちょう》参り

蟻が行列を作って動くこと、転じて人が途切れなく行き交うこと。

和歌山県の熊野三所権現に参詣する人々が長蛇の列をなしているさまを、蟻の行列になぞらえたもの。有名な寺社への参詣の歴史は古く、平安末期から鎌倉時代にかけて貴族を中心に熊野・伊勢・高野などへの参詣が盛んであった。異表現の「開帳」は、寺院で特定の日に厨子《ずし》のとばりを開いて秘仏を一般公開することで、そういう日はとりわけ参詣人が多かった。平安末期の歌人・源家長の日記の「上下北面の人々の馬車にてはせちがふ様、蟻といふ虫の物参りとかやするにこそよう似て侍《はべ》り」という一節が有力な資料となっている。著名な社寺で特に大きな行事の時の人出は、それこそ俯瞰《ふかん》すれば「蟻の行列」に見えたかもしれない。そういうなかでも熊野参りは古くから人気があり、鳥羽上皇や後白河上皇の御幸は二〇回を超えるほどであったというから、狭い山道を人々が連なっていく様子がこのことわざの原風景と言えよう。なお、江戸前期の仮名草子『江戸名所記』には、蟻ならぬ「蝗《いなご》の熊野参り」という言い回しがある。

ある時《とき》は蟻《あり》があり、ない時は梨《なし》もなし

ある所にはありの実《み》、ない所には梨の実

金はある時は不足なくあるものの、ない時はまったくないという意。

「するめ」を「あたりめ」と言うように、「梨の実」を忌詞《いみことば》で「ありの実」と言う。「あり」と「なし」という反意語を、梨の二通りの呼び名と「蟻」に掛けて語呂合せにしたもの。言葉遊びに類するものだが、この種のことわざとしては初出が案外古く、異表現は江戸後期の『譬喩尽《たとえづくし》』に、見出し形は『俚言集覧』に収録されている。

ある時払《ときばら》いの催促《さいそく》なし

主として、相手に金を貸す際に、この上なく寛大な返金条件を言う言葉。

金を貸す場面で、相手が年下の場合や金の持合せがない時に、将来、金ができたら返してもらうけど特に催促はしないよ、というふうに使われる。多くは、言外に返金を期待しない気持が含まれているのだろう。現代では、特に相手が年下だと、こう言ったり、「出世払い、出世払い」などと言ったりして「奢《おご》る」場面はよくある。反対に借りる側の言葉として、相手の寛大さに期待する意味合いを込めて用いられることもある。年代が明示できる古い用例は見つかっていないが、講談『加賀騒動』に「なれど貴公は八千石の大《たい》身《しん》、俺は三千石のお賄《まかな》ひを頂く当家の食客。依《よ》つて此の金は返すにも及ぶまいと思ふ。なれど貰ひ受けるも心苦しい。そこで有る時払ひの催促なしといふことに致そう」というくだりがある。

合《あわ》せものは離《はな》れもの

――夫婦《ふうふ》は合せもの離れもの

二つの物を繋ぎ合せて作った物は、いつかは離れる。転じて、出会った者や縁で結ばれた者には別れの時がくるという意。

主として、夫婦別れの時に諦めや慰めの意味合いを込めて使われる。また、それとは反対に、夫婦関係を持続するためには辛抱が大切という意味でも使われる。「合せもの」は、別々の物を合せて一つの物に作ったもの。このことわざの下地には古くに存在した仏教からきた考え方がある。世の中の物質は、地・水・火・風という四大元素から成り立っている。人の体もこの四大《しだい》が合さってできたものだから、いつかはまたばらばらになって元の四大に返るというものである。江戸前期から使われていたようで、『毛吹草追加』(秋部)にはこれを踏まえた「あはせ物とかへる鶉《うずら》やはなれ物」という句が収められている。

慌《あわ》てる乞食《こじき》は貰《もら》いが少《すく》ない

急いで事をしようとする者はうまくゆかないから、落ち着いて対処しろということ。

物乞いするにも、相手に対して礼儀はいるだろう。自分ばかり貰おうと人を押し退けたり、せかせかとがさつに振舞ったりすれば、相手が気を悪くして貰えるものも貰い損なうかもしれない。ことわざは「あわて」には概して否定的である。「慌て者半人足」は、あわて者は半人前だとみなすことだし、「慌てる蟹《かに》は穴へ入れぬ」は、あわてる蟹が自分の住処《すみか》の穴にも入り損なうことから、あわて者はごく簡単なことにも失敗するという意だ。「慌てる蟹」は明治時代のことわざ辞典からあるが、見出しのことわざは『故事ことわざ辞典』(一九五六年)まで見られないようで、新しいことわざの可能性も考えられる。筆者が中学生の頃、ある話の上手な教師がよく使っていたことを鮮明に記憶している。

合《あ》わぬ蓋《ふた》あれば合う蓋あり

一方にはよくなくても他方にはよいというように、人間にも物にもふさわしい人、物があるということ。『毛吹草』をはじめ、江戸時代の俚諺書によく収載されているが、近代以前の用例は見当らない。

案《あん》ずるより産《う》むがやすい

物事は初めに心配したより、実際に行なってみると案外簡単だという意。

「案ずる」はあれこれ考え、心配すること。「産む」は出産。いくら医学が進歩しても、お産が女の一大事業であることに変りはない。まして昔は「産《さん》はあの世この世の境」ということわざもあるように、生死の境のものだった。だから出産を控えていれば、本人も周りもあれこれと心配の種は尽きない。ところが、たいていは事前の心配がうそだったように済んでしまうものである。だから取り越し苦労をするなと慰めたり、事が済んだあとの述懐や、決断をうながす言葉ともなる。狂言『悪太郎』に用例があり、江戸時代にはさまざまなジャンルで常用されていた。

い

言《い》うは易《やす》く行《おこな》うは難《かた》し

＝言う事は易く行う事は難し

口だけで言うのは簡単だが、言ったことを実行するのは難しいこと。

「口だけなら大坂城も建つ」わけで、「口ほど重宝なものはない、何でも言うことすぐに出る」ということわざもあるように、口では何とでもなる。しかし実行となると別問題。言葉と実行はどうも相反するものらしく、「理《り》屈《くつ》上手《じょうず》の行い下手」「感心上手の行い下手」といったことわざがそれを証明しているようである。出典は中国・漢代の『塩鉄論』。日本では、異表現が江戸中期の『雨やどり』に見られるのをはじめ、心学関連の書に教訓として引かれているが、現代よく知られているわりには近代以前の用例は少ない。

家柄《いえがら》より芋幹《いもがら》

(1)家柄を誇示しても何の値打ちもないこと。(2)没落した名家を嘲《あざけ》る言葉。

「芋幹」は里芋の茎を干したもので、食用になるものの、決して上等なものではない。「がら」が韻を踏むように配置されていて、ことわざらしく言葉の技が見られる。日本のことわざに見える「家柄」は、総じてよい扱いを受けていない。「家柄より金柄《かねがら》」「家柄より芋食い柄」は名より実を重視するもの。端的には「芋幹食えるが家柄は食えぬ」と見られているのである。家柄を直接に言うことわざは、江戸時代には見られない。このことわざも『諺語大辞典』(一九一〇年)への収載が早いもののようだ。

言《い》えば言わるる大鋸屑《おがくず》 ⇩ 大鋸屑も言えば言う

家貧《いえまず》しくして孝子《こうし》顕《あらわ》る

＝家貧しくして孝子出づ

⑴立派な人物は、苦難な状況の中にあってこそ世間に知られるものである。⑵逆境にある時に、助ける人が現れるという意。

家が貧しいと、子供も働いて稼がねばならないので、食べるための必死な働きぶりは世間の人の目に留りやすくなる。「あらわる」に「現」ではなく「顕」の字が当てられているように、孝行な子が出現する事実を言うのではなく、世間の人が孝行な子だと認めることが原意で、江戸中期の道話『有べかかり』に用例が見える。しかしこの区別はやがて失われ、異表現のように「出づ」とするものも江戸時代の文献に現れてくる。出典は中国・明代の『明心宝鑑』で、この後に「世乱れて忠臣を識《し》る」(世が乱れてはじめて忠臣の存在がはっきりする)が対句となっている。

毬栗《いがぐり》も中《なか》から割《わ》れる

＝毬栗も中からはじける

⑴女が年頃になると自然に色気づくことのたとえ。
⑵物事は自然に熟すのを待つのがよいという意。

毬栗は全体が刺《とげ》に包まれていて、割ろうとしてもけっこう手強く、無理をすれば手を傷つけることにもなりかねない。しかし時季がくれば自然に割れて実が姿を現し、食べられるようになる。なかなか情趣に富んだことわざになっている。類義のことわざには「日陰《ひかげ》の豆も時が来ればはぜる」「陰裏《かげうら》の蚕豆《そらまめ》もはじける時ははじける」「豌豆《えんどう》は日陰でもはじける」「芝栗《しばぐり》も時節が来ればはじける」「陰裏の桃の木も時が来れば花咲く」などがあり、いずれも木の実や花の類をたとえにしていて面白い。この中で、近代以前の用例は「陰裏の蚕豆」が多い。

烏賊《いか》の甲《こう》より年《とし》の劫《こう》 ⇒ 亀《かめ》の甲より年の劫

生《い》き馬《うま》の目《め》を抜《ぬ》く

＝ 生き馬の目を抉《えぐ》る ◈生き馬の目をくじる ◈生き牛の目を抜く

(1)すばやく事をなすこと。(2)ずるい上に、抜け目なく油断も隙《すき》もないという意。

異表現の「くじる」はえぐる意。馬にせよ、異表現に見られる牛にせよ、なにゆえに目を抜くのだろうか。謎めいたことわざである。「馬」形「牛」形について近代以前の用例二三点を見てみると、江戸以前のものは室町時代の『鴉鷺《あろ》合戦物語』だけで、これは「馬」形になっている。江戸に入って、西鶴の『本朝二十不孝』（一六八六年）から狂歌『月乃鏡』（一七四六年）までの五点は「牛」形で、ほかはすべて「馬」形になっており、近松の『融大臣《とおるのおとど》』（一六九三年以前?）から十返舎一九の『通俗巫山夢《ふざんのゆめ》』（一八一五年）まで、いろいろなジャンルで見られる。図は歌川歌重《うたしげ》の一枚刷風刺画「人こころ浮世のたとへ」（一八六八年）の一部分。

行《い》き掛《が》けの駄賃《だちん》

何かのついでにほかのことをして利益を得ること。「行き掛け」は、荷のある問屋に向かう途中の意で、「駄賃」は荷を馬に載せて運んで得る報酬。馬子が、問屋に荷受けに行く際の空馬を利用して、別の荷物を運んで運賃を取ったことから。江戸中期の浮世草子『風流曲三味線』、浄瑠璃『忠孝大磯通《おおいそがよい》』など、江戸時代の文芸に多く用いられた。

息《いき》の臭《くさ》きは主知《ぬしし》らず

＝ ①息の香《か》の臭きは主知らず ②臭い者身知らず

他人の欠点は分るが、自分の欠点は分らないこと。

胃の病気で起る口臭は本人でも分るが、常態化した口臭・体臭に本人が気づくことは難しい。厄介なのは、かりに自分が「臭く」ても自分では感じず、他人の「臭さ」は感じることだ。この辺をことわざをもって言い表せば、少し下品だが「我が糞《くそ》は臭くなし」となるだろうか。日本人はもともと肉食主義ではなく、また風呂好きということもあって、一般的に体臭は強くない。それだけに、他人のにおいには敏感である。異表現①は『世話尽《づくし》』など江戸前期のことわざ集に散見され、②は後期の読本『双蝶記』などに用例が見られるが、現代では使われなくなっている。

生《い》き恥《はじ》かくより死《し》ぬがまし

だらだら生き長らえて恥しい思いをするより、さっさと死んだ方がよいということ。

「命《いのち》長ければ恥多し」(別項)ということわざが示すように、日本人には長生きを否定的に見る面がある。「長生きすれば新しいことを聞く」と肯定的なものは少数派。もちろん、どちらも人生五十年と言われた時代の話だ。見出しのことわざは、長く生きていると恥をかくことも多くなる、それならいっそのこと死んだ方がまし、と過激な〈死の勧め〉につながることになる。〈恥〉の意識・文化が底流にあったからこそ言い慣わされたことわざであろう。

生《い》き別《わか》れは死《し》に別《わか》れより悲《かな》しい

＝生き別れは死に別れより辛《つら》い

生きている人との別れは、人の死による別れよりもつらいということ。

生きていれば再会することもあるわけで、単純に生前の別れが死別よりつらい、という解釈では句意の理解として不十分なようだ。近松『殩静胎内捃《ふたりしずかたいないさぐり》』(第二)の「我身の昔は覚《おぼえ》もあり、飽《あ》かれぬ中の生別《いきわかれ》は、死別《しにわかれ》よりつらいもの、この哀《あわれみ》は見捨てがたし」は好いた同士の生き別れのようで、人間関係としては濃密そのものだ。恋愛に限らず、例えば親子関係など、一時たりとも離れがたい濃厚な人間関係が結ばれている場合に、当人たちの意に反して引き起されるそうした生き別れのつらさを言っているものと考えられる。

意《い》見《けん》と餅《もち》はつくほど練《ね》れる

人の意見には、従えば従うほど利するところが大きいということ。

「意見に付く」は、他人の忠告に従う意。この「付く」に、餅を「搗《つ》く」を掛けて、まったく無関係なもの同士を抱き合せるという、ことわざ特有の洒落技法を使ったもの。もちろん、実際に「餅を搗く」意味はなく、「意見を付く」を引き立てて面白く仕立てただけである。一見、他人の考えに追従する没主体的なことわざのように見えるが、真意は、多くの人の考え・見解に謙虚に耳を傾け、独

善に陥るのを予防することであろう。安土桃山時代の『天草版金句集』に見られる。同じ趣向のことわざに「人の意見に餅をつく」があり、どちらも江戸中期から言い慣わされている。図は『心学俗語』（巻上、一八一七年）から。

いさかい果《は》てての棒乳切木《ぼうちぎりき》 ⇒ 喧嘩《けんか》過《す》ぎての棒乳切

砂《いさご》長《ちょう》じて巌《いわお》となる

①砂長じて岩《いわ》となる ②さざれ石の巌となる ③砂の岩となる

(1)非常に長きにわたって生命が保たれること。(2)小さな何の価値もないものでも、たくさん集まれば価値あるものになるという意。

「いさご」は細かな石や砂、「巌」は大きな岩。このことわざの背景には、小さな石が大岩になるという古代人の〈信仰〉がある。異表現を含め、『古今集』真名序をはじめ、『宇津保物語』『和漢朗詠集』、室町時代

の御伽草子『毘沙門《びしゃもん》の本地』、謡曲『信夫《しのぶ》』等々、古《こ》いものの占める割合が多い。現代でもよく知られる古《こ》諺《げん》の代表的なものであろう。「君が代」の一節「さざれ石の巌となりて」は異表現②と同じ。ここまで挙げたものはどれも⑴の意味のもので、⑵となると少し後になり、幸若舞『かまだ』、江戸前期の仮名草子『為《い》愚痴《ぐち》物語』からのようだ。

石《いし》が流《なが》れて木《こ》の葉《は》が沈《しず》む

＝石が浮《う》いて木の葉が沈む

物の道理が通常とは逆さまになっていること。

大雨が降り、それこそ土石流でも起れば大石でさえ流されるであろう。木の葉にしても、波立つ川面では水にのまれて沈んでしまうこともあろう。しかし、普通は石は川底に沈み、川に落ちた木の葉は水面に浮び流れる。そういう常識を逆手にしたことわざである。出典は中国・漢代の『陸賈《りくか》新語』。越後地方の流行唄の「出た〳〵ア、村松《むらまつ》小川《こがわ》石は流れて木の葉は沈む」という一節が見出し形の古い用例で、民謡「津軽小原節」に「小石流れて木の葉が沈む」と出てくる。さらに古典落語『金の味』で「川が逆さに流れて」に続けて異表現が見られるが、日本での言い慣わしは近代に入る頃からだったのかもしれない。

石亀《いしがめ》も地団駄《じだんだ》 ⇒ 雁《がん》が飛《と》べば石亀も地団駄

石《いし》に漱《くちすす》ぎ流《なが》れに枕《まくら》す

誤って物を逆さまに言うこと。負け惜しみの弁解で、自分の間違いに気づいても屁理屈をつけて言い逃れをするたとえ。

中国の『晋書』（孫楚伝）にある故事に発したもの。晋の孫楚が隠遁《いんとん》生活をしようと思い立ち、これを友人の王済に話す際に、「流れで口をすすぎ石を枕とする」と言うべきところを誤ってあべこべに言ってしまった。友人に誤りを指摘されると、「石で口をすすぐのは歯をみがくためで、流れを枕にするのは耳を洗うためだ」とこじつけてその場を言い逃れたという。ちなみに、夏目漱石の「漱石」という号はこれによっている。日本の文献では『源平盛衰記』に見られるものの、江戸時代にはさほど登場しない。明治に入ってから広まったもののようだ。

石《いし》に布団《ふとん》は着《き》せられぬ

＝土《つち》に布団は着せられぬ

(1)死者を死んでからいたわることはできないこと。(2)親が死んでからでは孝行はできないことのたとえ。

ここの「石」は石塔、墓石。つまり石には「冷たさ」と「死者」、布団には「温かさ」と「いたわり」が込められている。このことわざが生れた時代の布団は、現代とは比べものにならないほど価値があったことは言うまでもない。なお、表現は異表現が先行していたようで、「妙身童女を葬りて、霜の鶴土に蒲団も被されず」と異表現を踏まえた宝井其角の俳句(『五元集』亨)があり、江戸後期の読本『本朝酔菩《すいぼ》提《だい》』にも用例がある。これらは、死んだ子供への親の心持が述べられている文脈であり、(1)の解釈の方が妥当のようだ。現代もっぱら通用している見出し形と解釈(2)は、明治に入ってからのようだ。

石《いし》の上《うえ》にも三年《さんねん》

＝石の上にも三年いれば暖《あたた》まる

つらく困難なことも、辛抱していればいつか必ずなし遂げられることのたとえ。

江戸前期の『毛吹草』や『西鶴織留《おりどめ》』をはじめ、江戸時代に常用されていた。その中では、異表現の方が多用されていた。辛抱する場所がなぜ石の上なのか、現代では分りにくいであろう。江戸時代には、不安定な生活を言う慣用表現に「石のすまい」があった。不安定な石の上に長く座り続けることが忍耐につながり、自らの体温で世間という冷たい石も温められると考えたのかもしれない。図は明治時代のものであるが、上方系のいろはカルタの句としても知られており、絵では達磨《だるま》大師を石の上に描いて「面壁《めんぺき》九年」（別項）を髣髴《ほうふつ》させるものや、いろはカルタの前段階の形である江戸中期の「五十句たとへカルタ」までさかのぼれる。類義のものに「火の中にも三年」「茨《いばら》の中にも三年辛抱」「薦《こも》の上にも三年」などがあるが、見出しのことわざ以外で生き続けているものはない。

石橋《いしばし》を叩《たた》いて渡《わた》る

用心の上にも用心を重ね、細心の注意を払って行動するたとえ。

吊橋はもちろん、固定した木橋・土橋に比べ、石造りの橋は堅牢で長持ちする。その石橋までも、しっかり叩いて堅固かどうかを確かめてから渡るというのである。そのためなのか、普通は世渡りの方法を教えるものであるにもかかわらず、むしろ臆病すぎることを揶揄《やゆ》したり、皮肉として用いられることが多い。江戸後期頃から用いられた様子で、脚本『五大力恋緘《ごだいりきこいのふうじめ》』に用例がある。昨今では、さらに強調して「石橋を叩いても渡らない」（大丈夫と分っても行動しない意）という言い回しも増えている。

石部金吉鉄兜《いしべきんきちかなかぶと》 ⇓ 堅《かた》い石から火《ひ》が出《で》る

医者《いしゃ》と味噌《みそ》は古《ふる》いがよい

医者は経験豊富な者だと安心できるし、味噌も時間が経ってこなれた物がうまいという意。

経験豊富な医者をよしとすることわざは多い。味噌のほかに南瓜《かぼちゃ》・坊主も同様な表現で医者と並べられ、宮城県の民謡「遠島甚句《としまじんく》」には「医者と坊主は古いほど良《え》」という一節がある。言い回しの違うものでは「古くてよいのは医者と唐辛子《とうがらし》」、また、外国のことわざの翻訳かもしれない「新しい医者と新しい墓へは行くな」と反対側から言ったものもある。世界に同じようなものは多く、「医者は年寄りがよく、弁護士は若いがよい」(ビルマ)、「若い医者は墓地をふくらませる」(フランス)、「若い医者は新しい墓地だ」(ドイツ)などがある。長時間の体力を要する現代の外科手術などには若い力は必要だろうが、古いことわざの指す医術は経験がものをいった。例外的に「医者と筍《たけのこ》は若いがよい」とするものが周防《すおう》地方にある。たしかに筍の古いのはいいただけない。

医者《いしゃ》の不養生《ふようじょう》

(1)医者は患者には養生を言いながら、自分自身のことはおろそかになっていること。(2)口では立派なことを言うのに実行が伴わないことのたとえ。

類義のことわざは多い。その中で、「紺屋《こんや》の白袴《しろばかま》」(別項)、「大工の掘っ建て」「髪結《かみゆ》いの乱れ髪」「駕籠《かご》舁《か》駕籠に乗らず」などは、生業《なりわい》として他人のために仕事を行う結果、自分のことがおろそかになることで、(2)の言行不一致の意味にはならない。それに対して「学者の不身持《ふみもち》」「坊主の不信心」「礼法師《れいほうし》の無礼」「儒者の不届き」は、見出しのことわざと同じく他人を指導し説教する立場の者の場合である。そうした立場の者が自分のことを棚に上げてしまうのでは、言行不一致の誹《そし》りは免れない。見出しのことわざは数ある類諺《るいげん》の中でも現代の常用ことわざの一つ。図はことわざ図集『諺画苑《げんがえん》』(一八〇八年)からで、水売りから生水《なまみず》を受け取る情景。

医者《いしゃ》は仁《じん》の術《じゅつ》 ⇒ 医は仁術

衣食《いしょく》足《た》りて礼節《れいせつ》を知《し》る

＝衣食足りて栄辱《えいじょく》を知る

衣類・食料などに不足なく、生活に余裕ができて、はじめて人は礼儀や節度ある行動をわきまえるようになるということ。

「礼節」は、礼儀を尽すこと。「栄辱」は栄誉と恥辱。出典は中国・春秋時代の『管子』(牧民)で、「倉廩《そうりん》実《み》つれば則ち礼節を知る」の句に異表現が続く。支配者の立場から、治世の方法としてどのように人々を教育してゆくか、そして民から支持される富国強兵をどう推進するかが説かれている。民を潤《うるお》すことで国を豊かにし、礼儀や則《のり》を身につけさせることで兵力の強化を図ろうとするものである。着る物、食べる物にこと欠くようだと生活の糧《かて》を求める方に力が注がれてしまい、礼節を身につける余裕もなく、富国にも強兵にも力が注がれにくくなるというわけである。尾張藩主徳川宗春の政道論『温知政要』には、見出しの語句が古今の名言と評価して引用してある。

石《いし》を石、金《かね》を金 ⇒ 木《き》は木、金は金

石《いし》を抱《いだ》きて淵《ふち》に入《い》る

＝石を抱きて淵にはまる◈石を抱きて淵を望む◈石をかかえて淵へはまる

わざわざ自分から大きな危険を冒したり、自殺的行為をしたりすること。

出典は「石を負いて河に赴《おもむ》く」の形で、中国・漢代の『韓詩外伝』(三)に求められる。日本でも平安時代の『今昔物語』をはじめ南北朝時代の『太平記』など、古くから見られる。異表現や類義の「土仏《つちぼとけ》の水遊び」(別項)、「薪《たきぎ》を抱《いだ》きて火を救う」(別項)を含めて、現代ではほとんど使われなくなったが、なぜかこれらに代ることとわざはないようで意外な感もある。

以心伝心《いしんでんしん》

(1)文字や言葉で表せない真理や真髄を心から心へ伝えること。(2)とりたてて言葉で説明せずとも心が自然に通じあうこと。

「心を以《もっ》て心に伝う」とも言う。禅宗において、仏法を教授する方法ならびに教授そのものとしている。中国・宋代の『伝灯録』が出典で、日本でも古くから

用いられていた。鎌倉時代の『禅宗綱目』には「清涼・圭山等の頓教の宗旨を解釈するに、以心伝心・不立《ふりゅう》文字《もんじ》等の言を引いて、その証とするなり」と引用されている。現代まで多くの用例が見られるものだが、いまでは拡大解釈されて、物事を習得するコツなどを、言葉で説明しないで伝える際によく使われている。

伊勢《いせ》の浜荻《はまおぎ》、難波《なにわ》の葦《あし》 ⇒ 難波の葦は伊勢の浜荻

居候《いそうろう》三杯目《さんばいめ》にはそっと出《だ》し

居候は万事に遠慮をするという意。

雑俳に発するものと考えられ、江戸後期の『絵本ひらく花』『俳諧狐の茶袋』などに用例が見られる。居候は、家族制度や地縁関係が大きく変化した現代でこそ珍しくなったが、第二次大戦前まではありふれていた。特に古い川柳や雑俳の世界では恰好の題材だったようで、じつに多くの作品が残されている。代表的なものを挙げておく。「居候花より団子うちながめ」「居候人を尻目に飯を盛り」「居候角な座敷を丸く掃き」

急《いそ》がば回《まわ》れ

＝**急ぐ道は回れ**

⑴急いでいる時は、危険性のある近道より遠回りでも安全な道を行けという意。⑵急ぐ時はゆっくり落ちついて、着実にやるのがよいというたとえ。

琵琶湖の沿岸の矢馳《やばせ》と大津間の渡し船は、近道で便利だが突風の危険があるから、遠く迂回《うかい》する瀬田の長橋を渡る方が安全である、という意の歌「もののふの矢ばせの舟ははやくとも急がばまはれ瀬田の長橋」(『雲玉和歌集』戦国時代)が江戸前期の咄本《はなしぼん》『醒睡笑《せいすいしょう》』に出てくる。「負けるが勝」(別項)などと同じように、ことわざの技法の一つである逆説用法を用いている。「急げば回る」と命令形ではない言い回しも安土桃山時代の『北条氏直《うじなお》時分《じぶん》諺留《ことわざとめ》』などに見える。一般に辞典類では見出し形と同意としているが、響きは微妙に違う。「回れ」は文字通り命令・勧告・推奨《すいしょう》の意だ

が、「回る」には、急いでみたけれどかえって時間がかかってしまった、という後悔のニュアンスが感じられる。図は上方系にも江戸系にも属さない昭和初期のいろはカルタの一種「唐橋カルタ」からで、絵柄は命名の元となる瀬田の長橋の光景となっている。

磯際《いそぎわ》で舟《ふね》を破《やぶ》る

＝川口《かわぐち》で舟を破《わ》る

物事が完成する直前に失敗に帰することのたとえ。

「磯際」は岩の多い波打際で、異表現の「川口」は川の流れが海に注ぐ所。そんな岸辺や港に近い所で、横波をかぶったり岩にぶつけたりして舟を壊してしまう、という情景が想像される。「川口」の方は江戸時代の文献に少し見えるが「磯際」は古い例はないようなので、「川口」が元の形で、「磯際」はその異表現としてのちに言われるようになったものかと思われる。

なお、「川口」の方にはまったく逆の解釈もある。海へ出ようとして川口付近で早々に難破してしまうことから、物事をはじめから失敗するという意で、江戸後期の『譬喩尽《たとえづくし》』に「川口で船破《わ》るな」という形で戒めの注解を付して収載されている。

痛《いた》くもない腹《はら》を探《さぐ》られる

＝痛うない腹を探られる◈痛まぬ腹を探らる

自分は何の関りもないのに、人にあれこれ邪推され疑いをかけられることのたとえ。

自分で自分の体を触っても不快感や違和感はないが、他人に触られるのは不快なことがある。たとえ医者の触診でも、痛くもないところを必要以上に触られるのは気持のよいものではない。「腹をさぐる」は、例えば腹が痛む場合、その箇所がどこなのかを調べるために腹のあちこちを触ることで、転じて本心をうかがう意ともなる。見出し形のように「探られる」と受動形のものが実際の用例ではほとんどだが、「探られるな」という命令形の用法も見られる。また、「探る」という能動形の用法もある。それだけ人々によく知れ渡っていることわざと言えるのかもしれない。江戸前期の仮名草子『他我身《たが》の上』あたりから江戸時代全般で用いられていた。

板子《いたご》一枚《いちまい》下《した》は地獄《じごく》

一寸《いっすん》下は地獄◈板一枚下は地獄◈板三寸下は地獄

(1)船乗りは危険この上ない仕事だということ。(2)行く手に恐ろしい災難が待っていることのたとえ。

「板子」は和船の船底の上に敷く揚板。取り外しのできる簡単な一枚の板子の下はすぐ船底だから、板子の下と言えば船の下に等しい。船の下の地獄の意味はいろいろ考えられるが、ここはやはり海で、しかも岸から遠く離れた荒天時の外海がふさわしい。ただでさえ危険な状況に加えて、板子を敷くような小さな舟ということだろう。逆に安心できるたとえを「大船に乗ったよう」(別項)と言うが、そうした大船には板子などは敷かれてはいまい。古い用例は異表現類が多い。江戸中期の心学書『目の前』には「釣りを営み、今もつて父母を養ひ、妻子を育《はごく》み、板一枚下の地獄をも顧みず、日夜朝暮海上を家として」とあって、ことわざの背景がうかがえる。見出し形は、江戸後期の洒落本『狂言綺語見通三世相《みとおしさんぜそう》』に見える。

戴《いただ》く物《もの》は夏《なつ》でも小袖《こそで》 ⇩ 貰《もら》う物は夏でも小袖

鼬《いたち》ごっこ

鼠《ねずみ》ごっこ鼬ごっこ

同じようなことを何度も繰り返したり、堂々巡りすることのたとえ。

「鼬ごっこ」を古くは「鼠ごっこ」とも言った。どちらも、指で相手の手の甲をつねり、その手の甲を相手がつねるというように、交互に繰り返す遊戯のこと。もともと子供の遊びであるが、江戸時代には酒席で遊女と客の戯れとして行われていた。その背景にふさわしく、言葉の由来は、鼬の雄と雌がぐるぐる回ってはてしなく追いかけっこをする性行動の前戯と目される行動に発していると見られている。葛飾北斎に、酒席で男女が鼠ごっこ鼬ごっこをしている様子を描いた作品がある。文例の古いものとしては、江戸後期の滑稽本『浮世床』(初編巻中)に「又こつちから手を出して、鼠ごつこ鼬ごつこをするやうな手つきをして」と見える。

鼬《いたち》の最後屁《さいごっぺ》

(1)困った時や窮地の際に行う非常手段。(2)最後に醜態をさらすこと。

「屁」が使われているので放屁と解されやすいが、鼬が発する悪臭は正確には屁ではない。肛門のすぐ内側に、茶色い液体が詰った大豆ほどの一対の嚢《ふくろ》がある。肛門腺《こうもんせん》と呼ばれ、鼬やスカンクはこれをすぼめて強烈な悪臭を放つ。天敵から身を護る最後の〈武器〉として使うのであり、放屁のような生理現象とは異なる。とはいえ一般には放屁扱いで、江戸中期の風来山人の『放屁論』(『風来六部集』)の自序にもこのことわざが用いられている。

鼬《いたち》のなき間《ま》の貂誇《てんほこ》り

(1)強者の留守に弱者が威張ることのたとえ。また、(2)そのようにする人を嘲《あざけ》る言葉。

貂の強敵が鼬だということから。中世の軍記物『源平盛衰記』や江戸時代の文芸にいくつも用例が見える。なお、平安時代の『宇津保物語』には「貂」の代りに「鼠《ねずみ》」の形のものがある。

一押《いちお》し二《に》金《かね》三《さん》男《おとこ》

女を攻略するには、まず押しの強さが大事で、金はその次で男前はあまり役に立たないという意。

「押しが強い」という慣用句は、強く自分の意見を通す意で、ここの「押し」も同義。自分の気持・意思を強くはっきり伝えるのが最善という考え方と言える。あくまで一般論であり、当てはまらない場合もあろう。しかしながら、とにもかくにも「押し」てみろ、とことわざは教えている。むろん、その結果の責任は負ってはくれないが……。異性の獲得法とも言うべきこのことわざには、古い言い回しでは、「一金二《いちきんに》男《なん》」（『譬喩尽《たとえづくし》』江戸後期）とか、「一押二金三姿四程五芸」（「程」は身分の意。『日本俚諺大全』明治時代）などもあった。なお、「一程二金三器量」は似ているが、こちらは女にもてる条件の順位だそうだから、間違いのないように。

一眼《いちがん》の亀浮木《かめふぼく》に逢《あ》う ⇓ 盲亀《もうき》の浮木

一事《いちじ》が万事《ばんじ》

＝**一事は万事**◈**一事に因《よ》って万事を知る**

一つのことから他のすべてが推測できること。

極小値で極大値を明らかにするという〈論理〉を、「事」を反復した簡明な言い回しで示している。用法としては、現代ではもっぱら悪い事例に使い、よい事例に用いられることはほとんどないが、近世での文例を見ると、むしろ肯定的な方向で用いられていたようだ。例えば江戸中期の浄瑠璃『いろは歌義臣鑒《かぶと》』には、「夜業《よならい》の師匠を取り毎晩〳〵精も出し、文章金目もよほど上《あげ》た器用者。一事が万事と何から何まで仕落《しおち》はなけれど」とある。そのほか確認できている数例の近世の用例も、肯定的な用法となっている。

一樹《いちじゅ》の陰《かげ》一河《いちが》の流《なが》れも他生《たしょう》の縁《えん》

＝**一樹の陰も他生の縁**◈**一河の流れも他生の縁**

見知らぬ同士が一つの木陰に宿り、同じ河の水を飲むのも前世からの因縁だから、大切にしなくてはならないということ。

「他生」は、前世あるいは来世の意。異表現はほかにも種々あり、鎌倉時代より見られる。『北条重時《しげとき》家訓』『平家物語』から御伽草子や謡曲、江戸時代の種々の文芸などに多用されている。江戸初期の仮名草子『竹斎』では、「袖の振り合せも他生の縁」とともに用いられている（↓袖振り合うも他生の縁）。

一度《いちど》見《み》ぬ馬鹿《ばか》二度《にど》見る馬鹿

一度は見ておかないと話題に遅れることになるが、二度は見る価値がないこと。

世間には、一回目はいいが二回目はだめだとするものはけっこうありそうだ。ことわざに表されたもので見ると、「一度も登らぬ馬鹿二度登る馬鹿」は山登りの事例。引合いに出された山は、富士山だそうだ。「一度行かぬ馬鹿二度行く馬鹿」はこのことわざと同意で、いわゆる名所を指すのだが、名と実がかけはなれている場合に用いられる。

一難去《いちなんさ》ってまた一難

一つの災いが過ぎてもすぐに次の災いがやってくるように、災いが続くこと。

後ろに「……に出くわす」「……が来る」と表現されていたものが省略され、体言止めになっている。これの方が簡潔で語調もよく、ことわざとしての完成度が高まったと言ってよかろう。現代では常用句だが、近世の文献には見当らず、明治になってから広まったもののようだ。

一《いち》に看病《かんびょう》二に薬《くすり》

＝一に看病二に医師

病を治すには身近な人の看病が一番効目があり、薬は二の次だということ。

「病は気から」（別項）ということわざではないが、病は本人の気の持ちよう一つで重くも軽くもなる。肝要なのは「気」（気持）のようだ。看病にも「気」が重要で、「気」がこもっているからこそ病に有効となる。逆に言えば、「気」のない看病は看病ではなく、病を悪化させかねないのだろう。江戸後期のことわざ集

『諺苑《げんえん》』に収められ、用例も人情本『春の若草』(巻四)に「里諺《ことわざ》」として用いられている。

一《いち》に褒《ほ》められ二《に》に憎《にく》まれ三《さん》に惚《ほ》れられ四《し》に風邪《かぜ》引《ひ》く

くしゃみをした数によって占いごとをしたり、推測したりすること。

くしゃみを一回した場合は褒めてくれる人がおり、二回なら憎んでいる人がいる、三回なら惚れられているんだ、四回で、ああ、これは本当は風邪なんだ、と分るということ。もちろん、科学的観点からの根拠はなにもない。また、「一に褒められ二謗《そし》られ三笑われ四風邪引く」「一謗り二笑い三惚れ四風邪」などいく通りもの言い回しがあるので、回数にも厳密な意味があるとは言えないだろう。

一人虚《いちにんきょ》を伝《つた》ゆれば万人《ばんにん》実《じつ》を伝《つた》う

⇒一犬《いっけん》虚に吠《ほ》えれば万犬吠える

一年《いちねん》の計《けい》は元旦《がんたん》にあり

一年のはかりごとは元旦にあり◈一年のはかりごとは春

一年間の計画は年頭の元旦に立て、物事は始めにしっかりとした計画をもって当れという意。

出典は、中国・梁代の『元帝纂要』の「一年の計は春にあり、一日の計は晨《あした》にあり」とされる。日本の文献の早いものでは、江戸中期の風来山人の『風流志道軒伝』(巻二)に「一日の計《はかりごと》は朝にあり、一年の計は元日にあり」を古人の詞《ことば》として引用している。後期のことわざ集『譬喩尽《たとえづくし》』の「一年の計《はかりこと》は正月にあり一月《いちげつ》の謀は朔日《ついたち》にあり」など江戸時代には異表現が上掲のほかにいくつもあるが、「計」はどれも「はかりごと」と読まれ、はっきりとした音読みの例はない。文献に限っては「けい」と読むようになったのは第二次大戦後からのようで、元旦にこの一年間の計画や心づもりを思い描く際の決り文句となっている。

一姫《いちひめ》二太郎《にたろう》

子供を産むのは最初は女の子がよく、二番目は男の子が望ましいこと。

一般に、赤ん坊は男の子より女の子の方が育てやすいと言われる。特に育児の経験のない若い母親にとっては、最初の子供は育てやすい方がよい。二人目になれば、多少手がかかっても、初めの時の経験もあって突発的な事態にもあわてなくなる。男児を望む風潮が強かった時代には、男児を望んでいたのに女児が産れた時の慰めの言葉としても用いられた。昨今では女児を望む親の方が多いそうだから、慰めの意味合いは薄くなっている。なお、このことわざは近代以前には見られない新しいものだが、昨今の傾向ではさらに別の解釈がある。子供の数は、女児一人男児二人という形が望ましいというものだ。本義からすれば誤解・誤用だが、子供の数は三人を理想とする考えが強いことから、今後広く言い慣わされれば市民権を得るだろう。

一病息災《いちびょうそくさい》

ちょっとした持病程度なら無病の人よりも健康に留意するので長生きするということ。

「息災」は、達者とか無事の意。病気一つしなかった人は、体への過信もあり、一度病に倒れると大事にいたる場合がある。特に外見が頑丈そのもので、いかにもスポーツマンタイプの人が、案外もろいことが多いようだ。それに対して、いつも軽い故障や体調不良を口にしている、一見虚弱そうな人は健康に留意するのでかえってしぶとい。「病上手《やまいじょうず》の死下手」ということにもなる。「死ぬ死ぬと言う者に死んだ例《ためし》がない」（別項）は、安易に死を口にする者への揶揄《やゆ》。

一富士《いちふじ》二鷹《にたか》三茄子《さんなすび》

夢に見ると縁起がよいとされるものの順番。特に新年の初夢について言われる。

これにはいくつかの説がある。(1)初夢に見て縁起のよいもの。⑵駿河(静岡県中部)の名物をあげたもの。⑶駿河で高いもの(「たか」は足高山、「茄子」は初物の値段)。憶説はいくらでも言えようが、問題はそれぞれの説に根拠とするものがあるかどうかだ。⑵は江戸中・後期の『笈埃《きゆうあい》随筆』や『嬉遊笑覧』に、⑶は江戸後期の『甲子《かっし》夜話《やわ》』にそれぞれ出てくるが、どれも推論の域を出ていない。図像資料に目を向けてみると、江戸時代の特に浮世絵にたくさんある。その多くが絵の題に「初夢」「夢見」と記されている点を考慮すると、⑴が最も有力となる。絵画資料に限った場合、⑵と⑶を裏付ける資料は見当らない。図は明治時代の引札《ひきふだ》。引札は商品の広告や売出し披露などを書いて配った札で、今で言う宣伝用のちらしに当る。図のような初夢の図柄は引札の定番だった。

逸物《いちもつ》の鷹《たか》も放《はな》さねば捕《と》らぬ
⇒百貫《ひやっかん》の鷹も放さねば知《し》れぬ

一文《いちもん》惜しみの百知《ひやくし》らず

＝**①一文惜しみの百損《そん》　②一文惜しみの百失《うしな》い**

当面するわずかな金を惜しんで、のちのちに大きな損をすること。

「文」は江戸時代の貨幣の単位。一文は穴明き銭硬貨一枚。千枚で一貫、四千枚で一両だから、一文は非常にわずかな額。「百」は、その後に「文」を省略したもの。当然のことながら、貨幣経済が興った後に見られることわざで、安土桃山時代のことわざ集『北条氏直時《うじなおじ》分《ぶん》諺《ことわざ》留《とめ》』に異表現①が、江戸後期の藤田東湖の意見書「壬辰封事《じんしんふうじ》」に見出し形が収められている。類似の表現は多いが、用法など微妙に異なる二つについて触れてみる。一つは「一文儲《もう》けの百失い」で、これは特に商いの世界で、目先の小さな利益にとらわれてかえって大きな損をする場合に用いられることが多い。いま一つは「安物買いの銭失い」(別項)。こちらが金で買うものに限定しているのに対し、見出しのことわざはもっと対象が広く、例えば家の建築の際に使う材料の品質を落したり、部品数を減らしたりした結果、補修や作り直しに多大な損失を蒙るような場合も該当するだろう。

一葉落《いちようお》ちて天下《てんか》の秋《あき》を知《し》る

‖一葉落ちて天下の秋

ほんのちょっとした現象によって、あとに起る大勢を予知すること。

ここの「葉」は青桐《あおぎり》の葉。プラタナスの葉に似ていて間違われやすい。いったいに他の木より落葉が早い。青桐の落ちる一葉を見て秋の訪れを察する、というのが原意。出典は中国・宋代の『文録』の「山僧解せず甲子を数うるを、一葉落ちて天下の秋を知る」と目される。日本でも、室町時代の金言集『句双紙』にすでに収録されていた。一方、江戸中期に近い頃のことわざ解義書『野語述説』『漢語大和故事』などには異表現に近い形で、中国・漢代『淮南子《えなんじ》』の「一葉の落つるを見て、歳のまさに暮れなんとするを知る」を出典とした解説をしているので、『淮南子』を出典と見る説もある。坪内逍遥《しょうよう》の史劇『桐一葉《きりひとは》』はこれらに基づいたものである。

一《いち》を聞《き》いて十《じゅう》を知《し》る

物事の一端を聞いただけで全体のことを悟ってしまうように、才知にたけ洞察力が鋭いこと。

『論語』(公冶長)に由来するが、日本でも古くから異表現や類句が多い。江戸時代までの主要な用例を整理してみた。

後ろの数字　「二」「八」「十」「百」「万」
前の数字　「一」「十」
後ろの動詞　「悟る」「知る」「察す」
前の動詞　「もちて」「もって」「聞いて」「打って」
後ろの動詞には、さらに命令形のものが加わる。実際のものはこれらの数字・動詞が交じりあっており、言い回しにすると十数通りになる。古い部類に属するものは、聖徳太子の伝記で奈良時代の成立と思われる『上宮《じょうぐう》聖徳法王帝説』に「一《ひとつ》を聞きて八《やつ》を智る」とあるのをはじめ、語頭部分が異なる「一事を聞きて十事を悟る」が『今昔物語』(巻二四)に、「一事を聞きて十事を知る」が『宇治拾遺物語』(巻一四ノ一二)に見える。日蓮の『報恩抄』には「一をもつて万を察す」の形が出てきて、この「もっ(ち)て万」の形がその後に続々と続く。見出し形は鎌倉時代の仏教説話『撰集抄《せんじゅうしょう》』から江戸初期の俳諧集などに見えるが、近代以前は全体的に少数派で、主流は数字が一と万の組合せ、動詞が「もっ(ち)て」形のものである。派生形と見られるものに、碁盤に一つ石を打つだけで碁の力が分るとする「一を打って盤を知る」が江戸初期からある。なお、形が似ている「一をもて万と成す」は古い用例があるが(『新猿楽記』一一世紀)、強欲の意でこのことわざ群とは異なる。

一挙両得《いっきょりょうとく》

一つのことや行為で二つの利益を得る意。

「一挙」は、一つの動作や一回の仕事。現代でもよく知られている上、平易で単純な四字熟語の形であることから、あまりことわざとは意識されない語だろう。中国・漢代の『東観漢』に出典が認められるものの、近代以前の日本での用例は少ない。江戸時代では後期の国学書『岩にむす苔』など数点に見える程度である。常用されるようになったのは明治に入ってからのようだ。

一犬虚《いっけんきょ》に吠《ほ》えれば万犬《ばんけん》吠える

一人がいい加減なことを言ったのを、人々がそれを真実として言い広めること。

一匹の犬がなにかの拍子に吠えだすと、つられて他の犬も吠えだすことから。中国・漢代の『潜夫論』に「一犬形に吠ゆれば百犬声に吠ゆ」とあるのをはじめ、さまざまな言い回しがされてきた。主語が犬と人とに大別され、犬では、「形に吠え」「虚に（を）吠え」「影に吠え」て、「群」「万」「千」「百」犬に、「声」「実」「形」を、「吠え」「伝え」る、というもの。人では、「一人《いちにん》虚を伝《つた》ゆれば万人実《じつ》を伝ふ」が基本形で、違いの幅は小さい。日本の最も古い収録文献は鎌倉時代の金言集『管蠡鈔《かんれいしょう》』で、「一犬形を吠れば千犬声を吠ふ、一人虚を伝ふれば万人実を伝ふ」とある。室町・江戸時代にはいろいろな形が見られ、定型と言うべきものはなかったようだ。

一将功《いっしょうこう》なりて万骨枯《ばんこつか》る

上に立つ者の功績は、たくさんの部下の犠牲があってこそのものであるということ。

「将」は、軍隊を率いる将軍など。その一将軍が輝かしい軍功を収めるかげには、万余の部下が死に、屍《しかばね》が白骨になるにいたる多大な犠牲があることを忘れてはならない。頂点に立つ者だけを賞賛することに対する批判の言葉としても用いられる。中国・唐代の『三体詩』に収められた曹松の詩に発する。日本では江戸後期の『譬喩尽《たとえづくし》』に収められているが、明治以前の用例は見当らない。普通に知られるようになるのは明治以降のようだ。図は大正時代の伊東忠太の風刺画集『阿修羅帖《あしゅらちょう》』から。

一升徳利《いっしょうどくり》こけても三分《さんぶ》

⑴元手が大きければ少しくらいの損を出しても残るものがあるという意。⑵本来が豊かな家は、多少落ち目になっても余裕があるというたとえ。

一～二合入りの徳利はどこでも見受けられるが、一升も入る徳利となると現代ではまずお目にかかれない。徳利はふつう首から下が膨《ふく》らんでいる。一升徳利ともなるとその膨らみも大きい。そのため、倒れても中身は全部はこぼれず、悪くても三分目程度は残るというわけ。徳利の形状の特色をたとえにした洒落たことわざで、もと紀伊地方のものとされている。

一升《いっしょう》の餅《もち》に五升《ごしょう》の取粉《とりこ》

＝一斗《と》の餅に五升の取粉

小さな事をなし遂げるのに、付随的なことが多く必要なことのたとえ。

「取粉」は搗《つ》きあがった餅があちこちにねばりつかないように扱いやすくする米の粉。伸《の》し餅にせよ、丸餅にせよ、できあがった餅の表面には取粉が付いている。表面にしか付いていないわりに見た目以上に取粉はいるそうだが、一升の餅を伸すのに五升の粉が必要というのは、もちろん誇張。「一文儲《いちもんもう》けの百失い」(→一文惜しみの百知らず)と共通するところもあるが、「一文」が目先にとらわれる愚行への批判を含んでいるのに対し、こちらは目に付くものには背後をなすものや付随するものが多くあるという事実をそのまま言い表している。

一升《いっしょう》入《はい》る壺《つぼ》は一升

＝一升徳利《どくり》に二升は入らぬ

ものには用途があり、限度もある。なるようにしかならないという意。

『枕草子』(一〇四段)に「一升瓶《ひとますかめ》にふた升は入るや」とあり、古い形が示されている。鎌倉時代の説話『沙《しゃ》石集《せきしゅう》』(巻七)にも「一升入る瓶はいづくにても一升入ぞ」と出てくる。江戸時代の用例は多く、表現もさまざまである。こまかい差異は度外視して、入物《いれもの》の種類に限定してみると、袋＝九、瓢簞《ひょうたん》(瓢《ひさご》)＝八、壺＝六、柄杓《ひしゃく》＝四、徳利＝二、枡《ます》＝一となった。このうち「枡」は一例、「柄杓」は西鶴作品に限られているので特殊と言うべきだろう。表現の変遷としては、古くは「瓶」形が主で、「袋」などが続き、「徳利」は後期の大原幽学の『義論集』からと思われる。

一心《いっしん》岩《いわ》をも通《とお》す ⇩ 念力《ねんりき》岩をも通す

一寸先《いっすんさき》は闇《やみ》

‖一寸先は闇の夜

未来のことは、たとえ明日のことでもどうなるか分らないということ。

一寸は約三センチメートル。たったそれだけの距離しか離れていないものが見えない、つまりほんの少し先のことも見当がつかないというわけである。夜でもどこかしらに光のある現代都市では想像しにくいが、鼻をつままれても分らない闇は江戸時代には珍しいことではなかった。言い回しとしては異表現も多かったが、どちらにせよ実際にことわざが言おうとしているところは距離ではなく、時間。ごく近い未来が不明なことを言っており、現代は政治の世界でよく用いられる。早くは江戸前期の俳諧『毛吹草』などに用いられ、中期の用例ではさらにすすんで、先のことはどうせ分らないのだから、今を楽しめとばかり「今此《この》世界に酒のまずに、何が外に慰むわざのござりませう。飲めや唄へや一寸先は闇の夜と」（浮世草子『世間娘気質《かたぎ》』巻三）と享楽の勧めになっているものも少なくない。図は明治時代の上方系のいろはカルタで、享楽謳歌《おうか》のもの。

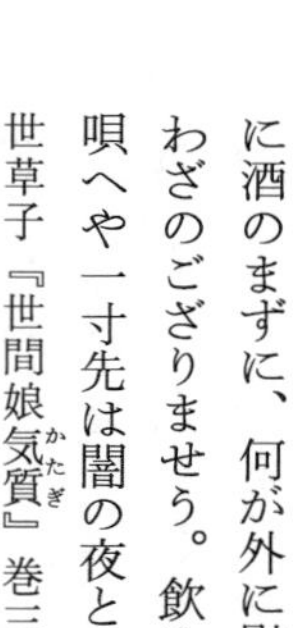

一寸下《いっすんした》は地獄《じごく》 ⇩ 板子《いたご》一枚《いちまい》下は地獄

一寸《いっすん》の見直《みなお》し ⇩ 三寸《さんずん》の見直し

一寸《いっすん》の虫《むし》にも五分《ごぶ》の魂《たましい》

‖①一寸の虫に五分の魂　②一寸の虫に五分魂《ごぶだましい》

(1)ちっぽけなものにも、弱い者にも、相応の意地や根性は具わっているということ。(2)だから、見くびったり侮ったりしてはならないという戒め。

一寸は約三センチメートル、五分はその半分。体長の実に半分を魂で占める虫がいることになるが、言うまでもなく、魂の存在を強調するための誇張。ここの「魂」は気力とか根性。類義のことわざがいくつかあるが、「小糠《こぬか》にも根性」「八つ子も癇癪《かんしゃく》」（「八つ子」は八歳の子）は江戸時代の特殊例だし、「蛞蝓《なめくじ》にも角」「痩《や》せ腕にも骨」は明治時代からのようで、しかも常用となっていた可能性は低い。それらに比べると、今でも常用されている見出し形と異表現①は、古くは鎌倉幕府の首脳部が残した『北条重時《しげとき》家訓』に見られ、その後も古浄瑠璃『かしまの御本地』、江戸前期の仮名草子『他我《たが》身の上』や俳諧をはじめ、江戸時代全般にわたって使用頻度の高いことわざだった。

一石二鳥《いっせきにちょう》

一つの行為で二つのよい結果を得る意。

形態的には四字熟語なので、中国由来と思われがちだが、一七世紀のイギリスのことわざ To kill two birds with one stone. の翻訳。現代では知らない者はいないくらいだが、見出しの形は意外に新しい。古くは『英和対訳袖珍辞書』（一八六二年）に「石一ツニテ鳥二羽ヲ殺ス」と記され、明治中頃まで各種の英和辞典にはほぼ同じ表現が載っている。ことわざ辞典では『諺語大辞典』（一九一〇年）が「一挙両得」（別項）の項に英文のみを載せ、日本語に訳したものでは「一個の石を以て二羽の鳥を殺す」（『英和和英諺語辞典』一九一四年）、「一石を以て二羽の鳥を殺す」（『和英金言俚諺辞典』一九一八年）などが古いものである。社会主義者・堺利彦の一九一九年の書評に「一石二鳥的効果」と題するものがあるので、少なくともこれ以前に見出しの表現があったと推定されるが、よく使われるようになったのは第二次大戦以降からかと思われる。今日では、「鳥」の前の数字を場面に応じていろいろに入れ替えたもじりの形も使われる。

一銭《いっせん》を笑《わら》う者《もの》は一銭に泣《な》く

＝一円を笑う者は一円に泣く

たった一銭でも粗末にすると、その一銭によって困る事態が起るという意。たとえ少額でも金銭は大切にせよという戒め。
「一銭」は一円の百分の一。「一銭」を反復させ、「笑い」と反対の「泣き」を配しているのは、ことわざの技法の一つである。一銭硬貨が使われたのは第二次大戦後しばらくまで。時代にもよるが、銭は最小単位ではなく、さらに下に十分の一の厘《りん》があった。ものを誇張して言うことわざの特質に照らしてみると、誇張の度合が高い「一厘」という方がよさそうに思われるが……。このことわざは古いものではないようで、岡山県の『大原郷土誌稿』(一九三三年)に収載されているのが早いもののようだ。一銭硬貨が消えてしまった現代でも、見出し形で生き続けている。

一擲《いってき》乾坤《けんこん》を賭《と》す ⇩乾坤一擲

一杯《いっぱい》は人酒《ひとさけ》を飲《の》み、二杯《にはい》は酒酒を飲む
⇩人酒を飲む、酒酒を飲む、酒人を飲む

いつも月夜《つきよ》に米《こめ》の飯《めし》

――月夜に米の飯

(1)常々そのようにありたいと願っていること。(2)いつまで続いても飽きることがないこと。
月は今でも愛《め》でられるが、明るい月夜と米の飯の方はほとんどありがたみを感じないものになってしまった。電灯が庶民に普及したのは明治末年から。米の飯にしても、今でこそ過剰米や減反政策が社会問題となっているが、白米を腹一杯食べられるというのは長い間、庶民の願望であった。文献上で早い例は江戸前期の俳諧『玉海集』(巻一)に「見よやみんいつも月夜に米柳」と詠まれているのをはじめ江戸時代に多い。しかし時代が大きく変化したせいであろうか、このことわざも現代では死語化している。

いつも柳《やなぎ》の下《した》に泥鰌《どじょう》はおらぬ
⇩柳の下にいつも泥鰌はいない

田舎《いなか》の学問《がくもん》より京《きょう》の昼寝《ひるね》

田舎で学問するより都会で怠けていた方が、見聞だけでも広まるので意義があるという意。

これが定解になっているが、いささか疑問がある。あまり一般的なことわざではなく、文献への収載例は少ない。江戸・明治時代では、『国字分類諺語』(江戸末期)、「いろは短句」(『知玉叢誌』三八号、一八九〇年)、岩手県を中心とした東北地方の『俚諺調』(明治末期)といったことわざ集にしか出てこない。見聞の利益の大きさを言う、という解釈を示した『俚諺辞典』(一九〇六年)がそれ以降の定解となっているが、『国字分類諺語』の略解には「都に生れし人はどこか清浄にて、田舎の学文したよりよい所ありといふたとへ」とある。これを素直に読めば、見聞の問題ではなく、人の心根を問題にしていると思われる。どちらの解釈にしても、根拠となるべき具体的な用例が見当らない。都をあがめ田舎をおとしめる意のことわざに「田舎の利口より京の馬鹿」というのがあるので、これとの混用か言い換えということも考えられる。

犬《いぬ》が西向《にしむ》きゃ尾《お》は東《ひがし》

＝犬が西向きゃ尾が東

きわめて当たり前のことを、わざわざ事新しく言うこと。

軽快な七五調の上に滑稽感が伴っていて、言葉遊びにもなっている。用い方によっては「寸鉄《すんてつ》人を殺す」(別項)言葉の武器ともなる。「雨の降る日は天気が悪い」(別項)で例示した〈自明ことわざ〉群の機能は、相手が分りきったことをくだくだ言う時などに、これらのことわざをはさんで笑いのめすことだった。こうしたことわざの存在は、ことわざが言葉の武器として機能したとする〈俚諺武器〉説(柳田国男)を思い起させる。これは江戸時代のことわざ集には見られないもので、明治時代の『日本俚諺大全』に異表現が見えるのが早いもののようだ。

犬《いぬ》と猿《さる》 ⇒ 犬猿《けんえん》の仲《なか》

犬《いぬ》になっても大家《おおや》の犬

①犬になるなら庄屋《しょうや》の犬になれ　②犬になるとも大所《おおどこ》の犬になれ

主人となる人を選ぶなら、頼りがいのある大物がよいということ。

「大家」「大所」は資産家。犬でも貧乏人に飼われるのと金持に飼われるのでは、餌の中身など待遇はまるで違ってくるだろう。ましてや人間なら誰でも大家につきたく思うのが人情というもの。用法の多くは、異表現のように勧告・命令するものであった。その点で事大主義につながる要素は否定できず、ことわざの保守性が露呈したものという批判も浴びている。しかし、とにかく大所に従属せよというのではなく、どのみち仕えなければならないのなら処遇のよい方を選べといったニュアンスが本義に近いのではなかろうか。近代以前の用例は、江戸後期の滑稽本『浮世床』に②が使われている。

犬《いぬ》の手《て》も人《ひと》の手にしたい ⇒ 猫《ねこ》の手も借《か》りたい

犬《いぬ》は三日《みっか》飼《か》えば三年《さんねん》恩《おん》を忘《わす》れぬ

犬は三日養《やしな》えば三年恩を忘れぬ ◆ 犬は主人《しゅじん》を忘れず

三日しか飼わない犬ですら主人に忠義を尽すのだから、人間はなおさら恩知らずであってはならないという戒め。

「三日」と「三年」は口調を整える修辞で、数字に特に意味はない。犬はふつう生まれて数日後から一年の間に少しでも愛撫《あいぶ》されれば、その人を母親と思ってしまう〈刷り込み〉があるという。この期間にたとえ三日であろうと飼われた犬は、一生その時の主人を覚えているのだそうだ。犬の忠義ぶりで有名なのが忠犬ハチ公の話だ。一年四カ月しか共にいなかった主人が亡くなってから一〇年もの間、毎日駅に出迎えにいったという。もっとも、どの犬もこのような習性があるとは限らず、犬種によっては独立心が強く、このことわざには当てはまらないという。見出しのような形は早くても江戸後期からのようである。「犬も三日養えばその主を忘れぬ」という表現が江戸中期の浄瑠璃『小野道風青柳硯』に見える。なお、対句的に「猫は三年飼っても三日で恩を忘れる」と続けることがある。猫の名誉(?)のために付け加えれば、猫が恩知らずなのではなく、犬のような表面に現れる形で表現しないだけだそうだ。

犬骨折《いぬほねお》って鷹《たか》の餌食《えじき》

①犬骨折って鷹にとらるる　②犬骨折って鷹の餌《えさ》になる

苦労してあと少しで手に入るものを、ほかに横取りされることのたとえ。

鷹狩では、犬が獲物の追い出し役になる。藪《やぶ》に隠れている獲物を犬がやっと追い出しても、捕るのは鷹の役目だから、鷹がおいしいところだけを頂戴《ちょうだい》するというわけ。もちろん、鷹自身が食うのではなく、ご主人のものになるのであるが……。異表現②のように鷹自身の餌になるとすれば、それは鷹狩以外の場面ということになる。「犬骨折る」は無駄に努力などをする意の慣用句だが、それと、実際に犬が骨を折ることを重ね合せにした面白いことわざである。

犬《いぬ》も歩《ある》けば棒《ぼう》に当《あた》る

犬もあるけや棒にあう◈犬も歩けば棒にあう

⑴何かをやっていれば意外な幸運に出会うこと。⑵何か行動すると災難に遭遇すること。

江戸系いろはカルタの「い」の句として著名だが、まったく相反する意味をもつ珍しいことわざの一つである。「棒に当る」をどう解釈するかで見解が分れる。古くは「棒にあふ」で江戸中期頃にあり、その後「当る」に移行している。江戸時代の文献に限って分類してみると、

(1)幸運説　『賀《か》古教信七墓廻《このきょうしんななはかめぐり》』(浄瑠璃、一七〇二年)、『三番続』(雑俳、一七〇五年)、ほか三点。

(2)災難説　『鑓《やり》の権三重帷子《ごんざかさねかたびら》』(浄瑠璃、一七一七年)、『蛭小島《ひるがこじま》武勇問答』(浄瑠璃、一七五八年)、ほか三点。

となる。ほかに、『諺苑《げんえん》』(一七九七年)、『俚言集覧』(『諺苑』を土台にした辞書)は、災難説を主に述べ、幸運説もあるとしている。また、句意を示してなかったり単なる修辞的だったりするものに、『世話類聚』(一六八四〜八八年頃)、『庭訓染匂車《ていきんそめにおいぐるま》』(一七一六年)など一三点がある。

　カルタで著名なわりに図像資料は少なく、カルタ絵では江戸後期の葛飾北斎と歌川芳員《よしかず》(一八五二年)のものだけで、それ以外の絵でも、奥村政信・歌川国芳・河鍋暁斎《きょうさい》の版画しかない。図はその暁斎の『狂斎百図』(江戸末期)からのもので、これははっきり(2)と言うことができるが、そのほかはどちらとも言うことができない。現代では、もともとは災難だったものが幸運に転じたとみる見解が多いが、江戸時代の用例に限ってみれば妥当とは言えない。ところで、ごく最近では第三の解釈(?)まで出てきている。石を投げればナントカに当るという言い回しと同義のもので、幸・不幸は問題ではなく、ただ単に対象となるものに遭遇する意味としての用法である。

犬《いぬ》も朋輩《ほうばい》、鷹《たか》も朋輩

――①鷹も朋輩、犬も朋輩　②犬も朋輩

役割が異なり、立場に上下の違いがあっても、同じ主人に仕える者は同僚だということ。

　同一の主人に仕える犬と鷹となると、鷹狩の場面だ。犬が鷹と上手に呼吸を合せて獲物を追い出さないと、せっかく追い出した獲物をほかの猛禽《もうきん》類に横取りされるかもしれない。犬の役割は鷹に劣らず重要である。ところが、上面だけ見る者には、犬は狩の勢子《せこ》役いわば下働きにしか映らず、「狩果」への賞賛は主役に見える鷹だけに帰してしまう。そんな場面で、下の立場の者を慰める意味合いでも用いられる。主人の側からすれば、〈差別〉を正当化する方便にもなりそうだが……。狂言『簸屑《ひくず》』などに用例があり、江戸時代に多用されたが、のちには異表現②のような省略形が多くなった。

命《いのち》あっての物種《ものだね》

＝命が物種◈命は物種◈命を物種◈命こそ物種

何事にせよ命があればこそで、命はすべての元だということ。

「物種」は、物事の根源となるもの。生を肯定的に見る思想とも言えそうだが、実際の例では、命を懸けるような危険を冒すな、というニュアンスがうかがえる。平安時代の仏教説話『法華験記』に「命は一生の財《たから》」、鎌倉から南北朝時代の『源平盛衰記』に「命は人の宝」、室町時代の幸若舞『築島』に「命にすぎたる宝なし」とあるように、命は大切とする直截《ちょくせつ》な考えは日本にも古くからあった。命を「物種」とする表現になると、狂言『武悪《ぶあく》』に「命が物種」が現れ、以降、古浄瑠璃『今川了俊』、西鶴『好色五人女』をはじめ、盛んに用いられた。見出し形も江戸中期頃から、特に咄本《はなしぼん》でよく用いられた。きわめて真面目なことわざだったせいか、江戸文芸では「命が芋種」「命あっての物種、芋あっての屁《へ》の種」といったもじりの用法も少なくなかった。

命《いのち》あれば水母《くらげ》も骨《ほね》に会《あ》う ⇒ 水母も骨に会う

命《いのち》長《なが》ければ恥《はじ》多《おお》し

＝長生きすれば恥多し◈命長きは恥多し

長生きしていれば、それにしたがって恥をかくことも多くなるということ。

生きている時間が長ければ、それに比例して失敗も多くなるのが普通だろう。長生きすればするほど恥をさらす回数も増えるわけだ。出典は中国『荘子』（天地）で、「尭《ぎょう》いわく、男子多ければ則ち懼《おそれ》多く、富めば則ち事多く、寿《いのち》ながければ則ち辱《はじ》多し、是の三は徳を養う所以《ゆえん》にあらざる也」。人が誰でも願う子孫・富・長寿を退ける思想がうかがえる。日本でも『徒然草』（七段）で見出しを掲げて、長くても四〇歳くらいで死にたいものと述べている。江戸時代では、前期の狂言解説書『わらんべ草』をはじめさまざまなジャンルで、常用語句とも言えるくらいに使用されていた。

井《い》の中《なか》の蛙《かえる》大海《たいかい》を知《し》らず

①井のうちの蛙 ②井の中の蛙 ③井のもとの蛙 ④井戸《いど》の中の蛙

自己の知識や考えが最高だと思い込み、ほかにもっと深い考えや知恵のあることを知らない意。世間知らずのたとえ。

法然の「鎌倉の二品《にほん》比丘尼《びくに》に進ずる御返事」（『消息文』）に「井ノソコノ蛙ニニタリ」と見える。また、「井の中の蛙の大海のひろき事をさとらざる」という表現が同じく鎌倉時代の仏教説話『宝物集《ほうぶつしゅう》』に、「井底のかはづが大海を見ず」が日蓮の『開目抄』に見える。近世になると、省略した異表現①を中心に、おびただしい数の用例が見られる。見出し形も江戸中期頃から頻出する。現代でもよく使われていることわざの中で、最も長生きなものの一つと言えよう。中国の『荘子』などに類似の言い回しが見られるので、中国の語句が下敷きになってできた可能性が高い。

医《い》は仁術《じんじゅつ》

医道《いどう》は仁術◈医は仁の術◈医は仁◈医者は仁の術

医術は病気を治し、仁徳を施すものだということ。「仁術」は、情ある徳を施す意。江戸中期の洒落本『不仁野不鑑《ふじんやぶかがみ》』に「医は仁の術にして人を救ふの教なり」と、当時からわざわざ医は仁術であると解説している。医者が人の命を預かる神聖なものであることは分りきっている。それなのに、何故にことさらこうしたことわざがあるのだろうか。そうでない医者が多かったということの証拠かもしれない。「医は算術」ということわざと言ってもよい陰口が、それを裏付けている。貧乏な患者からは報酬もとらない医者もいただろうが、大部分はそうではなかったということなのであろう。現代でも、権威ある先生に診てもらうには、縁故や高額の御礼が必要とか。このことわざが現代でも生き続けているということは、世が進んでも社会的背景が変っていないということであろうか。

韋《い》編《へん》三《み》たび絶《た》つ

＝韋編三絶《さんぜつ》

何度も繰り返して読むこと。熟読する意。

「韋」はなめし革で、「韋編」とは革紐《かわひも》で竹の札を綴《つづ》った中国古代の書物。広くは書物全般を言う。紙のなかった時代の中国の書物は、木や竹を薄く細い札状にしたものに墨や漆《うるし》で文字を書き、それをなめし革の紐で綴じた。丈夫な革紐が三度も切れるほど繰り返し書物を読むというわけである。孔子が晩年に『易経』を何度も繰り返して読み、綴じてあった革紐が切れたという『史記』（孔子世家）にある故事によっている。日本では、平安時代の金言集『世俗諺文』に「韋編《オシカハノアミヲ》三《タビ》絶《タツ》」という見出しで、『史記』の該当箇所をあげ、江戸時代でも前期の中江藤樹が『翁問答』（巻上ノ末）で「孔子さへ韋編三絶と申つたへ候へ」と述べている。なお、見出し形は、江戸中期の儒者・伊藤東涯の『古今学変』に出てくる。

芋幹《いもがら》で足《あし》を衝《つ》く

⑴油断して思わぬ失敗をすること。⑵ありそうにない大げさなことのたとえ。

「衝く」は「突く」とも書く。「芋幹」は里芋の茎を干したもので、芋茎《ずいき》のこと。食用としては今日ほとんど姿を消してしまったが、淫具の代表格の肥後芋茎は、現代でもその方面で知られている。生の時には簡単に折れる里芋の茎も、干すと案外丈夫になる。しかし、所詮は里芋の茎で、木や竹の棒のようにはなりはしない。だから、そんな茎で足を衝くなんてことはあり得ないこと、あったとしたら余程の失態ということになる。江戸時代の用例は、後期の滑稽本『浮世床』に見える。

芋《いも》の煮《に》えたもご存《ぞん》じない

‖芋の煮えたも知らぬ

⑴甘やかされて世間知らずに育てられた人のたとえ。また、⑵そうした人を揶揄《やゆ》した言葉。

姫様、若様と大切に育てられて料理をしたこともなければ、芋が煮えたかどうかも判別できないだろうということから。第二次大戦前までの江戸系いろはカルタに入っていたものとして知られる。早い用例は、江戸中期の『狂歌餅《もち》月夜』に「七めくり前の秋までむまい歌芋の煮たもしらぬ目にさへ」と詠まれている。

いやいや三杯《さんばい》

口先だけで遠慮すること。

口では「いやいや、もう結構」と言いながら、勧められればいくらでも飲んだり食べたりすることから。二〇種弱ある上方系のいろはカルタの何種類かに収められたものが知られているが、ことわざ自体は江戸前期から見られる。

入船《いりふね》あれば出船《でふね》あり ⇩ 出船あれば入船あり

煎豆《いりまめ》に花《はな》

‖煎豆に花の咲《さ》く◈煎豆に花が咲く◈煮豆《にまめ》に花の咲く

⑴一度衰えたものが復興すること。⑵あり得ないことのたとえ。

煎った豆から花が咲くなんていうことは、まずあり得ない。簡潔な句のせいか、江戸時代の歌・句に多用されている。「煎大豆《いりまめ》に花のためしか除夜の雪」（『毛吹草』巻六）、「節分の夜半にまきぬるいりまめも花咲春の種とこそなれ」（『吾吟我集《ごぎんわがしゅう》』巻四）、「いり大豆《まめ》に花ぞ一声ほととぎす」（『ゆめみ草』巻三）などで、おおむね(1)に近い意味で使われている。(2)の意では、たとえの異なる「西から日が出る」「雄猫《おすねこ》が子を産む」「石橋が腐る」といった類義のことわざがあるが、どれものちに出てきたもので頻度も高くない。

入《い》るを量《はか》りて出《い》ずるを為《な》す

収入額を正確に計算した後で、それに釣合った支出をして経済の安定を図る意。

出典は中国の『礼記《らいき》』（王制）。日本では表現の違いがいろいろあり、文芸書の用例は少ないが江戸初期の藤原惺窩《せいか》の『大学要略』など儒学書には頻出する。

色気《いろけ》より食《く》い気《け》

(1)色欲より食欲の方が先になること。(2)見栄より実利を優先するたとえ。

人間の三大欲望は、睡眠・食欲・性欲だそうだ。性欲はともかく寝るのと食べるのは生命保持に不可欠なことで、欲望と言っていいのか……。性欲にしても、程度の差はあれ人間として生きてゆく上に欠かせないものだが、どちらかの二者択一を迫られたら食い気が先だ、とするのがこのことわざの考え。三大欲望のそれぞれにその大切さを言うことわざはあるが、お互いを比較して優先順位を言ったものは珍しい。山東京伝作の引札（広告ちらし）「報条文《ひきふだのもん》」に用例がある。

色《いろ》の白《しろ》いは七難隠《しちなんかく》す

＝色の白きは十難隠す◆色白《いろじろ》は七隈隠《ななくま》す

顔だちに欠点が多くあっても、色が白いとそれだけで他の欠点が目立たなくなること。

もち肌・色白は日本女性の願望であった。小麦色にこんがり焼いた若い肌にも魅力はあるだろう、と言いたいものの、紫外線の害が喧伝されるようになって、こちらの支持率はだいぶ減ったようだ。化粧品の宣伝文句に「美白《びはく》」なる語が使われることからも、いかに色白への願望が多いかがうかがえる。このことわざが言われ出した江戸時代の当時でも、「色の白きは十難かくすとて、生地にて堪忍のなる顔にも白粉《おしろい》を塗りくり」(浮世草子『世間娘気質《かたぎ》』巻一、江戸中期)と化粧品が大きく関わっており、明治時代には相当の商品として雑誌などで盛んに宣伝されていた。

色《いろ》は思《し》案《あん》の外《ほか》

色事《いろごと》は思案の外◆色は分別《ふんべつ》の外◆色の道は分別の外◆恋は思案の外

色恋は常識では判別できないものが多く、人の理性を失わせるものである。

この場合の「色」は恋愛とか色事。近年に言われるようになった類義の語句に「下半身に人格はない」がある。これには、恋というより色欲の色合が強いが、江戸の昔から今日まで、恋というものは理性や人格とは別次元でなりたっている、とことわざは教えてくれる。江戸時代の用例は、中期の黄表紙『憎口返答《にくまれぐちへんとう》返《がえし》』などから後期の人情本類に数多く見られる。

鰯網《いわしあみ》で鯨《くじら》捕《と》る

鰯網で大功《たいこう》◆鰯網へ鯛《たい》がかかる

想像もしない意外な収穫や、思いがけない幸運をつかむことのたとえ。

異表現の「大功」は大手柄の意。小さな魚の代名詞みたいな鰯を捕る網に、地球上最大の動物である鯨がかかるとは、現実には考えられないことであろう。しかし、可能性が低ければ低いほど、実際に起った時の歓びは大きい。類義の「棚《たな》から牡丹餅《ぼたもち》」(別項)が、何もしてないのに向うから幸運が舞い込んでくるニュアンスであるのに対して、このことわざは少なくとも何らかの行動をしており、その過程を通して予想外のよい結果を得た、という意味合いをもつ。同義でたとえを異にするものに「兎《うさぎ》の罠《わな》に狐がかかる」「雀網《すずめあみ》に鶴がかかる」(別項)などがある。どれも江戸時代に用いられていたが、現代では耳にしなくなった。

鰯《いわし》の頭《あたま》も信心《しんじん》から

①鰯の頭も信心がら ②鰯の頭も信仰から ◉鰯の首も信心から

⑴どんなに粗末でつまらないものでも、信心の対象となればありがたく思われること。⑵信仰心のために、つまらないものを頑固に信じる人を揶揄《やゆ》する意。

節分の時に、鰯の頭を柊《ひいらぎ》に刺して悪鬼払いをする風習があった。この風習を元にしてできたことわざと考えられる。それを裏付ける資料として、江戸時代のいろはカルタの絵札の中に、木の枝に刺した鰯の頭を拝んでいる男の図柄のものがある。語句から情景が伴いやすいのか、早くから絵画化されている。図は、絵画化の早い例である『軽筆《けいひつ》鳥羽車』(一七二〇年)からで、⑵の意を視覚化したもの。この書は当時のことわざを四〇点ほど収めた図集で、鳥羽絵と呼ばれる滑稽で奇抜な人物描写が特徴となっている。なお、異表現①の「信心がら」の「がら」は、「家がら」「仕事がら」などと同じ性質や状況を表すもので、信心の深さ加減、状態を言っている。

鰯《いわし》の頭《あたま》をせんより鯛《たい》の尾《お》につけ

小さなところで指導者でいるより、大きなところで人に従っていた方が安全で気楽でもあるという意。日本では、鰯は最も下等で小さな魚の代表で、鯛は最も上等な魚とされる。そして「頭」は上、「尾」は下だから、最高と最低とが対比された構造になっている。この植物版とも言える「寄《よ》らば大樹」(別項)はよく知られているものなので、それを魚のたとえに言い換えたものだったかもしれない。見出しの方は江戸前期の『毛吹草』に収められているものの、江戸時代においてもそれほど用いられたものではなかったようだ。いずれも「鶏口《けいこう》となるも牛後《ぎゅうご》となる無かれ」（別項）とは反対のことわざである。

言《い》わぬが花《はな》

(1)言葉に表さない方が奥ゆかしくてよいということ。(2)場合によっては明言しない方が差し障りがなくてよいということ。

現代でもよく用いられる。用例は幕末の脚本『小袖曾我薊《あざみの》色縫《いろぬい》』など、浄瑠璃や歌舞伎脚本に見えるが、頻出するのは近代になってからのようだ。

言《い》わぬことは聞《きこ》えぬ

＝①言わねば理《ことわり》も聞えず ②言わねば聞えず

事前に言っておかないことは、人に理解してもらえないということ。

ことわざには、言葉に出すより沈黙をよしとする傾向が世界的にある。たいていはお喋《しゃべ》りを戒めるものだ。もちろん、日本も然り。いや、「言わぬは言うに勝る」（次項）式により積極的に寡黙《かもく》を奨励しているようだ。そういうことわざの世界にあって、これは少数派ながら、すでに江戸時代から言い慣わされていた。特に西鶴の作品には、『諸艶大鑑《しょえんおおかがみ》』をはじめ五作品で使用されていて目を引く。それ以外では、江戸中期の浮世草子『当世誰が身の上』に異表現①が、浄瑠璃『蘆屋道満大内鑑《あしやどうまんおおうちかがみ》』などに②が見えている。

言《い》わぬは言うに勝《まさ》る

(1)口に出さずに黙っている方が、口に出して言うより思いが深いこと。(2)喋《しゃべ》るより沈黙の方が相手に気持が伝わり、かえって効果的であるという意。

古来日本では、自分の思いを表す方法として「以心《いしん》伝心《でんしん》」（別項）や寡黙が用いられてきた。このことわざは、きわめて用例が多い。古くは『古今六帖』（巻五）の「心には下ゆく水のわき返り言はで思ふぞ言ふにまされる」（下を流れる水が湧き返りながらも見えないように、心の底で黙って思っている方が口に出すより思いが深い）、『源氏物語』（末摘花）の「言はぬをも言ふにまさると知りながらおしこめたるは苦しかりけり」（口に出すより強く私を思ってくれていると知っていても、黙っていられるのはつらいものだ）がある。その後も、謡曲『狭衣《さごろも》』、江戸時代の仮名草子・浮世草子など枚挙に暇《いとま》ない。これらの用例が言わんとするところは、単なる伝達の方法論ではなく、日本人の心根を示す哲学・思想とも言えるようだ。なお、(2)の意は、先行した(1)と混同・混用され、近世以降、次第に主流となって現代に至っているようだ。

夷《い》を以《もっ》て夷を制《せい》す

夷を以て夷を攻《せ》む

(1)他国同士が敵対関係になるように仕向けて、自国の利益を図り、他国を統治すること。(2)悪を取り除くために、他の悪を利用すること。

「夷」はえびすで、文化の中心から遠く離れた地方の人々を侮って言う語。中国古代からの兵法の一つに、自分は手を出さずに異民族同士を巧みにあやつって利益を得ようとするものがあった。『後漢書』（鄧禹《とうう》伝）に「夷を以て夷を伐《う》つ」とあり、これが出典。日本では、今日では使用頻度の高いものであるが、幕末の「徳川家茂《いえもち》辞表・奏聞書」などにわずかに見られる程度で、近代以前はあまり用いられていなかった。なお、今は「毒《どく》を以て毒を制す」（別項）と同義の(2)の意に用いられ、原義はほとんど忘れられている。

因果《いんが》は巡《めぐ》る車《くるま》の輪《わ》

因果は車の輪のごとし◆因果は回《まわ》る車の輪◆因果の小車《おぐるま》◆因果は巡る小車

悪いことは、くるくる回る車輪のように直ぐにやってくることのたとえ。

ここの「因果」は、前世の悪しき行いの報いとして生じた不幸な状態。異表現以外にも同義のことわざに

「石臼」「皿の縁《ふち》」などを使ったものがある。なかでも因果の来襲(?)が最も早そうなのが、「因果は巡る針の先」。なにせ、針の先のような細いところを巡るというのだからあっと言う間にやってくるわけだ。「因果は車輪のごとく」が幸若舞『本能寺』に見られるのをはじめ、『藤戸』などの謡曲、御伽草子『猫の草紙』、『弁慶物語』など、いろいろな形で中世に盛んに用いられた。江戸時代にも初期の『貞徳百首狂歌』や近松の『十二段』など、広範な領域でさまざまに使われている。

陰徳《いんとく》あれば陽報《ようほう》あり

人知れずに徳を行う者には、必ずよい報いがあるということ。

出典は中国・漢代の『淮南子《えなんじ》』。日本でも平安時代の『世俗諺文』や『管蠡鈔《かんれいしょう》』など古い金言集に収載されており、中世・近世では常用されていたが、近代以降は激減し、現代ではほとんど使われていない。

う

飢《う》えた犬《いぬ》は棒《ぼう》を恐《おそ》れず

生活に困っている者は、危ないことも悪いこともするものだということ。

腹をすかせた野良犬は、追い払う棒をいちいち恐れていては食い物にありつけない。人間でも「餓《うえ》たるものは食を択《えら》まず」(馬琴『里見八犬伝』一輯巻二)と、空腹だとえり好みはできなくなる。それでも何かを食べられればともかく、いよいよ窮すれば法律も犯すだろうし、人殺しさえしかねない。類義のことわざに「痩《や》せ馬鞭《むち》を恐れず」(別項)がある。こちらは主人持の場合で、酷使され困窮しきると主人の指示通りには動かなくなるということ。

上《うえ》には上がある

人間や物事の評価で、最上と思われることにもさらに上があるということ。

江戸時代は「上見れば方図《ほうず》がない」（「方図」は、限度の意）という言い回しが多く用いられており、近松の『博多小女郎波枕』などに見られる。数は少ないが「上を見れば限りなし」という表現もあった。より簡潔な見出しの形は近代になってからのようだ。

魚心《うおごころ》あれば水心《みずごころ》

＝魚心あれば水心あり◆魚心あれば水◆水心あれば魚心

(1)相手が自分に好意をもてば、こちらも相手に好意をもつものだというたとえ。(2)自分の方が相手に好意をもてば、相手の方もこちらに好意をもって良好な関係を結ぶことができる意。

「魚、心あれば、水、心あり」がもともとの言い方で、魚が水を思う心をもてば、水も魚を思う心をもつ意。(1)と(2)では、行動を受け止める主体が逆になっている。魚と水の順序を逆にした異表現の形も江戸中期からいくつも見られるので、古くから(1)(2)とも並行して用いられていたと考えられる。「昔は人を負さうと思ひて我身を痛《いため》たり。只今は人をまかしてはすまぬ。人にまけやうとすれば、我身もいたまず人も喜ぶ。又魚心あれば水ごゝろあるの道理にて、人また我をまかさず」（仏教書『妙好人伝』江戸後期）。図は、明治時代の西洲の戯画集『滑稽洒落狂画苑』から。

魚《うお》と水《みず》

＝水と魚

きわめて親密で、切っても切れない間柄のたとえ。『日本書紀』（巻二七）に「汝等兄弟《いましらあにおとと》、和《あまな》はむこと魚《いお》と水との如くして」とあるように、非常に古くからの常用語句で現代まで続いている。異表現も鎌倉時代の『鳴門中将物語』に「凡《およそ》君と臣とは水と魚とのごとし」と見られる古い表現である。

魚《うお》の陸《くが》に上《のぼ》るごとし

自分の得意な場所を離れ、どうすることもできないことのたとえ。また、ありえないことのたとえ。

古くは平安時代の仏教説話『三宝絵《さんぼうえ》』に「魚の陸にあるごとし」、親鸞《しんらん》の『教行信証《きょうぎょうしんしょう》』に「魚の陸に処するがごとし」と用いられている。後には「魚の木に登る」という言い回しに代っていった。

魚《うお》を得《え》て筌《うえ》を忘《わす》る

(1)目的を達すると、手段としていたものやお蔭を蒙ったものを顧みなくなること。(2)受けた恩を忘れる恩知らずのたとえ。

「筌」は魚を捕る道具。細い割竹を編んで作ったもので、入った魚が出られないように工夫してある。中国の『荘子』（外物）に出典があり、日本でも謡曲『放《ほう》下《か》僧《ぞう》』に「魚を得て筌を捨つ」と用いられている。

鶯《うぐいす》鳴《な》かせたこともある

老女が、若い時には異性にもてたことを自慢げに懐かしむこと。

「梅干婆《うめぼしばば》としなびて居れど」に見出しの語句が続く俗謡が元で、のちに独立したもの。俗謡の老女は、若かりし頃の自分を梅の木に、若い男をその木にとまる鶯に見立てて、鶯を鳴かせたことがあるんだと、古きよき時代をしのんでいる。というわけで、原義の鶯は男だが、鶯を若い女とする解釈がのちに出てくる。鶯の声を若い女の声になぞらえ、鶯を「鳴かせた」ことに女を「泣かせた」ことを掛けるというもの。さらには、鶯の鳴き声が女の閨房《けいぼう》の声にたとえられることから、男の性技の巧みさを指すといった解釈さえあるようだ。「鶯嬢」といった言葉の連想もあるのか、現代では鶯を女と見る方が多いように思われる。ここでも、ことわざの解釈は時代の推移とともにあると言えるようだ。

鶯《うぐいす》の卵《かいご》の中《なか》のほととぎす

実際は自分の子であっても、我が子ではないと認めないことのたとえ。

ほととぎすは自分では巣を作らずに、鶯の巣の中に卵を生んで、鶯の親鳥に育てさせてしまうことから。『万葉集』（巻九）の「霍公鳥《ほととぎす》を詠む一首」に「鶯の生卵《かいご》の中に霍公鳥独り生れて己《な》が父に似ては鳴かず己が母に似ては鳴かず」と詠まれている。その後も、室町時代の連歌論『老のくり言』、江戸時代では後期の脚本『名歌徳三升玉垣《めいかのとくみますのたまがき》』などに用いられている。類似の表現に「ほととぎすは鶯の養い子」や、他人に養育された者をたとえる「鶯の巣のほととぎす」などという語があるが、見出しのことわざとの影響関係は不明である。

雨後《うご》の筍《たけのこ》

似たようなものが続々と起ることのたとえ。

雨の後には筍の成長が著しいことから。近代以前の文献には見当らず、明治半ばの『団団珍聞《まるまるちんぶん》』にこれを用いて時評風刺した戯画が見られ、早い例の一つとなっている。

兎死《うさぎし》して狐泣《きつねな》く ⇒ 狐死して兎悲しむ

兎波《うさぎなみ》を走《はし》る

＝兎は波に遊《あそ》ぶ

(1)月光が水面に輝き映っている情景のたとえ。(2)仏教の悟りで、低い段階に留まっている人のたとえ。

謡曲『竹生《ちくぶ》島《じま》』には、「魚樹にのぼるけしきあり、月海上に浮んでは、兎も波を走るか、おもしろの島のけしきや」と、(1)の描写をしている箇所がある。そのほか『竹斎《ちくさい》』『あだ物語』『東海道名所記』など、江戸初期・前期の仮名草子によく用いられており、その後も各種文芸に見られる。(2)は江戸後期の『俚言集覧』による解で、仏典『婆沙論《ばしゃろん》』に基づき兎が象や馬に比べて水に入る度合が少ないことからとあるが、日本でのこの用法の文例は見られない。何と言ってもこのことわざの特徴は、絵画や彫刻・陶磁器・織物・武具などの造形物におびただしい数の作品が残されており、現在も作られていることである。図はその中の一つで、凧《たこ》になったもの。

兎《うさぎ》を見《み》て犬《いぬ》を放《はな》つ

①兎を見て犬を顧《かえり》みる　②兎を見て鷹《たか》を放つ
③兎を見て犬を呼《よ》ぶ

【八四】

(1)過ちを犯しても、まだ取り返しがつくことのたとえ。(2)状況を見極めてから対策を講じても遅くない意。(3)手遅れのたとえ。

取り返しがつかないとか、もう手遅れだという意のことわざは多いが、再度の試みを認めるものは珍しい。狩猟の情景から発し、たとえに動物を用いていて、具体的な情景を描きやすい形になっている。たしかに狩猟の場面では、猟師が兎の姿を確認してから猟犬を放っても間に合うだろうし、鷹狩でも獲物の姿を見てから鷹を放しても間に合う。異表現①が中国・漢代の『戦国策』（楚策）にあるが、日本では(3)の意の用例が江戸後期の読本『綟手《もじて》摺昔《ずりむかし》木偶《にんぎょう》』（巻二）に「和《わ》主《ぬし》がいひつるを詳《つばら》に聞きしが、兎を見て鷹を放つとやらん、せい急にしてしかも事調《ことととの》ひがたし」と見られるだけで、(1)(2)の意のものは見えず、ある程度使われるようになったのは近代以降からのようだ。

氏《うじ》なくして玉《たま》の輿《こし》 ⇩女《おんな》は氏なくして玉の輿

牛《うし》に経文《きょうもん》

価値の分らない者に価値あるものを示したり与えたりしても無駄なこと。まったく無意味で、無駄なことのたとえ。

「経文」は経典やその文句。牛にはまったく理解できないお経を一生懸命に説き聞かせている情景。類義のことわざは多い。動物を使ったものに限定してみても、「犬に小判」「犬に論語」「牛に説法」「牛に対して琴を弾ず」「馬に銭」「馬の耳に念仏」(別項)、「猫に小判」(別項)、「猫に石仏《いしぼとけ》」「猫に念仏」「豚に真珠」(別項)とある。そのほか「馬の耳に風」「蛙《かえる》の面《つら》に水」(別項)は少しニュアンスが異なり、単に無意味・無駄の意で、価値が分らない云々という意は含んでいない。これら類似のものの中で見出しのことわざは、中期の洒落本『通人三国師』、後期の脚本『四天王産湯玉川《してんのううぶゆのたまがわ》』などにあるものの、江戸時代にもそれほど多くはなかった。

牛《うし》に引《ひ》かれて善光寺《ぜんこうじ》参《まい》り

＝牛につられて善光寺

偶然のきっかけや他人からの誘いで、たまたまその道に導かれること。

由来譚が二説ある。一つは『本朝俚諺』(一七一五年)で、『養艸《やしないぐさ》』という書物によるとして次のように言う。昔、信州善光寺の近くに老婆がおり、布を干していたところ、隣家の牛が角にその布を引っかけて逃げ出した。後を追ったら善光寺に入ってしまった。老婆は初めてそこが霊場であることに気づき、以後はしばしば参詣するようになった、というもの。

いま一つは、『今昔物語』(巻七ノ三)にある中国の話。ある時仏教をきらう老母の家の門に牛が迷い込んできた。牛を家のなかへ入れようと着物の帯を解いて牛の鼻に繋ぐが、牛が逃げ出し寺へ入ってしまったので、牛を追いかけていった老母は僧の経を聴くことになった。その後病死した老母が娘の夢枕に立ち、仏教の功《く》徳《どく》を伝えた、という逸話である。時代から考えて、おそらく『本朝俚諺』のものは『今昔物語』の話を元にしたものであろう。

牛《うし》の一散《いっさん》

思慮の浅い者が後のことを考えずにむやみにはやり立つことのたとえ。

牛は、ふだんはゆっくり歩んでいるが、何かの拍子に脱兎のごとくに走り出すことがあることから。「寅より先にかけ出にけり　夜が夜中たが乗り牛の一散ぞ」(俳諧『鷹筑波集』巻五、江戸初期)。

牛《うし》の小便《しょうべん》と親《おや》の意見《いけん》は長《なが》くとも効《き》かぬ

子供へ長々と説教しても効き目はないこと。

長く大量に排出されるのが牛の尿。「牛の小便十八町」という、ひたすら長いだけという意のことわざもある。一八町と言えば約二キロメートル。もちろん誇張があろうが、大型の家畜として代表的な馬と比べてみると、一日に四～六リットル程度の馬に対して、牛は一〇～一五リットルも排尿するそうだからそのすごさが分る。しかも、だらだらと止めどなく回数も多いという。「親の意見と茄子《なすび》の花は千に一つの無駄もなし」と言われるように、親の意見は子供にとって有益なもの。その子供への意見が、こんな牛の小便と一緒にされたのではたまったものではないだろうが、長くては効果がないんだという教えとして、印象の度合も強いものとなっている。

牛《うし》の鞦《しりがい》と諺《ことわざ》とは外《はず》れそうでも外れぬ

＝牛の鞦外れこなし

ことわざと鞦は外れそうに見えるが、案外しっかりとしたものだということ。

「鞦」は、牛馬の尻に掛けて車の轅《ながえ》などを固定させる紐《ひも》。ゆるやかにつけられているので一見したところ外れやすく見えるが、簡単には外れない。ことわざには、真実をそのまま直截《ちょくせつ》に表現するものもあるが、裏側から表現したり思いがけないたとえを使ったりして、一瞬、間違い(＝外れる)では、と思わせるような形のものも少なくない。そんなことわざの真髄に触れていることわざと言えよう。日本のことわざの総数は、四万とも五万とも言われる。その中に、ことわざ総体を観察し自己批評したものがあり、これもその一つ。日本的な物言いなのか、直接ことわざを擁護《ようご》したり正当視していないのが面白い。「譬《たと》えに嘘《うそ》なし坊主に毛なし」(別項)という類義の句もある。

牛《うし》の角《つの》を蜂《はち》が刺《さ》す

痛くもなんともないことのたとえ。

ことわざ解義書『本朝俚諺』で解説されているように、江戸中期には用いられていたもので、それ以前は同義の「鹿《しか》の角に蜂」の言い回しが多かった。

牛《うし》は牛連《うしづ》れ、馬《うま》は馬連《うまづ》れ

＝牛は牛連れ◈馬は馬連れ、牛は牛連れ

(1)似た者同士や同類は、自然と集うようになること。(2)自分に相応の相手と一緒に事を行うとうまくゆくこと。

「牛連れ」「馬連れ」は、それぞれ牛は牛に連れ添い、馬は馬に連れ添う意。集団生活を営む動物なら、だいたいのものは同種類だけが集まっている。だから、牛が牛を、馬が馬を仲間とするのは自然で、むしろ当然であろう。ことわざが言おうとしているところは、牛や馬ではなく人間のこと。人間の習性の一面を、牛と馬を借りて表している。狂言『餅酒』から江戸時代に多用されているが、同種類の生き物同士なら一緒にうまくやれる、という発想は世界的にある。「鳩は鳩と、鷹は鷹と」(パキスタン、イラン)、「鳥は同じ種類の鳥と暮す」(トルコ)、「どの鳥も自分に似た鳥と飛ぶ」(ソマリア)、「烏《からす》は烏の脇に止まり、類は類を求める」(チェコ)、「同じ羽の鳥は群れる」(オランダ)、「同じ翼の鳥は一緒に集まる」(朝鮮)、「鯉《こい》は鯉を呼び、鼈《すっぽん》は鼈を呼ぶ」(中国)。

氏《うじ》より育《そだ》ち

＝氏より育て柄◉人は氏より育ち

人格形成には、血筋のよさや家柄より、教育や環境が重要で大切だということ。

室町時代の御伽草子『かくれさと』に用例が見られ、安土桃山時代のことわざ集『北条氏直《うじなおじ》時分　諺留《ぶんことわざとめ》』に収録され、江戸時代には多くの用例があることから、「育ち」を重視する考え方が中世から近世へと受け継がれていたことが分る。厳然とした身分制が存在した封建社会にあって、このようなことわざが生き続けていたことは、広く大衆的に支持された〈思想〉の一つとして根づいていたからかもしれない。

後髪《うしろがみ》を引《ひ》かれる

気になる事や未練などが後に残ってしまい、思い切ることができないこと。

髪の後ろの部分が引っ張られるため、前へ進めなくて困惑している人の情景を元にしたものだろう。後髪といっても、しっかり堅く結い上げた髪形だと引くのは容易ではない。長くてしかも垂らした髪でなければ引きにくい。そうした髪形となると、近世以前の比較的身分の高い女性が浮ぶ。彼女たちの深い思いが長い髪に波動するかのように……。もっとも古い用例である謡曲『通盛《みちもり》』の「暇申《いとま》してさらばとて、行くも行かれぬ一の谷の、所から須磨の山の、後髪ぞ引かるる」人物は武士。江戸時代を中心に広く言い慣わされたことわざで、現代でも生きている。

薄《うす》き氷《こおり》を踏《ふ》む ⇩ 薄氷《はくひょう》を踏む

嘘《うそ》から出《で》た誠《まこと》

＝嘘より出《い》でし真実《まこと》

何の根拠もなく出まかせに言ったことが、結果として本当のことになってしまうこと。

使われている語が抽象語のわりに、印象に残ることわざである。一つには、「嘘」と「誠」という反意語を組合せた意外性の妙があろうが、古い江戸系いろはカルタによるところも大きかろう。図は明治時代のものだが、遊女が客に対して愛の証《あかし》を示そうと小指を切る場面のものが伝統的な図柄となっている。文献資料では江戸中期の浄瑠璃『仮名手本忠臣蔵』が早いようで、以下、黄表紙・浄瑠璃・滑稽本などで用いられている。

嘘《うそ》つきは泥棒《どろぼう》の始《はじ》まり

①嘘は盗賊《とうぞく》の始まり　②嘘は盗《ぬす》みの基《もと》　③嘘つきは泥棒の下地《したじ》

嘘はついてはならないということのたとえ。

ことわざの世界では、嘘に対して肯定的な扱いと否定的な扱いがあるが、否定的なものの代表格がこれ。嘘をつく者は、その嘘がきっかけとなり、いずれ盗みをするという意。現代でも幼稚園や保育園でよく使われるということから、子供が最初に接することわざの一つと言えよう。異表現①が幕末のことわざ集『国字分類諺語』にある以外は明治以降のもので、②が『金諺一万集』(一八九一年)、見出し形は『新選俚諺集』(一九〇一年)に、ほぼ同じ「嘘は泥棒の始まり」が古典落語『くしゃみ講釈』に見られる。外国のものの翻訳の可能性も考えられ、イギリス、ドイツ、北欧のサーミ語で「嘘をつく者は盗みもする」、ブルガリアで「嘘をつくことが好きな者は盗むことも好き」、エストニアには「嘘は泥棒の始まり」と、ほとんど同じものがある。

嘘《うそ》と坊主《ぼうず》の頭《あたま》はゆったことがない

①嘘と坊主頭はいはれぬ　②嘘と坊主頭といったことなし　③嘘と坊主の髪はいわぬ

これまで嘘をついたことがないということを面白く強調した言い方。

嘘を「言う」と、髪を「結う」を掛けた洒落になっている。「言う」の発音にユウとイウの混在は現代でもあるが、古くは「結う」にもユウとイウの混在があった。嘘をついたことはないよ、とだけ言ったところで面白くも何ともない。そういうことを口に出すこと自体、かえって怪しまれるのが落ちだ。それに対してこれは、ことわざ特有の奇抜なとんでもないものを掛け合せることで表現に面白味を出し、聞く者に強く印象づける形になっている。なお、明治になってから言い慣わされてきたようで、見出し形が明治末期の東北地方東部のことわざ調査記録『俚諺調』、異表現①が『日本俚諺大全』に、③が明治末期と推定される『福岡県俚諺集』に収められている。

嘘《うそ》も方便《ほうべん》

嘘は、使う目的がよこしまでなければ、必要なこともあるということ。

「方便」は、仏教で衆生《しゅじょう》を救うために用いる巧みな手段や方法。また、広く目的を遂行するための便宜的な手段。一般に嘘が容認される状況とは、例えば病人に本当の病名を告げないほうがよい場合もあろうし、子供を教育する場面でも起ろう。相手が真実に耐えられなかったり、平静に聞くことができない状況では、嘘がかえって状況を好転させる場合がある。もちろん「方便」の嘘も、乱用すれば本物の嘘となるのだが……。嘘を是認することわざとしてよく知られているが、近代以前の文献では、江戸中期の咄本《はなしぼん》『聞上手』に「されど仏に方便といふ嘘あり、武士は計策といふて敵を欺《だま》す」と見えるのが古いもので、見出しそのままの形となると、幕末の河鍋暁斎《きょうさい》のことわざ覚書『狂斎百図手控《てびかえ》』くらいで大変少ない。

嘘《うそ》をつくと閻魔《えんま》様《さま》に舌《した》を抜《ぬ》かれる

＝偽《いつわ》りを言うと鬼にべろを抜かれる

嘘をつくと、死んでから地獄に落ちて閻魔大王に舌を抜き取られるから、決して嘘はついてはならないという戒め。

「閻魔」は地獄の王。その役割は、人間が生きている時に犯した罪の大小により罰を決めること。現代では、死んだ後なら大事な舌を抜かれても困ることはないと思われかねないが、死後を重視する仏教の教えが支配的だった時代は違う。地獄に落ちることは最悪だった。仏教の思想が社会の通念としてあったからこそできたことわざとも言える。江戸中期の浮世草子『熊《くま》谷《がえ》女編笠』(巻三)に「嘘ついた者地獄の釜へぼつたりと落て、舌をば抜かるるとや」とこれを踏まえた用例が見られ、幕末の百姓一揆の指導者・菅野八郎の『八老十ケ条』に異表現があるが、仏教の社会への影響が格段に低くなった現代では、それに比例して使われなくなってきている。

歌《うた》は世《よ》につれ世は歌につれ

歌と世の中は互いに影響を受けて変るということ。歌は世情をよく反映しているものだという意。

現代で言ういわゆる流行歌の生命は、この語句のごとく短い。消えては現れ、現れては消えてゆく。一世を風靡《ふうび》した歌といえども、人々の心に記憶されることはあっても表の世界からは姿を消してゆくものだと、現代のことわざ辞典にあるような流行歌の影響力と解する見方は、昭和以降のことと限定した方が妥当だろう。このことわざの発生はもっと古い。「歌は世につれる」の形で江戸後期のことわざ集『諺苑《げんえん》』に収められ、後期の咄本《はなしぼん》『笑の友』にも用例が見える。当時に現代の流行歌の類はない。では、どんな「歌」であろうか。ごく普通に和歌から語り物までも含む「歌謡」と解すると、例えば近世初期には隆達《りゅうたつ》節の流行があり、長唄、義太夫節、清元節、新内《しんない》節、都々逸《どどいつ》などが次々に起っていった状況が浮ぶ。つまり、個々の曲目ではなく、ある種類、いくつもの集まりとしての歌謡がはやりすたりを繰り返していたということが歴史状況から考えられる。そう解釈すると、時代の変化の流れがゆっくりしていた江戸時代の世の中と歌の変化の流れとが合うように思われる。

内裸《うちはだか》でも外錦《そとにしき》

(1)家では貧しい暮しぶりでも、外では身なりを整えること。(2)そのような世渡りの方法。

「錦」は地の厚い華麗な絹の織物であり、比喩的には美麗で立派なもののこと。つまり、家の中では身にまとう物もない素っ裸でいても、外に出る時は身を飾りたてるという意。近松の『心中天の網島』に見られる。ところで、従来知られていなかったが、このことわざには同義ながらたとえを異にする句がある。武士道を説いた江戸中期の『葉隠《はがくれ》』に見える「内は犬の皮、外は虎の皮」である。『葉隠』には二度用いられているが、一方に「「奉公人は喰《く》はねども空楊枝《からようじ》、内は犬の皮、外は虎の皮」と云ふ事、これ又神右衛門常《つね》々《づね》申し候。士は外めをたしなみ、内は費《ついえ》なき様にすべきなり」という武士の処世法となっている。

内弁慶外菜《うちべんけいそとな》虫《むし》 ⇓ 下《した》いびりの上諂《うえへつら》い

内股膏薬《うちまたごうやく》 ⇓ 二股《ふたまた》膏薬

美《うつく》しい花《はな》には刺《とげ》がある

人を快くさせるものには、危害をもたらす反面があること。

もちろん、美しい花だからといってどれにも刺があるわけでなく、刺のある花は限定されよう。その点、同義の「薔薇《ばら》に刺あり」なら問題はないが……。類句の「綺麗《きれい》な物には毒がある」となると、毒茸《どくきのこ》が連想されよう。日本の天然茸は食べられて美味なものほど外見は目立たず、反対に派手できれいなものほど毒をもっているようだ。花も薔薇も、そしてきれいなものもすべてたとえで、〈本体〉は男を魅了《みりょう》する女の美しさを言っている場合が

多い。美しい女にはご用心、というわけである。図は北沢楽天主宰の漫画雑誌『東京パック』(一九一〇年一一月)の表紙。

美《うつく》しいも皮一重《かわひとえ》

＝皮一枚剝《は》げば美人も髑髏《どくろ》

美女といえど、美しいのは顔の皮一枚に過ぎないということ。

世界歴史上の美女たるクレオパトラにしても、楊貴《ようき》妃《ひ》、小野小町にしても、顔の一皮を剝いでしまえば、異表現のような髑髏は誇張にしても、とても正視できるものではあるまい。美女に限らず、世の中には表面だけで評価されるものが多いので、そうした人々の認識や価値観に疑義を呈する認識を示したことわざでもあろう。もともとは、修行の身にある者への、色香の迷いを戒める教えであった。江戸中期の上島鬼貫《うえじまおにつら》に「骸骨《がいこつ》の上を粧《よそ》うて花見かな」(『鬼貫句選』巻一)と、これを踏まえた句がある。

腕《うで》なしの振《ふ》りずんばい ⇒ 骨《ほね》なしの腕ずんばい

打《う》てば響《ひび》く

＝打てば響く、叩《たた》けば鳴《な》る

すぐに反応があること。

鐘や太鼓を打てばすぐ音がなる。そのように、敏感に反応することを言う。語形も短く、これといった技巧もなく、何の変哲もない句だが、安土桃山時代のことわざ集『月菴酔醒記《げつあんすいせいき》』に筆録され、江戸時代には常用語句となっていた。なお、表現は似ているが、こちらから持ちかけたらすぐに反応せよという意の「打たば響け」も江戸時代から用いられていた。

独活《うど》の大木《たいぼく》

外観ばかり立派で何の役にも立たない者のたとえ。

独活の茎は大きいが弱くて役に立たないことから。見かけ倒しの弱虫にも言う。江戸前期から用いられており、仮名草子『浮世物語』や俳諧『談林軒端の独活』などに用例が見える。

鵜《う》の真似《まね》する烏《からす》

鵜の真似する烏は水を食《く》う◉鵜の真似する烏は水を飲む◉鵜の真似する烏は水に溺《おぼ》る

自分の能力をわきまえずに人まねをして失敗することのたとえ。

鵜飼《うかい》でも分るように、鵜は巧みに水に潜《もぐ》って魚を捕るのが得意である。一方、烏は水鳥ではないから水には潜れない。だから、烏が鵜のまねをすれば溺れてしまう、というのが直接の意。しかし、これは人間の勝手な想像であり、捏造《ねつぞう》とも言える。そもそも烏は鳥類で一番と言ってもよい高度な知能をもっており、姿形が似ているとはいえ鵜のまねをして、自分にできもしないことをするはずがない。魚が欲しければ、ほかの鳥が捕ったものをかすめ取ることもできるだろう。鎌倉時代の説話『十訓抄《じっきんしょう》』から今日まで常用され続けているなじみ深いことわざではあるが、そろそろ烏への〈誤解〉は解く必要があるだろう。図は、英一蝶《はなぶさいっちょう》の『一蝶画譜』(一七七〇年)からで、絵のうまい一蝶にして鵜と烏の違いが定かではないほどに、この両者は似ているようだ。

旨《うま》いもの食《く》わす人《ひと》に油断《ゆだん》するな

やたらに好条件の話を持ち込む人には警戒する必要があるという教訓。

「旨いもの」といっても、いわゆる御馳走ばかりではなく、ここではむしろ「よい話」などの比喩《ひゆ》。だれでもまずいものより旨いものが食べたい。突然に御馳走が振舞われるとなったら、飛びついてしまうのが人情だろう。だが、ことわざはそうした振舞いには用心しろと教える。何らかの見返りを期待する下心のない一方的な歓待など、普通はないからだ。だから、「旨い話には罠《わな》がある」「旨い話には裏がある」といった類義のことわざも用意されているのである。見出しのことわざは、幕末のことわざ集『国字分類諺語』などには収められているが、近代以前の用例は見出し得ていない。

旨《うま》い物《もの》は宵《よい》に食《く》え

よいことは躊躇《ちゅうちょ》せずにできるだけ早く実行するのがよいということ。

せっかくの美味しいものを食べ惜しみして味を落としてはつまらないということから。同義の「善は急げ」(別項)が抽象的なのに比べて具体的な表現である。現代ではあまり使われないが江戸時代には常用されており、中期の浮世草子『新色五巻書』などに見える。

馬《うま》から落《お》ちて落馬《らくば》する

漢語の素養が足りないことから生じる重言《じゅうげん》を揶揄《やゆ》する意。

馬から落ちることを漢語で言えば「落馬」。このように同意の語を重ねてしまうのを重言という。反対の「馬に乗馬する」をはじめ、「石を投石する」「火事が鎮火する」「被害を被《こうむ》る」「船に乗船する」等々、重言は日常的に珍しくない。特にこのことわざのように、表現はずいぶん違っているがまったく同じ内容のことを繰り返してしまっているのに、言っている本人が微《み》塵《じん》も気づかない状況に対しては笑いが生じる。近松の『鑓《やり》の権三重帷子《ごんざかさねかたびら》』(巻上)に「されば〱拙者《せっしゃ》程の馬の名人なれども、竜の駒にも蹶躓《けつまづ》き、馬から落ちて落馬いたしたと、片言《かたこと》やら重言《じゅうごん》やら」と見える。

馬《うま》には乗《の》ってみよ、人《ひと》には添《そ》うてみよ

――人には添うてみよ、馬には乗ってみよ

物事の判断は自分で確かめてみよということ。

馬の良し悪しは乗ってみなければ分からないし、人間も一緒に暮したり、親しくしたりしてみなければ実際

のところは分らないということから。異表現が狂言『縄綯《なわない》』に見られるが、江戸初期の園芸書『百椿集』に見出し形が認められ、以降はこの形がよく用いられている。

馬《うま》の耳《みみ》に念仏《ねんぶつ》

＝①馬の耳に念仏勧《すす》めるよう　②馬に念仏

何の効果もなく無駄なことのたとえ。

このことわざが用いられる前には、類義で、何もものを感じないことのたとえの「馬の耳に風」が常用されていた。単にものを感じないという「風」に対して、「念仏」になると、有益な価値あるものに対しても何も反応せずに聞き流すという、いくぶん違ったニュアンスになる。「風」形は、古くは狂言『布施無経《ふせないきょう》』に用例が見られ江戸時代に常用された。それに対して「念仏」形が文献に見えるようになるのはずっと後で、江戸中期のことわざ集『類聚世話百川合海《るいじゆせわひやくせんがつかい》』に異表現①があるのが早いもののようだ。

馬《うま》は馬連《うまづ》れ、牛《うし》は牛連《うしづ》れ　⇒牛は牛連れ、馬は馬連れ

生《う》れぬ先《さき》の襁褓《むつき》定《さだ》め

＝生れぬ先の襁褓

先に先にと準備や対策を講じて、手回しがよすぎること。

「襁褓」は産着《うぶぎ》またはおしめのこと。おしめの場合、近年一般的となった紙おむつと異なり、昔は妊婦の母親などが十分に体に馴染んだ浴衣などをほぐして作った。何十枚も必要だから産れる前から用意する。となると、表現上と用法上とで意味に矛盾が生じる。なぜ産れる前に襁褓を作っておくことが早手回しなのか。そこで「襁褓」を産着と考えれば、男か女かで着せるものが異なったりするので、早すぎる準備ともなり矛盾はない。おしめにしても、例えば妊娠が分った直後から準備におおわらわとでもなればこの状態と言えるわけだ。西鶴の作品に頻出するが、『本朝二十不孝』（巻三）に「産まれぬ先乳姥《ちうば》を定め」とあるのは襁褓で

はなく乳母を決めてしまうというもので、言い換えであろう。早くは江戸前期の狂歌『吾吟我集《ごぎんわがしゅう》』に詠《よ》まれ、近松にもいくつか用例があり江戸時代には盛んなことわざであったが、現代は死語化している。

海千山千《うみせんやません》

①山に千年海に千年　②海に千年河に千年　③海に千年山に千年

世間で長い間苦労したことによって、悪賢《わるがしこ》くしたたかになっていること。また、そうした者のたとえ。

山・海・河に各千年の合せて三千年を生き抜いた蛇は竜になるという俗信に基づいている。「千年」はもちろん比喩《ひゆ》で、長い年月を表す。現代ではもっぱら海千山千の者を警戒しろ、と注意を喚起するものだが、海にしても山にしても、時には河であろうと、生活環境は厳しい。長いこと厳しい試練にさらされた者が、そこから生きる術としてしたたかさや老獪《ろうかい》さを身につけるのはむしろ当然。古い用例の中には、悪い意味合いの見られないものも少なくない。室町時代の『犬筑波集』（雑部）に「河浪《かわなみ》にふぐりのわれの流れきて　山に千年海に千年」と詠み込まれたのをはじめ、異表現①を主に江戸時代の各種文芸に用例が見られる。現代では見出し形のような省略形がほとんどである。

産《う》みの親《おや》より育《そだ》ての親

産みの親より里の親

産んだだけの実の親より養育してくれた養父母に、子供としての愛も恩も感じるということ。

異表現の「里の親」は里親、すなわち育ての親。出産は女の一大事。それは生命を作り出すというこの上なく大切なことだが、そんなことは産れた子の与り知らぬこと。子供にとっての親は、養い育《はぐく》んでくれる実際を通じて意識し実感できる存在にすぎない。いくら「産《うみ》の親の恩は山より高く……　養《やしない》親《おや》の恵みは蒼海《そうかい》よりも猶《なお》深く」（浮世草子『国姓爺明朝《こくせんやみんちょう》太平記』巻五、江戸中期）あっても、親の恩はあまりにも日常のことで空気のようだから、感謝の念は薄くなりがちで「親の恩より義理の恩」などと言われることにもなる。とかく軽視されがちな親の子供への恩愛を、子供の立場から表明したもの。見出し形は古典落語の『自称情夫』に、異表現は幕末のことわざ集『国字分類諺語』に見られる。

海《うみ》のことは漁師《りょうし》に問《と》え

＝海のことは海人《あま》に問え

何事もその道を専門とする者に聞き、教えを受けるのがよいというたとえ。

同義でたとえや言い回しの異なるものは少なくない。「山のことは樵《きこり》に聞け」(別項)、「船は船頭に任せよ」「海のことは舟人に問え、山のことは山人に問え」「耕《こう》は奴《ど》に問うべく、織《しょく》は婢《ひ》に問うべし」(農業は農奴に、織物は婢女に聞きなさい)などで、物事にはそれぞれ専門家がいる、そういう専門家に教えを乞えという積極的な姿勢がうかがわれる。それに対して類義の「仏《ほとけ》の沙汰《さた》は僧が知る」「刀屋は刀屋」「餅《もち》は餅屋」(別項)になると、物事はその道の専門家に任せるのがよいという単なる認識を述べているにすぎない。見出しのことわざは明治頃から言われるようになった。

海《うみ》のものとも山《やま》のものとも知《し》れぬ

＝海のものとも川のものともつかぬ◈海とも川ともつかず

これから先、物事がどうなるか決らないこと。人の場合は、将来どんな人物になるか分らないという意。

現代では、用法として将来のことについて言うものとされているが、古い用例では、どういう過去なのか、どういう経歴なのか分らない、といったニュアンスのものだった。例えば西鶴の『本朝二十不孝』(巻三)では「神主にもあらず、地下人《じげにん》とも見えず、海のものとも山家《やまが》のものとも知れぬ男、金太夫と名を附き」と、金太夫と名乗る人物の出自が知れないことを言っている。異表現に「山」ではなく「川」という形があるように、現在の解釈は、河口付近にいる舟が海の方へ進むか、川を逆にのぼる方へ進むか、といった状況から起ったことであろうか。洒落本『南遊記』など江戸中期にはすでにこの解釈が見えているから、西鶴等の用例に見える用法は、あまり長い命ではなかったようだ。

梅伐《うめき》らぬ馬鹿《ばか》桜《さくら》伐る馬鹿

＝桜伐る馬鹿梅伐らぬ馬鹿

樹木を剪定《せんてい》する時、梅の木は伐った方がよく、桜は伐ってはいけないということ。

梅の花芽は、短い新しい枝につくから、古く長い枝を切って形を整えても問題はない。しかし、桜の場合は古い枝に花芽がつくので、切ってしまったら花が咲かなくなるばかりでなく、切口から病原菌が入り木が腐りやすくなるので、枝は切らない方がよい。園芸の心得を伝える代表的なことわざの一つである。近代以前に用例は見出せていないが、江戸後期の『譬喩尽《たとえづくし》』に「桜の枝を伐る安方《あほう》と梅の枝を不レ伐《きらぬ》安方とあり」、ことわざ集『諺苑《げんえん》』を基礎にした辞書『俚言集覧』に「梅を伐ぬ馬鹿もあり桜を伐る馬鹿もあり」と収載されている。なお、似たものに「桜折る馬鹿柿折らぬ馬鹿」があるが、こちらは柿が刃物を嫌うことから言う。実を採る際は、枝ごと折るとかえって次にたくさん実がなるということだ。

梅《うめ》は食《く》うとも核《さね》食うな中《なか》に天神《てんじん》寝《ね》てござる

＝梅を食うとも種食うな中に天神寝てござる

生の梅の実の種には毒があるから食べてはいけないという教訓。

「核」は果実の中心部、すなわち種のこと。「天神」は死して天神になったと伝える菅原道真を指す。道真がことのほか梅を好んだという故事をふまえて、梅の種になぞらえ、口調の整った七五調の繰り返しに仕立てている。用例は、江戸中期の滑稽本『古朽木《ふるくちき》』に異表現が見られ、後期の人情本『春色辰巳園《しゅんしょくたつみのその》』には、やはり食べてはならない食品をことわざにした「鳥食《く》うともどり食うな」（別項）に続けて、「中に天神寝てござる」と見える。

売家《うりいえ》と唐様《からよう》で書《か》く三代目《さんだいめ》

金持の家も三代目ともなると落ちぶれて、自分の家を売りに出すはめになる様子を皮肉った川柳。また、そうなった人物を言う。

川柳に詠まれた情景は以下の通り。お大尽《だいじん》の三代目が芸事や遊蕩三昧《ゆうとうざんまい》で散財し、とうとう自宅を売りに出すことになってしまった。その売札は、道楽で覚えた当時はやりのしゃれた中国風の書体で書かれていたというもの。唐様は和様に対する概念で、建築様式などがよく知られていた。唐物など中国の文物を最上とする価値観が濃厚だった時代にあって、零落して家まで手放すという〈下等な〉事柄を、〈上等な〉書体で表現する皮肉さがきわだっている。なお、この川柳は『柳多留』には見えないが、山東京伝の随筆『蜘蛛《くも》の糸巻』（巻上、一八四六年）に「享和の比、千柳点の句に、唐《から》やうで売り据《すえ》と書く三代目とは、よきいましめぞかし」と見えるので、享和年間（一八〇一〜〇四）頃に詠まれたものとすると、ことわざになったのはそれ以降のことになる。

売《う》り言葉《ことば》に買《か》い言葉《ことば》

——売り言葉に買う言葉

相手のなじり声や喧嘩腰の物言いに対して反撃する言葉を口にするたとえ。

物を売買する際に、売手が発する言葉が「売り言葉」、買う側のそれに応じた言葉が「買い言葉」であったと考えられる。異表現は狂言『入間川』のものだが、後ろが「買う言葉」と普通の表現になっている点から、当初は単なる物を売り買いする時の発語であったものが、売手の口の利き方しだいで買手を刺激することになり、買手がそれに反発する、そんな言葉のあれこれを含めて言うようになったものであろうか。用法としては、「つい、売り言葉に買い言葉になってしまって」と、自分の行為に対する弁解にもなれば、「あれでは売り言葉に買い言葉だよ」と、人の行為を批判する使い方もある。

瓜《うり》に爪《つめ》あり爪に爪なし

「爪」の字には「つめ」(中央部のひっかけ)がなく、「つめ」のあるのは似ている「瓜」という字だということを面白く教える言葉。

漢字の字形がよく似ていて、少しの違いで別の字になってしまう例は少なくない。そうしたまぎらわしい漢字の記憶法で、ほかにも「戌《いぬ》に棒あり、戍《つちのえ》に棒なし」「牛に角あり午《うま》に角なし」など、リズミカルで覚えやすいように作られている。なかでも見出しの語句は、江戸初期の『鷹筑波集』(巻一)に「瓜にさへ爪あることまの渡りかな」と踏まえた句が見られるように、古くから、よく似た紛らわしい字の面白さに目がつけられていたようである。

瓜《うり》の蔓《つる》に茄子《なすび》はならぬ

＝瓜の蔓に茄子

(1)血筋は争えず、非凡な子は平凡な親からは産れないということ。(2)原因なくして結果はあり得ないことのたとえ。

瓜も茄子も日本の在来種ではないが、中世にはすでに一般的な野菜だったそうだ。瓜と茄子に優劣はなかったという見方から、(1)の解釈に疑義を唱える見解もある。しかし、近代以前の狂言・浄瑠璃・浮世草子など約二十の文例を見てみると、圧倒的に(1)の意であり、どちらとも決められないものはあるものの、明確に(2)とみなせる例はほとんどない。文化史の観点から瓜に〈劣〉のイメージはないが、茄子には「一富士二鷹三茄子」(別項)からも分るように〈優〉のイメージがあったと思われるので、これらの用例が(1)の義として使われているのはむしろ自然だろう。最も古い用例の狂言『比丘貞《びくさだ》』に「アド「(酒を)一つ下されますさうに御座る」シテ「瓜の蔓に茄子はならぬ。ととの子ぢやもの。飲まいでは」」とある。なお、「鳶《とび》の子鷹にならず」など類義のことわざは多いが、植物をたとえにしたものには「へちまの種は大根にならぬ」がある。

売物《うりもの》には花《はな》を飾《かざ》れ

①代物《しろもの》には花を飾れ　②売物には花　③売物には紅《べに》をさせ

売物は体裁を整えて、見映えをよくすることが大事だということ。

異表現の「代物」も売物に同じ。買う側の心理からすれば、同じ品種で同じ価格なら、見た目のよい方を選ぶのは当然。時によると、多少品質が劣っていたり値段が高かったりしても、見てくれのよい方が売れることも多い。そうでなければ、商品の中身以上に外装・外観に費用をかけたり、宣伝・広告に重きをおく販売戦略はとうの昔に崩れ去っているはずである。このことわざは古くは品物だけでなく、遊女や嫁入りの娘についても使われた。異表現③が、それを証明している。狂言『饅頭《まんじゆう》』に見出し形があるのをはじめ、①②も江戸時代に常用されていた。

瓜《うり》を二《ふた》つに割《わ》ったよう

瓜二つ

二つが同じもののように非常によく似ていること。瓜の実は真二つに割っても左右がほとんど変らない。同じ様に、実を割ると左右対称の植物は多い。例えば「柚《ゆず》を二つに割る」と言うと、両方の顔があばた面でよく似ている意となる。見出しのことわざは、謡曲『花月』をはじめ、江戸時代には常用されていた。図は、ことわざ狂画集『軽筆《けいひつ》鳥羽車』(一七二〇年)から。

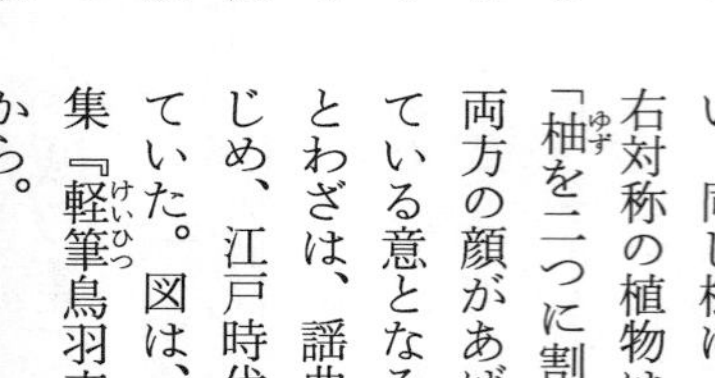

噂《うわさ》をすれば影《かげ》

①噂言えば主《ぬし》来る　②噂を言えば影がさす　③噂をすれば影がさす

陰で人のことをあれこれ話題にすると、その話の主が偶然のように現れることのたとえ。

現代常用されているが、常用と言えるのは江戸後期からのことである。安土桃山時代のことわざ集『北条氏直時分諺留《うじなおじぶんことわざとめ》』に異表現①が筆録されているものの、用例が見えるのは江戸中期からで、浄瑠璃や人情本にも多いが、特に『羽織の女郎買ひ』など古典落語によく出てくる。また、同義のものは世界にも多い。「狼の話をすると庭の向うに狼が現れる」(エストニア)、「狼の話をすると狼はすぐそこ」(チェコ)、「狼の話をするとその尾が見える」(フランス、イタリア、オランダ)、「悪魔のことを言えば悪魔がやってくる」(イギリス)、「悪魔のことを話すと角が見える」(スイス)、「虎の話をすれば虎が現れ、人の話をすれば当人が現れる」(朝鮮)。これらに特色的なのは、どれも恐ろしいものがたとえに用いられていることである。これは、狼や悪魔は忌詞《いみことば》で、実際に口にすると災いが及ぶと信じられていたことの現れと見ることができよう。

運《うん》がよけりゃ牛《うし》の糞《くそ》も味噌《みそ》になる

⑴運のよい時はマイナスのものもプラスになってしまうという意。⑵幸運にはめったに出会うものではないこと。

ことわざには不幸・不運・災いなど、よくない事を主題にしたものが多く、逆のものは少ない。これは後者で、珍しい部類に属する。そう言われれば牛の糞は、味噌に似ていなくもない。今でこそあまり価値のおかれない味噌ではあるが、ひとむかし前にはなくてはならない主要食品だったから、何の価値もない牛の糞が味噌になるのは幸運そのものと言えよう。同義のことわざも、外国のものとなるとさらに鮮烈になる。「運のよい奴はナイル(河)に投げ込まれても魚をくわえて浮び上がる」(エジプト)、「運のよい者には雄鳥《おんどり》まで卵を産む」(ギリシャ)、「神が愛する者には飼犬から子豚が産れる」(イギリス、スペイン)など。

膿《う》んだものは潰《つぶ》せ

＝膿んだら潰せ

病根や災いは元から断ち切れという教訓。膿《うみ》をもって腫《は》れ上がった吹出物も、潰れてしまえば治る。ただし、素人療法で指で患部を潰したりすると跡が残ることがあるので、美容上はあまり勧められない。対症療法に過ぎず、根本的に病根を断ち切れるとは言えないが、これは比喩《ひゆ》だから、そう理詰めに考えることもないだろう。近代以前に用例などは見られないが、類諺と目される「膿んだら端《はな》を突っ潰せ」という表現が江戸後期にある。なお、よく似たことわざで紛らわしいものに「膿んだものが潰《つぶ》れたとも言わず」があるが、こちらは良くなったとも悪くなったとも言わないことから音沙汰のないことをいうもの。

雲泥《うんでい》の差《さ》

＝雲泥万里《ばんり》◆雲泥万里の違《ちが》い

物事が天と地ほど大きく異なることのたとえ。耳にしただけではあまりことわざらしく聞こえない語句だ。「雲泥」は、文字通り空の雲と地の泥。高い空にある雲と低い地上にある泥という、大きく隔たったものを対比している。同義で同じ発想のことわざが「月と鼈《すっぽん》」(別項)。同じように高い空にある月と地上を這う鼈を対比しているが、こちらは形状の類似に着目し、それ以外はまるで異なるというもの。古くは、雲と泥の間が万里もあるとする異表現が多く、戦国時代の毛利元就《もとなり》が長男の隆元《たかもと》に宛てた書状にも見受けられる。見出し形は、江戸中期の浮世草子『古今堪忍記』あたりから見えはじめる。

運《うん》を天《てん》に任《まか》す

事態の成行きを天の意向にゆだねること。

古くは「運を天道《てんどう》に任す」という言い回しが『平家物語』に見え、『太平記』にも「運命を天に任す」とあり、見出し形は江戸中期の洒落本『草木芝居《そうもくしばい》化物退治』に見られるが、近代以前は多用されなかった。

え

英雄《えいゆう》色《いろ》を好《この》む

英雄と呼ばれる人は何事にも精力的なので、女色も好むものだということ。

近代以前には用例などが見えず、ことわざ辞典類でも『金諺一万集』(一八九一年)への収載が早いもののようだ。

英雄《えいゆう》並《なら》び立《た》たず ⇩ 両雄《りょうゆう》並び立たず

笑顔《えがお》に当《あた》る拳《こぶし》はない

相手の笑顔を前にしては、怒りで振り上げた拳も使えないということ。

喧嘩《けんか》は相手もその気にならないと成り立たない。相手の表情が人を小馬鹿にしたような「へらへら笑い」だったらこちらの拳をみまうこともできようが、怒りの対極にある邪心のない「笑顔そのもの」となると、握った拳もゆるんでしまう。古くは「怒れる拳笑顔に当らず」と言われていた。中国の古典に見え、日本でも鎌倉時代の説話『沙石集《しゃせきしゅう》』や『源平盛衰記』などの古い文献に見ることができる。見出しの言い回しは明治以降になるようだ。

易者《えきしゃ》身《み》の上《うえ》知《し》らず

‖ **①陰陽師《おんみょうじ》身の上知らず ②占《うらな》い師《し》身の上知らず**

他人のことはよく分るのに、自分のことは分らないことのたとえ。

「当るも八卦《はっけ》当らぬも八卦」（別項）というように、その道の専門家でも運勢を言い当てるのは難しい。ともあれ易者は人の運勢を占うのが商売だから、他人の運勢は分るはず。そんな易者が自分のことが分らない、と皮肉り笑いものにしている。中国・戦国時代の『韓《かん》非子《びし》』に出典が認められ、日本でも古くは異表現①の形で江戸中期の浄瑠璃『百合若《ゆりわか》大臣野守鏡』や浮世草子『庭訓染匂車《ていきんぞめにおいぐるま》』の序文、教訓書『町人嚢《ちょうにんぶくろ》』などに見られ、江戸時代には常用句になっている。陰陽師は、加持祈禱《かじきとう》とともに運勢判断も行なっていた。医療を医者が、運勢判断を易者が担うようになり、いわば職名が変るとともにことわざの言い回しも変った例でもある。

似非者《えせもの》の空笑《そらわら》い

いかがわしくつまらない人物が、追従笑《ついしょうわら》いをすること。

「えせ」は当て漢字が示すように、一見それらしく見えるが本物でないという意。江戸中期の『和歌民のかまど』や後期のことわざ集『諺苑《げんえん》』に収載されているが、江戸時代の使用頻度は低かったようだ。

越中褌《えっちゅうふんどし》と当《あ》て事《ごと》は向《む》うより外《はず》れる

⇓当て事と越中褌は向うから外れる

得手《えて》に帆《ほ》

‖得手に帆を揚げる◈得手に帆をかける◈得手に帆を引く

⑴好機の到来を逃さず活用することのたとえ。⑵得意になって調子に乗ること。

「得手」は、得意とすること、得意技。だとすると、得手と帆の関係がいま一つはっきりしない。同義の「順風に帆」であれば、帆走に都合のよい追い風が吹いてきたから帆をあげる意となり、明快なのだが……。見出しの表現を理解するために、「えて」は本来「吉」「善」などの意味をもつ接頭語「え」と、「追《おい》風《て》」などの風の意の「て」が結合した語とする説もある。是非はともかく、「順風」に「えて」と振仮名した例が、江戸中期の浄瑠璃『鬼一法眼《きいちほうげん》三略巻《さんりゃくのまき》』にあることから、順風の意の「えて」という語が古くにあったことがうかがえる。ことわざの用例としては江戸前期の俳諧に多く見られ、『続境海草《さかいぐさ》』には「舟玉やえ手に帆かけて神帰る」とある。図は、明治時代の江戸系いろはカルタ。

江戸《えど》っ子《こ》は宵越《よいご》しの金《かね》は持《も》たぬ

江戸人の金離れのよさを言う。

手に入った金はその日のうちに使い、翌日まで残さないのが江戸っ子たるもののようだ。このことわざを違う言い回しで表現したものが川柳の「江戸っ子の生れぞこない金を溜め」で、古典落語『江戸ッ子』に用例があり、こちらものちにことわざになっていった。

江戸《えど》の敵《かたき》を長崎《ながさき》で討《う》つ

＝江戸の敵を長崎

(1)筋違いなことで、また思いもよらない場所で、以前受けた恨みを晴らす意。(2)執念深くどこまでもつきまとうことのたとえ。(3)お門違いな対処をすることのたとえ。

古くから定解と言えるものがなかったことわざの一つだが、素直に解すれば、江戸で受けた屈辱の相手を遠方の長崎の地でやっつけたということになるだろう。これに対して、江戸の見世物一座が大阪からやってきた見世物に圧倒される屈辱を受けたが、その大阪の一座も後から来た長崎の一座に人気を奪われたことから、江戸が抱いた恨みを長崎がはらしたとする説があり、本来は「長崎が討つ」という形だったというのである。現代では知られていることわざだが江戸時代の用例は非常に少ない。後期の咄本《はなしぼん》『春興《しゅんきょう》噺万歳《はなしまんざい》』の小話の章題に見出し形が使われ、何百ものことわざを連ねて浮世草子風に作った幕末の『諺尽道斎噺《たとえづくしどうさいばなし》』に「江戸の敵が長崎」という形で使われている程度で、言い慣わされるようになるのは明治以降である。

絵《え》に描《か》いた地震《じしん》

＝絵に描いた地震で動かない

(1)まったく怖くないことのたとえ。(2)びくともしないことの洒落。

「地震雷火事親父」(別項)と、恐ろしいものの筆頭におかれる地震でも、いくら絵に惨状が描かれていようと本当の怖さは分らない。幕末のいわゆる安政地震の直後には、被害状況を描いた絵や、地震を抑えるとされた要石《かなめいし》や鯰《なまず》を描いた絵が流行した。このことわざは、絵で地震を表したり抑えたりできると浮かれ騒ぐこうした世の中に対する皮肉を込めた批評だったのかもしれない。また、(2)の用法としては、大相撲で対戦相手のびくともしない強さに驚嘆する言葉として現代でも用いられている。

絵《え》に描《か》いた餅《もち》

＝①絵に描いた餅は食えぬ　②絵に描いた餅飢えを癒《いや》さず

(1)形はあるものの実際には何の役にも立たないことのたとえ。(2)計画や企画だけは立派だが、実行が伴わないという意。

餅の社会的評価が現代とは比べものにならないほど高かった時代にできたことわざ。古くは「画餅《がべい》」と言い、昔の中国の文献に載っている。日本では江戸前期の仮名草子『為愚痴《いぐち》物語』(巻六)に「絵にかける餅飢《うえ》を癒さず」と見えるのが古い。中期の怪談『莠句冊《ひつじぐさ》』に見出し形が見えるが、江戸時代の用例は多くない上に、どういうわけか「画《え》にかいた餅を食いたがる」(不可能なことを望む)といった通常とは異なる表現のものしかことわざ集に載っていない。現代では常用されており、特に(2)の意で新聞の社説などによく使われている。

海老《えび》で鯛《たい》を釣《つ》る

＝海老で鯛

小さな元手で大儲《おおもう》けをしたり、わずかな労力や粗末なもので大きな収穫を得ることのたとえ。

鯛は日本では魚の王様。その鯛を釣る餌《えさ》が海老。といっても伊勢海老のような大きなものではなく、小さい海老である。実際の釣ではサイマキという車海老の中型が一番だそうだ。ここで言う「海老」も、価値は低く小さなものを言っていることになる。同義でたとえる物を異にするものは多い。魚類では「雑魚《ざこ》」「蝦《しゃ》蛄《こ》」、虫類では「虻《あぶ》」「蝗《いなご》」「尺(尺取虫とも)」、穀類では「麦飯」「飯粒」があり、なかにはとても本当とは思えない「鼻糞」としたものまである。古いものは江戸初頭の『日葡《にっぽ》辞書』に「尺」の形が見られ、見出し形は江戸中期から常用されるようになる。現代では異表現をさらに短縮して、「海老鯛」といった省略形が多く使われている。

栄《え》耀《よう》に餅《もち》の皮《かわ》を剝《む》く

(1)これ以上ない贅沢《ぜいたく》をする意。(2)極めて奢《おご》り昂《たか》ぶること。

「栄《え》耀《よう》」は「栄耀《えいよう》」に同じで、贅沢《ぜいたく》の意。剝く必要のない餅の皮を剝いて食べるということから。出典は中国・宋代の『古今事文類聚』(続集巻一七)で、日本でも江戸前期の俳諧『崑山《こんざん》集《しゅう》』(巻六)に「栄耀ならで餅の皮むく粽《ちまき》哉《かな》」と詠まれている。

選《えら》んで滓《かす》を掴《つか》む

念を入れすぎた選択で、かえってつまらないものを取ってしまうこと。

「あの男この男とて古くなり」(『柳多留』一二編)という川柳は、えり好みが過ぎて年取ってしまったという皮肉を言っており、このことわざの意を婿選びする女にあてはめたもの。男の場合だと「器量好みする人は醜婦《しゅうふ》を娶《めと》る」ことになる。ところで、英語に He who chooses takes the worst. ということわざがあり、ことわざ集『西洋諺喩一語千金』（一八八八年）に「選ふ人は最も悪き物に取り当たる」と訳されて載っている。見出しのことわざは江戸時代の用例もなくことわざ集にも収載されていないので、上記の英語のことわざの翻訳の可能性がある。辞典では『俚諺辞典』（一九〇六年）に収録されているが、一般化するのは第二次大戦後からのようだ。なお、どのことわざ辞典も「かす」に「粕」の字を当てているが、粕は酒かすということで残り物には違いないが必ずしもよくないものという語感は伴わないので、ここは「滓」の方が適切かと考える。

燕雀《えんじゃく》安《いずく》んぞ鴻鵠《こうこく》の志《こころざし》を知《し》らんや

＝燕雀安んぞ大鵬《たいほう》の心を知らん

大人物の心の中は小人物には推し量ることができないということのたとえ。

「燕雀」は、つばめとすずめ。「鴻鵠」の「鴻」はオオトリ、「鵠」はクグイと訓じ、ともに大型の水鳥で、クグイは白鳥の古称。「大鵬」も想像上の大鳥。中国の『史記』（陳渉世家）に出典がある。日本でも平安時代の日本最初の金言集『世俗諺文』に収められているが、用例は江戸時代からで、異表現やそれに近い「燕雀大鳥の心を知らん」といった例が多い。

縁《えん》なき衆生《しゅじょう》は度《ど》し難《がた》し

仏縁のない者は仏でも救いようがないということ。転じて、聞く耳をもたない人はどうしようもないということ。

「度す」は仏教語で、俗世である此岸《しがん》から理想の涅《ね》槃《はん》の地である彼岸《ひがん》へ度《わた》すことで、救済する意。江戸中期から常用されたことわざで、各種文芸でよく用いられたほか、江戸後期の国学者・平田篤胤《あつたね》の講述を門人が筆記した『出定笑語講本《しゅつじょうしょうごこうほん》』や、幕末の大老・井伊直弼《なおすけ》の政道書『茶道の政道の助となるべきを論《あげつら》へる文』に見られる。

縁《えん》の下の力持《ちからもち》

⑴人知れず他人のために努力すること、またそうする人。⑵人目につかないところで他人のために努力をしても世に評価されないこと、またその人。

昔の寺社などの縁は高く、下で人が立てるくらいだった。その縁の下で舞や種々の芸が披露されたがその一つに「力持」があった。見出しの表現より古くに、⑵の意で広く使われていた形に「縁の下の舞」があった。この「縁の下」は「垣下《えんか》」の転だとする説が江戸時代からある。「垣下」は、朝廷や公卿の家での宴で正客以外の相伴《しょうばん》役を言い、その者達が座るところを「垣下の座」と言った。垣下の座は堂の上からは見えにくい。そこで演じられる「垣下の舞」が、人の目につきにくいところで努力する意で使われるようになり、転じて「縁の下の舞」となったというもの。見出しの表現も中期の黄表紙『八代目桃太郎』など江戸時代の用例では⑵の意で、この用法は第二次大戦前までは見られたが、戦後からは、認められない、徒労であるといった意味合いの消えた⑴の意となっている。

縁《えん》は異《い》なもの

＝①縁は味《あじ》なもの　②縁は異なもの味なもの

男女の結びつきは常識では判断できない不思議なものだということ。

「縁」は、ある物事の間に相互に存在する関係。仏教の因縁とか人倫、特に夫婦の関係を指すことが多く、ここもそれ。「異なもの」は妙なもの、珍しいもの。見出し形が第三者から見たものであるのに対して、異表現①は縁で結ばれた本人達が受けとめたもの。古くは江戸前期の咄本《はなしぼん》『鹿の巻筆』の序文に見えるように見出し形が多い。①も江戸中期には多く見られるが、②は江戸時代では珍しい。江戸系いろはカルタに入っており、古いものは図（明治

時代のもの）のように色男とお多福のカップルを描いたものが伝承されている。

お

老木《おいき》に花《はな》の咲《さ》く ⇒ 枯木《かれき》に花の咲く

老《お》いた馬《うま》は路《みち》を忘《わす》れず

＝**老馬《ろうば》道知る**

十分に経験を積んだ者は、物事の判断や方針を間違えることがないというたとえ。

ここの「老いた馬」は老人のたとえ。中国の『韓非《かんぴ》子《し》』（説林上）に「老馬の智」として出典が認められる。日本でも古い文献によく見られる。平安時代の日本最初の金言集『世俗諺文』に挙げられているのをはじめ、見出し形と異表現の用例が『平家物語』『源平盛衰記』に見える。ことわざには正反対の意をもつものも多くあり、老人を主題にしたものを見ると、数の上ではマイナス評価のものの方が多い。プラス評価のものでは「よき分別は老人に問え」（別項）、「年寄と鼠のおらぬ家はろくなことはない」「年寄のある家には落度がない」「年寄の言うことに間違いはない」「年寄は家の宝」などがあり、少ないながら老人の存在価値はそれなりに認められていたようだ。

老《お》いては子《こ》に従《したが》え

＝**①若《わか》い時は親に従い、盛《さか》りにしては夫に従い、老いては子に従う ②老いては子に従う**

老人になったら何事も子供や若い人に任せてそれに従ってゆくのがよいということ。

元来は、仏教で異表現①のような女に対する教えで、『大智度論』（巻九九）に出典が認められる。日本でも平安時代の金言集『世俗諺文』に女の「三従《さんじゅう》」として①に近い形が収載されており、『源氏物語』（藤袴）には「女は三つに従う」と見える。江戸時代の用例で見ると本来の仏教の教えの意味のものが多いが、面白いことに男の老人に対して用いたものも初期から見られる。一〇ほどのことわざと絵を一枚に刷った錦絵「いろはたとへ」が幕末に多く出されているが、これや第二次大戦前までのいろはカルタの図柄では、なぜか男を描いたものが多かった。

甥《おい》の草《くさ》を舅《しゅうと》が刈《か》る ⇓ 伯父《おじ》が甥の草を刈る

負《お》うた子《こ》に教《おし》えられて浅瀬《あさせ》を渡《わた》る

①**負う子に教えられて浅瀬を渡る** ②**三《み》つ子《ご》に習いて浅い瀬を渡る**

自分より未熟な年下の者や劣った者に教えられることのたとえ。

異表現の「三つ子」は三歳の子。川を渡っている際に、背中におぶった子が、あっちが浅い、こっちが浅いと指示してくれるのである。渡し舟や橋のない川を、浅い所を選んで歩いて渡っていた時代に生れたもの。見出し形は、古くは狂言『内沙汰』に見られる。異表現②も、安土桃山時代のことわざ集『北条氏直《うじなお》時分諺留《ぶんことわざとめ》』に収められており、ともに江戸時代にはよく用いられていた。上方系のいろはカルタに採用されたので、大正時代までは常用句であったと想定されるが、現代では耳で聞いただけでは意味が理解されにくいようで、「負うた子」を「大蛸《おおだこ》」と取り違えた笑い話もある。

負《お》うた子《こ》より抱《だ》いた子

負うた子より抱く子 ◈ **おぶった子より抱いた子**

遠いものより近くのものを優先したり大切にするたとえ。

背中におぶっている子より腕に抱いている子の方があやしやすく、情愛も注ぎやすいことから言われる。同じ一人の赤子について、おぶった時と抱いた時とで子供自体の大事さが違うというより、子供に対する親の目線の違いということだろう。おぶうと母親の手が空くからほかの用事ができ、背中の子供へ向ける気持が薄くなるのに対し、抱く場合はほかのことができないからひたすら子供へ気持が向く。普通はそんな情景だろう。また、子供が二人いて、一人を背中に、もう一人を胸にした場合の気持ととることもできる。どちらの場合にしても、抱かれた子が親の愛を多く受けることに間違いあるまい。江戸時代には比較的よく使われ、なかには後期の滑稽本『浮世風呂』（二編巻下）に見られる「負《おぶ》た子より抱いた亭主」といったもじりもあったが、今日では死語化している。時代の変化と言えようか。

負《お》うた子《こ》を三年《さんねん》探《さが》す

身近なものはかえって見落しがちだというたとえ。江戸中期のことわざ集『尾張俗諺』に見える「負た子七日《なぬか》尋ぬる」が、先行の表現であったと思われる。また、馬琴の『里見八犬伝』には「負たる児《ちご》を人に問ふ」という言い回しもある。

大風《おおかぜ》が吹《ふ》けば箱屋《はこや》が儲《もう》かる

⇒風が吹けば桶屋《おけや》が儲かる

狼《おおかみ》に衣《ころも》

＝狼に衣を着せた如《ごと》し

(1)邪悪な人が情深そうに装うこと。(2)狼が衣を身につけたように、着方がだらしないこと。

この狼が身につける衣は単なる着物ではなく、外見は僧侶のように信頼できる善人に見える法衣だったかもしれない。狼はことわざにも比較的よく登場するが、それらは最悪のものとして扱われている。「前門《ぜんもん》の虎《とら》、後門の狼」（別項）、「虎狼《とらおおかみ》より人の口恐ろし」（別項）、「人は人にまで狼だ」（人間は自分の利益のためなら他人をも傷つける恐ろしい生き物である）など、どれも恐ろしいもの、邪悪なものの代名詞である。乱雑・乱暴を意味する「狼藉《ろうぜき》」は、狼が草を藉《し》いて寝たあとの散らかっている様子から命名されたという。これなどは、濡衣《ぬれぎぬ》ともいうべき汚名なのだが、狼に関しては「一事が万事」(別項)のようだ。このように怖れられ敵視されてきた狼だが、ニホンオオカミは一九〇五年の捕獲を最後に絶滅したとされている。用例は江戸前期から見えるが、どういうわけか狂歌に多い。「狼に衣のやうなぼんさまの野辺の送りは怖《こわ》ものぞかし」(狂歌『銀葉夷歌集』江戸前期)。図は英一蝶《はなぶさいっちょう》の図集『群蝶画英』(一七七八年)から。

大《おお》きな魚《さかな》が小《ちい》さな魚を食《く》う

力の強い者、権力・金力のある者が弱者をしいたげる意。

大型の魚が小型の魚を餌《えさ》にする例は多いし、釣の餌には小魚が使われることも多い。自然界では、弱いものが強いものの餌となる「弱肉強食」は普通のことであろう。これはヨーロッパ全域・中東・インド、および東南アジアの一部などに共通に見られることわざで、日本でも近年になって目にするようになった。それまでは、強者には逆らえないという意の「長い物には巻かれよ」(別項)、「泣く子と地頭には勝てぬ」(別項)などがあった。

大木《おおき》に蝉《せみ》

大小の差が極端なことのたとえ。

「大木《たいぼく》に蝉」とも言う。相撲などで大型力士と小兵力士が取り組む様子などに形容される。「我よりもせいか若衆恋わびて、大木に蝉の音をのみぞなく」(俳諧『犬筑波集』室町時代)。

大木《おおき》の下《した》に小木《おぎ》育《そだ》たず

強いものや権力者の下では自分の力を伸ばすことはできないこと。

大木はいったいに枝葉も茂っているので木の下は日

陰となるし、地中の養分も大木の根にとられてしまうから、その下では同じ種属の小さな木は成長しにくい。「寄《よ》らば大樹」（別項）の反対のことわざだが、江戸時代には用例が見られないことから、あまり古いものではないようだ。ところで、一見するとまったく逆の表現の「大木の下に小木育つ」ということわざもある。こちらは大きな木の近くの小さな木が強い風雨などから守られるように、権力者のまわりには庇護を求める者が集まる意。自然界の現象では寄生植物や日陰に強い植物があてはまろうが、単なることわざ独特の〈打ち返し〉と見ることもできる。

大船《おおぶね》に乗《の》ったよう

いささかも心配することなく物事が安心できることのたとえ。

早い用例の一つ、浮世草子『風流扇子軍《おうぎいくさ》』（巻九）に「いかないかな剃髪はさせ申さぬ。大船に乗たと思ふて。いつ迄も某《それがし》がそばにおちついてゐ給へ」とあるので、江戸中期には用いられたことが分る。

大風呂敷《おおぶろしき》を広《ひろ》げる

大言壮語すること。とても実現不可能なことを吹《ふい》聴《ちょう》する意。

風呂敷は、包む物の大きさ・形状にどのようにも対応できるし、畳めばかさばらず軽くて携帯に便利。日本人が創案した運搬・収納用具のすぐれものである。「平包《ひらづつみ》」という風呂敷に類したものは平安時代にすでにあったが、「風呂敷」と呼ばれるようになったのは江戸前期から。一口に風呂敷といっても大小さまざまで、大きな風呂敷にもちゃんと用途はあるのだが、「大きな風呂敷を広げる」で何か大きな物を包み込むという連想が働き、ことわざにまでなっていったのであろうか。ことわざとして言い慣わされるようになったのは意外にも新しく、明治時代に入ってからのようだ。初期の『開花新聞』などの新聞類や坪内逍遥《しょうよう》の『当世書生気質《かたぎ》』などに見える。

大水《おおみず》を手《て》でせく ⇒ 大海《たいかい》を手で塞《ふさ》ぐ

大鋸屑《おがくず》も言《い》えば言う

＝ 鋸《のこぎり》屑も言えば言う◈言えば言わるる大鋸屑

理屈はつけようと思えばどんなことにもつけられるということ。鋸《のこぎり》で木を挽《ひ》く時に出る木屑が「大鋸屑」。大鋸屑のように何の役にも立たないとされるものも、無理やり理屈をつけて有用だと主張すれば言って言えないことはない、というわけ。もっとも実際の大鋸屑は、まったくの役立たずではない。少し前までは氷を包む保冷材や、クッションに利用されていた。「言へば言はるる言の葉の末　木の枝にのこぎり屑をかきまぜて」（『鷹筑波集』巻一）から分るように、江戸初期から伝承されていた。

陸《おか》に上《あ》がった河童《かっぱ》

(1)自分の力や能力を発揮できない環境にある意。(2)事態に窮して意気地がなくなっていることのたとえ。

水中生活する河童が水なしには生きられないことから。江戸中期の洒落本『通言総籬《つうげんそうまがき》』に用例は見られるものの、言い慣わされるのは近代以降である。

置《お》かぬ棚《たな》を探《さが》す

＝ 置かぬ棚をまぶる◈置かぬ棚を守る

(1)探してもかいのないことをするたとえ。(2)あわてふためいてあたりを引っかき回すこと。

異表現の「まぶる」「守る」は、見守ること。一説に、このことわざの原意は、貧しい家に来客があった時、もてなす茶菓がないのを知りながら置いてもいない棚を探す意からという。ところで、探すものは来客への茶菓ばかりではない。「点料すくなければ、をかぬ棚までさがし、そこで腹がたち出《いで》て」（『俳諧太平記』江戸前期）、「お菓子はないかとゆふ霜の、置かぬ棚をや探すらん」（浄瑠璃『最明寺殿百人上﨟《じょうろう》』江戸中期）、「何ぞよい肴《さかな》ほしやと、置かぬ棚まもる」（浮世草子『伊達髪五人男』初巻、同上）など、探す品はいろいろあった。なお、「置かぬ棚をも探せ」という命令形になると、念を入れて物を探せということで意味が異なる。

傍目《おかめ》八目《はちもく》

＝そば目八目◆脇目《わきめ》八目

物事の是非や得失は、当人たちより第三者の方が正しく判断できるというたとえ。

「おかめ」は「岡目」「脇目」とも書く。「傍目」は傍《かたわ》らから見る意で、「八目」は囲碁で八つ先の手のこと。すなわち、他人の碁を脇から見ている者には、対局者の手がよく分り、八目も先が見通せるという意。江戸時代では中期の『葉隠《はがくれ》』が、「碁に脇目八目と云ふが如し」と囲碁に由来することを記述している。また、喜多川歌麿（『絵本譬喩節《たとえぶし》』一七九七年）ほか二点のこのことわざの絵が、囲碁打ちの場面を描いている。なお、「岡目」という当て字から、「おかめ」を岡から見る意とする見方がある。江戸時代の文例を見るとほとんどが「岡」で、「傍」は馬琴の『里見八犬伝』（八輯巻八上）などわずかであることは、この見方の一つの根拠と言えるかもしれない。現代では「おかめ」は、その音から人の顔やお面と取り違えられることも少なくない。

起《お》きて半畳《はんじょう》寝《ね》て一畳

必要以上の贅沢《ぜいたく》は慎むべきであるということ。人の起居に必要な面積はわずかなものだということから。江戸後期のことわざ集『諺苑《げんえん》』に収載されている。同義で「起きて三尺《さんじゃく》寝て六尺」という表現もある。

屋烏《おくう》の愛《あい》⇒愛は屋上《おくじょう》の烏《からす》に及《およ》ぶ

屋上《おくじょう》屋《おく》を重《かさ》ねる

＝屋上屋を架《か》す

物事を重ねて無駄なことをするたとえ。

原意は、屋根の上にさらに屋根をかけること。古くは「屋下《おくか》に屋を架す」で、屋根の下にまた屋根をかけることだった。出典は中国・南北朝時代の『顔氏家訓』。日本でも平安時代の金言集『世俗諺文』に収載されて以降、明治時代まではこの形で伝承していた。見出し形は第二次大戦後になってからのようで、戦前のことわざ辞典にはない。意味的にも少し変化しており、「屋下……」には、人真似をして同じようなことをするという含みがあったが、見出し形では単に一人の人間が同じようなことをする無駄を指すようになっている。

お螻蛄《けら》の水渡《みずわた》り ⇒ 螻蛄の水渡り

奢《おご》る者《もの》は久《ひさ》しからず

①奢れる人も久しからず　②奢る平家《へいけ》は久しからず

他人を軽んじて自分を絶対と思っている者の栄華は、長くは続かないということ。

「奢る」は、他人に御馳走する意ではなく、思い上がってわがままに振舞うこと。有名な『平家物語』の冒頭「祇園精舎《ぎおんしょうじゃ》の鐘の声、諸行無常の響きあり」の少し後に「奢れる者は久しからず、只《ただ》春の夜の夢の如《ごと》し。猛《たけ》き人も遂には亡びぬ、偏《ひとえ》に風の前の塵《ちり》に同じ」とあり、『平家物語』とともに言い継がれてきたことわざとも言える。よく知られていたことは、異表現②を踏まえた「踊る平気久しからず」という地口《じぐち》が江戸時代にあったことからも分るであろう。

教《おし》えるは学《まな》ぶの半《なか》ば

人にものを教えることは、半分は自分の勉強にもなるという意。

人にものを教えるには十倍の力がいると言われる。単に知識面というだけでなく、適切な教え方やそのほかいろいろな力が必要とされる。もともと教える側にも曖昧《あいまい》な点や不確かな面が当然あるはず。確かなことを教えるためには自分自身で確認しなければならなくなり、その一種の復習を通して自分が学ぶということに繋がる。現代でも十分過ぎるくらいに当てはまる言葉だが、出典は古く中国の『書経』に見られ、日本でも平安時代の金言集『世俗諺文』に見られる古くからのものである。

伯父《おじ》が甥《おい》の草《くさ》を刈《か》る

＝甥の草を舅《しゅうと》が刈る

(1)目下の者のために、目上の者が使われるという意。(2)物事の順序が逆なことのたとえ。

山の下草刈りは、草刈りの中でも体力的にきつい仕事。夏の暑い時期に行うので、草いきれも加わり、暑さと疲労との闘いとなる。こんなきつい作業を、親より年上の伯父が、はるかに年下の甥のためにしてやるというのだから理不尽ということになる。(1)の意味で、古浄瑠璃『今川了俊』など江戸前期から見出し形が使われていた。

遅牛《おそうし》も淀《よど》、早牛《はやうし》も淀 ⇒早牛も淀、遅牛も淀

恐《おそ》れ入谷《いりや》の鬼子母神《きしもじん》

「恐れ入りました」という意の洒落。

「恐れ入る」の「入る」に東京都台東区の地名「入谷」を掛けて、そこにある鬼子母神を続けて言ったもの。「お先へ御免を蒙り羽織も恐れ入谷の鬼子母神に対するやつかね」(滑稽本『妙竹林話七偏人』二編巻下、江戸末期)。

煽《おだ》てと畚《もっこ》には乗《の》るな

褒《ほ》められれば、おだてだと知りながらもついつい乗ってしまうから用心しろということ。

「畚」は藁筵《わらむしろ》の四隅に縄をつけたり、左右の端に棒をつけたりして土などを運ぶ道具で、多くは二人で肩に担いで用いる。江戸時代、処刑者は畚に乗せられて処刑場に運ばれたため、「畚に乗る」は処刑される意になっていた。「煽てと畚には乗りたくない」という

形もあるように、士ならぬ人間が畚などに乗りたくないのはいたって自然だった。人間は弱いもの。おだてにも弱ければ、ちょっと気を許すと悪の道に踏み込んで、畚に乗せられることにもなりかねない。「煽てと畚には乗りやすい」という形は、そんな人間のあやうい心理を示している。「その口車ぢやぁ、ぞつとする程《ほ》惚れる気になるが、わつちばかりは、おだてと畚《もつこう》にやぁ乗りたくねえよ」（脚本『与《よ》話情浮名横櫛《わなさけうきなのよこぐし》』五幕、江戸後期）。

落武者《おちむしゃ》は薄《すすき》の穂《ほ》にも怖《お》じる

＝落武者は薄の穂にも恐《おそ》る

びくびくしている者はどんなものにでも怖がることのたとえ。

戦いに敗れて逃げ延びようとする武士が落武者。ふだんなら薄の穂を敵と見誤ることなどないが、一度敗北を喫して追手にびくびくする立場となれば、薄の穂でさえ敵の姿と錯覚しかねない心理状態となる。強いというイメージのある武士に弱々しい薄の穂を対比させるという組合せの妙がある句になっている。早い用例としては、狂言『空腕《そらうで》』や江戸初期の『貞徳百首狂歌』などに見られる。図はことわざ狂画集『軽筆《けいひつ》鳥羽車』（一七二〇年）からで、軽妙な筆致でもって句意がユーモラスに表現されている。

落《お》ちれば同《おな》じ谷川《たにがわ》の水《みず》

＝解《と》ければ同じ谷川の水

(1)始まりはいろいろだったり、途中でさまざまなことがあっても行き着く先は同じだということ。(2)人間の生れには貧富貴賤、善悪美醜と違いがあり、生き方もさまざまだが、死ねば灰となり結局は同じだというたとえ。

原意は、雨も雪も雹《ひょう》も霰《あられ》もいろいろ山には降るが、降った後は谷川に落ちたり注ぎ込んで一つの川の流れに同化してしまうということ。室町中期の僧・一休の歌「雨霰雪や氷とへだつらんとくれば同じ谷川の水」(法話『水かがみ』)が典拠。洒落本『辰巳《たつみ》之園』に「諺に云」として見出し形が引例されていたり、同じく洒落本『無量談』に「落《おつ》れば同じ谷川の雪や氷雨《こおりあめ》やあられ」と表現されたりしているので、江戸中期にはことわざとして言い慣わされていたようだ。

お月《つき》さまと鼈《すっぽん》 ⇩月と鼈

お天道《てんとう》さんが西《にし》から出《で》る ⇩朝日《あさひ》が西から出る

男心《おとこごころ》と秋《あき》の空《そら》 ⇩女心《おんなごころ》と秋の空

男伊達《おとこだて》より小鍋《こなべ》立て

男は世間で見栄を張り面目にこだわるより、自分の家の生活を大事にした方がよいということ。

「伊達」と「立て」が語呂合せになっている。「男伊達」は、男の面目を重んじ、強きをくじき弱きを助けるような人物で、転じて、男が面目にこだわって外見を飾ったり見栄を張ったりする意。鍋を立てるとは、鍋を煮立てることで、鍋物を作り妻と睦まじく食事をとるような家庭生活を指す。世渡りに義理は欠かせないと、義理を重んじた風潮が支配的だった時代に、それと対立する考え方を表現したことわざであった。江戸後期のことわざ集『諺苑《げんえん》』に収められている。

男《おとこ》の目《め》には糸《いと》を張《は》れ、女《おんな》の目には鈴《すず》を張れ
⇩女の目には鈴を張れ

男《おとこ》は三年《さんねん》に片頬《かたほお》

男たる者はむやみに笑ってはいけないということ。

「片頬」は、片頬笑み、すなわち片方の頬だけで笑う意。実際に片側だけの笑顔ができるものかどうか知らないが、とにかく少しだけ笑うということだろう。「三年に」の後に「一度」が省略されていると見ればよい。現代では想像しにくいが、日本の昔の男は威厳を保つために「笑い」は無用なものであり、「男は笑うものではない」ということわざにもなっていた。もちろん、建前や表の世界でのことであろうが……。もっと分りやすく表現した「男は三年に一度笑う」というものもあった。

男《おとこ》は敷居《しきい》を跨《また》げば七人《しちにん》の敵《てき》あり

男は七人の敵あり◈男は門《もん》を出《い》ずれば七人の敵あり

男が社会で活動してゆくのには多くの困難が伴うというたとえ。

「敷居」は障子や引戸の下にある横木のこと。ここは、昔の日本家屋の玄関の敷居。つまり、敷居を境に内が家内で外が世間となる。「七人」は、ことわざの通例で、具体的な数詞ではなく単に多いことを表す。「惣《そう》じて世俗にも申《もうす》ごとく、男は外へ出れば七人の敵が有と申せば、各《おのおの》がたも常〳〵刀の切つ先のやうに気を持給へと申さる」（咄本《はなしぼん》『軽口浮瓢箪《うきびょうたん》』江戸中期）、「わいらが喧嘩《けんか》の仕様はそでねへてさ、まあ男といふもなあ敷居を跨ぐと七人の仇《かたき》があると言ふ。昔つからの譬《たと》えも有るもんだによつて」（洒落本『侠者方言』同上）などの例があるから、これらの頃よりずっと以前からことわざとして言い慣わされていたことになる。

男《おとこ》は度胸《どきょう》、女《おんな》は愛嬌《あいきょう》

男らしさは物事に動じない力強さで、女らしさは可愛らしさにあるということ。

男、女にはそれぞれ典型的な特性があるという考え方が示されている。古いものではなく、明治時代に言い出されたもののようだ。

男《おとこ》は妻《め》から

男の出世や品行は、妻の善し悪しや心掛けによるところが大きいということ。

「め」には「女」も当てる。平安時代の歴史物語『栄花物語』（はつはな）に「「男《おのこ》は妻がらなり。いとやむごとなきあたりに参りぬべきなめり」と聞え給ふ程に、内々におぼし設けたりければ、今日明日になりぬ」とある。この「妻がら」の「がら」は、名詞に接尾辞的について、そのものが本来備えている性質自体を表す語。男子は、妻の家柄・人物次第で価値が決ると言っている。当時の貴族は男が妻の家に通う婚姻形態が普通だったから、とりわけ妻の家柄が重視された。見出しのように「妻から」となると、助詞の「から」であるが、意味的に大きな違いはない。のちの男中心の社会でも、妻の重要性はしっかりと認識されていたことになる。江戸中期の竹田出雲《いずも》の浄瑠璃『男作《おとこだて》五雁金《いつつかりがね》』（阿波座堀紺屋の段）に「布は緯《ぬき》から男は女《め》からと、男の心の善悪は、連添ふ女房によるといふ」と明確に記したものもあった。

男《おとこ》やもめに蛆《うじ》がわき、女《おんな》やもめに花《はな》が咲《さ》く

——女やもめに花が咲き、男やもめには蛆がわく

妻のいない男の所帯は汚いが、夫のいない女は身ぎれいで世の男からもてはやされること。

「やもめ」は本来は夫を失った女、すなわち後家を指し、その男版は「やもお」と言った。やがて「やもお」も「やもめ」と言うようになり、区別するために「男やもめ」「女やもめ」という語ができてくる。いったいに家事は妻が賄《まかな》い、夫は手出しをしない。その妻がいなくなれば家の中はとかく汚れがちとなり、不潔になってくる。反対に女の場合、家事はお手のものだし、夫の世話がなくなる分、時間的に余裕ができ、身の回りに目配りができるようにもなる。夫がいない、身ぎれい、となれば世の男たちの関心は格段に高くなり華やいだことも起るというものだろう。異表現が江

戸後期のことわざ集『諺苑《げんえん》』に収められている。また、やもめ男には「蛆」以外に「虱《しらみ》」の表現もあり、虱を花に見立てたもじりなのか「やもめ男に虱咲く」という表現も江戸後期の人情本『廓《さと》の花笠』に見える。見出しのことわざの古い用例としては、明治初期の脚本『梅雨《つゆ》小袖昔八丈』に「男鰥《おとこやもめ》に何とやら」と見える。

踊《おどり》三人《さんにん》見《み》手《て》八人

実際に物事を行う人より傍観する人が多いことのたとえ。

「見手」は見物人。日本で参加者が最も多い大衆的な踊といえば、盆踊だろう。見よう見まねで小さな子供でも飛び入りで参加できるものの、特に現代の都会での催しでは踊る人より見る人の方が何倍も多いようだ。ことは踊に限らない。実際に物事を行うより側で眺めている方が楽だという人間の心理を表しているのかもしれない。

驚《おどろ》き桃《もも》の木《き》山椒《さんしょ》の木

びっくりした、ということをしゃれて言うこと。

「驚き」の「き」と桃の「木」と山椒の「木」を語呂合せにした、よく知られる洒落言葉。「その手は桑名(「食わない」に掛ける)の焼蛤《やきはまぐり》」(別項)、「敵もさる(「然る」と「猿」)もの引っかくもの」(別項)、「いやじゃありま(「ありません」と「有馬」)の猫騒動」「そうかそうか(「そうか」と「草加」)越谷千住の先だよ」などは同類の洒落言葉で今日でも時折耳にするものだが、見出しの言葉は近年のテレビの番組名にもじって用いられたこともあり、現在では最もよく知られている。

同《おな》じ穴《あな》の狢《むじな》

‖ ①同じ穴の狐《きつね》 ②一つ穴の狢 ③一つ穴の狐 ④同じ穴の狸《たぬき》

一見、別に見えても実は同類であること。

「狢」はアナグマまたは狸の異称とも、狸の方言とも言われる。どの表現にせよ、人を誑《たぶら》かす悪しきイメージをもたれた狢や狐が一つ穴の中に何頭もいるのを、悪巧みの相談と見た人間様の勝手な決め付けからできたものであろう。だから、よい仲間の場合には使わない。俳諧『毛吹草』や仮名草子『為愚痴《いぐち》物語』など江戸前期の文献には「狐」を用いた異表現①の形が多く、江戸中期になると近松作品をはじめとして③が多出する。「狢」は、「一つ穴……」「同じ穴……」とも江戸中期以降、洒落本を中心に登場するが、「狐」に対して四分の一以下の頻度でしか見られない。特に見出し形は数例の用例しか確認されていないので、四つの中では最も遅くに言い出されたものと思われる。「狸」形は、明治後期のことわざ辞典に類諺として示されているが、古い用例は確認していない。

同《おな》じ釜《かま》の飯《めし》を食《く》う

＝一つ釜の飯を食う◈一つ鍋《なべ》のものを食う

親密な生活をともに送るという意。江戸後期の滑稽本『浮世風呂』(四編巻上)に「ハテ斯《こう》云つちやア何だけれどナ、一つ鍋の物を食合ふ者だから、両方で了簡すりやア」と見える。しかし、見出し形は『日本俚諺大全』(一九〇八年)への収載が早いもののようだ。

鬼瓦《おにがわら》にも化粧《けしょう》

不細工な者でも化粧をすれば多少は見られるようになることのたとえ。

屋根の棟の両側に鬼の面をかたどった鬼瓦をすえた瓦屋根は、今日だいぶ減ったとはいえ、まだ残っている。現代のいろどり鮮やかなスレート瓦と違って、昔の瓦は普通は素焼きだったから、いかつい鬼の顔がいっそう不細工に見える。黒ずんだ鬼瓦にかりに化粧をほどこしてもあまり効果は期待できないはず。それでもしないよりはましなのか、ことわざはちょっぴり評価する。たしかに、「朝霜は鬼瓦にも化粧かな」(俳諧『毛吹草』江戸前期)のように、霜でも降りれば一時的にせよ化粧効果があるかもしれない。

鬼《おに》に金棒《かなぼう》

＝①鬼に金尖棒《かなさいぼう》 ②鬼に鉄杖《てつじょう》 ③鬼に鉄棒

(1)もともと強い者や組織などが、さらに強力になること。(2)最高の条件が整うことのたとえ。

異表現①が、最も古い形。「金尖棒」は、いぼが打たれている太い鉄の棒で、武器の一つ。のちに見られる「金棒」形のものでも、実際の絵に表されたものはほとんどが金尖棒の形状になっている。①の用例は、古くは蓮如の『御文章』に見られ、江戸時代では前期に多く見られる。②③は、江戸前・中期に見られ、見出し形は江戸前期の狂歌『吾《ご》吟《ぎん》我《わが》集《しゅう》』(巻七)に「軒にふく瓦をとめてさす釘や手つよく見ゆる鬼にかなばう」とあり、初出は①よりだいぶ遅いが、他の異表現類が消滅したのに対して、現代でもしっかりと生き続けている。図はことわざ狂画集『軽筆《けいひつ》鳥羽車』(一七二〇年)からで、「鬼に瘤《こぶ》を取られる」(次項)を同時に表した図になっている。

鬼《おに》に瘤《こぶ》を取《と》られる

＝鬼に瘤

損害を受けたように見えながら、逆に利益を受けること。

『宇治拾遺物語』(巻一ノ三)に見える昔話、こぶとり爺さんから発したことわざ。恐ろしい鬼に、瘤とはいえ体の一部を奪い取られ不利益を蒙ったようでいて、実際は邪魔なものを取り除いてもらい得をしたというもの。江戸前期のことわざ解義書『世話重宝記』もすでに、右の昔話によるとしている。民話や昔話にはほかにもことわざを主題にしたものや、ことわざの由来譚、逸話などからできたものがあるが、これほど際立ったものはない。

鬼《おに》のいぬ間《ま》に洗濯《せんたく》

＝鬼の来《こ》ぬ間に洗濯◈鬼の留守《るす》に洗濯

上に立つ者や怖い人がいない時に気兼ねせずにくつろぐことのたとえ。

一口に鬼といってもいろいろだが、ここでは主人とか上司など。洗濯も、気分・気持を保養する「命の洗濯」。「鬼の留守に命の洗濯」とも言われたものが短縮され、原意が少し分りにくくなった。用例は「幸ひ、野暮大尽《だいじん》殿もゐない。鬼の留守に洗濯と出べい。銚子《ちょうし》を持つて来う」（脚本『男伊達初買曾我』第三、江戸中期）、「親に似ぬ子は鬼の留守に命の洗濯に身がいつて、近頃は吉原春富士屋の東野といふ全盛の女郎になじみ」（滑稽本『指面草《さしもぐさ》』大の巻、同上）など。ところで、用例をもう少し見ると、異なるニュアンスのものに出会う。「我心鬼のこぬ間に洗濯せう欲垢《あか》ありて隠期《かくれこ》はうし」（狂歌『後撰夷曲《いきょく》集』巻九、江戸前期）、「既《も》う宜《よ》いとおもふは直《すぐ》に地獄道鬼の来ぬ間に洗濯をせよ　洗濯とは欲心を改めるのぢや。戦々兢々慎《つつしみ》が大事」（心学の道話集『松翁道話』三編巻下、江戸後期）で、自身を磨き向上させるという意味合いが強く感じられる。しかしこうした用法は、現代には伝承されなかった。

鬼《おに》の霍乱《かくらん》

ふだん頑健な人が珍しく風邪を引いたり、あまり重くない病気にかかったりした時に評して言う言葉。

「霍乱」は、古く夏に発生する下痢や嘔吐《おうと》を伴う病を言った。風邪一つ引かず鬼のように強いと思われていた人が病気になった場合に用いられる。「霍乱」という現代ではなじみのない言葉が使われているわりには常用されている。しかし、あまり古い表現ではなかったようで、江戸中期の『和歌民のかまど』に見られるが、近代以前の用例は少ない。「鬼の霍乱せうきさんで直り」（「せうきさん」は感冒薬の正気散《しょうきさん》。『柳多留』四六編、江戸後期）。

鬼《おに》の首《くび》を取《と》ったよう

大手柄を立てたように得意になること。

日本の昔の戦では、敵の大将の首を取ることが勝利の証《あかし》だった。だから、人より強い鬼をやっつけてその首を献上できれば大手柄になるわけだ。よく知られている桃太郎の鬼退治の昔話では、鬼の首を取って凱旋《がいせん》したとは伝承されていないようだが、源頼光《よりみつ》の大江山の酒呑《しゅてん》童子退治は、御伽草子『酒呑童子』に首をはねる場面が伝えられており、江戸前期の浮世絵師・菱川《ひしかわ》師宣《もろのぶ》も、大江山鬼退治を題材にした絵巻などで具体的に描写している。現代も常用されていることわざであるが、文献に見えるのは江戸中期からで、近松の『夕霧阿《あ》波鳴渡《わのなると》』や浮世草子『傾城《けいせい》禁短気』に見られる。

鬼《おに》の目《め》にも涙《なみだ》

＝鬼の目からも涙◆鬼の目に涙

冷酷な者も、時として慈悲の心を起すことがあるというたとえ。

頭に角を生やし、口は大きく裂けて牙《きば》をむき出し、筋骨隆々で鋭く長い爪をもつ、というのが昔から絵に描かれている鬼。死人の霊魂とか想像上の異形の生物とされる以外のイメージとしては、恐ろしい姿の邪悪なもの、激しく荒い気性、気力も腕力も強大なもの、慈悲心のまったくない残忍なものなどだ。人間以外の動物は泣かないと言われる。感情をもつ人間だけが泣く。ということは、涙を流す鬼も人間の類に入ることになる。鬼を主題にしたことわざは多いが、なかでも古くから現代に至るまでしばしば用いられているものである。古い用例は、御伽草子『花世の姫』に「思ひ寄らずこの様に、迷ひ入り給ふ痛はしさよとて、涙をはら〱とぞ零《こぼ》しける。鬼の目からも涙とは、斯様《かよう》の事をや申し伝へけん」とある。

鬼《おに》も十八番茶《じゅうはちばんちゃ》も出花《でばな》

＝①鬼も十八　②鬼も十八山茶《さんちゃ》も出花　③鬼も十

八蛇《じゃ》も二十《はたち》　④鬼も十七　⑤鬼も十七山茶も煮《に》花《ばな》

器量のよくない娘でも、年頃になれば美しくなまめかしくなるものだということ。

現代は女についてのみ言うが、古くは男にも言った。「番茶」は摘み残した硬い葉から作った品質の悪い煎茶。「出花」は本来「出端」で、湯を注いだばかりの香りのよいもの。質の悪い番茶でも出花はそれなりにおいしいということ。「煮花」も同じ。異表現が多い中で、①は江戸前期の俳諧『山之井』(年中日々の発句)に「月はげに顔よし鬼も十八夜」と古くからあり使用頻度も高い。年齢の数は「十八」が一番多く、「十七」のものは江戸時代の用例に限ると「十八」の六分の一程度で、「十六」のものは二例しか確認できていない。また、③のように恐ろしい蛇と並べたものもあって、見方によっては残酷で心ないことわざである。②⑤の「山茶」は山野に自生する茶の意で、吉原の下級遊女である「散茶女郎」を掛けている。

鬼《おに》も頼《たの》めば人食《ひとく》わぬ

頼めば鬼も人食わぬ

(1)こちらから頼むと自分が好きなことでももったいぶってしない意。(2)鬼のような非情なものでも頼まれればいやだと言えないものだということ。

「犬も歩けば棒に当る」(別項)と同様に、相対立する意味があることわざである。江戸後期の滑稽本『浮世風呂』の例は(1)の用法になっている。類義のことわざには「犬も頼めば糞《くそ》食わず」「猿も頼めば木に登らぬ」「頼めば乞食が味噌汁吸わぬ」「頼めば乞食が馬に乗らぬ」「頼めば乞食も冷飯食わぬ」などがある。他方、(2)と類義のものでは、心から頼めば人は応じてくれるもので、要は頼み方次第という意の「頼めば越後から米搗《つ》きに来る」「頼めば信州から米搗きに来る」がある。(2)の解釈は古い用例が見当らないことから考えると、これらの「頼めば○○から米搗きに来る」と混同されて出てきた可能性がある。

己《おの》が田《た》へ水《みず》を引《ひ》く ⇩ 我田引水《がでんいんすい》

お鬚《ひげ》の塵《ちり》を払《はら》う

═ 鬚の塵を取る

目上の人に諂《へつら》うこと。

中国・宋代の丁謂《ていい》が出世した後も、師であった寇《こう》準《じゅん》にへりくだり、その鬚についた汁をぬぐったという故事に基づいたもので、『十八史略』(宋)に見える。日本では特に『可笑記』『東海道名所記』など江戸初・前期の仮名草子に多用されている。

帯《おび》に短《みじか》し襷《たすき》に長《なが》し

═ ①帯には短し手拭《てぬぐい》には長し ②帯には短く襷にゃ長い

物事がどっちつかずで何の役にも立たないこと。ちょうどよいものはなかなかないということのたとえ。和服が普段着からほとんど姿を消してしまい、着物の袖をたくし上げる襷も目にしなくなってきた。帯は普通のもので三メートル余で、襷はその半分程度の長さ。だから、例えば二メートルの紐《ひも》だと、そのどちらにも適さないことになる。民謡「伊勢音頭」に「帯に短し襷に長しお伊勢参りの笠の紐」と唄われるが、一説には物事全般を対象にしたものではなく、婿《むこ》選びでどれもこれも一長一短である場合に使うという。図は『滑稽新聞』(一一七号、一九〇六年)掲載の挿絵だが、そのあたりを表しているもののようだ。異表現①は勝海舟の兄宛の書簡(一八五五年)に「あれもやりかけ、これもかじりくさしにして頓《とん》と首振りくさし、帯には短かし手拭には長し、糞《ふん》どしにするは惜し」と見える。

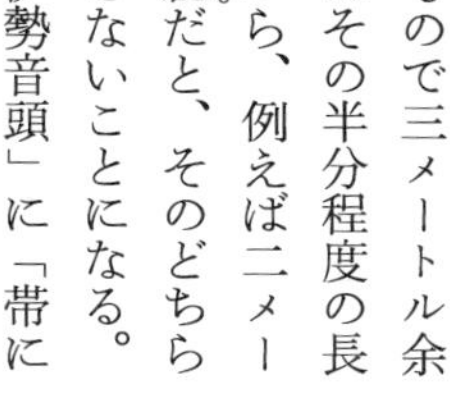

なお、類義のことわざも多く「帯にも着物にもならぬ」「褌《ふんどし》には短し手拭いには長し」などがある。

お臍《へそ》で茶《ちゃ》を沸《わ》かす ⇩ 臍が茶を沸かす

溺《おぼ》れる者《もの》は藁《わら》をも掴《つか》む

窮地にある者はどんなものにでもすがるものだというたとえ。

溺れている者が必死になって何かに取りすがろうと、近くにある役に立たない藁をつかむ情景が思い描かれる。**A drowning man will catch at a straw.** という英語のことわざを翻訳したもので、『諺語大辞典』（一九一〇年）に載っている。これ以前は、同義の**A drowning man clings to a blade of grass.** を翻訳した「溺れんとする者は草葉に縋《すが》り付く」（『英和対訳泰西俚諺集』一八八九年）、原語不明の「溺るる人は草の葉に縋る」（『西洋諺喩一語千金』一八八八年）、「溺るる者は草の葉にも縋る」（『日本俚諺大全』一九〇八年、外国由来扱いせず）が近代のことわざ辞典に見られるものである。

思《おも》い面瘡《おもくさ》思われ面皰《にきび》

人を恋したり、恋されたりするとニキビができると、若い男女を冷やかしていう言葉。

「面瘡」は毛穴をふさぐ黒い脂肪の固まり。これに化膿菌《かのうきん》がついて赤くなったのがニキビ。成長期の性ホルモン分泌《ぶんぴつ》から生ずる生理現象で、もちろん人を好いたり好かれたりしてできるものではない。ニキビのできる年頃になったということは、異性への関心も高まって色気づく頃と見なされて冷やかしの対象となるわけである。

思《おも》い立《た》ったが吉日《きちじつ》

＝①思い立つ日を吉日　②思い立つ日を吉日にせよ

物事は思い立ったらすぐに取りかかるのがよいというたとえ。

「吉日」は、何かをするのに縁起がよいとされる日。現代でも結婚式は大安の日を選び葬式は友引を避けるように、暦で事を行う日を選ぶ慣習は根づいているが、暦にこだわりすぎると機会を逃しかねない。そこで、このことわざが行動の裏付けとして働いてくれるわけである。物事を行うには用心深く慎重にやれということわざが多いなかで、「善は急げ」（別項）とともに積極的な色合のあるものだ。幸若舞『つきしま』、狂言『川上』、謡曲『唐船《とうせん》』などに異表現①が見られる。江戸時代にもよく使われ、現代も見出し形が定着していることわざである。

思《おも》う子《こ》には旅《たび》をさせよ ⇓ 可愛《かわい》い子には旅

思《おも》う仲《なか》に垣《かき》を結《ゆ》え ⇓ 親《した》しき仲にも礼儀《れいぎ》あり

思《おも》う念力岩《ねんりきいわ》をも徹《とお》す ⇓ 念力岩をも通《とお》す

重荷《おもに》に小付《こづけ》

＝**大荷《おおに》に小付**◈**重荷に小積《こづみ》**

負担が大きいところにさらに負担が加わるたとえ。「小付」は荷物の上にさらにつけ加わる小さな荷物。原意は、重い荷物にさらに小さな荷物が加わって加重な負担になること。『後撰集』（巻二〇）に「年の数つまむとすなる重荷にはいとどこづけをこりもそへなむ」と詠み込まれているように、一〇世紀の古くから見えることわざで、その後も説経節『山椒太夫』や江戸時代の文芸類に頻出する。借金があるところにまた重なる場合や、切ない恋がますます切なくなる場合によく用いられた。図は明治時代の風刺雑誌『団団珍聞《まるまるちんぶん》』（四七七号、一八八五年）からで、中国・朝鮮・日本の交易関係の状況を表現している。

親《おや》が死《し》んでも食休《じきやす》み

食後の休憩は絶対にとるべきだということ。食後に休息することが健康によいことは早くから知られていた。江戸時代には食後の一寝入りは万病によいとする「食後の一睡万病円《まんびょうえん》」(「万病円」は江戸前期に有名だった、万病に効くといわれた丸薬)ということわざもあったが、見出しのような誇張した表現は近代になってからのようだ。

親苦労《おやくろう》す、子《こ》は楽《らく》す、孫《まご》は乞食《こじき》す

親は苦労して財を築き、子供はそのお陰で安楽に過すが、孫の代となると落ちぶれて物乞いするようになるという意。

「長者《ちょうじゃ》に二代なし」ということわざがある。金持の二代目はろくな者ができないから、二代目か三代目には没落するということ。見出しのことわざは、まるでそれを具体的に描写しているかのようだ。浮世草子『世間子息気質《むすこかたぎ》』など江戸中期頃から言い出され、種々の異表現がある。早い時期のものは「親は苦労して死《し》し、その子は楽しみて死し、その孫は乞食して死す」「親は辛労《しんろう》する、子は楽をする、孫は乞食する」「父《おや》骨を折り子楽をして孫乞食をする」とやや長い言い回しが多い。その後「親は辛働《しんど》す、子は楽す、孫の代は乞食す」「親は稼《かせ》ぐ、子は楽する、孫乞食する」などと少し短くなり、近代に至って「親苦、子楽、孫乞食」と動詞を省いた形も派生していった。

親孝行《おやこうこう》と火《ひ》の用心《ようじん》は灰《はい》にならぬ前《まえ》

親孝行は親が生きているうちにしなければ意味がないし、火の用心も火を出してしまってからでは無駄だということ。

「灰」に、親が死んで焼いた灰と、火事で燃えたあとの灰とが重ねられている。「石に布団は着せられぬ」(別項)も比喩《ひゆ》をもって親孝行を勧めたものだが、こちらの方が現代人にはイメージしやすいだろう。有名な川柳「孝行のしたい時分に親はなし」(『柳多留』二二編)でも、親の死んだ後になって孝行できなかったことを後悔している。いつの時代も親が生きているうちの親孝行は子供にとっておいそれとはゆかないことなのかもしれない。

親子《おやこ》の仲《なか》でも金銭《きんせん》は他人《たにん》

＝銭金《ぜにかね》ばかりは親子の仲でも他人

⑴親子の間柄でも、金銭の問題は他人と同じようにけじめをつけなくてはいけないという意。⑵金の問題は、たとえ実の親子でも他人行儀になるものだということ。

金の威力はすさまじい。「金さえあれば天下に敵なし」となる。どんな無理難題も金さえあれば解決するというのを、イランでは「金を出せば王様の口髭《くちひげ》の上で太鼓が叩《たた》ける」と言い、ルーマニアでは「金は死者をも生かす」と言う。日本では「地獄の沙汰《さた》も金次第」(別項)で、一旦地獄へ落ちても金の力で何とかなりそうである。それだけ絶大な力をもつ金だから、扱いは慎重にしなければいけない。親密な親子の間でも、貸借はきちんとしておかなければ騒動の元になる。「そうさなァ、外の物ならわたし等が、預っても よけれども、親子の中でも金は他人。おめへがたが命の綱と、恃《たの》みきつた大事の金を、預かることは真っ平だ」(人情本『孝女二葉の錦』巻三、江戸後期)という例文がこの辺の事情を物語っている。

親擦《おやず》れより友擦《ともず》れ

子供にとっては友達の悪い影響の方が親の良い影響より強く、それによって悪く擦れることが大きいということ。

「擦れ」は悪い感化を受けること。人生や社会を学びながら成長してゆく子供にとって「子供は親の背中を見て育つ」(別項)ように、親を手本として成長してゆく面があるのは事実。一方で、ある種の知恵・知識は、最初の先生である親からではなく、いわゆる悪友から得てゆくことも多い。特に親が口にしにくい性にまつわる知識といった〈裏〉情報の類は、子供の世界で独自のネットワークができて、友達からもたらされる場合が少なくない。それがまた、清濁を併せて成長してゆく重要な要素にもなっている。

親《おや》の意見《いけん》と冷酒《ひやざけ》は後《あと》で効《き》く

親の意見は、その場ではなかなか分らないが、時間が経ってからありがたさが分るということ。

冷酒は口当りがよいから、飲むピッチも速くなりがちで、勢い量も増えてしまう。その結果、はじめはそうでもないが後で酔いが回り、体に効くことになる。親の意見もその当座はやたらに口うるささが耳について、無視したり反発したりするが、ある冷却期間を経て冷静に物事を判断できる時になると、正しかったと考えられるようになる。このことわざには江戸中期の絵入り俳諧『世諺拾遺』に「冷酒」ではなく「昼酒」とする言い回しがある。酒飲みの感覚からすると、朝酒・昼酒は後ではなく直ぐに効くから、実感的には冷酒を支持したい気がする。

親《おや》の因果《いんが》が子《こ》に報《むく》い

＝親の因果は子に報う

親が犯した悪行のために、何の罪もない子供が災いを受けること。

血のつながっている親子でも人格的には別の人間、とみる見方は古くからのものではない。かつては、良くも悪くも親子の間柄は深い因縁で結ばれていると考えられていた。そうした親子観からこのような発想が生れたのであろう。浄瑠璃『摂津国長柄人柱《せっつのくにながらのひとばしら》』など江戸中期頃から種々の文芸に見えはじめる。子供の生れつきの身体的欠陥が、親の悪行の報いだとする例がほとんどだ。罪を犯しても罰せられないばかりか逆に権勢をふるう者に対する怨念は、罰がのちのちではなく、即座にその子供に現れることを望んだのであろうか。このことわざより以前には、「親の善悪は子孫に報う」「親のばちは子に当る」とも言われた。

親《おや》の恩《おん》と水《みず》の恩は送《おく》られぬ

親の恩と水の恩恵とはこの上なく尊いということ。

「送る」は報いるの意。日本人は豊かな水に恵まれ過ぎ、現代も「水と空気はただ」と、水のありがたさを置き忘れた感がある。その一方で、このような語句が江戸後期の『譬喩尽《たとえづくし》』から見えるということは、農耕民族にとって水を安定して確保することが重要な課題であったことを証明しているようでもある。農民にとっては「親の恩は送るとも水の恩は送られぬ」ということわざさえあったのであるから。

親《おや》の恩《おん》は子《こ》で送《おく》る

親から受けた恩は、自分の子を立派に育てることでつぐなわれるということ。

「送る」は報いること。若い時の親孝行はままならないものである。たとえ気持があっても、金銭的な裏付けをはじめ余裕がない。自分が親となり、その子育ての過程で親の恩を実感するが、子供にようやく手が掛らなくなって余裕のできる時分には親は亡くなっている。それでも子供を育てること自体が、親の恩に報いることに通じているというのである。しかし、親が子を養育し、その子がまた子を育てるのはいわば当り前のことだから、結果的に親孝行しなかった者の弁解として使われる場合も多くなる。

親《おや》の心《こころ》子《こ》知《し》らず

(1)子を思う親の深い気持を知らずに、子供が勝手気ままに振舞う意。(2)親にならなければ、親たる者の気持は推し量れるものではないということ。

親と子の間柄といえど、相手の気持を推し量ることはやさしくない。とかく親というものは、自分は子供のことを十分過ぎるくらいに思っており、常々、何事も子供のためと考えていると思いがち。ところが、皮肉なことにそうした子への思いは現実にはしばしば裏切られる。その失望の

一端を表白したものであろう。江戸初期の仮名草子『可笑記』をはじめ江戸中期以降に頻出するが、逆に子供の立場から「子の心親知らず」(別項)と切り返した言い回しのものも、同じ『可笑記』に対の形で用いられているから面白い。なお、⑵の意の用例は近代以前には見えないようだ。図は、個々のことわざを題にした絵入り教訓書『三教童喩』(一八二〇年)から。

親《おや》の脛《すね》を齧《かじ》る

自立した生活ができず、親の経済的援助を受けることのたとえ。

滑稽本『道中膝栗毛』などに用例が見え、江戸後期から言い慣わされたものと見られる。

親《おや》の背《せ》でもただは搔《か》かぬ

＝親の背でもただは叩《たた》かぬ

どんなものからでも利益を得ようとする、実利に目がくらんだ欲張りのこと。

親が背中がかゆいから搔いてくれと言っているのに「ただじゃいやだよ」と言う。たとえ親子でも金のことは別だというのだろう。労働に対して応分の報酬を要求するのは正当であろうが、老いた親の背中を搔くのは労働とはいえまい。親子の間の愛情表現とも言える行為を金に換算し、労力にもならない労力に報酬を求めることがあるとすれば、世間では非難の的になるだろう。

親《おや》の背《せ》を見《み》て子《こ》は育《そだ》つ ⇒子《こ》供《ども》は親の背《せ》中《なか》を見て育つ

親《おや》の七光《ななひかり》

＝①親の光は七光　②親の光は七とこ照《て》らす

⑴親の社会的地位や威光によって、子がいろいろ恩恵・利益を受けること。⑵子が親の社会的地位や威光をかさにきて偉ぶる意。

「七光」は、たくさんの場所で光が輝くこと。「七とこ」は七所《ななところ》、すなわち所々方々の意で、親の光があちこちを照らすこと。浮世草子『諸道聴耳世間猿《しょどうききみみせけんざる》』など江戸の中頃の文芸に異表現①の用例がいくつか見えるが、言い慣わされるようになったのは明治以降のようである。親ではなく「男」版とも言える「男の光は七光」の形なら、俳諧『山之井』(年中日々の発句)に「ひこぼしや今宵男の七光」と詠まれているように、江戸前期に見られる。しかし、「男」版には、男親のお陰が大きいという意もあり、その頃の数例以後見られなくなるので、「親」版がこれに代ったのではなかろうか。

親《おや》の物《もの》は子《こ》の物、子の物は親の物

＝親の物は子の物

親子の間には厳格な所有権は存在しないこと。

親子は同じ財産を有す、とする親子同財の原則を表す昔の民法によっている。親子同財といっても、子は親の同意なしに財産を処分・運用することはできない。また、親子の間に窃盗《せっとう》罪は成立しないが、窃盗罪より重い教令違反すなわち不孝の罪が成立するので、子の所有権は存在しないに等しい。「子の物は親の物だに嫁こまり」は、江戸時代の川柳。男親から言い寄られた嫁の困惑ぶりを描いているもので、子供の「所有物」に対する親の所有権の不合理・濫用ぶりをあばいているかのようだ。もっとも、江戸中期の黄表紙『扠《さても》化《ばけたり》狐《きつねの》通人《つうじん》』など江戸時代の用例はほとんど異表現の方なので、実際には子の権利が案外強かったということなのだろうか。

親《おや》はなくとも子《こ》は育《そだ》つ

＝親はなけれど子は育つ

⑴親が死んでも、子供はどうにか生きてゆけること。⑵世渡りは案ずるほど困難なものではないというたとえ。

大人でさえ生き抜いてゆくにはつらい世間を子供が一人で生きてゆくには、何らかの援助がなくてはかなうまい。江戸時代には、親を亡くした子供は、親類や子供に恵まれない家にひきとられ、必ずしも満足すべき環境ではなかったものの、どうにか成長し社会に巣立ってゆく、そんな一種の互助組織とも言えるものができていた。しかし、実際の用例を検討してみると、ことわざの通りだと肯定的に用いるもの（西鶴『世間胸算用』）と、現実は異なると否定的な用法のもの（古浄瑠璃『傾城《けいせい》二河白道《にがびやくどう》』）とが併存している。

親《おや》より先《さき》に死《し》ぬのは一番《いちばん》の親不孝《おやふこう》

＝親に先立つは不孝

親に先立って子供が若死することとは親不孝の最たるものであるということ。

生ある者はいつかは死ぬ。どんなに強い者でもどんなに立派な人でも、一定の年齢になれば行くところに行くのが自然の摂理。老いた親を見送るのは子供のつとめのようなものだが、順序が逆になったら大変で、親の悲しみはたとえようもない。親は子供の生れる前からその安否を気遣い、なにより子の健やかな成長を願う。そうした親にとって自分より先に子供が死ぬことは、最大の親不孝と感じる。子に対する親の感情は古今東西変らないと思われるが、子の先立ちを親不孝と表現するのは日本的と言えようか。古い用例は、鎌倉から南北朝時代の『源平盛衰記』に異表現が見られる。

負《お》わず借《か》らずに子《こ》は三人《さんにん》

＝負わず借らず子三人

人の世話にもならず、借金もなく、子供の数も文句なしの三人という幸せな家庭のたとえ。

少子化傾向への対策が国家的規模で問題になっている昨今だが、子供の人数の理想は三人と言われて久しい。この語句は江戸中期の浮世草子『沖津白波』などに見えるものだが、当時すでに子供三人を最上とする考えがあったのは驚きである。さらに、他人の世話にならず借金をしないという〈自立の精神〉が志向されていたとは、二重三重の驚きというもの。もっとも、見出しに続けて「女房十八我二十」とした表現になると、「人生五十年の時代の産物か」という但書《ただしがき》がいるようであるが……。

終《おわ》りよければすべてよし

物事の締めくくりがうまくゆくならば、途中がどうであっても問題にならない。要は最後が大事だということ。

All's Well That Ends Well というシェイクスピア劇の題名として知られるもので、日本では第二次大戦後になってからことわざ化したようだ。スポーツをはじめ勝ち負けがはっきりしている勝負事の世界では、途中で多少の失敗をしても結果として勝てば失敗は帳消しとなる。結果がすべての世界の論理がこれ。日本の古い言い回しでは、「終りが大事」と言っていた。一方、物の取りかかりを重視したものには「始めが大事」「始め半分」（始めがうまくゆけば物事の大勢は決まる）、「始めよければ終りよし」などがあった。これらは方法や方向に重きを置いているもので、見方の視点が異なるだけで、見出しのことわざと対立するものではない。

尾《お》を振《ふ》る犬《いぬ》は叩《たた》かれず

親愛の意を表す者は、攻撃されたりいじめられることはないという意。

犬が尾を振るのは、喜びを表す場合と思われがちだが、動物行動学からいうと常にそうというわけではないそうだ。むしろ、単に緊張をゆるめるための行為だとする見方が有力だという。となると、このことわざは事実を誤認したことになる。とはいえ、一方で「尾を振る犬も噛《か》むことあり」（ふだんおとなしい者も反抗することがある）ということわざが用意されており、ことわざのしたたかさがうかがえる。図は昭和初期の「唐橋カルタ」から。

温故知新《おんこちしん》 ⇓ 故《ふる》きを温《たず》ね新《あたら》しきを知《し》る

女心《おんなごころ》と秋《あき》の空《そら》

男に対する女の愛情は、秋の空のように変りやすいというたとえ。

男の側から女心の変りやすさを秋空になぞらえた語句だが、古くは「男心《おとこごころ》と秋の空」と、「女心」ではなく「男心」が主だった。古い用例を見てみると、「夫」「男」、「川の瀬」「秋の空」が組み換えられて用いられていた。「夫の心と川の瀬は一夜に変はる」（御伽草子『あきみち』、幸若舞『伏見常磐《ときわ》』）、「男の心と秋の空は一夜に七度変る」（狂言『墨塗』）、「男の心と河の瀬は一夜にかはる」（『毛吹草』江戸前期）などで、江戸時代には「夫」形はなくなり、「男と川の瀬」形と「男と秋の空」形が主となる。ところで「女心」を「男心」の誤用とする辞典もあるが、「女心」はすでに『尾張俗諺』（一七四九年）に筆録されている。明治時代の辞典にも収載されており、古くからあったものである。数の上では「男心」形が圧倒的に優位だったので、もともとは妻（女）から夫（男）への非難だったと思われる。男側からの言葉に変化したのは、男女の力関係の変化によるのであろうか。

女三界《おんなさんがい》に家《いえ》なし

女には世界のどこにも安住できる家はないものだということ。

「三界」は仏教で、人間が輪廻転生《りんねてんしょう》するすべての世界、つまり欲界・色界《しきかい》・無色界を言う。仏教では、女は「若い時は親に従い、盛りにしては夫に従い、老いては子に従う」（↓老いては子に従え）ものとされ、一般的な倫理感覚として長く言い継がれてきた。このことわざも江戸時代には常用されていた。

女三人寄《おんなさんにんよ》れば姦《かしま》しい

女が三人集まるとおしゃべりが過ぎて、やかましいということ。

いったいに男より女の方がおしゃべりと認められているようだ。世界のことわざを見てみると、「女三人と鵞鳥《がちょう》一羽で市が立つ」と、女をガアガアとうるさい鵞鳥と同じレベルにした表現や、女の人数を二人にしたもの、鵲《かささぎ》と取合せたものなどがヨーロッパ全域に見られる。中国でも「女は一人で銅鑼《どら》一つ、三人寄れば芝居がかかる」、日本でももっと具体的に「女三人寄れば囲炉裏《いろり》の灰飛ぶ」がある。男は口ではとうてい女に対抗できないようで、シンハラ語（スリランカの公用語）では「五十枚舌のある男でも一枚の舌の女にかなわない」と言う。ちなみに男が三人集まると「たばかる」と言われ、謀《はかりごと》をめぐらすそうである。

女《おんな》と白魚《しらうお》は子持《こもち》になっては食《く》えぬ

白魚は子を持つと味が落ちるように、女も子持になると自分のことに手が回らず色気がなくなり、魅力に乏しくなるという意。

女は出産によって肉体的に少なからぬ痛手を受けている。その上に育児という大役である。身も心も女から母へ転換してしまう。そうなると、男の目には女としての魅力に乏しくなるというわけだ。「そうさ、あの女も弁天お舛《ます》といっちゃァ一頃は流行たものだが、なんでも女と白魚は子持になっちゃァくへねへ」（洒落本『青楼惚多手買《せいろうほたてがい》』江戸後期）というくだりが、その辺のことを語っているようだ。

女《おんな》と坊主《ぼうず》に余《あま》りものがない

＝女と坊主に廃《すた》りものがない

坊主がどこかでは喜捨《きしゃ》を受けられるように、女は一生独身ということはなく、いつかは口が掛り相手に困らないということ。

「余りもの」は不用なもの、残り物。異表現の「廃りもの」は使い道のない役に立たないもの。このことわざには「余りもの」以外には「女」と「坊主」しかないので、背後を〈読む〉必要がある。素直には、男から見て不用な女はおらず、仕事にあぶれる坊主はいないと読んでよかろう。もちろん、自らの意思で独身を貫く女は対象外。たとえの異なる類義のことわざに「女と塩物《しおもの》に廃りものはない」がある。塩漬の魚は長持ちして調理も簡単なので重宝がられるように、女は貰い手に事欠かないというもの。僧侶への喜捨などの慣行が日常的なものではなくなってきている今日では、このことわざがなぞらえる対象としては、どうも坊主より塩物の方が適当のように思われる。

女《おんな》と俎板《まないた》はなければ叶《かな》わぬ

炊事には俎板がいるように、一家には主婦がいないと成り立たないこと。

　女性が結婚後も家の外で働くことが多くなった現代では、家庭で調理をすることも減少し、俎板はおろか包丁さえまともにない家が多くなっているそうだ。実際、出刃包丁のない家庭は過半数をはるかに超えるという。しかし、浮世草子『世間母親容気《かたぎ》』(巻二)に「とかく物の入《いら》ぬ男世帯と心を堅めけれども、商売の手廻し広くなるに随ひ、人の家に女と俎《まないた》は無ければ叶はぬ物にて」と引例されているので、江戸中期にはしっかりと認められていたと言える。

女《おんな》の腕《うで》まくりと朝雨《あさあめ》に驚《おどろ》くな ⇒ 朝雨と女の腕まくり

女《おんな》の目《め》には鈴《すず》を張《は》れ

＝女子《おなご》の目には鈴を張れ◆男《おとこ》の目には糸《いと》を張れ、女の目には鈴を張れ

女の目は鈴のように円くはっきりしているのがよいということ。

　人間の顔の中で最も目立ち、かつ重要なのは目であろう。「目は心の窓」というように、目にすべてが表されるとみなす見方もあった。江戸初期の「まづ女の目には鈴をはれ、と昔から云伝へたるに、目の細きが難ぢや」(咄本《はなしぼん》『昨日は今日の物語』巻下)という用例で句意は明らかであろう。古いものでは御伽草子『をこぜ』に「女の目には鈴を張れと申すことあり。目の大

きなるは美女の相なり」とあり、女の目は大きいのがよいとする価値観が室町時代に存在していたことが分る。しかし、昔の王朝絵巻物に描かれた女性像は細い目のいわゆる「引き目」であり、その後の江戸時代の喜多川歌麿・鳥居清長などの浮世絵美人にいたるまで、ぱっちり眼の女像はほとんど伝わっていない。つまり、これは見出しのことわざが実際の絵画表現に反映される程の力をもたなかったとも考えることができようか。図は『滑稽新聞』(九七号、一九〇五年)からのイラストで、むしろ醜悪な戯画となっている。

男の目には絲をひけ　女の目には鈴をはれ

女《おんな》は相身《あいみ》互《たが》い

＝女は互い

女同士には共通の利害があるから、互いに思いやりを抱き、かばい合うものだということ。「武士は相身互い」「商人は相身互い」など、社会の中でのある共通な人々の連帯意識を言うことわざ。用例は、見出し形が江戸中期の浄瑠璃『心中天の網島』『難波丸金鶏《なにわまるこがねのにわとり》』に、異表現が西鶴の『好色一代女』に見える。類義のことわざに「女の事は女どし」(「どし」は同士の意。浄瑠璃『夏祭浪花鑑《なにわかがみ》』)がある。一方で、女同士が敵対する意の「女同士は角目立《かどめだ》つ」「女の敵は女」といったことわざもあるから、女の心は一面的ではなくなかなか複雑だ。

女《おんな》は氏《うじ》なくして玉《たま》の輿《こし》

＝氏なくして玉の輿

女は家が貧しく家柄が低くても、高貴の人の寵愛《ちょうあい》を得れば贅沢《ぜいたく》な暮しができるようになるということ。「氏」は家柄。江戸文学に頻出することわざの一つ。中世からある説経節『小栗判官』に用例があるが、それ以外に近世以前の用例等が確認できていないので、江戸時代に言い慣わされたもののようだ。特に洒落本に用例が多いのは、この世界では、女郎自身がそういう主人公になれる身の上だったから当然と言えば当然であろう。明治時代にもその伝統(?)は受け継がれ、芸者を身請《みうけ》して妻妾にした政治家は少なくない。当時の男たちにそのような機会はなかったから、「女はいいよなぁ……」といったつぶやきがもれていたかもしれないが、現代では「逆玉」(男が玉の輿に乗る意)などという言葉も耳にするようになっている。

女《おんな》は髪容《かみかたち》

女の美の第一は、髪の美しさだということ。

「髪容」は、髪と容貌の二つではなく、髪の結い方、髪型の美しさを言っていると思われる。魅力的な髪は、古くは、女の結い上げていない長い黒髪そのものだった。女の髪が男を惹《ひ》きつける力があるとする「女の髪の毛に大象《たいぞう》も繋《つな》がる」ということわざも、『徒然草』をはじめよく用いられていた。「女は髪頭《かみかしら》」(西鶴『好色一代女』など)というのも、江戸中期頃までは言われていたようだ。これは、単に髪自体のことを言っているものだが、結髪が流行し一般的になると、「髪形《かみかたち》」は髪の結い方と受け取られるようになる。滑稽本『当世穴さがし』からそれがうかがえる。

女《おんな》は国《くに》のたいらげ

――女の国のたいらげ

女がいることによって世の中が平穏で円滑に運ぶという意。

ことわざ辞典が典拠としている『諺苑《げんえん》』(一七九七年)は異表現になっている。「女の」の「の」は、「が」に当る格助詞と見るのであろうが、誤記の可能性もあり、より分りやすい「は」の形を見出しに掲げた。どちらにしても語義に曖昧さが残るが、女の存在で国がおだやかに治まると解釈してよいだろう。面白いことに『諺苑』にはこの次に、「女は乱の基《もとい》」という逆の意味のことわざがあげられている。江戸時代を代表することわざ集である『諺苑』が、相対立することわざを並べたのは偶然なのだろうか。

女《おんな》やもめに花《はな》が咲《さ》き、男《おとこ》やもめには蛆《うじ》がわく
⇩男やもめに蛆がわき、女やもめに花が咲く

乳母《おんば》日傘《ひがさ》

＝**日傘お乳母◈お乳母《うば》日傘**

幼時には乳母がつけられ、外出時には日傘で日光を防いでもらうほど大切に育てられること。

江戸中期には言い慣わされていた。後期の山東京伝の随筆『骨董集《こっとうしゅう》』には図入りで解説されており、黄表紙『竈将軍勘略巻《かまどしょうぐんかんりゃくのまき》』には「乳母日柄傘《おんばひからがさ》」という表現が見える。

おんぶに抱《だ》っこ

抱かれることと背負われることを一緒にしてもらうような、いたれりつくせりのたとえ。

古くは、「負《お》ぶえば抱かりょう」と言った。他人が好意で背負ってやれば、その次は抱いてくれと調子に乗って過大な要求をする意である。見出しの表現では、おんぶと抱っこの両方が同時に行われるもので、意味自体も変化している。現代ではことわざとして意識されることもなく、普通の言葉として空気のごとく無意識に使われている。

陰陽師《おんみょうじ》身の上知《うえし》らず⇩易者《えきしゃ》身の上知らず

恩《おん》を仇《あだ》で返《かえ》す

＝**恩を仇で報《ほう》ずる◈恩を仇で報《むく》う◈恩を仇◈恩を恨《うら》みで返す**

恩恵を与えてくれた人に、逆に害を与える意。

日本人の恩に対する基本的な考え方は、「恩を知るを以て人といふぞ。恩を知らざるをば畜生」(『平家物語』巻二)、「恩を見て恩を知らざるは、鬼畜木石」(幸若舞『やしま』)などからうかがえるように、受けた恩には恩で報いるのが人の道だった。ところが、本来的

には好意でなされていた恩が義理と化すると、恩を返す側には苦痛になる。そうなると、返礼を強要する強者側の大義名分としてこのことわざが作用しはじめる。江戸時代に入ってから見えはじめ、各種文芸類で常用されるようになった。なお、『今昔物語』、鎌倉時代の説話『沙石集《しゃせきしゅう》』や『北条重時《しげとき》家訓』などには、このことわざとは反対の、害を受けた相手に恩義で返す意の「恩を以て仇を報ず」ることが奨励されており、説経節『小栗判官』には「恩は恩、仇は仇で報ずべし」という形が見られる。図は明治時代の西洲の戯画集『滑稽洒落狂画苑』からで、猿回しが猿に柿の実をぶつけられている。芸を仕込んでもらった恩に対する仇なる行為として描いているのであろう。

か

飼犬《かいいぬ》に手《て》を噛《か》まれる

日頃目をかけ面倒をみてやっていた人や部下に思いがけず裏切られ、害を加えられることのたとえ。

主人が忠実そのものの飼犬から逆に危害を加えられるとしたら、忠誠心の強い犬の性質から見て、相当なことと言えよう。このことわざにはさまざまな言い回しがあり、変化も激しかった。まず、「飼い飼う虫に手を食《く》われる」が、『毛吹草』（一六四五年）や江戸前期のことわざ集『世話類聚《るいじゅ》』に見える。音色を楽しむために飼っている虫に指でも噛まれたのであろうか。早くに見えるこの形は以降は出てこない。次が、「手飼《てがい》の犬に手を食われる」で、『世話尽《づくし》』（一六五六年）や幕末のことわざ集にある。続いて、手ではなく足だという「手飼の犬に足を喰《くわ》るる」（浮世草子『東海道敵討』目録、一七〇二年）、「飼犬に足を喰はるる」（『和漢古諺』一七〇六年）。また手に戻って「飼ひかふ犬に手を喰はるる」（浄瑠璃『艶狩剣本地《もみじがりつるぎのほんじ》』第三、一七〇九年。同『傾城三度笠』巻下、一七一二年）、「飼ふ犬に手をくはるる」（浄瑠璃『平家女護島《にょごのしま》』第四、一七一九年）ときて、やっと「飼犬に手を喰はれる」（浄瑠璃『津国女夫池《つのくにめおといけ》』第三、一七二一年）が出てきて、以降はこれが主になってゆく。なお、「灰猫に手を喰れた」（近松『本朝三国志』第一、一七一九年）という表現も見え、言い回しの多様さがうかがわれる。

会稽《かいけい》の恥《はじ》をすすぐ ⇒ 臥薪嘗胆《がしんしょうたん》

海賊《かいぞく》が山賊《さんぞく》の罪《つみ》をあげる

(1)同類の者が敵同士になること。(2)似た者同士が互いの欠点を暴くこと。

船や沿岸の集落を襲い金品を強奪するのが海賊で、山中で強奪するのが山賊。日本の海賊は実際には、(ア)海上の盗賊・密貿易者、(イ)朝鮮や中国大陸沿岸を荒らした倭寇《わこう》、(ウ)沿岸の諸豪族に分けられるそうだが、ここでは(ア)。山賊は『続《しょく》日本紀』にすでに存在が示され、平安中期以降は国守も手をやいている。「御成敗式目」に「夜討・強盗・山賊・海賊」と併記した禁制があるように、鎌倉幕府は山賊・海賊を厳しく取り締った。当時の盗賊は数の上では山賊が主体だったようだが、両者はそれほど厳密に区別されず、時と場合によって入り交じることがあったかもしれない。『太平記』（巻二七）の「喩《たと》へば、山賊と海賊と寄り合ひて、互ひに犯科の得失を指合ふが如し」という一節は、このことわざの具体的な状況をうかがわせる。

隗《かい》より始《はじ》めよ

(1)大きなことをするには手近なことから始めよということ。(2)何事も、言い出した者から始めよということ。

中国・漢代の『戦国策』（燕《えん》策）に見える故事で、郭《かく》隗《かい》という人が燕の昭王の問に答えて、国力を充実するために賢者を招くには、自分のように優秀ではない者を優遇すればすぐに集まってくる、と言った言葉に由来する。もともとは、まず手始めに私、すなわち隗を用いてみなさい、という意。日本での近代以前の古い用例は少なく、江戸初期の儒学書『童蒙先習』や、中国のことわざを多用した馬琴の『里見八犬伝』に「親兵衛を、疑《うたがわ》ずして重く用ひば、余の七犬士は招かずも、皆もろともに来会せん。所謂《いわゆる》隗より始るよしにて、こもまた自然の理《ことわ》りなる」（九輯巻一二上）と用いられている程度のようだ。

怪力《かいりょく》乱神《らんしん》を語《かた》らず

真の君子は不可思議で怪しげなことは口にしないという意。

『論語』（述而）に見える語句で、「怪・力・乱・神」はそれぞれ、奇怪なこと、力を頼むこと、世や人を乱すこと、鬼神、を指す。これらを孔子は口にしない、と門人が述べた言葉。当時の迷信などを否定した言葉として有名であるが、孔子自身は信仰一般に反対したわけでもなく、鬼神の存在も全面的には否定していなかったという。日本では江戸前期の仮名草子『伽婢《おとぎぼう》子《こ》』の序文に用いられた例をはじめとして、以降の種々の文芸に登場するが、現代では「力」も正しく読めなくなり、死語と化している。

貝《かい》を以《もっ》て巨海《きょかい》を測《はか》る ⇒ 蜆貝《しじみがい》で海《うみ》を換《か》え干《ほ》す

帰《かえ》るには錦《にしき》着《き》て行《ゆ》く ⇒ 故郷《こきょう》へ錦を飾《かざ》る

蛙《かえる》の子《こ》は蛙

――**蛙の子は蛙になる**

⑴凡人からは、やはり平凡な子が生れる意。⑵親子は似ること。

両生類の蛙は卵を産む。孵化《ふか》したおたまじゃくしは親の姿形とは似ても似つかないが、やがては親と同じになる。見出しのような省略形だと分りにくいが、始めは親に似てないものがそのうちには似るようになる、という意味が裏に隠されている。「大酒に性根を乱し、放埓《ほうらつ》なる身持、日本一の白痴《あほう》の鏡。蛙の子は蛙に成《なる》はい。親に劣らぬあの力弥めが大白痴《たわけ》」(浄瑠璃『いろは歌義臣鍪《かぶと》』)からも分るように、言われはじめた江戸中期頃はよい意味で使われることは少なかった。近年では、立派な親から優れた子供ができた場合にも用いられるようになり、当初のよくないニュアンスは薄らいできている。

蛙《かえる》の面《つら》に水《みず》

①蛙の面に水かくる　②蛙の背中に水　③蛙の面へ小便《しょうべん》

どんなことをされても平然としているたとえ。普通の蛙は水陸の両方で生活可能だというが、一般に蛙と水は切っても切れないもの。その水を蛙に掛けてみても蛙には何の痛痒もないだろう、と人間が勝手に想像したことわざ。出所は中国の『普灯録』のようだが、日本の早いものでは江戸前期の『毛吹草』に「世話」(ことわざ)として収録され、また、「恥を恥と思はでしるす俳諧はかへるの面の水茎の跡」(『後撰夷曲集《いきょくしゅう》』巻八)と狂歌に詠まれた。特に上方系のいろはカルタに採用されてから、より一般的になったと思われる。古くは異表現①が主流だったようだが、現代では③が多い。『普灯録』に併記されていた同意の「鹿《しか》の角《つの》に蜂《はち》」も古くはよく用いられたが、近代では死語となっている。図は、明治時代の西洲の戯画集『滑稽洒落狂画苑』から。

蛙《かえる》は口《くち》ゆえに呑《の》まれる

蛙は口から◈蛙は口から蛇《へび》に呑まれる

言うべきではない無用なことを口にしたがために災いを招くことのたとえ。

蛙が鳴いたために蛇に居場所を知られて呑まれてしまうということから。江戸前期には常用されており、狂歌『河内羽二重』など各種文芸作品に用例が見られる。

顔《かお》で笑《わら》って心《こころ》で泣《な》く

笑顔は見せているものの、内心はつらく悲しいこと。また、心中の悲しみをおし隠して笑顔で人に接すること。

解説の必要もないようだが、東洋人には多い表情という。日本人にはかつては美徳の一つと目されたが、西欧人には奇異に映ったようだ。言葉として人々の口にのぼるようになったのはそれほど古くはない。『諺語大辞典』(一九一〇年)への収載が早いものだが、ことわざとして意識されなかったのか、その後あまり継続的に収載されておらず、日常見聞きするわりに、現代の数多くあることわざ辞典でもあまりみかけない。

顔《かお》に似《に》ぬ心《こころ》

顔つきと心根とに繋がりはなく関係のないこと。

虫も殺さないようないかにも優しげな人が案外冷酷だったり、反対に人をとって食わんばかりの恐ろしげな人が親切で細やかな気遣いをみせたりする。人の外見と内面があべこべという例は古代からあったとみえ、『華厳経』に「外面《げめん》似《じ》菩薩《ぼさつ》、内心如《にょ》夜叉《やしゃ》」という語句がある。外見は仏様のようで心根は夜叉だというもの。見出しのことわざは日本製で、近代以前のことわざ集への収載度合は高かった。一方、顔つきを決定的にする目に焦点を当てると、これとはまったく逆の見方をする「目は心の鏡」「目は口ほどに物を言う」(別項)といったこともあるので、どちらが本当なのか戸惑いも起る。現実はそのどちらもがあるということで、ことわざはそんな現実を言葉で表現したものといえよう。

香《かお》り松茸味《まつたけあじ》しめじ

＝匂《におい》松茸味しめじ

物事にはそれぞれの長所・特徴があるということのたとえ。

原意は、香りは松茸が、味はしめじが一番ということ。香りの高い歯切れのよい松茸は、焼いても煮てもよく、土瓶《どびん》蒸しなどにも人気が高い。難点は値段が高いこと。味のしめじは、しめじ飯も上等だし、鍋物に入れても相性がよく、その上歯触りも堪能できるのが売りで、値段も手ごろ。

嬶《かか》はずすと六十年《ろくじゅうねん》の不作《ふさく》⇩悪妻《あくさい》は六十年の不作

柿《かき》が赤《あか》くなると医者《いしゃ》が青《あお》くなる

柿が色づくころは気候がよく、病人が少なくなるので医者が困るということ。

冷暖房が完備されるようになってきたとはいえ、寒い冬や猛暑の頃は体調をくずしやすい。秋は収穫の季節、果物も豊富に出回り、「天高く馬肥える秋」(別項)と食欲の季節ともなる。食べることは生きてゆくための最大の源であり、その上気候がよければ健康を保持するのにもってこいというわけ。赤と青を対照的に配置して面白く表現したことわざだが、同じような着想はほかの植物でもなされ、「蜜柑《みかん》の皮が色付くと藪医の顔が青なる」(『譬喩尽《たとえづくし》』江戸後期)、「柚《ゆず》が黄になると医者が青なる」(『諺叢《げんそう》』同上)などと〈色使い〉をしたものが目を引く。

餓鬼《がき》に苧殻《おがら》

弱い者がまったく頼りにならない物を頼るたとえ。

「餓鬼」は仏教で、悪業《あくごう》の報いとして餓鬼道に落ちた亡者《もうじゃ》。やせ細って、腹は大きく膨れ上り、喉が極端に細いために飲み食いできず、常に飢渇に苦しんでいる。見るからに非力。「苧殻」は麻の茎の皮をはいだもので、盆の迎え火や送り火などに用いる。棒状だが竹や木の棒とは強度がまるで違う。非力な餓鬼がなんの頼りにもならない苧殻を持つという意で、「鬼に金棒」(別項)と対句的に用いられる。「べか「尤もだの、全体いい御器量だ」さる「ちつと権があるよ、あれで愛敬がありやア鬼に金棒さ」べか「餓鬼に苧殻とはおいらが事《こつ》たらう。そんな櫛《くし》や簪《かんざし》を見ても買ふ事もならず」」(滑稽本『浮世風呂』三編巻上、江戸後期)という具合に。

餓鬼《がき》の断食《だんじき》

(1)うわべだけを取り繕うことのたとえで、偽善的な行為や、やせがまんに言う。(2)当然のことをことさらのように言いつのる意。

餓鬼は喉が極端に細いために食いたくても食えないので、絶えず空腹状態にいる。その餓鬼が、自分は断食をしていると誇らしげに言うとすれば、失笑を買うだろう。「武士は食わねど高楊枝《ようじ》」(別項)は(1)に近い意だが、貧しくても気位は高くもつという肯定的なニュアンスがあるのに対して、こちらは否定的に使われる。例えば、アルコール中毒の人が病気で入院して余儀なく酒を絶たれたのに、自分は断酒をした、というような場合だ。現代は死語となっているが用例は比較的古く、戦国時代の歌合『狂歌合』の判者の詞に用いられている。

餓鬼《がき》の目《め》に水見《みずみ》えず

＝餓鬼の目水

熱望するあまり、かえって求める物が身近にあるのに気づかないことのたとえ。

餓鬼の喉は針の穴のように細くて飲み食いできない上に、口に入れようとする飲食物は火に変ってしまうので、常に喉が渇いた状態でいる。そんな餓鬼の目には、皮肉にもかえって欲しい水が見えないというのだ。似たような事象は日常よく起る。必死に探してもなかなか見つからない資料が、じつは目の前にあったなどということは、誰もが一度や二度は経験しただろう。江戸初期の仮名草子『伊曾保《いそほ》物語』『仁勢《にせ》物語』や古浄瑠璃『綱金時《つなきんとき》最後』をはじめ、江戸時代に多くの用例が見られる。

餓鬼《がき》も人数《にんず》

(1)力のない者や小さな者でも、いるだけましだということ。また、(2)弱く小さな者でも多く集まれば侮《あなど》りがたい力をもつ意。

ここの「餓鬼」は、子供の蔑称。「人数」を「ひとかず」と読んだ例が近松の『国性爺《こくせんや》合戦』(第二)に見える。また、読み方や用法は不明だが、古くは安土桃山時代のことわざ集『月菴酔醒記《げつあんすいせいき》』に収められている。(1)の意の用例は「施《ほどこす》や餓鬼も人数《にんじゆ》の玉祭」(俳諧『ゆめみ草』巻三、江戸前期)、(2)の意の用例は「かへる子は餓鬼も人数の軍哉《いくさかな》」(俳諧『崑山集《こんざんしゅう》』巻三、同上)がある。類義の「枯木も山の賑《にぎ》わい」(別項)は老人をたとえたものだが、枯木は活動しないことからなのか、(2)の意はない。

蝸牛《かぎゅう》の角《つの》の争《あらそ》い

——蝸牛《かたつむり》の角争い◉蝸牛角上《かくじょう》の争い◉蝸牛の争い

(1)小国同士が敵対し争うこと。(2)些細なつまらない問題でいがみあうことのたとえ。

蝸牛の左右の角にあったという「触」と「蛮」という国が互いに地を争って戦い、数万の死者を出したという中国の『荘子』(則陽)に紹介されている寓話に由来する。日本でも平安時代の『堤中納言物語』(虫めづる姫君)に「かたつぶりなどを取り集めて歌ひののしらせて聞かせ給ひて、我も声をうちあげて、かたつぶりの角の争やなぞと云」と見える。そのほかにも『和漢朗詠集』、鎌倉時代の『石清水物語』などにあり、江戸時代の文芸類には頻出する。

学者《がくしゃ》と大木《たいぼく》にわかにできぬ

(1)学問は急ごしらえにすることはできないという意。転じて、(2)立派なことをするにはしっかりとした基礎がいるというたとえ。

昨今のやたらに○○学と名付ける風潮から生れた「学問」に携わる学者なら、にわかづくりは可能かもしれない。しかし、ここの「学者」は本物の学者、すなわち一定の原理による体系だった知識をもち理論的な研究方法に基づいた学問をする者だから、短期間に養成することはできない。大木も、普通は相当の年月を要する。百年を超える銀杏《いちょう》の木は珍しくないし、屋久杉のように樹齢が千年を超すものもあるから、大木になる年月は、動物が加齢するのとはレベルが異なる。

学者《がくしゃ》の取《と》った天下《てんか》なし

学者は現実や実生活に疎く、実践には役に立たないというたとえ。

一口に学者といってもいろいろだが、ここに登場するのは、国家・経済などの大きな問題や事柄を論ずる人。国を治める学は、古来、哲学がその任を担っていたと言ってもよいだろう。しかし、国家の運営を論じた学者は数知れぬものの、論ずる学者自らが統治した事例は聞かない。近代以降の日本を見ても、せいぜい教育行政の文部大臣にちらほら見える程度。経済学に携わる学者が実業家に転身して成功した事例もあまり聞かない。理論の世界と現実の世界はまったく別のものということであろうか。

楽屋《がくや》で声《こえ》を嗄《か》らす

(1)むだに骨を折ることのたとえ。(2)苦労が他人に認められないことのたとえ。

楽屋で稽古をしすぎて声を嗄らし、肝心の舞台がうまくゆかないことから。『国姓爺《こくせんや》明朝太平記』など江戸中期の浮世草子に用例が多く見られる。

陰《かげ》では殿《との》のことも言《い》う

＝陰では王様のことも言う◉陰では殿方のこと

人の陰口はさがなく、悪口を言われずにすむ者は誰もいないという意。

「口では大阪の城も建つ」わけで、言葉だけなら何でも言える。本人がいなければなおさらである。人間の悪しき深層心理の一断面をえぐりだした〈こわい〉ことわざだ。古くは江戸前期の『毛吹草』に「御所内裏《ごしょだいり》のことも陰ではいふ」という形が見える。家来が殿様の悪口を言い、天子様を見たこともない庶民が話題にしてしかも陰口をたたいてしまう。これを別の角度から見ると、人の目の前ではおだて、陰では謗《そし》るのが人間だと教えているようで、これまた〈こわい〉ことわざだということになる。

陰《かげ》に居《い》て枝《えだ》を折《お》る

恩人に仇をなすこと。

恩を受けた人の家の木の枝を、陰でこっそり折ることから。『太平記』(巻一三)には「流れを汲んで源を濁す」という表現が、これに続いて対句的に使われている。江戸時代では、中期の神道書『神路手引草』などに見られる。

籠《かご》で水汲《みずく》む

＝目籠《めかご》で水汲む

努力しても何の効果もない事のたとえ。

籠は、背負って物を運搬するのに使っていたもので、竹や木の蔓《つる》を編んで作った。編まれたものだから隙間《すきま》だらけ。こんなもので水を汲んでみたところで、汲めるはずはない。こうした無駄な行為をたとえたことわざは多い。「笊《ざる》で水汲む」「水に絵を描く」(別項)など、どれもがそうした行為を批判したり物笑いにする機能をもっている。見出し形は、江戸前期の俳諧『崑《こん》山《ざん》集《しゅう》』(巻一二)に「籠で水もくめばくまるる氷哉《かな》」、同じく『ゆめみ草』(巻三)に「山雀《やまがら》は籠で水くむためし哉」(籠に飼われている山雀を詠んだもの)と、比較的古い時代の用例が多い。現代では、運搬用具としての籠が見られなくなったこともあろうが、「笊で水汲む」の方が用いられている。

駕籠《かご》に乗《の》る人《ひと》担《かつ》ぐ人　そのまた草鞋《わらじ》作《つく》る人

――駕籠に乗る人担ぐ人

(1)人の身分・境遇・職業はさまざまだということ。(2)人のいろいろな繋がりで世間は成り立っているということ。

さあ出かけようと駕籠に乗るとして、駕籠があればすむものではない。それを担ぐ人足も必要ならその人足の履《は》く草鞋も必要。どこかでせっせとその草鞋を作っている人もいるというわけ。駕籠には、将軍や高貴の人々が乗る豪華で堅牢《けんろう》な造りのものから、庶民が使った簡易造りのものまでいろいろあった。担ぐ者も、高級な駕籠を担ぐ人足もいれば、町人用のあやしげな雲助《くもすけ》もいた。草鞋の方は、武士用はともかく庶民の用いるものは、農民が夜なべ仕事で作ったようだ。近松の『博多小女郎波枕』(巻上)に「駕籠に乗る人駕籠舁《か》く人」と見える。

火事後《かじあと》の釘拾《くぎひろ》い

大きな損害の後にほんの少しばかり節約することのたとえ。

大事な家を火事で焼いてしまった後に、焼跡《やけあと》から釘を拾い出すことから。大損した後に少しばかり倹約をしたつもりになっている無意味さを皮肉って言うこともある。類義で、多大な浪費の後に倹約する意の「焼跡の釘拾い」が江戸後期に見られるようになって以降、見出しのことわざは、浪費に限らず大きな損失・出費に対して使われるようになった。焼失が、自分の意思で行う浪費とは少し異なるところからであろう。

火事後《かじあと》の火《ひ》の用心《ようじん》

時機を失して役に立たないことのたとえ。

火事を出してしまった後に火の用心をしたところで意味がない。近代以前には用例などが見えず、明治になってから言われるようになったことわざである。

賢《かしこ》い人《ひと》には友《とも》がない

利口すぎる人には仲間や友人ができないこと。

ここの「賢い」は、賢げに見える者や賢さを鼻にかける者、小利口の意であろう。こういう手合は清廉潔白を前面に出して謹厳すぎたり、隙《すき》を見せずに計算高かったりするので近寄りにくく、付き合っても表面的なものにとどまり、親密な関係にはいたらない。類義の「水清ければ魚棲《す》まず」(別項)はたとえを用いたものだが、たしかにあまりに水が澄んでいると、水中のプランクトンなどの栄養分も少なく魚は棲息しにくい。両方を比べてみると、魚を用いた方が具体的であるだけに分りやすいようだ。

火事《かじ》と喧嘩《けんか》は江戸《えど》の花《はな》

大火事と喧嘩は江戸の町の特色を表した名物だということ。

今日よく耳にするわりに近世には用例などが見えず、文献上は明治になってから現れている。

火事場《かじば》の馬鹿力《ばかぢから》

差し迫った状況では、ふだんは考えられないような力を発揮するものだというたとえ。

火事の時には、普通ではとても動かすことのできない重いものを運び出したりすることから。現代の常用句だが、ことわざ辞典類への収載は新しく、昭和五〇年代以降となっている。

かしらが動《うご》けば尾《お》も動く ⇒ 頭《あたま》が動けば尾も動く

かしら隠《かく》して尾《お》を出《だ》す ⇒ 頭《あたま》隠して尻《しり》隠さず

臥薪嘗胆《がしんしょうたん》

‖ **①胆《たん》を嘗《な》め薪《たきぎ》に坐《ざ》す ②嘗胆臥薪**

敵を討つため、また目的を達成するために、身をさいなんで長いこと苦労するたとえ。

中国の『史記』(越世家)に見える故事。春秋時代、呉王・夫差《ふさ》が親の仇《かたき》を討つことを忘れないために、薪の上で寝るような苦行《くぎょう》をして、敵の越王・勾践《こうせん》を会稽《かいけい》山《ざん》で降伏させた。一方、敗れた勾践は許されて帰国してから、苦い胆《きも》を嘗めて敗戦の屈辱を思い起こし、ついに夫差を滅ぼすのであった。同じ故事による「会稽の恥をすすぐ」は、勾践が夫差を破って会稽山での屈辱をはらしたことからの言い回しで、日本でも平安時代の『陸奥話記《むつわき》』をはじめ、軍記物によく用いられた。それに対して見出しの方は、異表現①が水戸学の『新論』、②が政治論「参予四侯上書」など幕末のものに見られるが、見出し形は『故事熟語辞典』(一九〇六年)が早いものとなっている。

歌人《かじん》は居《い》ながら名所《めいしょ》を知《し》る

歌人は、古歌や歌枕の研究を通して、実際には行っていない名所のことでもよく知っているということ。

江戸初期から常用されたもので、文芸類以外に徳川吉宗の政道書『紀州政事草』などにも用いられている。図はことわざ絵入り教訓書『三教童喩』(巻中、一八二〇年。三教は、神道・儒教・仏教)から。

佳人薄命《かじんはくめい》 ⇓ 美人《びじん》薄命

鎹《かすがい》思《じ》案《あん》

二つのことをどちらも思い通りにうまくやろうと考えることのたとえ。

二つの材木を繋ぐためのコの字形をした鎹になぞらえた表現。江戸中期の脚本『隅田川続俤《ごにちのおもかげ》』などに用例があるが、近世ではあまり使われていない。

霞《かすみ》に千《ち》鳥《どり》

ふさわしくなく、あり得ないことのたとえ。

春のものとされる霞に、冬の千鳥を取合せることから。望みがたいことのたとえである「雲に梯《かけはし》」(雲に橋を架ける意)と対句にして江戸中期の洒落本『徒然睟《つれづれすいが》か川《かわ》』などで用いられた。

苛政《かせい》は虎《とら》より猛《たけ》し

悪政によって虐《しいた》げられる人々の苦しみは、虎に食われるかもしれないという恐怖より大きいということ。

孔子が苛酷な政治を戒めた言葉で、『礼記《らいき》』(檀弓下)にある。舅《しゅうと》・夫・子供の三人を虎に食われて悲しむ女が、それでもその土地から離れないのは苛政がないからだ、と言うのを孔子が聞いて、弟子たちに悪政の戒めを説いたもの。中国では虎は地上で一番恐ろしい動物であった。人民にはそれ以上に苛酷な政治が恐ろしいというのだ。日本でも早くは鎌倉・室町時代の金言集『管蠡鈔《かんれいしょう》』『金句集』に収められ、用例も江戸中期の禅僧・白隠の『さし藻草』や、後期の町人学者・山片蟠桃《やまがたばんとう》の『夢の代』などに見ることができる。

風《かぜ》が吹《ふ》けば桶屋《おけや》が儲《もう》かる

――大風《おおかぜ》が吹けば箱屋《はこや》が儲かる

(1)思いもよらないところに影響が及ぶこと。(2)見込のないことを期待するたとえ。

風が激しく吹けば、砂ぼこりがたち、眼を病む人が多くなる。そのために失明した人は身過ぎに三味線を習うことが多いので、三味線に使う猫の皮がたくさん入り用になる。そこで猫が殺される。猫が減ると鼠が増え、桶をかじるから桶を作る桶屋が繁盛するという連鎖作用が生じること。もちろん、個々の事柄同士の蓋然性《がいぜん》は低く、現実に起る確率はきわめて低いはず。異さりながら、こじつけも面白さのうちと言えよう。表現を踏まえたものが江戸中期の浮世草子『世間学者気質《かたぎ》』に見えるが、現代は「風が吹けば桶屋が儲かる式に云々」という形で、もっぱら(2)の意味で使われている。なお、江戸時代には、(1)や回り遠いことのたとえとして「風が吹いたによって箱(桶)屋」という表現もあった。

稼《かせ》ぐに追《お》いつく貧乏《びんぼう》なし

＝稼ぐに貧乏追いつかず

一生懸命に働けば貧乏になることはないという意。生きてゆくには稼がなければならない。その勤労を正当に評価したもの。日本人は勤勉な国民といわれるが、意外にも日本のことわざには労働や勤勉を正面から評価するものは多くない。これはことわざの多くが、物事を批評の対象として批判的にとらえ、批判を通して教訓を引き出しているからであろう。異表現が安土桃山時代のことわざ集『北条氏直《うじなお》時分《じぶん》諺《ことわざ》留《とめ》』に収められているのをはじめ、西鶴や近松作品で常用された。その一方で、このことわざを打ち返した「稼ぐに追いつく貧乏の種《たね》」という言い回しも、江戸中期の浮世草子『沖津白浪』（巻五）に見えるようになり、「かせぎに追ひ付く貧乏神」（同『今様二十四孝』巻六）、「かせぐを追ひぬく貧乏神」（同『諸道聴耳世間猿《しょどうききみみせけんざる》』巻二）まで登場するにいたる。こうして江戸中期以降、相反することわざが拮抗《きっこう》するようになっていった。図は「処世教訓漫画双六」（一九二九年）の振出しから第一番目のもの。

風《かぜ》の前《まえ》の火《ひ》 ⇒ 風前《ふうぜん》の灯火《ともしび》

風《かぜ》は吹《ふ》けど山《やま》は動《どう》ぜず

＝風は吹けど山は動かず

まわりが騒ぎ立てても少しも動じることなく、泰然として自己の信念を貫くことのたとえ。大風が起れば、山の草木や土塊《つちくれ》はちぎれ飛んだり舞ったりするだろうが、山自体は微動だにしない。ことわざの世界では、山は高く大きいものにたとえられる。その山になぞらえられる人は、正真正銘の大人物ということになる。ことわざとしての用例は少ないが、謡曲『淡路』に「御末は今に君の代より、和光守護神の扶桑《ふそう》の御国に、風は吹けども山は動ぜず」とある。

風邪《かぜ》は万病《まんびょう》の元《もと》

ありとあらゆる病の根源は風邪に発しているということ。

このことわざを医学的に見ると、風邪に伴って余病を併発する場合や、別の病気にかかっているのに初期症状が風邪に似ているために誤認されてしまう場合が考えられる。まことに厄介きわまる風邪の奴め、ということになる。中国の古典に見える「風邪は百病の本」を言い換えたものと思われる。日本では「風邪は百病の長」という同義のものが徳川斉昭《なりあき》の『明訓一斑抄』などに見られる。とはいえ、たいていの風邪は二、三日寝ていれば簡単に治るもので、「馬鹿は風邪ひかぬ」とか「風邪は人にうつせば治る」というような俗信や軽口は、そんな風邪の側面をとらえたもの。

堅《かた》い石《いし》から火《ひ》が出《で》る

ふだんは控えめな人も、時には大胆なことをするという意。

石は昔から、慎重なこと、堅いものにたとえられてきた。「石部《いしべ》金吉《きんきち》鉄兜《かなかぶと》」は、堅いばかりの人を人名めかしていうことわざで、石部金吉といういかにも堅そうな人物が鉄兜をかぶっているようにひたすら堅いということ。ところで、火が出る堅い石とはどんな石であろうか。思い浮ぶのは昔使われた火打石。石英の一種で、鉄片の火打金と打ち合せると火を発した。石英は硬度七という大変硬い石だ。ふだんは慎重で堅物な人物が、ときにあっと驚く火花を散らす。まさに火打石で火が出た状況そのものと言えよう。

敵《かたき》の家《いえ》へ来《き》ても口《くち》を濡《ぬ》らさずに帰《かえ》るな

＝仇《かたき》の家でも口を濡らせ

もてなしを辞退する人に、遠慮は無用だという挨拶言葉。

「口を濡らす」は湯茶などで口を潤《うるお》したり、軽く食事をとる意。もてなし側からこの言葉を口にされたら、客はたとえ気が進まないものでも口に運ばないわけにはいくまい。それくらい強烈で、印象度が抜群のことわざだ。もっとも、「明日《みょうにち》のお立ちぢやア、お心《こころ》急《ぜき》でもありませうが、敵の家《うち》へ来ても口を濡らさずに帰るなとか云ひますから」(人情本『毬唄三人娘』)という例を見る限りは、もてなし側からの押しつけがましさはうかがえない。

形《かたち》は産《う》めど心《こころ》は産まぬ

見た目は親に似ているが、性質は親とはまったく別だということ。

親は子供の体は産んだが、子供の心までは産んでいないということで、子供が善良や賢い場合にも、反対に悪性《あくしょう》や愚かな場合にも用いられる。面白いことに実際の用法では、〈悪〉の場合は親が子供の悪行を慨嘆する際に使われ、〈善〉の場合は、親に似ぬ善良な子だと他人が感心してほめる場合に使われている。「形は産《うめ》ど心は産ぬ。己《おのれ》が様な人でなしを子に持て、年寄の業《ごう》曝《さら》すより、死《しん》だ姥《ばば》は仕合者」(浄瑠璃『忠臣伊呂波実記』第六、江戸中期)は前者の例と言えるもので、「誠に形は産めども心産まぬと申す如く、親御様に変りし御貞節の御志感心仕《つかまつ》り候」(浄瑠璃『鬼鹿毛無佐志鐙《おにかげむさしあぶみ》』第二、同上)は後者の例と言えるもの。

蝸牛《かたつむり》の角争《つのあらそ》い ⇩ 蝸牛《かぎゅう》の角の争い

片手《かたて》で錐《きり》はもまれぬ

物事をなすには人の協力が必要だということのたとえ。

片手では扱えなかったり、扱いにくい工具がある。多くは両手の使い方に主と従があったり、鑿《のみ》と槌《つち》のようにそれぞれが別の動作をするものだったりするなかで、錐は木の柄に左右の掌を合せるように互い違いに前後させて使い、双方の力が調和しないとうまくゆかない。もっとも日本でもっぱら用いられてきたこの型の錐は、世界から見ると珍しい部類だそうだから、ほかの国の錐からではこのことわざは出来なかったことになる。人の社会では、一人ではできず協力がいるとすることわざは少なくない。「一人は立たぬ」「一人打つ鼓《つづみ》は鳴りがせぬ」「普請《ふしん》と葬式は一人でできん」などがニュアンスや用法に多少の違いはあるが同意のものとなる。

傍屋貸《かたやか》して母屋《おもや》取《と》らるる
⇩庇《ひさし》を貸して母屋を取られる

語《かた》り上手《じょうず》聞下手《ききべた》 ⇩話《はなし》上手に聞下手

火中《かちゅう》の栗《くり》を拾《ひろ》う

(1)他人の利益にしかならない危険なことに手を出すこと。(2)難しい問題や困難な事柄にあえて身を投じることのたとえ。

猫が猿におだてられて、熱い炉の中の栗をどうにか拾いあげるのを、かたわらの猿が片っ端から食ってしまう、というラ＝フォンテーヌの『寓話』(巻九ノ一七)にある「猿と猫」を題材にしたフランスのことわざ **Tirer les marrons du feu.** の翻訳。自分は安全地帯にいて人を利用する意の「猫の足でもって火中の栗を拾う」ということわざが古くからフランスにあるので、おそらくこれを踏まえてお話に仕立てたものと思われる。日本の文献に見られる早いものは、ことわざ集『西洋諺喩一語千金』(一八八八年)に「猫の手を借りて火鉢から栗をかき出す」と表現されている。『寓話』そのものが日本に紹介されたのは大正時代だが、当初この語句が直接表現されてはいなかったこともあり、ことわざとして日本で定着するのはだいぶ遅くなってからであった。『ふらんすの故事と諺』(一九五九年)には見出しの形と(1)の意が見られるが、『フランス語ことわざ辞典』(一九七七年)には「人のお先棒を担ぐ」という意が示されており、語釈に幅が見られる。現代では使用頻度の高いものであるが、用例から見るともっぱら(2)の用法になっている。

隔靴《かっか》掻痒《そうよう》

沓《くつ》を隔《へだ》てて痒《かゆ》きを掻《か》く

思うように事が運ばずもどかしいことのたとえ。中国・宋代の『無門関』の自序に「棒で月を打っても月には届かず、かゆい処を靴の上からかいてもかゆみはとれない」とあり、同時代の『伝灯録』にも見える。日本では室町時代の金言集『句双紙』に収められ、「隔《テ》レ靴《ヲ》掻《ク》レ痒《カユガリヲ》」と漢文で表記されている。ところで、一口に靴といっても現代では革靴もあれば布製の柔らかいものもある。後者だったら、十分とまではいかなくとも何とかかゆい箇所を掻くことはできそうな気がする。しかし、宋代の、そして日本の室町時代の靴も、多くは堅牢な厚い革や木でできていた。

渇《かつ》して井戸《いど》を穿《うが》つ

①渇《かつ》に臨《のぞ》みて井を掘る　②渇に臨みてにわかに井を掘る

起った事態への対処が手遅れであることのたとえ。喉が渇いてどうしようもなくなってから、飲水を得るための井戸を掘ろうというのだから悠長なんていうものではない。異表現①が中国最古の医書と伝える『黄帝内経素問』に見え、出典となっている。日本でも江戸前期から見られ、狂言の解説書『わらんべ草』(五七段)に「上手になるべしといはれし時は、合点ゆかず、年寄るに従ひて、尤もと思はれし也。渇に臨みて井を掘り、飢に臨みて苗を植ふるが如し」とある。手遅れとか、時期を失するといった意を表すことわざは多い。その中で「軍《いくさ》見て矢を矧《は》ぐ」(「矧ぐ」は竹に羽を付けて矢を作る意)、「泥棒《どろぼう》を見て縄を綯《な》う」(→泥縄)、「はまった後で井戸の蓋《ふた》をする」「火事後《あと》の火の用心」(別項)、「葬礼すんでの医者話」「喧嘩《けんか》過ぎての棒乳《ぼうち》切《ぎり》」

（別項）などは同義といえるが、それらに比してスケールの大きさが感じられる。

渇《かつ》しても盗泉《とうせん》の水《みず》は飲《の》まず

＝渇すれど盗泉の水を飲まず

どれほど苦しく困窮しようと、不義不正は行わないという意。

中国『文選《もんぜん》』の「猛虎行」という詩に見える。孔子が旅の途中で、盗人という意の「盗泉」と名のつく泉のある村を通りかかった。喉の渇きを覚えていたにもかかわらず、泉の名がよくないために我慢したという話。原典には対の形で「熱《ねっ》すとも悪木《あくぼく》の陰に息《やすま》ず」とある。「悪木」は役に立たない木、また、悪臭がする、刺があるなどといった難点のある木で、どんなに暑くてもそんな木陰では休まないということ。盗泉にしろ悪木にしろ、名前に過ぎないのだが、たとえ名前だけでも疑いがかかることを避けるという配慮が示されている。近松の『雪女五枚羽子板』に見られ、日本でも江戸時代から広く言い慣わされてきた。

勝《か》って兜《かぶと》の緒《お》を締《し》めよ

＝勝って兜の緒を締める

勝っても油断せず、成功しても安閑とせず、用心を怠るなという戒め。

兜は身を護る武具にとどまらない。兜の前面につける飾りを前立《まえだて》と言い、鍬形《くわがた》・半月《はんげつ》などさまざまな意匠が施されて目を引くが、兜の基本的役割は〈武威〉の顕示であった。武装した武将の最も目立つところが兜であり前立だったわけで、戦《いくさ》の象徴と言ってもよかった。兜は緒でしっかりと結びつける。戦に勝っても緒を解かずに、かえってしっかり締めなおすということは、敵の反撃をも予想した周到な用心となるわけだ。武具が用いられたことわざ

であるものの、古い軍記物語には見えない。江戸初期の『三河物語』『太閤記』などが早いもの。ことわざ集ではもう少しさかのぼって、安土桃山時代の『月菴《げつあん》酔醒記《すいせいき》』『北条氏直時分諺留《うじなおじぶんことわざとめ》』に収められている。図は、外国人向けに出された日本観光案内シリーズの一冊 *Japanese Proverbs, 1940* の挿絵。

河童《かっぱ》に水練《すいれん》

⑴行う必要もない無意味なこと。⑵よく分っている人に、分っていることを説く愚を言う。

河童は架空の動物という見方が大勢だろうが、完全にそうだと断定しきれないところもある。不分明な点はあるものの、少なくとも水中にすんで泳ぎは達者と伝承されている。「水練」は水泳のことだから、泳ぎ上手に泳ぎを教えることになる。明治以前の文献には見えず、ともに一八八八年刊の『金言万集』(西欧・中国・日本のことわざを収載)と『西洋諺喩一語千金』(西洋のことわざの翻訳)に「河童に水練を教ゆべからず」とあるのが初出と思われる。いずれも原語が明記されていないが、Don't teach fishes to swim. という表現が英語にあるのでその翻訳とも考えられる。魚が河童に変り、翻訳臭さがうすれたせいもあろうが、明治時代から、日本のことわざとしても伝承されていた。

河童《かっぱ》の屁《へ》 ⇒ 屁の河童

河童《かっぱ》も一度《いちど》は川流《かわなが》れ

いかなる名人でも初めの頃は失敗もし、最初から名人や達人はいないという意。

「川流れ」は川の流れに流されること。泳ぎの達者な河童でも一度くらいは溺《おぼ》れることを経験して、だんだん上達してゆくものなのだということ。似た言い回しの「河童の川流れ」やたとえを異にする「猿も木から落ちる」(別項)などは、どんな名人だって失敗することがあるという意で、こちらの類句はきわめて多いが、意味は異なる。見出しの方は江戸中期の洒落本

『呼子鳥』に用例があるものの、江戸時代には非常に少なく、類句を併せても、物事には一定の順序というものがあるという意の「てんから和尚《おしょう》はできぬ」「始めから寺とる坊主はない」くらいであろうか。

勝《か》てば官軍《かんぐん》

＝勝てば官軍負《ま》ければ賊軍《ぞくぐん》

勝利を収めた者が正義だということ。

「官軍」は朝廷や政府側の軍隊。逆の角度から見た「負ければ賊軍」を後ろに続ける異表現からも分るように、とにかく勝負に勝った方が正で、敗れた方が邪だという認識をたとえたもの。どんなに立派な大義であろうと、どんなに正しい手段・方法をもってしても、どんなに多数の共鳴・支持を得たものであろうと、負ければすべてが御破算となるばかりか、逆になってしまう。古今東西の戦争を貫く哲理ともいうべきものであることは、歴史的事実が冷厳に示している。明治以前に見当らないことわざなので、「官軍」の勝利に終った戊辰《ぼしん》戦争以降に作られたもののようだ。文献に見えるのは『俚諺辞典』（一九〇六年）の異表現が早いものとなっている。

我田引水《がでんいんすい》

＝①我《わ》が田へ水を引《ひ》く　②己《おの》が田へ水を引く

他人の不利益を顧みずに自分にのみ都合のよい振舞いをすることのたとえ。

田になくてはならない大切な水を、自分の所だけに引いてしまうということから。水は農業に絶対不可欠なものだけに、不足の時には水泥棒も現れ、表立った水争いから血を見ることもあったく

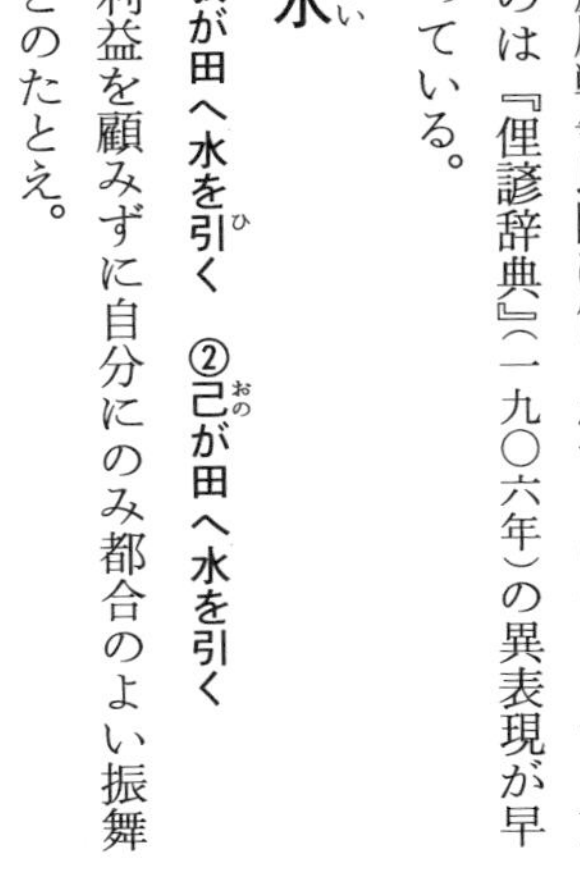

らいに、農民にとっては大切なものだった。現代は見出しに掲げた四字熟語の形がもっぱら用いられているが、異表現の方がことわざとして先行していた。用例は、江戸中期と推定される洒落本『里鶴風語《りかくふうご》』の異表現①が早く、後期には常用されるようになっていた。図は、明治の広重と言われた小林清親《きよちか》の連作版画「教育いろは談語《たんご》」から。

門松《かどまつ》は冥土《めいど》の旅《たび》の一里塚《いちりづか》

＝門松は冥土の道の一里塚

正月の門松を立てるごとに年をとるから、門松は死出の旅の一里塚だということ。

室町時代の僧・一休宗純の狂歌「門松は冥土の旅の一里塚めでたくもありめでたくもなし」の上の句と伝えられる。真偽は不明だがそう読むと、めでたい物も異なる角度から見るとまったく違う面をもつという奥行きが見えてくる。山東京伝の黄表紙『這奇的見勢《こはめずらしいみせ》物語《ものがたり》』など、江戸中期の文芸に用例が見える。

鼎《かなえ》の軽重《けいちょう》を問《と》う

⑴統治者の力量を軽んじて、代りに支配者になろうとすること。⑵権力をもつ者の実力を疑うこと。

中国の春秋時代、江南の楚《そ》の荘王には天下を奪おうとする野心があり、時の天子であった周の定王の使者に周の宝器である九鼎《きゅうてい》の重さをたずねたという『春秋左氏伝』(宣公三年)に見える故事に由来する。鼎は飲食物を煮炊きするのに用いた青銅製の器。古代中国で天下を九つの州に分け、その各州から集めた銅で九つの鼎を作って王家の宝としたことから帝王の位の象徴となった。その象徴たる鼎の重さを聞くということは、自らが天下を取った時に鼎を運ぶことを意味するので、周の王家を見くびる非礼きわまりないことであり、王権の委譲を暗に迫ることだったのである。

悲《かな》しい時《とき》は身《み》一《ひと》つ

＝悲しければ身一身

苦境に陥ったとき頼りになるのは自分だけだということ。

江戸前期の文献から見えるもので、中期の浮世草子『日本新永代蔵』や浄瑠璃『双蝶々曲輪日記《ふたつちょうちょうくるわにっき》』に用例がある。

悲《かな》しみの中《なか》の喜《よろこ》び ⇩ 嘆《なげ》きの中の喜び

金槌《かなづち》の川流《かわなが》れ

下積みで頭が上がらないという意。また、出世の見込みのないことのたとえ。

金槌を水に落すと重い頭の方が沈むことから。江戸後期のことわざ集『諺苑《げんえん》』に「首のあがらぬ喩《たとえ》」と注記されている。

叶《かな》わぬ時《とき》の神頼《かみだの》み ⇩ 苦《くる》しい時の神頼み

蟹《かに》の甲《こう》より年《とし》の劫《こう》 ⇩ 亀《かめ》の甲より年の劫

蟹《かに》は甲《こう》に似《に》せて穴《あな》を掘《ほ》る

＝蟹は甲ほどの穴掘る

⑴人は自分の能力や身分に相応のことをするというたとえ。⑵人はそれぞれ分に応じた願望を抱くものだという意。

「甲」は甲羅《こうら》。河口付近の水際にすむ川蟹の動きを観察してみると、蟹の出入りする穴は甲羅の大きさに合せて掘られていることが分る。水際の穴は蟹にとって隠れ場所でしかなく、家族と共に生活する場ではないので、自分だけ出入りできればよいのである。というわけで、生物学上の観点からも正しいことわざで、まことに鋭い観察によるものだ。もっとも蟹はたとえであって、用法としては小人物の行状を笑い物にして批評する時などによく使われている。相手が大人物や上司の場合には使わない方が無難である。これもことわざに言われた蟹が、数千も種類のある蟹の中でも日本の川蟹などの小型の種類だったことが影響しているかもしれない。沢庵和尚の『東海夜話』に用例があるように、江戸初期から用いられている。

金《かね》一升《いっしょう》土《つち》一升

＝土一升金一升

土地の価格が高いことのたとえ。

土一升を買うのに金が一升枡《ます》に一杯いるということから。日本で最初の商業広告文集『ひろふ神』（一七九四年）に用例があるので、江戸の半ば過ぎにはすでに土地価格が高騰していたことになる。

金《かね》が敵《かたき》

＝金が敵の浮世《うきよ》◆金が敵の世の中

(1)金銭によって世の中の災いは起り、人が苦しむ。金はまるで敵のようなものだということ。(2)敵を探してもなかなか見つからないように、金運に巡り合い金儲けするのは難しいということ。

金が世の中の動きを支配し、人々の生活の端々までつきまとうようになったところからできたものだろう。ことわざ集での初出は江戸中期までしかさかのぼれないが、用例となると元禄の商人の世界を描いた西鶴の作品に数多く見られる。むろん、西鶴以降の浮世草子・洒落本などにも多数見られ、江戸中期以降の文芸世界になくてはならないことわざであった。なかには茶目っ気のある使われ方もあり、大田蜀山人《しょくさんじん》の狂歌は「世の中に金と女が敵ならどうか敵に巡りあいたい」というもの。図は幕末の狂画集『諺臍《ことわざへそ》の宿替《やどかえ》』から。

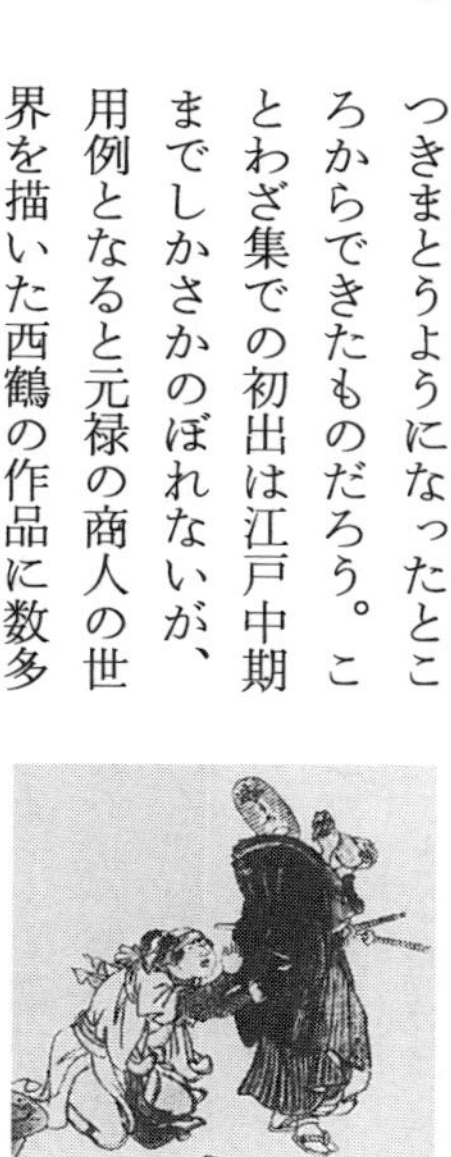

金《かね》が金を儲《もう》ける

(1)金を殖《ふ》やすのは人が汗水たらして努力することなどではなく、資本となる金自体だということ。(2)元手から利益が生じ、その利益がさらなる利益を生むように金が次々に殖えること。

元禄文化の主人公は町人であった。身分的には士農工商の最下位の商人を実質的に社会の上位に押し上げた原動力が、金であった。町人の商いの世界を活写したのが西鶴の『日本永代蔵』『世間胸算用』『西鶴織留《おりどめ》』など。西鶴は作品の中にことわざをたくさん取り込んでいるが、特にこれらの作品には目立っている。このことわざは、西鶴作品中で八回使われており、使用頻度二位に当る。江戸文芸全般ではそれほど使われておらず、仮に使用度合を高・中・低とすれば中の下だから、いかに西鶴が愛用(?)したかが分る。

金《かね》で面張《つらは》る

——小判《こばん》で面張る

金の威力で人の意見や行動を抑えつけること。

現代では「札束《さつたば》で面を張る」と表現することが多い。「面を張る」は顔をひっぱたく意だから、札束なら容易に状況が想像できる。金にものを言わせて相手を屈伏させるには、実際に相手の頬《ほお》を金でたたくだけでなく、心理的にも圧力とならなければなるまい。となると、江戸時代では形も大きく値も高位の小判・大判の類となろう。中期の文献上ではいろいろな言い回しが見える。「小判で面はる」(評判記『狂歌評判俳優風《わざおぎぶり》』巻中)、「五十貫目で面はる」(浮世草子『色道懺悔《さんげ》男』巻三)、「金で頬《つら》はる」(浄瑠璃『仮名手本忠臣蔵』第三、ほか)、「賄賂《まいない》で頬《つら》はる」(同『太平記忠臣講釈』第八)、「金銀で面張る」(同『三日太平記』第六、ほか)。それらの中でも見出し形が主で、明治以降、時代に合せて「銭」や「札束」などに変っていったと見られる。

金《かね》と子供《こども》は片回《かたまわ》り

子供は授かりものだし、金もいくら欲しくてもあるところにはあり、ないところにはないもので、思うようにならないこと。

「片回り」は一部にかたより全体に行き渡らないこと。金持には跡継の子がない苦労があり、貧乏人は逆に子沢山という苦労がある。まことに皮肉なことだが、世の中はえてしてそんなものだということだろう。「金」の対照に「子供」をもってきているのは、「貧乏人の子沢山」(別項)が示すように、金持の金と貧乏人の子供は決り切った取合せのものと見られていたからであろう。

金《かね》に糸目《いとめ》はつけぬ

少しも惜しむことなく金を使うことのたとえ。

「糸目」は紙凧《かみだこ》の釣合いを取るための糸で、この糸をつけないと凧は勝手に飛んでしまい、思うように揚がってはくれない。江戸時代には近代以降ほど用いられていなかった。幕末の脚本『与《よ》話情浮名横櫛《わなさけうきなのよこぐし》』などに用例が見られる。

金《かね》の草鞋《わらじ》を履《は》いて探《さが》す

根気強くあちこちを探しまわること。

評判記『評判竜美野《たつのみや》子《こ》』など、江戸中期から用いられている。「一つまさりの女房は金の草鞋で探しても持て」(別項)というように、ことわざの世界では、丈夫な金の草鞋を履いて探すものは年上の女房に限られるようだ。

金《かね》は三欠《さんか》くに溜《たま》る

人としての心得である義理・人情・交際の三つをおろそかにしないと金は溜るものではないという意。

ここでいう義理は、世間で生きてゆくために最低限必要な付き合い。人情も、同情・感謝・報恩・献身など、だれにでもある心の働きのこと。人が世渡りの心得を欠けば、ことは円くはおさまらず、角も立って(三角になって)人から非難も浴びる。世渡りに欠かせない三つが欠ける「三欠く」と、円くはない「三角」を語呂合せと謎かけのようにしており、面白みがあり印象度も強い。馬琴の『夢想兵衛胡蝶《こちょう》物語』(巻五)に「されば世俗の常言《ことわざ》に、富をいたすものは、三かくを事とす」と表現されていた。さんかくにしないと溜らない金だから、溜った金に非難の言葉はきつい。いわく、「金持と灰吹《はいふき》は溜るほど汚い」(別項)。

金《かね》は天下《てんか》の廻《まわ》り物《もの》

①金銀《きんぎん》は回り持ち　②金銀は世の渡り物　③金は世界の廻り物

金銭は流通するものだから、今はなくてもそのうちに廻りまわってくるだろうし、あるものはなくなることもあるということ。

異表現①は西鶴作品に見えるもので、ほかの異表現も近代以前に見られるが、見出し形は近代になってから言い出されたものと推定される。

鐘《かね》も撞木《しゅもく》の当《あた》りがら

(1)鐘の音は、鐘を撞《つ》く木がどう当るかで大きくも小さくもなる意。(2)自分の態度いかんで相手の出方も違うということ。(3)人生を共にする人次第で良くも悪くもなる意。

「撞木」は鐘や半鐘《はんしょう》を鳴らすための木の棒。「当りがら」の「がら」は漢字にすると「柄」が当てられ、性質や状況を表す。鐘の音色・音調は何よりも、鐘自体によるようだ。大晦日《おおみそか》に各地の寺院で撞かれる除夜の鐘の音は、どれも微妙に違って聴える。鐘の大きさ、材質、付近の環境、聴いている距離などの違いも当然あろうが、撞木とその撞き方も影響していそうな気がする。「世間では姑が姑がといつて、鬼か蛇のやうに怖がるが、姑ほど結構なものはねへ。鐘も撞木のあたりがらとやらで、立つまい腹も立つたり、いふまい小言もいふのは、みんな嫁が悪いからさ」(滑稽本『早変《はやがわり》胸機関《むねのからくり》』江戸後期)は、(2)の用法。

金持《かねもち》と灰吹《はいふき》は溜《たま》るほど汚《きたな》い

金持は財産を殖《ふ》やすほどけちになるというたとえ。

「灰吹」は、タバコの吸殻をたたき入れるためにタバコ盆についている筒。同義のことわざに「金持と痰《たん》壺《つぼ》は溜るほど汚い」「掃溜《はきだ》めと金持は溜るほど汚い」「金持と塵取《ちりとり》は溜るほど汚い」などがある。見出しのことわざは江戸後期の『一休狂歌問答』などに見えるが、近世での使用例は極めて少ない。

下半身《かはんしん》に人格《じんかく》はない ⇓ 色《いろ》は思案《しあん》の外《ほか》

禍福《かふく》は糾《あざな》える縄《なわ》の如《ごと》し

＝**禍福は糾える縄**

幸と不幸は表裏一体のものだということ。

「糾う」は、縄などを交え合せる、綯《な》う意。藁《わら》を縄に綯う時、上になった藁は次の交わりで下になり、その次が上で、そして下、と交互に上下を繰り返してゆく。人間の幸せや不幸もこの縄の綯い方と同じで、互い違いにやってくるものなのだという。不幸と背中合せに幸福があり、そして逆もある。だから不幸だと悲観ばかりしなくてもよいだろうし、幸福だからといって有頂天になってもいけないわけだ。中国の『史記』(南越列伝)などに記されているが、幸不幸は一体のものだという認識は世界共通のもののようで、次のような類句がある。「幸福と不幸は手をつないでいる」(エストニア)、「幸福と不幸は同じ棒の上をさまよう」(ドイツ)、「幸せと悲しみは同じ橇《そり》に乗ってくる」(ロシア連邦コミ族)、「人間の一生は善悪ないまぜの糸で編んだ網」(シェイクスピア)。

株《かぶ》を守《まも》りて兎《うさぎ》を待《ま》つ ⇓ 株《くいぜ》を守りて兎を待つ

壁《かべ》に耳《みみ》

＝**壁に耳あり障子《しょうじ》に目あり**

(1)密談や話の内容はだれが聞いているとも限らないから注意して話せという意。(2)隠し事は漏れやすいというたとえ。

鎌倉時代の『北条重時《しげとき》家訓』や『平家物語』『源平盛衰記』などの軍記物から、室町時代の御伽草子・狂言・謡曲、そして江戸時代の文芸類まで、まんべんなく用例を拾い出すことができる。中国では『管子』に「牆《しょう》を隔《へだ》てて耳有り」(「牆」は壁の意)というよく似た表現があり、英語にも Walls have ears. と、まったく同じ表現があって驚かされる。これらの影響関係は明らかではないが、「草原に目あり茂みに耳あり」（ヒンディー語）、「窓に耳ありドアに眼あり」（ラオス）、「小道に耳あり」（アフリカ・アシャンテ族）など同じ発想のものが多く見られるので、人類に共通する心理として、それぞれ独自に起り伝承されたと見るのが妥当かと思われる。図は少年雑誌『日本之少年』（四巻一四号、一八九二年）の「画とき諺草」からで「壁に耳あり徳利に口あり」。

果報《かほう》は寝《ね》て待《ま》て

幸福は人の力で手に入れられるものではないから、あせらず時機を待っていればよいという意。

勤勉を勧め、怠惰を戒めることわざは多く、その反対のものはきわめて少ない。「棚《たな》から牡丹餅《ぼたもち》」（別項）のように、幸運が向うからやってくるという状況や状態を表すものはあるが、このように幸運を求める態度を明示したものは例外的だろう。「果報」はもともとは仏教語で、前に行なった行為の結果として受ける報いのこと。転じて、幸福の意となる。「貧富は自然のものなり。果報は寝て待てといふことがある」（狂言『箕《み》かづき』）が早い例。江戸初期の俳諧『鷹筑波集』、中期の狂歌『狂歌若葉集』などに詠み込まれており、ほかの文芸にも盛んに登場する。命令形の「待て」が使われていることが多いが、江戸中期には「待つ」という用法も見受けられる。

神様《かみさま》にも祝詞《のりと》

相手が分っているであろうことでも改めて頼むのがよいというたとえ。

「祝詞」は神に奏上する言葉。なんでもお見通しの神様に改めて言葉を発するのはまったくの無駄と言えよう。でも願う側の人間からすれば、念入りにしておいた方が安心というもの。多分こんな気分から生じたものであろう。いったいに日本人は「以心伝心《いしんでんしん》」（別項）を是とし、多弁をさげすむ傾向がある中で、珍しいことわざと言えよう。それでも「神にも物は申してみよ」「神へも物は申しがら」といった類義のものもある。

神《かみ》は正直《しょうじき》の頭《こうべ》に宿《やど》る

――正直の頭に神宿る

正直な人には神様の加護があるということ。

正直者に対することわざの見方は、それを支持するものとそうでないものとに分かれる。これは、支持するものとして古くからよく知られていた。少し言い回しは異なるが、「八幡大菩薩、忝《かたじけな》く正直の者の頭にやどらんと、誓はせ給ふに」（説話『十訓抄《じっきんしょう》』巻中ノ六）、「正直なれば神明も頭にやどり」（同『沙石集《しゃせきしゅう》』巻九）、「大菩薩は正直の頭を棲《すみか》とし」（寺社縁起『八幡愚童訓』）、「神は非礼を享《うけ》ず、正直の頭に宿《やどら》んと欲す」（『太平記』巻二三）、「神明は正直の頭にやどりたまふ事なれば」（『曾我物語』巻一）などが鎌倉・南北朝時代の古い例。室町時代の『義経記』で、見出し形が現れる。異表現は江戸時代になってからで、以降はこちらが主となる。表現に多少の違いはあるものの、公正で清廉なるものを支持する思いが表れている。

神《かみ》は人《ひと》の敬《うやま》うによりて威《い》を増《ま》す

――神は人の敬《けい》によって威を増す

神様というものは人間が敬うことでますます威光が増すということ。

なんと鎌倉時代の「御成敗式目」の第一条「神社を修理し、祭祀を専《もっぱ》らにすべき事」の冒頭に用いられている。同じ鎌倉時代の古い武家家訓書『北条重時《しげとき》家訓』や謡曲『白髭《しらひげ》』などにも用例が見えることわざである。

神《かみ》は自《みずか》ら助《たす》くる者《もの》を助く ⇒ 天《てん》は自ら助くる者を助く

亀《かめ》の甲《こう》より年《とし》の劫《こう》

＝ **烏賊《いか》の甲より年の劫 ◈ 蟹《かに》の甲より年の劫**

年長者の経験は尊いものだという意。

「甲」は甲羅《こうら》、「劫」は仏教語で、非常に長い時間。「こう」を語呂合せにして語調を整えている。亀の甲羅は、種類によっては装飾品などにもなり、それなりの価値はありそうだが、異表現の「烏賊」「蟹」の甲羅は何の価値もないので、亀の方も年の劫を言うための引合いに過ぎないと見てよいだろう。ただし、このことわざの由来を、年配者の豊かな経験による判断の方が亀の甲羅の占いより当ることからきているとする説もある。昔の中国に、亀の甲羅を火にあぶってできる罅《ひび》の形で占う占いがあった。それを背景にしているというのである。「年の劫」は「年の功」とも書かれるが、その場合は、豊かな経験の意となる。そこからも後者の説の方がもっともらしいが、残念ながら裏付けが示されていない。現代でもよく使われることわざだが文献に見えるのは江戸中期あたりで、洒落本『爰《ここ》かしこ』に用例がある。

鴨《かも》が葱《ねぎ》を背負《しょ》ってくる

＝ **鴨葱**

うまい話や好都合なことが重なること。

鴨鍋をしようとしていたら、鴨の肉だけでなく葱までが同時に手に入ったということから。ことわざ辞典への収載は新しく、昭和三〇年代に入ってからとなっているようだ。近年は異表現のように短縮した言い方もする。

烏《からす》の行水《ぎょうずい》

入浴をそそくさと済ませることのたとえ。

烏の水浴び時間が短いことから。烏は寄生虫を防ぐためなどから水浴びをする。特に烏は好んで行うが、水をかけている時間はほんの二、三分にすぎない。洒落本『大抵御覧』などに用例が見えるように、江戸中期頃から言い慣わされていた。

烏《からす》を鵜《う》に使《つか》う

外見は似ているが才能のない者を、能力を必要とすることに使う意。

烏と鵜の中でもミヤマカラスとウミウは特に似ており、双方とも体は真黒で嘴《くちばし》の色合も近い。大きな違いは、水に潜って魚を捕れるか否かだ。「鵜の真似《まね》する烏」の項で触れたように、ことわざでは鵜に対比させられた烏は評価が低く、無能扱いされる。烏の名誉（?）のために付言すれば、これはあくまで魚を捕る能力に限定されるべきで、それ以外では断然烏の能力は優っている。鎌倉時代の史論『愚管抄』（巻七）に「それがわざとするやうに、何事にも、さながら烏を鵜につかはるることにて侍《はべ》めれば」と見える古いことわざである。江戸時代までは寿命が保たれていたが、明治以降消えてしまったようだ。

烏《からす》を鷺《さぎ》と言《い》う

＝鷺を烏

正しくないことを正しいと強引に正当化する意。

黒い烏を白い鷺と言いくるめることから。碁石の黒石と白石、墨と雪などは対照的な事物としても、またたとえとしてもよく挙げられる。この烏の黒と鷺の白も、色の対照を示すとともに、黒くてずるがしこい烏は不正、白くて清楚な鷺は正をたとえている。烏と鷺の順序を入れ換えた異表現があることから、不正を正とする意だけでなく、反対に正を不正とする意もありそうだが、江戸時代の、特に浮世草子の用例を見る限りでは後者の解釈例はないので、異表現は一種の誤用だったのかもしれない。「朝の雲に飛鳥《とぶとり》落、烏を鷺といふにも、誰か争ふ人なく」（浮世草子『契情《けいせい》お国歌舞妓《かぶき》』巻二）。

雁《かり》……⇩雁《がん》……

借着《かりぎ》より洗《あら》い着《ぎ》

＝借着しより洗い着◈借着より洗濯《せんたく》

人にすがりついて贅沢《ぜいたく》をするより、貧しくても自立している方がよいというたとえ。

原意は、人から借りたきれいな着物を着るより、粗末でも自分の着物を着た方がよいということ。ことわざには、「寄《よ》らば大樹」(別項)、「長い物には巻かれよ」(別項)など、大勢に従い、強いものに逆らうなといった保守色の強いものが少なくない。それらから、ことわざ一般を保守的とみなす者もいた。しかし、そういった保守的なことわざにも反対の意をもつものが少なからず存在する。これもその一つで、咄本《はなしぼん》『やぶにまぐわ』に見え、それ以降の数種の俚諺書に見えるので、江戸中期にはあったことが分る。

画竜点睛《がりょうてんせい》を欠《か》く

(1)物事の締め括りや仕上げがなされていない意。(2)ことは総じてうまく運んだが肝心なところに一つ不備がある意。

中国の『歴代名画記』に、南北朝時代の梁《りょう》の張僧繇《ちょうそうよう》という名画家が金陵の安楽寺の壁に四つの竜を描いたが、目が書き込まれていないので理由を尋ねたところ、目を書き入れると天へ昇ってしまうからだという返事だった。実際にそのうちの二つに瞳《ひとみ》を書き入れたところ、本物の竜となって天に昇ってしまった、という故事がある。この故事から「画竜点睛」は、最後に大事なところを加えて物事を完成させたり、最後に少しばかり手を入れることで全体がうまくゆくことのたとえに使われる。見出しのことわざはこれを否定形にしたもので、日本での実際の用法は、こちらの形が多いようだ。なお、「睛」は瞳の意で、「晴」と混同しやすいが別字である。図は上

記の故事を絵にしたもので、『以呂波引月耕漫画《いろはびき》』(巻一、一八九四年)から。

借《か》りる八合済《はちごうな》す一升《いっしょう》

＝借りて七合済《ななごう》す八合

物を借りたらお礼を添えて返すことが借手の心得であるということ。

「済す」は返済する意。米を八合借りたら二合分多い一升にして返すものだというのが原意。人から物を借りるということは、たとえ貸す側に十分な余裕があろうと、基本的には相手の善意に負って成立するものである。だから受けた好意には相応の返礼は当然。金貸しから借りれば高率の利息も払い、場合によっては脅迫《きょうはく》まがいの事態だって起りかねない。そこへゆくと、好意で貸してくれるのだから、その辺は忘れてはならないわけだ。江戸後期のことわざ集『諺苑《げんえん》』に載っているが、『諺語大辞典』(一九一〇年)によると、異表現は八丈島に伝わるもの。

借《か》る時《とき》の恵比寿顔《えびすがお》、済《な》す時の閻魔顔《えんまがお》

＝①借る時の地蔵顔《じぞうがお》、済す時の閻魔顔　②借りた時の地蔵顔、返す時の閻魔顔

借りる時は喜色を満面に浮べていたのに、いざ返す段になると無愛想なふくれっ面をすること。

たとえ一時的な借りで、いずれは返さなくてはならないことが分っていても、必要な時に借りられればその場は嬉しいものだろう。善意に解釈すれば、借りられる喜びが大きくて、返すことを失念してしまうのかもしれない。借りたものは返さなくてはならないことは、頭では分っていても、いざその場となると何か損をしたような気になり、愉快な気分になれないという厄介な人間心理をユーモラスに描いている。江戸時代の用例は多いが、ほとんどが借りる時は「地蔵顔」としている。狂言『八句連歌』では異表現①だが、安土桃山時代のことわざ集『北条氏直時分諺留《うじなおじぶんことわざとめ》』では「用ある時の地蔵顔、用なき時の閻魔顔」としており、

必ずしも金の貸借だけに用いたものではなかったようだ。

枯木《かれき》に花《はな》の咲《さ》く

＝古木《こぼく》に花の咲く◈老木《おいき》に花の咲く

⑴落ち目だったものが復活すること。⑵どんなに願っても実現しないことのたとえ。

平安時代の仏教説話『三宝絵《さんぼうえ》』、鎌倉時代の日蓮の『開目抄』など、古代から現代までずっと用いられ続けている。

枯木《かれき》も山《やま》の賑《にぎ》わい

＝枯木も山の飾《かざ》り

価値のないものでも、何もないよりはましだというたとえ。

どんな名木でも、枯れてしまえば木としての価値はおしまいになる。ただ、枝ぶりや木の姿のいわば骨だけは残るから、昔日をしのばせるよすがにはなり、何もなくなってしまうよりはましということもできる。この辺を「降《ふる》雪にかれ木も山のかざり哉」(俳諧『夢見草』巻四、江戸前期)がうまく描写している。このことわざは、役に立たない人間でもいればそれなりの景気づけになるとか、まずいものでも食卓の賑わいになるという意に用いられるが、老人が謙遜して自らをたとえるのはともかく、他人や年少者が老人に対して用いるのは失礼に当る。

可愛《かわい》い子《こ》には旅《たび》

＝いとおしき子には旅をさせよ◈思う子には旅をさせよ

子供を愛しているのならば、目先の情愛にとらわれることなく、子供を厳しく鍛《きた》えよという意。

「かわゆき子には旅させよ」が、安土桃山時代のことわざ集『北条氏直時分諺留《うじなおじぶんことわざとめ》』に見えるので、比較的古い部類に入る。「旅は憂《う》いもの辛《つら》いもの」(別項)というように、江戸時代やそれ以前の旅はつらく苦しいものだった。普通は駕籠《かご》や馬などの乗物は使わずにもっぱら歩きで、途中には旅人を食い物にする追剝《おいはぎ》や山賊もいた。そんな危険な旅を子供に経験させて、人間的な成長を願う親心が表れている。時代が変って「行楽」という言葉からもうかがわれるように、現代では旅は楽しいものになっている。そこで、子供には楽しい旅を存分に味わわせなさいという、もともとからすれば誤った新しい解釈が生じ始めている。図は明治時代の上方系のいろはカルタ。

可愛《かわい》さ余《あま》って憎《にく》さ百倍《ひゃくばい》

＝可愛さかえって憎さが百倍

可愛いと思っていた者に裏切られて逆に憎悪の感情を抱くようになると、可愛いと思っていた気持が大きいほどその憎しみが特段なものになるということ。異表現が江戸後期の合巻『昔々《むかしむかし》歌舞妓物語』に、見出し形が幕末の脚本『勧善懲悪覗機関《のぞきからくり》』などに見られるように、江戸後期から言い慣わされたことわざである。

皮一枚剝《かわいちまいは》げば美人《びじん》も髑髏《どくろ》 ⇒ 美《うつく》しいも皮一重《ひとえ》

川口《かわぐち》で舟《ふね》を破《わ》る ⇒ 磯際《いそぎわ》で舟を破《やぶ》る

川立《かわだち》は川《かわ》で果《は》てる

＝河立は河にて果つる

自分が得意なことや慣れ親しんだことでも、油断すれば大失敗をするというたとえ。

ここの「川立」は、川辺に生れ育った水泳の達人。「川で果てる」は川で溺《おぼ》れ死ぬこと。この後に「木登りは木で果つる」を続けたものが江戸初頭の『日葡《にっぽ》辞書』に収載されている。そのほか「泳ぎ上手は川で死ぬ」「川上手は川で果てる」「木登りゃ木から落ちる」「木登りは木で果て、川越しは川で果てる」などいろいろな言い回しが伝えられている。中国・漢代の『淮南子《えなんじ》』(原道訓)に「善く泳《よ》ぐ者は溺れ、善く騎《の》る者は堕《お》つ」(別項)と、似たような表現があるので、おそらくはこれに影響を受けたものであろう。

川向《かわむ》かいの火事《かじ》 ⇒ 対岸《たいがん》の火事

瓦《かわら》も磨《みが》けば玉《たま》となる

愚鈍な者でも切磋琢磨《せっさたくま》すれば立派な人物になれるという意。

「玉」は宝石の類。土を焼いて作る瓦が玉になることはありえない。もちろんここは比喩《ひゆ》でのこと。類義の「氏《うじ》より育ち」(別項)も教育や環境の重要さを説く点では同じだが、こちらはもとが悪いものがよくなるとするもので、もっと狭く限定された場面で用いる。室町時代の連歌論『ささめごと』(巻下)に「鈍剣もとげば利、瓦も磨けば玉也」と、端的な物言いが見られる。もっとも、このことわざを打ち返した「瓦は磨いても玉にならぬ」というまったく逆の意のものが現れるにいたると、一体どちらが真実なのかと言いたくなる。物事は見る角度によってまったく違ってしまうという例の一つで、実際には両方ともに真実だったと言うべきなのだろう。

皮《かわ》を斬《き》らせて肉《にく》を斬る ⇒ 肉を斬らせて骨《ほね》を斬る

棺桶《かんおけ》に片足《かたあし》を突《つ》っ込《こ》む

高齢となって死期が近いことのたとえ。

浄瑠璃『関取千両幟《のぼり》』、滑稽本『誹語堀之内詣』に「棺桶へ片足踏込む」という表現があるので、江戸中期には言い出されていた。

勧学院《かんがくいん》の雀《すずめ》は蒙求《もうぎゅう》を囀《さえず》る

日ごろ見なれ聞きなれていることは、自然に覚えてしまうというたとえ。

「勧学院」は、平安時代に藤原氏の子弟が学んだ寄宿舎。「蒙求」は、中国・唐代の児童用の教科書で、日本でも古くから用いられていた。勧学院にいる雀が、日夜耳にする蒙求を口にするということから。鎌倉時代の仏教説話『宝物集《ほうぶつしゅう》』、寺社縁起『八幡愚童訓』など古くから常用されたことわざだったが、現代では同義の「門前《もんぜん》の小僧習わぬ経を読む」（別項）に取って代られている。

雁《がん》が飛《と》べば石亀《いしがめ》も地団駄《じだんだ》

＝石亀も地団駄

おのれの分際を忘れ、いたずらに人の真似をすることのたとえ。

雁が飛ぶのを見て石亀も飛ぼうとするができずに地団駄を踏むことから。渡り鳥の雁は、秋に日本に渡ってきて冬を越し、春に旅立つ。五、六十年前は関東近県の湿地などにも渡来していたが、今は青森県の陸奥《むつ》湾や宮城県の松島湾などに来る程度だそうだ。長い首に太った体が特徴。それに対して石亀は体長一五センチメートルくらいの小さなもので、淡水にすみ首は短い。空を飛び、首が長く、大きい雁に、水中にいて、首が短く、小さい亀が対照的に用いられている。仮名草子『案内者』など江戸前期から種々の文献に見られる常用句だった。たとえるものを変えた同意のものも多い。亀の代りには鼈《すっぽん》・泥鰌《どじょう》・糞蠅《くそばえ》などがあり、なかには瓢箪《ひょうたん》もある。雁の方は、蛙・鶴などが見られるが、やはり見出しの表現の印象度が断然強いし、用例も多い。

勘定《かんじょう》合《あ》って銭《ぜに》足らず

＝算用《さんよう》合って銭足らず

物事が、一見理屈が通っているようでも実際は異なり、理論と実践とが一致しないことのたとえ。

「勘定」も「算用」も数量を計算すること。帳簿や伝票の上での収支の計算は間違いないはずなのに、実際に手元にある金が不足しているというのが原意。馬琴の『夢想兵衛胡蝶《こちょう》物語』（後編巻一）に「大晦日の帳面も勘定合て銭は足らねど、家に勝たる松飾に人足五人の手間を厭《いと》はず」とあることからも分るように、商《あきな》いや、家計のやりくりなどで用いる場合が多いようだ。金銭の出入りが多ければ計算違いも起り、こういう事も起るであろう。

邯鄲《かんたん》の夢《ゆめ》

＝**邯鄲の枕《まくら》◆盧生《ろせい》が一炊《いっすい》の夢**

この世での栄華のはかなさを言うたとえ。

中国・河北省の邯鄲で、官吏登用試験に落ちて失意にあった青年・盧生は、栄華が思いのままになるという枕を仙人から借りてうたた寝をしてその通りに栄華の夢を見るが、夢から覚めてみると炊きかけの粟《あわ》がまだ煮えていなかったという故事によっている。日本ではこの故事を題材にした謡曲『邯鄲』がよく知られている。上掲の二つの異表現も古くからよく使われているが、それ以外にも「邯鄲一炊の夢」「盧生邯鄲の夢」などの表現があった。

管中《かんちゅう》に豹《ひょう》を見《み》る

きわめて見識が狭いことのたとえ。

細い管《くだ》の穴から豹を見ても斑紋《はんもん》の一つしか見えないことから。中国『晋書』（王献之伝）の「管中より豹を窺《うかが》う」に基づく。日本でも、平安時代の政治思想書『意見十二箇条』に用いられている。

艱難《かんなん》汝《なんじ》を玉《たま》にす

人間は苦労することによって、立派に成長するという意。

「艱難」は大変な苦しみや辛労、「玉」は立派なものや美しいものを誉める言葉。漢語調なので、中国起源と誤解されやすいが、じつは英語からの翻訳。**Adversity makes a man wise.** で、直訳すれば、逆境は人を賢くする。時代的に早いものから挙げてみると、ことわざ集では『金言万集』（一八八八年）は「艱難、人を賢にす」、『英和対訳泰西俚諺集』（一八八九年）は英文と訳文の「艱難は人をして賢ならしむ（仏）」（もとはフランスのことわざとしている）、『金諺一万集』（一八九一年）で「艱難は人を玉にす」と見出しとほとんど同じになっている。用例としては第一期の国定教科書『尋常小学修身書』（一九〇四年）の「べんきやう」に見出しの表現で引例され、その後もこのことわざの掲載は踏襲されている。「精神一到《いっとう》何事か成らざらん」（精神を集中すればどんな難しい事もできる）などとともに、修身教科書で最も多用されたもので、国定教科書の思想の一端がうかがえる。

堪忍袋《かんにんぶくろ》の緒《お》が切《き》れる

①こらえ袋の緒が切れる　②堪忍袋の口が切れる

我慢の限界に達し、怒りが爆発すること。

近松の『鑓《やり》の権三重帷子《ごんざかさねかたびら》』に異表現①が見え、浄瑠璃『難波丸金鶏《なにわまるこがねのにわとり》』に見出し形が見えるように、江戸中期から言い慣わされていた。

雁《がん》は八百《はっぴゃく》、矢《や》は三本《さんぼん》

雁は八百、矢は一筋《ひとすじ》

(1)欲しいものは多いのに手に入れる手だてが少ないこと。(2)とるべき手段に困り、あれこれ迷うこと。

近くに雁がたくさんいるのに、射る矢は手元に三本しかなく、せっかくの機会をものにできないでいるという状態が原意であろう。(1)のような意味をもつことわざは珍しい。江戸中期の浄瑠璃『傾城《けいせい》三度笠』には見出し形が用いられているが、「雁は八百」と省略したものも少なくなかった。また、言い回しは酷似しているが意味の異なるものに「雁は八百、矢は三文」がある。こちらは三文の値の矢で八百文の雁をしとめるということから、わずかな元手で大儲《おおもう》けする意で、「海老《えび》で鯛を釣る」（別項）のいわば鳥版。ことわざとしてはこちらが先行し用例も多いことから、見出しのことわざは江戸時代のものではあるが、後からいわばもじりのようなものとして出てきたと見られる。

看板《かんばん》に偽《いつわ》りなし

⑴外見と中身に食い違いがなく一致していること。
⑵言行一致の意。

看板は、安土桃山時代には商家の店先に下げられるようになり、江戸時代に急速に発展したという。兜《かぶと》・煙管《きせる》・鍵・釣具・下駄・櫛《くし》・蠟燭《ろうそく》・扇・糸など実物をかたどったものや、仏像彫刻・左官・鼈甲《べっこう》細工・人形作りなどを描いたもの、酒・茶・酢・薬など容器をかたどったものなど、じつに多彩で豊かな造形が施されていた。江戸前期から見られる実際の用例は、看板に嘘がないという意で使っているものが多かったが、一方で、見かけ倒しだとするものも早くからあって、平賀源内の『風来六々部集』（前編巻下）に「いつはり多きは見せ物の看板、かんばんにいつはりの無いと云ふが則《すなわち》いつはりなるに」と辛辣《しんらつ》なくだりがある。そのせいか、のちには「看板に偽りあり」という反対の表現が生れてくる。

雁《がん》も鳩《はと》も食《く》わねば知《し》れぬ

何事も経験がなければ本当の価値は分らないものだということ。

Λ形や竿形の編隊を組んで飛行する雁はカモ科の水鳥。鴨《かも》の類はいったいに美味である。対する鳩は、伝書鳩の例を持ち出すまでもなく、遠方からの通信能力は特段に優れているが、肉はまず食べない。「雁も鳩も一口」ということわざは、清濁を併せて呑み込む意だから、雁はうまく、鳩はまずいのかもしれない。なお、この形が定着する以前は、同意の「雁も鳩も食うた者が知る」が多用されていた。「我がもの悪いと申《もうし》て商ふ者壱人《いちにん》もござらぬ。雁も鳩も喰《くわ》ねば其《その》あぢわいか知れぬ道理」（洒落本『両国栞《しおり》』江戸中期）。

棺《かん》を蓋《おお》いて事定《ことさだ》まる

―― ①棺を蓋いて毀誉《きよ》定まる　②棺を蓋いて論《ろん》定まる

生きている内の評価はあてにならず、死んでから生前になしたことの真価が決るということ。

異表現の「毀誉」は、そしることとほめること。死者を納めた棺桶の蓋《ふた》を閉めてから後に、その人の評価が決るというのが原意。出典は中国・漢代の『韓詩外伝』(巻八)に求められ、唐の詩人・杜甫《とほ》が、蘇徯《そけい》という若者に送った手紙の「君見ずや蘇徯に簡するの詩」に引用している。杜甫が山中でやつれている若者をはげます意で用いたように、このことわざの真意はこれから先の将来に掛けよということで、評価の決り方や死後の評価そのものを問題にしているのではない。日本では江戸中期の儒学者・遊佐木斎《ゆさぼくさい》が室鳩巣《むろきゆうそう》に宛てた書簡に異表現①、吉田松陰の書簡(一八五二年)に②が見られるが、見出し形は明治以前の用例、ことわざ集への収載はなく、『故事熟語辞典』(一九〇六年)への収載が早いものであった。

【一九〇】

き

聞《き》いて極楽《ごくらく》見《み》て地獄《じごく》

他人の話で聞いたことと、実際に自分の目で確かめ体験したことには、大変な違いがあるというたとえ。

江戸系いろはカルタの「き」は、このことわざ。その伝統的な絵札には、あでやかな花魁《おいらん》が描かれている。図は大正時代のものだが、きらびやかな簪《かんざし》や髪飾りをつけ豪華な衣装を身につけた姿は、「極楽」を描いているようだ。しかし遊女の境遇を「苦界《くがい》」ともいうように、そうしたきらびやかな表の生活の陰には、悲惨な裏の世界がある。遊女になる少女は皆が皆、貧しい家の犠牲となって売られてくる。まだ世間を知らない少女に、きれいな着物が着られる楽しい生活振りの「極楽」が耳打ちされる。しかし、実際にはそこは自由のない下働きのつらい労働と性を売る予備軍の「地獄」の世界である。これが「き」の絵札が暗黙のうちに語る裏側の世界であろうか。

奇《き》貨《か》居《お》くべし

(1)後日役立ちそうな物には、今から費用を惜しまず投入すべきであるという意。(2)めったにない好機は逃さず利用せよという意。

「奇貨」は珍しい財貨・財物、転じて、利用すれば思いもかけない利益を生む品物や機会。「居く」は蓄えること。中国の『史記』(呂不韋《りょふい》伝)に出典がある。のちに秦の宰相となった呂不韋が商売をしていた若い頃、秦の太子安国君の子で趙《ちょう》の人質にとらわれて不遇をかこっている子楚の将来性を見抜き、商人らしく商品になぞらえて言った言葉。資金援助を受けた子楚がのちに秦の王になり、恩を受けた呂不韋を宰相にとりたてる。まさに呂不韋の先行投資が功を奏したことになったわけである。

木《き》から落《お》ちた猿《さる》

＝木を離《はな》れた猿

(1)頼りにしていたものがなくなり、対応や処置に窮する意。(2)自分の得意な領域を離れて無力になること。(3)得意なことに失敗するたとえ。

日本に昔からいる猿はみな樹上生活をしている。猿にとって木々は家であり、生活の場でもある。木の実を食い、木の上で寝、枝から枝へと飛び回る。それでも「猿も木から落ちる」(別項)ことがあるのだろう。木を離れれば家を失い、生活してゆけない。「陸《おか》に上がった河童《かっぱ》」(別項)、「魚《うお》の陸《くが》に上るごとし」(別項)、「魚の水を離れたよう」「鮟鱇《あんこう》の木に登った如《ごと》し」「杖を失った盲人」など、たとえを異にする同じ発想のことわざは少なくない。中国・漢代の『説苑《ぜいえん》』に出典があり、見出し形は江戸前期の狂歌『吾吟我集《ごぎんわがしゅう》』に見えるが、異表現はもっとずっと古い平安時代の『赤染衛門《あかぞめえもん》集《しゅう》』に「頼りなき旅とはわれぞ思ひつる木を離れたる猿もなくなり」と詠み込まれているので、こちらが古形だったことが分る。

聞《き》くは一時《いっとき》の恥《はじ》、聞かぬは一生《いっしょう》の恥

問《と》うは一時の恥、問わざるは末代《まつだい》の恥◆問うは当座《とうざ》の恥、問わぬは一期《いちご》の恥

知らないものを人に聞くのはその場で恥しい思いをするだけだが、聞かずに知らないまま過すのは、一生恥しい思いをしなくてはならないということ。

とにかく、知らないことは恥しがらずにどしどし人に聞きなさいとするこのことわざには、昔の日本人の知識に対する考え方がよく現れているように思われる。狂言『庖丁聟《むこ》』には「とふは当座の恥、問《とわ》ぬは末代の恥」という言い回しで用いられている。江戸初期の仮名草子などにも、上掲の異表現とも異なるいろいろな表現が見られるように、表現はあまり固定的ではなかったようである。見出し形が見られるようになるのは江戸中期以降で、脚本『暫《しばらく》』などに用いられている。

木《き》七竹八塀十郎《しちたけはちへいじゅうろう》

①木六竹八塀十郎　②竹八月に木六月

木は七月に、竹は八月に伐るのがよく、土塀は一〇月に塗るのがよいということ。物には適した時期があるというたとえ。

最後が「塀十郎」と、人名になぞらえた形になっている。数字はどれも月を表すが、語調をよくするために省かれている。ここの月は太陰暦で言っているから、太陽暦よりひと月くらい遅れている。旧暦の七、八月は、初秋から仲秋《ちゅうしゅう》にかける季節で、木も竹もその年の成長を終えるので、水気も少なくなり材質が堅くしまってくる。特に竹はこの頃に伐ると青色が褪色《たいしょく》しないと言われている。一〇月は秋の長雨や台風も過

ぎ、空気が乾燥してくるので土塀の壁を塗るにはよい時期。いわば生活の知恵を伝授することわざだが、いく通りも技巧が凝らされて言葉の技が結晶した表現となっており、抜群に印象度が高いものだ。なお、年代が特定できる資料では、江戸中期の水戸藩一揆関連書『宝永水府太平記《ほうえいすいふたいへいき》』に異表現②が見られる。

雉《きじ》も鳴《な》かずば打《う》たれまい

＝鳴かずば雉も射《い》られず

いらざる言葉を口にして災いを招くことのたとえ。狂言『禁野』に「鳴かずば雉も射られざらまし」と用いられ、熊本に伝わる「雉も鳴かずば」と題する昔話の中に出てくる歌に見出し形が見られる。

疑《ぎ》心《しん》暗《あん》鬼《き》

＝①疑心暗鬼を生ず　②疑心暗鬼になる

疑う気持があると、何でもないものも極度に疑わしくなる意。

古くは異表現①の形で、何かいるのではないかとびくついていると、暗がりの中に鬼の幻影を見るということから、怖がっていると何でもないものにも怖《お》じ気づく意だった。現代では疑義の念をいだく意に限られ、怖じ気づく意味合いはなくなっている。その辺に変化が見られることわざである。出典は中国の『列子』(説符、注)で、日本でも江戸後期にいくつかの用例が見られる。馬琴の『里見八犬伝』には三例あるが、その一つでは「疑心暗鬼を生ずといひけん、世の常言《ことわざ》に違ふことなく、疑似の迷ひを解けども悟《さと》らで、その身の破滅に及ぶこと」(八輯巻六)となっている。

汚《きたな》く稼《かせ》いで清《きよ》く暮《くら》せ

(1)泥や汗にまみれた仕事をしても、生活は不自由なく暮せということ。(2)あくどい稼ぎ方をしても、使い方はきれいにしろということ。

用例が江戸中期の浮世草子『世間妾形気《てかけかたぎ》』に見える。また、後期の滑稽本『養漢《おとこてかけ》裸百貫』には「むぞうかせいで清う喰《く》え」(「むぞう」は「むさい」で、汚いの意)という同義の表現もある。

吉事《きちじ》は急《いそ》げ ⇓ 善《ぜん》は急げ

狐《きつね》之《これ》を埋《おさ》めて狐之を搰《あば》く

疑り深すぎて自分から物事をぶち壊しにしてしまうこと。

狐は捕えた獲物を土の中や雪の中に埋めて貯蔵しておき、必要な時に掘り起す習性がある。この習性を、性質が疑い深いから埋めた食い物を盗まれていないか確認しているのだ、と人間がみなした表現。イヌ科の狐は嗅覚《きゅうかく》が非常に優れているそうだ。だから嗅覚をたよりに貯蔵してあったものを掘り起すのはお手のもの。とはいえ、しょっちゅう掘ったり埋めたりしていればライバルやほかの動物にも在処《ありか》が分ってしまい、横取りされないとも限らない。出典は中国・春秋時代の『国語』(呉語)。

狐《きつね》死《し》して兎《うさぎ》悲《かな》しむ

＝①狐死して兎泣く　②兎死して狐泣く

同類が蒙った災いを、我が身に置き換えて心配し悲しむこと。同類が同情しあうことのたとえ。

一つ山の中にすむ狐が捕えられたのを見て、兎が次は自分の番に違いないと恐れる意から。実は兎にとって狐は天敵。ならば天敵の不幸を喜ぶはずなのだが、双方には猟師という共通の敵がいる点で利害が一致する。今は天敵関係はおいておいて、ということであろうか。出典は中国の『宋史』(叛臣伝)に異表現①が見られ、李氏が滅びるのを見て、夏氏が自分も無事なわけはないと心配することにたとえている。『宋史』との関係は不明だが、馬琴の『椿説《ちんせつ》弓張月』(後編巻二)に「狐烹《に》らるる時は兎これを悲しむ」と出てくる。

狐《きつね》其《そ》の尾《お》を濡《ぬ》らす

(1)不用意にことを運ぶと最後まで全うできないこ

と。⑵初めは容易でも終りが難しいことのたとえ。狐はよく川を飛び越えたり、泳いで渡ることがあるという。子狐の場合はまだ力が弱いため、初めは尾を濡らさないように上げていても、疲れて途中で水につけてしまう。そうすると尾の重さで渡れなくなってしまう。なにせ狐の尾は体のわりに太くて大きいから、水を含むと重しのようになってしまうのであろう。中国の『易経』（未済卦）に出典が求められ、『戦国策』にも引例されている。

狐虎《きつねとら》の威《い》を借《か》る ⇓ 虎の威を借る狐

木《き》で鼻《はな》をくくる

＝**木で鼻**◈**木で鼻をこくる**

相手に対して無愛想で味もそっけもない態度をとること。

この「くくる」は、紐《ひも》や縄などで結ぶ「括《くく》る」ではなく、こする意の「こくる」が誤用され慣用化したもの。江戸後期のことわざ集『諺苑《げんえん》』では略解として「さっぱりとしたと云こと」とある。しかし、同じことわざ集でも幕末の『国字分類諺語』では「人の相談などをすげなく断りいふを云」と、現代とほぼ同じ意味合いの解釈を記している。常用されていた江戸時代ですら解釈にこれほどの違いがあったのだから、まして後世にあっては誤用や意味不明となったことがあっても仕方がなかっただろう。図は幕末の狂画集『諺臍《ことわざへそ》の宿替《やどかえ》』からで、洒落か誤解かは分らないが、木の枝で鼻を結んでいる。

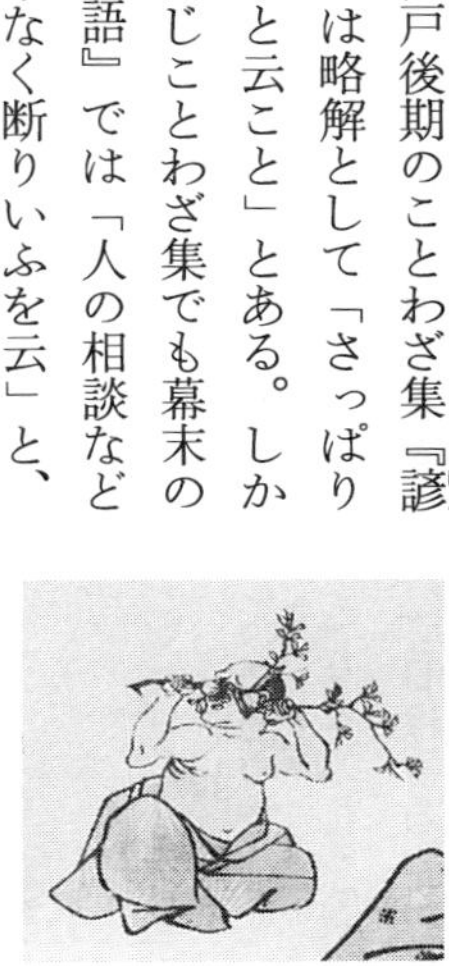

来《き》てみればさほどでもなし富士《ふじ》の山《やま》

話に聞いていたのと実際ではたいそうな隔たりがあり、たいしたものではないことが多いというたとえ。

富士山は日本一高い山であり、近県各地からでも秀峰が望まれる日本の代表的美山。美しいばかりでなく、日本三霊山の一つとして古くから信仰する人々に崇《あが》められてきた。その富士山もいざ登ってみれば、巨大な瓦礫《がれき》のような山道で、やっとの思いで到達した頂上も殺風景そのもの。遠くから見上げていたものと実際の地との落差ははなはだしい。富士山を想定した「一度も登らぬ馬鹿二度登る馬鹿」ということわざも、この辺を念頭に入れて作られたものであろうか。

木《き》に竹《たけ》を接《つ》ぐ

調和しないこと。また、前後の釣合いが取れていないこと。

安土桃山時代のことわざ集『月菴酔醒記《げつあんすいせいき》』に収載されており、用例も江戸前期の俳諧書『俳諧の註』などに見え、近世では常用されていた。

木《き》に縁《よ》りて魚《うお》を求《もと》む

⑴手段・方法を誤ってしまったために、求めるものが得られないたとえ。⑵見当違いの無理なことを望むこと。

世界は広い。南方にはココヤシの幹などに登る木登り魚もいるという。しかし、このことわざが言い慣わされてきた中国・日本では、魚といえば水の中に棲息《せいそく》するもの。木をくまなく探しても魚を捕ることはできない。出典は中国の『孟子』（梁恵王上）。日本では古くは平安時代の『意見十二箇条』などに見られ、その後も類義のさまざまな形で表現されている。「天をさして魚を射る」「氷をたたき火を求む」「天に橋を架ける」「水中に火を求む」「畑に蛤《はまぐり》」「山に蛤を求む」などだが、見出しのことわざの普及度合はほかのものとは別格である。

昨日《きのう》の淵《ふち》は今日《きょう》の瀬《せ》

——淵は瀬となる

世の中の変遷・栄枯盛衰がはげしいことのたとえ。

淵は川底が深いため流れがゆったりと流れる箇所で、瀬は反対に浅く流れが急な所。昨日はゆるやかな流れだった所が、今日になると激しい流れとなっているというのが原意。『古今集』(巻一八)に「世の中は何か常なる飛鳥川昨日の淵ぞ今日は瀬になる」と詠まれている。これは当時の人の共感を呼ぶものだったようで、『栄花物語』をはじめ、以降の古典に多く見られる。また、類義でたとえを異にする例は、「昨日の楽しみ今日の悲しみ」「昨日の花は今日の夢」「昨日の花は今日の塵《ちり》」「昨日の大尽《だいじん》今日の乞食」(「大尽」は金持)など多い。

昨日《きのう》は人《ひと》の上《うえ》、今日《きょう》は身《み》の上《うえ》 ⇩明日《あす》は我《わ》が身《み》

気《き》の利《き》いた化物《ばけもの》は引《ひ》っ込《こ》む時分《じぶん》

＝気の利いた化物は引っ込み際が肝心 ◙気の利いた化物足を洗って引っ込む時分

長居したり、その場や地位に適当でなくなった者は早く引き下がるべきだと、人をうながす言葉であるとともに、自己を省みる意。

あまり長時間にわたれば、化物でも気を利かして身を引っ込める頃合だとするのが原意。長居していやがられる客や、長期にわたって社会的地位に固執している人間を、化物になぞらえてしまうのだから奇抜この上ない着想と言えよう。江戸人の豊かな言語感覚が感じられる。江戸後期の人情本や滑稽本に用例が見られ、『道中膝栗毛』(五編追加附言)に「気のききたる化物は足をあらひて引こむ時分、ひざくり毛の作者図にのりて、又しても弥次郎兵衛北八がしやれも無駄も洗濯頃」とある。

茸採《きのこと》った山《やま》は忘《わす》れられぬ

一度よい思いをしたことは忘れられないという意。

茸は、今は栽培ものが一年中売られているが、ちょっと前までは〈秋の味覚〉の代表格だった。近年でも茸採り中に山で道に迷う者はしばしばいる。深い山に分け入ることもあるが、茸の魅力と魔力(?)に人が誘い込まれているのかもしれない。「茸の出る山は孫にも

知らすな」は、たとえ可愛い孫にでも教えないくらい茸は貴重で大事だというもの。だから、知らない山での茸採りは難しいわけで、もしそこで茸が採れればこれは好運というもの。こうした背景からできたことわざなのだろう。

木《き》は木、金《かね》は金

木を木、金を金◈石を石、金を金

⑴物事の区別ははっきりしなければいけないということ。⑵ごまかしをしないことのたとえ。

現代ではまったく使われなくなり、解釈もおぼつかなくなっている。西鶴の『日本永代蔵』（巻四）に「唐《もろ》土人《こしひと》は律儀に云ひ約束のたがはず、絹物に奥口《おくくち》せず、薬種にまぎれ物せず、木は木、銀《かね》は銀に幾年かかはる事なし」とあって、⑵の解釈に明快な根拠を示してくれている。また、江戸後期の人情本『閑情《かんじょう》末摘花』（四編巻下）に「吾《わし》はチット偏屈者で、木は木竹は竹としにやぁ気の済まぬ人間」とあるのは、⑴の方の根拠となろう。

気《き》は心《こころ》

わずかな物でも自分の誠意は示したいということ。また、それが相手に通じるということ。

用例が江戸後期の洒落本『契情買言告鳥《けいせいかいゆうつげどり》』にある。あまりことわざらしい形ではないが、江戸中期の『尾張俗諺』に収められている京都方面のことわざを集めた「京師通諺」にあるから、少なくとも当時はことわざとして認定されていたと思われる。

客《きゃく》と白鷺《しらさぎ》は立《た》ったが見事《みごと》

客と剃刀《かみそり》は立つがよい

客の長居はいやがられるから、早めに辞去した方がよいという意。

他家を訪れてもてなしを受ければ、滞在時間も長くなりがち。もてなす側からすれば、気の置けない親しい間柄ならともかく、上司や気をつかう相手だとくたびれる。そこで、座り込んだ客が腰をあげる(立つ)ことを、優美な白鷺の立ち姿になぞらえたというわけ。一説では、白鷺の飛び立つ様になぞらえたとも言われる。もちろん、いくらきれいな言い回しとはいえ、目の前の客に向かって言うのは失礼千万。ところで、このことわざは江戸中期の使われはじめの頃は、客に立ちあがって舞いを舞うようにうながす言葉だったという。転じて客の長居の意になったというから、言葉は難しい。異表現は、「客が立つ」に、刃の切れがよい意の「剃刀が立つ」を取合せたもの。また、類義の表現「風呂《ふろ》と客は立ったがよい」が安土桃山時代のことわざ集『北条氏直時分諺留《うじなおじぶんことわざとめ》』に収められており、こちらは風呂が沸く意の「風呂が立つ」を取合せている。図は教訓画集『人生画訓』(一九二九年)から。

牛飲馬食《ぎゅういんばしょく》 ⇩ 鯨飲《げいいん》馬食

九牛《きゅうぎゅう》の一毛《いちもう》

＝**九牛が一毛**

大多数の中のごく一部を言うたとえ。九頭の牛の中のたった一本の毛をなぞらえたもの。司馬遷の『報任少卿書』に出典が求められ、日本でも鎌倉時代の寺社縁起『八幡愚童訓』や『太平記』など、古い時代から用例がたくさん見られる。

九死《きゅうし》に一生《いっしょう》

＝**①十死《じっし》に一生　②九死を出て一生を得る　③九死に一生を得る**

もう少しで命を落とすところで助かること。ここの「九」は、「九仞《きゅうじん》の谷底」「九牛《きゅうぎゅう》の一毛《いちもう》」(前項)などと同じで、数の最大級を表す。用例は、平安中期の源経頼の日記『左経記』に見えるほか、多くの異表現を含めて江戸中期の禅僧・白隠の『辺鄙以知吾《へびいちご》』、浄瑠璃『廓《さと》景色雪の茶会』など江戸時代の思想書・文芸類に数多く見出せるが、どういうわけかことわざ集にはあまり採用されていない。用例は古いものでは異表現①の形が多いが、必ずしも先行形とは言えず、ほかの形のものも多い。なかには、「九」を具体的な数量として見たのであろうか、九や十ではあきたらず「万死《ばんし》に一生を得る」もある。なお、典拠の中国・戦国時代の屈原の「離騒《りそう》」では「九死して一生なしと雖《いえど》も猶《なお》悔いざるなり」と、日本の通例の肯定表現とは逆の否定した形になっている。

九仞《きゅうじん》の功《こう》を一簣《いっき》に虧《か》く

あとほんのわずかで、長い間の努力が実を結ぶという終り際のちょっとした油断で、失敗することのたとえ。

「仞」は古代中国の高さの単位で、一仞は四尺から八尺まで諸説あるが、有力な七尺説だと約一・六メートル。ただし、ここの「九仞」は具体的数値ではなく高い山の意。「一簣」は畚《もっこ》に盛られた一杯分。土を盛り上げて高い山を作るのに、最後の畚一杯分を欠いてしまい、完成にいたらなかったという原意による。出典は中国の『書経』だが、日本では明治以前の用例が見えない。江戸時代に、大きな事も小さな事の積み重ねという意の「九仞の山も一歩より」(仮名草子『見ぬ京物語』江戸前期)、「九仞の山も一簣の土より功を成す」(『譬喩尽《たとえづくし》』江戸後期)があり、同じ語が使われているが、見出しの語句との関係は分らない。なお、類義の「画竜点睛《がりょうてんせい》を欠く」(別項)には、最後に失敗をするという意味合いがない点で微妙に異なる。

窮《きゅう》すれば通《つう》ず

これ以上は駄目だという行き詰りまで行くと、案外うまく切り抜けることができるものだということ。

出典は中国の『易経』(繋辞伝下)。日本では、新井白石の『折たく柴の記』に「窮しては通ずとこそ大易(易経のこと)にも見え侍れ」とあるが、江戸時代の用例は珍しい。

窮鼠猫《きゅうそねこ》を噛《か》む

＝窮鼠かえって猫を噛む

弱いものでも土壇場になると強いものに逆襲することがあるという意。

ここの「窮鼠」は、猫に追いつめられて逃げ場を失い絶体絶命の窮地に陥っている鼠。そういう状況だから、自分の命をかけて相手に反撃を試みるのであろう。起源は古く、中国の生れらしく、漢代の『塩鉄論』に「窮鼠狸《り》を齧《か》む」と見える。「狸」は野猫のこと。日本でも金言集で、鎌倉初期の『玉函秘抄《ぎょっかんひしょう》』には「狸」で登場するが、それから少し後の『管蠡鈔《かんれいしょう》』になると「猫」に変っており、以降はこれが普通の言い回しとなる。ところで、実際にことわざが言うような場面が起るかというとあやしいという。猫の種類や時代にもよるのかもしれないが、子鼠ならともかく大型の鼠だと子猫くらいの大きさがあるから、猫といえども簡単に追い詰めることはできないのだそうだ。

窮鳥懐《きゅうちょうふところ》に入《い》れば猟師《りょうし》も殺《ころ》さず

＝窮鳥懐に入る時狩人《かりゅうど》も殺さず

窮地に追い詰められた者に助けを求められたら、理由のいかんを問わずに助けるのが人情であるということ。

情景は、猟師に狙《ねら》われた鳥が逃げ場がなくなり、猟師の懐の中に飛び込んでしまった。獲物が自分の方からやってきた猟師にすれば、あまりにうまい話ながらそのまま頂戴するには抵抗がある、というところであろうか。中国・南北朝時代の『顔氏家訓』(省事)に「窮鳥懐に入る」とあるのが出典で、日本でも少し表現の異なるものが『源平盛衰記』などの軍記物に古くから用いられていた。見出し形や異表現のようになったのは『太平記』あたりからのようで、江戸時代には常用された。

京女《きょうおんな》に江《え》戸男《どおとこ》 ⇒ 東男《あずまおとこ》に京女

強将《きょうしょう》の下《もと》に弱兵《じゃくへい》なし ⇒ 勇将《ゆうしょう》の下《もと》に弱卒《じゃくそつ》なし

狂人《きょうじん》走《はし》れば不狂人《ふきょうじん》も走る

人間は他人につられて行動しがちであるという意。『徒然草《つれづれぐさ》』（八五段）に「狂人の真似とて大路を走らば則狂人なり」と記され、鎌倉時代の説話『沙石集《しゃせきしゅう》』、江戸初期の仮名草子『可笑記』など、さまざまな文芸で用いられている。

兄弟《きょうだい》は他人《たにん》の始《はじ》まり

＝兄弟親《けいていした》しまざるは他人の始まり

血のつながる兄弟姉妹でも、やがては他人同士のような疎遠な関係になるというたとえ。

非常に親しい関係をたとえる言葉に「兄弟のよう」というのがある。血を分ち合い、同じ屋根の下で生活をともにして育った兄弟姉妹だから、たとえ喧嘩《けんか》しても、「兄弟喧嘩は小豆餅《あずきもち》より甘い」ということわざのように仲のよい証拠とされる。しかし、どんなに仲のよい兄弟でも、やがては成長し、それぞれ独立して自分の家庭を築くことになる。お互いの行き来も減り、「遠くなれば薄くなる」道理で、兄弟としての関係は薄くなりがち。こうなると、もはや他人と同じということになる。早い用例は江戸前期の仮名草子『悔草《くやみぐさ》』に見える。

京《きょう》に田舎《いなか》あり

＝京に田舎あり、田舎に京あり

(1)にぎやかで華やいだ都にも、田舎めいた場所や風俗が残っているものだということ。転じて、(2)総じてよい所にも部分的に悪い場所があるという意。

収められたことわざに出入りのある上方系のいろはカルタにあって、これは決って採用されている。絵札はどれもが薪《たきぎ》などを頭に乗せて京の町にやってきた大原女《おはらめ》を描いている。つまり大原女が田舎を表象しているわけだ。現代では都市と地方、都会と田舎の落差は小さくなっているが、ことわざのできた中世や、上方いろはカルタのできた江戸後期では、両者の間に大きな差があり、大げさに言えばお互いが異文化社会という面があった。早い時期の用例「げにや情《なさけ》は有明の、月の都にすみなれて、人こそおほけれどかかるやさしき事はなし。京に田舎あり、田舎にも又都人の心ざまは有べしや」(謡曲『粉川寺《こかわでら》』)。

京《きょう》の着《き》倒《だお》れ大阪《おおさか》の食《く》い倒《だお》れ

京都の人は着る物に、大阪の人は食べる物に贅沢《ぜいたく》をするという土地の気風を表す言葉。

早い例は、江戸中期の浮世草子『東海道敵討元禄曾我物語』の「京は着て果、大坂は喰《く》うて果る」という表現で、見出しの表現は滑稽本類に出てくるように江戸後期からとなる。なお、土地の名を掲げた同様の言い回しは全国各地に見られる。

尭《ぎょう》の子《こ》尭ならず

親が優れていても、同じように優れた子供ができるとは限らないことのたとえ。

中国で理想の帝王とされる尭帝をとりあげたもの。出所は中国かと思われたが、どうも日本製のようである。『栄花物語』(月の宴)に「この帝、尭の子の尭ならむやうに、おほかたの御心ばへの雄々しう気高く、賢うおはしますものから、御才《ざえ》も限なし」とひねった使い方がされている。類義のことわざで、尭帝とともに聖天子とされる舜《しゅん》帝を並べ、彼らの子が愚人だったことを踏まえた「尭舜の子に聖人なし」や、賢人の子が必ずしも賢人ではないという「賢の子賢ならず」がある。しかしことわざでは逆に、子供が親をしのぐ意の「筍《たけのこ》親まさり」(別項)、「鳶《とび》が鷹を産む」(別項)の類の方をよく見かける。

京《きょう》の夢《ゆめ》大阪《おおさか》の夢

夢ではいろいろなものを見ることができること。

意味を付したが、実は確かなものではない。江戸系いろはカルタの末尾「京」の句としてよく知られていながら、まだ定解がない。江戸後期のことわざ集『諺苑《げんえん》』では、他人に夢の話をする前に唱えるまじないだとしている。明治に入って、『いろは短歌教育はなし』(一八八九年)は、人の思想のさまざまに移り変ることをたとえたものとし、幸田露伴は、夢ではあちこちと遠い所のものを見るもの、あるいは夢では自分がいない所を夢みるものである、という解釈を示している。しかし、これらの解釈を伝承的なカルタの絵柄に照らし合せてみてもいまひとつしっくりこない。図は明治時代のものだが、このように絵札には、うたた寝をしている若者が夢を見ている様が描かれているものが主流。夢の中身として、武官・文官の象徴である刀・冠などが描かれているところから、どうも立身を夢見ているかのようなのだ。文例も江戸後期に数例は確認されるものの、解釈にまで踏み込める資料ではない。

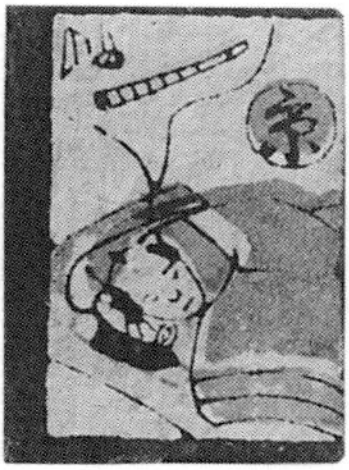

今日《きょう》は人《ひと》の上《うえ》、明日《あす》は我《わ》が身《み》の上 ⇒ 明日は我が身

器用貧乏《きようびんぼう》

＝①細工《さいく》貧乏人宝《ひとだから》　②細工は人宝

手先の器用な人は他人には重宝がられるが、自分は恵まれず大成もしないということのたとえ。

異表現の「細工」は手先を上手に使って細かいものを作ること、またそうする人のこと。「人宝」は他人の宝となること。この道一筋というのではなく、いろいろな仕事ができる小器用な人は、頼む側にとっては宝のようにありがたいものである。専門家に頼むほどでもなく、仕事と言えないような小規模だったり半端だったりする作業は身の回りにいくらでもあり、ついそういう人を重宝にして任せがちになる。任せられた方は、一つの道を窮める余裕もなくなる。あっちにもこっちにも手を染めて、忙しいだけの毎日で、それでいて実入りも知れている。結果が、器用ゆえの貧乏というわけ。異表現①は江戸中期の咄本《はなしぼん》『軽口浮瓢箪《うきびょうたん》』

などに用例が見られる。現代では異表現は消え、もっぱら見出し形が用いられるが、これは明治時代になってからの言い回し。

喬木風《きょうぼくかぜ》に破《やぶ》らる ⇒ 大木《たいぼく》は風に折《お》られる

経《きょう》も読《よ》まずに布施《ふせ》を取《と》る

義務を果さず貪欲《どんよく》に報酬だけを望むたとえ。

僧侶の仕事の大きなものは死者の供養のために経を読むこと。仕事である経も読まずに報酬の御布施だけをせしめてしまおうというのである。この舞台は仏教だが、ことわざが指摘するところは宗教に限らず広い世界に共通する。現代では、仕事をいい加減にしたりさぼってばかりいるのに給料だけはしっかり受け取る輩《やから》の例もあてはまるだろう。近代以前の用例は少なく、近松の『百日曾我』（三部経）に「ろくな手柄を一度もせいで、御馬を望むは、経も読まずに布施取るか」とある程度のようだ。

玉石混淆《ぎょくせきこんこう》

＝玉と石と交わる

立派なものと価値のないものが混在していること。

宝玉と石ころとが混じり合っているということから。出典は中国・晋代の『抱朴子《ほうぼくし》』に求められる。日本では、異表現が幕末の国学者・大国隆正《おおくにたかまさ》の『学統弁論』に見られるものの、見出し形は近代以前の用例などが見られない。

漁夫《ぎょふ》の利《り》

＝蚌鷸《ぼういつ》の争《あらそ》いは漁父の利

利益をめぐっての争いの最中に、無関係な者がその利益を取ってしまうこと。他人の争いに乗じて労なく利益をせしめること。

中国の『戦国策』（燕策）にある故事に基づく。鷸《しぎ》が蚌《はまぐり》の肉を食おうとして蚌に嘴《くちばし》をはさまれて争っているところを、第三者の漁師がまんまと両方を手に入れたという「鷸蚌《いつぼう》相争わば漁翁利を得《う》」というもの。日本では幕末の岩倉具視《ともみ》の「全国合同策」に異表現が見られ、馬琴の『里見八犬伝』にも似た表現がある。なお、この故事からは、争うものは第三者に利益を取られて共倒れになると戒める「鷸蚌の争い」ということわざも生れている。

清水《きよみず》の舞台《ぶたい》から飛《と》ぶ

清水の舞台から後ろ飛び◆清水の舞台から飛び下りる◆清水の舞台から落ちる

一大決心のもとに思い切って事をなすたとえ。

このことわざの舞台は、文字通り京都・清水寺の観音堂の舞台。高さ一三メートル余りもあり、断崖に臨んでいる。病の治癒《ちゆ》や恋の成就を願掛けしてこの舞台から飛び降りる風習が、遅くとも江戸初期にはあった。この風習は浮世絵師たちには恰好の画題だったようで、数多くの作品が残されている。情景は、若い女が傘を開いて空中に飛び出したものが大半。ことわざの文例でも江戸中期の狂歌『雅筵《がえん》酔狂集』以降に多く見られる。多くは傘に触れていないが、菅笠《すげがさ》をかぶって飛ぶとする例があり、滑稽本『道中膝栗毛』(七編巻下)には「かの噂《うわさ》に聞いた傘《からかさ》をさしてとぶといふは、此舞台からだな」と傘を記述している。それにしても、なぜ傘なのだろうか? 思うに、「傘一本で寺開く」(傘があれば寺を開くことができる)ということわざもあるように、傘は第一の仏具という認識から、落下傘の代りに傘による加護を期待してのものだったのかもしれない。図は幕末の歌川房種の錦絵シリーズ「命の養生善悪鏡」の一枚で、命という字を傘に見立てて舞台から飛んでいる。

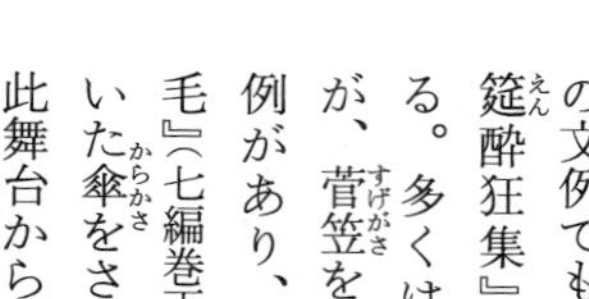

義理《ぎり》と褌《ふんどし》は欠《か》かせぬ

①義理と褌　②義理と褌はかかねばならぬ

褌をしないわけにはいかないように、この世で暮してゆくには義理を欠いてはいけないということ。

人と付き合ってゆく上で、最低限守らなければならないことが義理。当時の男社会で欠かすことのできない義理に、身につけるもので欠かせないものとはいえ、褌という意外なものを取合せた面白さがある。また、「義理トカケテ褌トトク心ハともに欠かせない」と、いわゆる三段なぞにもなっている。上方系のいろはカルタに採られており、絵札はどれも男が褌を締めようとしている様が描かれている。なお、異表現②の「褌をかく」は褌を締める意。「義理を欠く」に「褌を掛く」を掛けた形になっている。

錐《きり》は嚢《ふくろ》を通《とお》す

＝①錐は嚢におさまらず　②錐嚢中《のうちゅう》に処《お》る

(1)能力のある者は、埋もれたままではいないということ。(2)隠れていた者が周りに知られるようになるというたとえ。

錐を収納しておくために布の嚢にいれても、鋭い先端は生地をつき抜けてしまうだろう。有能な人を錐にたとえたものだが、同じように能力のある人をたとえた「能《のう》ある鷹《たか》は爪隠す」(別項)は、真に有能な人はふだんから才気ばしってはいないという意で、意味も使用する場面もまったく異なる。中国の『史記』(平原君伝)に見える異表現②がもとになって、日本で広まったものと考えられる。日本の古い用例では、『和漢朗詠集』(巻上)に「錐嚢を脱す」、『平家物語』(巻一二)に「錐袋を通す」とある。

器量《きりょう》より気前《きまえ》

女は顔だちのよさよりも、性格のよさが大事だということ。

「器量」にも「気前」にも、いく通りかの意味がある。ここの「器量」は、女性の顔だちで、「気前」は人柄のよさを言う。比較する二つの単語の語頭を「き」にして韻を踏ませ、全体の調子をよくする工夫が見られる。

錐《きり》を立《た》てる地《ち》なし ⇓ 立錐《りっすい》の余地《よち》もなし

騏驎《きりん》も老《お》いては駑馬《どば》に劣《おと》る

＝騏驎も老いぬれば駑馬に劣る

どんな立派な人物でも年をとると凡人にも劣るようになるというたとえ。

「騏驎」は、中国の想像上の動物である「麒麟」ではなく、一日に千里（約四千キロメートル）も走るという駿馬《しゅんめ》のこと。対する「駑馬」は足の遅い馬。つまり、現実にはあり得ないように猛烈に速く走る馬も、年を取るとごく普通で平凡な馬の走りにも及ばなくなるということ。たしかに、たとえ元オリンピック選手といえども、高齢になって本当に衰えれば小学生にも敵《かな》うまい。しかしこれは走力に限ったことで、人間の場合、高齢がすなわちすべての価値の下落とはならないから、ことわざ特有の誇張と見るべきだろう。人間様の勝手な見方では、馬は速く走ることに最大の価値があり、走れなくなればおしまいということのようだ。中国・漢代の『戦国策』（斉策）に出典があり、日本でも『平家物語』など中世の軍記物に盛んに用いられていた。

綺麗《きれい》な花《はな》は山《やま》に咲《さ》く

本当に価値のあるものは、人の気づきにくいところにあるというたとえ。

きれいな花も人が多くいる所では、なかには失敬するけしからぬ輩《やから》もいるだろうから、いつまでも咲いてはいない。また、同じ花でも咲いている場所によって美しく見えたり、それほどでもなかったりする。静寂で清澄な山の大気の下では、たしかに雑踏の中より花は一段と美しさを増しているだろう。めったに人の訪れない山奥の地に見事な花が咲いていたということはよく耳にする。自然界の現象は、人間界にも当てはまりそうだ。

木六竹八塀十郎《きろくたけはちへいじゅうろう》 ⇩ 木《き》七《しち》竹八塀十郎

義《ぎ》を見《み》てせざるは勇無《ゆうな》きなり

人間として行うのが正しいことと知っておりながら実行しないのは、本当の勇気がないからだということ。

『論語』〈為政〉にある孔子の有名な言葉。日本でも最古の金言集である平安時代の『世俗諺文』をはじめとする金言集によく採用されており、江戸時代の敵討小説『敵討高田馬場』にも援用されている。俗な人間としては、立派な言葉だと認識もし、意味するところに反論の余地もないのだが、実行となると結構難しい。思いきって忠告しても、かえって根にもたれたり、お門違いの逆恨みをされることもまれではない。だから、例えば電車内で迷惑行為に出会っても、行動を起すべきか否か躊躇《ちゅうちょ》してしまい、結局、見て見ぬ振りをしてしまうというのが現代の日本社会のあらかたの実情と言えるのではないだろうか。

木《き》を見《み》て森《もり》を見ず

＝木を見て森を見ない

細部だけは詳しいのに全体は見て〈見えて〉いないことのたとえ。

「鎮守《ちんじゅ》の杜《もり》」というように、日本語の「もり」には、ときに神聖な意味合いが感じられるが、ここの「森」にはそのような奥行はなく、単なる木々の集合と解するのが適当なようだ。というのももとは西欧のもので、英語では Some people〈または You〉cannot see the forest for the trees. 現代では翻訳とは意識されることなく常用句となってきているが、明治時代にどっと日本に移入された西洋のことわざの一つではなく、もっと新しいもののようだ。ことわざ辞典類へ収載されるようになってからも、まだ二〇年も経っていない。

金銀《きんぎん》は回《まわ》り持《も》ち ⇩ 金《かね》は天下《てんか》の廻《まわ》り物《もの》

金言耳《きんげんみみ》に逆《さか》らう

＝忠言《ちゅうげん》耳に逆らう

金言の言葉は正しすぎてむしろ反発を感じ、まともに聞き入れにくいこと。

「金言」は金のように価値の高い言葉。仏教では仏の口から出た尊い言葉だが、一般には格言とほとんど同じ意味に使われ、古人の残した模範となる言葉や戒め。たいていの金言は、立派で正しいことをずばり正攻法に言い切る。あまりにその通りで反論の余地もないものだとかえって反発心が起り、せっかくのためになるありがたい言葉も受け入れられなくなってしまう。異表現の「忠言」は、忠告の言葉。直接人に言われるものだから、いっそう感情的になろう。古くは異表現が中国・戦国時代の『韓非子《かんぴし》』に見られ、日本でも道元の『正法眼蔵《しょうぼうげんぞう》』(渓声山色)に「忠言の逆耳《ぎゃくじ》する」とあり、また、それに近い形のものなどが鎌倉時代から見える。見出し形は室町時代の物語『乳母《めのと》の草紙』などに見える。

錦上《きんじょう》に花《はな》を添《そ》う

＝錦上に花を敷《し》く

(1)美麗なものにさらに美麗なものを添えること。(2)よいこと、おめでたいことが重なること。

錦織の布に花を添えることから。中国・宋代の王安石の『臨川先生文集』に見られ、日本でも室町時代の金言集『句双紙』に異表現が、『天草版金句集』に「結構の過ぎた」と注解がついて見出し形が載っている。用例では異表現が、朝倉氏と一向一揆について記した『朝倉始末記』に二度用いられている。

く

苦《く》あれば楽《らく》あり ⇩ 楽あれば苦あり

株《くいぜ》を守《まも》りて兎《うさぎ》を待《ま》つ

＝株を守りて兎をうかがう ◈ 株《かぶ》を守りて兎を待つ

旧来通りのやり方や一度成功した経験から、それをただ踏襲するだけの融通のなさを笑いものにする意。中国の昔の話。農夫が畑を耕していると、近くの木の切株に兎がぶつかり死んでしまう。思いがけず何の努力もせずに兎を手に入れた農夫はそれ以来、毎日、自分の仕事はせずにその切株の番をして兎のくるのを待つようになる。もちろん、兎は二度と木の株にぶつかることはなかった。唱歌「待ちぼうけ」でおなじみの話だが、出典は古く中国・戦国時代の『韓非子《かんぴし》』(五蠹《ごと》)。日本では江戸前期の中江藤樹の『翁問答』などで紹介されている。後ろを省略して「株を守る」という表現が室町時代の連歌論『連理秘抄』にあり、熟語にして「守株《しゅしゅ》」とも言う。

食《く》い物《もの》の恨《うら》みは怖《こわ》い ⇒ 食《た》べ物《もの》の恨みは恐《おそ》ろしい

釘《くぎ》の裏《うら》を返《かえ》す

＝釘裏を返す ◈ 釘の尻《しり》を返す

入念に行うことのたとえ。打ちつけた釘が抜けないように、先端で裏側に出た分を打ち曲げることから。江戸中期の浮世草子『記録曾我女黒船』や浄瑠璃『忠臣伊呂波実記』などに用例がある。

愚《ぐ》公《こう》山《やま》を移《うつ》す

どんな難事でも、志をもってそれに専念してひたすら努力すれば可能となるたとえ。中国・戦国時代の『列子』(湯問)に見える故事による。愚公は愚直一途に徹する性格にちなんだ人名。昔、黄河下流に二つの高山がそびえ、人々の出入りの妨げとなっていた。そこで九〇歳の愚公が山の除去を思い立ち、わずかな手勢で作業をはじめる。懸命な努力をし続ける愚公の志に感じた天帝が、二つの山を別地に運び平らにしたという。こざかしい人知にとらわれることなく、人としての誠心誠意をつくす努力の尊さが表されている。日本ではあまり古い用例は見当らない。「此所《ここ》より毎日まいにち、二三十の小石を拾ひてもて帰り、背門口へ踏込に、愚公が山をうつせしごとく、微塵積りていつとなく」(馬琴『夢想兵衛胡蝶《こちょう》物語』後編巻二)。

臭《くさ》い物《もの》に蠅《はえ》

＝臭い物に蠅がたかる

悪人には悪い仲間が集まってくるものだというたとえ。

蠅は腐敗して悪臭を発する物に好んで群がる。病原菌も運ぶ。汚くてうるさいものとして、〈嫌われ虫〉の代表みたいに嫌われてきた。同類は集まる意の「類を以《もっ》て集まる」(別項)が、やや悪いイメージを伴いながらも良いものにも使われることわざであるのに対して、これは悪臭と言い蠅と言い嫌われものが重なっており、よい意味になろうはずがない。江戸時代の文例は少ないが、ことわざ集には江戸中期から収められており、上方系のいろはカルタの各種にも採用されている(図は明治時代のもの)。これらのカルタによって、より広く一般化していたと言えよう。

臭《くさ》い物《もの》に蓋《ふた》

＝臭い物に蓋をする

不都合なことや醜聞が外部に知られないように、その場しのぎの手段・方法を講じて表面をとりつくろうことのたとえ。

悪臭を放つものを、臭気が外へ漏れないように蓋をするというのが原意。現代では、ポリバケツに溜めこんだ生ごみを連想すればよい。また、新聞・テレビなどで、政界や社会の指導層の腐敗を取り上げるときに常用される語句でもある。ところで、江戸から明治時代に「臭い物には蓋をせよ」という形があった。よく似ているが、こちらは醜行や醜事を人目に触れないうちに早く処置せよという意で、必ずしも否定的なニュアンスで用いられるものではなかった。両方の形が同時的にあったが、命令形の「蓋をせよ」の方は現代では消えてしまっている。

臭《くさ》い者身知《ものみし》らず ⇩ 息《いき》の臭きは主《ぬし》知らず

腐《くさ》っても鯛《たい》

本当に優れているものは、多少、落ち目になったり傷《いた》みがきてもそれなりの価値があるという意。

日本では昔から真鯛が魚の王様。形よし、色よし、味よしの三拍子がそろっていて申し分ない。「めでたい(鯛)」と駄洒落にもなるように、縁起のよい魚として珍重され、正月の飾り物にも使われた。この飾り物の鯛は、正月も過ぎた一月二〇日になると焼いて食べる風習があった。腐りにくく、また少々臭気がしても食べられる鯛が向いていたということでもあろう。生き腐れすると言われる鯖《さば》では、「腐っても」の意が効いてこない。江戸初期からたくさんの用例があり、俳諧『鷹筑波集』(巻二)には「くさつたれと身はよしのかな桜鯛」とある。

また、ことわざ画としても伝承していた。図は、明治時代の西洲の戯画集『滑稽洒落狂画苑』から。

腐《くさ》り縄《なわ》にも取《と》り所《どころ》

＝**腐り縄にも取柄《とりえ》◈腐り縄も用《よう》に立つ**

捨ててしまうような価値のない物でも、用い方次第で役立つことがある意。

「取り所」は長所とか、特に賞賛に値する点。素材の藁《わら》などが腐ってしまっては、普通は縄として使いものにならない。それでも何かに役に立つことがあると言うことわざ。類義のものに「愚者《ぐしゃ》にも一得《いっとく》」がある。愚か者でもたまには名案をもつ意で、対象が人間になったもの。これは中国の『史記』(淮陰侯伝)に出典がある。腐り縄にしても愚者にしても、ことわざは通常の社会では価値を認められない劣ったものにも救いの手を差し伸べる。一見、価値のまったくないように見えるものでも、見方やとらえ方、用い方によってはどこかしらよい点があるはずだから、簡単に駄目という烙印《らくいん》を押してはならない、という意が感じられる。江戸前期から多くのことわざ集に収載されているものの、用例は少ない。

草《くさ》を打《う》って蛇《へび》を驚《おどろ》かす

――①草を打てば蛇驚く　②草を踏《ふ》んで蛇を驚かす

(1)何気なくしたことが、とんでもない結果を招くこと。(2)一人を懲らしめてほかの多くの者への見せしめとすること。

出典は(2)の意のものが、中国・宋代の『書言故事』(巻一一)に見える。日本では室町時代の金言集『句双紙』に読み下しにして「草を打せばただ蛇の驚かんことを要す」と収められてはいるが、用例は少ない。山東京伝の読本『忠臣水滸伝』(前編巻三)に「さては此の家は彼の海賊のすみかにてありけるか。思はざりき、草を踏みて蛇を驚かさんとは」とあるのは(1)の意の例。(1)の意の場合のこのことわざを、「藪《やぶ》をつついて蛇を出す」(→藪蛇)と同義とする辞典が多いが、まったく同じではない。「藪」の方は、余計なことや、しなくてもよいことなどをしたばっかりに……という非難のニュアンスがこめられている。なお、異表現①に似た「草を打って蛇に驚く」という形のものがあるが、これは何気なくしたことがとんでもない結果を招いたことを、草を打った当人が驚いていることになる。

孔子《くじ》の倒《たお》れ

どんな立派で偉い人にでも時には失敗はあるというたとえ。

「くじ」は、孔子《こうし》の呉音読みで、中国の聖人その人。

孔子が出てくるが、中国に発したものではないようだ。ことわざの類があまり収録されていない平安時代の『源氏物語』(胡蝶)に見られる。恋愛の世界では、社会的に名声のある者も過ちを犯してしまうという意の「恋の山にはくじのたふれ」である。「孔子の倒れ」だけでも、『宇治拾遺物語』巻末の締括りの言葉として「これを、世人「孔子倒れす」と云なり」と使われているように、古くはなじみのことわざであったが、ことわざの花が咲き乱れた近世には逆にほとんど姿を消してしまった。ちなみに、「恋の山には釈迦《しゃか》倒れ」という形もあるので、孔子様やお釈迦様が失敗するのは色恋沙汰に限られるのかもしれない。

愚者《ぐしゃ》にも一得《いっとく》 ⇒腐《くさ》り縄《なわ》にも取《と》り所《どころ》

鯨《くじら》に鯱《しゃちほこ》

つきまとって害悪をもたらすもののたとえ。

「鯱」はしゃちのことで、歯鯨の一種。肉食で性格が激しく鯨なども襲うことから言い慣わされたのかもしれない。浄瑠璃『蘆屋道満大内鑑《あしやどうまんおおうちかがみ》』、脚本『宿無団《やどなしだん》七時雨傘《しちしぐれのからかさ》』などに用例があり、江戸中期からよく用いられた。

鯨《くじら》も魚《さかな》、白魚《しらうお》も魚

形に大小の違いはあっても同じ仲間であるから軽んじてはならないという意。

鯨は実際には魚類ではないが、水中生活をすることから魚と見なされたのであろう。白魚は一〇センチメートル位の半透明の小さな魚。江戸中期の洒落本『無《む》陀《だ》もの語』に用例があるが、近世でも多用されたものではなかった。

薬《くすり》九層倍《くそうばい》

薬の価格は原価の九倍もの売値だという意。

薬の値段が高かった時代にできたことわざで、暴利をむさぼることのたとえにも使われた。「薬九層倍、百姓百層倍」という形もあるが、その場合は、一粒の種から何百倍もの収穫を得るにもかかわらず儲からない、という嘆きが感じられる。見出しの形は、江戸後期の咄本《はなしぼん》『初春仙女香《せんじょこう》の落噺《おとしばな》し』に用例がある。

薬《くすり》より養生《ようじょう》

病気になってから薬を飲むよりも、日頃の養生が大切だということ。

体調を崩したときは休養が一番と知っていながら、薬やら栄養ドリンクでごまかしながら働き続けてしまいがちな忙しい現代にも立派に通用することわざと言えよう。薬よりも有効な病に対する対処法はほかに「薬より看病」があり、江戸後期の『譬喩尽《たとえづくし》』に収められている。

糞味噌《くそみそ》 ⇒ 味噌も糞も一緒《いっしょ》

下《くだ》さる物《もの》は夏《なつ》でも小袖《こそで》 ⇒ 貰《もら》う物は夏でも小袖

くちなわ生殺《なまごろ》しにしたよう ⇒ 蛇《へび》の生殺し

口《くち》には関所《せきしょ》がない

しゃべることに規制はなく自由だということ。

「関所」は昔の国境などに設けられた検問所。物品や通行人の出入りなどを検査して脱出や侵入に備えた。特に、鉄砲が江戸に入ることと、江戸に住む諸国大名の家族が江戸の外に出ることを禁じた「入鉄砲《いりでっぽう》に出女《でおんな》」は有名。いくら厳しく取締る関所でも、口・言葉を取締ることはできないというのがこのことわざ。類義でたとえを税などに当てたものは少なくない。「口に年貢はいらぬ」「口に税は掛からぬ」「口に地代は出ない」など。庶民がお上に逆らうことは難しかったが、ただしゃべることなら規制はなく、いわば治外法権だったというわけだ。

口《くち》に蜜《みつ》、心《こころ》に針《はり》

言葉は優しいが内心は陰険なことのたとえ。

「口に蜜あり、腹に剣あり」という形が中国・宋代の『資治通鑑《しじつがん》』などにあるので、おそらくそれが元となったものであろう。江戸中期の浄瑠璃『忠臣金《こがねのたん》短冊《じゃく》』に用例が見られる。

口八丁手《くちはっちょうて》八丁

＝口八丁手も八丁◈手八丁口八丁

弁舌が巧みな上に、行動力・実行力があること。

「八丁」はここでは巧みだという意に使われているが、なぜそうなのか、実は原意がよく分らない。一説に、昔、櫓《ろ》の数が八つあって自由自在に操れる「八《はっ》挺《ちょう》小舟」という舟があり、手頃で重宝がられていた。そこから、口と手とにそれぞれ八挺がつき、口も意のままに表現できるし、手も思うように動き、まるで八挺小舟のようだという見出しの言い回しとなったという。用例は擬人化されたものが黄表紙『的中地本問《あたりやしたじほんどい》屋《や》』などにいくつかあるので、江戸中期には広く言い慣わされていたことがうかがわれる。ところで、言葉と実践の関係を言うことわざで、このように口と手の両方が上手とするものは珍しい。口と手の上手下手は組合せにすると四通り考えられるが、ことわざでは多く、口上手手下手を組上にあげて批判する。「口たたきの手足らず」「話上手の仕事下手」「口自慢の仕事下手」と。

口《くち》は禍《わざわい》の門《かど》

＝口はこれ禍の門《もん》

口から出た言葉で禍が起るから、言葉は慎めというたとえ。

口という門から出た言葉が世間に広がり、やがて禍となって返ってくるというのが原意で、口が禍の出入口の門に見立てられている。中国・宋代の『古今事文類聚』（後集巻一九）に見出し形が認められる。日本でも、同義で言い回しが少しずつ違うものが古くからある。「口は身を傷《そこな》ふ災《わざわい》の門」が平安時代の仏教説話『日本霊異記』（巻中）、鎌倉時代の説話『十訓抄《じっきんしょう》』（巻上ノ四）に見られ、「口の虎身を害し、舌の剣命を恐れる」は同じ頃の説話『沙石《しやせき》集《しゆう》』（巻三）に見られる。『童子教』あたりから異表現が出てきて、これが室町から江戸時代に常用された。やがて見出し形が加わり、この二形以外のものは姿を消す。図は明治初期の一枚刷教訓画。

沓《くつ》を隔《へだ》てて痒《かゆ》きを掻《か》く ⇒ 隔靴《かっか》掻痒《そうよう》

国破《くにやぶ》れて山河《さんが》あり

国土が戦乱で荒廃しても、大自然は以前と変らないということ。

中国・唐代の詩人、杜甫《とほ》の詩「春望」の第一句として有名。杜甫は安禄山の乱で敵軍に囚われの身となり、その時に目にした情景を詩に詠む。「国破れて山河在り、城春にして草木深し。時に感じては花にも涙を濺《そそ》ぎ、別れを恨んでは鳥にも心を驚かす」と。都は無残にも破壊されたものの、自然は以前に変りなく、春の訪れを目にするのであった。悠久なる自然と無常なる人事が見事な対比となって読む側に迫ってくる。日本でも松尾芭蕉が『奥の細道』に「国破れて山河あり、城春にして草青みたり」と記している。

苦《く》は楽《らく》の種《たね》

＝苦を楽しみの元

現在の苦労は将来の楽な生活のもととなる意。

幸不幸、運不運などと同じように、苦と楽はいわば裏表の関係にあり、片方が他方の対極をなす。江戸初期の『鷹筑波集』（巻三）に「たばこのむ老若男女きせると火　いまの苦労は楽の種なり」と見える。英語の **Sweat is pleasure after pain.** はほとんど同じ表現のもので、たとえを異にする同じようなことわざは世界にも多い。日本のものでは「楽は苦の種、苦は楽の種」のように対句形式で用いた例が多い。

首縊《くびくく》りの足《あし》を引《ひ》く

＝首吊《くびつ》りの足を引く

冷酷で慈悲心のかけらもない行為のたとえ。首を吊っていままさに死のうとしている人を見て、助けることもせずにかえって足を引っ張って死を早めるというのが原意だろう。冷酷極まりない行為と言えようが、古典落語『三都三人絵師』に「誤《あやまり》証文に金の千両もやつて散々誤つて然《そ》うして描け。夫《それ》で往《い》けなければ首を縊れ。首を縊るなら足でも引張つて手伝つてやる」とあるのを見ると、そこまで冷酷ではなさそうだ。なお、助けるはずが逆になってしまったという意の「首縊りを救うとてその足を引く」ということわざもある。

首振《くびふ》り三年《さんねん》ころ八年《はちねん》

何事でもその道を極めるには並大抵ではない鍛練《たんれん》が必要だというたとえ。

尺八は、名前の由来となった一尺八寸の長さを標準とする楽器。一本の竹の筒の前面に四つ、後ろに一つの指穴をあけただけの単純な構造で、音を上げる時には顎《あご》を突き出し、下げる時には引く。首を前後に振るその技巧を修得するには三年の歳月を要し、その上さらに、ころころという妙なる音を生じさせるには八年もかかるというのである。なお、このことわざは「桃栗三年柿八年」(別項)を言い換えたものと思われる。そのほかにも「ぽつぽつ三年波八年」は、ぽつぽつとした苔《こけ》と波を描けるようになるまでの画工の修行期間。「櫓《ろ》三年に棹《さお》八年」(別項)は舟を操る用具の修得期間。「唯識《ゆいしき》三年倶舎《くしゃ》八年」は仏教の修行や教義を理解する困難さを言うもの。いずれも三と八とが対になっている。

窪《くぼ》い所《ところ》に水溜《みずたま》る

＝低《ひく》い所に水溜る

利益のある所や条件が整った所には、人や金が集まるものだというたとえ。

低い地位や苦境にある者に苦難が集まるとか、何かあるとまず疑われるのは日頃評判の悪い者であるといった意にも使われる。鎌倉時代と推定される教訓書『渋柿』に「くぼきに依て水たまる」と見え、江戸後期の経世富国の書『経世秘策』に見出し形がことわざとして用いられている。

水母《くらげ》も骨《ほね》に会《あ》う

＝命《いのち》あれば水母も骨に会う

起りえないことや、大変珍しいことに出会う意。

水母の体は軟らかい寒天質でできており、骨はない。そこから「水母の骨」は、あるはずのない物やきわめて珍しい物のたとえに使われた。中華料理ではお馴染みであるが、日本でも古代から水母を食べていた。そのためか、同じ腔腸類に属するイソギンチャクなどがことわざに登場することがまずないのに比して、水母の例は少なくない。自分では泳げないでじたばたするたとえの「水母の風向かい」、目のない水母が自分に付着する海老《えび》の目を頼りにすることから協力し合うことのたとえの「水母は海老を目とする」などは古くから知られていた。なかでも見出しのことわざは平安時代の歌学書『袋草紙』(巻上)で増賀上人が歌の中に用いている古いもの。鎌倉時代にも「我恋は海の月をぞ待ちわたるくらげの骨にあふ夜ありやと」(『夫木《ふぼく》和歌抄』巻二七)と和歌に詠まれているように、古くから常用されていた。

暗闇《くらやみ》の恥《はじ》を明《あか》るみに出《だ》す

＝暗がりの恥を明るみに出す

そっとしておけば人に知られずにすんだ不名誉なことを、自分から世間に知らせてしまうこと。

恥しいことや非難されるようなことでも、暗がりでは他人に見えないから分らずにすんでしまう。しかし、明るい陽の光の下では隠しようがない。人に恥をさらすことを自分でしてしまう意のこのことわざは、だからそうする人は愚かだと笑いものにしているのかと言えばそうではない。そうした行為の事実をただ客観的に表現しているだけのものである。ことわざとしては特に面白味のある表現でもなく、明暗を対比しただけで特に工夫もないものながら、江戸前期の『俳諧太平記』などからよく用いられていた。

苦《くる》しい時《とき》の神頼《かみだの》み

①せつない時の神頼み　②悲しい時の神頼み　③叶《かな》わぬ時の神頼み　④苦しい時の神たたき

自分が苦境の時だけ他人に頼る身勝手さのたとえ。神様にお願いする内容は人さまざまであろう。自分が現在困っている切実な願いで祈ることもあろうし、この世の不可知なものを知ろうとしたり、心のやすらぎを得ようとしたりして祈ることもあろう。不満や不幸に救いの手を求める人がいるからこそ宗教が成り立ってきたとも言えるわけで、苦しい時、困った時に神に救いを求めるのは恥しいことではない。このことわざが批評しているのは、自分の都合だけで相手を利用し、事がすめば、はいさようならとする身勝手さである。安土桃山時代から異表現①のように言い慣わされ、江戸時代に種々の異表現が生れ伝承されてきたが、現代は見出し形や「困った時の神頼み」という言い回しがよく使われる。図は明治の広重と言われた小林清親《きよちか》がこのことわざを戯画的に表現した錦絵の一部分。

来《く》る者《もの》は拒《こば》まず、去《さ》る者は追《お》わず

⇩去る者は追わず、来《きた》る者は拒まず

紅《くれない》は園生《そのう》に植《う》えても隠《かく》れなし

優れた人物はどのような所でも輝いているというたとえ。

紅花《べにばな》は他の草に交じっても美しさが目立つことか

ら。『曾我物語』に表現を少し変えたものが見られるが、見出し形は『頼政』『安宅《あたか》』などの謡曲でよく用いられていた。

食《く》わぬ飯《いい》が髭《ひげ》に付《つ》く

身に覚えのない嫌疑をかけられたり、無実の罪をきせられること。

口にしてもいない飯粒が髭に付いているということから。古くは室町末期の俳諧『新撰犬筑波』や狂言『苞山伏《つと》』などに見られる。

君子《くんし》危《あや》うきに近寄《ちかよ》らず

〓君子危うきに近づかず

人格の高い立派な人は言動を慎しみ、むやみに危険なことはしないものだという意。

「君子」は漢籍によく出てくる語だが、これは漢籍由来ではなさそうだ。類似表現がいくつかある。江戸前期には「賢人は危きを見ず」(『世話尽《づくし》』)、「君子は危うきに居らず」(西鶴『懐硯《ふところすずり》』巻二)、中期には「君子危うきに立たず」や、異表現が言われていた。見出し形は、江戸後期あたりからのもの。もともとは、軽々しい振舞いで失敗をしないようにと戒めるものだが、上司を君子になぞらえて、自分とは世界が違うのだからという言訳や口実に使うのが現代では主流となっている。また、行動に慎重過ぎたり、躊躇《ちゅうちょ》したりしている人をからかう意で用いられることもある。

君子《くんし》に二言《にごん》なし

君子たる者は、一度口にしたことに責任をもち、変更することはないということ。

浄瑠璃『驪山比翼塚《めぐろ》』など江戸中期の文芸によく見られる。類義の「武士に二言なし」の方が現代は知られているが、当時はこちらの方がよく使われていた。

君子《くんし》は必《かなら》ずその独《ひと》りを慎《つつし》む

⇩小人閑居《しょうじんかんきょ》して不善《ふぜん》をなす

君子《くんし》豹変《ひょうへん》す

(1)徳があり人格の高い人物は、たとえ過ちを犯してもすぐに改める意。(2)上に立つ者の変り身の早さなどのたとえ。

「豹変」は、人の性行がはっきりと変ること。豹は時季がきて毛が抜け変ると、斑文が鮮やかに一変する。つまりこの語はもともとは、過ちを改めたり、自己変革の素早さを評価する肯定的用法のものだった。それが、激しく急に変る、それも悪い方に変る場合に使うことが多くなり、それにつれてこのことわざも変化してきた。現代では、政治家などの考えや方針の豹変ぶりを弁護する場合や、自らが自己を正当化するようなニュアンスで用いられている。出典は中国の『易経』(革卦)で、君子は時代の推移に従って自己変革を遂げ、豹の毛が美しく変るように自己を一新し、小人は顔色をあらためて君主につき従うとある。日本では、南北朝時代の仏教書『中正子』に「君子豹のごとく変ず」と見えるのが早い。

群盲《ぐんもう》象《ぞう》を撫《な》でる

＝衆盲《しゅうもう》象を模《も》す

物事の一部を見ただけで全体を誤って判断する意。

「群盲」「衆盲」は大勢の盲人。出典は仏典『六度集経』だが、日本では明治以前の文例は、「盲《めし》ひたる者のあつまりて、大象をさぐる」とする江戸前期の仮名草子『他我《たが》身の上』(巻四)など二点のみである。一方、絵画や彫刻等の図像資料には多く見られることから、絵師たちの好個の画題だったことがうかがわれる。ところでこのことわざは、近年、身障者を差別したものだと糾弾されている。「盲」を用いたことわざは少なく、「盲蛇《めくらへび》に怖《お》じず」(別項)、「盲千人目明き千人」(世の中には道理の分る人も分らない人もいる)などはよく知られているが、これらは江戸時代に言い慣わされたものである。当時の盲人には、特定の社会的地位や特権が用意されており、なかにはその特権を利用して金貸しを営み暴利をむさぼって庶民の反感を買う者も少なくなかった。強者や権威者の行状を笑いものにする姿勢はことわざの大きな特徴であり一つの流れである。江戸時代に、特権を悪用して反感を抱かれた盲人がこのことわざの標的となった可能性は少なくあるまい。図は『素真画譜』(一八五八年)から。

群羊《ぐんよう》を駆《か》って猛虎《もうこ》を攻《せ》める

(1)多数の弱国を結束させて強国に対抗させること。
(2)多数の弱者を集めて勝算のない戦いをするたとえ。
　中国・戦国時代の『戦国策』(楚策)に見える。周辺国を秦に同盟させようとしたいわゆる連衡《れんこう》策のために、張儀《ちょうぎ》が楚の懐王に同盟をうながした時の言葉で、羊を弱国楚に、虎を強国秦に見立てたもの。

け

鯨飲馬食《げいいんばしょく》

＝牛飲《ぎゅういん》馬食

大量の飲食物を猛烈な勢いで食するたとえ。

　鯨は、ナガスクジラの類だと一トン近い餌《えさ》が胃に入っていることがあるという。プランクトンや烏賊《いか》・小魚などを海水と一緒に呑み込み捕食するのだが、この時、いったん口に入る海水は何トンにも及ぶものだろう。実際には捕食の際に呑み込んだ水はすぐに排出される。いわば体内を通過するだけなのだが、ちょっと見には膨大な量の水を飲んでいるかに見えるわけだ。「馬食」も大食いのたとえ。ことわざが比較する相手は人間で、その人間が多量に飲む飲物といえば酒類ということになる。あまり古い用例は見当らず、福沢諭吉の『福翁自伝』に異表現、講談『西郷南洲』に見出し形がある。

鶏群《けいぐん》の一鶴《いっかく》

＝鶴《つる》の鶏《にわとり》の群《なか》に立つ

多くの凡俗な人の中に一人だけ立派な人物がいるたとえ。

鶏を凡人に、鶴を傑物になぞらえたもの。大昔は鶏も神鳥とされていたが、どうもことわざに現れる鶏の評価は芳《かんば》しくない。価値の分らない者に高価なものを与える無意味さのたとえの「鶏に小判」、物忘れの激しい意の「鶏は三歩歩くと忘れる」(別項)など。それに比して鶴の評価は高い。大儲けをするというたとえの「小鳥網で鶴をせしめる」、権威者のひと声の意の「鶴の一声」(別項)、心あるものは頼りとするところを選ぶ意の「鶴は枯木に巣をくわず」など、「雲泥の差」(別項)だ。出典は中国の『晋書』(嵇紹《けいしょう》列伝)。日本では、江戸後期の読本『逢州執着譚《おうしゅうしゅうじゃくものがたり》』に異表現が見られる。

鶏口《けいこう》となるも牛後《ぎゅうご》となる無《な》かれ

＝①鶏《にわとり》の嘴《くちばし》となるとも牛の尾《お》となることなかれ
②鶏の口となるとも牛の尻となるなかれ

大きな集団でどん尻に甘んじるより、小さな集団の長になる方がよいという意。

「鶏口」は鶏のくちばし、ここでは小さな集団の首領のたとえと解されてきた。「牛後」は牛の尻で、強大なもののあとについて隷従すること。出典は中国の『史記』(蘇秦《そしん》列伝)で、時の強国・秦に対抗するために六国の合従連衡《がっしょうれんこう》を説いた遊説家・蘇秦の言葉に発している。蘇秦は韓の宣恵王に、いま秦側につけば「牛後」となってしまうと説得する。日本でも早くから知られ、鎌倉時代の金言集『玉函秘抄《ぎょっかんひしょう》』をはじめ、江戸時代のことわざ集に少なからず収められているが、用例は少なく、朝倉氏と一向一揆について記した『朝倉始末記』に異表現①が見られる。

稽古《けいこ》に神変《じんぺん》あり

物事の習得に必死で取り組み修練すれば、人間の力を超えた境地に達するものだということ。

「神変」は人知でははかり知れない霊妙な変化を言うが、ここでは天才的な能力の発揮ということであろう。それが日々の稽古や努力で得られるとことわざは言う。「天才とは一パーセントのひらめきと九九パーセントの汗だ」は、発明王・エジソンの言葉。フランスの博物学者・哲学者のビュフォンも「天才はすなわち忍耐である」と天才観を示している。見出しの別表現とも言える「努力は天才を生む」という言葉さえある。やはり天才のもとには努力あるのみということらしい。江戸初期の仮名草子『大坂物語』の用例やことわざ集としての『毛吹草』への収載から見て、江戸時代には比較的用いられたようだが、現代では消えてしまった。

傾城買《けいせいが》いの糠味噌汁《ぬかみそじる》⇩女郎買《じょろうが》いの糠味噌汁

芸《げい》は道《みち》によって賢《かしこ》し⇩商売《しょうばい》は道によって賢し

芸《げい》は身《み》を助《たす》ける

＝芸は身を助く◉芸が身を助ける

売物になる芸を身につけていれば、生活に困った時に助けとなること。

江戸系いろはカルタの句として知られている。一口に芸といっても幅広い。ここでは遊興・道楽で身につけた芸。実際に身を助けた事例といえば、花柳界に出入りして修得した唄や座敷芸などが代表であろう。現代なら趣味で覚えたスポーツや稽古事の教師とか、各種学芸の専門家への転身などがありそうだ。ところで、実際に芸で身を助けようというのは、それだけ困難な境遇にあるということで、「芸が身を助けるほどの不仕合せ」ということわざの状況にもなる。こちらも、すでに江戸時代から広まっていた。

桂馬《けいま》の高上《たかあ》がり歩《ふ》の餌食《えじき》

＝桂馬の高飛び歩の餌食

実力が伴わずに不相応に高い身分についた者は失敗するということ。

将棋から出た言葉で、一般によく知られている。桂馬が不用意に敵陣へ進みすぎると、最も弱い歩に取られてしまうということから。山東京伝の『双蝶記』に用例が見えるが、江戸時代では常用されたものではないようだ。

怪我《けが》と弁当《べんとう》は自分持《じぶんもち》

負《お》ったけがの責任は本人にあること。

主に大工や職人の世界で言い慣わされていたことわざ。昔の鳶《とび》職人や大工は、作業中にけがをしても、その責任は親方や施主が負ってくれるものではなく、本人のせいだとされた。作業現場では休憩に茶菓は出されるが、昼の食事は自前の弁当が普通。ことわざには、けがの責任を自分が「持つ」と、弁当を「持つ」が重ねられている。現代の学校教育の現場でも、児童のけがをめぐる責任主体を表す考え方として用いられているように、このことわざが及んでいる範囲は広い。江戸から明治時代にかけて作られたもののようだが、職人言葉の辞典にはあるものの、どういうわけか通常のことわざ辞典には収載されていない。

怪我《けが》の功名《こうみょう》

＝過《あやま》ちの功名

(1)間違ってやってしまったことが思いがけずよい結果となること。(2)なにげなく行なったことが偶然よい結果を生むことのたとえ。

かつて大相撲で、けがをおして出場して優勝した横綱・千代の富士が、「これこそ怪我の功名だね」と言ったことがある。洒落で言ったのかどうかは定かではないが、ことわざの「怪我」は実際の負傷ではなく、失敗や過失のこと。「功名」は名誉を手にすることで、

「高名」とも書く。見出し形とともに江戸初期から見られる異表現に「過ち」とあるように、本来は(1)の意味だった。しかし、手段・方法・過程に誤りがあれば好結果を得る可能性は低いわけで、実際にはあまり該当する事例はなかったのではなかろうか。これに比べると(2)は大いにありそうで、こちらの比重が高まっていったのも納得できる。なお、早い例は江戸初期の『鷹筑波集』(巻三)の「春鳴くやけがの高名郭公《ほととぎす》」。

下戸《げこ》の肴《さかな》荒《あ》らし

酒の飲めない者が、酒のつまみや料理を食い荒らすこと。

「下戸」は酒の飲めない人。律令制で課税の最小単位を「戸」と言い、人数・資産によって上・中・下に分れていた。一説に、下戸は貧しいため酒の蓄えもないとされ、そこから酒が飲めない者となったという。当否はともかく、酒宴の席では下戸は苦労するようだ。差しつ差されつができず、宴の雰囲気に溶け込みにくい。飲むかわりにもっぱら食べることに専念する下戸のようすを上戸が評しているのがこのことわざ。そういう上戸の中には飲むだけで食べないのが酒飲みの本道だと心得違いしている者も少なくない。この手合が皮肉って言っている場合もありそう。なにせ酒飲みは、江戸の昔から自己正当化が得意(?)で「下戸の建てたる蔵もなし」(次項)と豪語してきたから……。

下戸《げこ》の建《た》てたる蔵《くら》もなし

――下戸の建てた蔵はなし

酒を飲めない者が、酒代がかからないからといって資産家になった例はないという意。

もっぱら酒飲みの自己弁護に使われる。西鶴『世間胸算用』(巻五)の「世の中に下戸の建てたる蔵もなしと歌ひて、又酒をぞ飲みける」のくだりは、この辺をあますところなく表現している。たしかに酒を飲まなくても浪費することは多々ある。ひと昔前の「飲む打つ買う」は、酒と賭《と》博《ばく》と女を言ったもので、身の破滅にいたりやすい浪費の三要素であったことは事実であろう。「打つ買う」はするが酒は飲まない者に対し、飲むけれど「打つ買う」をしない者が上の言葉を口にするならば、まだいくらか説得力もあろうが、これら三つは切り離せない一連のものかもしれない。「金は三欠《か》くに溜《たま》る」（別項）とすれば、酒を飲んで金が残ろうはずはない。用例は、西鶴以前にも江戸前期の咄本《はなしぼん》『醒睡笑《せいすいしよう》』に見える。図はことわざ図集『諺画苑』（一八〇八年）から。

下衆《げす》の後知恵《あとぢえ》

＝下衆の知恵は後につく◈下衆の後思案《あとじあん》

凡人は懸案の事柄がすんでしまってから名案を出すということ。また、それを皮肉っても言う。

「下衆」にもいろいろあるが、ここは普通人とか凡俗な人といったくらいの意。「後知恵」は事のすんだ後に出る知恵。つまり、皆が頭をかかえるような問題に凡人が名案を思いついても、それは往々にして事がすんでからなされるものだ、という現実を指摘する皮肉といったところだろう。名案をすぐ思いつくのは凡人ではないのだから……。下衆に関わることわざは少なくないが、その中では江戸初期から今日まで最も多用されている。比較的早い用例は「下子《げす》の知恵跡につけかし花に鐘」（『貞徳誹諧記』江戸前期）。

下衆《げす》の一寸《いっすん》のろまの三寸馬鹿《ばか》の開《あ》けっ放《ぱな》し

⇒のろまの一寸馬鹿の三寸

下衆《げす》の勘《かん》ぐり

品性の卑しい者は変に気をまわして見当違いの邪推をするものだということ。

「下衆」は本来は身分の低い者の意で、のちに心根の卑しい者の意になった。このことわざは実際の用法では、下衆の人間だから勘ぐるというのではなく、勘ぐるような下卑たことをする人間は下衆なのだ、という使い方になっている。現代では中型の国語辞典にも載っているほど一般的だが、意外にも定着はきわめて新しい。ことわざ辞典類への収載は、一九八二年刊行のものが最も早いようだ。

下衆《げす》の話《はなし》下《しも》へ回《まわ》る

品性に欠ける者の話は下品な話題で終るという意。「下衆」は本来は身分の低い者の意、転じて心根の卑しい者。「下へ回る」の代りに「糞《くそ》で収まる」「尻へ回る」という表現もある。見出しのことわざは江戸後期の洒落本『美止女南話《みしめなわ》』に用例がある。

下駄《げた》も阿弥陀《あみだ》も同《おな》じ木《き》のきれ
⇩仏《ほとけ》も下駄も同じ木のきれ

下駄《げた》を預《あず》ける

(1)自らの関わる事柄の処理・決定を、全面的に相手に一任すること。(2)問題の処理を相手に押しつけて任せた形をとること。

昔は芝居小屋などには下足を預けて入った。履物《はきもの》の下駄を預けてしまってはどこにも出掛けられない。そんなところから出たことわざ。下駄が庶民の日常の履物であった江戸中期以降に多く用いられたが、下駄を預ける場面がなくなり、下駄そのものを使用することも少なくなった現代でも、言葉だけが常用されているのだから面白い。「悪人とは云ひながら、さすが長袖にておはするな。三国無双の無理いひ、わやく人と聞きけるが、此《こ》の金輪めが勢に恐れ、とてもかなふまじと御覧じ、奉公せよ召しつかはんなどと、げたを預け給ひしか」(近松『天智天皇』第二)。

けちん坊《ぼう》の柿《かき》の種《たね》 ⇩吝《しわ》ん坊の柿の種

結構毛《けっこうけ》だらけ猫灰《ねこはい》だらけ

「結構」という言葉を茶化していう言葉。

言葉遊びの一種で、〈無駄口〉に分類される。わざと言葉を茶化したり、言葉の揚足取りやまぜ返しをするのが特徴と言える。例えば、「ありがとう」に対して「蟻《あり》が十《とお》なら蚯蚓《みみず》は二十《はたち》」、余計な世話焼きはするな、という時は「いらぬお世話の蒲焼」といった具合。「結構毛だらけ」という表現は幕末のことわざ集『国字分類諺語』に、「結構毛だらけ灰だらけ」は『あづま流行時代子供うた』に見られ、先行形と目される。見出し形は、映画『男はつらいよ』シリーズで主人公の寅《とら》さんが口にして一挙に広まった。いわく「結構毛だらけ猫灰だらけ。見上げたもんだよ屋根屋のふんどし。見下げたもんだよ底まで掘らせる井戸屋の後家さん……」。

螻蛄《けら》の水渡《みずわた》り

＝お螻蛄の水渡り

⑴どんなに努力しても無理なことのたとえ。⑵初めは熱中していても途中でやめてしまうこと。

「螻蛄」は蟋蟀《こおろぎ》に似たバッタ目の昆虫。土の中で生活し、大きな前肢《まえあし》をシャベル代りに使って穴を掘るのがうまい。地中には適した前肢も水の上では勝手がちがい、最初はさかんに動かすものの長続きせず中途でやめてしまう。現代ではほとんどお目にかかることがなくなってしまったが、かつては田舎で子供たちが水に浮べて競争させて遊んだものだった。実際に螻蛄が水渡りをすることはないので、子供たちの螻蛄遊びから起ったことわざではなかろうか。

螻蛄《けら》腹立《はらた》てれば鶫喜《つぐみよろこ》ぶ

＝鶫喜べば螻蛄は腹立てる

片方の怒りが他方の喜びとなるような、双方の利害が対立することのたとえ。

バッタ目の昆虫、螻蛄の前肢《まえあし》は大きく目立つ。鶫はスズメ目に属する小鳥で、林にいる螻蛄や蚯蚓《みみず》などを食う。かつてはかすみ網で大量に捕獲され食用になっていた。このことわざは、「釣鶫猟」という、鳥を魚のように釣る珍しい猟から出てきたもののようだ。この猟では、餌《えさ》に螻蛄を鉤《かぎ》にさしたものが使われた。餌となった螻蛄が怒りあばれ、それを喜びねらう鶫を鉤で釣り上げるという変った猟法である。現代ではまず耳にしないことわざだが、中世にはよく用いられた。「アド「声にもおのれ怖《お》ぢよかし」シテ「螻蛄腹立つれば」アド「螻蛄腹立つれば」シテ「鶫喜ぶ」アド「何でもない奴。しさりをれ」」(狂言『富士松』)。

毛《け》を吹《ふ》いて疵《きず》を求《もと》める

(1)わざわざ人の欠点をあげつらうこと。(2)人の過ちをあばこうとして、かえって自分の弱点を露呈すること。

動物の体毛や人の髪の下に隠れている小さな疵を、息で吹き分けて探し出す意から言う。中国・戦国時代の『韓非子《かんぴし》』(大体)に用例が見える古いことわざ。日本でも、平安時代の仏教説話『日本霊異記』(巻下)に「毛を吹きて疵ヲバ求む可《べ》から不《ず》」と否定形で用いられているのをはじめ、『後撰集』(巻一六)に「直《なお》き木に曲がれる枝もあるものを毛を吹き疵を言ふがわりなさ」と詠み込まれている。古代から近世にいたるまで、最も多用されたことわざの一つだったといってよいかもしれない。七百余のことわざを収めている江戸前期の俳諧作法書『毛吹草』の書名がこれによっていることは言うまでもない。図は江戸後期の地口《じぐち》絵集『神事《しんじ》行灯《あんどん》』(二編)からで、絵に添えられた詞書《ことばがき》は「毛をふいて疵ももとめぬ孫悟空」。

犬猿《けんえん》の仲《なか》 ―― 犬と猿

仲の悪い間柄のたとえ。

同じ意味でほかの動物になぞらえたものには「猫と犬」が多い。東欧を含むヨーロッパ全域、インドネシア、沖縄など。それ以外の動物では、例えばロシアに

「鵞鳥《がちょう》と豚のように暮す」がある。アフリカのハウサ語に「二人は犬の性と猿の性」と、日本とほぼ同じものがあるが、世界的に見れば犬猿派は例外的と言えるようだ。考えてみれば、家畜として最も身近な犬と野性の猿とではそれぞれの生活領域が違いすぎ、普通では仲を悪くすることもできない。にもかかわらず「犬と猿」という異表現は『今昔物語』(巻二六ノ七)の昔から江戸時代にかけて言い慣わされている。ただし、現代一般的な見出し形の明治以前の用例は見出していない。類義のものに「犬猿も啻《ただ》ならず」(尋常ではない仲の悪さである)が明治後期に見られる。

喧嘩《けんか》過《す》ぎての棒乳切《ぼうちぎり》

‖いさかい過ぎての乳切木◈いさかい果てての棒乳切木◈争《あらそ》い終りての乳切木

手遅れだったり、時期を失して効果のないことのたとえ。

「棒乳切」は「棒乳切木」の略で、棒や、乳切木《ちぎりき》すなわち両端を太く中央を少し細くけずった棒。立てると乳のあたりまであることからこう呼ばれた。本来は物を担《にな》うためのものであるが、喧嘩などにもよく使われた。ここは、喧嘩や争いごとが終った後で棒を持ち出して、そこに加わろうという情景。古くからいろいろに言われていた。「いさかひ果てての乳切木」(『平家物語』巻一一)、「いさかひの後のちぎりき」(日蓮『報恩抄』)、「争い終りの乳切木」(『源平盛衰記』衛四三)、「いさかい果てての乳切木」(狂言『乳切木』)など。見出し形そのものは、時代が下がって浮世草子『諸国武道容《かた》気《ぎ》』など江戸中期頃からになる。江戸系いろはカルタの最も古い種類のものにはこれが入っていたが、明治以降のものからはなくなっている。

喧嘩《けんか》両《りょう》成敗《せいばい》

喧嘩をした者は、理由のいかんを問わず、双方に罪があるとして罰すること。

喧嘩両成敗法は、戦乱の巷《ちまた》の秩序を維持するためにできた。故意に戦いを仕掛ける者とそれを防ぐ者の両者を処罰する「故戦《こせん》・防戦」の法として室町幕府が設けたものだが、徳川の世となって廃止された。しかし、機械的に両成敗する不条理さはあったものの、この法の精神は生き続けた。有名な赤穂浪士の仇討《あだうち》事件の引金となったのは、喧嘩の一方の吉良上野介《きらこうずけのすけ》に対する片手落ちの沙汰であった。江戸の庶民は、仇討という形で喧嘩両成敗を遂行した赤穂浪士の行為に快哉《かいさい》したのである。この仇討を記した『四十六士論』(一七四三年)などにことわざとして見える。現代でもこの精神は生きており、特に子供の喧嘩のさばきに使われたり、喧嘩の予防策として機能している。

乾坤一擲《けんこんいってき》

＝乾坤の一擲◆一擲乾坤を賭《と》す

天下を取るか失うか、のるかそるかの勝負をかけること。

「乾坤」は易の言葉で天地の意。「擲」は投げること。すなわち、さいころを投げて天(奇数)が出るか、地(偶数)が出るかのひと振りに運命や勝負をかけることから言われる。唐の詩人・韓愈《かんゆ》の「鴻溝《こうこう》を過ぐるの詩」が元になっている。日本でのことわざ集類への収載は江戸時代には見られず、明治に入ってからのものとなっている。

健全《けんぜん》なる精神《せいしん》は健全なる身体《しんたい》に宿《やど》る

健やかな肉体の持主は、健やかな精神をもつということ。

古代ローマの詩人ユウェナリスの風刺詩の中に見える。ただし、原文に「宿る」という言葉はない。もとは、精神と身体の共存両立は実際には困難であることを承知の上で、「健全な精神が健全な身体に宿りますように」と願望や祈りを込めたものだった。のちに、最後の願望の部分が落ちた形の **Mens sana in corpore sano.**(健全な精神が健全な身体に)で伝承されていった。そして、いつの間にか動詞「宿る」が補われ、健全な精神は健全な身体に宿るものだという〈真理〉を言う、元のものとは別の意味になって広まっていったようだ。伝承された近代の日本では、肉体を賛美し、相対的に精神を軽んじる思想であると短絡的に解釈されたこともある。日本の辞典類では『諺語大辞典』（一九一〇年）に収載されているのが早いもののようだ。

こ

恋《こい》に上下《じょうげ》の隔《へだ》てなし

――恋に隔てはなし

色恋には地位の高低や身分の上下はまったく関係ないということ。

恋を巡ることわざとしては、浄瑠璃『伊《だ》達競《てくらべ》阿《お》国《くに》戯場《かぶき》』など江戸中期頃からよく用いられた代表的なも

のである。

鯉《こい》の滝登《たきのぼ》り

立身出世のたとえ。

中国の黄河を上ってきた鯉は、難所の竜門と呼ばれる滝に至ってほとんどが挫折《ざせつ》するが、そこをうまく登ったものは竜に化するという伝説がある。そこから、立身出世への関門を言う「登竜門」という言葉も生れた。もっとも、鯉の生態からすれば、鮭などのように産卵のために急流を遡上《そじょう》することはなく、暖かい水域の深い所にずっといるから滝登りは想像の産物。日本の美術工芸においてこの図柄を数え上げていったらきりがあるまい。縁起物として好まれてきただけに、実にさまざまなジャンルに見られる。それに比べて文例となると極端に少ない。古いものでは江戸初期の俳諧『犬子集《えのこ》』（巻二）に詠み込

んだ句があり、近松の『淀鯉出世滝徳《よどごいしゅっせのたきのぼり》』はこの故事の由来を書名にしたもの。図は、漆器の椀の蓋に描かれたこのことわざの代表的な図柄。

恋《こい》の山《やま》には孔子《くじ》の倒《たお》れ ⇓ 孔子の倒れ

恋《こい》は曲者《くせもの》

恋愛で人は理性を奪われ、とんでもないことを引き起すということ。

「曲者」は、悪者・怪物、また変り者の意。恋という抽象概念を擬人化している。恋というものは人に強烈な衝撃を与えるようで、人は恋をすると悩んで「恋には身をやつす」ことになるし、そのせつなさは「恋の重荷」となって身を煩《わずら》わす。たとえ病気のようになっても「恋の病に薬なし」で、そのうち理性を失う「恋の闇」に陥り、聖人君子でも過ちを犯す「恋の山には孔子《くじ》の倒れ」(→孔子の倒れ)となりはてる。室町時代の歌謡『閑吟集』に「こしかたより今の世までも絶えせぬ物は、恋といへる曲物、げに恋は曲物かな」と見え、悩み多きは恋の世界といったところが連綿と続いている。

恋《こい》は思案《しあん》の外《ほか》 ⇓ 色《いろ》は思案の外

光陰矢《こういんや》の如《ごと》し

月日の過ぎるのは早く、しかも二度と戻らぬこと。

「光陰」の「光」は日、「陰」が月で、月日、歳月の意。「光陰」を光線と誤解して、光は速いという意に誤解されることもあるという。矢はかつて速さが実感できる代表的なもので、しかも一度放たれた矢は再び射手の側に戻ることがないから、たとえるのにうってつけだったと言えようか。中国の『禅門諸祖偈頌《げじゅ》』に「光陰箭《や》の如し」の表記が見える。日本では南北朝時代の『曾我物語』(巻七)に「光陰矢のごとく」とあり、室町時代の『愛宕《あたご》地蔵之物語』にも用例がある。江戸時代には頻出するようになっており、なかには「光陰は流水のごとし」（浮世草子『好色敗毒散』江戸中期）と言い換えたものもある。平賀源内の「光陰は鉄砲の如し」（『風流志道軒伝』巻一）となると洒落であろうか。

後悔《こうかい》先《さき》に立《た》たず

物事がすんでしまってから、悔やんだり残念がってもどうにもならない意。

「後悔」は文字通り、ある行為の後でその過ちなどに気づき無念に思うことだから、前もって後悔はできない。ことわざの意味するところは、後悔が先にできないのだから、物事をなす際には後悔の残らないようにすべきということ。古いものでは『保元物語』（巻中）に「後悔さきにたつべからず」、日蓮の『下山抄』に「後悔前に不レ立」、『源平盛衰記』（巻二三）に「後悔先に立たぬ事」などとある。いずれにせよ、「後」と「先」という反意語が組合さってはいるものの、さしたる技巧もなくことわざとしては面白みに欠ける。そのせいか、のちには「後悔と槍持《やりもち》は先に立たず」とか、「後悔先に立たず、提灯持《ちょうちんもち》後《あと》に立たず」などと膨《ふく》らませた言い回しも現れたが、結果的には単純な見出しの表現だけが残ったようだ。

孝経《こうきょう》を読《よ》んで母《はは》の頭《あたま》を打《う》つ

＝①孝経を擎《ひっさ》げて母の頭を打つ　②孝経で父《ちち》の頭くらわす

言うことと行うことが不一致のたとえ。

親孝行を説く経書で親をなぐることから。孝経は孔子が孝道を述べた書。中国由来に見えるが、空海の『秘蔵宝鑰《ほうやく》』にことわざとして異表現①が引用されている。見出し形は江戸中期の仏教を勧める書『三彝《さんい》訓《くん》』に「ただその辞を学びてその道を修めずんば、即ちかの狂子、孝経を読みて母の頭を撃つがごとく」と見え、②は後期のことわざ集に収められている。

攻撃《こうげき》は最大《さいだい》の防御《ぼうぎょ》

敵や相手を攻めることは、結果として一番の守りになるという意。

通常の戦いは、双方が攻撃しあい、そのうち劣勢に立った方が守りに入るだろう。少なくとも、反撃のない守りだけで敵に勝つことは、長丁場の持久戦で相手が戦力を維持できなくなるような場合以外ではないだろう。優位に立っていればこそ攻撃に専念できるのであり、そうなれば守る必要はないことになる。要は、「防御」などという受身なことは考えず、ひたすら積極的に攻撃することだけを考えよ、というのがこのことわざの本意であろう。

巧言令色《こうげんれいしょく》鮮《すくな》し仁《じん》

＝巧言令色

口がうまく、やたらに愛想がよいのは、本当の徳をもった人ではないという意。

「巧言」は口先だけうまく言うこと、「令色」は人に気に入られるように媚《こ》びた表情をすること、「仁」は儒教で理想とする道徳で、人としての思いやりや真心。『論語』（学而）にある言葉。言葉遣いだけ丁寧で真心のこもっていない意の「口先《くちさき》の裃《かみしも》」のように、ことわざは、口がうまいことに対しては総じて厳しい判定を下す。その上おべっかが加わっては、自己弁護も反論の余地もなくなってしまう。日本では江戸中期の儒学者・伊藤東涯の『古今学変』などに見られる。

好事《こうじ》魔《ま》多《おお》し

＝好事魔を生ず

よいことには何かと邪魔が入ったり妨げる者が現れたりするものだという意。

「好事」はよいこと。「魔」は邪悪なことで、ここでは邪魔。「好事」はいくらか耳遠い語かもしれないが、「好事」も「魔」も特に難しい語ではないにもかかわらず、現代ではこのことわざの意味を知らない人は多いそうだ。

もともとは、中国・宋代の

『晁端礼《ちょうたんれい》』に見える語句で、「魔」は「磨」(困難・妨害の意)の字が当てられていた。中国での用例がそれほど古くないためか、日本での明治以前の用例は、異表現が江戸後期の読本『綟手《もじて》摺昔木偶《ずりむかしにんぎょう》』にあるものの見出し形は見当らない。図は「処世教訓漫画双六」(一九二九年)から。

孔子《こうし》も時《とき》に遇《あ》わず

(1)どんな立派な人でも時世に合わなければ埋もれてしまうこと。また、(2)有能な人でも機会にめぐり合わなければ才能が開花しないことのたとえ。

孔子が南方に出向いた折、庶民が飢餓《きが》状態の地に到り、孔子一行も食べ物に不自由した。その時、先生のように立派な方がどうしてこのような目に遇わなくてはならないのかと弟子が聞いた。それに対して、どんな賢者でも時世に合うか否かは運次第、自分だけが合わないわけではない、と答えたという『荀子《じゅんし》』(宥坐)に出てくる話に由来している。「機会が人を作る」という言葉があるように、能力や才能を具体化する場がなければ才能は世の中に現れることはない。日本でも『徒然草《つれづれぐさ》』にすでに用いられているし、のちには「時に遇《あわ》ざれば孔子もお茶を引く」(『風来六部集』序)と、混ぜ返した平賀源内の言葉もある。

好事《こうじ》門《もん》を出《い》でず、悪事《あくじ》千里《せんり》を行《ゆ》く ⇒ 悪事千里を走《はし》る

狡兎《こうと》死《し》して良狗《りょうく》烹《に》らる

——狡兎は死して狗《いぬ》は烹られる

どんなに役に立ったものでも、用済みのものはお払い箱になるということのたとえ。

「狡」はすばしこい、「狗」は犬。獲物であるところのすばしこい兎を捕獲してしまえば、猟犬は不用になって煮て食われてしまうということから。中国の『史記』(淮陰侯伝)に出典が求められ、敵対する国がなくなると、それまで参謀として尽した臣も邪魔になって殺されることのたとえに使っている。日本でも、江戸中

期の浄瑠璃『源氏大草紙』や、後期の上田秋成の歌文『藤簍冊子《つづらぶみ》』などに用例がある。

郷《ごう》に入《い》っては郷に従《したが》う

＝郷にいては郷に従え◆国に入りては国に従え

知らない土地に行ったら、その地の風俗・慣習に従うのが無難な世渡りだということ。

「郷」は古代中国の行政区画の称、また、里とか田舎のこと。中国の『荘子』(山木)の「その俗に入ってはその俗に従え」という表現が古いものだが、日本では見出し形や異表現などの言い回しで、『童子教』をはじめ古く鎌倉時代から常用されていた。ふつう新しい所に移住する者は少数派だ。以前から住み着いている多数派は、自分たちの風習や慣行に慣れきっており、そのなかには制度化されているものもある。そんな中に移住者が自分のものを持ち込めば、軋轢《あつれき》を生じるのは当然のこと。微妙な違いのある表現がいく通りもあるものの、主旨とするところは同じで、異郷に行ったらそこに住む人に馴れ親しむためにも、少なくとも当面はその地に同化せよということに尽きる。

甲張強《こうばりつよ》くて家押《いえお》し倒《たお》す

よくしようと思ってやったことが、逆の悪い結果を生んでしまうこと。

「甲張」は家などの倒壊を防ぐためにあてがう材木。「強張」「勾張」とも書く。そもそも甲張が必要ということは、老朽化など家自体に欠陥があるはずだから、当て木が強すぎれば家が倒れてしまうことだって起りうる。類義のものに「贔屓《ひいき》の引き倒し」がある。贔屓したことが、逆に贔屓された人に不利に作用する意で、見出しのことわざは、これの〈家屋版〉とでも言えそうである。安土桃山時代のことわざ集『北条氏直《うじなおじ》時分諺《ぶんことわざとめ》留』に筆録されており、江戸初期に用例が多く見られるものだが、現代は甲張自体が死語となり、このことわざも実生活から発せられることがなくなった。

弘法筆《こうぼうふで》を選《えら》ばず

＝①能書《のうしょ》は筆を択《えら》ばず　②達筆《たっぴつ》筆を選ばず

その道の名人・達人は、道具や用具のえり好みはしないということ。

弘法大師（空海）は嵯峨《さが》天皇、橘逸勢《たちばなのはやなり》とともに〈三筆〉といわれる平安初期の名筆家。大師が筆のえり好みをしなかったという話は伝承されていないが、大師のような書の名人だったら、筆の善し悪しは超越しているはずだと想像されて言い出されたのであろう。しかし、ふつう演奏家の楽器にせよ職人の工具にせよ、その道の大家・名人は道具を愛し執着するものだ。第一、音の外れたピアノでは曲にならないし、錆《さ》びた包丁で刺身はつくれない。要するに、ことわざ特有の誇張には違いないが、一番大事な腕をみがくことをないがしろにして、手段にすぎないものにこだわりすぎるなというのが真意であろう。異表現①が古い形で中国の古典にあり、②は江戸中期から見られるが、見出し形は明治になってからのようだ。

弘法《こうぼう》も筆《ふで》の誤《あやま》り

＝弘法にも筆の誤り

いかなる名人にも誤りはあるものだというたとえ。書の名人の弘法大師といえども時には書き損なうことがあるということから。同義のことわざは多いが、その中でも大変よく知られている。浄瑠璃『鎌倉三代記』など江戸時代の中頃から多くの用例を見ることができる。

蝙蝠《こうもり》も鳥《とり》のうち

⑴身分は低くても同じ仲間であること。⑵値打のない者が、優れた者の中で仲間ぶること。

蝙蝠は哺乳類であって鳥ではないが、鳥のように飛べる。ことわざの世界では常に鳥と比較され、劣ったものにみなされた。実際、見た目は（豚に失礼ながら）豚に似て、お世辞にも美形とは言えない。しかしその能力を比較してみると、例えば飛行力では、速さや距離で鳥に劣るものの、暗闇でも自由自在に飛べるといった優位な面をもっている。似たことわざで意味を間違えやすいものに「蝙蝠も鳥の真似《まね》」がある。こちらは、つまらぬ者でも優れた人を真似ていればそう見えてくるという意。どちらも多くはないが、江戸中期から用いられていた。

紺屋《こうや》……⇒紺屋《こんや》……

呉《ご》越同舟《えつどうしゅう》

⑴仲の悪い者や敵対者同士が同じ場所や境遇にいること。⑵敵同士でも共通の難事には協力し合って対応するということ。

　中国『孫子』（九地）に見える故事に由来する。互いに仲の悪い呉の国と越の国の者が、両国の境を流れる川を渡るのに同じ舟に乗り合せた場合、突風などが起れば一緒になって事態に対処しなければならないだろう、とあるもの。現代の日本でもよく見聞きするが、⑵の意で用いられる例はまずない。幕末の「孝明天皇御沙汰書」にたとえとして「同舟風波に遇《あえ》ば胡越《こえつ》も一心」と見えるが、語句自体が一般に知られ用いられるようになったのは明治以降のようだ。明治時代に、呉と越の間のような深い恨みを言う「呉越の仇《あだ》」という表現を数点確認しているが、見出しの表現は主要な故事辞典より国語辞典の収載が早いようで『広辞林』（一九二五年）に見られる。

声《こえ》なくして人《ひと》を呼《よ》ぶ

＝声なうて人を呼ぶ

徳のある人のところには自然と人が集まってくるものだということ。

　普通なら、人を呼ぶためには声をかけなければならない。その声をかけずに人が呼べるというのである。言わんとするところは、直接、声を出す出さないの問題ではない。自分の方から求めないのに相手に慕われるのは人徳のなせるわざであるということ。もちろん、実際にはその徳を知るまわりの者の評判などがあるはずで、人徳者自らが声にしないだけということだろう。真の人徳は自分から云々するものではないのは当然で、まわりから知れてくるものである。自分の価値を売り込む現代の風潮とは対極をなすためか、江戸中期の浮世草子『子孫大黒柱』など江戸時代に常用されたこのことわざも現代では死語のようだ。

氷《こおり》にちりばめ水《みず》に描《えが》く ⇓ 水に絵《え》を描《か》く

小刀《こがたな》に鐔《つば》 ⇓ 匕首《あいくち》に鐔

故郷《こきょう》へ錦《にしき》を飾《かざ》る

＝①故郷へは錦を着て帰れ　②故郷へは錦を着る　③故郷へ錦　④帰るには錦着て行く

立身出世を遂げて故郷へ帰ること。

異表現①は、『平家物語』に用例が見えることから、見出し形にいたる前の形の一つだったと分る。錦は最上の織物だから、それを着るということは出世して立派になった証《あかし》。立派な衣服を身につけて、いわば生れ故郷への凱旋《がいせん》と言えよう。ひと旗あげることを志して故郷を離れた者の多くが、いつかは果したい願望として抱いたもの。もちろん、実際に錦を着られる者はわずかにすぎない。古くは『後撰集』(巻七)に「もみぢ葉を分けつつ行けば錦きて家にかへると人やみるらん」と紀貫之が詠んでいる。古代から近代まで、故郷を離れた人々の見果てぬ夢として生き続けていた言葉だった。

故郷忘《こきょうぼう》じ難《がた》し

ふるさとはいつまでも懐かしく忘れられないこと。

暮から正月を故郷で過す人達が、都会から田舎へ大移動する習慣は長い。田舎から都会へ移り住んだ人々にとって、田舎は何かの折に思い起されるもののようだ。今でも、県人会や同窓会など故郷を単位として運営されるものがあり、また、高校野球の全国大会などでもふるさとが強調される。一部に批判がありながら、変ることなく続いている。それほどに人は郷土に愛着があるということなのだろう。もちろん、「ふるさとは遠くにありて思うもの」という一面があるのも事実だが。このことわざは、昨日今日できたものではなく狂言『鈍太郎』に用例の見える古いもので、中世からずっと言い慣わされてきたというところに人の深層心理の一端をのぞくことができよう。

虎穴《こけつ》に入《い》らずんば虎子《こじ》を得《え》ず

――虎穴に入らざれば虎子を得ず

危険を覚悟して思い切ったことをしなければ、はなばなしい成果は得られないこと。

「虎穴」は虎がすむ洞穴。「虎子」はその穴の中にいる虎の子。貯めこんでいる大事な金やお宝を虎の子というように、ここの虎子は大変貴重なもののたとえ。なぜ虎子がそれほどに貴重だったかというと、虎は神経過敏な動物で、配偶者がなかなか得られない。やっと得ても、容易に交尾しないから子虎はめったに産れない。その上、子虎はなかなか無事には育たないというわけ。行動的で積極的なニュアンスが好まれてか、現代の代表的なことわざになっているが、中国『後漢書』(班超伝)に起源をもつ古いもの。日本でも室町時代の金言集『句双紙』に採録されているが、明治以前の用例となるとまれで、江戸後期の洒落本『傾城《けいせい》真之心《かたぎ》』(巻四)に「虎穴に入らずんは何《いずくんぞ》虎の子を得《えん》」とあるほかは、中国のことわざを縦横に駆使した馬琴の『里見八犬伝』に数例を見るにとどまる。

後家《ごけ》の踏《ふ》ん張《ば》り

――後家の頑張《がんば》り

(1)寡婦《かふ》が一家を支え、がんばっていること。(2)寡婦は、がんばりが前面に出すぎるため、女の魅力を欠きがちであるということ。

見出し形と異表現はまったく同義だが、「踏ん張り」

の方が、このことわざの含んでいるところをより鮮明に示しているように思われる。実際の用法では、⑴はごく表向きのもので、真意は⑵ということになろうか。寡婦には関心が集まりやすいのか、口さがない雀は「後家が出すぎてもめかえる大坂や」と後家の淀君を川柳に詠み、またことわざにとさえずる。「後家に花が咲く」は人妻時代より男の目を集める意だし、「後家の空き重箱」は後家を空家に重箱を女性器に見立て、借手があれば簡単に応じるというけしからぬもの。これらは、ことわざの意地悪さや残酷さが見えるもので、いくら一面を言い当てていようと、実際の使用に際しては十分な配慮が必要である。

心《こころ》を以《もっ》て心《こころ》に伝《つた》う ⇒ 以心伝心《いしんでんしん》

乞食《こじき》も場所《ばしょ》

なにをするにも場所を選ぶことは大切であるということ。

現代では直接物乞いする乞食はあまり見かけないが、かつては乞食は文字通り物を乞うて生きていた。人から物を貰うわけだから、人通りの多い場所や恵んでくれる人のいる付近が彼らにとって最も大切な場所となる。場所が大切なのは商売一般に共通する。新たに店を出す際に一番重要なのは場所の問題である。場所の選定が大事とすることわざは珍しく、しかもそのたとえを乞食にした珍しいものと言える。

乞食《こじき》を三日《みっか》すれば忘《わす》れぬ

乞食三日勤めて一生忘れがたし◈乞食三日やればやめられぬ◈乞食三日すれば三年忘れぬ

よくない習慣は一度身につくと正すのが難しいことのたとえ。

世間体さえ気にしなければ、飽食社会にあっては乞食生活は気楽そのものに見える。しかし、このことわざは新しいものではなく、用例が鶴屋南北の『玉藻前《たまものまえ》御園公服《くもいのはれぎぬ》』など江戸の昔からたくさんある。いくら、当時の世界一の人口を有した江戸の町といっても、食糧事情など現代とは比べるべくもないだろう。だから、ごみ漁《あさ》りではとても食を得られなかった。当時の人々がいくら情深くとも、そうそう物乞いがうまくゆくとは考えられないから、乞食生活の実態は決して安楽なものではないはず。それでも、制約の多い生活の枠から抜けだしたある種の気楽さが評価されていたのであろうか。

五十歩百歩《ごじっぽひゃっぽ》

①五十歩を以て百歩を笑う　②五十歩百歩の間

ある程度の差はあるが本質的な違いではないという意。大差なく似たり寄ったりのこと。

もとは中国の『孟子』(梁恵王上)に見える語で、敵の前線から五十歩退却した兵が、百歩逃げた兵を笑う愚を批評したもの。たしかにこの状況なら五十歩も百歩も変らない。一方で、最初の一歩や最後の一歩の大切さを言うことわざも少なくないから、五十歩でも要はその状況次第と言えよう。『太平記』(巻三九)に「五十歩に止る者、百歩に走るを咲《わらふが》如し」とあるように、このことわざの前身形と目されるものが古くから用いられていたことが分る。異表現①も近松作品などに見られ、類似した形も江戸時代の儒学書や国学書でさかんに用いられた。江戸後期にはすでに、見出し形のような簡潔な言い回しが出てきた一方で、現代では異表現を見聞きすることはなくなった。

小姑《こじゅうと》一人《ひとり》は鬼千匹《おにせんびき》に向《む》かう

姉姑《あねじゅうと》は鬼千匹に向かい小姑は鬼十匹に向かう

嫁にとって、夫の姉妹は千匹の鬼にも匹敵するほど怖くて厄介なものだということ。

「小姑」は正しくはコジュウトメ。「向かう」は相当する、匹敵する意。小姑一人を相手にするのは鬼千匹を相手にするのと同じだということ。言うまでもなく誇張された表現だが、この誇張の中に、嫁にとって小姑の厄介さ加減の実感が述べられている。世に嫁と姑の闘いは長く執拗《しつよう》だが、ここは小姑との闘い。ということは、姑とばかりでなく小姑とも激烈な闘いがあったという昔の嫁の実態を示していることになる。地域によっては、「小姑一人は猫千匹に向かう」とか「小姑は狐千匹」とも言い、鬼が動物に変化しているものがある。図は河鍋暁斎《きょうさい》の『狂斎百図』(江戸末期)から。

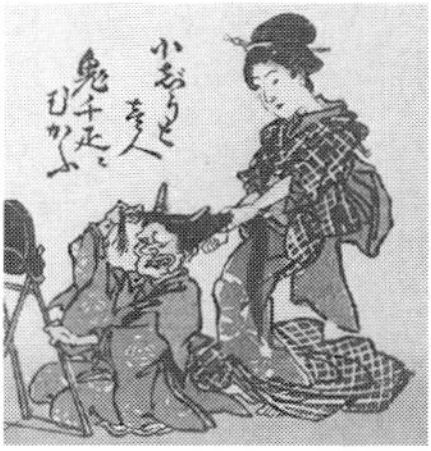

梧鼠《ごそ》の五技《ごぎ》

＝梧鼠五技にして窮《きゅう》す

(1)五種類もの能力があっても、まともなものが一つとしてないこと。(2)多芸で小器用だが使いものになる能力がないことのたとえ。

「梧鼠」はむささび、「五技」はむささびが持つ五つの技や能力。むささびは木から木へと飛び移れるが高くは飛べない。木登りも、泳ぐことも、穴掘りもでき、走ることさえできるがどれも満足ゆくものではない。同意のことわざに「螻蛄《けら》の五才」がある。「器用貧乏」(別項)も類義だが、こちらには器用さが逆に災いとなるといったニュアンスが伴う。中国『荀子《じゅんし》』(勧学)に出典があるが、おそらく日本のことわざではむささびが用いられた唯一のものであろう。

凝《こ》っては思案《しあん》に余《あま》る

＝凝っては思案に能《あた》わず

物事に熱中しすぎると気持ちにゆとりがなくなり、かえってよい考えが生れないということ。

「努力は天才を生む」可能性は高い。研究の優れた成果を得るには、その研究に熱中しなければ得られまい。ことわざにも「凝れば妙あり」とあるように、精神を集中すれば神技も生れるし、興趣も深まる。ところが、その集中も度が過ぎれば、手段である研究や勉強が自己目的に転化してしまい、そこに埋没してしまう危険性がある。要は程度問題だということだろう。

これは江戸中期頃からのことわざのようで、大田蜀山人の狂文『四方《よも》のあか』(巻上)に「ゑぬの子と共にさまよひつつ、お寺の茶の木にちよとうち誦《ず》し、凝《こり》ては思案にあたはざるたはれ歌の集会所《つどいどころ》に円居《まどい》しつつ」と見える。

骨肉《こつにく》の争《あらそ》い

——骨肉相食《あいは》む

(1)親子、兄弟などの肉親同士が争うこと。(2)親密なもの同士による陰惨なもめごとのたとえ。

「身内」という語が親族の意であるのと同じように、「骨」も「肉」も身の主要部分で、これを親族や親密な者にたとえたもの。動物の中には雄が自分の遺伝子を残すためにほかの雄の遺伝子から生れた子を殺してしまうことがあるというが、それは種の保存のための例外的事例であって、本来、動物の世界では「狼は狼を食わない」「犬は犬を食わない」ということわざのように、「同類相食《は》まず」は種の生存の原則になっている。それを人間様は、最も親密な間柄で殺し合う歴史を繰り返してきたのであるから、「人間は万物の霊長である」(人間はあらゆるものの中で最も優れている)などと恥しくてとても口にできない。なお、見出し形・異表現ともに江戸後期から見られるが、近代以前の用例は少ない。

コップの中《なか》の嵐《あらし》

ある狭い範囲で大変なことでも、大局的には何の問題にもならない事のたとえ。

コップの中は、ガラス一枚が外界との仕切になる小さな空間。その小さなコップの中でかりに嵐が起ったとしても、ほかへ影響することはない。英語の storm in a teacup を翻訳した語句のようだが、ことわざと見なされなかったのか、ことわざ辞典の類にはなかなか載らなかった。第二次大戦後最大の英語のことわざ辞典である『英語諺辞典』(一九七六年)でも、英文の見出しに「茶碗の中の嵐」という訳文をつけているにすぎない。他方で、どういうわけか、普通の国語辞典の方が早くから収載しているようで、小型のものですら同じ頃に載せている。

碁《ご》で負《ま》けたら将棋《しょうぎ》で勝《か》て

一つのことで負けたら別のことで勝てばよいということ。

江戸後期のことわざ画集『諺画苑《げんがえん》』に収録されているが、ほかに江戸時代の古い用例は見当らず、実際の使用例は少ないようだ。

言葉《ことば》多《おお》きは品少《しなすく》なし

＝言葉多き者は品少なし◉言葉多ければ品少なし

おしゃべりを戒める言葉。

「しな」は品位、品格。かつての日本では、口数が多いとどうしても軽々しく品位がないように見られがちだった。「言わぬは言うに勝る」(別項)とする言語に対する見方は、強固な思想となって形成されていたようだ。この思想をことわざという別の視角から表現したのが見出しの表現。江戸時代全般によく言い慣わされていたが、言われはじめは鎌倉時代の『童子教』のようで、室町時代の女子教訓書『仮名教訓』などに多く用例が見られる。

言葉《ことば》は身《み》の文《あや》

言葉はその人の品性や人柄を表すということ。

「あや」は模様、外見の飾り。身体の外見を飾る言葉が実はその人の中味を表しているということ。少し前までは、人は家庭や学校・交遊を通して言葉を身につけていった。したがって、言葉はその人の生い立ちや環境を反映することになり、言葉遣いを耳にしただけでその人となりや育ちが推しはかれたし、方言も各地にしっかりと生きていた。現代は、これまでのそれらの影響力が低下する反面、テレビが圧倒的な影響力をもってきている。テレビは全国ネットでの共通語の世界なので、全体を平準的でおしなべたものにしている。その意味で現代という時代は、言葉の地域性はもとよりこのことわざの意を見出すのが困難になっているのかもしれない。見出しのことわざは中国・春秋時代の『国語』(晋語)に出典があるもので、江戸時代には類義で人の性行を表す意の「言葉は立居《たちい》を表す」という表現もあった。

子供《こども》叱《しか》るな来《き》た道《みち》じゃ、老人《ろうじん》笑《わら》うな行《ゆ》く道じゃ

子供の悪戯《いたずら》をいちいち叱るものではなく、また、年寄りをばかにするものではないという意。

子供に悪戯は付き物で、それを通して成長してゆく。自分も少し前は子供だったのだから、あまり細かいことを咎《とが》めず鷹揚《おうよう》に対応するように。また、老人も、今でこそ衰えたり醜くなったりしているかもしれないが、かつては人生の先達として教えを受けたはず。自分だって近いうちに同じ身になるのだから、見下げるものではない。子供と老人を引合いにして、人生の来し方行く末に向けた優しい眼差《まなざし》を面白く表現している。古くからのものではなく、愛知県犬山市の掲示板に貼ってあったビラの言葉を永六輔氏が『無名人名語録』(一九八七年)に収めたことから知られるようになった。

子供《こども》好《ず》きは子供が知《し》る

子供が好きな人は子供の方で分り、なついてくるものだという意。

動物好きの人には、犬猫などはじめての動物でも不思議になつく場合が多い。反対に、例えば犬嫌いの人には、犬の方も警戒するのであろうか吠え立てたりする。人というものが少し分ってきはじめた段階の幼児は、ふだん接する母親やごく近しい人以外の他人に対してはいわゆる人見知りをするのに、俗に子供好きと呼ばれる人には平気だったりする。あくまでも、経験にもとづく印象に過ぎないが、どうやら子供好きな人間はどこか表情が違い、与える雰囲気などが異なって

いるのかもしれない。

子供《こども》に優《まさ》る宝《たから》なし

――子に過ぎたる宝なし

子供は人の世の中で最高の宝物だということ。

『万葉集』（巻五）で「銀《しろがね》も金《くがね》も玉も何せむに優れる宝子にしかめやも」と詠ったのは山上憶良《やまのうえのおくら》。言い回しは微妙に異なるが、子供を賛美する思想を表現したもので、古代からの一つの流れとなっている。鎌倉時代では、『保元物語』（巻中）に「人間の宝には子に過たる物こそなかりけれ」とあり、『平家物語』には異表現が登場する。室町時代には、御伽草子『唐糸草紙』に「子にましたる宝なし」、幸若舞『つきしま』に「人の子は宝」などとあり、江戸時代になると前期のことわざ集『世話尽《づくし》』に「子は第一の宝」とあり、後期の人情本『仮名文章娘節用《まじり》』（三編巻中）では「子宝とさへいふものを、大切な金銭よりも、子ほどまさつた宝はないと、誰しもしつた世の常言《ことわざ》」と、明確にことわざと規定している。

子供《こども》の喧嘩《けんか》親《おや》かまわず

子供同士のいさかいに、親たちは口出ししたり介入したりしてはならないということ。

子供の世界でも、利害の不一致や、好きだ嫌いだということはごく普通にあり、小さな争いをしながら成長してゆくものだ。喧嘩によって彼我の関係を認識したり、自分以外の他人の存在を自覚したりすることもできるようになるわけで、喧嘩は子供にとってはいわば成長の糧《かて》ともなる。たいていは些細なことから起きる子供の喧嘩だから、「今泣いた烏《からす》がもう笑った」（子供などの喜怒哀楽は簡単に変るということ）という具合に、終るのにも時間はかからない。その点で、いわゆるイジメとは本質的に異なる。だから子供の喧嘩に大人の親が踏み込むのは禁物。そんなことをしても「子供の喧嘩に親が出る」（次項）と非難を浴びるのが関の山であろう。

子供《こども》の喧嘩《けんか》に親《おや》が出《で》る

取るに足りないことに口出ししたり、おとなげない振舞いをしたりするたとえ。

子供同士の争いごとに、我が子可愛さで親が介入する愚かさを笑いものにしたもの。江戸後期の滑稽本『浮世風呂』に用例があり、愛知県の伝承童謡に「子供の喧嘩に親が出て、親の喧嘩に人が出て、なかなかなおらん薬屋さん」と歌うものがある。

子供《こども》は大人《おとな》の鏡《かがみ》

子供は大人の姿や生き方を反映するから、子供を鏡として生きてゆかなければいけないという教訓。

子供は日々の生活の中で親や大人のまねをし、大人に影響されながら成長してゆく。子供は姿顔かたちばかりでなく、性格・気質も親に似ることがある。遺伝的要因だけでなく、後天的な環境も影響を与えるのだから、時に子供は親の相似形となっても不思議ではない。親をもう少し広げて、子供をとりまく大人と言っても変りはない。「子供は大人を映す鏡」は、このことわざをもう少し説明的にしたもの。

子供《こども》は親《おや》の背中《せなか》を見《み》て育《そだ》つ

＝親の背を見て子は育つ ◉子供は親の後姿《うしろすがた》を見て育つ

子供はその親の立居振舞いや習慣をまねて育つということ。

異表現を含めていずれの表現も、現代のマスメディアを通して大変よく見聞きするものだが、言い出されたのは第二次大戦後もだいぶ経ってからのようで、そのためもあってか表現がいろいろで、一定した形になっていない。

子供《こども》は風《かぜ》の子《こ》

子供は寒くても平気で戸外で遊ぶこと。

「大人は火の子」（大人は寒さに弱く、暖かい所を好む）

と続けて言うこともある。子供を風の子と言う理由について、江戸前期の咄本《はなしぼん》『醒睡笑《せいすいしょう》』では「わらんべは風の子と、知る知らず世に言ふは何事ぞ。ふうふの間のなればなり」と、子供は夫婦の間にできたものだと、「夫婦」に風音の「ふうふう」を掛けた落し噺《ばなし》風の見方を示している。

子《こ》の心《こころ》親《おや》知《し》らず

よく知っているはずの親が、子供の考えや心の成長を分っていないということ。

「親の心子知らず」（別項）を切り返したことわざであるが、江戸初期の仮名草子『可笑記』（巻四）は「親の心を子もしらず、子の心を親知らぬ世のならひ」と並列にしてすでに用いていた。

子《こ》は鎹《かすがい》

――子は夫婦《ふうふ》の中の鎹

子供が夫婦関係を保つ役割になることのたとえ。

「鎹」は日常ではあまり見かけないが、主に建材などの材木同士をつなぎとめるための大きな鉄製の釘《くぎ》。両端がコの字形に曲っており、物と物をつなぐ用具としては相当に強力なものになっている。子の親たる夫婦関係に亀裂が生じても、子供への情愛が強ければ形の上では夫婦はつながっていられるというのである。つまり、妻と子との結びつきと、夫と子との結びつきがそれぞれあれば、子が夫婦をつなぐ用具、鎹となるからだ。それにしても子供を鎹にたとえて夫婦をつなげるとは上手《うま》い。現代でもよく用いられるが古いものではなく、明治時代に入ってから言い出されたと思われる。

子《こ》は三界《さんがい》の首枷《くびかせ》

子を思う気持ちのために親が生涯拘束されるというたとえ。

「三界」は仏教で、人間が輪廻転生《りんねてんしょう》するすべての世界、つまり欲界・色界《しきかい》・無色界を言う。「首枷」は首にはめて身体の自由を拘束する刑具。夫婦にとって「子は鎹《かすがい》」(前項)で、仲をつなぐありがたい存在でもあれば、時に束縛される首枷になるもののようだ。幸若舞『かまだ』や謡曲『天鼓』などに用例があるように、中世から常用されたことわざである。

小判《こばん》で面張《つらは》る ⇒ 金《かね》で面張る

五風十雨《ごふうじゅうう》

＝**五風十雨は作《さく》がいい**

(1)五日に一度風が吹き、一〇日に一度雨が降るのが農作物にはよいということ。(2)世の中が太平なことのたとえ。

中国の古典に出典が求められるもので、室町時代の金言集『句双紙』では「十日一雨五日一風」という言い回しで出てくる。江戸時代に多用されたことわざであるが、実際には全国各地ですべてこうした気候が最上とは言えないようだ。そのためであろうか、ことわざ辞典の中にはひと月のうちに五日風が吹き、一〇日雨が降るのが作物によいという、誤った解釈をしているものもある。実際に用いられていたのは、多くは(2)のものだった。

小坊主《こぼうず》一人《ひとり》に天狗《てんぐ》八人《はちにん》

＝**小坊主に天狗八人**

弱い一人に大勢の強い者が立ち向かうことで、力の釣合いがとれないことのたとえ。

天狗は鼻が異常に高く、人の形をしていながら翼があって自在に空を飛び、神通力をもつ想像上の怪物。小坊主はまだ修行中の身で法力も具わっていないから、神業をもつ天狗一人でも太刀打ちできない。それを八人の天狗というのだから、話にもならない。もっとも、このことわざを絵にした『諺画苑』(一八〇八年)では、図のように

小坊主が八人の天狗を従えて竹棒をかざして何かに立ち向かう様子が描かれているように見える。どうも、ことわざの意味するところとはまるで異なる、強いものの権威をかさに弱いものが威張る意の「虎《とら》の威《い》を借《か》る狐」(別項)か、強い味方がたくさんいる意のように思われる。これは絵師の誤解なのか、あるいは『諺画苑』によく見られる洒落ないし創意なのか、はたまたこのことわざには別の解釈がこの当時にはあったのかは、残念ながら解明できていない。

ごまめの歯《は》ぎしり

能力や力のない者が、いたずらに憤慨することのたとえ。

「ごまめ」は片口鰯《いわし》を干したもの。漢字では「鱓」「古女」などと書き、田の肥料にすれば四万俵だった収穫が五万俵になるので「五万米」とも書かれ、「田作《たつくり》」とも呼ばれる。そうした縁起から、お節料理にも用いられている。生きていない魚が歯ぎしりすることはあり得ないから、ことによると干す過程で歯ぎしりに似た音でも出すのだろうか。それともそれは考えすぎで、日本の代表的な小さな魚を単なる引合いとして用いたにすぎないのだろうか。使い方によっていろいろなニュアンスを帯びてくることわざは多いが、これもその一つ。自分で自分をたとえた場合は自嘲となり、他人を批評すると皮肉のこもった眼差《まなざし》となる。ただし、大人に比べて能力や力が劣っているからといって、魚ならぬ人間の子供がいくら怒ってもごまめの歯ぎしりには当てはまらない。江戸中期から用いられており、後期の滑稽本『人心覗機関《ひとごころのぞきからくり》』などに用例が見える。

ごみ溜《た》めに鶴《つる》 ⇩ 掃溜《はきだ》めに鶴

小娘《こむすめ》と小袋《こぶくろ》

＝小娘と小袋は油断がならぬ ◈小袋と小娘に油断ならぬ

娘は傷がつきやすいので、常に用心を怠ってはならない意。

小さな袋はついつい物を入れすぎて裂けたり破けたりしやすい。娘も、子供だ子供だと思っているうちにいつの間にか色気づき、気がついたら〈傷もの〉になっていたりするから、親は娘から目をはなすことなく用心するに越したことがないということだろう。暗に、袋が破れることと娘が傷ものになる意が重ねられていると見ることもできる。異表現の「油断がならぬ」という形がもともとの表現だが、実際の用法に差異はない。江戸前期から言い慣わされており、古脚本『小栗十二段』(第二)の「「私は美しい男の、而《しか》も達者なのに添はせて下されませいと拝みます」「むゝ小袋と小娘に油断がならぬといふが、正《しよう》ぢや。乳母は何と拝む」」は、油断も隙もない小娘のさまを描いている。

子《こ》故《ゆえ》の闇《やみ》に迷《まよ》う

子供への愛情の強さから、親が理性を失い思慮分別もつかなくなるということ。

平安時代の『大和物語』(四五段)に「人のおやの心は闇にあらねども子を思ふみちにまよひぬるかな」と詠まれているように、古代・中世から近世までの常用のことわざであった。

五《ご》里《り》霧《む》中《ちゅう》

(1)深い霧で方角を見失うこと。(2)状況が分らず判断を下せないこと。

五里は約二〇キロメートル。「霧」を「夢」として、夢見心地と間違われやすいが、五里四方にわたる霧すなわち「五里霧」の中、の意。中国の『後漢書』(張楷《ちょうかい》伝)に見られる故事に由来する。後漢の張楷は、道術によって五里霧を起すことができた。三里霧しか起せなかった裴優《はいゆう》は、なんとか張楷に学びたいと思ったが、張楷は姿をかくして会おうとはしなかった。その後、裴優は霧を起す技を悪事に利用しようとして失敗したという。日本では現代もよく用いられるものだが近代以前の用例は見当らない。明治時代の回想記『在臆話記』に見られることから、常用となるのは明治以降のようだ。

転《ころ》がる石《いし》に苔《こけ》つかず ⇒ 転石《てんせき》苔を生《しょう》ぜず

転《ころ》ばぬ先《さき》の杖《つえ》

＝倒《たお》れぬ先の杖

あらかじめ準備を整え、失敗をしないようにすることのたとえ。

杖といえば、老人や障害者には必需品であろう。山歩きにも役に立つ。江戸後期の人情本『春色辰巳園《たつみのその》』（巻四）の「増「……杖をやろうか」母「ころばぬさきの用心か。まだそれ程は老込《おいこま》ねへ」増「おめへはおいこまねへつもりでも」母「ゑゝもういいにしねへな」」は、老人の例。「濡《ぬ》れぬ先の傘」など同義のことわざもいくつかあるが、現代では何といってもこのことわざが最もよく知られている。杖の形の交通安全のお守り札や、商業広告で杖をついた人のイラストなどにこのことわざを添えたものも見受けられる。

転《ころ》べば糞《くそ》の上《うえ》

＝ころびゃ糞の中

不運な目にあった上にまた不幸なことが重なるたとえ。

江戸時代には犬の糞はそこらじゅうにあった。これを「江戸の名物は火事・喧嘩《けんか》・犬の糞」と言っていた。街中が犬の糞だらけなら、畑の中にも肥料用の糞壺がある。そんなあたりで転んだりすれば、ゆゆしき事態が思い浮ぶ。とかく人生には不幸や不運は重なることが多いようで、この意を表現することわざは多彩。「泣き面《なつら》に蜂《はち》」（別項）、指を切ったところがさらに痛む「痛みに塩」、たんこぶをこしらえてしまったその上に腫《は》れ物ができる「瘤《こぶ》の上の腫れ物」などなど。まあ、それでも時には、「転んだ所で金を拾う」幸運もないことはない。

衣《ころも》ばかりで和尚《おしよう》はできぬ

⑴うわべだけ整えても役には立たないこと。⑵外見だけで人は判断できないこと。

いくら立派な法衣をまとい、偉そうな僧に見えても、経も唱えられず説法もできなくてはとても僧侶とは言えまい。このことわざの一方で、外見もそれなりに大事だという「馬子《まご》にも衣装」（別項）ということわざがあるように、外見をどうすべきかは一様には言い切れないようだ。両者の類諺を見ると、「馬子」側がかなりあるのに対して、見出し側はあきらかに少ない。というのもこちらは歴史が浅く、じつは英語のThe hood does not make the monk. の翻訳なのである。「法衣は僧を作らず」が『西洋諺喩一語千金』（一八八八年）に見える。翻訳臭さがなく語の調子のよい見出しの言い回しは、明治の末年になってから使われるようになったに過ぎない。

転《ころ》んでもただでは起《お》きない

＝転げてもただでは起きぬ

⑴自分に不利な状況でも、利益になるようなことをすること。またそうすることのたとえ。⑵機敏で聡《さと》い人のたとえ。

何かの拍子に転んでしまっても、ただ衣服についた砂や土を落すだけではなく、近くにあった物をつかんで起き上るということ。古くは「倒れる所に土を摑《つか》む」「こけても土」「転びても土を摑む」「こけても砂を摑む」などさまざまに言い慣わされ続けてきた。どれも、意味するところは同じ。早い用例に「受領《ずりよう》は倒る所に土を摑めとこそいへ」（『今昔物語』巻二八ノ三八）とあるように、受領（国守）が強欲非道であったことから生れたことわざと言えるかもしれない。

コロンブスの卵《たまご》

⑴なんでもないように見えることでも最初に考え、

やり遂げるのは難しいということ。⑵ちょっとしたアイディアで、事が可能になるというたとえ。

人類史上初めて大西洋を横断したコロンブスの偉業を祝うパーティーで、「航海していれば陸にぶつかるのは当然」と言われたコロンブスは、テーブルの上に卵を立てることができるかと問い掛けた。だれもできないのを見届けてから、彼は卵の殻の尻を少しつぶして立てたという。これはその逸話からできたとされ、世界的に知られており、日本では第三期国定教科書『尋常小学国語読本』（巻八）に紹介されている。ただし、この逸話が史実かどうかは定かではない。史実としては、コロンブスより約五〇年前に、ブルネレスキというイタリアの建築家が大理石の上に卵の底をつぶして立てているが、コロンブスとの関係は分からない。

子《こ》を見《み》ること親《おや》にしかず

＝子を見ること父にしかず

子供のことは、その親が一番よく知っているということ。

中国の『管子』（大匡）に「子を知るは父に若くは莫く、臣を知るは君に若《し》くは莫《な》し」とあり、聖徳太子作と伝える『勝鬘経義《しょうまんぎょうぎ》疏《しょ》』（序説）に「子を相《み》ること父母に過ぐるはなく、臣《しん》を知ること君王に如《し》くはなし」とある。おそらくこれらが元となったものと考えられる。見出し形の早いものは、室町時代の政道書『樵談治要』あたりからのようだ。

子《こ》を持《も》って知《し》る親《おや》の恩《おん》

自らが親になってみた時に、親のありがたさが分るということ。

南北朝時代の『新千載集』に「人の子の親になりてぞ我が親の思ひはいとど思ひ知るらし」とこの意を詠んだ歌があるが、ことわざの形として言い慣わされるようになるのは江戸時代になってからのことで、前期の俳諧『続山井《やまのい》』に「子を持てこそしる親の恩」と、ほとんどそのままの形で詠まれている。

子《こ》を持《も》てば七十五度《しちじゅうごたび》泣《な》く

子供を育てるにはたくさんの苦労や心配ごとがあるという意。

子供を一人前にするまでにはさまざまなことが起る。赤ん坊の時は夜泣きに苦労する。少し大きくなっても、よく風邪を引く。外で遊び回る元気な「子供は風の子」(別項)は、現代では「子供は風邪の子」とさえ言われる。健康面ばかりではなく、やれイジメだ、教育だと限りない。というわけで、親は子供のために泣くこと数知れずとなる。なお、たくさんの意を表す語として「七十五」が用いられているが、もちろん具体的な数値に意味はない。「初物《はつもの》七十五日」(別項)など「七十五」を用いたことわざは多いが、なぜ「七十五」なのか分っていない。

今度《こんど》と化物見《ばけものみ》たことない

＝今度と化物に行き逢ったことがない ◈今度と化物出たことない

この次はとか、今度は必ずとか約束しても、口先だけで当てにならないこと。

日本のことわざの世界では、化物は存在するとは考えられていないようで、「下戸《げこ》と化物はない」「化物と安物はない」などと、存在しないということの引合いに出されたり、「化物の正体見たり枯れ尾花」と化物と思ったのは実は薄《すすき》だったとされたりしている。このことわざは、「今度」という当てにならない言葉が、出ることもない化物と組合せられたもの。化物と組になった語はどれも、化物とは似ても似つかない異質なものばかりだからこそ、抱き合せの効果が出るものなのであろう。

蒟蒻《こんにゃく》の幽霊《ゆうれい》

＝蒟蒻の化物《ばけもの》

ぶるぶると震えている様子。また、ひどくぐにゃぐにゃしている様子。

板状の蒟蒻をたてにしてもきちんと立たずにふにゃふにゃしていることから。山東京伝の黄表紙『不案配即席料理』など、江戸時代はよく用いられたが、現代は死語となっている。

権兵衛《ごんべえ》が種蒔《たねま》きゃ烏《からす》がほじくる

(1)人の骨折りを、後からぶち壊しにすること。(2)無意味な努力をすることのたとえ。

「権兵衛」は農夫の代名詞。もともとは俗謡の一部で、見出しの言葉に続けて「三度に一度は追わずばなるまい」とあった。二宮尊徳の言行録『二宮翁夜話』ではすでにことわざとして用いている。ところでこのことわざは、明治時代の引札《ひきふだ》(現代の広告ちらし)にしばしば図柄化されている。最初はこうした木炭の販売などの商業広告になぜこのことわざが用いられているのか解せなかったが、やがて図のように、この図柄を使った団扇《うちわ》に「勉強の種まき　お客はよせ来る　何んでも安価に　売らすばなる舞」という文句を添えたものに出会って納得した。烏を客に見立てて、種をほじくりに(商品を買いに)きてくださいという客寄せの縁起にこのことわざが使われていたというわけである。

紺屋《こんや》の明後日《あさって》

約束する期日が当てにならないことのたとえ。

「紺屋」は藍染《あいぞめ》の職人や染物屋のこと。染めることを「掻《か》く」と言ったことから、中世は「紺掻《こんかき》」と呼ばれていた。近世になって「紺掻屋」となり、略して「紺屋」となった。音転してコウヤとも。近世では織物はふつう自家生産だったが、染物は紺屋などに依存していた。染物は天気に影響されるため、予定通りに仕上りにくい。また当時、紺屋は鍛冶《かじ》屋とともに数少ない専門職であったため、需要と供給との関係で、客より紺屋の方が優位に立ちやすかった。このようなことわざができた背景には、この二つの要因が想像される。後者の要因が大きかったと思われるのが、「紺屋の明後日、鍛冶の明晩」「紺屋の明後日、医者の只今」といった類似したことわざの存在からうかがわれる。江戸前期の『俳諧当世男』（冬部）に「ときは木や紺屋のあさつて初時雨」と詠まれ、江戸時代には常用された。しかし紺屋が死語となった現代では、音だけからでは「今夜の明後日」と誤解されかねないありさまである。

紺屋《こんや》の白袴《しろばかま》

＝紺掻《こんかき》白袴

自分の専門のことや技量を自分には用いないことのたとえ。

「紺屋」は藍染《あいぞめ》の職人や染物屋のことで、中世は「紺掻」と呼ばれていた（→前項）。染物を職業としている者が、自分は染めていない白い袴をはいていることから。古くは異表現が多く、江戸初期の俳諧『鷹筑波集』（巻四）に「わらに降雪やこんかき白袴」と詠まれており、面白いことに同じ句は少し後の俳諧『崑山《こんざん》集《しゅう》』にも見えている。

さ

塞翁《さいおう》が馬《うま》 ⇒ 人間万事《にんげんばんじ》塞翁が馬

災害《さいがい》は忘《わす》れた頃《ころ》にやってくる

＝天災《てんさい》は忘れた頃にやってくる

災害は、日が経って悲惨な思いが希薄になり、災害への心構えなどを忘れてしまった頃に、再びやってくるものだという意。

異表現は、物理学者であり、災害防止にも多くの提言をした寺田寅彦の言った言葉とされるが、彼の残した著作物にはこの語句はないそうで、語句だけが一人歩きしているようだ。あまりに有名になったせいか、高知市の旧寺田寅彦邸址の記念碑に「天災は忘れられたる頃来る」と刻まれている。年初の「一年の計は元旦にあり」（別項）と同じように、今も毎年、関東大震災に基づく九月一日の防災の日には、いわば付き物のごとくにこの語句が用いられている。

細工《さいく》は流々《りゅうりゅう》仕《し》上《あ》げを御覧《ごろう》じろ

――①細工は流々仕上げを見よ　②細工は流々

やり方はさまざまあるが大事なのは結果だから、結果を見て批評せよという意。

「細工」は細かな点での工夫、「流々」は方法などがさまざまなこと。省略や短縮した形のものも多用された。異表現①は安土桃山時代のことわざ集『北条氏直《うじなお》時分諺留《じぶんことわざとめ》』に収載されており、江戸時代では見出し形と②が頻繁に使われた。

細工貧乏人宝《さいくびんぼうひとだから》 ⇩ 器用《きよう》貧乏

歳月人《さいげつひと》を待《ま》たず

時は人の都合にかまうことなくどんどん過ぎてゆくものだから、時間は大切にしなければいけないということ。

中国・晋代の陶淵明『雑詩』（其一）の結びの言葉。この世は無常であるから酒を楽しむのも若いうちだ、と言った後に続く。この句は江戸時代に親しまれた中国・宋代の『古文真宝』に収められているにもかかわらず、なぜか江戸時代のことわざ集にも収載されておらず、用例も見当らない。同義の「歳月と流水は人を待たず」という言い回しが明治初期にあったが、見出しの方は明治の後半からことわざ集へ収載されることが多くなっている。

才子多病《さいしたびょう》

才能のある人はとかく病気がちであること。

寝食を忘れるくらいに机に向かい続ければ体によい

はずはなく、病気が友達になってしまう。才能のある人といっても、主にスポーツなどの肉体面に優れている人ではなく、ひと昔前だったら本ばかり読んでいる青白きインテリあたりが連想されるであろう。しかし現実には健康で優秀な人はいくらでもいるから、このことわざは、社会的視点での事実を直截《ちょくせつ》に表現したとは言えないようだ。ことわざとしては、優秀な人が病気で倒れた時のなぐさめの言葉として、また、重要な人が病気で不在の時にそのことを嘆いて口にする言葉として、現代では比較的よく用いられる。

彩《さい》ずる仏《ほとけ》の鼻《はな》を欠《か》く

＝彩ずる鼻が欠ける◈彩ずる仏の鼻を削《そ》ぐ

ことを念入りにしすぎ、逆に肝心の所を壊したり全体を駄目にしてしまったりするたとえ。

「彩ずる」は彩色する意。丹精して彫り上げた仏像に、最後の仕上として彩りを施している際に誤って大事な仏の鼻を欠いてしまった、という状況だろう。せっかくきれいに仕上がろうとしているのに、肝心な鼻が欠けてしまっては台無しで、それまでの苦労は水の泡と化す。一般にことわざは、ことをなすに際して十分に注意せよとか「念には念を入れ」(別項)よという傾向が強いようだが、これはそれとは異なる意を表していて珍しい。早いものは江戸後期のことわざ集『諺《げん》苑《えん》』に「さいする仏鼻をそく」と収められている。

才槌《さいづち》で庭掃《にわは》く ⇒ 槌で庭掃く

骰子《さい》は投《な》げられた ⇒ ルビコン川《がわ》を渡《わた》る

先勝《さきが》ちは糞勝《くそが》ち

＝先の勝は馬鹿勝ち◈始めの勝は糞勝ち

勝負事では先勝しても後の保証にはならず、まるで当てにならないということ。

「糞勝ち」の「糞」は、「くそ真面目」などと同じように、他の語に付けて罵《ののし》ったり卑《いや》しめたりする意味をもつ。「先手必勝」の反対とも言えるもので、勝負事に限らず、最初のよい結果や幸運は最終的な成功ではないとする考え方。例えば賭博《とばく》のように、いくら最初に勝っても、最終的に損をしてしまえば始めの勝は何の意味もないわけで、最終的な結果がすべてとなる。とはいえ、戦いや勝負では、先に勝っておいた方が戦略的にも戦術的にも優位になる「先んずれば人を制す」(別項)ことも事実。要はその状況によるというところが妥当な答と言えそうだ。

鷺《さぎ》と烏《からす》

物事が正反対のたとえ。

鷺と烏は真白と真黒で、正反対なのは一目瞭然である。白い鳥ならほかにも鶴や白鳥がいるし、黒いものでも鵜《う》や燕《つばめ》がいるが、なぜか鷺と烏。特に日本画の世界では古くから、多くの作品が残されてきた。もっとも、描かれた絵の大部分は、正反対の意を表現している絵であるかどうかは分からない。なお、「鷺を烏」(↓烏を鷺と言う)は表現は似ているが、正を不正と言うことで、別意のことわざ。図は英《はなぶさ》一蝶《いっちょう》の『一蝶画譜』(一七七〇年)から。

先《さき》は野《の》となれ山《やま》となれ ⇓ 後《あと》は野となれ山となれ

鷺《さぎ》を烏《からす》 ⇓ 烏を鷺と言《い》う

先《さき》んずれば人《ひと》を制《せい》す

＝**先んずれば人を制す、後《おく》れれば人に制せらる**

相手より先になって事を行えば優位となり、相手を圧倒できること。

中国の『史記』(項羽紀)に見える言葉。『史記』では異表現に近い形で、戦乱を制するための挙兵の誘いとして使われている。そもそもが戦闘について用いた語句だった影響か、日本でも古くは軍記物に多用されている。『保元物語』(巻一)では「誠に先んずる時は人を制す、後にする時は人に制せらると言へば」と、事の先手・後手について明確に記す。現代では、人を押し退けて自分が先に立つ、という意味合いに解されて、いわば弱肉強食の別表現とみなす傾向があるが、もちろん、これは歪《ゆが》められた解釈。むしろ、機先を制すことが一番だとする「先手《せんて》は万手《ばんて》」とか、早いものが優位だとする「早いが勝」などの方が、意味の重なる部分が大きい。

策士《さくし》策に溺《おぼ》れる

＝策士策に倒《たお》れる

策略に富んだ人が策を労しすぎて失敗すること。中国生れのように見えるが、日本産のことわざ。現代は常用されているが、第二次大戦後に生れた若いことわざと思われる。文献に現れるようになったのは昭和三〇年代初めの国語辞典が早いもので、なぜかことわざ辞典に先行している。

桜《さくら》伐《き》る馬鹿《ばか》梅《うめ》伐らぬ馬鹿

⇒梅伐らぬ馬鹿桜伐る馬鹿

桜《さくら》は花《はな》に顕《あらわ》れる

ふだんは常人と変らないように見える人が、何かの折に優れた才能を発揮することのたとえ。ほかの木に交じっている桜は、ふだんはまったく目立たないが、一旦、花が咲けば一目でそれと分るということから。平安時代の『詞花集』(巻一)に「みやま木のその梢とも見えざりし桜は花にあらはれにけり」と詠まれており、この歌は『平家物語』などにも見られる。近世では常用されていたことわざである。

酒買《さけか》って尻切《しりき》られる

＝①酒盛って尻踏《ふ》まれる　②酒盛って尻

好意でしてやったことが、逆に仇《あだ》となって返されることのたとえ。

相手に酒をごちそうしてやったら、酔いが回って尻を切られるような乱暴を働かれたという情景のもの。「恩を仇で返す」(別項)と同意とされるが、微妙に異なる。抽象語の「恩」と、具象的な「酒」の違いばかりではない。「恩」の形が、ともすれば「恩きせ」になるような押しつけがましさが感じられるのに対して、酒をふるまうという親しみが込められた語感がある。それに、返された行為が手ひどいものなので、言わんとすることがより強調されていると言えよう。異表現①が近松の『今宮心中』(巻上)にあるように江戸時代には盛んに用いられたが、現代の使用はほとんどなくなっている。

酒《さけ》の酔《よい》本性《ほんしょう》忘《わす》れず

＝酒の酔本性違《たが》わず◈生酔《なまえい》本性違わず

酒に酔ってわけが分らなくなっても、その人の本来の性質は変るものではないこと。

酒を飲むとついつい気が大きくなり、「酒に酔って虎の首」と、虎の首でも取ったような大言壮語をすることもある。よい意味では、緊張をほぐすので口数が多くなるという「酒入れば舌出《い》ず」となる人や、胸の奥に秘めていたことが口に出る「酒が沈むと言葉が浮ぶ」こともある。酒によって隠れていたものが表に出てくるから「酒の中に真《まこと》あり」となるし、「酒は本心を現す」働きもする。このように、酒が人の感情や気持に及ぼす影響はいろいろで、それも強い力があるとするものがほとんど。そうした中で、これは酒が影響を及ぼさないことを言っており、異質といえば異質。なお、このことわざの解釈を、酒によって本心をさらけだす意とするのは誤解で、こちらは「酒に酔い本性現る」と言う。

酒《さけ》は憂《うれ》いを掃《はら》う玉箒《たまははき》

＝酒は憂いの玉箒

酒は心の憂いを取り除いてくれるありがたいものだというたとえ。

「玉箒」は箒《ほうき》をほめて言う語。箒で憂いを掃き清めてくれるのが酒だという、精神的効能を賛美したことわざ。酒が天からの賜り物だという「酒は天の美禄《びろく》」などとともに、酒を最も肯定的にとらえることわざの一つ。用例も江戸初期の仮名草子『可笑記』あたりから、あちこちに見られる。しかし、酒の徳を称えることわざは多くない。これ以外には南北朝時代の『曾我物語』(巻三)に、やはり憂いを忘れさせてくれるという「酒は忘憂《ぼうゆう》の徳あり」がある程度のようだ。

酒《さけ》は百薬《ひやくやく》の長《ちょう》

適量をたしなむ酒は、どんなにすぐれた薬より効目があること。

中国の『漢書』(食貨志)に見える古いもので、日本でも古くは南北朝時代の『曾我物語』あたりから用いられ、その後もよく使われている。適度に飲む酒は、血行をよくし、くつろいだ気持にさせてくれ、生理的にも精神的にもよいもの。中世には「酒は百薬の長として寿命を延《の》ぶ」と言われた。だがしかし……。「言うは易《やす》く行うは難《かた》し」(別項)で、一口に適量と言ってもこれがきわめて難しい。はなから適量の意識はなく、はしごを重ねて「はしご上戸《じょうご》は虎」になる人もまれではない。大虎になったあげく、虎箱ならぬ豚箱入りや病院送りの事態もある。そこで、「酒は諸悪の基《もと》」という見解が出るのも当然。薬どころか「酒は百害の長」だと、まったく逆のことわざもある。

雑魚《ざこ》の魚《とと》交《ま》じり

——じゃこの魚交じり

弱小な者が強大な者に交じること。

「雑魚」は小さな魚や取るに足りない魚。小魚が大きな魚の群に入り込んでいる情景が想像される。能力や身分などの釣合わない者が、場違いに交じっている場合などに用いられる。古くは同意の「ごまめの魚交じり」という言い回しが盛んに用いられていたが、江戸後期頃から見出しの形も言い出されるようになった。

さざれ石の巌《いわお》となる ⇒ 砂長《いさごちょう》じて巌となる

座《ざ》して食《く》らえば山《やま》も空《むな》し

＝座して食らえば箱《はこ》も空し

働かずに遊びほうければ、莫大な財産もたちまちなくなってしまうというたとえ。

中国の古典にいくつも用いられている。日本では、江戸後期の山東京伝の読本『双蝶記』に「坐して食らへば山も崩れ、坐して飲めば海も乾く」と、「食らう」に対する「飲む」を対句にしたものが用いられている。見出し形は式亭三馬の読本『阿古義物語』(後輯)に見られる。

座《ざ》禅《ぜん》組《く》むより肥《こや》し汲《く》め

自分の身に添わないことをやるより、本業をおろそかにせず励めということ。

農民が座禅を組んで精神修養するより、仕事である農業に重要な肥料「肥《こえ》」を汲めと言っている。同音の「組む」と「汲む」を取合せて語調を整えている。類義で、神仏に祈るよりもともとの自分の仕事である農業に励めという意の「念仏《ねんぶつ》申《もう》すより田を作れ」ということわざもあるように、圧倒的多数が農民であった時代に、農民の本業に対置されるものが宗教だったということは、それだけ宗教の影響力が強かったということなのであろう。

札束《さつたば》で面《つら》を張《は》る ⇒ 金《かね》で面張る

鯖《さば》の生《い》き腐《ぐさ》り

＝鯖の生き腐れ

鯖は生きがいいように見えても腐っていることがあること。また、それゆえに注意せよということ。

表面が青い、いわゆる光り物の魚は腐りやすいと言われる。その代表格が鯖。海水から揚げるとすぐに傷《いた》んで腐敗菌がつきやすい。外見は新鮮そうでも、食中毒を起しやすい魚として知られている。現代では、刺身にもなり生食でも大丈夫という感覚もでき始めてはいるが……。ことわざとしては江戸中期頃からあるものの、明治以前の用例は少ない。咄本《はなしぼん》『たいこの林』(一八二九年)に見える用例は、江戸時代のものとしては早い例。図は幕末の狂画集『諺臍《ことわざへそ》の宿替《やどがえ》』から。

寒《さむ》さの果《はて》も彼岸《ひがん》ぎり ⇒ 暑《あつ》さ寒さも彼岸まで

皿嘗《さらな》めた猫《ねこ》が科《とが》を負《お》う

大悪人や主犯は処罰されずに、小物や従犯ばかりが罰を受けることのたとえ。

皿にあった大きな魚を失敬した猫がいた。魚のにおいや魚汁が少し残っていたその皿を、後からやってきた猫が嘗めていたら、家人にみつかりとっちめられるという情景。先に魚を食ってしまった猫は食い得、嘗めた猫は叩かれ損ということで、猫をたとえに用いて世の不条理をついている。現代でも、疑獄事件や政官財癒着《ゆちゃく》にまつわる大事件で、下っ端や直接の担当者が詰腹を切らされたり自殺したりする一方、陰の黒幕や大物は安閑としている何ともやりきれない話が多い。それらを思うにつけ、言い得て妙なることわざだ。たとえを犬にした同意のことわざに「笊《ざる》なめた犬が科かぶる」「米食った犬が叩かれずに糠《ぬか》食った犬が叩かれる」があり、古代中国ではさらなる不条理をつく「鉤《かぎ》を窃《ぬす》む者は誅《ちゅう》せられ、国を窃む者は諸侯となる」ということわざまである。そして、それらは言葉だけでなく、現実のことでもあった。

笊《ざる》で水汲《みずく》む ⇒ 籠《かご》で水汲む

猿《さる》の尻笑《しりわら》い

＝**猿の面笑《つら》い◆猿の柿《かき》笑い**

自分のことは棚に上げて、他人の欠点を嘲笑《あざわら》うことのたとえ。

猿が、自分の尻も赤いのに、ほかの猿の尻が赤いと言って笑いものにすることから。同じ発想のことわざは多く、表現も豊富にある。「自分の尻糞《しりくそ》は見えぬ」「目糞鼻糞を笑う」（別項）の二つは汚物をたとえに用い、「熟柿《じゅくし》が熟柿《うみがき》を笑う」は熟した柿同士。「障子《しょうじ》の破れ目から隣の障子の破れを笑う」は、その情景が髣髴《ほうふつ》と思い描かれるようだし、二つのことわざを合体したようなしつこいばかりの「不身持《ふみもち》の儒者が医者の不養生を謗《そし》る」というものもある。これらの中では見出しのことわざが最も古くから常用されており、江戸前期の俳諧『続山井《やまのい》』には「我人の身をしらざるのしりわらひ」と、「知らざる」の「ざる」と「猿の尻」の「猿」を掛詞《かけことば》にした用法で詠まれている。

猿《さる》も木《き》から落《お》ちる

＝猿も木より落つる

その道の名人・達人でも失敗することがあるというたとえ。

中国・漢代の『淮南子《えなんじ》』（覧冥訓）に「猨狖顛蹶《えんゆうてんけつ》して木枝《ぼくし》を失う」（「猨狖」は猿、「顛蹶」はつまずき倒れること）という似た表現が見られ、出典の可能性がある。江戸初期の俳諧での使用頻度が高い。同工異曲のものがたくさんある。人間を引合いにしたものでは「釈迦《しゃか》にも経の読み違い」「弘法《こうぼう》も筆の誤り」（別項）、「智者も千慮《せんりょ》に一失」があり、「竜馬《りゅうめ》の躓《つまず》き」「百足《むかで》のあだ転び」「天狗の飛び損《そこ》ね」「河童《かっぱ》の川流れ」は動物や異界のものが主人公。そのほか「上手《じょうず》の手から水が漏る」（別項）という抽象的なものまであり、このことわざのもっている意味が普遍性をもっていることを証明しているようだ。「落はせで木からおるるや木のはざる」（俳諧『崑《こん》山集《ざんしゅう》』巻一二、江戸前期）。

去《さ》る者《もの》は追《お》わず、来《きた》る者は拒《こば》まず

＝来《く》る者は拒まず、去る者は追わず

自分から離反してゆく者はあえて引き止めず、やって来る者のえり好みはしないという意。

類似した表現が中国の古典にいくつか見られ、現代の日本でもよく用いられる。吉田松陰が久坂玄瑞《くさかげんずい》に宛てた書簡(一八五八年)に「来者不㆑拒、去者不㆑追にあり」と見えてはいるが、近代以前によく使われたものではなかった。

去《さ》る者《もの》は日々《ひび》に疎《うと》し

⑴死者は、月日の経つとともに忘れられるということ。また、⑵親しい人も遠くに行ってしまうと次第に疎遠になるということ。

「去る者」は死者および遠方に離れていった人。いくら親しい間柄であっても、身近に接する機会がなくなれば、関係が疎遠になるのはやむをえない。去った人はいなくとも日常の生活は残っているわけであり、場合によっては代りとなるような別の人との付き合いができるかもしれない。中国の『文選《もんぜん》』(雑詩上)にある詩が出典となっている。そこでは「去れる者は日《ひび》に以て疎まれ、生ける者は日に以て親しまる」と詠まれ、死者と生者が対をなしている。見出しの表現は『徒然草《つれづれぐさ》』(三〇段)で用いられ、日本でも早くから知られていた。

触《さわ》らぬ神《かみ》に祟《たたり》なし

＝参らぬ神に祟なし

関り合いをもたなければ災いを蒙ることはないというたとえ。

「祟」は、神仏が意に反する人間の行為に下す咎《とが》め。「触らぬ神」は、神様と接触をもたないこと。なまじ神様に願掛けしたり、自分に都合のよい勝手な祈りを捧げたりするから、逆に神罰が下ることにもなる。神は抽象的な存在と見る見方もあるが、ここは神罰や神の怒りが実際にあると人々が認め、畏怖《いふ》していることが前提。「触らぬ蜂《はち》は刺さぬ」は、このことわざの意を具体的に表現したもの。たしかに蜂の巣に近づいたり、触ったりしなければ、刺されることもないだろう。もっとも、神様を蜂と一緒に扱ってはそれこそ神罰が下るかもしれないが。これを、神様とは関係のない神罰の及ばぬ世俗の場で用いると、自己保身に汲々《きゅうきゅう》とする姿を表すものになってしまう。江戸中期に見られるもので、ことわざ集では『尾張俗諺』の「京師通諺」にあり、用例は異表現が浮世草子『本朝会稽山』に、見出し形が儒学書『聖学問答』に見られ、後者は「近づく神に祟あり」と対をなして用いられている。図は、ことわざ図集『諺画苑』（一八〇八年）から。

三歳《さんさい》の翁《おきな》、百歳《ひゃくさい》の童子《どうじ》

＝十歳《じっさい》の翁、百歳の童子

十分に歳を重ねても愚かな者もいれば、若年でも老巧な者もいるということ。

江戸時代の仏教書『妙好人伝』（初編）に異表現が世のことわざとして引例されてはいるが、江戸時代でも多用されたことわざではなかった。

三尺下《さんじゃくさ》がって師《し》の影《かげ》を踏《ふ》まず

＝七尺《しちしゃく》去って師の影を踏まず ◈三歩下がって師の影を踏まず

弟子は師を敬い、いかなる時も礼を失してはならないという意。

弟子が師に随行する時は、師の影を踏まないように離れて行かなければならないということから。異表現の「七尺」形が中国・唐代の『教誡律義』にあり、日本でも狂言『塗師《ぬし》』など近代以前に多くの用例がある。見出し形は、安土桃山時代のことわざ集『北条氏《うじ》直時分諺留《なおじぶんことわざとめ》』や江戸時代のことわざ集に収められている。

三十振袖四十島田《さんじゅうふりそでしじゅうしまだ》

＝三十振袖

(1)年増が年不相応な若づくりをすること。(2)晩婚のこと。(3)下級の売笑婦が若く化ける形容。

袖丈の長い振袖は、現代は未婚女性の礼装となっているが、近世では元服前の男女が用いた。「島田」は島田髷《まげ》のことで、かつて未婚の女の髪型だった。つまり、三〇歳の女が振袖を着て、四〇歳の女が島田髷を結っていることを指している。江戸前期の俗謡「鹿児島」に「ここに流行《はや》らぬ、鹿児島にはやるさ、ナサ、三十振袖、四十島田、ナ、ホイサ〳〵」と用いられたのが早く、これは(2)の意。

三十六計逃《さんじゅうろっけいに》げるに如《し》かず

‖ ①三十六策《さく》走るは是《こ》れ上計　②三十六計逃げるが勝　③三十六の計も走るをよし

(1)逃げるべき時は、逃げるのが最上の計略だということ。(2)めんどうなことは避ける方がよいこと。

「計」は計略の意で、「三十六」は具体的数字に意味はなく、たくさん、多くのということ。中国・六朝時代の『南斉書』(列伝七)に異表現①が、謀叛を起した軍の侵攻に対する方策として用いられている。戦闘において、逃げることは必ずしも恥しいことやしてはならないことではなかった。「逃げた者はもう一度戦える」はプルターク『英雄伝』に、「退却は逃げることではない」は『ドン・キホーテ』に見えるということわざ。日本では古くはあまり用いられていなかったが、①が江戸後期の高野長英の『蛮社遭厄小記《ばんしゃそうやくしょうき》』に見られ、見出し形は中国のことわざをよく援用した馬琴の『里見八犬伝』(七輯巻六)に「捕手《とりて》をここへ向《むけ》らるべし。三十六計逃るにしかず。今宵のうちに逐電《ちくでん》せん」などと、何回も使われている。現代では将棋などの勝負事で、逃げをうったのを卑怯《ひきょう》と罵《ののし》られた時に自己弁護に用いることが多いようだ。

山椒《さんしょう》は小《こ》粒《つぶ》でもぴりりと辛《から》い

‖ 山椒は小粒でも辛い　◈山椒は小粒

姿形は小さくても気性が強く、能力も高くて侮りがたいことのたとえ。

鰻《うなぎ》の蒲焼、魚や鳥の照焼に欠かせない香辛料の山椒は、山椒の小さな実を粉に挽《ひ》いたもの。江戸時代には「ぴりりと辛いは山椒の粉《こ》、すいすい辛いは胡椒《こしょう》の粉、けしの粉ごまの粉陳皮《ちんぴ》の粉、中で良いのが娘の子、いねむりするのは禿《かむろ》の子、とんとんとんとんとんがらし」と囃《はや》しながら香辛料を売り歩いたという。ことわざ自体も江戸初期から常用され、中期の評判記『開帳花くらべ』などに用例が見られる。同じような着眼は民族差を超えるようで、世界各地に同じ発想のものが多い。「ピキンの唐辛子《とうがらし》小さくてもぴりりと辛い」（メキシコ。「ピキンの唐辛子」はメキシコに多い唐辛子の一種）、「唐辛子は小さくても辛い」（タミル語、朝鮮語）、「胡椒《こしょう》は粒は小さいがピリッと辛い」（タイ）、「小さくても鷹《たか》の爪《つめ》」（インドネシア）、「胡椒は黒くて碾《ひ》かれているが、体をかっかとほてらせる」（ポーランド）など、いずれも地域の産物に根ざしたことわざとなっている。

三寸《さんずん》の舌《した》に五尺《ごしゃく》の身《み》を亡《ほろ》ぼす
⇒舌三寸の囀《さえず》りに五尺の身を破《やぶ》る

三寸《さんずん》の見直《みなお》し

＝一寸の見直し

⑴よく見れば、どんなことにもいくらかの誤差や欠陥・欠点があること。⑵多少の欠点も慣れてしまえば苦にならないこと。

物を測れば三寸（約九センチメートル）程度の誤差は必ず生じることから。「世には三寸の見直しと云ふ事が有れど、七寸も八寸も歪《ゆが》うで有」（狂言『乳切木《ちぎりき》』）、「物に三寸の見直しとはいへど、大抵に四寸程幅の広き足なれば人の興もさめぬべし」（『西鶴織留《おりどめ》』巻五）は、⑴の意の用例。⑵のほうは「道具箱には錐《きり》・鉋《かんな》・墨壺《すみつぼ》・曲尺《さしがね》、顔も三寸の見直し凹《なかびく》なる女房手足逞《たくま》しき」（西鶴『諸国はなし』巻一）。よく似た言い回しに「三寸は見直し」があるが、こちらは⑴の意に加えて、だから再検討せよという感じのもの。

三度《さんど》の飢餓《きが》に遇《あ》うとも一度《いちど》の戦《いくさ》に遇うな
⇒七度《しちど》の餓死《がし》に遇うとも一度の戦《たたか》いに遇うな

三度《さんど》目《め》の正直《しょうじき》

‖ ①三度の神(は)正直　②三度目が本　③三度目が大事　④三度目は定《じょう》の目《め》　⑤三度目正直

勝負ごとや占いでは、二度まで駄目でも三回目はうまくゆくという意。

現代では特にスポーツの世界で、「今回は〇度目の正直だから……」などと、場面に応じた数字を〇に入れた、言い換えの形で多用される。現代では最も親しまれているが、ことわざ辞典での扱いは貧弱だ。この二〇年間に日本で刊行されたことわざ辞典の中で二大辞典に挙げられる『故事俗信ことわざ大辞典』(一九八二年)、『新編故事ことわざ辞典』(一九九二年)を見ても、前者は簡単な語義だけで用例なし、後者は異表現③④が項目にあるだけ。辞典とことわざの実態との落差が顕著な事例と言えよう。初出を探ると、①から③は江戸後期の文芸に用例が見られ、④は明治以降(「定」はその通り、の意)、⑤は明治後期のことわざ辞典にそれぞれ立項されているが、見出し形は、明治時代の巌谷《いわや》小波《さざなみ》の『羅生門』に用例があるものの、辞典では『故事ことわざ辞典』(一九五六年)の類諺欄に見出すことができたにすぎない。英語に The third time lucky. ということわざがあり、一九九七年のウィンブルドン・テニス大会の表彰の時に、ケント公妃が女子準優勝者にかけた慰めの言葉にも使われた一般的なものである。この英語のことわざが翻訳され、翻訳とは知らずに第二次大戦後の日本に定着したものかもしれない。

三人旅《さんにんたび》の一人《ひとり》乞食《こじき》

‖ 三人旅は一人乞食

三人で共同の事をすると一人が仲間外れになるということ。

三人で行動を共にすると、物事を決める際に二人対一人となる場面が少なくなく、一人の側が不本意な結果となることが多い。古典落語『旅日記』に用例があるが、ことは旅に限らない。「三人連れは喧嘩《けんか》の元」「三人で歩くと仲間はずれができる」という端的な物言いもあるし、「三人連れ小便をすると真中の者に悪い事が起る」「三人一緒に写真を撮ると一人が死ぬ」「三人で蚊帳《かや》を吊《つ》ると化物が出る」などという俗説もある。見出しのことわざの言うことは、ある種の多数決の原理による結果でもあるのだが、負けた方は納得しかねることでであろう。そこで、「一人旅するとも三人旅するな」と、三人という状況にならないようにと戒められる。

三人寄《さんにんよ》れば文殊《もんじゅ》の知恵《ちえ》

平凡な者でも三人が集まって相談すれば、よい知恵が浮ぶものだという意。

「文殊」は仏教で、知恵をつかさどる菩薩《ぼさつ》。最高知の象徴でもある文殊に比肩《ひけん》する知恵が、三人で相談することから生れるというのだから、人数の価値を最大級に評価することわざであろう。

とはいえ、その評価は絶対的なものではなく、「三人寄っても下衆《げす》は下衆」という反対のことわざも用意されているから、ことわざはしたたかだ。江戸前期の仮名草子『為《い》愚《ぐ》痴《ち》物語』(巻五)に「三人寄れば文殊の知恵ありと常に言へるは、たとへば数多《あまた》して振舞をなすに、我はよき肴《さかな》を持たり、我はよき酒あり、茶ありなどと、それ〴〵に持よりて振舞をなせば、何たるよき振舞もたやすく出《いで》くるものなり」と見え、以降、江戸時代には常用され、「三人寄れば師匠のできる」という類諺も生んでいる。それに対して、反対の方のものは、明治以前の用例もことわざ集への収載も見えない。世の中、どうも見出しが当てはまらない状況があるという認識から、その打ち返しとしてのちに着想されたものであろうか。図は河鍋暁斎《きょうさい》の『狂斎百図』(江戸末期)から。

三歩《さんぼ》歩《ある》くと忘《わす》れる ⇓ 鶏《にわとり》は三歩歩くと忘れる

秋刀魚《さんま》が出《で》ると按摩《あんま》が引《ひ》っ込《こ》む

秋になって気候がよくなり食欲が出ると、健康になること。

「天高く馬肥える秋」(別項)は、果物やおいしい食べ物が豊富な時期で食欲の秋となる。脂ののった栄養価の高い秋刀魚は、安価で大衆的な秋の味覚の代表格で「秋刀魚は秋の使者」とも言われる。体によい秋刀魚を食べて健康体となれば、医者や按摩にかかる必要がなくなる。「秋刀魚」と「按摩」の語呂合せ、「出る」と「引っ込む」という反意語の取合せで構成され、印象度が強い。江戸時代には同義の「秋刀魚は按摩泣かせ」もあった。

算用合《さんようあ》って銭足《ぜにた》らず ⇓ 勘定《かんじょう》合って銭足らず

し

塩売《しおう》れば手《て》がからくなる

携わった職業による特徴や態度が身につき、生れつきのような習慣になることのたとえ。

長く塩を売り続ける塩売りの手は、塩が浸みついてからくなっているだろうという発想。いったいに、においの強いものを扱う職業の者は、そのにおいが衣服や体に浸み込む。ケーキ屋の香料、医者の薬臭さ、魚屋の魚臭さ、坊主の抹香《まっこう》臭さ、ペンキ屋のペンキのにおいなど。におい以外にも、刑事は目付きが鋭く、商人は愛想がよく、弁護士は弁舌巧みとなりがちで、職業の影響は大きい。現代は使われなくなったが、江戸後期のことわざ集『諺苑《げんえん》』などに収められており、江戸中期には言われていた。

塩辛食《しおからく》おうと水《みず》を飲《の》む

塩辛食おうとて水の飲み置きする◆明日《あす》の塩辛食わんとて宵《よい》に水飲む

目的と手段が前後して間の抜けていること。

からい塩辛を食べれば喉《のど》が渇《かわ》くに違いないと、食べる前に水を飲んでおくという情景から。語句の構成からすると「生れぬ先の襁褓《むつき》定め」(別項)と同じようだが、見出しの方には早手回しの意は含まれていまい。一方、襁褓の方にもこちらのような、目的と手段が前後する意はない。現代では死語化しているが、江戸時代には用いられていた。「金銀などを貯へおきて、大事の時に取り出し、諸人を親しませんとの御分別か、下郎のたとへごとに、塩辛食はんとて水飲みたるといふなるべし」(仮名草子『可笑記』巻三、江戸初期)。なお、同じ江戸時代には、類義でたとえの異なる「夕立のせぬ先に下駄はく」もあった。

鹿《しか》逐《お》う猟師《りょうし》山《やま》を見《み》ず

鹿を逐う者は山を見ず

一つの事に熱中したり、目先の利益に夢中になったりして危険な目に遭うことのたとえ。

猟師が鹿を捕ろうと山に分け入ったものの、鹿のことしか眼中にないので周りのことや自分の位置などがまったく分らず危ない状態にあることを指している。出典は、中国・宋代の『虚堂和尚語録』に異表現がある。さらに古くは「獣《けもの》を逐う者は目に大山《たいざん》を見ず」という表現が漢代の『淮南子《えなんじ》』(説林訓)に見られる。そこでは、獣を追いかける者は、大山の大きさも目に入らない。獲物をねらうという欲望がほかにあると、心の内にある聡明《そうめい》さが覆《おお》われて見えなくなるからだ、と言っている。何かを成し遂げようとするならば、それに集中しなければよい成果は得られない。だからといって、ひたすら集中している状況にも、視点を変えれば欠陥があるということを指摘したもの。日本でも室町時代には用いられており、謡曲『善知鳥《うとう》』などに用例が認められる。

地《じ》が傾《かたむ》いて舞《まい》が舞《ま》われぬ

⑴ほかのことにかこつけて、自らの怠慢やへまの弁解をすること。⑵仕事はできないのに、ご大層な物言いをする人のたとえ。

言訳はどうにでもなるもので、ここは地面が傾いているから踊れないというもの。目が回っているわけでもなく、また、ひどい傾斜地というわけでもないから、見え見えの言訳でしかない。同意のことわざで江戸時代によく知られていたものに、「堂が歪《ゆが》んで経が読めぬ」とお経を読めないのを建物の傾斜のせいにしたものがある。江戸前期の狂歌『鼻笛集』には見出しを題にした歌が五つ続けて詠まれているが、その中の二つ「地かたふきてまはれぬ舞や是ならん　岸根にこけてゆくかたつふり」「坂道を引ゆく牛の小車の　地かたぶきては舞もまはらず」。

鹿待《しかま》つところの狸《たぬき》

よい獲物を期待していたのに、つまらない物が手に入ることのたとえ。

鹿と狸では価値に大きな開きがある。鹿は角が薬用にも装飾用にもなるし、狸に比べて大きくて肉の質もよいから高値で売れる。それに対して狸は、毛皮は衣類や筆に利用できるものの、角はないし、体も小さいから高くは売れない。鹿を捕ろうと待ち構えていたのに狸が現れたので、仕方なく鹿をあきらめて狸を捕ることになってしまったというもの。用例は、古く『源平盛衰記』や室町時代の『十二類歌合』に見えるものの、なぜかその後はほとんど用いられなかったようだ。反対の意味をもつことわざに「兎《うさぎ》の罠《わな》に狐《きつね》がかかる」がある。

鹿《しか》を逐《お》う者は兎《うさぎ》を顧《かえり》みず

大きな利益をねらう者は、小さな利益には目もくれないことのたとえ。

　鹿と比べると兎はずっと価値が低いので、鹿を捕ろうとしている猟師が兎に目もくれないのは当然かもしれない。中国・漢代の『淮《え》南子《なんじ》』（説林訓）に見える。「鹿逐《お》う猟師山を見ず」（別項）と言い回しが似ており間違えやすいが、まったく別のものである。しかし、「猟師」の方は古くから常用のことわざであったのに対して、こちらは明治以前に用例もことわざ集への収載も見られないのは不思議と言えば不思議。

しくじるのは稽古《けいこ》のため

腕前をあげるには、失敗してそこから学んでゆくことだという意。

　天才と言われる人でも最初から達人・名人であることはなく、どんな場合でも上達するには失敗の経験を積み重ね、そこから向上してゆくものだ。天才ではない凡才ならば、その失敗は倍増するだろうから、文字通り失敗が稽古となってゆくに違いあるまい。誇張まじりとはいえ「百人を殺さねば良医になれぬ」（別項）という表現まであるから、職種や分野によってはことわざの言う通りかもしれない。しかし実際には、失敗してしまった時の負け惜しみで使われることが多い。

事《じ》件《けん》の裏《うら》に女《おんな》あり ⇒ 犯罪《はんざい》の陰《かげ》に女あり

自《じ》業《ごう》自《じ》得《とく》

自分が犯した悪事によって自ら報いを受けること。

『正法念処経』に出典が求められるように、日本でも特に仏教関連の源信『往生要集』、法然『七箇条制誡』などに多く見られるが、ほかの分野でも古代から現代に至るまで幅広く常用され続けている。

地《じ》獄《ごく》で仏《ほとけ》

――①地獄で仏に逢《あ》ったよう　②地獄で地蔵《じぞう》に逢う

困り果てている時などに、思いがけない助けにあうことのたとえ。

そもそも地獄は地下深い閻魔《えんま》大王のもとで、鬼が罪人を呵責《かしゃく》する所。そんな所に仏などいるはずはない。だが、もしその最悪の場所で、最善の救い主に遭遇したとなれば、その喜びは並大抵ではないに違いない。『平家物語』(巻二)に「嬉《うれ》しげに思はれたる気色《けしき》、地獄にて罪人共が地蔵菩薩を見奉らむもかくやと覚えて哀れなり」という表現が見られるが、見出し形はずっと後になる。江戸前期の『誹諧坂東太郎』に「歌人や地獄で仏ほととぎす」と詠まれたものが早いもの。異表現②も一時見られるが、やがて見出し形だけになっていった。図は河鍋暁斎《きょうさい》の『狂斎百図』(江戸末期)から。

地獄《じごく》の沙汰《さた》も金次第《かねしだい》

＝地獄の沙汰も銭《ぜに》がする◆地獄の沙汰も銭次第

金はどんなことでも可能にするというたとえ。

「地獄の沙汰」は、死んで地獄に落ちた者が苛烈《かれつ》な裁判を受けて処罰が課せられること。そこでさえ、金を使えば判決が有利に働くというのがこのことわざの意。「阿弥陀《あみだ》の光も銭次第」(別項)と、金の威力は同じように仏様にも有効なのだから、ましてこの世は万事金の世の中、というのは当然の認識だったと言えよう。もちろん、金の力が認識されるようになるのは貨幣経済が社会運営の機軸となってからのこと。「阿弥陀」の方は江戸時代からだが、「地獄」の方は一六世紀と推定される『犬筑波集』に「聞《きけ》ばただ地獄のさたも銭なれや」と詠まれていることから、誇張はあるだろうが、すでに江戸時代以前に金が社会を支配する状況が存在していたことをうかがわせる。

獅子《しし》窟中《くっちゅう》に異獣《いじゅう》なし

(1)立派な師のところには優れた弟子が集まってくるものだというたとえ。(2)優れた者のところには優れた者が集まってくるたとえ。

　王者ライオンのすむ洞穴には、ほかの動物は恐れて近寄らないだろうという想像から着想されたものとみられる。同類のものは集まるものだという類義のことわざに「牛は牛連れ、馬は馬連れ」(別項)、「類《るい》を以《もっ》て集まる」(別項)などがあるが、それらがよい場合も悪い場合も使うのに対して、これはよいところにはよいものが集まるという意味合いだけで用いられる。安土桃山時代の『天草版金句集』に収められているが、古い用例は見当らない。

獅子《しし》身中《しんちゅう》の虫《むし》

(1)仏に仕える身でありながら仏法に害をなす者の意。(2)内部から災いを引き起すもののこと。(3)恩に対して仇《あだ》で返すこと。
　獅子の体内に寄生する虫がおり、最後には獅子を死なせてしまうということから。『梵網経《ぼんもうきょう》』に出典が求められ、日本でも最澄『顕戒論』に見える。法然『消息文』には「獅子の身の中の虫」と出てくる。

事実《じじつ》は小説《しょうせつ》より奇《き》なり

この世で実際に起る出来事は、虚構である小説より複雑で不思議なことがあるという意。

　イギリスの詩人バイロン(一七八八～一八二四年)の長編詩『ドン・ジュアン』(一四編)の言葉。原文は'T is strange――but true; for truth is always strange; Stranger than fiction.(奇なれども真なり。しかり、真実はつねに奇なり、虚構より奇なり)。truthが「事実」、fictionが「小説」と訳され、後半部分がつづまって、明治時代に広まり定着していった。徳冨蘆花《ろか》の『思出の記』(巻三、一九〇一年)に「併し「事実は小説よりも奇」で、伯父が斯時《そのとき》の座談は半月が内に事実となつてあらはれた」と用いられ、ことわざ辞典では『諺語大辞典』(一九一〇年)が、「西人の語」とだけ注釈して見出しの形で収載している。現代は、外来のものと意識することなくよく用いられている。

死《し》しての長者《ちょうじゃ》より生《い》きての貧人《ひんじん》

死んでから金持になったところで仕方なく、それより貧乏でも生きている方がよいという意。

現世肯定の思想を表したことわざ。「命《いのち》長ければ恥多し」(別項)、「生き恥かくより死ぬがまし」(別項)と、死を肯定的にとらえるものになじみ、第二次大戦前には「生きて虜囚《りょしゅう》の辱《はずかし》めを受けず」と教えられてきた日本人の思考からすると少し意外のようだが、江戸中期にはあった。しかも、同じように生を肯定することわざは、ほかにも「命あっての物種《ものだね》」(別項)、「死んで花実が咲くものか」(別項)など、しっかり存在していた。外国では動物にたとえたものが多い。「生きている鼠《ねずみ》は死んだライオンに勝る」(トルクメニスタン、カザフスタン)、「生きている犬は死んだライオンに勝る」(西欧全般、タジキスタン、グルジア)、「生きているロバは死んだ聖人よりまし」(アラブ)、「生きている山犬は死んだ虎《とら》に勝る」(アフガニスタン)など。

獅子《しし》の分《わ》け前《まえ》

強い者が弱い者を働かせて、その利益を独占してしまうことのたとえ。

ライオンが猟で得たたくさんの獲物を分配しないで一人占めする『イソップ物語』の寓話《ぐうわ》「獅子と驢馬《ろば》と狐」によっている。古代ギリシャの時代から権力者は民衆を収奪してきたが、その頃を描写したもの。『イソップ物語』自体は江戸時代に入る少し前から紹介されていたが、これが日本でことわざと認められるようになったのは相当に新しい。『故事・成語俚諺小辞典』(一九五一年)に「資本家が労働者を駆使して得た利益を、自分の仲間に分配することをいう」と、現在と異なる解釈で解説しているのが早いもの。

獅子《しし》は兎《うさぎ》を撃《う》つに全力《ぜんりょく》を用《もち》う

＝獅子は一匹の兎を撃つにも全力を用う

小さなものにも油断することなく全身全力で対処す

るることのたとえ。

弱肉強食の動物界にあっては、強者が弱者を見下して油断することはないそうで、たとえ小さな獲物に対する場合でも、全力をあげてかかるという。ふつう兎を追うライオンの速さは逃げる兎の速さとそれほど大きな違いはなく、しかもその速さは短距離しか続かないので、一キロメートル以上も持続して走れる兎を捕えるのは簡単ではないそうだ。だから、このことわざは事実をありのまま表現したものということにもなる。古くは、たとえや表現が少し異なるものが用いられ、日蓮の『報恩抄』には「獅子王の兎を伏すがごとく」、謡曲『石橋《しゃっきょう》』には「獅子は小虫を食はんとても、先ず勢ひをなす」と見える。また、江戸後期のことわざ集『諺苑《げんえん》』は「獅子王狐を捕《とらう》に虎を捕の勢《いきおい》を以《もつ》てす」という形で仏書を出所とする注記を付して収載している。図は教訓画集『人生画訓』(一九二九年)から。

蜆貝《しじみがい》で海《うみ》を換《か》え干《ほ》す

とうてい不可能なことや、できるはずもないことのたとえ。

「換え干す」は水を汲み出して枯らすこと。それを小さな蜆の貝殻でやるというのだから、これは無理というもの。江戸後期頃には言い慣わされていたようで、洒落本『品川楊枝《ようじ》』の序にこれを踏まえた形のものが見えている。ことわざに出てくる貝の種類は、鮑《あわび》・蛤《はまぐり》・法螺《ほら》貝《がい》など数種に限られているが、その中で蜆は小さなものとして用いられることが多い。似た表現で微妙に意味合いの異なるものがいくつもある。古くは中国の『漢書』(東方朔《とうぼうさく》伝)に「蠡《れい》を以《もつ》て海を測る」とある。蠡はひさご。それで海の水の量を測る不可能さを言ったもの。日本の古いものでは「螺《かい》を以て海を酌《く》む」が平安初期の仏教説話『日本霊異記』(巻下)に見える。『平家物語』(巻七)には「貝を以て巨海を量る」と、貝殻で大きな海の水を測る意の表現がある。

死者《ししゃ》に鞭打《むちう》つ

＝死屍《しし》に鞭打つ

死んだ人を非難したり、生前の言動を悪しざまに言うこと。

中国の春秋時代、父と兄の仇を討つのに、すでに死んでいた王の墓をあばき、その屍《しかばね》に三百回の鞭打ちをしたという故事が『史記』(伍子胥《ごししょ》伝)に見られ、これに由来する。日本では、幕末の藤田東湖の『弘道館記述義』に「屍《しかばね》を鞭《むちう》つ」と見られるが、これらごく少数の用例を除いて第二次大戦前までのことわざ集類に、見出し形や異表現はない。異表現が戦後間もなくに見られ、見出し形は井上靖《やすし》の小説『氷壁』に用例があるところから、昭和三〇年前後からかと思われる。近年では、収賄《しゅうわい》事件で有罪判決を受けた田中角栄元首相が死亡した際に、新聞各紙の読者欄に「死者に鞭を打つな」といった否定の形でこのことわざを用いた投書がたくさん見られた。

四十過《しじゅうす》ぎての道楽《どうらく》は止《や》まぬ

中年を過ぎてから覚えた放蕩《ほうとう》・遊蕩は、簡単にはやめられないものだということ。

「四十にして惑《まど》わず」は人生の諸事に惑わなくなる年齢、「男の四十は分別盛り」は思慮分別が最もつく年齢ということで、四〇歳はいわば人間としての頂点といった考え方があった。その一方で、「四十坊主は鹿の角」ということわざもあり、鹿の角が堅固に見えても意外にもろく落ちるように、中年の僧侶は外見とは違って意外に簡単に堕落するという認識もされていた。四〇歳にも二面性があるということなのだろう。その四〇歳過ぎに遊びを覚え始め、のめり込んでゆくとなると、若い時のただわけもなく遊ぶのとは異なり確信犯的な面があって、是正するのは難しくなる。これを女遊びに限定したものが「四十下がりの色事」ということわざで、幕末の脚本『三人吉三廓《くるわの》初買《はつがい》』に見える。

支証《ししょう》の出《だ》し遅《おく》れ ⇩ 証文《しょうもん》の出し遅れ

地震《じしん》 雷《かみなり》 火事《かじ》親父《おやじ》

この世の中で四つの恐ろしいもののこと。

家父長制の崩壊で、父親の昔ながらの権威がなくなってしまった現代では、親父は畏怖される対象ではない。だからこのことわざも死語化しつつあると、父権を問題にする論者がよく引合いに出すものである。しかし、では江戸や明治時代にこのことわざが実際に支持されていたかというといささか疑問がある。よく知られているわりに、江戸時代の用例はきわめて少ない。また、現代では一般に恐ろしいもの四つを恐ろしい順に挙げていると解釈されているが、明治時代の辞典類では、単に恐ろしいものの意となっている。江戸後期と推定される仇討小説『柳荒美談後編』（巻一九）でも「地震もこはい。強き時は家作はいふに及ばず、山もくづれて大地もさける。一番恐ろしいものなりといへば、又一人進みいでていはく、親父も怖い、毎度眼のいづるほど叱られる。世にいふ通りに地震雷火事風親父、是らが怖いものなり」とあって、見出しの四つ以外に「風」を加えて世の中の「怖いもの」とは言っているが、「怖いものの順番」とは言っていない。図は、鯰《なまず》や火事を擬人化した幕末の民俗版画「地震けん」から。

地震《じしん》の時《とき》は竹藪《たけやぶ》に逃《に》げろ

地震が起きた時の避難場所は、竹藪が安全だということ。

地震が起きた時は、瞬時に機敏な行動が必要となる。実際には、いろいろな状況や条件によって対応は一様ではないが、即座の避難場所を身近な竹藪とするのは理にかなっている。まず、高い樹木と違って竹は倒れにくいし、万一倒れても軽いのでけがもしにくい。そして、竹の根は地中深くに密度も濃く広範に張っているために、山崩れ・地崩れの危険性も低い。ただし、これは海から離れた所での話で、海岸に近い地域では「地震の時は山へ逃げろ」と、津波に対する対処が第一に考えられている。

死《し》せる孔明《こうめい》生ける仲達《ちゅうたつ》を走《はし》らす

＝死せる諸葛《しょかつ》生ける仲達を走らす

偉大な人は死後も威光が残り、生きている愚人に勝るというたとえ。

中国・三国時代の蜀《しょく》の軍師・諸葛孔明は五丈原の魏との戦いの陣中で死ぬが、遺言によって部下がその死を伏せて行動し、敵の司馬仲達軍を退却させたという故事に基づく。『三国志』（蜀志）に異表現が見えるのをはじめ中国のいくつもの古典に記されており、日本でも『太平記』や近松の『雪女五枚羽子板』などに見られる。

地蔵《じぞう》の顔《かお》も三度《さんど》撫《な》でれば腹立《はらだ》てる ⇒ 仏《ほとけ》の顔も三度

士族《しぞく》の商法《しょうほう》

慣れない商売に手を出して失敗すること。また、当人に不適切な商売に手を出すことのたとえ。

明治維新の時、旧武士階級は「士族」という身分を与えられた。それは名称のみで、何の特典もなかった。それまでの収入源を失った彼らは、新たな食《く》い扶《ぶ》持《ち》を求めてまったく未知の商売に手を出す場合が少なくなかったが、現実は甘いものではなく、たいていは惨めな失敗に終った。社会体制の大変革が背景となって生れたことわざ。明治初期にはこのことわざの浮世絵が描かれているように、時代が近代と特定できて、国産のものという点で珍しい。外国産の場合は、維新政府が西洋文化を積極的に取り入れた影響で、当時の教科書・単行本・雑誌などで広く紹介されている。上手な訳だったり漢語調だったりして翻訳臭さのないものは、日本の伝承的なことわざに取って代ったり、知らず知らずに日本のことわざとなっていった。

子孫《しそん》に美田《びでん》を残《のこ》さず

＝児孫《じそん》のために美田を買わず

子孫に財産を残すと子供の気持が安逸に流れ、独立心を失わせてしまうから財産は残すべきではないということ。

異表現は、明治維新の雄・西郷隆盛の「偶成」と題する漢詩の終句。「親苦労す、子は楽す、孫は乞食す」（別項）、「長者に二代なし」など、ことわざには財産はいつまでも続くわけではなく、また人に悪い影響を与えるという認識があるようだ。おそらく財産を継いだ子孫の多くが失敗してしまう事例が多くあり、西郷の頭にもその思いがあったかと推測される。

下《した》いびりの上諂《うえへつら》い

自分より下の者はいじめるのに上の者には追従《ついしょう》すること。また、そうした者の意。

「しもいびりのかみへつらい」とも。中間的な地位にあって、目下の者にはつらく当る反面、目上にはむやみにおべっかを遣うような者のことを常日頃、見聞きする。視角は異なることわざだが、家の中では自分より弱い者に強く、外ではからきし意気地のないことを「内弁慶外菜虫《そとなむし》」などと言う。日本人に内弁慶の歴史は長く根強いから、このタイプが日本人の一つの傾向なのかもしれない。見出しのことわざは、江戸後期のことわざ集『諺苑《げんえん》』と『俚言集覧』には収載されているが、以後のほとんどの辞典に採用されていない。社会の実相を鋭くついている大事な言葉として、もっと評価されてよいものだろう。

舌三寸《したさんずん》の囀《さえず》りに五尺《ごしゃく》の身《み》を破《やぶ》る

＝①人は三寸の舌にて五尺の身を破る ②舌三寸に五尺の身を亡《ほろ》ぼす ③三寸の舌に五尺の身を損す ④一寸の舌に五尺の身を損《そん》す

自らのちょっとした失言や讒言《ざんげん》によって身の破滅にいたる者が多いということ。

この「囀り」は鳥の鳴き声ではなく、人のおしゃべり。三寸(約九センチメートル)の舌を駆使してかしましくしゃべれば、五尺(約一五〇センチメートル)の体も破滅してしまうということで、大小の具体的数詞を対比させて印象が強められている。少しずつ異なった言い回しがたくさんあり、日蓮の『開目抄』には「三寸舌もて五尺の身をたつ」とある。異表現①も鎌倉時代のもの。この形は江戸時代にもいくらか伝承されていたが、その当時よく用いられたのは見出し形のようで、江戸前期の仮名草子『元のもくあみ』(巻上)に見え、これに近い形のものが江戸時代全般にわたっていた。

親《した》しき仲《なか》にも礼儀《れいぎ》あり

〓 ①親しき仲に礼あり ②思う仲に垣《かき》を結《ゆ》え ③親しき仲に垣を結え ④近《ちか》しき仲に礼儀あり

いくら親愛な間柄であっても礼儀を失ってはならないということ。

一見すると中国から伝来した語句のように思われるが、どうも日本生れのようだ。古くは異表現①が安土桃山時代のことわざ集『北条氏直時分諺留《うじなおじぶんことわざとめ》』に収められている。②③のように、隣との間に作る垣根を人との間にも設けよとする心憎い言い回しもある。生垣や竹垣なら境を作りながらも透かして相手が見えるから、つながりを保持しながら一線を画することができるというわけである。異表現はどれも近代以前に見られるが、見出し形は古典落語『二十四孝』に確認できる程度のようで古いものではない。

じたばたしても鶏《にわとり》裸足《はだし》

だれが何と言おうと、どう悪あがきしようと、事実は事実だということ。

鶏が靴などを履《は》いてなく裸足なのは当り前、当然じゃないかというもので、当然のことを事改めて言い募ることに対して言う。早くに収載したのは『新式いろは節用辞典』(一九〇五年)で、筑後地方で言われていたものだったようだ。庭先を歩いている鶏の羽をつかまえると鶏がじたばた足掻《あが》くことと、鶏の裸足が合体されて言われるようになったものであろうか。

舌《した》を二《に》枚《まい》使《つか》う ⇩ 二《に》枚舌《まいじた》を使う

七尺《しちしゃく》去《さ》って師《し》の影《かげ》を踏《ふ》まず ⇩ 三尺下《さんじゃくさ》がって師の影を踏まず

七度《しちど》尋《たず》ねて人《ひと》を疑《うたが》え ⇩ 七度探《ななたびさが》して人を疑え

七度《しちど》の餓死《がし》に遇《あ》うとも一度《いちど》の戦《たたか》いに遇うな

＝①七年の餓死に遇うとも乱に遇うな ②三度の飢餓《きが》に遇うとも一度の戦《いくさ》に遇うな ③十年の餓死に遇うも一年の戦争に遇うな

飢死するような悲惨な状態に何度あっても、戦争よりはましだという意。

いろいろある異表現も、戦乱よりは長い飢餓状態がましとするもので、意味するところは同じ。何万もある日本のことわざのなかでも、おそらくこれほど明確に戦争を嫌い、拒むものはないであろう。その意味でも貴重で珍しい。反戦思想の一つとして読むこともできるかもしれない。見出し形は仙台地方に多く見られたもので、異表現①も福島の百姓一揆の指導者・菅野八郎の『八老独《はちろうひとり》年代記』にことわざとして援用されている。②は地誌『気仙郡誌』（一九一〇年）にある。

七年《しちねん》の病《やまい》に三年《さんねん》の艾《もぐさ》を求《もと》む

＝七年の病に三年の艾を蓄《たくわ》える

⑴事が起ってしまってからでは、よい対策も意味をなさないというたとえ。⑵為政は平素から仁政を施しておくべきであるというたとえ。

たとえ重い病に効能のある艾でも、病に倒れて七年も経ってから、さらに三年もかけて蓬《よもぎ》を干して作っていたのでは何の役にも立たない。中国の『孟子』（離《り》婁《ろう》）に出典があり、日本でも江戸後期の国学書『遠山《とおやま》毘古《びこ》』や佐久間象山の「時政に関する幕府宛上書稿」など江戸時代の思想書で多用された。(1)の意味のことわざはたくさんあるが、(2)のものはほかになく、その点でも重要なことわざとなっている。

十歳《じっさい》の翁《おきな》、百歳《ひゃくさい》の童子《どうじ》 ⇩ 三歳《さんさい》の翁、百歳の童子

十死《じっし》に一生《いっしょう》 ⇩ 九死《きゅうし》に一生

失敗《しっぱい》は成功《せいこう》の基《もと》

＝**失敗は成功の母**

物事をしくじっても、その原因を突き止め、同じ過ちを繰り返さなければ成功への導きとなること。

英語の Failure teaches success. からの翻訳と考えられる。明治時代のことわざ集では「失敗せざる人は富むことを得ず」(『和漢泰西俚諺集』一八九〇年)、「失敗は成功の良師なり」(『金諺一万集』一八九一年)が早いもののようだ。用例では異表現が『滑稽新聞』(一二二号、一九〇六年)の宮武外骨《がいこつ》の「予《よ》の獄中随筆」に「凡《すべ》ての事我《わが》ために悪し、されど凡て損あるにあらずと、艱難《かんなん》爾《なんじ》を玉にす、失敗は成功の母など云へる語あり」とある。しかし、どういうわけか第二次大戦前から多くあったことわざ辞典にはなかなか収載されず、一般化するのは昭和四〇年代以降のようだ。

死《し》に馬《うま》が屁《へ》をこく

＝**死んだ馬が屁をこく**

(1)あり得ないことのたとえ。(2)あり得ないことが起ること。

「こく」は放つこと。死後硬直で体内のガスが排出される可能性はあるというが、通常は死んだ馬がおならをすることなどあり得ない。ことわざとしては江戸中期の『尾張俗諺』には見られたもので、思いもよらぬことを「死に馬の屁」とも表現されていた。現代では、多く(2)の意味で使われる「死に馬に蹴《け》られる」という言い回しが一般となっている。

死花《しにばな》を咲《さ》かす

立派に死んで後に名誉を残すこと。

「死花が咲く」と自動詞で用いることも多い。江戸後期の合巻『童蒙話赤本事《わらべはなしあかほんじ》始《し》』など、江戸時代から用いられるようになっている。

死人《しにん》に口《くち》なし

⑴死んだ人に責任や罪などをなすりつける場合に言う。また、⑵死人を証人にすることはできないことのたとえ。

死んだ人に悪口を言っても、濡衣を着せても、死者は反論もできないし、反証することもできない。英語にDead men tell no tales. ということわざがあり訳も同じだったことから、その翻訳としている辞典類もあるが、江戸後期のことわざ集『諺苑《げんえん》』に収載され、同じ頃の仇討小説『絵本二島《にとう》英勇記』に用例も見えるので、日本産のことわざと言ってよいだろう。『諺語大辞典』（一九一〇年）が見出しと同じ訳語の項目を掲げ、ポルトガルのものとして英語表記でA dead man does not speak. と記しているので、このあたりから混同が始まったのかもしれない。馬琴の合巻『照子池《かがみがいけ》浮名写絵《うきなのうつしえ》』に「家財雑具は残らず没収せられけり。諺にいふ死人に口なし、九郎治が奸曲《かんきょく》を知る者絶えてなしといへども天の責めは遁《のが》れがたけん」、また『柳多留』（二二編）に「死人に口なし置きみやげとぬかし」とあるところから、江戸中・後期では結構知られていたものと言えよう。

死《し》ぬ死ぬと言《い》う者《もの》に死んだ例《ためし》がない

死ぬと口に出して言った者で実際に死んだ者はいないということ。

江戸後期の滑稽本『浮世風呂』（二編巻上）に「死《しに》たい死たいといふ人の、死たがつた例はねへ」と用いられているが、江戸時代においても多用されたことわざではなかった。

死《し》ねがな目《め》くじろ

＝死ねがな目くじらん

強欲で非道この上ないことのたとえ。

「がな」は願望の助詞。死んでしまえ、そうすれば目をくり抜いてやろうという意だから、なんてむごたらしいことをとあきれるほどだ。この言葉は西鶴作品に二度登場する。「いかに欲の世に住めばとて、念仏講仲間の布に利をとるなどは、まことに死ねがな目くじろの男なり」(『世間胸算用』巻四)と、「死がな目くじろ欲の世の中なるに、浅草川の悪所船《あくしょぶね》の乗場に札書《ふだかき》て置しは」(『諸艶大鑑《しょえんおおかがみ》』巻三)で、ともに形容句的な使い方になっている。江戸時代での用例はほかには中期の浮世草子『女男《いんよう》伊勢風流』だけで、収載していることわざ集は異表現を含めても数点にすぎないので、近世の言葉の魔術師とも評される西鶴が作ったことわざという可能性も考えられる。なお、類似の言い回しに「死んだら皮剝《は》ごう」があった。

鎬《しのぎ》を削《けず》る

激しく戦うことのたとえ。

「鎬」は刀の刃と峰の中間で少し高くなっているところ。刀と刀で打ち合う時に、互いの刃を交差させ押し合ったりすると鎬の部分が強く擦り合うようになり、まるで鎬が削れるような状態になることからで、ことわざというより慣用句に近い。日常生活から刀がなくなって久しいにもかかわらず、今日でもよく使われる。古くは南北朝時代の『曾我物語』に用いられ、謡曲には数多く登場し、江戸時代の諸文芸にも多用されていた。

芝居《しばい》は無《む》学《がく》の早学問《はやがくもん》

＝①芝居は無筆《むひつ》の早学問 ②芝居は一日の早学問

学問のない人でも芝居からはいろいろなことが学べるという意。

「無筆」も「無学」に同じ。芝居の出し物は、多種類で内容も豊富。歴史物から、人間心理や人情の機微に触れる物、勧善懲悪の倫理物まで、楽しみながら一日で学べる。江戸時代は歌舞伎や人形浄瑠璃の全盛期で、江戸や京大阪の大都市では町人ばかりでなく武士階級も観劇しており、全国各地の農漁村でも村芝居が盛んだった。それだけ人々への影響力も強く、江戸前期の『女重宝記』には、流行は歌舞伎から出るとさえ書かれている。「芝居蒟蒻芋南瓜《こんにゃくいもかぼちゃ》」は、当時の女性が好んだものを並べたもので、芝居が最初にあげられていることからも人気の高さがうかがわれよう。

死《し》馬《ば》の骨《ほね》を買《か》う

(1)すぐれたものを手に入れるために、価値のないものを厚遇することのたとえ。(2)しきりに有能な人材を求めることのたとえ。

中国・漢代の『戦国策』(燕策)に見える故事による。賢者を得るためにはまず優秀ではない「隗《かい》より始めよ」(別項)と進言した時の隗のたとえ話に出てくる。君命によって千里を走る名馬を千金で買いにいった家来が、死んだ名馬の骨を五百金で買って帰ってくる。叱責に対して彼は、死んだ馬の骨に大金が投じられたと噂《うわさ》が広がれば、生きた名馬を連れてくる者がいるはずだと返答する。彼の言葉通り、一年も経たないうちに三頭の名馬が集まったという。日本では近代以前に用例等が見られない。ことわざとして認知されるようになったのは明治時代に入ってからのようで、『金諺一万集』(一八九一年)が早い収載と思われる。

四百四病《しひゃくしびょう》より貧《ひん》ほど辛《つら》いものはなし

四百四病より貧の苦しみ◈四百四病の患《わずら》いより貧ほど辛いものはなし

どんな病気より貧乏が一番辛いということ。

「四百四病」は仏教で、人間の病気の総称。人体は地大・水大・火大・風大の四元素からなり、この調和が乱れると病が生じる。その数は各大一〇一、あわせて四〇四あるという。この四百四病に入らない病「四百四病の外《ほか》」と言えば恋の病のことを言う。ここは、四百四病にまさる苦しいものとして貧乏を取りあげている。上掲の異表現以外にもさまざまな形のものがあり、江戸時代の常用ことわざの一つだった。

渋柿《しぶがき》が熟柿《じゅくし》に成《な》り上《あ》がる

(1)どんなものでも時につれて変化すること。(2)未熟な者でも向上するものだというたとえ。

(2)の意のことわざは珍しいが、狂言『成上者《なりあがりもの》』にはこのほかに類義のものを合せて三つもことわざが用いられている。「シテ「また渋柿が熟柿に成り上ります。ゑのころが親犬になり上ります」アド「それは汝《なんじ》が言はいでも知れたことぢや」シテ「まだござります。小僧が後《のち》には長老に成り上ります」」(「ゑのころ」は犬ころ)。なお、渋柿は古く「渋があがらぬ(抜けない)」にかけて、上達しないという意の隠語にも使われたが、このことわざではその意味合いは直接には含まれていないようだ。

慈母《じぼ》に敗子《はいし》あり

母親が子に甘いばかりだと、わがままでやくざな子ができるという意。

優しく愛情の深い母親などと、普通は母親の褒め言葉である「慈母」だが、ここでは優しさがよくない方向に働く意味合いで用いられている。「敗子」は無頼漢。出典は、中国・戦国時代の『韓非《かんび》子《し》』(顕学)。日本の弥生時代に重なる時代だから、きわめて古いものになる。文字面だけからだと皮肉な現象を示しているようで、結果責任や責めを母親だけに帰すようにもとられかねない。要は本人の問題なのだが、特に幼児期の母子の濃密な関係から言っても母親の影響力は無視できないものがあり、それだけに、母親の責任は重大なものがあると言えよう。

自慢《じまん》の糞《くそ》は犬《いぬ》も食《く》わぬ

むやみに自慢ばかりする者は誰も相手にしないとい

うこと。

類義に「自慢高慢馬鹿のうち」「自慢は知恵の行き止り」（自慢するようになると、知恵はもう進まない）など、ことわざの世界では自慢に対する評価は手厳しい。そのどれもが古いものではなく、見出しのことわざは明治時代と推定される写本『福島市郷土史稿』などから見え始める。

四面楚歌《しめんそか》

まわりが敵だらけで、孤立して助けのないこと。

周囲が楚の歌を歌う意で、『史記』（項羽本紀）に見える故事による。秦代の末期、天下の覇権《はけん》をめぐって楚王・項羽《こうう》と漢王・劉邦《りゅうほう》が対決した。項羽が劉邦の軍に包囲された時、取り囲む敵の陣営から自国の楚の歌声が聞こえてくる。項羽は自国が敵軍に占領されたと勘違いし、一度は包囲網から脱出するものの、結局は自殺してしまう。日本でも古くから知られ、『和漢朗詠集』（巻下）には「灯《ともしび》暗うして数行虞氏《すこうぐし》が涙《なんだ》、夜深《ふ》けぬれば四面楚歌の声」と見えるが、近代以前は現代ほど常用されたものではなかった。

釈迦《しゃか》に説教《せっきょう》

＝ ①釈迦に心経《しんぎょう》 ②釈迦に経 ③釈迦に経文 ④仏《ほとけ》に向って法を説く ⑤釈迦に説法《せっぽう》

その道の専門家に、相手が熟知していることを教える愚かさのたとえ。

異表現①の「心経」は般若心経《はんにゃしんぎょう》のこと。お釈迦様に仏の道を説いたところで、相手はその道の創始者だから、こちらの愚かさかげんをさらすのが落ちとなる。言い回しはいろいろあった。なかでは①が早い形のようで、安土桃山時代の『北条氏直時分諺留《うじなおじぶんことわざとめ》』から江戸中期に見られる。用例の多いのは②で、江戸時代はこれが数の上では最も多い。③④は少し特殊だったようで、用例もわずかだし、登場も幕末頃。見出し形は馬琴の『里見八犬伝』などによく用いられたように江戸後期からで、以降はこれが主となった。現代では⑤

も多くなっている。同義のことわざも「孔子《こうし》に論語」「孔子に悟道《ごどう》」（「悟道」は真理を悟《さと》ること）、「猿に木登り」「河童《かっぱ》に水練」（別項）、「聖人の門前に孝経《こうきょう》を売る」（孝経は孝道を述べた経書）と多種あるが、見出しのことわざが一番親しまれている。図はことわざ図集『諺画苑《げんがえん》』（一八〇八年）から。

杓子《しゃくし》は耳《みみ》掻《か》きにならぬ

大きなものが小さなものの代りになるとは限らないたとえ。

「杓子」は飯や汁を盛るしゃもじのこと。対する「耳掻き」は、形はしゃもじに似ているがはるかに小さい。杓子では耳穴に入らず耳の掃除はできない。正岡子規の「日本の諺」（『無花果艸紙《いちじくそうし》』所収）など、一八九〇年頃のことわざ集に収載されている。同義のものには、餅搗《もちつ》きの臼《うす》で茶漬は食べられない「搗き臼で茶漬」や、「長持《ながもち》枕にならず」（別項）などがあるが、どういうわけか、いずれも明治以前には見られない。反対の意で、中国からの「大は小を兼ねる」（別項）が、日本でも江戸初期から常用されたのとは対照的だ。

弱肉強食《じゃくにくきょうしょく》

――弱の肉は強の食

弱いものを強いものが餌食《えじき》にし、強者だけが繁栄すること。

動物・自然界にはごく普通に見られる現象で、中国・唐代の詩人・韓愈《かんゆ》の言葉に基づく。日本では類義の「大なるは小を食う」が鎌倉時代の仏教説話『宝物集《ほうぶつしゅう》』に見え、見出しのことわざは水戸学の『新論』（一八二五年）で用いられている程度のようで、明治以前の例は少ない。明治・大正になっても収載していることわざ集・辞典は数種しかなく、早いものでも異表現が『和漢泰西ことわざ草』（一八九二年）に見られるにすぎず、見出し形は『作文熟語辞典』（一八九九年）となっている。

第二次大戦前の国語辞典『言苑』には載っているが、小型の辞典に収載されるようになって一般化するのは、意外にも昭和三〇年近くなってからのようだ。

じゃこの魚交《ととま》じり ⇩ 雑魚《ざこ》の魚交じり

蛇《じゃ》の道《みち》は蛇《へび》

――蛇の道はへびが知る◆蛇の道は小蛇こそ知る

同類のことは同じ仲間がよく分り、その道のことはその道の者がよく分っていることのたとえ。

音読みの「じゃ」は大きな蛇、訓読みの「へび」は普通の蛇を言う。こわい蛇が行き来する道は知っておいた方が安心なのだが、人間には分らず、むしろ小さな蛇にはよく分るものだ、という意から。ことわざとしては古くからあり、日蓮の『観心《かんじん》本尊抄』には「蛇《じゃ》は自《みずか》ら蛇《へび》を識《し》る」という言い回しで用いられ、室町時代の『鴉鷺《あろ》合戦物語』には「蛇《じゃ》の道をば小さけれ共蛇《くちなわ》が知る」と用いられている。

沙弥《しゃみ》から長老《ちょうろう》

一足飛びに出世することのたとえ。

「沙弥」は仏門に入りたてで、これから修行を積む未熟な僧。「長老」は修行を十分に積んだ学識豊かな高僧。未熟な僧から一気に高僧に出世するということ。現実には、僧侶の世界には厳格な階級があって、このようなことは通常ではありえない。これとはまったく反対のことわざが「沙弥から長老にはなれぬ」で、物事には段階や順序があり、一足飛びに進むことはできないというもの。どちらも江戸時代のことわざ集には多く見られるが、実際の用例となるとほとんどが後者。また、江戸前期の俳諧『滑稽太平記』に見える「沙弥を経て長老」は段階を経て出世する意の、どちらとも少し違うことわざ。

十七八《じゅうしちはち》は藪力《やぶぢから》

十七、八の若い男は血気盛んで力が強いこと。

「藪力」は藪に深く根を張った竹を引き抜くほど強い力のこと。この年頃の男は馬力があり、また怖いもの知らずのところがあって、いささか恐ろしい存在だ。そんな男の盛りの様子を言っている。同じ年頃の娘の場合だと「箸《はし》が転んでも可笑《おか》しい」(別項)と言われるように、何でもないことにも敏感に感応する。また、この年頃は男女を問わずよく眠り、「十七八は寝ごいもの」(「寝ごい」は寝坊)とも言われる。なお、見出しのことわざは結構古くから言い慣わされていた。「若竹や十七八く藪力」(俳諧『山之井』夏部、江戸前期)。

姑《しゅうとめ》の十七見《じゅうしちみ》た者《もの》なし

＝姑の十八

姑の自慢は当てにならないことのたとえ。

姑が嫁に向かって自分の若い時はああだった、こうだったと当てつけがましく自慢する。その時分のことを知っている者はおらず、証明もできないから、嫁はただうなずくしかないといった情景が想像される。相手を非難する気持をもって自分の過去を引合いに出す場合、つい美化してしまいがちなのが人間の心理。加えて、相手が憎い嫁ときたら推して知るべし。この言葉は、姑にさんざん言われた嫁が、あとでそっとつぶやいたり、内心に抱いた思いだったかもしれない。「しうとめの十八の時それはそれかやうのささけ見た事もなし」(狂歌『雅筵《がえん》酔狂集』江戸中期)。

主《しゅう》と病《やまい》には勝《か》てぬ

＝主と病には勝たれず ◈主と病

仕える主人の無理難題と、病気の苦しみにあらがうことはできないという意。

封建体制下の江戸時代にあっては、主人の存在は絶対だった。どんな理不尽ないいつけにも従うしかなかった。そうした時代に生きた庶民の、あきらめとも嘆きとも言えるつぶやきが聞えてくる。江戸前期の『毛吹草』(巻五)に「かたれぬや主と病と花の風」と詠まれていたように、江戸時代全般に多くの用例が見られるもので、それだけ横暴な主人と病に苦しむ者が多かったとも言えるだろう。

十人十《じゅうにんと》色《いろ》

＝十人寄れば十色

人の好みや考えはみな違うというたとえ。

人は何人集まっても、似た顔だちの者はいるかもしれないが、まったく同じ顔はいない。普通では区別しにくい一卵性双生児でさえ、よくよく見れば違っている。現代では見出し形が普通だが、この形はそれほど古いものではない。年代順に見てみると、

「十人寄れば十国の者」『毛吹草』(一六四五年)をはじめ江戸時代のことわざ集に五点。用例は西鶴『好色五人女』(一六八六年)。

「十人寄ればとりどり」　浄瑠璃『傾城《けいせい》三度笠』(一七一三年)。

「百人百色」　洒落本『令子《むすこ》部屋』(一七八五年)、同『部屋三味線』(寛政(一七八九〜一八〇一)年間)。

「十人寄れば十人違う」　洒落本『契情買《けいせいかい》猫の巻』(一七九九年)。

「十人が十《と》種《いろ》」　滑稽本『浮世床』(二編、一八一四年)。

「十人十色」　人情本『清談若緑』(一八三五年頃か)。

「十人寄れば十色」　人情本『秋色《しゅうしょく》絞朝顔《しぼりあさがお》』(一八三五年)、評判記『三題噺《さんだいばなし》作者評判記』(一八六三年)、古典落語に四点。

ということで、見出し形や異表現ができてくるまでに二百年近くも経っている。なお、明治時代になるともじりとも考えられる「十人十腹《とはら》」も加わるが、長続きしなかった。図はその「十人十腹」のもので『滑稽新聞』(一一二号、一九〇六年)から。

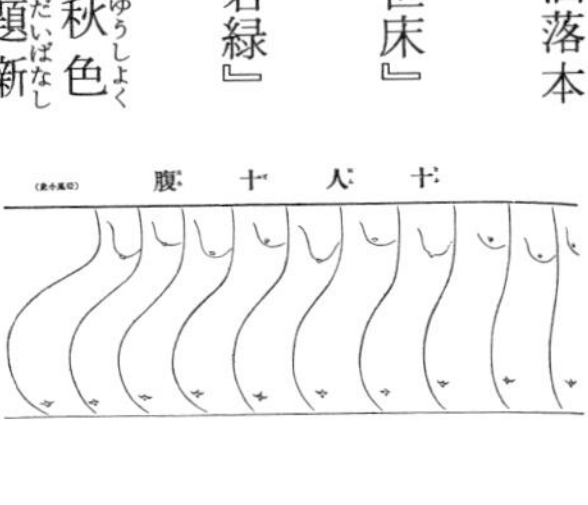

十年一剣《じゅうねんいっけん》を磨《みが》く

長い間腕を磨きながら好機を待ったたとえ。

一〇年もの間一つの剣を磨き続けながら、自らの腕

前を発揮できる機会を待っている情景。出典は中国・唐代の詩人賈島《かとう》「剣客の詩」。日本でも頼山陽の「不《ふ》識庵《しきあん》機山を撃《う》つの図に題す」という詩に使われて広く知られるようになった。「鞭声《べんせい》粛粛《しゆくしゆく》夜過《わたル》㆑河《ヲ》、暁《あかつきニ》見《ル》千兵《ノ》擁《ようスルヲ》㆓大牙《たいがヲ》㆒、遺恨十年磨《キ》㆓一剣《ヲ》㆒、流星光底逸《ス》㆓長蛇《ヲ》㆒」。十年一剣を磨いてきたにもかかわらず宿敵武田信玄（機山）を川中島の合戦で討ち果せなかった上杉謙信（不識庵）を詠んでおり、詩吟としても好まれ長く吟じられている。

十年《じゅうねん》の計《はかりごと》は樹《き》を植《う》えるにあり

⑴十年で利益をあげようとするものとしては、木を植えるのがよいということ。⑵状況に応じて対処の方策を立てるべきだということ。

中国・春秋時代の『管子』（権修）に「一年の計は、穀を樹うるに如《し》くは莫《な》し。十年の計は木を樹うるに如くは莫し」とあり、これによっている。江戸前期の『農業全書』（巻一）の「山林の総論」に見出しの語句が見られ、以下に「木を栽《うゆ》る者は、用を十年の後に期《まつ》とて、うへて十年ばかりもすれば、必《かならず》用に立ものなり」と説いている。

重箱《じゅうばこ》擂粉木《すりこぎ》で洗《あら》う ⇒ 擂粉木で重箱を洗う

重箱《じゅうばこ》の隅《すみ》をつつく

‖ **①重箱の隅を楊枝《ようじ》で洗う　②重箱の隅を楊枝で掘る**

取るに足りないつまらないことにいちいち口出ししたり、詮索することのたとえ。

異表現①が幕末の河鍋暁斎《きようさい》によることわざ覚書『狂斎百図手控《てびかえ》』に見えるが、見出し形は明治末期の文献以降になる。

十分《じゅうぶん》はこぼれる

あまり過大な欲はかかずに、物事は少し足りないくらいがほどほどでよいということ。

酒を杯にいっぱいに注げば、口にもってゆく間にこぼれてしまうこともある。蓋《ふた》のない容器に水をいっぱい入れて持ち運べば、これまたこぼれてしまう。表現としては簡素にすぎるくらいで技巧も何もない。しかも抽象的なのに妙に説得力があるのは、ことわざの指す状況を思い浮べやすいからなのであろう。江戸中期の浮世草子『百姓盛衰記』などに用例がある。

衆盲象《しゅうもうぞう》を模《も》す ⇩ 群盲《ぐんもう》象を撫《な》でる

柔《じゅう》よく剛《ごう》を制《せい》す

＝**柔はよく剛を制し、弱《じゃく》はよく強《きょう》を制す**

一見、弱そうに見える者が剛直な者に勝つこと。

柔道の極意の一つとされている言葉。腕力に劣る者は、相手の強い力にまともに対峙《たいじ》せずに、いなしたり、相手の力を利用したりすれば勝利を収めることもできる。しかしながら、実際の競技や闘いでこれを実践するには、柔の方にも剛をさばく技量が必要となる。出典は中国古代の兵書『三略』(上略)で、日本では安土桃山時代の『天草版金句集』に異表現が収められている。浄瑠璃『仮名手本忠臣蔵』(第一一)に「柔能《よく》剛を制し弱能《よく》強を制するとは、張良に石公が伝へし秘法なり」と秘術であることが触れられている。相撲の世界では、小兵《こひょう》力士が大型力士を破るのを「小よく大を制す」と言い、相撲の醍醐味《だいごみ》とされる。

出家《しゅっけ》の念仏嫌《ねんぶつぎら》い

(1)肝心かなめのことが嫌いなたとえ。(2)肝心なことができないことのたとえ。

僧侶が本音では念仏が嫌いだったり、実は念仏を唱えられなかったりということはあり得ないことではない。しかしながら、それでは僧侶の存在価値はなくなってしまう。ことわざらしいと言えばそれまでだが、僧侶にとって最も大事な念仏を本人が嫌うもののたとえにしてしまうとは、残酷と言おうか滑稽と言おうか……。「惣体《そうたい》酒屋の下戸と筆屋の弟子の物書かぬと薬屋の医心のないと、両替屋の悪銀見分けぬとは、其《そ》の職にて口を過ぎながら、出家の念仏嫌ひ、相撲取りが裸になることをいやがると同じ事」（浮世草子『諸《しょ》商人《あきんど》世帯形気《かたぎ》』巻一、江戸中期）。

出藍《しゅつらん》の誉《ほま》れ ⇒ 青《あお》は藍《あい》より出《い》でて藍より青し

朱《しゅ》に交《まじ》われば赤《あか》くなる

人は付き合う仲間によって良くも悪くもなるというたとえ。

「朱」は赤の顔料。ちょっと触るだけでも染まってしまうことから、接する者の影響力の強さにたとえられている。安土桃山時代のことわざ集『北条氏直時分《うじなおじぶん》諺留《ことわざとめ》』、江戸初頭の『日葡《にっぽ》辞書』に収載されていて、国内の文献では古いものとなっている。中国・晋代の『傅玄《ふげん》』に「朱に近づく者は赤く、墨に近づく者は黒し」とあることから、これを多少言い換えた可能性が高い。『日葡辞書』の四〇年ほど後に刊行された仮名草子『可笑記』（巻二）には「古き名言に、朱にまじはればあかくなり、すみにちかづけばくろくなるとある物」と、すでに「古諺」であることが明らかにされている。なお、現代では悪い感化力について言う場合がほとんどであるが、江戸時代は良い場合にも用いられていた。図は河鍋暁斎《きょうさい》の『狂斎百図』（江戸末期）から。

駿馬痴漢《しゅんめちかん》を乗《の》せて走《はし》る

(1)釣合いのとれた相手と一緒になることは難しいというたとえ。(2)とかく世の中はうまくゆかないものだというたとえ。

「痴漢」は愚か者。すばらしい馬が愚劣な男を乗せて走る情景からで、美人を駿馬にたとえた珍しいことわざ。男女の関係は「痘痕《あばた》も靨《えくぼ》」（別項）のところがあり、たとえ欠陥があろうと「破鍋《われなべ》に綴蓋《とじぶた》」（別項）で収まる場合が多いのであろうか、少なくともことわざの世界では見出しのことわざとは反対の場合が支持されているようだ。出典は中国・明代の『五雑組《ござつそ》』（事部）。

正直《しょうじき》の頭《こうべ》に神宿《かみやど》る ⇒ 神は正直の頭に宿る

正直《しょうじき》の儲《もう》けは身《み》に付《つ》く

正直に稼いだ金は無駄遣いされないこと。

「悪銭《あくせん》身に付かず」（別項）と反対のことわざ。額に汗して真面目にこつこつ働いて手に入れた金は、貴重さがよく分るので無駄な遣い方はできない。第一、悪銭とちがって一度にまとまって入るわけでもないから無駄遣いするゆとりもない。近松の『博多小女郎《こじょろう》波枕』（巻中）に「菜大根肩に置いても、正直な儲《もうけ》は三文でも、身につくと言聞かせた詞反古《ことばほうぐ》にして」と用いられているものの、江戸時代にはほかに用例も見当らないので、ことわざとしての広まりがどれほどだったのかは分らない。

正直者《しょうじきもの》が馬鹿《ばか》をみる

ずるがしこい人が利益を得るのに、正直者は損をして悔しい思いをさせられるということ。

いつも「神は正直の頭《こうべ》に宿る」（別項）わけではなく、しばしばこのことわざの通りになることがあるから困ったものだ。一面で、社会制度の矛盾を表現することわざと言えよう。現代では常用のものだが近代以前には用例なども見えず、明治になってから言い慣わされるようになったもの。

小人閑居《しょうじんかんきょ》して不善《ふぜん》をなす

小人物は暇だとろくなことをしないということ。

孔子は君子を人間のあるべき姿としてとらえ、そうではない、そうあってはならない者を小人と呼んでいた。つまり、立派な人物が君子で、つまらないろくでなしが小人。「閑居」は暇でぶらぶらしていること、「不善」は文字通りよくないこと。中国の『大学』にある有名な文句で、この句に続いて、小人は人が見ていれば善のふりをするが、それもしょせんは無駄なことで、すぐ本性が現れてしまうと言う。こうした小人に対して、「君子は必ずその独りを慎む」とされる。君子は人が見ていようがいまいが自分を律しているということなのだ。君子ではない現代の俗人たちにとって、暇がありすぎてはその過し方も容易ではない。見出しの表現は江戸後期の経済学者・海保青陵《かいほせいりょう》が『稽古談』で援用している。

上手《じょうず》の手《て》から水《みず》が漏《も》る

＝上手の手から水

どんなに上手だと言われる人や名人にも失敗はあるということ。

ここの「上手」は物事に巧みな人、名人。「手から水が漏る」情景はどんなものだろう。おそらく、両手の指をくっつけ合せて水をすくうというものだろう。これなら、どんなにしっかり合せても水は少しずつは漏れてゆくから、ことわざにかなう。同義のことわざは多く、「猿も木から落ちる」(別項)、「弘法《こうぼう》も筆の誤り」(別項)、「河童《かっぱ》の川流れ」など有名なものも多いが、たとえに動物を使っているものを目上の人に当てはめることは適切でない。親しみは感じられるが、偉い上司などを猿や河童にたとえてしまうわけだから、軽んじているととられかねない。その点、このことわざにはそういう恐れもないので、上の立場の人の失敗を軽くひやかしたり、場合によっては弁護したりする意味合いでも用いられる。「毒を盛て見たく一服盛てやりけるに、どうした薬の間違にや、上手の手から水がもり」(黄表紙『齢《よわいの》 長尺《ながじゃく》 桃色《ももいろ》寿主《じゆず》』江戸中期)。

冗談《じょうだん》にも程《ほど》がある

冗談を言うにも限度があるということ。

冗談は、時によって悪ふざけや揶揄《やゆ》にもなるから、たとえ冗談でも注意が必要である。早い用例としては、江戸末期の人情本『春秋二季《しゅんじゅうふたき》種《ぐさ》』に見える。

少年《しょうねん》よ大志《たいし》を抱《いだ》け

若者は大きな志をもって生きてゆけということ。北海道開拓のために招かれたアメリカの化学者・教育者クラーク（一八二六〜八六）が、一八七七年に札幌農学校を去る時に残した言葉として有名。日本が近代化への道を邁進《まいしん》していた時期には、立身出世の意に解されて、あたかもスローガンのごとくに熱烈に支持された。しかし、それはこの見出しの部分だけが一人歩きした短絡的な解釈だった。彼の言葉は「それは金銭に対してでなく、また世人が名声と呼ぶあのむなしいものに対してでもない。人間が、人間として当然身につけるべきすべてのものに対して、少年よ大志を抱け」であり、むしろ、俗世の立身出世は断固として排斥されていたのである。

小《しょう》の虫《むし》を殺《ころ》して大《だい》の虫を助《たす》ける

＝大の虫を生《い》かして小の虫を殺す

⑴大事なことを救うために、それほど必要ではないものを捨てることのたとえ。⑵一部分を犠牲にして全体を生かすことのたとえ。

たとえだから目くじらを立てても仕方がないが、虫の大小に価値の差はなかろうに。小より大の価値を高く見るという発想の前提に問題があるためではないだろうが、このことわざには悪用されかねない要素が多分にある。独断と偏見によって小の虫とみなされて、大の虫とされたものを助けるために犠牲を強いられるとしたら、ゆゆしいことになる。現代では、人間の評価がからむ事柄にこのことわざを適用するのは避けた方が無難であろう。見出し形は江戸前期の仏書『驢《ろ》鞍《あん》橋《きょう》』などに用例があり、比較的多用されていた。江戸時代には類義の「小の虫より大の虫」（脚本『蝶鵯《ちょうもひよく》山崎踊』大詰、江戸後期）、「小の虫を殺して大勢《おおぜい》を救う」（脚本『伊勢《いせ》音頭《おんど》恋寝刃《こいのねたば》』二幕、同上）などもあり、虫をたとえに用いない「小を捨てて大を助く」という形も言い慣わされていた。

勝敗《しょうはい》は時《とき》の運《うん》

＝①勝負は時の運　②勝負は時のはずみ

ものの勝ち負けは実力通りとはいかず、その時の運によることも大きいという意。

たとえ優位に立っている戦でも、ちょっとしたきっかけで流れが変ってしまうことは珍しくない。万全の戦略・戦術で最大限の労力を注いでも、予想外のことが起って負けてしまうこともある。勝敗には人智の及ばない「時の運」を軽視することができない。『太平記』に異表現①が見える。明治以前はこの形がほとんどで、見出し形は明治になってからである。

図は大正時代の伊東忠太の大部な風刺画集『阿《あ》修羅帖《しゅらちょう》』の一枚。

商売《しょうばい》は道《みち》によって賢《かしこ》し

どの商売でも、それを専門とする者がほかのだれより精通しているということ。

このことわざと、主題としている領分は違っているが基本的な意味は同じなものが二つある。人間の性質や心のあり方は各自の専門の道を通して向上するという「性《せい》は道によって賢し」と、技術面に焦点を当てた「芸は道によって賢し」。前者は、室町時代の『鴉鷺《あろ》合戦物語』や江戸初期のことわざ集などに多く見られて、古くからある。後者は江戸前期の浮世草子『籠《かご》耳《みみ》』に見られ、見出しの表現は一番後れて幕末の『狂斎百図手控《てびかえ》』にかろうじて見える。

証文《しょうもん》の出《だ》し遅《おく》れ

＝証拠《しょうこ》の出し遅れ

物事が手遅れとなることのたとえ。

いくら証文があっても、期限切れだったら単なる紙切れにすぎない。また、期限内でも、肝心の証文が物を言う時に出さずに、争い事などが終った後で出しては何の意味もない。古くは「支証《ししょう》の出し遅れ」とも言った(『毛吹草』など)。「支証」は証拠のこと。この形は、「支証」が「師匠」と同音のためか、師匠が質問に即答できず後で講釈を言う意の「師匠の出し遅れ」と混同されたこともあった。見出しのことわざの方には、そうした類は江戸時代には見られない。なお、馬琴の『里見八犬伝』などに、「証文」を「あかしぶみ」と読んでいるものがある。

小利大損《しょうりだいそん》

少しばかりの利益を得ようとしてかえって大損害を蒙ること。

『太平記』に見られるのをはじめ、江戸初期の法語『盲安杖《もうあんじょう》』、中期の政道書『燕居偶筆』、そのほか江戸時代には文芸類に多くの用例が見られる。

将《しょう》を射《い》んと欲《ほっ》せばまず馬《うま》を射よ

＝人を射んとせばまず馬を射よ

大きなものや有力なものをねらうには、直接そのものをねらうのではなく、それが頼みとしているものを倒すことが成功の早道だという意。

弓や槍《やり》で馬上の人間をねらうより、馬をねらう方が的は大きくてねらいやすい。乗っている人が落馬してけがでも負えば、しとめるのも簡単。馬もろとも「一石二鳥」(別項)もありそうだ。唐の詩人・杜甫《とほ》の『杜《と》少陵《しょうりょう》集』に収められている詩の一部で、戦闘の心得を詠んだもの。弓は強いもの、矢は長いものを使い、人を射るには馬を射る、敵を虜《とりこ》にするにはその王から、と具体的に指示している。

食《しょく》なき者《もの》は職《しょく》を選《えら》ばず

食べ物を手に入れるあてのない者は、仕事のよしあしを選択する余裕がないこと。

同音の「しょく」を反復させて語呂を整えるという技巧を用いている。木の実などの採集で生活できたり、自給自足できる立場にあれば、なにがなんでも職につく必要はない。また、職業の選択の余地のほとんどなかった時代には起りえないことわざで、近代社会になってからのもののようだ。どうやら西欧のことわざの翻訳らしく、『和漢泰西俚諺集』（一八九〇年）に西洋のものとして収められているが、どこの国のどんな原文かは分っていない。

諸病《しょびょう》は気《き》より起《おこ》る ⇩ 病《やまい》は気から

女郎買《じょろうが》いの糠《ぬか》味《み》噌《そ》汁《じる》

＝ 傾城《けいせい》買いの糠味噌汁

⑴無駄なことに大金を遣う者は、必要なことには出し惜しみをするというたとえ。⑵豪遊した後は、最低必要な経費も残っていないということ。

女遊びに大金を遣った者が日々口にする食事は、古い糠味噌を擂《す》って作った糠味噌汁で粗食中の粗食であるというのが原意。一見華やかな女郎買いは溺《おぼ》れやすく、ついつい自制も利かなくなる。対照的に惨めなものとなるのは日々の生活。食べ物での別表現には「女郎買いは汁の実食わず」がある。食べ物以外だと、草《ぞう》履《り》を使った表現が多い。「女郎買い草履履《は》かず」「女郎買いの切れ草履」「女郎買いの拾い草履」「女郎買いの尻切れ草履」など。

知《し》らしむべからず、由《よ》らしむべし

＝ ①民《たみ》は之《これ》に由らしむべし、之を知らしむべからず　②由らしむべし、知らしむべからず

民衆を政策に従わせることは難しくないが、その内容を理解させることは困難だという意。

出典として異表現①が『論語』（泰伯）にある。孔子は民意を重視して権力政治を嫌った思想家である。この言は愚民政治を唱えているようにも受け取れるが、当時の民衆の知的水準が低かったため、このように言って、けれども正しい政治を行えば必ず民衆はつき従ってくる、と孔子は説いたのであった。ここの助動詞「べし」は正しくは可能の意だが、それを当然・命令の意と解して、政治を行うにはただ民衆に命令して従

わせるのがよく、その内容まで説明するのはよくないとする誤解が生じてきた。現代では誤解の方がまかり通っていて、むしろ正解の旗色が悪い。なお、日本での早い用例は、江戸後期の町人学者・山片蟠桃《やまがたばんとう》の『夢の代』に①に近い表現が見られる。

知《し》らぬが仏《ほとけ》

＝知らぬが仏、見ぬが極楽《ごくらく》◆知らぬが仏、見ぬ神

(1)事実や真相を知らなければ、仏のように心穏やかにしていられる意。(2)実態やことの重要性を知らずにのほほんとしている人を嘲笑《あざわら》う言葉。

人は真相や事実を知りたがる動物のようで、情報収集に汲々とすることも珍しくない。知らないほうがよい真実・事実も少なくないはずなのに。異表現のように、知らないことばかりでなく自分の目で見ないことも、ときに精神の安らぎをもたらしてくれよう。江戸初期からよく知られていたことわざで、江戸系いろはカルタにも採用されている。図はその明治時代のものであるが、ことわざの意を見事に表現している。地蔵の頭にとまるのが鳥だったり蜻蛉《とんぼ》だったりするものの、江戸時代からほぼ一定した構図のものが現代まで続いている点で珍しい。

知《し》らぬ神《かみ》より馴《な》染《じみ》の鬼《おに》

＝知らぬ仏《ほとけ》より馴染の鬼

疎遠な関係の者より、どんな人であっても、なれ親しんだ者のほうがよいというたとえ。

神と鬼のどちらと付き合いたいか、と聞かれたら、百人が百人とも神と言うだろう。ところが、神に「知らぬ」、鬼に「馴染」と但書《ただしがき》がつくと立場が一転してしまうのだからすごいと言うか面白いと言うか……。異表現は江戸後期のことわざ集『諺苑《げんえん》』にあるもので、村落共同体意識の強かった日本社会に特有なものかと想像していたら、外国にも類例があった。たとえ

かたが異なるものでは「知らぬ善より知った悪」（北欧サーミ語）、「まだ知らない善より分っている悪がまし」（英語）とある。欧州圏以外でも「知らない二十人より知っている悪魔がまし」（チリ）とあり、「知らない天使より知った悪魔がまし」（エチオピア）となると内容的には日本と同じで、びっくり仰天してしまう。

知《し》らぬは亭主《ていしゅ》ばかりなり

まわりの者は知っているのに当事者は案外にうかつなものだという意。

雑俳『末摘花』（巻四）の「町内でしらぬは亭主斗《ばか》り也」によっているように、もともとは女房の浮気を詠んだものだった。

尻《しり》に火《ひ》

‖ **①尻から火のつくよう　②尻に火がつく**

(1)事態が切迫することのたとえ。(2)安閑としていられなくなること。

着衣の尻の部分に火が付いたとなれば、消火しようとするなり、着ている物を脱ぎ捨てようとするなり、大あわてで事態に対処しようとするだろう。現代でも「ほら、お尻に火がついた……」などと、ことわざと意識せずに何気なく使われる代表格と言える。見出し形のような短縮形だとことわざとしての色合いも薄いからなおさらであろう。先人たちもことわざという認識がなかったのか、あまり文献に見られない。用例は『宇治拾遺物語』（巻一二ノ一四）に蛍《ほたる》を詠んだ「あなてりや虫のしや尻に火のつきてこ人玉ともみえわたる哉」という歌があり、ことわざ集では本居宣長の『言《げん》彦鈔《げんしょう》』に異表現①が見られる。

尻《しり》に目薬《めぐすり》

(1)まったく見当違いのこと。(2)何の効力もない無駄なことのたとえ。

現代のように点眼しやすい形の容器に入っているならば、目薬を痔《じ》薬などと間違うことはなかろうが、江戸時代には目薬も軟膏《なんこう》状だった。浣腸《かんちょう》だったら目薬と形が似ていないこともないが……。このことわざは江戸後期の『俚言集覧』に収載されているが、明治以前には用例も見えず、ほかのことわざ集にも見られない珍しいものである。

汁《しる》を吸《す》うても同罪《どうざい》

＝汁を啜《すす》って同罪

共犯の罪は分け前の多少に関係なく成立すること。

魚肉にせよ鳥・獣の肉にせよ、肉は食べずに汁を啜っただけでも戒律を犯した罪は同じだということから。共犯罪に関する珍しい〈法諺〉である。室町時代の金言集『句双紙』に見える言葉だから、当初は刑事事件の罪は視野になく、仏教の戒律違反についてだけ言われたものであろう。たしかに、仏教では肉食は禁じられていたので、たとえ鰹節からとった出し汁をすすっても魚肉を食べたのと同じで、戒律を犯したことに違いはない。

代物《しろもの》には花《はな》を飾《かざ》れ ⇒ 売物《うりもの》には花を飾れ

白《しろ》を黒《くろ》と言《い》う

⑴物事の正を邪に、善を悪に言うこと。⑵人を欺くこと。

室町時代の随筆『小夜のねざめ』に「白を黒く黒を白く申なし侍る」と用いられ、同時代の政道書『樵談治要』にもほぼ同じ言い回しがあるが、のちの俚諺書・辞典にはなぜか立項されていない。

吝《しわ》ん坊《ぼう》の柿《かき》の種《たね》

＝吝ん坊の柿のへた◉けちん坊の柿の種

けちな人は何の価値もないものまで惜しむということのたとえ。

「吝ん坊」は、渋い、けちなの意の「吝い」から出た言葉で、『毛吹草』に「山寺の花をおしむやしわん坊」と見えるから、江戸前期にはあったことが分る。見出しの表現から直接、吝嗇《りんしょく》のたとえという意は読み取れないので、後ろにあるべき「惜しむ」が省略されたものと考えられる。上方系のいろはカルタの絵札は、金持で欲深そうな年寄が自分で柿の実の皮を剝《む》いている図柄で、これがことわざの真意を表現しているように思われる。女房や使用人にやらせると皮やへたは捨てられてしまうので、とても任せるわけにゆかず、自らお出ましになったものかと想像される。皮だって漬物の味つけに役立つし、種だって「桃栗三年柿八年」(別項)で八年たてば実がなるのだから。

詩《し》を作《つく》るより田《た》を作れ

＝詩を作ろより田を作れ

風流なことに時間を費すより実生活に役立つことをせよというたとえ。

日本人の大多数が農業にかかわっていた時代、農作業は生存の根幹をなしていた。仕事を怠って風流三昧《ざんまい》にひたることは、生活を放棄したに等しいことだった。ことわざでは大事な農業に対する悪者として、念仏、座禅、碁打《ごうち》、庭作りなどいろいろなものが引合いに出されている。これらは生存・生活あってのものだけに、正面切っての反論もしにくかったのであろう。それにしても農業に対すると、どれもこれも十把一絡《じっぱひとから》げで扱われてしまう。いかに実生活が重視されていたかがうかがえる。異表現が幕末のことわざ集『俗諺集成』に収められているが古い用例などが見えないから、古くからことわざとして言い慣わされていたものではないようだ。

深淵《しんえん》に臨《のぞ》んで薄氷《はくひょう》を履《ふ》むが如《ごと》し ⇒薄氷を踏《ふ》む

沈香《じんこう》も焚《た》かず屁《へ》もひらず

＝沈香も焚かず屁もこかず

(1)目立った長所もなければ、特に短所・欠点もなく平凡なこと。(2)役にも立たないが害にもならない凡庸なことのたとえ。

「沈香」はジンチョウゲ科の常緑高木で、材は香木として珍重され、沈香・伽羅《きやら》の名がある。ここはその香料の沈香。最上の香りと最低のにおいを対比的に用い、そのどちらにも属さないから中間・凡俗だとする意。江戸中期頃には盛んに用いられたので、当時、沈香を焚く習わしがあったのだろう。なお、同義で「線香も焚かず屁もひらず」「伽羅も焚かず屁もこかず」とも言ったが、見出しのことわざほど知られていたものではなかった。

仁者《じんしや》は山《やま》を楽《たの》しむ

仁の徳のある者は天命に委ねているから欲望に惑わされず、自然を楽しむことができるという意。

出典の『論語』（雍也）では、「智者《ちしや》は水を楽しむ」と対にして掲げ、物事に行動的に対処する智者は動いている水の流れを楽しみ、仁者は変化しない山を楽しむと、両者の自然の楽しみ方の違いにふれている。江戸前期の狂言書『わらんべ草』では「仁者ハ山をたのしむ、智者ハ水をたのしむ」と、『論語』の順序を変えて掲げている。

針小棒大《しんしょうぼうだい》

①針《はり》を棒に取りなす　②針ほどのことを棒　③針を棒　④針が棒

物事を大げさに言うこと。

針程度の大きさのものを棒くらい大きいと言うことから。いくつも微妙に異なる言い回しで伝承されてきたようで、大まかには異表現①から④のようなものだった。その中で①は、江戸前期の俳諧『毛吹草』に見える最も言い慣わされたもの。針を棒よりはるかに大きく太い柱のごとく言うとする「針ほどの事をば柱程に申す」というのも、江戸初期の軍学書『甲陽《こうよう》軍鑑』（命期）に見える。しかし、これは一例だけでその後には伝承されなかった。「棒」形の早い用例は『毛吹草』（冬部）の「針を棒にいひやなさまし松の雪」。現代はもっぱら見出し形のような四字熟語の形だが、これは明治以降のものである。

人事《じんじ》を尽《つ》くして天命《てんめい》を待《ま》つ

結果は天命に任せ、悔いの残らないように最大限の努力をすること。

「天命」は天によって決められた、人間がどうすることもできない運命。人間は、力の限りを尽してもうこれ以上はやることはないというところまでやったら、あとは静かに天命を待つしかない。中国で古代から言われている語句で、秦代の『呂氏《りょし》春秋』(不広)などに見られる。日本では、江戸前期の儒学者でことわざ集『和漢古諺』も著している貝原益軒の『初学知要』(知命)に、学に志す者は人のなすべき義をやり遂げて、あとは天命にゆだねるがよい、とある。

信心過《しんじんす》ぎて極楽通《ごくらくとお》り越《こ》す

信心に熱心なあまり、深みにはまりこんで逆に邪道に陥り害となること。

厚い信仰は非難されるものではないが、度を越して、仕事をおろそかにしたり、病気を治すのに祈禱《きとう》だけに頼ったり、はたまた寄進など信仰にお金をかけすぎて破産してしまったりしたのでは、幸せを求めてしているはずの信仰がかえって、反対の不幸を招いてしまう。それにしても、信仰が過ぎて極楽を通り越して(地獄へ向かって)しまうという着想は面白い。

死《し》んだ子《こ》の年《とし》を数《かぞ》える

＝死んだ子の歳《とし》

いまさらどうにもならない過去をひたすら愚痴《ぐち》ることのたとえ。

親にとって子供に先立たれるほどつらいことはない。それでも、死んでから何年も経っているのに「あの子が生きていればいくつになったか」などと口にするのは、他人には愚痴でしかない。しかし、そうと分っていても、親としてはつい言ってしまう言葉なのだろう。江戸後期の滑稽本『六あみだ詣』(三編)に「先祖からつたはる家名、子がなければそのまま退転。ここのところが嘆かはしいから、死んだ子の年算《かぞ》へて悔むのでござります」とある。なお、「死児《しじ》の齢《よわい》を数《かぞ》う」という形もあったが、見出し形や異表現の方が一般的だった。

死《し》んで花実《はなみ》が咲《さ》くものか

＝死んで花実はならぬ◉死んで花実は咲かぬ

何事も生きていればこそで、死んだら何のよいこともないということ。

「花実が咲く」は花が咲き実が成ることで、花に名、実《み》に実《じつ》を当て、名実ともにうまくゆく意。死んでは今までの努力も無になる、生きてがんばっていればこそよいこともあるものだと、多くは死のうとする者に、がんばって生きなさいと言って聞かせる言葉である。特に見出し形は異表現と違って反語的な言い回しで訴える力が強い。江戸中期は心中《しんじゅう》が流行し、それを題材とした浄瑠璃も多かったせいか、浄瑠璃『忠臣後日《ごにち》噺《ばなし》』や洒落本『遊僊窟烟之花《ゆうせんくつけむりのはな》』などで盛んに用いられている。現代でも某自殺の名所の崖際に、この文句を書いた自殺防止用の看板が立てられている。なお、同義のものに、江戸時代だけで姿を消した「死んで骨は光るまい」がある。

心頭滅却《しんとうめっきゃく》すれば火《ひ》もまた涼《すず》し

気持の持ちようで、いかなる苦難でも凌《しの》ぐことができるということ。

「心頭」は心の中。心の中から雑念を払えば火も熱くないということから。出典は中国・唐代の杜荀鶴《とじゅんかく》の詩。日本では甲斐・恵林寺《えりんじ》の僧・快川が織田信長勢に焼き討ちされた時に唱えたと伝えられる有名なものだが、なぜか、近代以前には用例が見当らない。

親《しん》は泣《な》き寄《よ》り

＝親類は泣き寄り

困った時に頼りとなるのは親や親類だという意。

「他人は食い寄り」を続けて、縁者は哀悼の気持で葬儀に集まるが、他人は食べ物を目当てに集まる意でも用いられた。室町時代の『多胡《たこ》辰敬《ときたか》家訓』に異表現が見られ、見出し形も江戸初期から常用されていたが、現代ではほとんど使われなくなっている。図は教訓画集『人生画訓』（一九二九年）から。

す

水魚《すいぎょ》の交《まじ》わり

はなればなれになることのないほど親しく睦まじいことのたとえ。

魚にとって水はなくてはならないものである。君臣の間柄や夫婦間・友人間の親密さをたとえている場合が多い。出典は中国の『三国志』（蜀志）で、蜀の劉備《りゅうび》と諸葛孔明《しょかつこうめい》との間柄をたとえたもの。日本では、互いが離れがたい意の「水魚の思い」が『太平記』などに見られる。見出しの表現は江戸時代に盛んに用いられ、中期の浮世草子『其磧《きせき》諸国物語』や後期の心学『朱学弁』など多数の用例が残されている。

水晶《すいしょう》の削《けず》り屑《くず》

⑴もと金持だった人が落ちぶれてしまったことのたとえ。⑵以前は価値があったがいまは何の価値もないことのたとえ。

水晶の価値は日本でも古くから高く評価されていた。装飾品ばかりでなく、細工物にいろいろ使われて重用された。しかし、水晶自体はいくら高価でも、その削り屑にはなんの価値もない。何百ものことわざをつなぎ合せて一種の浮世草子風の話に仕立てた江戸中期の『世《せ》話詞《わことば》渡世《とせい》雀《すずめ》』に用例が見える。日本のことわざで、金持の没落をそのまま物にたとえた意味をもつものは珍しいが、特に多用されたというわけではない。

酸《す》いも甘《あま》いも噛《か》み分《わ》ける

①酸いも甘いも知る ②酸いも甘いも食ったものが知る ③酸いも甘いも呑《の》み込《こ》む ④酸いも辛《から》いも知っている

人生経験が豊かで、こまやかな人情に通じ、世間の微妙な事情に通じていること。

複雑な世間や人情を食べ物にたとえ、これは酸っぱいもの、こっちは甘いものと噛み分け熟知することから。酸いは辛《つら》い面とか嫌な面、甘いは嬉《うれ》しい面とか好もしい面を表しているようだが、種々の異表現があり、とりわけ④も同意ということを考えると、酸い甘いの厳密な区分けはなさそうだ。人生経験の豊かさを好意的に評価することわざだが、この反対は「海千山千」(別項)。どちらの立場になるかは、人と時と場合によるとしか言いようはあるまい。比較的早い用例は、江戸前期の『堀川狂歌集』の「詩に歌によまれし花の塩梅《あんばい》はすひもあまひもしる人そしる」。

据膳《すえぜん》食《く》わぬは男《おとこ》の恥《はじ》

女の側から誘いをかけているのに、それに応えないのは男として恥だということ。

江戸中期の浄瑠璃『夏祭浪花鑑』に「据膳と鰒汁《ふぐじる》を喰《くわ》ぬは男の内ではない」、後期の人情本『春の若草』(二編巻一)に「女の居膳を喰はねへ男はない」という言い回しが見られるが、見出しの表現は後期のことわざ集『続拾遺尾張俗諺』に収載されたものが早い。

末大《すえだい》なれば必《かなら》ず折《お》る

末大なれば必ず折れ、尾《び》大なれば動かし難《がた》し

(1)下の者の力が強大になると、上にたつ者の統率力が及ばなくなるたとえ。(2)分家や傍系の者が隆盛になって、本家が衰退・滅亡することのたとえ。

枝が伸びて葉が繁ると重くなり、幹や根をいため

てしまうということから。中国の『春秋左氏伝』(昭公一一年)の「末大なれば必ず折れ、尾大なれば掉《ふる》わず」が出典。室町時代の教訓書『小夜《さよ》のねざめ』に「末重きものは必ず折る」という表現が見える。近松の『吉野忠信』(第二)では「末の大なるは必ず折る、尾の大なるは必ず動かし難し」と、『春秋左氏伝』の対句部分も、少し変えた形ではあるが一緒に用いている。現代は死諺になっているが、このような下剋上《げこくじょう》につながる意味をもつことわざは珍しい。

末《すえ》は野《の》となれ山《やま》となれ ⇒ 後《あと》は野となれ山となれ

頭《ず》寒足熱《かんそくねつ》

頭部はのぼせないようにし、足は冷さないようにするのがよいとする健康法。

俳諧『崑山集《こんざんしゅう》』(巻六)に「すそ野あつし頭寒足熱ふじの雪」と詠まれているように、江戸前期から知られている健康ことわざである。

好《す》きこそものの上手《じょうず》なれ

＝好きこそものの上手◈好きこそ道の上手なれ

好きであることが物事の上達の道だということ。

一般に芸事や習い事は、好きになると関心が深まり、それに割く時間も長くなり、結果として腕前が上がるものである。もちろん、「下手《へた》の横好き」(別項)ということもあるが、嫌いが上手になる可能性は低いということだけは言えよう。江戸中期頃から各種文献に用例が見られる。仇討小説『柳荒美談前編』(巻一)に「かれこれ年月立て十四歳とは相成りける。前後七ヶ年のうち稽古懈怠《おこたり》なく、好きこそものの上手なれとたとへのごとく目にたつやうなり」とあるように、武道や芸事などにおける上達の極意であり、そうした領域で〈金言〉と評価されていた。

過《す》ぎたるは猶及《なおおよ》ばざるが如《ごと》し

＝過ぎたるは猶及ばざるにはしかじ◈過ぎたるは

——及ばざるに劣《おと》る

物事の程度が過ぎるのは、足りないことと同じでよくないということ。

『論語』（先進）に見える、孔子が二人の弟子の優劣を評した時の言葉。『論語』に由来することわざは多く著名なものもたくさんあるが、その中でも特に知られているものの一つだろう。中庸を是とする考えが言外に感じられるが、『論語』から離れた後の通常の使用例からは、程度の過ぎることだけが問題の対象となっているようだ。「古人の句に「さき過《すぎ》て是さへいやし梅の花」とあり、云得《いいえ》て妙なり、百事過たるは及ばざるにおとれり、心得べき事也」（『二宮翁夜話』巻一、江戸後期）。

空《す》きっ腹《ぱら》にまずい物《もの》なし

腹の減っている時には何を食べても旨《うま》いという意。

人間の三大欲望たる食・性・眠のうちでも、特に強く求められるものは食であろう。このことわざは古くからのものではないようで、以前は「寒き時に汚い物なし、ひだるい時に味なき物なし」（「ひだるい」は空腹の意。『漢語大和故事』江戸前期）、「ひだるい時の味ない物なし」（『類聚世話《るいじゅせわ》百川合海《ひゃくせんがっかい》』江戸中期）、「ひもじい時のまずい物なし」などと言われていた。おそらくこれらが変化して、見出しの言い回しになったと推定される。空腹という生理現象は人類共通なので、ことわざも時空を超えて酷似したものとなる。「飢えは食べ物の調味料」（ラテン語）、「腹が空いている時は何でも美味《おい》しい」（ベトナム）、「空腹は美味しいスープを作る」（エストニア）、「空腹は最高のソース」（西欧、デンマーク）、「空きっ腹に堅いパンなし」（ポルトガル、バスク）、「飢えた鰐《わに》は餌食《えじき》を選ばない」（マダガスカル）、「飢えた犬に硬い骨などない」（フィリピン）。

頭巾《ずきん》と見《み》せて頬被《ほおかぶ》り

体裁よく見せかけてはいるものの、内実はやりくりが苦しいことのたとえ。

頭巾はもともと頭にかぶるために作られたもの。「頬被り」は衣服や手拭いで頭から頬をおおうことで、見た目には頭巾をかぶっている様子に似ている。ここは、物としての頬被りにとどまらず、内情や内面を隠す意味も含んでいる。現代では頭巾は姿を消してしまい、頬被りも泥棒の連想がつきまとうのか嫌われてほとんど見ることがなくなった。ことわざとしては江戸中期には言われていたもので、平賀源内の滑稽本『風来六々部集』(後編巻下)に「まうけた所が五十か七十、みぢんつもれば山をなし、頭巾と見せてほうかぶり、いかな御客も足かろがろと御出なされて」と用いられている。

木菟《ずく》引《ひ》きが木菟に引かれる

相手を倒そうとした者が、反対に相手の術中にはまってしまうこと。

「木菟」はみみずくのことで、「木菟引き」は、昼に木に止まっている梟《ふくろう》やみみずくに、夜行性でない鳥がちょっかいを出すこと。ここは、そうする鳥たちを言う。それだけならとやかく言うことではないかもしれないが、実は、そのみみずくは囮《おとり》の偽物で、ちょっかい出しの鳥たちを一網打尽《いちもうだじん》にする猟師の罠《わな》だったという仕組。つまり、これは昔の特異な鳥の狩猟法を背景にしたことわざだったのだ。昼行灯《ひるあんどん》のみみずくだったからこそ、ほかの鳥にからかわれる囮役に当てられたのであろう。

雀網《すずめあみ》に鶴《つる》がかかる

思いもかけない幸運が舞い込むことのたとえ。

雀を捕獲するための網が「雀網」で、それになんと幸運にも鶴がかかったという情景。浮世草子『契情《けいせい》お国歌舞妓《かぶき》』(一七三〇年)に用例が見える。同義の「鰯網《いわしあみ》で鯨捕《くじらと》る」(別項)のいわば鳥版。雀網でほかの獲物を手に入れたとするものに、「雀網で雁《がん》」(浄瑠璃『元日金《がんじつこがね》歳越《としこし》』一七三三年)、「雀網で孔雀《くじゃく》」(同『源氏大草紙』一七七〇年)がある。雀網以外では、「雁捕る罠《わな》に鶴」(同

『持統天皇歌軍法』一七一五年)、「小鳥網で鶴をせしめる」(同『大塔宮曦鎧《おおとうのみやあさひのよろい》』一七二三年)などで、同じ意味のことわざの言い回しは変化が激しくしかも固定化しなかったようで、その点も関係するのか、後世へは伝承されなかったようだ。

雀海中《すずめかいちゅう》に入《い》って蛤《はまぐり》となる

＝雀水に入って蛤となる

物がいろいろと変化することのたとえ。

晩秋に雀が海辺で群れて騒ぐと蛤になるという俗信は、中国で古くから信じられていたようだ。五経の一つ『礼記《らいき》』(月令)の「雀大水《たいすい》に入って蛤となる」に由来している。日本でも、文献的には最古に近い八世紀、空海の『三教指帰《さんごうしいき》』(巻上)に「昔、雀変じて蛤となることを聞いて猶《なお》疑怪を懐《いだ》けり」と記されているので、間違いなく古い古い昔からの言い慣わしだったことが分る。そして近世に至っても、いろいろな分野で用いられていた。

雀百《すずめひゃく》まで踊忘《おどりわす》れず

＝雀百まで踊やまず ◉雀百まで

若い時の性癖はなおりにくいことのたとえ。特に、道楽の類がなおらないことに多く用いる。

雀がぴょんぴょん跳ね回るのを踊に見立て、それを「雀の小躍り」と言ったことからきている。どうやら雀のしぐさは踊を連想させるようで、江戸時代の歌舞伎舞踊や郷土舞踊にも雀踊というものがある。もっともその雀踊は、このことわざを舞踊に仕立てたものという説がある。その説が関連するかどうかは不明だが、二〇種近く現存する上方系いろはカルタの「す」はほぼこのことわざで、その絵柄は雀踊一色と言ってよいほどほとんどが雀踊になっている。江戸初期の『貞徳百首狂歌』の「雀ほとちいさく老の身はなれとうひたる人は踊わすれぬ」や俳諧『鷹筑波集』(巻二)の「百になつても踊こそすれ　瓢簞《ひょうたん》のかきほにとまる村雀」が早い文例。

鼈《すっぽん》の時《とき》をつくる

世の中にあり得ないことのたとえ。「時をつくる」は、鶏が鳴いて時間を知らせること。亀の仲間である鼈は声を出さないから、時間を知らせるような芸当ができようはずもない。江戸時代から食材として評価の高い鼈だが、ことわざへの登場は「月と鼈」（別項）が有名なくらいであとはほとんど知られていない。それでもこれは、江戸時代には同義の「死に馬が屁《へ》をこく」（別項）より多く用いられていた。江戸時代の用例を二点示しておく。「いんにや。聞かねへ、聞かねへ。おれがこう聞ねへといつちやア、マタ、すつぽんが時やらうつくつても聞かねへ。ここをはなせ」（洒落本『侠者方言』江戸中期）。「すつぽんも時や作らん春の月」（小林一茶『七番日記』江戸後期）。

捨子《すてご》も村《むら》のはごくみ

世の中のことは何とかなるから、それほど案じることはないというたとえ。「はごくみ」は、育《はぐく》み、すなわち育てること。捨子があっても、村の中のだれかが育ててくれるものだということから。基本的な考え方は「渡る世間に鬼はなし」（別項）に通じるが、こちらの方がより具体的になっている。また、捨子の角度から見ると、親に捨てられても助けてくれる村人がいるから「捨てる神あれば拾う神あり」（次項）に通じる。どちらをとるにせよ、人間社会に対する信頼が基底となっている。「旅は心世は情け、さて大船は浦がかり、捨子は村の育《はごく》みよ、木があれば鳥が棲《す》む、港があれば舟も寄る」（説経節『山椒太夫』）。

捨《す》てる神《かみ》あれば拾《ひろ》う神あり

①捨つる神あれば引き上ぐる神あり　②捨てる神あれば助ける神あり

自分をのけ者にする人がある一方で、手を差し伸べてくれる人もいるということ。

自分に有利に働く人と不利になる人のどちらをも神に見立てたことわざ。八《や》百万《およろず》の神のいた日本ならではの着想で、唯一神・絶対神の宗教のところでは想像もできないであろう。異表現②を絵解きしたものに、幕末の河鍋暁斎《きょうさい》の『狂斎百図』がある。図のように、剣を持って竜と戦っているのは須《す》佐《さ》之《の》男命《おのみこと》。須佐之男命は、怪物の竜を退治して恋人の稲田《いなだ》媛《ひめ》を「助ける神」としての役回りを演じている。一方、図の下方の男女も須佐之男命と稲田媛と想定され、厠《かわや》で用足しをする稲田媛から紙を求められた須佐之男命が、用便後に「捨てられる紙」を差し出している情景と読める。もちろん、汚れてしまう「紙」に神聖な「神」を掛けた、多分に下がかった言葉遊びとなっている。

捨《す》てる子《こ》も軒《のき》の下《した》

子を思う親の愛情の深さのたとえ。

十《と》月十日《つきとおか》も腹に宿し、せっかく産んだ赤子を捨てるにはよくよくの深い事情があるに違いあるまい。生活苦の場合もあるだろうし、他人が立ち入れないわけありの場合もあるだろう。どの場合も「捨てられた子より捨てる身はせつない」のが偽らざる母親の気持だった。だから、捨てる場所も、見つかりやすく育ててもらえそうな裕福な家やお寺の門前などが選ばれていた。近年ではごみ箱やコインロッカーの中などと、愛情の片鱗も見えない捨子事件を耳にする。現代社会では、もはやこのことわざは通用しなくなっているものなのであろうか。

脛《すね》に疵《きず》持《も》てば笹原《ささはら》走《はし》らぬ

＝脛に疵持てば笹原走る ◈脛に疵持てば茅原《かやはら》走らぬ

自分の身に後ろ暗いところがある者は、なにかと世間に気兼ねしながら生きてゆかなければならないというたとえ。

「走る」と「走らぬ」との両方の言い回しがある。前者なら、笹の葉音にもびくつき落ち着いて歩けないから小走りに逃げる意となり、後者なら、こわくて笹原を通れない意となる。脛の傷が世間に対する負目、笹原が世間の比喩《ひゆ》となっているが、実際でも脛に傷があって露出した脚のまま笹の生い茂る野原を歩けば、笹が傷に触れて痛くて歩きにくいだろう。同義の別表現に「足の裏に疵あれば笹原走られぬ」「疵もつ足は笹原も恐ろし」などがあり、どれも江戸時代のもの。現代は、後ろ暗いところがある意で「脛に疵」または「脛に疵持つ」という言い方だけが使われている。

すべての道《みち》はローマに通《つう》ず

手段・方法は異なっても同じ目的とするところに至ること。真理は一つだけだというたとえ。

中世ラテン語以来の古いことわざで、古代ローマ帝国の全盛期には世界各地からローマへ道路が通じていたことによる。一七世紀フランスの詩人ラ＝フォンテーヌの『寓話《ぐうわ》』に用例がある。「裁判官と救護人と世捨人」という寓話の「三人の聖者が、同じように救霊を熱望し、同じ精神にかられて、同じ目的をめざした。三人は別々の道でこの仕事にかかった。すべての道はローマに通じる、よって、われらの競争者も、異なった道を選べると確信した」とある箇所だ。

すまじきものは宮仕《みやづか》え

①せまじきものは宮仕え　②せまじきものは奉公　③致《いた》すまいものは宮仕え

人に仕えるような仕事には苦労が絶えないので、するものではないという意。

「すまじき」は、動詞「する」の文語形「す」に打消推量の助動詞「まじ」がついたもので、すべきではないという意。その対象が宮仕え。異表現①が室町物語『いづはこれの本地』、②が狂言『木六駄』、見出し形が幸若舞『信太《しのだ》』といろいろな表現で用いられ、貴人への奉公にまつわる場面のものが多いので、もともとは宮中や貴人に仕えることがここでの「宮仕え」の意と解される。現代では、会社をはじめ広く他人に使われる意に拡張され、そうした組織などの力に屈しなければならない身の上から逃れたいという気持をこめて発せられる、反組織・非組織を願望する言葉となっている。言い回しは多かったが、現代に生きているのは「すまじき」形だけのようだ。

住《す》めば都《みやこ》

どんな不便で辺鄙《へんぴ》なところでも、慣れてしまえば心地よいところだということ。

知らない土地や町に対して人はいろいろと不安を抱く。しかし、実際にその地に入って風土・習慣に慣れてしまうと、たとえば交通の便が悪く、都会的なにぎわいが欠けていても、かえって閑静でひなびた味わいのあるところだと認識が変ってゆくことがある。それが「住めば都」である。物資的に貧しくても慣れればかえって精神的なやすらぎになる、という意で使う場合もある。都への憧憬《しょうけい》を前提とするものだが、室町時代にはすでに存在していたことに驚かされる。「都へは順風よくして七十余日、只よの常の船路ならず、同じくは是にとどまり給ふべし、住めばいづくも都なり」（御伽草子『御曹子《おんぞうし》島わたり』）。なお、似た言い回しに「住まば都」があるが、こちらは住むのなら都がよいという願望を表すもので、別のもの。

相撲《すもう》に勝《か》って勝負《しょうぶ》に負《ま》ける

(1)相撲内容の上では優位に立ちながら、勝敗では負けてしまうこと。(2)中途まではうまくいっていたのに最後で誤ること。

大相撲の放送では常用されるものだが、近代以前には用例などが見えない。収載するのは一九五八年の国語辞典が早いものなので、当時盛んだった大相撲のラジオ放送から出たものではなかろうか。

李《すもも》の下《した》に冠《かんむり》を正《ただ》さず ⇩ 李下《りか》に冠を正さず

擂粉木《すりこぎ》で重箱《じゅうばこ》を洗《あら》う

擂粉木で重箱◉重箱擂粉木で洗う◉連木《れんぎ》で重箱洗う

＝やることがおおざっぱで、すみずみまで行き届かないことのたとえ。

「擂粉木」は、胡麻《ごま》などを擂鉢ですりつぶすための木の棒で、「連木」とも言う。重箱はプラスティック容器などが出回る以前はよく使用されていた食物を盛る容器。四角くて角のある重箱を頭の丸い棒で洗っても、隅の汚れはきれいにならないことから。反対に、どうでもよいことを細かいことを詮索するのが「重箱の隅をつつく」（別項）。「性にしたがふをこれ道といふ。汝等《なんじら》いまだ

此《この》性は知らじ。いまだ性をしらずして、方円是非を論ずる事、頗《すこぶ》る擂子木《すりこぎ》をもつて重箱を洗ふに似たり。行届ぬ〱」（心学『雨やどり』江戸中期）。図はことわざ図集『諺画苑《げんがえん》』（一八〇八年）から。

擂粉木《すりこぎ》で腹《はら》を切《き》る ⇩ 連木《れんぎ》で腹切る

寸善尺魔《すんぜんしゃくま》

世の中に起ることは、よいことが少なく悪いことが何倍も多いということ。

原義は、ほんの少しの善いこととたくさんの悪いこと。善いことが少しあった後に、悪いことがたくさん生じるというように、どうも世の中は悪いことの方がはるかに多いと受け止めていることわざ。古くからある言葉で、鎌倉時代の『北条重時《しげとき》家訓』がすでに「ふるき言葉にも寸善尺魔と申《もうす》事あり。能々《よくよく》心得て物にさまたげられ給ふべからず」と用いている。その後も御伽草子や江戸時代の種々の文芸に用いられ、第二次大

戦前までは常用のことわざであった。

寸鉄《すんてつ》人《ひと》を殺《ころ》す

＝寸鉄人を刺《さ》す

短い警句や風刺の言葉が人の急所を突くものだということのたとえ。

「寸鉄」は、きわめて小さい刃物。転じて、人の胸を突く短い語句。ちっぽけな刃物でも急所を突けば人を殺せることを比喩にしたもの。中国・宋代の『鶴林玉露』(地集、殺人手段)に出典が求められる。江戸初期の儒学者・藤原惺窩《せいか》の『寸鉄録』は、これを書名に利用したもの。ことわざとしても江戸中期の随筆『駿台雑話』に項目題として取り上げられており、後期のことわざ集『譬喩尽《たとえづくし》』に収載されているが、実際にことわざとして用いられるようになるのは明治以降からのようだ。

せ

清水《せいすい》に魚《うお》棲《す》まず ⇒ 水清《みずきよ》ければ魚棲まず

清濁《せいだく》併《あわ》せ呑《の》む

＝清濁を併せて呑む

⑴善人も悪人も分け隔てなく受け入れる、度量の広いことのたとえ。⑵正邪・善悪両方の事柄を併せ行うこと。

いくら清らかな流れでも、雨が降れば濁る。海には清流・濁流を問わず川が流れ込んでいるから、清濁をともに呑み込んでいることになる。自然と同じように現実の世の中も清と濁とがないまぜになっており、人の行いにも善と悪とが混ざり合っている。濁や悪だからといって簡単に排除できないし、回避してばかりもいられないところがある。そんな現実を反映しているのか、人の濁や悪を受容したり容認したりするニュアンスを帯びており、悪を許容している珍しいことわざである。ことわざとしては新しいもので、『故事・成語俚諺小辞典』(一九五一年)の収載が早いもののようだ。

急《せ》いては事《こと》をし損《そん》ずる

＝急いては事を過《あやま》つ

あせって物事をやると失敗してしまうということ。近松の『出世景清』に「し損ずな」という命令形で用いられたのが早いもので、見出し形も浄瑠璃『御所桜堀川夜討』など江戸中期から常用された。

青天《せいてん》の霹靂《へきれき》

突然に起きた大事件や、想像を絶する出来事などにびっくり仰天することのたとえ。

「霹靂」は急に起る激しい雷鳴。出典は中国・宋代の詩人・陸游の詩で、病中の陸游が、青空に突如として雷が鳴るごとくに、突如起き上がり筆を取る様子を詠んだもの。このことから本来は、筆勢が自由奔放に躍動することを言った。日本では、古くはほとんど用いられていない。わずかに江戸後期の咄本《はなしぼん》『笑《わらい》の初《はじま》り』に「晴天の雷」という語が出てくる程度で、普通に使われるようになるのは明治以降である。江戸時代には類義の「足元から鳥が立つ」(別項)、「寝耳に水」(別項)がもっぱら用いられていた。ただし、「寝耳」の方はいくらか重なるところがあるものの、それらは単に突然のことに驚く意であって、大事件とか大変動などを対象とすることはあまりない。

性《せい》は道《みち》によって賢《かしこ》し

⇓　商売《しょうばい》は道によって賢し

雪上霜《せつじょうしも》を加《くわ》える

⇓　雪《ゆき》の上《うえ》に霜

雪中《せっちゅう》の筍《たけのこ》

⇓　雪《ゆき》の中《なか》に筍を掘《ほ》る

雪隠《せっちん》で饅頭《まんじゅう》

＝雪隠で饅頭食う◈せんちで饅頭

(1)人に分らないように自分だけがよいことをするたとえ。(2)物が食べられるなら、場所はどこでもよいというたとえ。

「雪隠」は便所のことで、異表現の「せんち」はその訛ったもの。死語化しているが、将棋の「雪隠詰《づめ》」はまだ生きている。多くの上方系のいろはカルタに採られたのでことわざとしてよく知られていた。絵札の図柄もどれも似たり寄ったり。ここの図はその明治時代のもので、それこそクソリアリズムではなはだ品位に欠けるが、文字の通りが絵になっているので説明の余地はあるまい。

せつない時《とき》の神頼《かみだの》み ⇒ 苦《くる》しい時の神頼み

銭金《ぜにかね》ばかりは親子《おやこ》の仲《なか》でも他人《たにん》 ⇒ 親子の仲でも金銭《きんせん》は他人

背《せ》に腹《はら》はかえられぬ

＝背中に腹をかえられぬ◈背中に腹

大事なもののためには、ほかのことは犠牲になってもやむをえないというたとえ。さしせまったことのためには、他を顧みる余裕がないということ。

背中を腹の代りにすることはできない意から。腹部と背部はどちらも大事だが、『文明論之概略』で福沢諭吉も指摘しているように、内臓が腹部の側に多くあるだけ、相対的には腹部の方がより大事と言えるだろう。喧嘩《けんか》などで袋叩きにあう者が背を丸めて腹をかばうのは、本能的なものなのだろう。江戸系いろはカルタの「せ」はこれで、背中に灸《きゅう》をすえられている男の図柄が絵札になっている。灸は内臓の病の治療のためだから、大事な腹を治すために熱い灸のつらさは我慢して耐えねばならないという意のようで、ここからも、腹が背より大事だと言えるかもしれない。このことわざは現代でも常用されているが、狂言『靭猿《うつぼざる》』などに見られる古くからのものである。

せまじきものは宮仕《みやづか》え ⇓ すまじきものは宮仕え

善悪《ぜんあく》は友《とも》による ⇓ 人《ひと》は善悪の友による

千貫《せんがん》のかたに編笠一蓋《あみがさいっかい》 ⇓ 百貫《ひゃっかん》のかたに編笠一蓋

千貫《せんがん》の鷹《たか》も放《はな》さねば捕《と》らぬ
⇓ 百貫《ひゃっかん》の鷹も放さねば知《し》れぬ

千金《せんきん》の裘《かわごろも》は一狐《いっこ》の腋《えき》に非《あら》ず

＝**千金の裘は一狐の皮に非ず**

(1)国を統治するには幅広く人材を集め、いろいろな知恵を結集して行うべきであるというたとえ。(2)大事をなすには多くの人の力がいるというたとえ。

「裘」は毛皮で作った衣。狐の腋《わき》の下の白毛で作った皮衣は貴人の服として中国で珍重された。高価な狐の皮衣は、一匹の狐の腋の下の毛だけではできないことから。中国の『史記』『説苑《ぜいえん》』『墨子』に少しずつ言い回しを変えたものが見え、古代中国で盛んに用いられていたことがうかがえる。国家の統治論とも言えるもので、日本産のことわざにはまずない色合のもの。日本でもすでに鎌倉時代の金言集『玉函秘抄《ぎょっかんひしょう》』に見えるが、実際の用例は、言い換えたものがわずかに認められる以外は江戸前期の儒学書『集義和書』などに至るまでないようだ。

千金《せんきん》の子《こ》は市《いち》に死《し》せず

金持の子供は重罪を犯しても金の力で死刑を免れることができること。世の中は金の力でどうにでもなるというたとえ。

中国の『史記』(越世家)に出典があり、平安時代の日本で最初の金言集『世俗諺文』に収載されている。

しかし、用例は上田秋成の『雨月物語』など、江戸時代のものにしか見られない。

前車《ぜんしや》の覆《くつがえ》るは後車《こうしや》の戒《いまし》め

＝前車の覆るは後車の戒めなり

前の人の犯した過ちは、どんなものでも後の人の教訓になるというたとえ。

先に走っていた車が転覆するのを見て、後ろにいた車が用心するという意から。中国の『漢書』『韓詩外伝』『説苑《ぜいえん》』などに異表現で見られる古い有名な言葉。日本でも最澄の『顕戒論を上《たてまつ》るの表』に「前車の傾くを見て、まさに後轍《こうてつ》を改めんとす」という似た表現があり、軍記物の先駆け『陸奥話記《むつわき》』には「前の車の覆るは後の車の鑑《かがみ》なり」と見える。ことわざ集類では鎌倉期の金言集『管蠡鈔《かんれいしょう》』に異表現を見ることができ、同じ頃から表現を少し変えたものなどが次々と用いられていた。「御出家ののちは、比叡山の麓《ふもと》小野といふところに引籠《ひきこもり》給ひしかば、前車のくつがへすは後車のいましめにて、むほんをやおこさせ給ひし」(『保元物語』巻上、鎌倉時代)。

千丈《せんじょう》の堤《つつみ》も蟻《あり》の一穴《いっけつ》より

＝①千丈の堤も螻蟻《ろうぎ》の穴《あな》を以《もっ》て潰《つい》ゆ　②千丈の堤も蟻の穴より崩《くず》る　③千丈の堤も蟻の穴より漏《も》れる

ささいなこと、わずかな手落ちや油断から、大事にいたってしまうことのたとえ。

「丈」は長さの単位で一丈は約三メートル。ここの千丈は非常に長いことの形容。「蟻の一穴」は、蟻一匹が出入りするようなごく小さな一つの穴。長大な堤防もちっぽけな蟻の穴が原因となって崩れてしまう意から。出典は中国・戦国時代の『韓非子《かんぴし》』に異表現①が認められるが(「螻蟻」の「螻」は虫の螻蛄《けら》)、中国のほかの古典にも類似した表現が種々見受けられる。日本でも①が鎌倉時代の金言集『管蠡鈔《かんれいしょう》』に見られるし、その後もいろいろな形で多用され、定まった形はなかった。なかには異表現という枠を超える「蟻の穴から山も崩れる」というものもある。見出し形は徳川吉宗の『紀州政事草』に見ることができる。

先生《せんせい》と呼《よ》ばれるほどの馬鹿《ばか》でなし

＝先生と言われるほどの馬鹿でなし

(1)先生とおだてられて得意気になっている者を嘲《ちょう》笑《しょう》していう言葉。(2)むやみやたらに先生と呼ぶ風潮をたしなめる言葉。

「先生」と呼びかけながらも、敬意が感じられずかえって小馬鹿にするニュアンスが含まれている場合が多いことからきている。「先生」の原義は、自分より先に生まれた人、年長者。それが先達や学者の意に転じ、さらに自分が教えを受けている人や師事する人を指すようになった。やがて、教師から医者・政治家・物書き・芸能人にいたるまで幅広く使われるようになる。そうなると、実体と呼称との落差が大きくなったり、乱発による価値の下落が起ったりして、必ずしもよい響きの尊称ではなくなってしまった。異表現は川柳で、明治時代には知られていた。

栴檀《せんだん》は双葉《ふたば》より芳《かんば》し

＝栴檀は二葉《ふたば》より匂《にお》う

大成する人物は幼少の頃から常人とは違うすぐれたところがあるたとえ。

「栴檀」はインド・東南アジア産の香りの高い常緑高木で白檀《びゃくだん》とも言う。心材に芳香があり、焚《た》いて香にした。「双葉」は発芽して間もない時の二枚の葉。栴檀が芽を出していくらも経たないうちから高い芳香を放つことからきている。現代も常用されているが、鎌倉から室町時代の仏教説話『撰集抄《せんじゅうしょう》』、軍記物『平家物語』、幸若舞『一満箱王』、御伽草子『天神本地』、謡曲『蟬丸』など、古くから盛んに用いられていた。なお、『保元物語』(巻下)には「迦陵頻《かりょうびん》と云《いう》鳥は、卵《かいご》の中にて鳴声も衆鳥に勝れ、栴檀と云云《いういう》樹は二葉より芳《こうばし》かんなる」と、このことわざと同義で動物をたとえにした表現と並記されている。同様のものはほかにも「鳳凰《ほうおう》は卵の中にして越境の勢あり」「竜《りゅう》の子は小さしと雖《いえど》も能《よ》く雨を降らす」「蛇《じゃ》は寸にして人を呑む」などがある。見出しのことわざと同じ植物のものは「実のなる木は花から知れる」(→実のなる木は花から)、「実のなる木は花から違う」などがあるが、使用頻度は見出しのことわざが飛び抜けている。

船頭《せんどう》多《おお》くして船山《ふねやま》へ上《のぼ》る

船頭の多き船は山へ乗る◈船頭多ければ船が山へ着く

指図したり指揮を取ったりする者が多すぎて、事がうまく運ばないたとえ。

一つの船に船頭が何人もいて、それぞれがあっちへ行け、こっちへ行けと指示するために混乱して、船があろうことか山へ登ってしまうという情景。ことわざ特有の誇張だが、その誇張ぶりがなんとも奇抜。もっとも、すべての船が山へ向かったのではなく、「岩に乗る」「舟を流す」「沖に乗り出す」、なかには実際にありそうな「舳《へ》の回らぬ」(仮名草子『医世物語』江戸前期)といったものもあった。古い用例は江戸初期の俳諧『鷹筑波集』(巻一)に「海から山へのぼりこそすれ　舟頭の多くみゆるや船の中」と見えている。

千日《せんにち》の萱《かや》を一日《いちにち》に焼《や》く

千日に刈《か》る萱も一時《いっとき》に滅ぼす◈千日に刈る萱が一日に亡《ほろ》ぶ◈千日刈った萱を一夜にて燃やす◈千日萱

長い間、苦労して作り上げたことを一度に失ってしまうことのたとえ。

千日もの長い間刈り続けてきた萱を一日で燃やしてしまう意から。萱は昔の萱葺《かやぶ》き屋根の材料で、屋根の葺き替えや家の新築にはなくてはならないものであった。屋根全体に葺くには大量の萱が必要であるから、刈っては積み刈っては積みして長いこと溜めて置く。その乾いた大量の萱に何かのはずみで火がついたとなれば、なす術《すべ》もなく燃えてなくなってしまう。これまでの努力が水泡に帰す、いや燃亡に帰したという状況なのだろう。江戸前期から常用されているが、種々の異表現や「百日……」という形も江戸時代からなされており、言い回しはさまざまであった。

善《ぜん》は急《いそ》げ

＝吉事《きちじ》は急げ

よいと思ったことは即座に実行せよということ。

通常はこの後に「悪は延べよ」と続けて対句形式で用いることが多い。「善」の解釈に二通りある。一つは、人や社会への善行とする見方。善を行うには己の欲望などに打ち克つ心の戦いが必要となる。善行をしようという気になったら速やかに実行しないと、悪の誘惑に負けて気持が萎《な》えてしまいかねない。だから、急げというものだ。もう一つは、善を自分にとってよいもの、好都合なものといった意に解する。好機は一度逃したり先送りしたりすると二度と巡ってこないかもしれないから、巡ってきた時に迷わずすぐにやれということになる。狂言『釣針』などに用例が見え、江戸時代に多くの用例がある。それらを分析してみると、二通りとも正解とすることができるようだ。ただし、後者の方が事例としては多く、「思い立ったが吉《きち》日《じつ》」(別項)と同義で用いられている。

千聞《せんぶん》は一見《いっけん》に如《し》かず ⇒ 百聞《ひゃくぶん》は一見に如かず

千兵《せんぺい》得易《えやす》く一将《いっしょう》求《もと》め難《がた》し ⇒ 万卒《ばんそつ》は得易く一将は得難し

前門《ぜんもん》の虎《とら》、後門《こうもん》の狼《おおかみ》

＝前門に虎を拒《ふせ》ぎ後門に狼を進《すす》む

一つ災難を逃れても、すぐにまた別の災難に遭遇してしまうたとえ。

表門からきた虎の襲撃は防いだが、裏門に狼が進入していたという意から。出典は中国・元代の『評史』

とされる。中国では虎や狼は最も恐るべきもののたとえとしてよく用いられた。このことわざは日本でも江戸時代には用いられたもので、後期の人情本『孝女二《ふた》葉錦《ばのにしき》』には「今漸《ようや》く馬士《うまかた》の、難儀を免がれしと思へば、また一人の大漢子《おおおとこ》、こはいかにしてこの難を、のがれんものぞ、将《まさ》に是常言《これことわざ》にいふ前門の、虎を防いで後門に、狼いるるたぐひなりと、心もそらに気も転倒」と、「ことわざ」として用いている。なお、これより古い貝原益軒のことわざ集『和漢古諺』(一七〇六年)には「中華古諺」として虎と狼が逆になった「前門に狼を拒ぎ後門に虎を進む」が収載されている。

千里《せんり》の道《みち》も一歩《いっぽ》から

①千里の行《こう》も足下《そっか》に始まる　②千里の行も一歩より起る

どんなに大規模で遠大なことでも、小さなことや手近なことから始まるたとえ。千里の道を歩くにしても、まずは第一歩を踏み出すことから始まるという意から。出典は『老子』(六四章)の異表現①。日本でも鎌倉時代の金言集『玉函秘抄《ぎょっかんひしょう》』に収載されて古くから用いられていた。謡曲『六浦《むつら》』や狂言『入間川』の用例は②に近いもので、江戸時代以前は「道」ではなく「行」の形が普通だったようだ。もっとも「行」を「みち」と読ませているものもあるから、一般的にどう言っていたかは分からない。用法的には、千里の道だって一歩から始まるのだからとにかくやってみなければとか、やってみなさい、と行動をうながす意味合いが強まり、「隗《かい》より始めよ」(別項)に通ずる使われ方も見られる。言い回しでは、異表現以外にも「千里は足下より始まる」(連歌論『ささめごと』室町時代)、「千里の旅も一歩より」(本多利明『西薇《せいび》事情』江戸後期)など微妙に違うものもあり、数は少ないながら語頭が「万」「百」の表現もある。図は教訓画集『人生画訓』(一九二九年)から。

そ

惣領《そうりよう》の甚六《じんろく》

長子は下の兄弟よりお人好しで愚鈍なところがあり、世事に疎いということ。

「惣領」は家を継ぐ子。「甚六」は、お人好しでぼんやりしている惣領息子をあざけって言う語。長子が家を継ぐのが普通だった時代、将来の地位が保証されており、しかも惣領ということで大切に育てられれば、お人好しでおっとりした人間に育ちあがるのも当然であろう。江戸系のいろはカルタに採られたことでよく知られるようになったが、近代以前では江戸後期の黄表紙『浮世操《あやつり》九面十面』などに用例が見られる程度で多用されたものではない。

底《そこ》もあれば蓋《ふた》もある

〓底もあり蓋もあり

いろいろ込み入った事情があり、物事が簡単にはゆかないという意。

「底」を「其処《そこ》」に掛けた洒落。「底」の縁で「蓋」を持ち出し、底があるならば蓋もあるはず、すなわち上もあり下もあって複雑なものだという意から。現代ではまったく死語と化しているが、江戸時代には比較的よく用いられていた。「なるほど。底もあれば蓋もある。あるは寝惚《ねぼ》けの点次第だ」(黄表紙『万載集著微来歴』江戸中期)。

俎上《そじよう》の魚《うお》 ⇩ 俎板《まないた》の鯉《こい》

袖《そで》の下回《したまわ》る子《こ》は打《う》たれぬ

〓杖《つえ》の下からも回る子が可愛《かわい》い

逃げ出す子は叱れるが、すがりついてくる子は叱れないという意。

「袖の下」という形は情景がいま一つ分りにくい。異表現の「杖の下」ならば、図を見れば明らかなように、杖で叩かれようとしている子が、逃げ出すかそれとも寄ってくるかという状況が想定できよう。人間の心理として、相手が親愛の情を示してくれれば冷たく対応できるものではない。視点は異なるが、こうした心理を表現したことわざは少なくない。相手がにこやかだと「笑顔に当る拳《こぶし》はない」(別項)で、たとえ怒っていたこちらの態度も違ってしまう。反対に相手が暴言を吐けば、こちらも負けじと「売り言葉に買い言葉」(別項)にもなる。なお、上方系のいろはカルタは今日まで二〇種近く確認されているが、図はそれらとは異なる一枚刷カルタ「教訓いろはたとゑ」に収められているもので、絵師・国美《くによし》は京都出身で幕末に役者絵に巧みだった人物。

袖《そで》振《ふ》り合《あ》うも他生《たしょう》の縁《えん》

袖の振り合せも他生の縁◆袖の振り合うも他生の縁◆袖振り合わすも他生の縁

ちょっとした人との交わりも、単なる偶然によるものではなく、深い宿縁から生じているということ。「他生」は前世あるいは来世の意。「たしょう」は「多生」とも書かれるが、その場合は、何度もこの世に生れ変る意。現代では同音の「多少」と間違えやすいが、仏教観に基づくことわざである。道を歩いている時に見知らぬ人と袖が触れたくらいのささいなことでも、それは前世からの因縁によるという意から。往来と言えばもともとは旅の道中に起ったことに発しているのであろう。室町時代の御伽草子『蛤《はまぐり》の草紙』に「なさけなき人かな。物の行ゑをよく聞き給へ。袖のふり合せも他生の縁と聞くぞかし」、江戸初期の仮名草子『竹斎』(巻上)に「一樹の蔭《かげ》、一河《いちが》の流れ、道行き振の袖の触れ合わせも、五百生の機縁」とある。また、上掲の異表現以外にもいろいろな言い回しがあり、近代では「袖すり合うも他生の縁」もある。上方系のいろはカルタに採られ、絵札は若い男女のすれ違う場面を描くものがほとんどだったので、ともすれば「縁」を男女のものに限定する傾向が見られた。

備《そな》えあれば憂《うれ》いなし

(1)ふだんから準備をしておけば、万一何か起っても心配はないということ。(2)将来に備えて、常々の心がまえが必要だということ。

「うれい」には、「患」の字も当てる。中国の『書経』『春秋左氏伝』に見える古い言葉。『書経』では、殷《いん》の高宗が優秀な補佐役を得る夢を見て国中を探させたすえに見つけ出して宰相《さいしょう》に取り立てた傅説《ふえつ》の進言の中に出てくる。現代の日本でも、災害対策の心がけなどに標語のように用いられている。しかし、江戸後期の佐藤一斎の箴言《しんげん》集『言志晩録』や明治時代の『和漢泰西ことわざ草』に収録されてはいるものの、今日のように常用となったのは意外にも第二次大戦後になってからのようだ。

その罪《つみ》を憎《にく》んでその人《ひと》を憎まず

⇒罪を憎んで人を憎まず

その手《て》は桑名《くわな》の焼蛤《やきはまぐり》

三重県・桑名の名産に言いかけて、その手には乗らないという洒落。

近代以前の用例は少なく、仇討小説『柳荒美談後編』には「一念届きて出合しは、神仏の加護なりと悦びければ、一角半平腹を立、おのれ又化物め、平田にばけたりと其手はくはなのはまぐりと勢州ものの口ぐせに」と用いられている。

損《そん》して得取《とくと》れ

＝損して得取る◆損すれば得をする

目先の少しの損には目をつむり、のちのちの大きな利益を得よという教訓。

金を儲《もう》けるにも、いろいろなやり方がある。例えば、はじめは「損」を覚悟で安く売り、それで客の信用を得れば、信用という「得」を獲得したことになり、結果として金銭面でも大きな利益につながることになる。類似したことわざに「損は得の始め」「損をせねば儲けもない」「損せぬ人に儲けはない」などがあるが、これらは損をした時に用いる慰めのニュアンスが強いもので、見出しのことわざのような積極的な商法を言うものではない。なお、このことわざは、直接商売の話に限らず幅広く使われる。江戸末期の随筆『三省録後編』では、肉厚な材木を使って水道の樋を作らせる際のたとえに使われており、古典落語『位牌《いはい》屋』では「もつとも子宝と和郎《おまい》に云はれて見れば、芽出度く無い事も無い。此《この》子供が成長を為《し》たら、また金儲けを為て呉れるであらう。損を為て徳を取れだから、マ、其方《そっち》へ往《い》つてなさい」と、子育ての話に使われている。

た

大海《たいかい》は芥《あくた》を択《えら》ばず

＝大海は塵《ちり》を択ばず

度量の広い人は、人を分け隔てなく受け入れるというたとえ。

海は、流れ込む川が運んできたもののすべてを受け入れる。その海を、度量の広い人に見立てたもの。中国由来と思われるが、同じ意味でたとえを山などにしたものはいくつかあるものの、直接、出典と言えるものはないようだ。日本でも、鎌倉後期の僧・無住の法語『妻鏡』に、「大海は水の清濁を嫌わず」という類義のものがあるが、このことわざそのものの初出は江戸前期の俳諧『毛吹草』の「大海や塵をえらばで水の月」になる。有害で分解できない化学物質などもとめどなく海に流入する今日では、もはや海はすべてを受け入れられるものではなくなっている。

大海《たいかい》を手《て》で塞《ふさ》ぐ

大海を手でせくごとし◆大水《おおみず》を手でせく◆大川を手でせく◆滝を手でせく

できるはずのないことのたとえ。

異表現の「せく」は「ふさぐ」と同義で、せき止めること。海にせよ大水にせよ、人間の手でせき止めることなど到底できるはずもないことから。俳諧『崑山《こんざん》集《しゅう》』（巻三）に「大海を手にて節供の塩干哉」と詠まれているように、江戸前期からよく使われた。異表現や類似のものも多いが、見出し形が最もよく用いられた。中国の古典では「赤手《せきしゅ》を以《もっ》て江河《こうが》を障《ささ》う」（「赤手」は素手、「江河」は大きな河、「障う」はさえぎる、せき止める）、「一簣《いっき》を以て江河を障う」（「簣」は土を運ぶかご、「一簣」はわずかな土の意）とも言っていた。

対岸《たいがん》の火事《かじ》

川向《かわむ》かいの火事

当事者には大変なことでも、自分には少しの影響も関係もないことのたとえ。

川を間にはさんだ向う側が異表現の「川向かい」。そこで火事が起っても、川幅のある大きな川の場合、こちら側へ被害は及ばない。現代では異表現は使われなくなっている。見出し形も古くからあったものではなく、江戸時代に用例は見えない。当時は類義の「川向かいの喧嘩《けんか》」がもっぱら用いられていた。おそらく「喧嘩」から「火事」へ変化したものであろう。喧嘩も見物を決め込んでみれば見物《みもの》かもしれないが、川幅がそれほど広くない対岸の火事はもっと壮観だろう。少なくとも喧嘩より火事の方がスケールは大きく、〈ことわざ自体が発展する〉ことを考えると、喧嘩→火事→対岸、という発展の図式が考えられるのではないだろうか。

大器晩成《たいきばんせい》

＝大器は遅《おそ》くなる

大人物ができるには長い年月を要すること。大きな器を作るには小さな器に比べると時間がかかる。同様に人間も大人物に仕上るには時間がかかると、大人物を大きな器に見立てている。『老子』(四一章)に出典が認められ、日本でも古くから知られていた。平安時代の菅原道真の『菅家文草』や金言集『世俗諺文』にはじまり、鎌倉時代の『玉函秘抄《ぎょっかんひしょう》』、室町時代の『句双紙』などの金言集には見られるが、江戸時代の用例は少ない。見出し形が、

君主の心得を説いた中期の『人見弥右衛門上書』、異表現が同じく中期の洒落本『三都仮名話《みつかなわ》』などに見られる。図は、近代漫画の父と呼ばれる北沢楽天の作品で、少年の時から「大器晩成」と口に唱えるだけで何もせずに年をとってゆく姿を描いている。

大魚《たいぎょ》は支流《しりゅう》に泳《およ》がず

大人物は、つまらないところで働いたり、価値の低い地位に甘んじることはできないというたとえ。大きな魚は小さな流れに棲《す》んでいられないことから。類義のものがいくつかある。「大象兎径《だいぞうとけい》にあそばず」(『俳諧特牛《こというし》』江戸前期)は、象が兎の歩く道を通ることはないという動物版。「大魚は小水《しょうすい》に棲むことなし」(近松『持統天皇歌軍法』)は、見出しの先行形と言ってもよいだろう。どれにしても具体的に映像を浮べやすく、分りやすいことわざであるが、魚を用いたものはどういうわけか明治以前のことわざ集には採録されていない。見出しのことわざが言い慣わされるように

なるのは近代以降のことになる。

大軍《たいぐん》に関所《せきしょ》なし

いくら強いものでも、もっと大きな勢力にはかなわないというたとえ。

関所は、通行人や通過物を検査し、人の脱出や侵入、不都合なものを防御したところで、要路や国境に設けられた。特に江戸幕府は箱根の関所などで、鉄砲の流入と大名の家族が江戸の外へ出る「入鉄砲《いりでっぽう》に出《で》女《おんな》」を厳重な注意対象としていた。そんな関所だから一度に通過できるのは小人数。そこに大部隊の軍隊が現れれば、いくら治安維持のための設備とはいえ、それこそ「多勢《たぜい》に無勢《ぶぜい》」(別項)で黙認するか逃げ出すしかなくなってしまう。多ければ即、力、と単純には言えないが、相応の実力をもつ大勢は強力だ。

大黒柱《だいこくばしら》を蟻《あり》がせせる

(1)まったく動じないことのたとえ。(2)力のないものが不釣合いな大事業をするたとえ。

「せせる」はつつく、刺すの意。現代の建築にはほとんどなくなってしまったが、第二次大戦前までの比較的大きな商家などには必ず大黒柱があった。普通の柱の数倍の太さで、材質も樫《かし》などの堅牢なものが用いられており、その家に住む人達の象徴ともなり、精神的にも一家の中心としてなくてはならない存在だった。そんな大黒柱をちっぽけな蟻がつついたり刺したりしても、びくともするわけはない。江戸中期には言われていたもので、たとえを異にした同義の「大仏《だいぶつ》の柱を蟻がせせる」「大仏の堂を蟻がせせる」「富士の山を蟻がせせる」などの言い回しも江戸時代から盛んだったが、現代ではどれも耳にしなくなった。

太鼓《たいこ》を打《う》てば鉦《かね》が外《はず》れる

一つのことに集中するとほかのことが疎かになり、同時に多くのことはできないということのたとえ。

左右の手でそれぞれ異なった動作を同時にするのは

難しい。片方の手に気をとられていると、他方が疎かになるのはよくあることであろう。ここは太鼓と鉦を一人で打つ場合に、太鼓の方に気を取られていると、鉦を打ち損ねることから。類義で念仏《ねんぶつ》と鉦を取合せたものに、「念仏申せば鉦が外れる」「鉦叩《たた》きゃ念仏が外れる」がある。

大根《だいこん》おろしに医者《いしゃ》いらず

大根おろしを食べていれば医者にかかることもないという意。

「人は百病の器物《うつわもの》」(別項)と言われるほど、病気との縁は深く長い。例えば「風邪《かぜ》は万病の元」(別項)と言われながら、その対処法となると「風邪に効《き》く薬なし」である。少なくともことわざの世界では、どうやら人間にとって病気は永遠の強敵なのかもしれない。対抗策としての民間療法の歴史も長い。その中で大根は、栄養学的に見て有効性があることは立証ずみである。根にはビタミンCや消化作用のあるジアスターゼが多く含まれているが熱処理に弱いため、生で食べるのが上手な摂取法。

大根《だいこん》を正宗《まさむね》で切《き》る

(1)事を大げさにすることのたとえ。(2)大人物につまらない仕事をさせることのたとえ。

正宗は鎌倉時代の刀工で、無比の名匠と伝えられている。ここでは正宗の銘の入った名刀の意。大根は大部分が水分からなっており、堅い繊維もないから、切るのは造作もない。どこにでもある菜切り包丁で十分で、刀、まして名刀で切るなんてとんでもないことだが、そこは比喩《ひゆ》。とはいえ現実の世界では、実力がありながらいろいろな条件や環境によって燻《くすぶ》っている人が、錆《さ》びてしまうよりはましとつまらないことに従事する場合もありそうだ。

太山《たいざん》は土壌《どじょう》を譲《ゆず》らず

人間の成長や向上には、他人を受け入れる包容力が必要なことのたとえ。

「太山」は「泰山」とも書き中国の名山だが、ここでは高く大きな山。大きく高い山は膨大な量の土塊を含んでいるということから、度量の広い人は他人のささいな意見でも取り込んで大きな仕事に成功することを言う。出典は『史記』(李斯伝)で、日本でも鎌倉時代の『玉函秘抄《ぎょっかんひしょう》』や『明文抄』などの金言集に見え、普通は原典と同様に、後ろに「河海《かかい》は細流を択《えら》ばず」を続け、山と海とを対にした形になっている。

泰山《たいざん》鳴動《めいどう》して鼠《ねずみ》一匹《いっぴき》

＝大山《たいざん》鳴動鼠一匹

前触れや騒ぎばかりが大きく、結果はささいでつまらないことでしかないというたとえ。

ここの「泰山」は中国の有名な山の名ではなく、高くて大きな山を指している。その泰山が音を立てて動き出したので、大噴火でも起きるのかと大騒ぎしていると、たった一匹の鼠が飛び出してきただけだったということから。もともとは古代ローマの詩人ホラティウスの詩論の一節。当時の詩人たちが大げさな表現をするのを揶揄《やゆ》して「山々が陣痛を起し、生れてくるものは、ばかばかしい小鼠一匹にすぎない」と述べた。やがてこれがラテン語のことわざになり、西洋に広まっていった。日本では、「大山鳴動して一鼠《いっそ》出づ」という形が『日本俚諺大全』(一九〇八年)に見える。この書は、読者が投書で参加でき、当時普通に言い慣わされていたことわざを内外の区別なく日本のことわざとして収録しているものなので、これ以前に西諺として紹介した文献があったかと推測されるが、まだ追究しきれていない。

大事《だいじ》の前《まえ》の小事《しょうじ》

＝大儀《たいぎ》の前の小事

(1)大きなことをする前には小さなことにかかずりあう余地はなく、無視してよいこと。(2)大きなことをなすには、小さなことも慎重に対処しなければならないこと。⑶大事なことをする前にする些細なことの意。

相反する意味をもつことわざの一つ。早い用例は『平治物語』（巻一）に「義朝討たばやと思はれけれども、大事の前の小事、敵に利をつくる端なれば、思ひ止まり給ひけり」とあり、これは⑵と見てよいだろう。次が『太平記』（巻九）で「就中《なかんづく》御子息と御台《みだい》とは、鎌倉に留置進《とめおきまいら》せられん事、大儀の前の少事にて候へば、強《あながち》に御心を可レ被レ煩《わずらわさるべき》に非《あら》ず」とあり、これは⑴と解せるものだ。ほかは江戸時代で、中期の浮世草子『世間子息気質《むすこかたぎ》』、後期の合巻『偐紫《にせむらさき》田舎源氏』などをはじめ用例は多く、用法も三様いずれにも用いられている。概括的に言えば⑶が多いが、⑴⑵も少ないとは言えない数がある。

大事《だいじ》は小事《しょうじ》より起《おこ》る

どのような大事でも、はじめはごく小さなことが原因で生じるということ。

抽象的な表現であるが、だれでも具体的事例を挙げようと思えば一つや二つは簡単に思い起せるであろう。少し古くなったが、火災予防の標語「マッチ一本火事のもと」などは、ニュアンスにいくらか違いがあるが、このことわざの意を鮮明な映像に表現した傑作と言えよう。マッチが少々時代遅れだという見方はあるにせよ、もはやことわざとして認定してもよいものではなかろうか。見出しの表現は『老子』（六三章）に出典が求められ、日本でも室町時代の『金句集』などに収載されている古い部類のことわざ。「大事は小事より過《あやま》つ」「大事は小事より顕《あらわ》る」といったいくつもの類義のものがあるということは、このことわざがそれなりに浸透していたという傍証と言えよう。

大豆《だいず》は畑《はたけ》の肉《にく》

大豆の栄養成分は肉に近い蛋白質《たんぱくしつ》や脂肪を含んでいて、肉のようだということ。

大豆を「畑の肉」と命名したのはドイツの学者だと言われる。一八七五年の万国農業博覧会に日本から大豆と天草《てんぐさ》が出品され、これを目にしたドイツの学者が栄養分析をした結果から生れたという。上質の蛋白質を四〇パーセント、脂肪を一八パーセント含んでいる高栄養食品だそうだ。昔から日本人と大豆の縁は深く、大豆を利用した醬油《しょうゆ》・納豆・豆腐などは日本の代表食品になっており、豆と言えばまずは大豆を指すようになっている。

大道《だいどう》廃《すた》れて仁義《じんぎ》あり

——大道廃って仁義興《おこ》る

人として行うべき正しい道が損なわれるようになると、仁義の道徳が必要となるという意。

『老子』(一八章)が出典で、日本でも見出し形が室町時代の連歌論『ささめごと』に見られるのをはじめ、江戸時代の儒学・国学を中心によく用いられた。

鯛《たい》なくば狗母魚《えそ》

上等の物がない場合は代用の安物でもよしとするたとえ。

最上の鯛がなければ代用の狗母魚でも仕方がないということから。「狗母魚」は体長四〇センチメートルほどの魚で、蒲鉾《かまぼこ》の材料としては上物だが生食には向かず、味は鯛に比較できるものではない。ところでこのことわざには、奈良地方の「狗母魚なくば鯛」が転倒して誤伝されたという説がある。奈良は海から遠く離れていたので昔の交通事情から言って、魚は生食ではない狗母魚が最上で鯛は次点だったからという。真偽は不明だが、そのような特殊事情がない限り、狗母魚より鯛が優位に立つのは必定で、見出しの言い回しが成立するのは自然だったのかもしれない。

鯛《たい》の尾《お》より鰯《いわし》の頭《かしら》

大きな組織・団体で下の立場にいるより、小さくても上で活躍する方がよいというたとえ。

最上級の魚とされる鯛の尻尾より、最下等の鰯の頭になる方がましということから。同じ動物版でたとえるものが違う「鶏口《けいこう》となるも牛後《ぎゅうご》となる無かれ」（別項）は、同義のものとして有名。それに比べてこちらは、江戸時代の用例も見えず、ことわざ辞典類への収載も明治になってからで、しかも一般的な辞典には載っていない。現代でこそよく見かけるが、少し前まではあまり一般的なものではなかったようだ。しかも、まぎらわしい反対の意の「鰯の頭をせんより鯛の尾につけ」（別項）と誤認されたり混用されたりした厄介なことわざでもある。

大《だい》の虫《むし》を生《い》かして小《しょう》の虫を殺《ころ》す
⇒小の虫を殺して大の虫を助《たす》ける

大《だい》は小《しょう》を兼《か》ねる

＝**大は小を叶《かな》ゆる**

大きなものは小さいものの代用にもなり、幅広く役立つというたとえ。

中国・漢代の『春秋繁露《はんろ》』（度制）に、大なる者が小なる者を兼ねることが記されている。人間に限らず、大きい物が小さな物の代りになることは確かにある。お猪口《ちょこ》の代りにコップがあれば酒は飲める。反対に、ジョッキの代りにお猪口でビールとはいかないが、だからといって常に物事がこのことわざのようであるとは言えない。「長持枕にならず」（別項）だし、「電柱は杭《くい》にはできない」のも当り前のこと。とはいえこれらは極端な例であって、普通はどちらかといえば見出しの方が有効性が高いと言えそうだ。「大は小の手にこそ叶《かな》へ鷹ゆがけ」（俳諧『毛吹草追加』冬部、江戸前期）。

大木《たいぼく》に蝉《せみ》 ⇒大木《おおき》に蝉

大木《たいぼく》は風《かぜ》に折《お》れる

＝**①喬木《きょうぼく》風に破《やぶ》らる　②高木《こうぼく》風に折られる**

人の上に立つ者はとかく妬《ねた》みや恨みを買うものであるというたとえ。

社会の上に立って目立つ人を、やはり空高く伸びて目立つ大木にたとえたことわざ。異表現①の「喬木」は高木の旧称。大きな木は、空高く伸びているから風の当りは当然低い木に比べて強い。しかし、実際には低い木よりも特に風に弱いということはない。台風の後などに折れたり傾いたりしている木を見かけるが、これらは必ずしも大木というわけではない。大木は長年の風雪に耐えられたからこそ大きくなれたのである。弱ければ成長はしなかったはずだ。見事に大木にまで成長したことに対するある種の羨《うらや》ましさの念が一部に込められているのではないだろうか。江戸中期の脚本『男伊達初買曾我』に①が見られる。

大木《たいぼく》は倒《たお》れても地《ち》につかず

‖ 大木は転べども地につかず

権勢をふるった者は失脚しても周囲のおかげで致命傷にはならないということのたとえ。

大木は豊かな枝や葉をもつものが多く、たとえ台風で倒れるようなことがあっても、幹が地面に直接つくようなことはない。だから、倒れた場合でも、早めに十分な手当をすればそのまま枯れ死にせずに元に戻ることもありうる。人間でも同じこと。例えば、権勢をふるっていた者が別の勢力に敗れてその地位を追われても、それまで彼を支えていた勢力(=枝や葉)に、たとえ相手側に寝返る者がいたとしても必ず残る部分があるはずで、彼らが緩衝材《かんしょうざい》となって本人は致命傷を避けることができるというわけだ。

鯛《たい》も一人《ひとり》は旨《うま》からず

御馳走も一人で食べては旨くないというたとえ。

たとえ魚の王様の鯛でも、一人で食べると旨くないということだが、本当だろうか。だれもが旨いという鯛も一人だとまずいのは、あくまで食べる側の状態・意識の問題であろう。現代でこそ一人での食事も普通だが、大家族の時代にはきわめて稀であった。まして や、口にするのがめでたい時でなければ食べない、大勢でなければ食べない鯛となれば、特殊な状況でしかないだろう。ありえない状況で食事をするのだからまずいのであって、単純に人数だけの問題ではなかったのではなかろうか。

鯛《たい》も平目《ひらめ》も食《く》った者が知《し》る

何事も経験のない者には本当のところや核心は分からないというたとえ。

旨《うま》い鯛の刺身・塩焼きでも、平目の刺身・縁側でも、実際に食べてみないことには味は分からない。その旨い平目でも季節によっては「三月平目犬も食わぬ」で、犬も敬遠することだってある。旨い鯛でも「鯛も干物《ひもの》は旨からず」という場合もある。見出しのことわざは「雁《がん》も鳩も食うた者が知る」の魚版と言えるもので、ことわざ辞典での初出が昭和三〇年代に入ってからという非常に新しいことわざなので、右のことわざを魚に言い換えたものだった可能性もある。

倒《たお》れぬ先《さき》の杖《つえ》 ⇒ 転《ころ》ばぬ先の杖

倒《たお》れる所《ところ》に土《つち》を摑《つか》む ⇒ 転《ころ》んでもただでは起《お》きない

高《たか》い舟借《ふねか》りて安《やす》い小魚釣《こざかなつ》る

趣味や道楽は、損得を考えずにやってしまうというたとえ。

このことわざが起ったであろう江戸時代と現代とでは、釣に関する状況はまるで違うはずなのに、ことわざの言うところは現代にもぴったり当てはまるからおかしい。高い入漁料を払ったり、釣舟を借りて勇んで臨んでみたものの、結果は……。釣果は陸に戻ってから土産を購入してとりつくろうなんてこともあるやに聞く。「中山の無縁経、野崎参りの船催《ふなもよ》ひ、十六日の妙見さんも、実はといへば信心にあらず、かの高い舟借て、やすい小魚釣りに行くが如《ごと》し」（洒落本『北華通情《ほっかつうじょう》』江戸後期）。

高《たか》かろう良《よ》かろう、安《やす》かろう悪《わる》かろう ⇒ 安かろう悪かろう

高値《たかね》一日《いちにち》底百日《そこひゃくにち》 ⇩ 天井《てんじょう》三日《みっか》底三年《ねん》

高嶺《たかね》の花《はな》

望みを抱くだけで、手にすることのできないもののたとえ。

ことわざということではないが、高い嶺の花の景観を詠んだ歌はすでに平安時代の『袋草紙』に見られる。江戸前期の俳諧にもよく見られるが、はっきりとことわざとして用いたものは中期の洒落本などで、しかも多用されてはいなかった。

鷹《たか》は飢《う》えても穂《ほ》は摘《つ》まず

‖鷹は死ぬれど穂は摘まぬ ◉鷹は死しても穂は摘まず

高潔な人は、どんなに困窮しようとも不正な金品を受けないし、節を曲げることはしないというたとえ。

実際の鷹は単に肉食だから稲穂を食わないだけの話なのだが、こうしたことわざができるのには、やはりわけがあるのだろう。日本における鷹の評価は鳥の中では別格だ。思うに、眼光鋭く凛然《りんぜん》と高木にかまえ、また、空高く舞う孤高の姿の印象が強いのであろう。ことわざにもたくさん用いられている。ふつう、ことわざに登場する動物類は悪い意味合いで用いられる場合が多いが、鷹は評価の高いものが多い点で珍しい。それらの中で最も有名なのがこのことわざ。江戸前期からよく用いられているもので、江戸後期の大田南畝《なんぽ》の『万紫千紅』に収める「鷹の記」に、鷹に関することわざの一つとして挙げられている。

鷹《たか》は水《みず》に入《い》りて芸《げい》なし、鶉《うずら》は山《やま》にありて能《のう》なし

卓越した能力の持主でも、その力を発揮できる環境にいなければ何もできないということのたとえ。

鷹は大空のハンターという異名をもつ。鋭く強力な爪と嘴《くちばし》、抜群の速さをもった飛翔力が武器となっている。そうした鷹の能力を利用したのが鷹狩だが、空中

では卓越した力をもつ鷹でも、水の中となると勝手が違う。一方の鶏は古くから人に飼われ、卵と肉が食用にされていたキジ科の鳥で、人里近くにいてこそ人間には有用なものであった。このことわざは足利尊氏のものと伝えられる「等持院殿御遺書」に見られ、その後は江戸中期の浄瑠璃『ひらがな盛衰記』に見えるが、近代以前にほかに用例が見当らないので、やや特殊なことわざだったのかもしれない。同義の「魚《うお》の水を離れたよう」「木から落ちた猿」(別項)などをふまえた新作ことわざだった可能性もある。

鷹《たか》も朋輩《ほうばい》、犬《いぬ》も朋輩 ⇒ 犬も朋輩、鷹も朋輩

宝《たから》の持《も》ち腐《ぐさ》れ

〓**宝の持ち腐らかし**

素晴しい価値のあるものを持ちながらそれを使わず、また、優れた能力や手腕がありながら活用しないことのたとえ。

宝が文字通り宝石であることもあろう。しかし、宝石は石だから持っていても腐りはしない。それもあってか、宝石などの宝の私蔵者には、「出し惜しみしない」で見せてほしいというような言い方がされ、このことわざは用いない。これは、人に評価されなかったり、使わないと価値がなかったり、腐ったり錆《さび》たりする宝に限定されるようだ。江戸初期から用例が見られるが、現代のように頻度の高いものではなかった。時代的に早い例「おれも女子《おなご》、器量こそちがはうけれ、わしがかみはちぢみがみ、殿達のこのもしがる内証へ取り入つては、奥様にもまけませねど、是れが宝の持ちぐさらかしと、まがほになつて夕

めしの、ぜん立てせうといふ所へ」（古浄瑠璃『傾城《けいせい》二《に》河白道《がびゃくどう》』巻上）。図は、小林清親《きよちか》の錦絵「教育いろは談語《たんご》」（一八九八年）からで、けちな金持が鰻《うなぎ》の代りに山芋を妻子に差し出している。

宝《たから》の山《やま》へ入《い》りながら手《て》を空《むな》しくする

宝の山に入りながら空しく帰る◉宝の山へ入りて手を空しくする

大きな利益を得られる絶好の機会に、なにも得ずに終ることのたとえ。

使用例は大変古く、源信の『往生要集』（巻上）に「願はくはもろもろの行者、疾《と》く厭離《おんり》の心を生じて、速かに出要（生死の迷いを離れるのに必要で大切な修行）の路へ。宝の山に入りて手を空しくして帰ることなかれ」と見える。平安時代の仏教説話『三宝絵《さんぼうえ》』、鎌倉時代の雅楽書『教訓抄』などに用いられており、以降もジャンルを問わずあちこちで盛んに使われている。だいたいは見出し形や異表現だが、いくらか異なる言い回しのものも少なくなかった。明治以前までは最大級に使われていて、言い回しも特に難しくはないものだが、なぜか現代は消えてしまった代表的なものと言えよう。

薪《たきぎ》を抱《いだ》きて火《ひ》を救《すく》う

薪を負いて火に入る◉薪を抱きて火を消す◉薪を負うて火に近づく

損害を除こうとして行なったことが、かえって害を大きくする逆効果となることや、状況を考えない無謀な行為のたとえ。

薪を抱きながら燃えさかっている火を防ごうとしても、抱いている薪に火がつき、かえって燃え広がってしまうだろう。出典は中国・漢代の『戦国策』（魏策）で、日本でも江戸初期には用いられていた。なかでも江戸後期の『椿説《ちんせつ》弓張月』や『里見八犬伝』などの読本類にはよく用いられたものであった。なお、似たような状況や場面は長い人生には時にあるようで、「薪を負いて焼原を過ぎる」が『太平記』（巻二九）に、中国の『淮南子《えなんじ》』にはさらに引火しやすい「蓑《みの》を披《き》て火を救う」という表現も見える。

筍《たけのこ》親《おや》まさり

子が親より優れているたとえ。

筍の成長はめざましく、一晩で一〇センチメートル以上伸びることも珍しくない。だからといって親竹の高さを越えるかと言えばそんなことはないのだが、猛烈な成長ぶりが着目されたからであろう。親より子が優秀というたとえは「鳶《とび》が鷹《たか》を産《う》む」（別項）、「雉《きじ》が鷹を産む」などいくつもあるが、いずれも成長過程での比較ではなく、結果としての優劣が比べられているもので、このことわざとは視点が異なっている。狂言『呪ひ男』に「筍は親竹にまさる」と見えることから、江戸時代以前には言われていたことがうかがわれる。「竹の子かおやまさりなる時鳥《ほととぎす》」（俳諧『犬子《えのこ》集』巻三、江戸初期）。

竹《たけ》を二《ふた》つに割《わ》ったよう

気性がさっぱりとして、隠し立てがないこと。

竹は縦にまっすぐに割れることから。現代も頻繁《ひんぱん》に用いられる語句だが、現存最古の平安時代の雅楽書『教訓抄』に用例が見える古い言い回しである。

他山《たざん》の石《いし》

＝①他山の石とする ②他山の石以《もっ》て玉を攻《みが》くべし

⑴他人の誤った言動を教訓として自分の修養に役立てる意。⑵ほかを参考として自分の役に立てること。

よその山から産出される質の悪い石でも、宝石の原石を磨く砥石《といし》に使うことができることから。中国の『詩経』（小雅、鶴鳴）に異表現②の形で出典がある。江戸前期の儒学者・熊沢蕃山も『集義和書』で用いているので古いことわざという感を抱くが、むしろ、新聞の社説などで盛んに用いられる現代の有力なことわざというべきである。多くは(2)の用法だが、もともとは(1)の意味だったので、実際に使用する時には注意が必要で、相手が目上の場合は避けた方が無難である。

出《だ》すものは舌《した》を出すのもいや

＝出すことは舌を出すも嫌《きら》い

きわめてけちなことのたとえ。

口から舌を出すのも惜しくていやだということから。けちの形容としては凝った表現で、いかにもことわざらしい。同義で類似した表現も多い。「袖から手を出すも嫌い」だと、寒い時に手を出すのは「損」にもなりうるからまだ損得勘定の枠におさまろうが、「くれることなら日の暮れるもいや」(「くれる」は、物を与える意)、「出すことは目の中の塵《ちり》でもいや」となると、自分の利害には関係のないことや、かえって益になることを嫌だとするのだから、完全に感情論だということが分る。なお、見出し形の後に「くれることは火もくれぬ、取ることなら石地蔵の胸ぐらでも取る」と続けて、けちの度合を強調することもある。異表現が江戸後期のことわざ集『諺苑《げんえん》』にある。

多勢《たぜい》に無勢《ぶぜい》

少ない人数で大勢の者に立ち向かっても勝ち目はないということ。

『太平記』(巻三一)に「無勢に多勢」、『平家物語』(巻六)に「敵は大勢、味方は無勢」という形が見られ、見出しの形も『曽我物語』に見られるように、古くからのものである。江戸時代には見出しの形が常用となっていた。類義の表現に「衆寡《しゅうか》敵せず」(「衆」は大勢、「寡」は小勢)があるが、これは中国の『三国志』に見られるもので、日本でも江戸後期に用例が見られる。

蛇足《だそく》 ⇒蛇《へび》に足《あし》を添《そ》える

叩《たた》かれた夜《よる》は寝《ね》やすい

＝①叩かれては寝よい　②叩かれて戻れば寝よい

加害者より被害者の立場の方が気が楽だというたとえ。

一時の感情で人を叩いた者は、良心の呵責《かしやく》に苛《さいな》まれたり、相手からの報復を恐れたり、世間の悪評を気にして心安らかとならず、「人を叩いた夜は寝られない」ことになる。こんな状況を、叩かれた方から言うのが見出しのことわざ。その場で自分が我慢さえすればあとは心穏やかでいられるというわけ。人に危害を与えた時の罪悪感に対する、また危害を与えられた時の人間心理を考えるうえで、貴重な考え方を示したものと言えるであろう。もちろんこれは、いじめた側に罪の意識がほとんどなく、いじめられた側に一方的な傷が残るような、現代のいわゆるイジメのような問題には当てはまらない。『尾張俗諺』に収められている「京師通諺」に異表現が見られるので、江戸中期にはあったことわざである。

畳《たたみ》の上《うえ》の水練《すいれん》 ⇩ 畑《はたけ》水練

ただより安《やす》いものはない

＝ただほど安いものはない

金がいっさいかからないことが、文字通り一番安いということ。

古典落語『八卦』に用例が見えるが、古くから用いられたものではない。反対に「ただより高いものはない」というのもある。こちらは、ただで物を貰ったはいいが、その返礼のために結果として高くついてしまうということ。

立《た》ち寄《よ》らば大木《おおき》の陰《かげ》 ⇩ 寄らば大樹《たいじゅ》

立《た》っている者《もの》は親《おや》でも使《つか》え

急ぎの用には側にいる者はだれを使ってもかまわないということ。また、自分の横着の言訳。

明治以前には用例などが見られず、常用されるのは近代以降となっている。

尊《たっと》い寺《てら》は門《もん》から知れる

＝尊《とうと》い寺は門から見える◉尊い寺は門から

尊貴なものは外見からだけでも察することができるというたとえ。

日本の寺院建築に山門は欠かせない。外部との出入口という機能以上に重要な意味をもっているようだ。宗派により多少の違いはあるが、大きな寺院の山門の両側には二体の仁王が睨《にら》みを効かせており、門自体もしっかりとした立派な造りのものが多い。山門のほかにさらに立派な門を備えた寺も少なくない。特に、勅使を迎える勅使門などは豪華壮麗な造りになっていて、本堂を凌《しの》ぐものさえある。かつて、寺の格式は建物に反映されていた。門と言えどもほかの建物と同等の扱いだったので、一つの門からその寺の全体を推し量ることができた。ことわざとしては狂言『鐘の音』の用例が早いが、江戸時代に常用された。いろはカルタの前段階の、江戸中期のたとえカルタ「五十句たとへカルタ」の絵にもなっている。

立《た》つ鳥《とり》跡《あと》を濁《にご》さず

＝飛《と》ぶ鳥跡を濁さず

(1)自分が立ち去った跡が見苦しくないようにきちんとしておくこと。また、そうしておくべきだということ。(2)引き際が清らかであることのたとえ。

水鳥が飛び去った跡の水辺が濁ることなく澄んでいるからということだが、事実は異なる。ふつう水鳥が飛び立つ際には、度合は水深によるだろうが、水は濁るのが自然。ましてやたくさんの鳥が群れていた場所なら、餌《えさ》をとったり戯《たわむ》れたり活動するから、濁るのは当然で、澄むのは鳥が立ち去ってしばらく経ってからのはず。つまり、経過時間を度外視して、人間が勝手に鳥の飛び立つさまを美化したものと言えよう。ことわざとしてはやや古く、安土桃山時代のことわざ集『北条氏直《うじなお》時分《じぶん》諺留《ことわざとめ》』に「鷺《さぎ》は立《たち》ての跡濁さぬ」とあり、見出し形も江戸初頭の『日葡《にっぽ》辞書』に収録されていた。江戸時代は見出し形が主流で、少ないながら異表現も存続していた。

立板《たていた》に水《みず》

＝立板に水懸《か》ける◈立板に水を流す

⑴物事がとどこおらずになめらかにゆく形容。⑵切れ目なくとうとうと話すことのたとえ。⑶流暢《りゅうちょう》で話がうまいたとえ。

『源平盛衰記』（巻二三）の「河の広さ或は一町ばかり……流れの早き事立板に水を懸くるに似たり」、安土桃山時代の能楽書『八帖花伝書』（巻四）の「早き能には、万《よろず》の調子、甲《か》りたがり、いとゞ能の早きに調子も甲り、鼓もきほひ掛けて打ち候へば、立板に水を流すがごとし」で分るように、もとは⑴の意と思われる。狂言『伊呂波』の「そのやうに、竪板《たていた》に水を流すやうに仰せられては、覚えられませぬ」を経て、江戸時代に⑵⑶の用法がはっきりしてくる。上方系のいろはカルタに採られており、これによってより広汎になったものと推測される。絵札はどれも、立てかけた洗い張り用と思われる板に男が水を掛けている図柄となっており、図もその一つ。

蓼《たで》食《く》う虫《むし》も好《す》き好《ず》き

人によって好みとするものは違っており人さまざまだというたとえ。

「蓼」は茎や葉に辛味の成分があり、香辛料として食用ともなる植物。甘い花の蜜にはいろいろな虫が寄ってくるが、なかには辛い蓼を食う虫もいる、というように人の好みは千差万別、百人百様。古い資料では、平安時代の金言集『世俗諺文』に「蓼虫《タテノムシ》忘《ル》レ辛《キコトヲ》」という表現が『漢書』を典拠に収載されており、先行形と考えられる。見出しの表現は狂言『縄《なわ》綯《ない》』に見られ、「蓼食ふ虫は好き好きとは申せども、あのやうなお内儀によう連れ添うてはお居やる事ぢや」と男女関係の好みについて言っている。好みの対象は男女関係に限られるわけではないが、人に訴える力があるのか男女のことに多用された。

伊達《だて》の薄着《うすぎ》

お洒落のためにやせ我慢して薄着をすること。江戸前期の俳諧『大坂独吟集』や浮世草子『好色万《まん》金丹《きんたん》』に用例が見える。明治時代に収録された各地方の流行歌の中で函館港のものに「だての薄着でお風をめすな様は播州の湯にござる」とある。

縦《たて》のものを横《よこ》にもしない

⇒ 横のものを縦にもしない

立《た》てば歩《あゆ》めの親心《おやごころ》

⇒ 這《は》えば立て立てば歩めの親心

立《た》てば芍薬《しゃくやく》座《すわ》れば牡丹《ぼたん》

立ち姿が芍薬で座ったところが牡丹のようだという、美人を花にたとえたもの。

さらに後に「歩く姿は百合の花」と続けることも多い。江戸中期の洒落本『無論里《ろんのないさと》問答』には「踊の歌にいはく立ば芍薬座居《とい》すりや牡丹あるき姿は山丹《ゆり》の花」と見えるので、舞踊歌に発したもののようである。

譬《たと》えに嘘《うそ》なし坊主《ぼうず》に毛《け》なし

ことわざが言うことには間違いがないということ。ことわざは近世では、むしろ「譬え」とか「譬えの節」「世話」と呼ばれることが多く、しばしば「常言」「諺」を当てる「ことわざ」は、中国経由のやや堅い表現のものに使われる傾向があった。ことわざによることわざの何たるかを言うものだが、自らの正当性を直接言わずに、まったく無関係な僧侶の髪の毛になぞらえたところはいかにもことわざらしいところ。意味の上では「譬えに嘘なし」だけで十分なのだが、それでは面白くも何ともない。後半があるからこそ、ことわざになったと言ってよいものだろう。

棚《たな》から落《お》ちた達磨《だるま》

＝棚から落ちた焙烙《ほうろく》

(1)つぶれている、へこまされている、という洒落。(2)今まで権勢をふるっていた人が失脚してどうにもならない様のたとえ。

ダルマの張子は縁起物として正月の市で売買されて、商店や民家の神棚などに飾られる。ふつう片目が白目のままになっており、願い事がかなったときに黒目を書き込む。現代で最も印象に残るのは、議員の選挙の際に選挙事務所に高々と飾られる大きなダルマの姿であろう。神棚のものにせよ選挙用のものにせよ、上から威厳をもって人を見下ろしていたダルマが何かの拍子に落ちたならば、手も足もないものだから頭や顔がつぶれたりへこんだりして、まるで様にならないことになってしまうわけだ。異表現の「焙烙」は素焼きの平らな鍋で、毀《こわ》れやすかった。こちらは江戸後期の文献に用例がある。

棚《たな》から牡丹餅《ぼたもち》

＝①牡丹餅の棚から落ちたよう　②棚から落ちた牡丹餅

思いがけない幸運のたとえ。また、その幸運に出会うこと。

棚の牡丹餅が偶然落ちてきていい思いをしたことから。牡丹《ぼたん》の花に似ていることから称される「牡丹餅」は、お萩とも言い、餅や米飯を小豆《あずき》の餡《あん》で包んだもの。江戸時代では酒と並んで嗜好《しこう》の双璧《そうへき》だった。現代ではそれほど人気のある食品ではなくなってしまい、実物は衰退しているが、ことわざの方は「たなぼた」という短縮された言い回しで、現代日本語の中で最も普及していることわざとして生きているという面白い現象を示している。なお江戸時代には「棚から落した牡丹餅」という異表現②に酷似した表現が多用されたが、これは醜い顔つきの形容で、見出しのことわざとはまったく別のものである。

掌《たなごころ》を返《かえ》す ⇓ 手《て》の平《ひら》を返す

他人《たにん》の疝気《せんき》を頭痛《ずつう》に病《や》む

隣《となり》の疝気を頭痛に病む◈よその疝気を頭痛に病む◈他人《ひと》の疝気を頭痛

自分に関係のない事柄をいたずらに心配することのたとえ。

「疝気」は漢方で下腹から腰にかけての内臓の病気の総称で、ふつう男の病とされていた。他人が疝気にかかって苦しんでいるのを見て、自分ではどうにも対処できないことなのに心配のあまり頭痛病みになってしまうという情景。これを図のように、河鍋暁斎《きょうさい》が『狂斎百図』（江戸末期）で絵にしている。疝気に苦しむ老人が、妻が薬を持ってくるのを待って股間を温めている。隣では、あろうことか若い女がその騒ぎを心配して頭痛を起し、按摩《あんま》のマッサージを受けているというもの。なんともおかしく、笑いをこらえるのが苦しいものだ。

他人《たにん》の空似《そらに》

他人の猿似《さるに》

血はつながっていない人なのに、容貌がよく似ていること。

鎌倉時代の説話『沙石集《しゃせきしゅう》』に「空似」と同義の「猿似」という言葉が見られるが、ことわざにまではなっていない。その「猿似」を使った異表現は、馬琴の『里見八犬伝』に数回用いられており、見出し形は、江戸後期の人情本『仮名文章《まじり》娘節用』（前編巻中）に「それはさうと、たとへにも、他人の空似といふけれど、どうも他人とはおもはれねえが、おめへはマアいつたいどこの生れか」と見えるので、この時期に〈ことわざ〉として言い慣わされていたことが明らかになっている。

他《た》人《にん》の念仏《ねんぶつ》で極楽参《ごくらくまい》り

⑴他人の力によって自分の利益を図ることのたとえ。⑵ほかのものをちゃっかり利用して、自分の義理を果すことのたとえ。

ある人が極楽往生を願って一生懸命に念仏を唱えているのを、あたかも自分がやっているかのように利用してしまうという情景だろう。人の力を拝借するちゃっかり屋は昔から多かったようで、同義・類義のことわざがほかにいくつも見られる。宗教に関るものでは「人の牛蒡《ごぼう》で法事する」「人の賽銭《さいせん》で鰐口叩《わにぐちたた》く」などがある。前者は、法事に欠かせない精進《しょうじん》料理の代表的な食材として牛蒡を用いたもので、後者は、仏堂の正面に垂れ下げてあって参詣人が願いをこめて叩く鰐口を取り上げたもの。他人との利害の問題について仏教関係のことわざがこのようにあるということは、それだけ仏教が深く人々に関っていたということの証《あかし》であろう。なお、このことわざは近代以前に用例等が見られず、『金諺一万集』（一八九一年）への収載が早いものとなっている。

他《た》人《にん》の飯《めし》には刺《とげ》がある

＝他人の飯には白骨《しらほね》がある

他人に親切にされても、底意があるから単純に喜んではばかりはいられない意。

他人に負目をもちながら、その善意によりかかって食べる飯には、異物や魚の骨が混じっているように感じられるというもの。飯がかたいと言う「他人の飯は強《こわ》い」という表現もある。これもやはり、気持の問題。ところで一口に「他人の飯」と言っても、他人とのかかわりによって意味が異なってくる。「他人の飯は白い」は、単純に他人のものがよく見えてしまう人間心理を言っており、「他人の飯を食う」は世間でもまれ経験を積む意。「他人の飯は身の薬」となると、他人のもとでの奉公が一人前になるために役に立つということ。

狸《たぬき》から上前《うわまえ》

きわめて悪知恵にたけていることのたとえ。

実際の狸から上前をはねることは無理で、あくまでも「人を化かす動物」という人間の想像の産物としての狸のイメージの上に作られたことわざ。この人間版が「盗人《ぬすびと》の上前をとる」（別項）。どちらにせよ「上前をとる」のは強者が弱者に対して行うものだが、とられる方が悪党だと、とる者はそれに輪をかけた悪党ということになる。江戸時代には用いられたもので、中期の洒落本『新吾左出放題盲牛《しんござでほうだいもうぎゅう》』に「天窓《あたま》にひかるかんざしは水晶の蒲焼を巻わらにさしたるごとく、白狐をあざむく白むくに、人を化すは狸からうわまへ」と見えている。

頼《たの》む木《き》の下《した》に雨《あめ》漏《も》る

＝**頼む木のもとに雨漏る**

頼みにしていたものの当てが外れることのたとえ。

急に降り出した雨に、近くにある大きな木の下に避難して一息ついていると、何のことはない、そのうちに葉や枝伝いに雨が漏ってきて濡れてしまった、という情景だ。とはいえ実際には、葉が鬱蒼《うっそう》と繁った大きな木だったら、ある程度の雨宿りは十分可能であろう。ことわざとしての初出は平安時代の仏教説話『日本霊異記』（巻中）に「恃《たの》めし樹に雨漏る」と記した言い回しが古く、軍記物の『平家物語』（巻七）、『太平記』（巻九）などに「頼む木のもとに雨のたまらぬ」（「たまる」は防ぎ止める意）という言い回しがある。それ以降は、異表現や見出し形で室町時代の謡曲、江戸時代の各種文芸に頻繁に用いられている。

頼《たの》めば鬼《おに》も人食《ひとく》わぬ ⇩ 鬼も頼めば人食わぬ

旅《たび》の恥《はじ》はかき捨《す》て

⑴旅先で恥をかくようなことをしても、知合もいないのでその場限りで済んでしまうこと。⑵旅先で、ふ

だんはやらないような恥さらしを平気でやること。

明治時代の主要なことわざ辞典『俚諺辞林』（一九〇一年）で「徳義上取り難き語なり」と断じているように、このことわざはすこぶる評判が悪い。しかし、本当にそうだったのだろうか。明治以前の用例を三点挙げてみよう。江戸中期の『狂歌ならひの岡』の「此世《この》からあの世へとほる旅の空よしやしはしの旅はかきすて」は早い用例。歌意の断定は控えるが、少なくとも(2)の意はない。次は、このことわざが三度も使われている滑稽本『道中膝栗毛』の一例で、手拭いと間違えて絹の褌《ふんどし》で顔をふいて女中に笑われた場面「エ、まゝよ。旅の恥はかきずてだ。からもあらうか。手ぬぐひとおもうてかぶるふんどしは、さてこそ恥をさらしなりけり」（二編巻上）。最後は古典落語『旅日記』の「海老雑魚《えびじゃこ》の化物見た様な物を喰はせられてひでへ銭を取られることがあるから、旅の恥やア掻き棄てといふことがあるから、何んでも価《ね》を聞いて喰ひねへ」で、後の二例は旅先での不案内からくる失敗をとりあげており、(1)の意の、それも軽いものだろう。というわけで、(2)は、近代以後のことであろう。

旅《たび》は憂《う》いもの辛《つら》いもの

＝旅は憂きもの

旅にはさまざまな心配や苦労がついてまわって大変だということ。

旅が楽しいレジャーとなった現代では実感しにくいことわざ。異表現が西鶴『好色一代女』に見え、見出し形も江戸中期には言い慣わされていた。当時の旅は普通は徒歩だから、例えば江ノ島・箱根など江戸から近場の遊山《ゆさん》ならともかく、一〇日以上の旅となるとたくさんの物品を携行する必要があった。江戸中期の『細見道中記』に掲げられている道中の所持品は、筆記具・裁縫具・化粧具・照明具・衣類・雨具・財布・算盤《そろばん》など二八点に及ぶ。これ以外に弁当・煙草《たばこ》・秤《はかり》・物差し・やすり・耳掻きなども必要だった。その上、道中の治安や保健が十分ではなかったので、特に主要街道が整備される江戸後期以前の旅は、出立に際して水杯《みずさかずき》が交されるほど命がけのものだった。

旅《たび》は道連《みちづ》れ

＝旅は道連れ世は情《なさけ》

旅には同行者がいる方が安心だということ。

異表現は、世渡りでは互いに思いやる心が大切だということを、旅を取合せて言っている。異表現が狂言『蜘盗人《くもぬすびと》』に見えることわざなので、近世以前からのものと分る。近世になって旅が盛んになるに従って、このことわざも盛んに用いられるようになった。しかし、言い方は必ずしも一様ではない。狂言『薩摩守』に「旅は情、人は心」、西鶴の『好色一代男』(巻二)、『好色五人女』(巻二)に「旅は人の情け」という類義の表現が見られる。また、このことわざを現代まで広く著名なものにしたのは江戸系のいろはカルタに採用されていたからであろう。なお、このことわざの解釈について、旅の様相がまるで違う現代の感覚を反映して、同行者がいる方が楽しいという意に解するものも出てきている。旅の様相の変化に従った新解釈と見ておきたい。

足袋屋《たびや》の看板《かんばん》で足揚《あしあ》がる

(1)立場や地位が危ういことのたとえ。(2)「足があがっている」という洒落。

「足があがる」は頼るところがなくなる、職を失う意。江戸時代の商業看板は、八百屋が大根、煙草屋《たばこ》が煙管《きせる》など、扱う商品を模造したものがよく使われた。足袋屋の場合は、足袋の片方を模した木の看板を軒先に吊した。このことわざはそれを踏まえたもので、看板の足袋が高いところにかかっているのを「足があがる」と表現したもの。これは関西のことわざだが、江戸では「足袋屋の看板」が、独り合点で相手は納得していない意となる。これは看板の足袋が片方だけで両方がそろっていないことからきたもので、江戸後期の代表的なことわざ集『譬喩尽《たとえづくし》』に見えるが、ほかに例が見られないことから、それほどよく用いられたことわざではなかったかもしれない。

食《た》べてすぐ寝《ね》ると牛《うし》になる

食事の後にすぐにごろごろしたり寝たりしてはならないという戒め。

「横になって食べると牛になる」とも「食事して横になると角が生える」とも言う。もちろん、実際にそうなるわけではないが、牛が食後に寝そべることから言われるものだろう。人間に身近な動物の中では牛が最も大食で、特有の反芻《はんすう》作用もあって長々と口をもごつかせ、涎《よだれ》を流し続ける。そうしている時の牛の動作は緩慢そのもので、家畜でありながら勤勉のイメージとはほど遠い。おそらく人間がこうした印象から勝手な想像を抱き、満腹すると生理的にも眠気をもよおす子供への躾《しつけ》に用いたものであろう。江戸後期の黄表紙『冠言葉七目佉記《かぶりことばななつめのえとき》』には、このことわざを実践して牛となって寝ている武士の姿が描かれている。

食《た》べ物《もの》の恨《うら》みは恐《おそ》ろしい

――食《く》い物《もの》の恨みは怖《こわ》い

食べ物に関して抱かれた恨みは根が深く、後々まで続くということ。

人間の三大欲望のうち食欲を第一とする見解は、まあ妥当なところだろう。欲望というよりむしろ本能に近いものと言ってよい。最大の欲望が満たされず、しかもその上、恨みまで生じてしまったとなれば一大事だ。食糧事情が極端に悪かった第二次大戦後間もない頃、食べ物を求めて農村に買い出しに行った都会の人々が、足元を見られて散々な目に遭ったことは公の戦後史には出てこない歴史の一断面。それを実際に経験した人々が思い出として語る時に添える言葉として知られている。

卵《たまご》に目《め》鼻《はな》

細長くかわいらしく美しい顔の形容。

ことわざ集で最初に収載したのは、尾張地方のことわざ類を筆録した江戸後期の『続拾遺尾張俗諺』で、「うつくしき物をいふ」と注記がある。容貌に関することわざは多い。「一瓜実《うりざね》に二丸顔三平顔に四長顔」は顔の形のよさの順序を言ったもの。美女の形容は「びいどろを逆さに吊《つる》す」(別項)と、ポルドガル語のガラス器にたとえる。「女の目には鈴を張れ」(別項)は目の大きさを評価するもの。これ以外では、悪しき形容句が幅を利かせている。「蒟蒻玉《こんにゃくだま》に目鼻」「丸盆に目鼻」「団子《だんご》に目鼻」は丸顔、「こんろに目鼻」は四角顔。「炭団《たどん》に目鼻」は色黒で目鼻立ちがぼやけている顔。「鍋蓋《なべぶた》に目鼻」となると色黒で扁平《へんぺい》な顔。「南瓜《かぼちゃ》に目鼻」は太って丸い醜い顔。「とうもろこしに目鼻」は痘痕《あばた》のある顔。「瓢箪《ひょうたん》に目鼻」は滑稽な顔立ち、と呆れるほどの悪口がある。

卵《たまご》を盗《ぬす》む者は牛《うし》も盗む

悪の心は増進するものだというたとえ。

小さな鳥の卵を失敬して、だれからも非難されずにうまくやったと思う者は、それに味をしめて、次はもっと高価なもの、大きなものと欲望をふくらませ、しまいには大きな牛まで盗むようになってしまうという西欧のことわざ。英語で **He that will steal an egg will steal an ox.** と言うが、小が卵で大が牛という取合せの連想はあまりしっくりこない。事実、「子牛を盗む者は親牛を盗む」とか「卵を盗む者は鶏を盗む」という言い回しもあるそうだが、なぜか見出しの組合せが一般的だという。日本で紹介され用いられるようになるのは第二次大戦後もだいぶ経ってからなので、ことわざ辞典でも載せているものは多くない。日本では同義のものとして「針《はり》とる者は車とる」(別項)がことわざ辞典には載っているが、実際にはほとんど用いられなかった。

騙《だま》すに手《て》なし

⑴相手がその気になって騙せばいくら警戒しても防

ぐことはできないものだということ。⑵相手を騙すこと以外にうまい方法・手段がないこと。

文字面だけで解釈するのは難しい。⑴は「騙すに向かう手なし」の「向かう」が、⑵は「騙すほかに手なし」の「ほか」が省略されているとでも解すのだろうか。⑴の意で「騙すに敵なし」という表現もあるが、この方が文字面からは分りやすい。見出しの表現は狂言『牛盗人』に用例があり、江戸時代には盛んに用いられた常用ことわざ。簡単な語形のせいか、常用のことわざとしては珍しく異表現がまったく見られない。

たまたま事《こと》をすれば雄猿《おざる》が孕《はら》む

ふだんやらないような事を急にはじめた者や、突然心がけがよくなった者などを冷かして言う言葉。

現代の日常会話で冷かす時に使う「あぁー雨になるなー」とか「おっ、珍しい今日は雨だよ」などと言うのに当ることわざで、現代では死語になっている。しかし、現代の言い方に比べると段違いに面白い。めったに起らないことが起ったということを言うのに、雄猿の妊娠というありえないことを持ち出している。もっとも、ここまで奇抜な物言いになるとばかばかしくて、言われた方も白けて使われなくなったのかもしれない。「たまに事をすれば雨が降る」という江戸時代のことわざが変容したものとも考えられ、江戸中期には言われていた。

玉《たま》に瑕《きず》

⑴完全と思われる中にある、ごく小さな欠点のたとえ。⑵立派なものの中にある惜しまれるべき一つの欠陥のたとえ。

「玉」は美しい石のことで、中国や日本では真珠などを指した。出典としては「玉の瑕有る」という形が中国・前漢の『淮南子《えなんじ》』（説林訓）に見え、見出し形も後漢の『論衡《ろんこう》』（累害）にある。日本では、ことわざをあまり使っていない『源氏物語』（手習）に「時々はればれしうもてなしておはしませ。あたら御身を、いみじう沈みてもてなさせ給ふこそ口惜しく、玉に瑕あらん心地し侍れ」という用例が見える。同じ平安時代の『夜の寝覚』(巻三)には「大臣《おとど》だに、ありもはてずなりにしよ、みがける玉に瑕つけるやうに、あかず、かなしきことなりや」とある。単純な表現が好まれたのか、中古から現代までずっと常用され続けている数少ないことわざでもある。

玉磨《たまみが》かざれば光《ひかり》なし

＝玉磨かざれば光なし、人学ばざれば道なし

学問を積んで努力し、自己を鍛練してこそもっている才能の真価が発揮できるというたとえ。

宝石も原石のままでは美しい光を放つこともない。丹念に磨かれてはじめて素晴しい輝きが生じる。努力・修養の重要さを正面から説いたことわざなので、古くから教訓書で多用された。おそらく中国の『礼記《らいき》』(学記)にある「玉琢《みが》かざれば器《き》を成さず」あたりが出典であろう。日本では鎌倉時代の教訓書『実語教』に用いられたのをはじめ、以降も真面目なことわざとしてよく取り上げられた。特に明治時代の教科書に取り入れられたので、当時の人々の精神にも深い影響を及ぼしたものと考えられる。図は明治初期の一枚刷の教訓画。

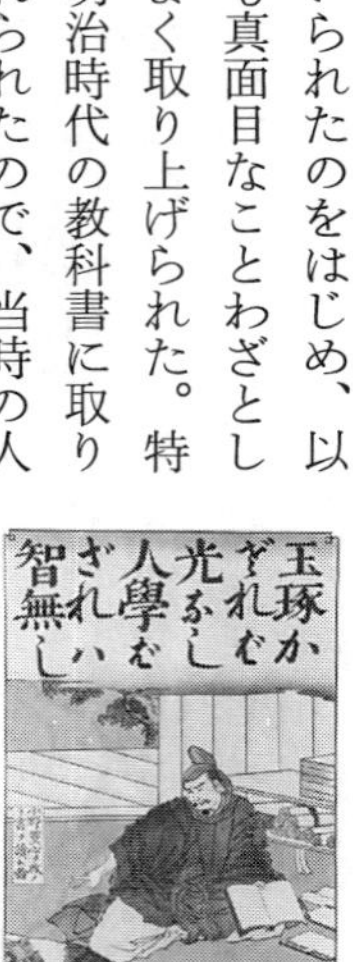

黙《だま》り虫《むし》壁《かべ》を通《とお》す

(1)寡黙にこつこつ努力する者は、いつのまにか大きなことをやり遂げるというたとえ。(2)ふだんおとなしい者がとんでもない大事件を引き起すことのたとえ。

鳴きもせず人目にもつかないような小さな虫が、知らないうちに壁に穴をあけてしまうことから。現代家屋の壁は材質が異なってきているので当らないだろうが、かつての藁《わら》などを塗り込めた壁だと虫が穴を通してしまうこともあり得た。しかし、ここは本当の虫ではなく寡黙な人間。「泣き虫」「弱虫」などと同じ比喩的な語。日本のことわざでは多弁を戒め寡黙が奨励されるが、これもその類の一つとなる。寡黙を取り上げた類義のことわざには「黙り猫が鼠《ねずみ》を捕《と》る」「黙り牛が人を突く」「黙っている者に油断するな」「黙り者の屁《へ》は臭い」などがあって、寡黙はことわざの世界では「雄弁」だ。

民《たみ》は之《これ》に由《よ》らしむべし、之を知《し》らしむべからず

⇒知らしむべからず、由らしむべし

矯《た》めるなら若木《わかぎ》のうち

よい性格や性癖を形成するのは若いうちがよいというたとえ。

「矯める」は、曲がったものを伸ばしたり、逆に伸びたものを曲げて形を変えること。木が成長過程にある若いうちは柔軟性もあって、枝ぶりもなおしやすい。成長しきった木や老木に無理に手を加えれば折れてしまう。人間も同じで、長いことかかって身に染みついてしまった癖をなおすのは至難だが、形成途上のものや成長過程であれば矯正できる可能性がある。同じ趣旨を別の視点から表現した「二十《はたち》過ぎての子の意見と彼岸《ひがん》過ぎての肥《こえ》はきかぬ」などはかつては用いられたものだが、現代ではもっぱら見出しの表現の鉱物版といった西洋の「鉄は熱いうちに打て」(別項)が使われている。

田《た》もやろ畦《あぜ》もやろ

＝①田もよし畦もよし ②田にも畦にも生臭物《なまぐさもの》

可愛いと思う者に、みさかいなく何でも与えてしまうたとえ。

いくら相手が可愛いからといって、農民の最大の財産である田を簡単に与えるということは常識的にはありえず、当然、ことわざ特有の誇張。ふつう田畑は親から子へ相続され、しかも細分化を防ぐためにたいていは相続した子以外は相続権を放棄させられる。昔の田は、そのくらい大切な財産であった。ところで、田は誇張だとして、田の仕切りの畦が田と対に置かれているる点がよく分らない。異表現②は、魚や肉といった生臭物を田にも畦にもおまけにつけてやる意で、やはり田と畦は同等になっている。思うに畦は田を強調し、語調を整えるための添え物にすぎないのではなかろうか。近松の『相模入道千疋犬』（第三）には、見出し形に加えて「海もやろ川もやろ、望なら親の首でも切ってやろ」と、より強調した表現がある。

便《たよ》りのないのはよい便り

手紙など何の連絡もないのは無事に過している証拠だということ。

No news is good news. という西洋のことわざの翻訳。相手の筆不精などを責めることなく、事をよいほうに考えよう、そう思いたいという願望が込められている。近代で外国のことわざを収めた辞典としては最初の本格的なものである『英和和英諺語辞典』（一九一四年）に、見出しの言い回しと英文が収載されている。

ところで、江戸後期の洒落本『二筋道《ふたすじみち》宵之《よいの》程《ほど》』には「一度のたつねもせぬといい便のないは無事ゆへと、またもすまする邪見な親」と、「便のないは無事ゆへ」という言い回しが見られるので、西洋からの流入以前に類似した見方が日本にもあったことが分る。

誑《たら》しが誑しに誑される

人をだまそうとする者は、反対にだまされる羽目になるという意。

「誑」はたぶらかす意で、現代では異性を言葉たくみに誘惑する「女誑し」などの語に使うが、ここは普通の「騙」と同じで、人をだますことやだます人のこと。同音を三回も繰り返した言葉遊びにもなっている。同意の「騙《だま》す騙すで騙される」も、江戸時代から用いられていた。ついでに、同音を三回繰り返す技法がほどこされたことわざを並べてみよう。「化《ば》かす化かすで化かされる」は見出しと類義のもの。「取ろう取ろうで取られる」は、人から取ろうとする者が取られる意で賭事などが当てはまる。「盗人が盗人に盗まれる」の説明は無用であろう。

足《た》らず余《あま》らず子《こ》三人《さんにん》

⑴あり余るほどの収入でもなく、少なすぎて苦労するほどの貧乏でもなく、そして子供が三人いるのが理想的な生活だということ。⑵子供をもつなら三人がちょうどよいということ。

「足らず余らず」までを金銭の問題とすると⑴の意となり、これを「子三人」にかかると解釈すると⑵の意となる。どちらにせよ子供は三人を理想とするのは共通し、この考え方は日本人の中では想像以上に古くから支持されていた。このことわざは明治以降のものだが、江戸時代の「負わず借らずに子は三人」(別項)という類義のものをもとにしていると推定されるので、内容的には江戸中期からあったことになる。また、越後には「余らず過ぎず子三人」という形もある。子供三人を理想とする端的な物言いは「三人子持は笑うて暮す」という表現があり、今日にいたっている。もちろん、これは理想でその通りにはなかなかゆかないのが現実であるが。

短気《たんき》は損気《そんき》

═短気は損

何事にも短気を起すと損になるという意。

短気だと、後先を考えずに判断して性急に事を行なったり、場合によっては怒りの表明ともなる「短気は怒気」となってしまったりするから、相手を傷つけ、自らも傷を負い、結果的に損をすることになるというわけだ。意味としては異表現の「短気は損」で十分なのだが、見出し形には語調を整え印象を強めるために「損」に「気」が付け加えられている。江戸前期の仮名草子『他我身《たが》の上』に見られ、抽象的な語句ながらも簡潔な表現のことわざとして常用され続けて現代にいたる代表的なもの。考えが浅かったり気短な意の「短慮」を用いた「短慮功をなさず」という類義のことわざも江戸時代にはよく用いられたが、こちらは現代では死語化している。

断《だん》じて行《おこな》えば鬼《き》神《じん》もこれを避《さ》く

断固たる決断をして、いかなることにもためらうことなく実行すれば、何者も妨げることはできないということ。

恐ろしい鬼神でさえも、人の断固たる決意をもってしたことには、妨害するような行為をしないという意から。中国の『史記』（李斯伝）に出典が見られる。秦の始皇帝が行幸の途中で病死した時、聡明な長子に後を継がれると自分が失脚する不安を感じた趙高《ちようこう》が、凡庸な太子胡亥《こがい》に、長子を除いて皇帝になるように勧めた言葉とされる。その後趙高は、まんまと胡亥を皇帝につかせて権力をほしいままにした。この故事にあるように、この言葉は、元来は悪事を断行する場合に言ったものだったが、幕末の水戸学の『新論』でも援用されているように、日本では内容の善悪は問わずに用いられている。

男女《だんじょ》の淫楽《いんらく》は互《たが》いに臭骸《しゅうがい》を抱《いだ》く

男女の淫楽は互いに臭《くさ》き体を抱く◈男女の交わりは互いに白骨《はっこつ》を抱く◈男女の愛情はともに臭骸を抱く

男女の淫《みだ》らな楽しみは汚い骸《むくろ》を抱き合うにすぎないということ。

中国・宋代の詩人・蘇東坡《そとうば》の「九相之詩」の一節による。御伽草子『常盤嫗物語《ときわのうばものがたり》』に「紅粉翠黛《すいたい》にかうべを色どりて、男女和合の愛欲は、臭きかばねをいだけり」とあるのが日本では早い例になっている。江戸時代には盛んに用いられており、一つの禁欲思想としても機能していた。

旦那《だんな》の好《す》きな赤烏帽子《あかえぼし》 ⇒ 亭主《ていしゅ》の好きな赤烏帽子

ち

小《ちい》さくても針《はり》は呑《の》まれぬ

＝針は小さくても呑まれぬ

小さな物や人でも、ただ小さいからといって侮ることはできないというたとえ。

いくら小さくても縫針などをうっかり呑んでしまうと、内臓の壁が傷つけられて大変なことになってしまう。たとえ呑まなくても、あやまって足の裏で踏んで、運悪く折れた先が体内に入ってしまったような場合でも、針はささった箇所にとどまっていないから大変なことになりかねない。針は体を巡るとも言われ、ひと昔前の家庭では相当に神経をとがらせていたものだ。「山椒《さんしょう》は小粒でもぴりりと辛《から》い」（別項）と同義のことわざだが、どちらも相手を口に含んだり呑んだりする対象としている点が面白い。なお、このことわざは江戸中期頃に異表現が見え、その後しばらくして見出し形が現れ、当時の常用のことわざとなっている。

地位《ちい》は人《ひと》を作《つく》る

＝地位が人を作る

職業や社会的な地位は、そこについた人をふさわしい存在にするものだということ。

人間が社会を作り、そこで生活している限り、社会における高い地位はその人に大きな役割と影響を与える。昔の日本のように身分や職業が固定的であった時代では、幼少時から将来つくべき地位は約束されている面があったから、いざその地位についたからといって心理的に大きな変化が起ることは少なかったに違いない。したがってこのことわざは、身分制度が崩壊して職業選択の自由が実現した近代以降の話で、悪く言えば、成り上り者や金の力で手に入れた者でもしかるべき地位につけば、それなりの振舞いと人格を備えるようになってゆくということだ。

近《ちか》しき仲《なか》に礼儀《れいぎ》あり ⇒ 親《した》しき仲にも礼儀あり

父《ちち》父たり子《こ》子たり

家族がおのおのその分に応じてすることをすれば一家は安泰であり、ひいては社会や国家も平穏に治まるということ。

父親が父としてやるべきことを行い、子供が子としてやるべきことをやるという意から。『論語』（顔淵）の言葉。政治について尋ねられた孔子が「君主が君主として、臣下が臣下として、父が父として、子が子としてそれぞれ本分を尽くすことだ」と答えたと伝えるもの。日本では近松の『蝉丸』（第二）に「おのれ天地を出でずんば、討つて父に手向《たむ》けんと、僅《わずか》に残る雑人《ぞうにん》ども、木の葉の嵐磯打つ波、むらむらはつと追つ散し、父が死骸の薄煙、霞の谷へと分け入りし。父父たれば子も子たり。天晴《あっぱれ》ゆゆしたのもしし」と見え、近世ではよく用いられたことわざであった。

血《ち》で血を洗《あら》う

＝①血を以《もっ》て血を洗う　②血を血で洗う

⑴血縁に当る親族同士が争い殺し合うことのたとえ。⑵殺傷に対して別の殺傷で復讐したり、悪事のためにさらに悪事を重ねることのたとえ。

血で汚れた身体をさらに血で洗うように、ますます汚れてしまうというのが原意。中国の『旧唐書《くとうじょ》』（源休伝）に異表現①がある。日本では、鴨長明の仏教説話『発心集《ほっしんしゅう》』に①が見られるものの、血みどろの戦闘に明け暮れた鎌倉時代にそれらを題材にした軍記物には用例が見えない。ことわざ集では安土桃山時代の『月《げっ》菴酔醒記《あんすいせいき》』に収められ、江戸初期から多用された。

治《ち》にいて乱《らん》を忘《わす》れず

＝治世に乱を忘れず

常に万一の場合を考え、用意万端を整えておけということ。

世の中が平和で安穏《あんのん》な時でも、戦乱の時の苛烈《かれつ》さを忘れずに準備をしておくことが肝要で、それがいざという時に役立つという教訓。中国の『易経』(繫辞伝下)に見える有名な言葉で、日本でも江戸時代には盛んに用いられた。特にこのことわざに目立つのは、為政者・経世者に多く使われていることで、徳川吉宗の『紀州政事草』、林子平の『富国建議』などに見られる。易《やす》きに付きやすいのは古今東西の人間に共通した心理なのかもしれないが、たしかに、戦乱に明け暮れた悲惨な歴史をもつ民族や地域には、その歴史が〈負の遺産〉として受け継がれているところがある。そういう地域では、この一見抽象的なことわざに、鮮烈なイメージが描かれるのかもしれない。図は、教訓画集『人生画訓』(一九二九年)から。

血《ち》は水《みず》より濃《こ》し

(1)血縁関係の親族は、いざという時には役に立つものだというたとえ。(2)血筋は争えず、人の性質は血統で決るものだというたとえ。

英語のことわざ Blood is thicker than water. の翻訳。以前の日本では「血は血だけ」という表現で言い慣わされていたが、いまや完全に見出しの言い回しに取って代られている。早いものは、『英和和英諺語辞典』(一九一四年)で英文に付されていた訳文「血は水よりも濃厚なり」であろう。

茶碗《ちゃわん》を投《な》げば綿《わた》で抱《かか》えよ

——①茶碗をば綿で受ける ②茶碗を真綿《まわた》で受ける

相手が強く出てきたらやんわり柔らかく受け止めてしまえというたとえ。

夫婦喧嘩《げんか》の際に茶碗が飛び交うような光景は、今でも少しは見られるのだろうか。投げられた茶碗は、相手がうまく受け止めたり、柔らかなものに当ったりしない限り割れてしまう。見出し形は江戸前期の『毛吹草』に、異表現①は同期のことわざ集『世話尽《づくし》』に収められているが、用例は少ない。「酒迎への出合衆に、昼夜もまるる茶屋女、むいきをなだめ生酔をすかし、茶碗を真綿で請けるやうな、勤めの内にも恋は又、人《にん》々《にん》の物好きにて」（浮世草子『美景蒔絵の松』巻二、江戸中期）。

中原《ちゅうげん》に鹿《しか》を逐《お》う

⑴王位を得るために戦うこと。⑵ある地位を得るために競争すること。

ここの「中原」は黄河中流域。鹿は帝位のたとえで、この地を制圧することが中国全土の支配を意味するという『唐詩選』に収める魏徴の述懐詩に見える語句。「逐鹿《ちくろく》」とも言う。日本では近代以前の用例は見えず、明治になって雑誌『東京パック』などの政治風刺の戯画に用いられている。

忠言耳《ちゅうげんみみ》に逆《さか》らう ⇒ 金言《きんげん》耳に逆らう

仲裁《ちゅうさい》は時《とき》の氏神《うじがみ》 ⇒ 挨拶《あいさつ》は時の氏神

忠臣《ちゅうしん》は二《に》君《くん》に仕《つか》えず

誠心誠意一人の主君に仕えるのが忠義な臣下だということ。

現代の日本では君主と臣下という関係はないから、会社組織に準《なぞら》えて用いられている。出典は古く『史記』（田単伝賛）に見られ、貞淑な妻は夫の死後もほかの男を夫にしないという、女の再婚に否定的な「貞女《ていじょ》は二夫《にふ》を更《あらた》めず」を後に続けて、社会と家庭の倫理・規範を示したものだった。見出しの表現や『史記』の形のものは、日本でも鎌倉時代の『保元物語』、仏教説話『発心集《ほっしんしゅう》』など多い。儒教的な倫理となっていたことからか、江戸時代の文芸類での活用は多いものではないが、中期の教育家・貝原益軒の『大和俗訓』などには援用が見られる。

中流《ちゅうりゅう》に船《ふね》を失《うしな》えば一瓢《いっぴょう》も千金《せんきん》

＝中河《ちゅうが》に船を失えば一壺《いっこ》も千金

価値のない物でも時と場合によっては大変な値打があるということのたとえ。

ここの「中流」は河の真中。「瓢」は瓢箪《ひょうたん》で、中をくりぬいて水や酒を入れる容器にした。「壺」も同じ。河の真中で船が転覆などした時に、ほかにすがる物がなければたった一つの瓢箪でも浮袋の代りとなる。そんな時は、以前はただ同然だった瓢箪がいくら金を積んでも買えないような価値あるものになる。異表現が中国の『鶡冠子《かつかんし》』に見られるとされており、日本では、見出し形は安土桃山時代のことわざ集『北条氏直時分諺留《うじなおじぶんことわざとめ》』に収載されている。「腹に椀置古姥《ごきおく》のこつこつ咳息《せく》を聞ば、げに、いにしへはおどろかされし鐘の音に、待てこそきけ老のあかつきとよめる古言をおもひ出され、中流失船一瓢も千金ぞかし」(浮世草子『沖津白浪』巻一、江戸中期)。

寵愛高《ちょうあいこう》じて尼《あま》になす

＝寵愛高じて尼となる

愛情も度が過ぎては、かえって本人のためにならないことのたとえ。

親は「目の中に入れても痛くない」とばかりに娘をかわいがり、「蝶よ花よ」(別項)と育てたあげくが嫁にもやらず、尼僧で一生を終えるというのでは、本人が望んだ結果でない限りは幸せとは言えまい。ところで、普通の解釈とは別に、愛情を注いだ者の未来永劫《えいごう》の幸せのために積極的に尼にすると解するものがある。このことわざは江戸時代には比較的用いられたものので用例も少なからずある。その一つ、前期の狂言書『わらんべ草』では孔子の「愛レ之《ヲ》、能《よく》勿《なかランヤ》レ労《スルコト》乎、忠《アッテ》焉能《ク》勿《ンヤ》レ誨《ヲシユルコト》乎」をこのことわざの意とし、「労ずとは、子をおしへ仕ふを云也、愛すとも、労ぜよと云義なり」と説明している。問題の核心をついているとは言えないが、愛に溺《おぼ》れるなということで通常の解釈に通ずるものと言えよう。一方の積極的に尼僧にするという解釈には、いまひとつ裏付けとなるようなものがない。

朝三暮四《ちょうさんぼし》

＝朝四暮三

(1)眼前のわずかな違いにとらわれて、結局は同じであることが分らないこと。(2)巧妙でこすからい方法で人をだまし愚弄すること。(3)生計、暮しのこと。

『列子』（黄帝）に見える故事による。中国・春秋時代の寓話《ぐうわ》で、猿にどんぐりの実を朝に三つ、暮に四つやろうと言ったら猿が怒ったので、朝に四つ暮に三つにする、と言ったら喜んだというもの。日本では『太平記』（巻三八）に(3)の用法で「夜を重ぬべき宿もなく、道路に袖をひろげぬ許《ばかり》にて、朝三暮四の資《たすけ》に心有人もがなと、身を苦しめたる有様」と早い用例があるが、(1)や(2)の意で用いられるのはこの語句が多用された江戸時代になってからのようだ。

長者《ちょうじゃ》に二代《にだい》なし

⇒親苦労《おやくろう》す、子《こ》は楽《らく》す、孫《まご》は乞食《こじき》す

長者《ちょうじゃ》の万灯《まんとう》より貧者《ひんじゃ》の一灯《いっとう》

＝長者の千灯より貧者の一灯◉貧者の一灯、長者の万灯

物や金銭の多少より人の誠意が大事だということのたとえ。

たとえ少しでも、貧者の真心からの寄進は富者の虚栄からの多量の寄進にまさるということから。中国の『阿《あ》闍世《じゃせ》王《おう》授決経』に見える故事がもとになっている。阿闍世王が、供養の帰りの道筋に百斛《こく》（一斛は一〇斗《と》）の油を使って灯籠《とうろう》を灯した。それを見た貧しい老女が自分も灯籠をあげようと、乏しい中からやりくりして一つだけ灯したところ、王の灯は消えるものもあったが、老女のだけは終夜消えず、明け方になってもますます明るく光ったというもの。日本でも仏教説話で平安時代の『三宝絵《さんぼうえ》』に故事が紹介され、鎌倉時代の

『宝物集《ほうぶつしゅう》』（巻下）に「貧女が一灯」とあるように、古くからよく用いられた。現代では「貧者の一灯」と、前半が省略された形のもので伝承している。

提灯《ちょうちん》に釣鐘《つりがね》

(1)釣合わず、比べものにならないもののたとえ。(2)片方だけが重いことから、「片思い」の洒落。

形は似ていても重さはまったく違い、比較にならないことから。室町時代の『新撰犬筑波』に見えるものが文例としては古いものの一つ。文例も多いが、このことわざの大きな特徴は、図像作品が多いこと。絵の中では特に大津絵が二百年にわたる定番だったし、ほかに刀の鍔《つば》、根付《ねつけ》、土鈴《どれい》などにも表現されていた。また、面白いことに天秤棒《てんびんぼう》で提灯と釣鐘を担ぐ図柄のものでは、重い釣鐘が上に、軽い提灯が下になるという物理の法則に反するものも少なくない。図は明治時代の木版画だが、小さな釣鐘に対してあきれるほど大きな提灯になっており、しかもそれがいかにも重そうに描かれている。昔の日本人の〈遊び心〉が現れているように思われる。

提灯持《ちょうちんもち》川《かわ》へはまる

提灯持がどぶへはまる◆提灯持が堀《ほり》へ落ちる

(1)人を導く者がかえって先にしくじることのたとえ。(2)軽々しく他人の手足となって振舞い、失敗を犯すことのたとえ。

夜道や葬儀の列などで先導する役が提灯持。普通は提灯持のまわりは明るいものの、本人は提灯の明りがまぶしくて足元が見にくいという損な立場にいる。実際には昔の夜道のことだから、ぬかるみにはまるくらいのことはあったろうが、川や堀となるとことわざ流の誇張だろう。もし実際に川へはまることが多ければ、提灯を持つ意味はなくなってしまう。見出し形は江戸後期のことわざ集『諺苑《げんえん》』に収載されているが、異表現も含めて用例は少なく、近代以前での実際の使用度合は高いものではなかったようだ。

頂門《ちょうもん》の一針《いっしん》

＝①頂門上の一針　②頂上《ちょうじょう》の一針

急所を鋭く突く厳しい戒めのこと。

「頂門」は頭の頂《いただき》。頭のてっぺんに一本の針を刺すということから。中国・宋代の蘇軾《そしょく》の「荀卿論《じゅんけいろん》」に見えると言う。日本では江戸初期の伊藤仁斎の『童子問』に異表現①が、見出し形は吉田松陰の回顧録「三月廿七夜記」に見られる。

蝶《ちょう》よ花《はな》よ

＝①蝶や花や　②蝶よ花よと育てる　③花よ蝶や

親が子供、特に娘をこの上なく可愛がること。

江戸前期の俳諧『崑山集《こんざんしゅう》』（巻四）に「愛するは蝶や花やと児桜」と、異表現①が見られるが、『風流志道軒伝』など江戸中期からは見出し形が多用されるようになっていった。類義の「掌中《しょうちゅう》の珠《たま》」は、手の平にのせた宝石を大事なものや最愛の子供にたとえた表現。

朝令暮改《ちょうれいぼかい》

⑴命令や法律など決めたことがめまぐるしく変ること。⑵主張や方法などがよく変ること。

朝に下した命令が夕方には改められてしまうということから。実際にも、頻繁に法令が変更されることを言う場合が多い。『漢書』（食貨志上）に出典が見られる。日本では、現代よく知られているものながら近代以前の資料に用例が見当らないので、明治になってから用いられるようになった可能性が高い。『故事熟語辞典』（一九〇六年）には収載されている。

ちょっと嘗《な》めたが身《み》のつまり

ちょっとだけとやってみたことが、とんでもない窮地に陥る結果となることがあるということ。

「身のつまり」は自分の身が窮地に陥ること。少しだけならと甘くみて犯した過失が身の一大事にいたることは、長い人生のうちには起りそうなこと。ちょっと手を染めるのは、普通は誘惑に満ち満ちている悪事の類となるだろう。典型的なのが麻薬の常習者。最初はちょっとした好奇心から、少しぐらいなら害はあるまいと、たかをくくっているうちに、みるみる泥沼に入り込んでしまう。万引や痴漢なども同じようなものだろう。欲求不満のはけぐちにと軽い気持やいたずら半分にはじめて、だんだん増大してゆけば、行き着く先は……となってしまう。

塵《ちり》も積《つも》れば山《やま》となる

＝塵積って山となる◆微塵《みじん》も積れば山となる

ほんのわずかな物でも積り積れば大きなものになるというたとえ。

「塵」は小さな土砂粒やほこり。「風前《ふうぜん》の塵」（→風前の灯火《ともしび》）ということわざもあるように、塵やほこりは少しの風にも吹き飛ばされてしまうから、いくら時間が経ってもなかなか山にはなるまい。

出典は仏書『大智度論』（巻九九）だが、似たような表現は古代中国でもいく通りもあったし、日本でもあった。『古今集』（序）にはこれを踏まえて「高き山も麓のちりひぢよりなりて、天雲たなびくまでおひのぼれる」とあり、古くからいろいろな形があった。見出し形が出てくる前に異表現の類がすでに言い慣わされていたが、現代にあっても広く知られることわざにまでなったのは、やはりいろはカルタが大きく影響していよう。図はそのいろはカルタの明治時代のもの。

珍談《ちんだん》も再《ふたた》び語《かた》れば味《あじ》わいなし

珍しく面白い話も、聞くのが二度目となると興趣は半減してしまうということ。

老人から、当人が盛りであった頃の武勇伝や自慢話・失敗譚を聞くのは、はじめて耳にした時は面白いものがある。豊かな人生経験を彩るエピソードは、現在にいたる老いの豊かさの証明でもある。しかし、老人はともすれば言っても仕方のないことをくどくどと繰り返す「老いの繰言《くりごと》」に陥りやすい。老人話に限らずいわゆる珍談も、繰り返しでは最初の感動や興味を再び引き起すことはとうてい無理で、むしろ逆に作用しかねない。なお、このことわざは『和漢泰西俚諺集』(一八九〇年)に西洋のものとして収載されている。

沈黙《ちんもく》は金《きん》

＝**沈黙は金、雄弁《ゆうべん》は銀《ぎん》**

やたらなことをしゃべるより黙っているほうがよいと、雄弁より沈黙を評価する意。

英語の Speech is silver, silence is golden. の後半部分が独立したものと言われる。『英和対訳泰西俚諺集』(一八八九年)は、Speaking is silver, silence is gold. という欧文に「多言は銀なり沈黙は金なり」と訳語を添えて、オランダのものとしているが、実際のことわざの起りは一九世紀中頃のドイツとされる。ところで日本では長らくこのことわざは、沈黙より雄弁を評価する西洋の一般の価値観と矛盾するとして、なぜこうしたことわざがあるのか疑問視されていた。実は西洋は一九世紀まで英国を除いて実質的に銀本位制で、銀の位置・評価は高かった。つまりこのことわざはその発生時点では、一般の価値観どおり沈黙より雄弁の方をよしとするものだった。その後ヨーロッパは金本位制に移行していったが、ことわざの表現はそのまま残った。一方で、ことわざはドイツからほかの国へ広まり、金本位制の英国から日本へと伝わることによって本来の意味の逆転が生じていたというわけである。特に、多弁を戒め沈黙を最大限に評価する日本では、沈黙が金であることに何の疑いももたれずに、むしろ積極的に取り入れられていったものと推測される。

つ

追従《ついしょう》も世渡《よわた》り

人にこびへつらうのも、すべてうまく世を渡るためだということ。

権力者や上役・目上の者に必要以上におべんちゃらを言う者が、なにも好き好んでそうしているのではなく、やむをえない事情もあるんだ、と弁解する時に用いられる言葉でもある。日本のことわざには大勢に順応するのをよしとする保守的なものが多いと指摘する論者もいて、これなどはその例に挙げられる。しかし、もともとは世渡りのためには積極的に追従せよ、という意味合いで用いられたものではなく、またそれを勧める言葉でもなくて、世にあるそうした事例を表現しただけのものだった。

杖《つえ》の下《した》からも回《まわ》る子《こ》が可愛《かわい》い

⇩袖《そで》の下回る子は打《う》たれぬ

使《つか》う者《もの》は使われる

――人を使うは使われる

人を使うということは、逆にその人に使われるようなものだということ。

人に働いてもらうには、例えば職場環境を整えたり、働く人の立場を考えて効率よい業務を割り出したり、いろいろな面で気配り、心配りが欠かせない。一見すると、人を使うだけで自分は安閑としているように見えるが、実情はまったく異なる側面があるということ。もちろん、すべてにこのことわざが当てはまるわけではなく、自分の利益のためだけに人をあこぎに使うよこしまな人間がのさばっているのも事実。類義のことわざで、もう少し説明的な「人を使うは苦を使う」という表現もある。

月《つき》と鼈《すっぽん》

①お月さまと鼈　②鼈とお月さま　③鼈にお月さま

少しばかり似ているところがあるが、実ははなはだしく異なることのたとえ。

なぜこの二つが似ているものとして比べられるのかはっきりしていない。すでに江戸後期に疑義が提示されている。鼈には「丸《まる》」という異名があるように、甲《こう》羅《ら》は丸い形をしている。満月も丸い。このように形は似ているがまったく異なるものだから、対比のことわざとなったとする説が江戸後期の随筆『嬉遊笑覧』にある。もう一つは、朱塗の丸いお盆「朱盆《しゅぼん》」が訛《なま》って鼈になったという転訛説。こちらは幕末の評判記『鳴久者評判記』に「下駄《げた》と焼味噌《みそ》」(ちょっと見た目には似ているが、まるで違うこと)と並べて「朱ぼんに月」という表現が見られるが、それ以上の注記もなく、推論の域を出ていない。異表現の中で①は近世全般に多く、見出し形が顔を出すのは幕末からとなる。図は、江戸後期の滑稽本で紺屋の図案帳をもじった『新形紺名紋帳《こんなもんちょう》』から。

月満《つきみ》てれば欠《か》く ⇒ 満つれば欠ける

月夜《つきよ》に釜《かま》

月夜に釜(を)抜かれる ◈月夜に釜を抜く

⑴ひどく油断することのたとえ。⑵油断してひどい目に遭うことのたとえ。⑶男色のこと。

「抜く」は、盗み取る意。月の出ている明るい夜に、飯を炊く大事な釜を盗まれるということから。上方と江戸系の両方のいろはカルタに採られていて知名度のあるものだったが、古くは意味の取りにくいことわざだった。理由の一つは、異表現のように「抜く」という意味の分りにくい動詞で、しかも「抜く」「抜かれる」と能動・受動の両方で使われたことであった。また、普通のことわざとは違い、見出し形のような動詞のない短縮形が先行し、動詞を付した形が後からできたというのも珍しい。さらに、「月の夜は釜を抜く気になる亭主」という、実は⑶の用法である川柳の用例があるのにも迷わされる。この男色説は、用例がたくさんある江戸時代よりあとのもので、隠語の世界で密かに伝承したものかと想像される。

月夜《つきよ》に米《こめ》の飯《めし》 ⇩ いつも月夜に米の飯

月夜《つきよ》に背《せ》中炙《なかあぶ》る

⑴まちがった手段を用いることのたとえ。⑵迂遠なことのたとえ。

月光は反射光だから、皓々《こうこう》たる満月の光だからといって、背中を出して「月光浴」を試みても日焼けすることはない。やはり、日光浴は燦々《さんさん》と輝く太陽の光でないと無理。なお、⑵と同義のものでは「灯明の火で尻炙る」「天の火で尻を炙る」などもかつては用いられていたが、見出しのことわざともども死諺化している。

月夜《つきよ》に提灯《ちょうちん》

＝**月夜の提灯**

無駄・無用なことのたとえ。

月明りで夜の闇が苦にならないほど明るい月夜を言うのだろう。こんな時に提灯を灯《とも》しても、月の明るさの前にはかすんでしまい、何の役にも立たない。江戸時代には全般的によく用いられたことわざで、各種の文芸に応用されている。「月よにもちやうちんといふや盆の比《ころ》」(俳諧『続山井《やまのい》』江戸前期)。

鶫喜《つぐみよろこ》べば螻蛄《けら》は腹立《はらた》てる ⇩ 螻蛄腹立てれば鶫喜ぶ

土一升金一升《つちいっしょうかねいっしょう》 ⇩ 金一升土一升

槌《つち》で庭《にわ》掃《は》く

＝才槌《さいづち》で庭掃く◈横槌《よこづち》で庭掃く

(1)大あわてでもてなしの準備をすることのたとえ。
(2)転じて、見えすいたお世辞や追従を言う。

「槌」は、物をたたいたり打ちつけたりする道具。そのうち「才槌」は、胴の部分がふくれた小型のもので、「横槌」は、頭部の側面を使って砧《きぬた》や藁《わら》を打つ時に使うもの。いずれも、庭を掃く箒《ほうき》の代りにはならない。おそらくそれまで槌を使って仕事をしていた者が、急な来客にあわててしまい、箒の代りに持っていた槌で庭を掃き出すといった情景だろう。そうだとすれば、その狼狽ぶりは滑稽で目に浮ぶようだ。江戸前期から種々のジャンルで盛んに用いられたことわざであるが、現代ではほとんど使われなくなっている。早い用例の一つは「伊勢よりも雨風の神こさりたら　わけいかつちて庭そはくへき」（狂歌『後撰夷曲集』巻五、江戸前期）。

土《つち》に布団《ふとん》は着《き》せられぬ ⇩石《いし》に布団は着せられぬ

土仏《つちぼとけ》の水遊《みずあそ》び

＝①土仏の水狂い　②雪仏《ゆきぼとけ》の水遊び　③土人形の水遊び

(1)危険が迫っているのを知らずに無謀なことをするたとえ。(2)自分自身で災いを招いて自滅に至ることのたとえ。

「土仏」は泥で作った仏像。土や泥でできた人形や仏像が水を浴びれば崩れてしまうことから。西鶴作品に多く見られ、『西鶴置土産』（巻三）には「可笑《おかし》からぬ遊興に土仏の水あそび、いつとなく身を崩して高十五匁《もんめ》の女郎に、あり銀七百貫目つかへば遣《つか》ふものかな」「せめては女郎が踏《ふん》だる土を身過《みすぎ》の種と……今は又、うす雲・たかをが姿をつくりて、土にんぎやうの水あそび」と用いられるように、色欲に溺《おぼ》れる場合などによく当てはまることわざだ。異表現②の「雪仏」は現代で言う雪だるまのことで、この形や①も江戸時代から用いられていた。

釣《つ》った魚《さかな》に餌《えさ》はやらぬ

連れ添う間柄となったら、ほめたてたり気をひいたりする必要はないというたとえ。

魚を釣るには餌は欠かせないが、釣りあげて魚籠《びく》に入った魚に餌をやる者はいないということから。たくさんあることわざ辞典の類には見られないが、近年のテレビドラマなどで比較的よく耳にする。昭和五〇年代の初めには用いられていたが、外国産なのか、あるいは釣の世界から流入してきたものなのか、詳しいことは分らない。最近の使用例ではほとんどが男女間の話に用いられているが、もっと広く、例えば売手市場だった頃の企業での新入社員の扱いなどにもあてはまるだろう。

角《つの》を矯《た》めて牛《うし》を殺《ころ》す

＝①角を直《なお》して牛を殺す　②角を直すとて牛を殺す　③角直って牛が死ぬ　④角を伐って牛を殺す

細部にこだわって、肝心な根幹をそこねてしまうことのたとえ。

牛の角の曲り具合が悪いといって、盆栽の枝ぶりを直すように、角をいじくりまわした挙句に、牛を死なせてしまったということから。実際には少々角の曲りを矯正したからといって牛が死ぬとは想像しにくいのだが、異表現③が江戸前期のことわざ集『世話尽《づくし》』に収載されているので、それに近い事実があったのかもしれない。現代も子供の教育に関する議論などでよく用いられることわざだが、安土桃山時代のことわざ集『月菴酔醒記《げつあんすいせいき》』に②が収められているのをはじめ、江戸時代には見出し形も含めて多用された。種々の文芸作品以外に、中期の『葉隠《はがくれ》』のような思想書にも見える。なお、このことわざの植物版とも言えるのが「枝を撓《た》めて花を散らす」だが、こちらは馬琴の『里見八犬伝』などでわずかに用いられたに過ぎなかった。

罪《つみ》を憎《にく》んで人《ひと》を憎まず

＝その罪を憎んでその人を憎まず

犯した罪は憎むべきものだが、犯した人自身は憎むべきではないということ。

異表現が孔子の言として、孔子九世の孫で秦代の儒学者・孔鮒《こうふ》の『孔叢子《くぞうし》』（刑論）に見られる。日本でも江戸時代には広まっており、浄瑠璃に例が多い。「貴様が君子か。はゝゝゝゝ、君子はその罪を憎んでその人を憎まず。よしや手前に不始末な事がござらうとも、そこが親身」（鶴屋南北『東海道四谷怪談』序幕）。

爪《つめ》で拾《ひろ》って箕《み》でこぼす

＝爪で拾って箕であける

(1)こつこつと少しずつ溜めたものを一気に無駄遣いすることのたとえ。(2)わずかな収入に対して支出が莫大であることのたとえ。

「箕」は竹・藤などの皮で編んだ農具で、穀類をあおって殻や塵をふり分けるもの。「爪で拾う」とは爪の先で拾う意だから、ごく小さなものを少しずつ拾うことになり、時間も根気もいる。異表現を示す江戸後期の『諺画苑《げんがえん》』はことわざの絵解きにもなっており、そこからは、拾うものが穀物の粒で、拾ったものを箕に置き溜めていったとして、それを一気に箕からこぼしてしまうという情景が想像される。なお、同義のものに「耳掻《みみか》きで集めて熊手で掻きだす」があり、こちらは似た形で極端な大小の違いがあるものを利用している。

爪《つめ》に火《ひ》を灯《とも》す

＝爪で火灯す◆爪へ火灯す

(1)きわめてけちなことのたとえ。(2)せっせと倹約することのたとえ。

明りを灯すのに油を使うのはもったいないからと、自分の爪を燃やすということから。実際には、爪を燃やすと異臭がひどいし、よく燃えない。それに、切り落した爪くずならともかく、指先の爪なんかに火をつけたら熱くてたまったものではない。つまり、誇張されたたとえなのだが、それを、臭い、よく燃えない、大変な苦痛を伴うという非常に条件の悪いもので代行させたところが、けちの印象を増幅させる。また、爪くずや長く伸した爪の先といった無用な役に立たないものまで利用するという角度から見ると、(2)のきわめてつましい生活ぶりが浮んでくる。ことわざとしては江戸初期から多用されたもので、そのまま現代にひきつがれている。図は江戸後期の滑稽本『新形紺名紋帳《こんなもんちょう》』から。

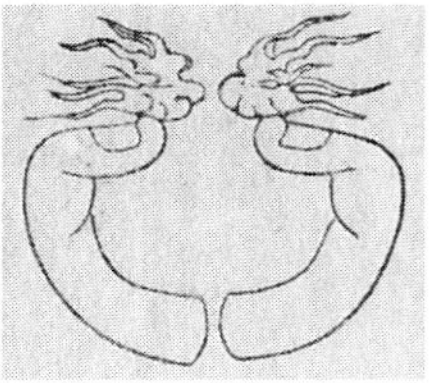

釣《つ》り合《あ》わぬは不縁《ふえん》の元《もと》

身分や財産・境遇に大きな違いがあると、結婚してからも価値観などの不一致から離別することが多いということ。

江戸後期の黄表紙『しわみうせ薬』に「灯心に大金、つりあはぬは不縁のもと、元へ返すがよう御座らう」と用例があるが、江戸時代でもそれほど多く用いられたものではなかった。

釣《つ》り落《お》とした魚《さかな》は大《おお》きい

＝逃《に》がした魚は大きい

もう少しで手に入りそうでいて獲得できなかったものは、実際のものよりよく思われるということ。

釣をしていて、鉤《はり》にかかった魚を引き寄せ、はっきりと魚の姿も確認し、もう少しで手にするところで逃げられた経験はあるだろう。逃してしまった悔しさ惜しさから、魚が大きく立派なものだったと思えてしまうという心理を表現したもの。こうした心理は釣だけに限らないが、臨場感がよく表現されるのか、鮒《ふな》・鯰《なまず》・鰻《うなぎ》など魚を例とした異表現の類は多い。魚以外では、「逃げた猪《いのしし》は大きい」「逃した物に小さい物なし」などというのもある。ことわざの初出は「逃げた鰻」

が江戸後期のことわざ集『続拾遺尾張俗諺』にあり、「逃げた鮒は大きな」という語末が省略されたようなものも同じ頃の『俗諺集成』に収載されている。

鶴《つる》の一声《ひとこえ》

議論が百出する中で、権威ある者や実力者が事を決定づける短い言葉のたとえ。

江戸前期から「雀《すずめ》の千声」と対になった形も用いられていた。雀が千羽もチュンチュン囀《さえず》るより鶴の高らかな一声が、事を決めるには有効だということ。実際にも、鶴の甲高《かんだか》く天にも届かんばかりによく通る鳴き声は、優美な姿に似つかわしくないほど迫力に満ちている。こうした声は鶴の体の構造からくる。気管は長い首から肺に続き、胸骨の内側で環のようになっている。長さは一メートル以上もあり、鳴管と組合さって発音器を作っているために金管楽器のような声が出る。平安時代の『狭衣《さごろも》物語』に「たづの一声」(「たづ」は鶴のこと)という言い方で二度用いられているが、これは比喩《ひゆ》としてではなく実写を表現したものであった。威厳ある者の言葉のたとえになったのは、昔から鶴が長寿の瑞鳥《ずいちょう》として高い位置を与えられてきたことも大きく影響していよう。

鶴《つる》は千年《せんねん》、亀《かめ》は万年《まんねん》

＝鶴は千年

鶴と亀の寿命が長いことから、長生きでめでたいことを言う。

前半部分は中国・漢代の『淮《え》南子《なんじ》』(説林訓)に認められる古い言葉だが、後半は、のちに日本で補われたものかもしれない。古いものは御伽草子『浦島太郎』に「汝《なんじ》生有《しょうある》ものの中にも鶴は千年亀は万年とて、命久しきものなり」と見られる。江戸時代は広く用いられたが、亀を落した異表現が目立つ。

て

亭主《ていしゅ》の好《す》きな赤烏帽子《あかえぼし》

＝①亭主の好きの赤鰯《あかいわし》　②旦那《だんな》の好きな赤烏帽子

主が好むものならば、たとえ異様なものでも家の者は同調させられるということ。

「烏帽子」は昔の元服した男がかぶる冠の一種で、黒漆で塗り固めてあった。烏帽子といえば黒が普通だから、赤い烏帽子は珍奇で尋常ではないことになる。見出し形は浮世草子『赤烏帽子都気質《かたぎ》』（巻五）に見られるように江戸中期頃からのもので、後期頃には異表現①が見られるようになっていた。「赤鰯」は糠《ぬか》をまぶした塩漬の鰯、または乾した鰯で美味ではなかった。この「鰯」形は、あるいは「烏帽子」のもじりという可能性も否定できない。このことわざは江戸時代全般でもそれほど多く用いられたものではないが、印象の度合が強いのは、採用されたいろはカルタの絵札が果したところが大きいのかもしれない。なお、これ以前に「好きに赤烏帽子」という表現があったが、こちらは自分が好きになった相手ならおかしな恰好をしていようが気にならないという意があり、形は似ていても意味の上では異なるところがある。図は、明治時代の江戸系いろはカルタ。

亭主《ていしゅ》は元気《げんき》で留守《るす》がいい

一家の主は健康であって、家にはいない方が気楽でよいという妻の願望を言う。

一九八六年に防虫剤のテレビ広告で用いられて流行語となった、現代に生れたことわざと言える。ただし、一九八二年頃のことわざ辞典に「元気」のかわりに「丈夫」「達者」を使った表現が見られるので、これらを下敷きにしたものかもしれない。

泥中《でいちゅう》の蓮《はす》

＝泥《どろ》のうちの蓮

周囲の汚れた環境に影響されずに、清らかさを保つことのたとえ。

蓮は、きたない泥の中から清らかな花を咲かせるところから。仏典『維摩経《ゆいまぎょう》』や中国・宋代の『伝灯録』などにいくつも見られる語句で、日本でも幸若舞『烏《え》帽子《ぼし》折《おり》』に用例があり、近世まではよく用いられたものである。

手飼《てがい》の犬《いぬ》に手《て》を食《く》われる ⇩ 飼犬《かいいぬ》に手を噛《か》まれる

敵《てき》に味方《みかた》あり味方に敵あり

敵方に自分の同調者がいる場合もあるし、反対に味方の中にも裏切る者がいるということ。

勝海舟の『氷川清話』に「これは別の話だが、敵に味方あり、味方に敵ありといって、互いに腹を知りあった日には、敵味方の区別はない」とある。

敵《てき》は本能寺《ほんのうじ》にあり

＝敵は本能寺

本当に目的とするのは今やっているものとは別なところにあるということ。

備中の毛利軍を攻めるために出発した明智光秀の部隊が、京都の本能寺に宿泊する織田信長を急襲した、いわゆる本能寺の変の故事によっている。頼山陽の『日本外史』(巻一四)によれば、光秀は直前まで進路を偽り、最後に「敵は本能寺にいる」と言って自軍を引き戻して信長を討ったという。

敵《てき》もさるもの引《ひ》っかくもの

＝敵もさるもの

勝負の敵としては手強く、なかなかやるもんだと感心して言う言葉。
敵としては相当な者だという意の「然《さ》る者」に、動物の「猿」を掛け、猿だから引っかくものだとした洒落。実際の猿は爪が短いから引っかくことはない。むしろこのことわざによって、猿は引っかくものだという誤解が生じてしまったところがある。もともとは将棋をさしながら口にしたり、第二次大戦前の学生が「ああらまかっ（馬勝）た、牛負けた」などという語句と同じように用いたものだったが、現代では強力な相手などに対する軽口となっている。あまりことわざらしいことわざではないことも影響しているのか、ことわざ辞典への収載は戦後からのようで、かなり新しい部類に入る。用例は武者小路実篤《むしやのこうじさねあつ》の『愛と死』（一九三九年）に異表現が二度使われている。

手《て》ぐすね引《ひ》く

＝手ぐすねを引く◈手ぐすね引いて待つ

準備をしっかり整えて待っていること。

松脂《まつやに》と油を混ぜて煮込んで煉《ね》った「薬煉《くすね》」を手にとり、すべらないように弓の握り方を固定して射る用意をするということから。弓が日常、目にするものではなくなり、薬煉も目にしなくなった今日では、原意を知らないままに使われている。薬煉は弓を強化するために弦に塗るのであるとか、さらには「手ぐすね」という物が実際にあるかのような誤解も生じている。用例は室町時代の物語『あしびき』に「太刀脇にはさみつつ、立出《たちいで》て言ひけるは、「日来《ひごろ》、手隠しつる鋼《はがね》を表《あらわ》さむとする所はここなり」と云《いい》て、手ぐすね引て、練り舞ひける」と見え、江戸時代には近松作品などに頻出するようになる。

手功《てこう》より目功《めこう》

＝手功より目の功

小手先の技術を鍛練するより、物を広くよく見る力を養うことが大事だということ。
「手功」―「目功」は、手先が巧みなことと、物を鑑識する眼力。職人や技術を売物にする人に目功を説いたら、その人の存在を否定することにつながりかねない。だから、そういう人にはこのことわざは使えない。しかし、手先の技術を研《みが》くより、大所・高所から自分の専門を見直すことも必要な時があるから、職人が常に除外の対象となるわけでもない。狂歌『吾吟我《ごぎんわが》集《しゅう》』(巻七)に囲碁に関して「手こうより目こう成けりみたれ碁のあやまりは猶そばて見えぬる」と詠まれているように、江戸前期から用いられていることわざである。現代では「手功」も「目功」も言葉としてはまず使われなくなっているが、ことわざとしてはそう頻繁に使われるというわけではないが、現在でもしっかり生きている。

手品《てじな》するにも種《たね》がいる

何をやるにせよ、材料がなくてはできないというたとえ。

江戸前期から見えることわざで、江戸時代では「品《しな》玉《だま》も種から」とか「品玉取るにも種がなければならず」と言われていた。品玉は玉を使った曲芸だから、材料の玉がなくては芸はできない。「品玉」という語が消えてしまった現代では「手品」がもっぱら用いられる。「種も仕掛けもない」という口上で始まる手品だが、たいていは種や仕掛けが十分にある。

手出《てだ》し十層倍《じゅうそうばい》

喧嘩《けんか》の際、先に手を出した方に十倍の罪があるということ。

理由はどうあれ、喧嘩はよくない、ばからしいとする考えは古くからあり、ことわざにも「腹は立て損、喧嘩は仕損」「喧嘩口論は後悔の元」などと表現されていた。また、「喧嘩は手を出した方が負」という言い方もあるように、喧嘩を仕掛けた側への見方は厳しい。特に見出しのことわざはその責任を明確にし、重い罰を受けなければならないと規定した〈法諺〉の域に入るものと言ってよいだろう。

鉄《てつ》は熱《あつ》いうちに打《う》て

(1)鍛練やしつけは純真な精神をもっているうちにすべきであるというたとえ。(2)物事は気持や情熱があるうちに、着手したり手を打ったりするべきであるというたとえ。

鉄は真赤に焼けているのをたたいて形を整える。冷めてからでは堅くなって形を造ることができなくなる。もともとは鍛冶打の工程からきているもので、英語の **Strike while the iron is hot.** が訳されたもの。日本で早くに紹介したのは『西洋諺草』（一八七七年）で「鉄は赤く熱するを見て打つへし」とある。次いで『英和対訳泰西俚諺集』（一八八九年）は英文に「鉄の熱き中に打て」という訳語を当てている。この二点では解釈が示されていないが、『英和和英諺語辞典』（一九一四年）で「思ヒ立ツ日ヲ吉日トセヨ」とはじめて解釈が施されている。解釈は昭和三〇年代までは(2)が踏襲されていたが、その頃から(1)の意が加わり、今日では(2)の用法は見られなくなっている。ちなみに、英語には(1)のような教育論的な意はなかった。

手《て》に取《と》るなやはり野《の》に置《お》け蓮華草《れんげそう》

⇒やはり野に置け蓮華草

手《て》の平《ひら》を返《かえ》す

＝①掌《たなごころ》を返す　②手の裏を返す

(1)わずかな間にまったく変ってしまうこと。(2)露骨に態度を変えること。

手の平をひっくり返すのはいたって簡単なことから。異表現①が平安時代の仏教書『真如観』に見られ、②が史論『愚管抄』や軍記物『保元物語』など鎌倉時代の書によく用いられた。現代は見出し形が普通で、①はほとんど用いられなくなったが、近世までは圧倒的にこの形だった。「手のうらをかへすごとくな約束は　爪糞程も頼むかひなき」（狂歌『古今夷曲集』巻七、江戸前期）。

手《て》八丁口《はっちょうくち》八丁 ⇒ 口八丁手八丁

出船《でふね》あれば入船《いりふね》あり

＝入船あれば出船あり

一方に喜ぶ人があれば他方に悲しむ人がいる、また、去るものあれば来るものあるというように、世の中はさまざまだという意。浮世草子『傾城《けいせい》歌三味線』などに用いられ、江戸中期から常用のことわざであった。

出物腫物《でものはれもの》ところ嫌《きら》わず

＝出物腫物ところ選ばず

(1)おならと出来物は、時も場所もかまわず出てしまうということ。また、(2)産気づくのはいつ何時か分からないという意。

「出物」は体内から排出される屁《へ》や便の類。「ところ嫌わず」は場所をかまわないこと。出物はどんな時でも出るものは出るし、おできなどの腫物も顔の真中でであろうと体のどこでであろうと、できる時はどこにでもできるというのが原意。図は『諺画苑《げんがえん》』(一八〇八年)のものだが、所かまわず尻にできた腫物に医者が膏薬《こうやく》を貼ってやろうとしている真最中に、これまた所かまわず丸出しの尻から一発が見舞われたという場面。いささか品格を欠くが、原意が〈見事〉に視覚化され、下がかった滑稽なことわざの極めつけとなっている。このことわざとしては江戸前期から言い慣わされたもので、『狂歌旅枕』に「昔より今の世のまても世話にいふ出物はれもの所きらはす」と詠まれていた。

【三九八】

寺《てら》から里《さと》

＝山《やま》から里

物事の筋道が普通と逆なこと。

ここの「里」は、寺に対する俗世間、すなわち檀《だん》家《か》。普通は檀家から寺へ寄進するものであるが、あべこべに寺から檀家になされるということから。異表現の「山」は寺の意。上方系のいろはカルタに入っている。用例が江戸前期の俳諧『崑山集《こんざんしゅう》』などに見え、以降には種々の文芸類で用いられた。

寺《てら》の前《まえ》の童《わらんべ》は習《なら》わぬ経《きょう》を読《よ》む
⇒門前《もんぜん》の小僧《こぞう》習わぬ経を読む

出《で》る杭《くい》は打《う》たれる

①出る杭が打たれる　②出る杭伐《き》られる　③出る釘《くぎ》打たれる

(1)他人より優れている者は、憎まれたり嫌がらせをされたりするというたとえ。(2)しゃしゃり出るような振舞いをする者は、まわりから非難され攻撃されるというたとえ。

明治時代のことわざ集『和諺英訳集』(一九〇一年)、『新選俚諺集』(同上)に「出る杭は浪にうたる」という表現が収められているので、川の岸に何本も並んでいる杭が波に打たれている情景を言ったものと推定される。江戸中期頃から言い出されたもので、表現は多様で「出る杭頭《かしら》打たれる」というものもあった。民主主義が喧伝された第二次大戦後まもなくの頃には人の積極性を否定するものとして非難されたこともあったことわざだが、近年は求人広告などにこれを逆用した「出る杭、出てこい」「出るクイは、引き抜きたい」「〇〇は、出るクイをのばします」といったキャッチコピーが現れて、江戸時代から伝来のことわざとはまったく異なる新しい側面が出ているようだ。なお、異表現③は、見出し形の先行形、また誤用だとする説が見られるが、どちらも間違いで、見出し形より後の幕末から登場して、近代では「杭」形に劣らずよく用いられていた。

天災《てんさい》は忘《わす》れた頃《ころ》にやってくる
⇒災害《さいがい》は忘れた頃にやってくる

天井《てんじょう》三日《みっか》底三年《そこさんねん》

＝①天井一日底百日　②高値《たかね》一日底百日

相場は高値が持続するのは短いが、下落すると低いままの状態が長く続くということ。

株の格言を解説した『相場道の金言』(一九三八年)に異表現①が立項してあり、第二次大戦前の市場の実態に基づいた解説がなされている。「上げ相場は、初《はじめ》は牛の歩みのそれのやうに、遅々として容易に上伸しないが、次第に活発な足取《あしどり》となり、最後に売方が煎れ出すやうになれば、買人気はいやが上にも熱狂し、遂に天井値を現すものである。しかしこの熱狂は醒《さ》め易く、天井値は決して永く続かず、忽《たちま》ち下落に転ずるものである。……天井値から下落に転ずるのが僅《わず》か数日の短期であるのに対し、安値保合《もちあい》を放れて上騰に移るまでには、かなり長い日数練るのが例である」。今日の株の世界にこの言葉が適合するかどうかは不明だが、言葉自体は生きている。

天知《てんし》る地《ち》知る我《われ》知る人《ひと》知る

＝天知る地知る

悪事や不正は必ず露顕するものだという戒め。だれも知る者はないと言っても天や地の神々は知っており、自分だって貴方《あなた》だって知っているではないか、どうして発覚しないことがあるものかというのが原意。中国の『後漢書』(楊震《ようしん》伝)に見える故事で、小さな町の長・王密が郡の太守・楊震に「だれも知る者はいませんから」と言って賄賂《わいろ》を差し出したのに対して、楊震が受領を拒んで口にしたというもの。『後漢書』では、天・地・我の次が「子《し》」(あなた)となっていたがのちにいろいろに変化し、「四知《しち》」という成句にもなっている。日本でも古くから用いられ、平安時代の仏教説話『日本霊異記』(巻上)には省略形の異表現が、鎌倉時代の寺社縁起『八幡愚童訓』(巻中)には「天知ル、地知ル、我知ル、汝《なんじ》知ル」という言い回しが見られ、その後も表現に微妙な違いはあるものの近代まで常用され、現代でも異表現が用いられる。

転石苔《てんせきこけ》を生《しょう》ぜず

＝転《ころ》がる石に苔つかず

(1)頻繁に転職や転居をする者は金も溜らないし、何事も成就できないというたとえ。(2)いつも積極的に行動している者は、沈滞することがなく清新でいられるというたとえ。

漢語的な言い回しなので一見すると中国伝来のものと思われそうだが、もともとはギリシャ語・ラテン語に由来する古いことわざで、英語の **A rolling stone gathers no moss.** が翻訳されたもの。古くイギリスにおける解釈と、アメリカに渡ったものとで意味がまったく逆になっていた。(1)がイギリス、(2)がアメリカでのもの。日本では『西洋諺喩一語千金』(一八八八年)や『和漢泰西俚諺集』(一八九〇年)に見出し形が収載されて、『分類対訳英文警句俚諺集』(一九三五年)になって(1)の解釈もついている。しかし、普通のことわざ辞典への収載は意外にも昭和三〇年代後半で、形は異表現、解釈も(2)を主としたものが多い。

天高《てんたか》く馬肥《うまこ》える秋《あき》

＝秋高く馬肥ゆ

素晴らしい秋の季節を讃える言葉。

出典は異表現が『漢書』(趙充国伝)に見える。中国の昔、北方の異民族が漢をうかがっている頃、秋になって馬が肥えるようになれば、必ず事変が起ると予想した故事に基づいている。本来は、辺境の異民族が対抗する勢力となって侵入してくる時季が到来したと注意をうながす意味で用いられた。日本では異表現が明治時代に見られるが、一般的になったのは意外にも昭和三〇年代に入ってからのようで、意味の上でも食欲の秋を讃えるものになっており、中国での本来の意味合いはなくなっていた。

点滴石《てんてきいし》を穿《うが》つ ⇒ 雨垂《あまだ》れ石を穿つ

天《てん》に口《くち》なし人《ひと》をもって言《い》わしむ

＝天に口なし人をもって言わせる

人々の世評が真実を伝えることがあるということ。天に口はないので、その意思は人の言葉を通して伝えられるということから。平安末期の藤原忠実の言談録『中外抄』に見られるのが古い用例で、その後も鎌倉時代の啓蒙書『五常内義抄』、『太平記』など古い文献に用例がたくさんある。

貂《てん》になり兎《うさぎ》になり

時には強くなり、場合によっては優しくなって、あれやこれやと手だてを尽すことのたとえ。

貂は鼬《いたち》の仲間で、細長い体型に体長の半分ほどもある太い尾を持ち、肉食を主にして夜間に活動する。兎は丸い体に短い尻尾の草食性で、昼間活動する。対照的な二種類の動物をたとえに使ったことわざだが、これとは逆に、類似した鼬と貂を用いた「鼬になり貂になり」も同意のことわざだから紛らわしい。両方とも江戸時代に用いられたものだが、残された用例数だけから見ると見出しの方が多い。「てんになりうさぎになるや空の月」(俳諧『崑山集《こんざんしゅう》』巻一〇、江戸前期)。

天《てん》は二物《にぶつ》を与《あた》えず

＝天二物を下さず

一人の人間がいくつもの美点をもつことはなく、欠点のない人はないということ。

美貌の持主は頭脳に劣る点があったり、文才に恵まれた者は運動能力がいま一つ優れなかったりと、なかなか美点を兼ね備えることは容易ではない。才色兼備も文武両道もいないわけではないが、大多数の人にはたとえあったとしても一物がせいぜい。古典落語『素人浄瑠璃』に「提灯屋《ちょうちん》「この義太夫を聴くのに胃散は如何《どう》でげせう。イヤ、しかし美しい家でげすな。……実に結構な座敷では御座いませんか」豆腐屋「これで義太夫が無ければなお結構で」提灯屋「イヤ、是れが天二物を与へずでせう……おまへさんは大変顔の色が悪く涙含《ぐ》んで瞼《まぶた》が腫《は》れていますが、もう義太夫にあてられましたか」」とあるように、古い用例では必ずしも人間の才能に限っていない。

天《てん》は自《みず》から助《たす》くる者《もの》を助く

＝神《かみ》は自ら助くる者を助く

他人を頼りとせずに自立して努力する者には、天の神が味方となるということ。

英語の God helps those who help themselves. の翻訳。自助努力を奨励する考え方は遠く古代ギリシャの時代からあり、アイスキュロスは「自ら助けるものを神は愛す」と言っているという。見出し形や異表現のような表現は、ベンジャミン・フランクリンの『貧しいリチャーズの暦』(一七三六年)に英語の表現が引用されている。日本では、サミュエル・スマイルズの *Self Help, 1859* の邦訳である『西国立志編』(中村正《まさ》直《なお》、一八七一年)で、Heaven helps……という形の原文に見出しの訳を当てたものが早い。『西国立志編』は維新後の日本人の生き方の指標ともなったもので、百万部も売れた当時のベストセラーだった。その中核的な思想がこの言葉であり、明治時代の教科書にも盛んに引用されたものであった。

天網《てんもう》恢恢《かいかい》疎《そ》にして漏《も》らさず

＝天網恢恢

悪事には、遅かれ早かれ天罰が下るという意。

「恢恢」は広く大きいさま。天の網は広大で目は粗いようだが、そこから漏れることはないということ。中国の『老子』(七三章)の「天網恢恢疎にして失わず」による。見出し形の古い用例は『三国志』に見える。日本では近世以前の用例は見当らないが、江戸時代には各種文芸に用いられた。「麻を種《う》ゑて麻を得、豆を種ゑて豆を得る、天網恢々として疎にして漏らさず、善悪もし報《むく》いなくんば乾坤《けんこん》も必ず私ありといへり」(読本『桜姫全伝曙《あけぼの》草紙』巻一、江戸後期)。

と

同気《どうき》相求《あいもと》む

同種のものは自然と集まるようになるということ。出典は中国の『易経』（乾卦、文言伝）。日本では、鎌倉時代の『玉函秘抄《ぎょっかんひしょう》』や室町時代の『句双紙』などの金言集に収載されている。同義の「同類相求む」も『和漢朗詠集』に見える古いことわざである。

同舟《どうしゅう》相救《あいすく》う

⑴平素は仲が悪くても、危急な場合は助け合うものだというたとえ。⑵利害や境遇が一致すれば助け合うものだというたとえ。

同じ舟に乗り合せた者が、難破したり危機に遭遇したりした場合には、お互いに協力し助け合うことから。仇《かたき》のような間柄でも、同じ舟に乗り合せて互いに共通する危害が生じた場合は、いやでも協力して対処しなければならなくなる。出典は中国の『孫子』（九地）に見え、「呉越《ごえつ》同舟」（別項）と重なる意味もある。

同床異夢《どうしょういむ》

同じ組織で、同じ物事に携わっているのに、それぞれが別の目標や考えを持っていること。

複数の人が同じ床に寝ていても、それぞれ別の夢を見ているという意から。古くは中国の古典に出典が求められるが、現代の常用語ともなっている。特に、政治問題を扱った新聞の社説欄での使用頻度が高い。

灯心《とうしん》で竹《たけ》の根《ね》を掘《ほ》る

①灯心で竹の根をせせる　②灯心で筍《たけのこ》を掘る
③灯心で楠《くす》の根掘る

⑴地獄の責苦の一つ。⑵できるわけもないこと。労

して功なきことのたとえ。

異表現①の「せせる」は、ほじくる意。灯心は綿糸だから柔らかい。竹の根はしっかりと地中に張っており、堅くて掘るのは容易ではない。このことわざの背景には、産《う》まず女《め》は死後に地獄に落ちて灯心で竹の根を掘らされるという俗信がある。幕末の滑稽本『妙竹林話七偏人』の叙文に「例の滑稽妙竹林話、竹に八千代の売物《うれもの》に廻らぬ筆の今年竹、灯心でほる根なし」と修辞的な用法による例が見られるものの、江戸時代にそれほど多用されたことわざではなかった。②③のような筍や楠とする言い回しのものも見られるが、なかでは見出し形が一番多い。

灯台下暗し《とうだいもとくら》

手近なことがかえって分りにくいというたとえ。

今、灯台といって思い浮べられるのは、船の安全な航行の助けとなる岬や港などに立っている灯台であろう。しかしこのことわざは、俳諧『崑山集《こんざんしゅう》』（巻六）に「本くらき灯台草の茂り哉《かな》」と詠まれているように江戸前期から常用されたもので、ここの「灯台」は、昔の灯火をのせた台のこと。灯台で燃える火の下には受皿のようなものがあるために灯台の真下は薄暗いところから言われたことわざ。もっとも岬の灯台も、遠方を照らすため真下は暗い。だから「灯台」を現代風に岬のものと理解しても少しもおかしくない。そう解するのを単純に誤解とみなす論者もいるが、いかがであろうか。実際、第二次大戦後間もない頃から発行されたいろはカルタのこのことわざの絵札には、岬の灯台を描いたものは何種類もあるが、灯明台を描いたものはない。それだけ岬の灯台が定着しているということになる。図は、古い『諺画苑《げんがえん》』（一八〇

八年)と戦後のいろはカルタから。

尊《とうと》い寺《てら》は門《もん》から見《み》える ⇩ 尊《たっと》い寺は門から知《し》れる

問《と》うに落《お》ちず語《かた》るに落《お》ちる

＝**問うに落ちぬは語るに落ちる**

人に質問されると警戒して話さないが、自分からしゃべる時はうっかり口にしてしまうということ。江戸中期の儒学者・荻生徂徠《おぎゅうそらい》の『政談』などに用例がある。前半を省略した「語るに落ちる」という形も現代よく使われる。

問《と》うは一時《いっとき》の恥《はじ》、問わざるは末代《まつだい》の恥
⇩ 聞《き》くは一時の恥、聞かぬは一生《いっしょう》の恥

同病相憐《どうびょうあいあわ》れむ

＝**同病相憐れみ、同憂相救《どうゆうあいすく》う**

同じような苦しみを味わっている者同士や同じ境遇にいる者同士はお互いによく理解でき、同情の気持が強いということ。

病気は見た目に分りにくいものも多く、本人以外につらさは理解されにくい。しかし、同じような病気に今かかっていたり、以前かかったことがあったりする人だと、その苦しみを実感しているので同情の気持も起る。中国の『呉越春秋』(闔閭《こうりょ》内伝)に異表現の出典が認められる。日本でも室町時代の『句双紙《くぞうし》』や安土桃山時代の『天草版金句集』などの金言集に収載されている。『里見八犬伝』に五例、『夢想兵衛胡蝶《こちょう》物語』に三例見えるように、馬琴愛用のことわざである。「智者は賢人を友とし、愚人は不肖者を友とし、酒客は酔翁を友とし、下戸は茶家を友とし、俗客は蒙昧《もうまい》を友とし、不善者は悪人を友として、同気相求め同病は相憐む、又怪《あやし》むに足らず」(『夢想兵衛胡蝶物語』後編巻二)。

豆腐《とうふ》に鎹《かすがい》

(1)全然効果がないことのたとえ。(2)手応えがまるでないことのたとえ。

「鎹」は、二つの木材をつなぎとめる大きな金釘《かなくぎ》。つなぎやすいように両端が曲っているが、ほとんどが水分でできているやわらかい豆腐に打ち込んでみても豆腐を崩してしまうのがせいぜいで、何の役にも立つまい。やっても無駄なことのたとえである〈無用諺〉は、これ以外にも「暖簾《のれん》に腕押し」(別項)、「石に灸《きゅう》」「糠《ぬか》に釘」(別項)、「沼に杭《くい》」「泥に灸」など多い。その中ではこれと「糠に釘」が江戸中期からよく用いられている。特に、両方とも上方系のどのいろはカルタにも採用されているので、カルタを通していっそう広まったものなのだろう。

道理《どうり》そこのけ無理《むり》通《とお》る ⇒ 無理が通れば道理引《ひ》っ込《こ》む

桃李《とうり》もの言《い》わざれども下自《したおのず》から蹊《みち》を成《な》す

＝桃李もの言わず、下自から市《いち》をなす

徳のある人のところには、宣伝などしなくても人が寄ってくるということ。

桃や李《すもも》がきれいな花を咲かせ実をつけると、別に桃や李が人を招くわけではないのに、その樹の下に人の通る道ができるということから。中国の『史記』(李将軍伝賛)で司馬遷が、死去した李広という朴訥《ぼくとつ》な将軍を評した時に用いたことわざとして引用している古い言葉。日本でも鎌倉時代の金言集『管蠡鈔《かんれいしょう》』に収載され、用例も『源平盛衰記』、室町時代の幸若舞『くらま出』、謡曲『西王母《せいおうぼ》』、江戸前期の仮名草子『狗張《いぬはり》子《こ》』をはじめ現代に至るまで、種々の文芸作品に用いられてきた馴染深いものである。芥川竜之介は『侏儒《しゅじゅ》の言葉』(桃李)で、知者の言には違いないが「言はざれども」ではなく実は「言はざれば」(何も言わないからこそ)である、とうがった見方をしている。

蟷螂《とうろう》が斧《おの》

＝蟷螂の斧◆蟷螂が斧を取て隆車《りゅうしゃ》に向かう◆蟷螂

＝が斧を以て竜車に向かう

弱い者が身のほど知らずに、強い者に立ち向かう無謀なことのたとえ。

「蟷螂」はカマキリ。「隆車」「竜車」は丈が高く大きくて車のついた立派な乗物で、高貴な人が乗る。カマキリの一番前の肢《あし》は鎌に似ており、ほかの虫を捕える武器となっているが、その前肢をふりあげて隆車に立ち向かうというのが原意。中国の『荘子』(天地)に見えるもので、斉の荘公が狩猟に出た時、カマキリが前肢をふりあげて乗っている車に向かってきたという故事に由来する。日本でも八世紀の空海の『三教指帰《さんごうしいき》』をはじめ、鎌倉時代の種々の軍記物などに見られ、古代から常用され続けてきた。しかし、このことわざに特徴的なのは、文字資料以外のいろいろな物に表現されていたことであろう。特に、刀の鍔《つば》や飾り金具である縁頭《ふちがしら》・小柄《こづか》・笄《こうがい》といった武具の類に、なぜかたくさんの作例が残されているのが興味深い。図は、銀縁で透彫《すかしぼり》を施した江戸時代の鍔。

十日《とおか》の菊《きく》、六日《むいか》の菖蒲《あやめ》 ⇒ 六日の菖蒲、十日の菊

遠《とお》くの親類《しんるい》より近《ちか》くの他人《たにん》

＝ ①遠き親子より近き隣 ②遠き親類より近き他人 ③遠い一家より近い隣

遠方にいて行き来もない親戚より、近所で付き合いのある他人の方が何かと頼りになるということ。

中国の古典にいろいろな表現があり、日本での古い言い回しは異表現①のように「親類」ではなく、最も血縁の近い「親子」とするものだった。互いが遠方の地に住むのであれば、いくら親子であっても、江戸時代ではそうたやすく行き来できない。それに対して親しいご近所は、困った時にすぐに助けてもらえるありがたい存在。言い回しは微妙に異なっており、定まった形の表現はなきに等しいものだったが、近代以降は見出し形で安定しているようだ。「不慮なるいひごと悪事出来の時は、奉行所へ召され、左右の隣の者は知つたるかと御尋ね有つて、隣の者のいひ口を正路《しょうろ》となし給ふ。下郎のたとへに、遠くの親子より近くの他人といへるは実に実義なり」（随筆『慶長見聞集』巻六、江戸初期）。

とかく浮世《うきよ》は色《いろ》と酒《さけ》

この世の中は色恋と飲酒に楽しみがあると、享楽を謳歌《おうか》すること。

「とかく色の世の中」という、酒が欠けた言い回しもある。両方とも江戸中期以降に見えるもので、享楽的にこの世を楽しもうとする雰囲気が多分にただよう。「紅葉に下戸もあわれを知られけり。禁酒の寺の秋の夕暮むべなるかな。五かいをたもつ名僧あれば鼻のなき出家も有。兎角《とかく》うき世は色と酒」（洒落本『軽世《けいせい》界《かい》四十八手』）。

時《とき》に遇《あ》えば鼠《ねずみ》も虎《とら》になる

よい時期にめぐりあえば、たいしたことのない人でも権勢を振えるような出世をするというたとえ。

実際に鼠が虎になることはあり得ないわけで、例によってことわざ特有の誇張した言い回しである。しかしたとえ誇張であっても、人は時流にかなうかどうか、いざという時に能力を発揮できるところにいるかどうかで、結果はまったく違ってくる。別の表現で言えば「用られれば虎となり用いざれば鼠となる」（「用いる」は登用する、機会を与える意）ということわざになる。そしてまた、まったく反対の「孔子《こうし》も時に遇わず」（別項）というものも古くからあった。見出しのことわざは江戸前期から見られるもので、用い方によってニュアンスが異なってくる。能力があるのに現在不遇な人に対しては慰めや励ましとなり、その逆の場合には風刺や皮肉となる。

時《とき》の用《よう》には鼻《はな》をも削《そ》ぐ

＝時の用には鼻を欠く ◈時の用には鼻を削げ

緊急の場合には、ためらうことなくどんな方法でもとるということ。

非常の時は、大事な自分の鼻でさえも削ぐようなことをやるというのが原意。江戸時代にはよく用いられたことわざで、中期のことわざ解義書『和漢故事要言』にも解釈めいた一文がある。しかし、なぜ対象が鼻なのかはっきりしない。顔の中でも最も高くて目立つ部位だということからであろうか。「御家第一の宝物金《こがね》の鶏をひそかに出し、是を金にするより外はと申せば、それそれ其鶏《その》、時の用には鼻を欠けじや、どふぞ夫《それ》を取出す智恵はとあれば、それは拙者《せつしや》に任さるべしと」（浮世草子『風流曲三味線』巻四、江戸中期）。

時《とき》は金《かね》なり

(1)時間を有効につかって物事に励めば成功するということ。(2)時間は貴重なものだから無駄に過してはならないという戒め。

時間の大切さを言うことわざは日本でも古くから、「一寸の光陰軽んずべからず」「一寸の光陰は沙裏《しやり》の金《きん》」などがあった。前者は中国・宋代の朱子の詩句に基づくもので、「一寸の光陰」はほんのわずかな時間の意。後者はそのほんのわずかな時間でも砂の中に見つけた金のように大切にせよということ。見出しのことわざは英語の **Time is money.** の翻訳。『英和対訳泰西俚諺集』（一八八九年）に英文と訳語が載っている。その後は、『新選俚諺集』（一九〇一年）に「時は銭金」、『日本俚諺大全』（一九〇八年）に「時は金」、群馬県『郷土誌』（一九一〇年）に「時は黄金《かね》」と記されているので、一九一〇年を過ぎてからは、日本のことわざとしても伝承されていたことになる。

毒《どく》食《く》わば皿《さら》まで

＝①毒食わば皿ねぶれ ②毒食わば皿

一度悪事に手を出してしまったからには、徹底的にやり通すということ。
異表現①の「ねぶる」は嘗《な》める意。見出し形は省略形になっているが、この異表現から分るように、元は、毒を食ってしまったならばその皿まで嘗めてしまえ、というものだった。犯した悪事ならば徹底してやってしまえというものだから相当に激烈なことわざだ。もし、他人が言うのであれば悪の勧めとなってしまい、社会通念上ははなはだ具合がよくない。おそらく悪事を犯した者が自暴自棄になって自分に向かって言う言葉だったのであろう。それにしても、ことわざの重要な機能を教訓だとする見方からすると、鬼子とも言える。江戸時代には常用のことわざで、中期の浄瑠璃『伊《だ》達競《てくらべ》阿《お》国《くに》戯場《かぶき》』（第八）の「百両といふ大枚《たいまい》の金、早速調《ととの》ふあてもなし。いつそ毒喰《く》はば皿。破れかぶれ。アノ金五郎めを切り殺し、エ、コリヤ、サ、そふも思ふて見たが」は、ことわざの意をよく伝える用例と言える。

毒《どく》にも薬《くすり》にもならぬ

＝毒にもならず薬にもならず

これといった害悪もないが有益でもない、どうでもよいことのたとえ。

政道論『燕居偶筆』にことわざとして引用されているように、江戸中期には常用されたもので、異表現も『風来六部集』に用いられている。

毒《どく》を以《もっ》て毒を制《せい》す

＝毒を以て毒を攻《せ》める◈毒を以て毒を治《おさ》める

悪人を征伐したり悪を排除したりするのに、悪人を当ててことをなすこと。

毒で毒を抑えこんでしまうということから。悪人を成敗するには、普通は正義の立場から行う。しかし、なかには正攻法だけでは済まないこともある。そうした事態が稀ではなかったことの反映であろうか、昔から同義の「夷《い》を以て夷を制す」（別項）、「盗人《ぬすびと》の番には盗人を使え」などのことわざが存在した。中国では『普灯録』などに収載されており、日本でも江戸初期の儒者・山鹿素行の『山鹿語類』(治談)に「刑法を詳《つまびらか》にし其政令を厳にして、教導を具《つぶさ》にせんこと、尤《もっとも》相応の政也。くさびをぬき、毒を以て毒をせむると云へる」とある。しかし、現代よく知られているわりには、江戸時代では多用されたものではなかった。

解《と》ければ同《おな》じ谷川《たにがわ》の水《みず》 ⇒ 落《お》ちれば同じ谷川の水

どこの烏《からす》も黒《くろ》い

＝どこの烏も黒さは変らぬ

どこへ行ったところで、そうは変ったことはないものだというたとえ。

同義のことわざに「どこの国でも屁《へ》は臭い」「どこの鶏の声も同じ」「どこの鶏も裸足《はだし》」「唐辛子《とうがらし》は辛くて砂糖は甘い」などがあり、どれも解説するまでもないだろう。たしかに、これらのことわざの中に引合いに出されたものは、状況や種類によって多少の違いはあるものの、どれも場所が変ったからと言って異なるものではあるまい。

所《ところ》変《かわ》れば品《しな》変る

＝所変れば水変る

土地や風土が変れば、それにしたがって風俗・習慣や物の呼び名も変るということ。

かつて、県によって県民性に違いや特色があるという議論がなされたことがある。たしかに、雪国と温暖な地、海と山といった環境や風土に独特のものがあれば、そこに住む人々の人情や気質にも影響は考えられそうだ。とはいえ、それを単なる行政の区割でしかない現代の県に当てはめるのは無理があると思われたが……。そんな現代はともかく、近世までの国々の場合、交通事情も近代とは違うし、転居なども基本的に許されていなかったから、より地域に密着したたたずまいがあった。だから、ほかの土地の者が訪れた場合にその違いがはっきりと認知できたのであろう。江戸中期の浄瑠璃『京羽二重《きょうはぶたえ》娘気質《むすめかたぎ》』（第一）に「しかし所替れば品替る、浪花の葦《あし》も伊勢の浜荻《はまおぎ》とやら」とあるから、土地の個性・固有性は生きていた。

所《ところ》の神《かみ》はありがたくない

＝所の神様ありがたからず

身近でよく知っているものには、尊さや畏敬の念が感じられないということのたとえ。

畏敬や尊敬の念は、親近感や日常性が遮断されている場合に起るようだ。威厳があって近寄りがたい偉い立派な人でも、家族や身近な人の評価は、案外、外での評価とは異なって、特別な人間像にはなっていないことが多い。人が畏敬や尊敬の念を抱くのは、相手との距離が十分ある場合で、相手が自分と異質でしかも上質な面をもっているといった幻想を抱くことによって成り立っている場合が多いのだろう。神様をまつる立派な建物はどれも高くそびえ、日常の世界とは隔絶した雰囲気がただよっていることからもうかがえる。

年《とし》が薬《くすり》

＝年こそ薬なれ

年を加えるにしたがって思慮分別が出てくること。

人は毎年一つずつ年をとってゆくが、その一年のうちにはさまざまなことに出会い、いろいろなことを経験し学んでゆく。「日々が勉強」だから、ある年齢に達した時にはその集積は豊かで大きい。無為に時を過し、いたずらに年を重ねているようでも、人生という長い眼で見れば、本人は意識せずともどこかでは学んでそれを蓄積しているものである。年寄りを否定的に見ることわざが多い中で、江戸前期からよく用いられた年配者を評価するものの代表格。「若やぐは年が薬ぞ老の春」（『歳旦発句集』江戸前期）。

年寄《としより》の冷水《ひやみず》

(1)年寄が年不相応な無茶な振舞いをすることのたと

え。⑵年寄が無理をして元気ぶることのたとえ。

年寄が冷たい生水をがぶ飲みしたり、若い者に負けまいとして過激な運動や仕事をしたりするのを批評する言葉。本人が口にする場合は自嘲であったり、照れ隠しや言訳となり、他人が言う場合は、冷やかしや注意を喚起する意味合いになる。原意について、年寄が水浴びするのだとする説と、冷水を飲むことだとする説が、明治時代から言われていた。イメージからは、水浴びの方が無謀さが強く感じられてもっともらしい気がする。ところが、江戸・明治時代の少なくない文例や図像資料を見た限りでは、水浴び説の裏付けとなるものは出てこず、水飲み説のものばかりだ。「グッと飲んで、助右「これは冷たい。こりや、水をくれられたな」小万「モシ、年寄りの冷水。なんと、よいお心持ちでござんせうがな」」(鶴屋南北『盟《かみかけて》三五《さんご》大切《たいせつ》』序幕、江戸後期)。図は明治時代の江戸系いろはカルタ。

年寄《としよ》れば愚《ぐ》に返《かえ》る

年をとると子供のように分別がなくなり愚か者のようになること。

人間、ある程度の年齢になると、物の道理や分別をわきまえてくる。しかし、さらに加齢すると、このことわざのようになってしまう場合がある。これは自然の摂理のようなものであり、人として十分に役目を果し終え、次の世代へ引き渡すいわば準備期間とでも言えるものであって、ただ単に非難されることではない。「便《たより》になる子の難儀を嘆き、朝から晩へ泣《なき》続け、コリヤ平兵衛、年寄つたれば愚に返り、未練卑怯《ひきよう》な涙と思はんも面目ない」(浄瑠璃『男作五雁金《おとこだていつつかりがね》』江戸本町呉服屋の段、江戸中期)。

隣《となり》の芝生《しばふ》

隣の芝生は青い

他人のものはよく見えるというたとえ。

異表現で明らかなように、隣家の芝生は、自分の家のものに比べていかにも青々としてきれいに見えるということから。英語の The grass is always greener on the other side of the fence. の翻訳。日本に昔からある同義のことわざに「隣の糂粏味噌《じんだみそ》」がある。糂粏味噌は麹《こうじ》と糠《ぬか》と塩をまぜたもので、酢や酒を加えて用いるがあまり旨《うま》いものではない。それが隣家のものとなれば旨くなるというのである。ほかにも「隣の花は赤い」「隣の飯は旨い」「隣の牡丹餅《ぼたもち》は大きく見える」など、たとえを異にした同義のものは多い。いろいろあったわりに知名度は現代では外来のこのことわざが筆頭に挙げられ、ほかは「花は赤い」がほんの少しといったところ。これにしても、日本で用いられられるようになったのはせいぜいこの二、三十年程度のようだ。なお、これとは逆の意の、粗末でも自分のものの方がよいという「隣の白飯より内の粟飯《あわめし》」というのもあって、隣人との人間関係は一筋縄ではゆかないとことわざは言っている。

隣《となり》の疝気《せんき》を頭痛《ずつう》に病《や》む ⇩ 他人《たにん》の疝気を頭痛に病む

隣《となり》の貧乏《びんぼう》は鴨《かも》の味《あじ》がある

＝隣の貧乏は雁《がん》の味

隣人が貧しいのはいい気分だというたとえ。

鴨も雁も旨《うま》いものの代名詞だったので、隣の貧乏が最高の御馳走という屈折した人間の心理が垣間見られる。しかし、単純に隣人の不幸を喜ぶ意とするだけではすむまい。心の奥に他人を競争相手と見る意識があり、相手が落ち目になることで自己の優位を喜ぶ一方、自分を顧みる材料にするという心理が表現されたものと言うべきだろう。岩手県には同義のもので「隣の竈覆《かまどがえ》しぁ雉《きじ》の味」がある。「竈覆し」は倒産・破産を意味する方言。ごく最近では、以前からあったことわざなのか新作なのか不明だが、テレビドラマの題名に「隣の不幸は蜜の味」としたものも出てきている。

鳶《とび》が鷹《たか》を産《う》む

凡庸な親から非凡な子が産れるたとえ。

鷹と鳶は同じ仲間で、姿形も大きさも似ているが、鳶がごみあさりをすることが卑しいイメージにつながり、ことわざに表れる両者は優と劣の関係にある。「鳶も居住まいから鷹に見ゆる」は、卑しい身分の者でも立居振舞がよければ上品に見える意で、鳶と鷹の外形的類似性と価値の落差を表現したもの。見出しのことわざは、血のつながりがある親子関係の場合で、外形的には子は親に似るものの、価値の点では似なかったことになる。親と子のつながりは遺伝的には「蛙《かえる》の子は蛙」(別項)、「瓜《うり》の蔓《つる》に茄子《なすび》はならぬ」(別項)という場合が通例だろうが、まれに突然変異のように立派な親に凡庸な子ができる「尭《ぎょう》の子尭ならず」(別項)やその逆の見出しのような事も起ることがあるわけだ。なお、類義のことわざは多く「筍《たけのこ》親まさり」(別項)、「鳶が鳳凰《ほうおう》を産む」「鳶が孔雀《くじゃく》を産む」「雉《きじ》が鷹を産む」「百舌《もず》が鷹を産んだ」「黒鳥《こくちょう》が白い卵を生む」などがあるが、その中では見出しのことわざが江戸初期から現代に至るまで常用されている。現代は略して「鳶鷹《とんたか》」という表現も現れている。

飛《と》ぶ鳥跡《とりあと》を濁《にご》さず ⇩ 立《た》つ鳥跡を濁さず

飛《と》ぶ鳥《とり》を落《おと》す

＝**飛ぶ鳥も落ちる** ◈**飛ぶ鳥も落ちる勢い**

きわめて威勢が盛んなこと。

飛んでいる鳥が自然に落ちてくるような奇跡は起きやしないという「飛ぶ鳥は落ちず」という対立する意のことわざもある。近代の鉄砲なら空飛ぶ鳥を落すことも困難ではなかろうが、このことわざが生れたのは鎌倉時代。飛び道具と言えば弓矢だった時代に、その弓矢で飛んでいる鳥を落すというきわめて困難な行為がなぜ威勢を誇る意になったのか長いあいだ疑問だった。用例の早いものが『平家物語』の巻五に二ヵ所ある。その一つは「凡《およそ》とぶ鳥を祈《いの》りおとす程の刃《やいば》の験者《げんじゃ》とぞきこえし」というもの。つまり、念力をもって鳥を落すということだった。昔は信仰の力が社会的に認知されていたから、念力や人間の行う神業《かみわざ》も人々に受け入れられていたのだ。鳥を祈り落すのは狂言『蟹山《かにやま》伏《ぶし》』にもあり、江戸前期の『新増犬筑波集』にも「たうとくも有たうとくもなし　飛鳥を祈おとしてくはれけり」とある。普通にはできない飛ぶ鳥を落す神業の持主なら、名声を得て権勢を奮うこともできるというわけで、理にもかなっている。

友《とも》と酒《さけ》は古《ふる》いほどいい

友達は長い付き合いで信頼が厚くなるし、酒も古酒の方が味わい深いものがあるということ。

日本酒は、やや荒くて固さのある生酒より、いくぶん古い酒を好む人がいないわけではないが、何年もねかした古酒が珍重されることはない。それに比べてワインは、何と言っても年代物が一番。英語にOld friends and old wine are best.（友とワインは古いほどよい）とするものがあり、『和漢泰西ことわざ草』（一八九二年）にも西洋のことわざとして「友と酒とは古ければ益《ます》す佳《よ》し」という表現で収められている。その後の辞典には日本のものにしてしまったものがあるが、やはり西洋からのことわざとするべきだろう。ことわざ辞典で誤認が生じてしまったのは、古酒をよしとする「酒は古酒、女は年増」ということわざが古くにあったからだろうか。

虎《とら》狼《おおかみ》より人《ひと》の口《くち》恐《おそ》ろし

凶暴な虎や狼より、人による讒言《ざんげん》や悪口の方がこわいものだということ。

ことわざでは、虎は単独の時はプラスに評価されることもあるが、狼と一緒になるときまって人間にとって最も恐ろしい動物ということになる。とはいえ、そんな恐ろしい動物からでも逃れることはまったく不可能というわけではないのに対して、人の口を塞ぐことは不可能で、一度、人の口から出た否定的な言葉は致命傷になる、というわけ。「世の中のとらおほかみは何ならすひとのくちこそ猶《なお》まさりけれ」(『夫木《ふぼく》和歌抄』巻二七、鎌倉後期)。

捕《と》らぬ狸《たぬき》の皮算用《かわざんよう》

先行きが不確定なことに期待して、あれやこれやと計画することのたとえ。

「算用」は計算したり、勘定をすること。猟で、狸を捕える前から、皮をいくらで売ってそのあとは……と計画やら計算やらをすることから。語調がよく印象が強いためか、現代でもよく使われるが、古くから言い伝えてきたものではないようだ。大正以降のことわざ辞典には頻出するが、それ以前のものにはまれにしか収載されていない。「いろは短句」(補遺一、『知玉叢誌』四四号、一八九一年)に収載されたのが早く、解釈も示しているのは『俚諺辞典』(一九〇六年)。江戸時代の同義のことわざは「穴の狢《むじな》を値段する」「飛ぶ鳥の献立」「儲《もう》けぬ前の胸算用」などと少なくない。きわめて捕えにくい飛んでいる鳥をどう料理するのか考えるという願望がすぎた着想のものもあるが、いずれも今日では用いられず、見出しのことわざだけが常用となっている。

虎《とら》の威《い》を借《か》る狐《きつね》

＝①狐虎の威を借る　②虎の威を借りる狐

弱者が強いものの権威をかさにきて、いばることのたとえ。

「借」は「仮」とも当てる。中国・漢代の『戦国策』(楚策)にある寓話《ぐうわ》に基づく。狐が虎に食われようとした時、狐が虎に言う。自分は天の神に百獣の長になるよう命ぜられている。自分の後ろについてくれば分るはずだ、と。虎が狐に従って行くと、ほかの動物は虎を見て逃げ出してしまう。それを見た虎は、なるほど狐の言う通りだと納得したというもの。この話は、北方の国が楚の将軍を恐れているようだが、という楚王の問いに対して、北方の国は虎である王の軍隊を恐れるのであって、将軍はその威を借りた狐に過ぎないと臣下が説明するのに引合いに出したものだった。日本でも平安後期（説話『注好選』）・鎌倉時代から盛んに用いられたが、古くは異表現①のように狐が先にくる形のものが多かった。図は教訓書『鄙都言草《ひとことぐさ》』（後編、一八〇二年）の挿画から。

虎《とら》は死《し》して皮《かわ》を留《とど》め、人《ひと》は死して名《な》を残《のこ》す

＝①人は死して名を留め、虎は死して皮を留む　②虎は死して皮を留む　③豹《ひょう》は死して皮を留む

虎は死んでも立派な毛皮を残すように、人間も死んでから名声が末永く残るようにと生前から心掛けよということ。

このことわざを、中国の欧陽脩編の『新五代史』（巻三二）に見える「豹は死して皮を留め、人は死して名を留む」が起源であるとする見方がある。しかし、一一世紀の『新五代史』よりさかのぼる日本の『将門《しょうもん》記《き》』に「虎はもて皮を遺し、人はもて名を遺す」と見えるから、この見方は支持しがたい。『将門記』は平将門《たいらのまさかど》の乱をつづった日本最古の軍記物で、一〇世紀中頃の著。少し下って、これは『新五代史』より後になるが一三世紀の説話『十訓抄《じっきんしょう》』（巻上ノ四）にも「虎は死して皮を残し、人は死して名を残す」と出てくる。江戸時代になると、「人は……」部分を省略した異表現②が全般的に多く用いられるようになっている。一方で、『新五代史』での言い回しに言及した俚諺書も見られ、「豹」の表現も知られていた。

虎《とら》を描《えが》いて猫《ねこ》に類《るい》す

＝①虎を画《えが》いて狗《いぬ》に類す　②虎を描いて狸《り》に類す

(1)才能のない者が優れた者のまねをして失敗するた

とえ。⑵ものを学んだのにかえってやりそこなってしまうことのたとえ。

虎と猫は同じネコ科。本人は大きくて恐ろしい虎を描いたつもりでも、できあがったら猫にしか見えなかったということは珍しくない。ところがこのことわざの出典とされる中国古代の『後漢書』(馬援伝)では、虎を描こうとして犬になってしまうという、異表現①に近い表現になっており、この形は日本にも入っている。確かに失敗の度合としてみれば、犬の方が印象が強い。同じ中国が元である②の「狸」は野猫のこと。これを受けたのであろうか、江戸後期の式亭三馬の読本『阿古義物語』などから「猫」の形が見えるようになる。犬が猫に変ったことわざとでも言えようか。

鳥食《とりく》うともどり食うな

とり肉は食べて旨《うま》いが、どりのところは食べるなという教訓。

同音の繰り返しで印象を強めている。「どり」は鳥類の肺臓の俗称。紅血色で海綿状をしている。毒があるという説に基づいたものだが、実際には毒はない。ただ、ガムを嚙《か》んでいるような感じで、旨いものではないそうだ。江戸初期には見られ、沢庵和尚の『東海夜話』に「鳥は食へ、どりな食ひそ」、江戸後期の人情本『春色辰巳園《たつみのその》』(巻六)に「寿「コリヤ一に俵をふんまへて」由「二には完爾《にっこり》鶏《にわつとり》」三「イヤ鳥は喰《くう》とももどりくふな」新「中に天神寝てござる」」と用いられている。また、この蟹《かに》版と言えるものが「蟹は食うともがに食うな」。「がに」は蟹の呼吸器の部分で、こちらも毒性はないが旨いものでもない。

とりつく島《しま》もない

＝とりつかん島もない

⑴頼みとする手がかりがまるでないこと。⑵相手がつっけんどんで話しかけるきっかけがないこと。

難しい単語があるわけではないが、「しま」に「島」という字が当てはまると思わなければ理解しにくいだろう。ことわざというより慣用句に近いものだが、現代、よく使われている。江戸時代から用いられたもののようで、西鶴作品に延べで五例が見られるように、著者によっては多用したこともあったようだ。近代でも文献上での使用頻度は高い。

鳥《とり》なき里《さと》の蝙蝠《こうもり》

＝①鳥なき島の蝙蝠　②鳥ない里で蝙蝠が王をなす

優れた者がいないところでつまらない者が幅をきかせることのたとえ。

動物学からすれば蝙蝠は哺乳類で、鳥の仲間ではない。しかし、鳥のように飛ぶし、遠目では燕《つばめ》などに似ていなくもない。そのためか、ことわざに出てくる蝙蝠は「蝙蝠も鳥のうち」（別項）、「蝙蝠も鳥の真似《まね》」（つまらぬ者も優れた人の真似をしていればそう見えてくる意）と、よく鳥と比較される。それも、鳥よりも劣るものとして比べられている。和泉式部の「人もなく鳥もなからん島にてはこのかはほりも君をたつねん」（「かわほり」は蝙蝠のこと。『夫木《ふぼく》和歌抄』巻二七）は異表現①を踏まえたもの。この歌の例ばかりでなく、鎌倉時代の文学評論『無名草子』など古くは①の言い回しであったが、仮名草子『尤之双紙《もつとものそうし》』など江戸初期には「里」の形が主流となっている。同じ発想のものに「鼬《いたち》のなき間の貂誇《てんほこ》り」（別項）、「鷹《たか》のない国では雀《すずめ》が鷹をする」「貂なき森の鼬」「貂なき山に兎誇《うさぎほこ》る」などがあるが、「蝙蝠」が最もよく長く用いられている。

泥縄《どろなわ》

＝①盗人《ぬすびと》を見て縄を綯《な》う　②盗人を捕《と》えて縄を綯う　③泥棒《どろぼう》を見て縄を綯う

事態が発生してからあわてて対処・対応することから、手遅れになることのたとえ。

泥棒を見つけてから、縛る縄を綯い始めるという意から。古くは異表現①②のように「盗人」の語を使っていた。これらは江戸初期のことわざ集類から収載があり、江戸時代全体では百弱のことわざ集類の二〇を越す。ところが用例となると、わずかに前期の狂言書『わらんべ草』に①が、後期の『二宮翁夜話』に②が見られるにすぎず、中・後期の黄表紙『江《え》戸春《どのはる》一夜千両』『金々先生造化夢《ぞうかのゆめ》』などは③の「泥棒」になっている。ことわざ集と用例とのこのような乖離《かいり》はなぜ生じるのだろうか。思うにことわざ集の場合は、辞典類一般に見られるように、先行書を参考にして踏襲することが多いために、必ずしもことわざの実際の使用状況が反映されないことがあるからではないだろうか。全体に有名なわりには使用例が少ないのは、実際にもそれほど多用されたものではなかったかと思われる。現代では③を経て、見出し形のような短縮表現になっている。なお、たとえを異にする同じ発想のことわざは多いが(→渇《かっ》して井戸を穿《うが》つ)、あまり多用されたものではなかった。

泥《どろ》のうちの蓮《はす》 ⇩ 泥中《でいちゅう》の蓮

泥棒《どろぼう》が縄《なわ》を恨《うら》む

物事を自己本位に考えて逆恨みすることのたとえ。泥棒が、自分の犯した罪を棚に上げて、自分を縛っている縄やその縄で自分を縛った人を恨みがましく思うということから。これは本人の逆恨みだが、子を身びいきした親の逆恨みを表す「盗みする子は憎からで縄懸くる人が恨めしい」(別項)といったことわざも古くからある。こちらが江戸時代に盛んに用いられていたのに対し、見出しの方は近代以前に用いられた跡が認められないことから、親の逆恨みのことわざから派生した可能性が高い。

泥棒《どろぼう》にも三分《さんぶ》の理《り》 ⇩ 盗人《ぬすっと》にも三分の理

団栗《どんぐり》の背競《せいくら》べ

抜きんでて優れた者がおらず、皆が同じような力量だというたとえ。

団栗は、櫟《くぬぎ》、樫《かし》、楢《なら》などの実の総称。木の種類によって丸いずんぐり型や細長型といった違いはあるが、長さはあまり違わない。異種の樹の団栗を比べるというより、同じ樹の下に落ちたものが、それこそどれも小さく似たり寄ったりのことから想を得たものだろう。現代の代表的な常用ことわざの一つ。もともとは優れた者がいないという否定的なことわざだが、現代では、単に似ている者が集まっているという意に使うことも多い。勝海舟の『氷川清話』に「伊藤(博文)がよして松方(正義)が代わっても、松方が引いて伊藤が出ても、格別変わったこともないようだが、そうするとみんなドングリの背くらべとみえる」と明治初期の例はあるが、それ以前には見られず、江戸時代には同義で「一寸法師の背競べ」の表現があった。図は大正時代の伊東忠太の風刺画集『阿修羅帖《あしゅらちょう》』からで、体型は違うが背丈は同じになっている。

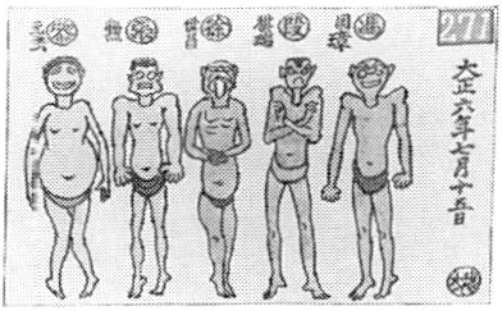

飛《と》んで火《ひ》に入《い》る夏《なつ》の虫《むし》

＝夏虫の火に入るごとし

自分からわざわざ危険な目に遭うことのたとえ。夏の虫が灯火にどんどん集まってくることから。鎌倉時代の法語『妻鏡』に「夏虫の色に耽《ふけ》りて焔《ほのお》に入る」、『源平盛衰記』(巻八)に「愚人は夏の虫、飛んで火に焼く」、『曽我物語』(巻六)に「夏の虫、とんで火に入」と先行する表現があり、古くから用いられていたことわざである。

鳶《とんび》に油揚《あぶらげ》さらわれる

不意に横合いから獲物を取られてしまうことのたとえ。また、呆然とする様子。黄表紙『当世大通仏買帳《ぶつかいちょう》』など江戸中期には「鳶が(の)油揚をさらう」という表現が見られ、後期の滑稽本『浮世風呂』や人情本『婦女今川』になって見出しの表現が見えるようになる。

な

ないが意《い》見《けん》の総仕《そうじ》舞《まい》

放蕩《ほうとう》や道楽は、使う財産がなくなればおのずと収まるということ。

道楽者にまわりがいくら説教してもなかなか聞くものではない。言葉の無力さに比べ、道楽をするのに絶対必要な財力がなくなってしまえば、理屈の上では道楽はできなくなるはず。親にとっては破産と説教のお終いは同じだが、放蕩者自身はなかなか放蕩の終いとすることができずに、借金をしたり、悪の世界に踏み込んだりすることが多いのも事実だろう。用例はあまりないが、古典落語『性和《せいわ》善《ぜん》』に「他人の世話をして呉れる処もなく成り、頼《たよ》寄る事も出来ず、こう成りますると、俗に「無いが異見の総仕舞ひ」進退きわまって首でも縊《くく》るか身でも投げようか」と用いられたものがある。

ない子《こ》では泣《な》かれぬ

＝ない子には泣かぬ

(1)子供がいなければ親はそのための苦労はせずにすむから、泣かされることがないということ。(2)子供を持てば苦労はつきものだが、それでも子供がいる方がよいということ。

子供がいれば苦労が絶えず、いつも親は泣かされる。いなければ泣かされることもない。親が子のために苦しむ「ない子では泣かである子に泣く」のも真実。しかし、泣くとはいっても自分の子のことだから、子のいないさびしさに比べれば、泣かされ苦労する方がよいという見方がこれ。要は自分のいる立場や状況によって、ことの判断も物の見方も違うということなのだろう。このことわざの言い回しは、江戸時代に用いられた「子故が有て哭者《なく》はあれど子がなくて泣者なし」(『類聚世話百川合海《るいじゅせわひゃくせんがっかい》』江戸中期)を下地にして、のちに前半が省略されたものと考えられる。

泣《な》いて馬謖《ばしょく》を斬《き》る

私情ではしのびないが、規律を保つために愛する者を泣く泣く処分すること。

中国の『三国志』(蜀志)に見える故事に基づく。名高い軍師の諸葛孔明《しょかつこうめい》が、国力の充実をはかり敵軍を討伐することになって、多くの人が推す将軍をさしおいて部下の馬謖を登用した。しかし、馬謖は孔明の指示を聞かずに戦闘で大敗してしまった。このため責任をとって孔明は馬謖を斬り、人々に謝罪した。日本ではどういうわけか主な故事辞典の類にも見えず、第二次大戦後になってから用いられるようになった新しいもののようだ。

長生《ながい》きすれば恥多《はじおお》し ⇒ 命《いのち》長ければ恥多し

長《なが》い物《もの》には巻《ま》かれよ

①大《だい》なる物には呑《の》まるる、長き物には巻かるる
②太き物には呑まれよ、長きには巻かれよ
③長い物には巻かれる

強い相手には逆らうことなく従っておいた方がよいということ。

鎌倉時代の仏教説話『宝物集《ほうぶつしゅう》』(巻二)で畜生道に関して記述する中に「長きは短きをのみ、大なるは小をくらふ」と見える。弱肉強食の世界を表現して、「長い物には巻かれる」ものだという事実を述べたものと見える。安土桃山時代のことわざ集『月菴酔醒記《げつあんすいせいき》』に異表現①が見られることからも、どうやらこのことわざは古くは長い物には巻かれるという事象をそのまま表現したものだったようだ。見出し形のような用法は江戸時代あたりからと思われ、中期の黄表紙『通増《とおります》安宅関』には「とかく長い物には巻かれろだから、げぢげぢ共をあやなして置くが智慧《ちえ》さ」と、現代多く見ら

れる命令形が使われている。

鳴《な》かずば雉《きじ》も射《い》られず ⇓ 雉も鳴かずば打《う》たれまい

鳴《な》かぬ蛍《ほたる》が身《み》を焦《こ》がす

＝鳴かぬ蛍の身を焦がす

直接口に出して言わない方が、かえって思いがあふれて切実だということ。

『後拾遺集』（巻三）で源重之《しげゆき》が「音もせで思にもゆる蛍こそなく虫よりあはれなりけれ」と詠んでおり、京都地方の盆踊歌の一節に「恋に焦れて鳴く蟬よりも鳴かぬ蛍が身を焦す」とある。

長持枕《ながもちまくら》にならず

大きなものが小さなものの代用とはならないことのたとえ。

「長持」は、江戸時代にはよく使われた衣類・布団・道具などを収納する大形の木製の箱。人間が中に入れる位の大きさのものも珍しくないから、これを枕に寝ることはとてもできない。「大は小を兼ねる」（別項）の反対のものとして知られているが、実際に用いられた例はほとんどない。ことわざ辞典への収載も明治後期の『俚諺辞典』（一九〇六年）が早いもので、それ以降もあまり広まりはない。なお、これと同義のものに「杓子《しやくし》は耳掻《みみか》きにならぬ」（別項）がある。

流《なが》れに棹《さお》さす

勢いや時流に乗ってさらに調子づくことのたとえ。水の流れに乗って下る舟で、さらに棹をさして勢いを加速させることから。棹を川底に突き立てて舟の流れを止めることができるからであろうか、現代では上記の意味とは逆に、流れのままに動く舟をとどめるために流れに逆らって棹をさす、すなわち勢いに逆らう意と誤解されがちである。それでは、夏目漱石の『草枕』の冒頭「智に働けば角が立つ。情に棹させば流される。意地を通せば窮屈だ。とかくに人の世は住みにくい」の「情に棹さす」が分らなくなる。初出用例は古く、鎌倉時代の説話『十訓抄《じっきんしょう》』に二度ほど見える。その一つ「先づあるべからん振舞を用意して、その上果報を待つは、流に棹ささんごとし」（巻中ノ七）。

流《なが》れる水《みず》は腐《くさ》らず

常に活動し新陳代謝をしているものは、腐敗したり停滞したりしないということ。

常に流れている水は、生活廃水や産業廃水などが混入するようなことがなければきれいで腐敗することはない。「流水腐らず」とも表現し、古く中国の『呂氏《りょし》春秋』に見える。日本でも江戸前期の仮名草子『為人《いじん》鈔《しょう》』に見え、それ以降は見出しの形で伝承していた。のちに、これらを反対の角度から表現した「流れぬ水は腐る」という言い回しも生じていた。

流《なが》れを汲《く》みて源《みなもと》を知《し》る

＝流れを汲みて源を尋《たず》ねる

(1)ものの末を見て源を推し量ることのたとえ。(2)人の行為を見れば、その人の心根を察することができることのたとえ。

流れている水を汲んでみて、その水の源流の様子が分るということから。現代の川の末流から源流を想像するのは困難であろうが、これは仏書『摩訶止観《まかしかん》』（巻一）に出典が見られるものだから、古代では、近くを流れる水と源流とで水の質に大きな隔たりはなかったということだろう。『新古今集』の序文に「目を卑しみ、耳を尊ぶるあまり、磯の上《かみ》ふるき跡を恥づと云へど流れを汲て源をたづぬるゆゑに」と、異表現が用いられている。異表現はほかにも平安時代の歴史書『大鏡』などの古い資料に用いられている。近世になって、見出し形に代っていったもののようだ。

泣《な》き面《つら》に蜂《はち》

＝泣く面を蜂が刺《さ》す

災いが続けざまに起ることのたとえ。

痛かったり悲しかったりして泣いているその顔を、また蜂に刺されて痛い思いをするということから。語調がよく、具体的な状況も浮びやすく、さらに江戸系いろはカルタに採られたこともあって、よく知られていることわざの一つ。『諺苑《げんえん》』など江戸後期の二、三のことわざ集に収載されているがどれも未刊行のもので、文例でも江戸時代のものは少ない。滑稽本『世中《よのなか》貧福論《ひんぷくろん》』(後編、一八二二年)の目次と見出しに「泣く頬《つら》をさす八幡の勧進角力《かんじんずもう》」、馬琴の合巻『牽牛織女願《たなばたつめねがいの》糸竹《いとたけ》』(一八二七年)に「公へ訴へ申《もうし》て辛《から》き目見せんと理《ことわり》つよき返答、取りつく島もなく面《つら》を蜂に刺さるる心地して」とある用例は、これまで近代以前の資料で年代特定ができなかったこのことわざの成立時期を推定する有力な資料となろう。図は日露戦争を題材にした「百戦百勝ポンチ双ろく」(一九〇四年)からで、ロシア軍の将官が蜂の来襲に音をあげている情景。

泣《な》く子《こ》と地頭《じとう》には勝《か》てぬ

＝泣く子と地頭

(1)道理の通じない相手には歯向かうことはできないこと。(2)権力者には道理では対抗できないこと。

地頭は、平安時代は領主が荘園の管理をさせた荘官、鎌倉時代は幕府が公領や荘園に配置した家人、室町時代の末は守護・大名から知行地を与えられた家臣、そして江戸時代では知行所をもつ大名の家臣や旗本と、時代によって違いがある。しかし、時代を通してその権力は絶大であり、庶民が逆らえるものではなかった。同じく逆らえない泣く子に地頭を取合せることで、そんな絶対権力者を揶揄《やゆ》する意図が隠されているのかもしれない。ことわざとしては江戸中期頃までしかさかのぼれず、文献によく見られるようになるのは江戸後期からになる。馬琴の『夢想兵衛胡蝶《こちょう》物語』(後編巻三)には「さればなく子と持統天皇、勝れぬもの」、滑稽本『浮世風呂』(二編巻下)には「それでもおめへ、泣子と地蔵にやぁかなはねえ」と、ともに地口のように用いられている。

泣《な》く子《こ》も黙《だま》る

泣いている子供も泣くのをやめるほどに権勢と威力があること。

用例としては講談『西郷南洲』に「後に西郷隆盛と云へば泣く子も黙るやうな大豪傑になりました」と用いられており、現代ではよく見聞きする語句だが、昭和五〇年代以前のことわざ辞典類には収載されていなかったものである。

泣《な》く子《こ》も目《め》を見《み》る

泣く子も目をあけ ◈泣く子も目を見て泣く

思慮分別に欠ける者でも、時と場合によっては状況を見るというたとえ。

前後見境なく泣きわめく子供でも、時には相手の様子をうかがい、泣き続けようか止めようか考えるものだということから。用法としては、「泣く子も目を見よ」などの命令形で、状況をよく見ろ、といった使い方もされた。現代ではあまり使われないが、江戸初期から江戸時代全般に多用された。「おのれはそこに何している。泣子も目あいて泣ものぞ。殊には今日の餅《もち》搗《つき》が。年寄った久兵衛や婆が正月祝ふのか」（浄瑠璃『八百屋お七』江戸中期）。

なくて七癖《ななくせ》

①難《なん》なくして七癖 ②なくて七癖あって四十八癖

人間だれしもたくさんの癖があるということ。

ことわざでいう「七」は数量が大きい意味で使われることが多く、ここも実数を指すものではない。異表現①に顕著なように、「な」の音を繰り返すことで語呂をよくしている。言われ始めるようになった江戸初期の頃は①の形だったので、難点がないように見えても、ということを言外に含んでいることわざということになる。「雨の降夜は一しほ床しゆかし雨夜の品定め、無て七つの癖と穴、京伝が振附《ふりつけ》の身振、声色、座敷芸」（洒落本『客衆肝照子《きやくしゆきもかがみ》』江戸中期）。

泣《な》く泣くもよい方《ほう》を取《と》る形見分《かたみわ》け

どんなに悲嘆にくれようと、人間は欲得を離れることができないということ。

川柳「泣きなきもよい方をとるかたみわけ」（『柳多留』一七編）がもとになったもの。詠まれている情景は、親が死んだため一堂に集まってきた子供たちが、親の形見となる品を分け合うという場面。涙に霞む目を凝らして、少しでもよい品を選ぼうとする人間のおぞましさが伝わってくるようだ。

鳴《な》く猫《ねこ》は鼠捕《ねずみと》らず

口数の多い者や思っていることをすぐ言葉にする者は、実行力が伴わないというたとえ。

これが犬の場合だと同義の「吠《ほ》える犬は噛《か》みつかぬ」（別項）となり、反対の言い回しだと「鳴かぬ猫は鼠捕る」となる。実際に、よく鳴く猫が鼠を捕らないかどうか、確かなことは分らない。というのも、現代では、猫が鼠を捕まえるのは遊びじゃれるためで、餌《えさ》として捕えるためではないと言われているからだ。犬の場合でも、警戒して吠えるのであって、噛みつく前触れとして吠えるのではないということになる。見出しのことわざは江戸後期のことわざ集『諺苑《げんえん》』に収められてはいるが、江戸時代の用例が見当らないので、実際にことわざとして用いられた頻度は低いものであったと推測される。

嘆《なげ》きの中《なか》の喜《よろこ》び

＝悲しみの中の喜び

悲しみの中にも、せめてもの喜びとなるものがあるという意。

現代では使われることのなくなったことわざであるが、異表現が平安時代の仏教説話『三宝絵《さんぼうえ》』に見え、見出し形も鎌倉時代の軍記物を中心に、謡曲や御伽草子など近世以前に多用されていた。特に軍記物は『平治物語』『曾我物語』など多い。「疑なく不動の御方便によりて、菩提《ぼだい》の道に趣き給ひぬらんと、門徒の歎《なげき》の中《うち》に悦《よろこび》あへり」（説話『沙石集《しやせきしゆう》』巻二、鎌倉時代）。

仲人《なこうど》は宵《よい》のうち

＝仲人は宵のほど◆仲人は宵の口

仲人は自分の務めがすんだら早々に退出すべきだということ。

たとえ頼まれ仲人であっても、仲人は結婚式・披露宴には欠かせない重要な存在。それでも式や宴が終れば、お役御免となる。そうなってからいつまでも長居すれば、重要な人物だけに新婚夫婦や身内は気を遣う。だから、余計な気遣いをさせないためにも仲人はだらだら長居してはいけない。現代では結婚式や仲人のあり方が江戸・明治の昔と異なってきているので、こうしたことわざが口にされることはなくなった。江戸時代の文献に仲人が登場することわざの中でこれが群を抜いて多いのは、それだけ仲人の「弊害」があったということだろうか。「弥助「よい段か（よいどころか）、よすぎまする。イヤ、よい次手《ついで》に、仲人は宵のほど」六助「夜の更けぬ間にお暇《いとま》申さう」」（脚本『五大《ごだい》力恋緘《りきこいのふうじめ》』二幕、江戸後期）。

情《なさけ》は人《ひと》の為《ため》ならず

他人に情をかけておくと、それがいつか自分のためになるということ。

情をかけるのは「人の為」ではない、自分の為であるということだが、この「為ならず」を「為にならず」と解して、へたに人に情をかけて助けるのはその人のためにならず、自立を妨げることだ、とする語義解釈が昭和三〇年代に現れて久しく、いまやいろいろな言語調査では、数の上では完全にこちらが主流となっている。古くは『平治物語』などの軍記物、謡曲『粉川寺《こかわでら》』や中世歌謡『閑吟集』、そして江戸時代のさまざまな文献から今日にいたるまで常用されてきた。『平治物語』(巻下)では、敵軍に追いつめられた時に命を救ってくれた鵜飼を、二十数年後に成功した頼朝が真先に捜し出し、受けた恩に報いたくだりを「情は人の為ならずとも、かやうの事をや申べき」と記している。頼朝の場合には、見返りを期待していない鵜飼の無償の情に対する、言わば純粋な恩返しであった。しかし、情をかける際に多少とも応報を期待するものがあれば、それは打算につながる。このことわざには、こうした打算が入り込む余地がなきにしもあらずであった。もちろん、その打算を嗅《か》ぎつけるのも解釈する側の人の心である。

夏座敷《なつざしき》と鰈《かれい》は縁側《えんがわ》がよい

夏は暑いので部屋より縁先が過しよく、鰈も鰭《ひれ》に近い端の縁側の部分の方が旨《うま》いということ。

冷房のない時代、庭に面した縁側や庭先に縁台を出して涼むことが庶民の納涼法の一つだった。それは、縁台にすわって将棋をさす縁台将棋の文化まで生み出している。一方、鰈や平目などの平べったい魚には、背や腹鰭《はらびれ》の付け根部分に「縁側」と呼ばれる脂肪やゼラチンを多く含む部分がある。肉の部分に比べて量もわずかだし、小骨が多いため敬遠する向きがあるが、ここが知る人ぞ知る美味なところ。ことわざとしては江戸後期のことわざ集『譬喩尽《たとえづくし》』に収載されている。

夏《なつ》の虫《むし》氷《こおり》を笑《わら》う

＝①夏虫の氷を疑《うたが》う ②夏虫の氷を疑うを笑う

自分の狭い見識で広い世間や物事を判断することのたとえ。

夏しか生きない虫が、知りもしない氷を笑うことから。中国の『荘子』(秋水)に出典が求められる。日本でも古くは最澄の『決権実論』に異表現①が見られ、見出し形も江戸前期の神道書『陽復記』や洒落本などに見られるように近代以前には多用されたものだが、現代は使われなくなっている。

夏虫《なつむし》の火《ひ》に入《い》るごとし ⇒ 飛《と》んで火に入る夏の虫

七重《ななえ》の膝《ひざ》を八重《やえ》に折《お》る

これ以上はできないほど丁重に嘆願したり詫びたりすること。

俳諧『犬子集《えのこしゅう》』（巻二）に「わびておれ七重の膝を八重桜」と詠まれているように、江戸初期から現代までずっと用いられ続けていることわざである。

七転《ななころ》び八起《やお》き

何度失敗してもめげずに頑張ること。

転んでも転んでもその都度立ち上がって奮闘することから。武士道精神を謳《うた》った江戸中期の『葉隠《はがくれ》』に用例が見えていて面白い。響きや語調がいいためか、その後も用例は多く、現代も常用されている。

七歳《ななさい》までは神《かみ》のうち

＝七つ前は神の子

⑴七歳までの子供は神様の庇護の下にあるということ。⑵七歳までの子供は不作法もわがままも許されるということ。

幼い子供をただ賛美し、単純にわがままを許すといったことわざではなく、古くからの民間信仰に根ざしている。そもそも人間は、生れてからの数年間はまだ人間の子ではなく、人間以前の神の域にあると考えられていた。そのため、七歳までは村の子供組にも組織されず、死んでも神のもとへ帰るのだからと、捨てるような葬り方をされたという。「七つから大人の葬式をするもの」ということわざは、その辺の事情を表している。

七皿《ななさら》食《く》うて鮫臭《さめくさ》い

存分に食べたあとで、まずいとけちをつけることのたとえ。

「七」はことわざでは量が多いこと。たらふく食べた後で、この料理は鮫の臭いにおいがすると言い出す情景。ところで、なぜ鮫がけちつけの引合いに出されたのだろうか。おそらく鮫のもつ独特のアンモニア臭さが根拠となったのであろう。そのためなのか現代では普通は生食せず、ほとんどが蒲鉾《かまぼこ》の原料となっている。もっとも、「食うほど食えば牛臭い」というのもあるから、食べた後のけちつけは何も鮫に限ったわけではない。見出しのことわざは、江戸後期の『俚言集覧』に収められている。

七度探《ななたびさが》して人《ひと》を疑《うたが》え

＝七度《しちど》尋《たず》ねて人を疑え ◈ 七日《なぬか》探して人を疑え

探している物が見つからなくても、すぐには人を疑わずに念入りに探してからにせよという意。

『毛吹草』など江戸前期からことわざ集類には多く収載されていたが、近代以前の用例は少ない。図は、江戸前期の絵入りことわざ解義書『世話重宝記』から。

難波《なにわ》の葦《あし》は伊勢《いせ》の浜荻《はまおぎ》

＝伊勢の浜荻難波の葦

呼び名や習慣は、同じものでも地方によって違うものだというたとえ。

難波では「あし」と呼ばれるものが伊勢では「はまおぎ」と呼ばれるということから。近世以前からよく用いられ、南北朝時代の連歌『菟玖波《つくば》集』(巻一四)では「草の名も所によりてかはるなり」に見出し形が続いた句を詠んでいる。

七日《なぬか》の説法屁《せっぽうへ》一《ひと》つ

⇩ 百日《ひゃくにち》の説法屁一つ

名《な》のない星《ほし》は宵《よい》から出《で》る

＝用《よう》のない星は宵からござる

(1)最初に出てくるものにあまりよいものはないとい

うたとえ。⑵待っているものが来ずに関係のないものが来ること。
宵の明星と言われる金星は、夕暮の空に早々と顔を出す。だから、夕暮時から出る星が必ずしも名もない星、お呼びでない星ばかりとは言えないが、それでも、光り輝く大きな星が宵の口に出ることが少ないのも事実だろう。人間の世界を見ても、寄席にしろ相撲にしろ、最初は駆出しの未熟者で、真打、横綱は最後に登場する。これは日本伝来のものに限らない。プロボクシングでも短い試合に始まり、タイトルの懸かったメインイベントは最後に行われる。どうやら名高いもの、よいものを最後に出すという傾向は、ことわざの通りのようだ。

菜《な》の葉《は》に塩《しお》をかけたよう ⇓ 青菜《あおな》に塩

なぶれば兎《うさぎ》も食《く》いつく

我慢にも限度があるというたとえ。
おとなしい動物の代表のような兎でさえ、しつこくもてあそばれ、いじめられれば反抗もするということから。「仏《ほとけ》の顔も三度」(別項)と同義と見られているが、微妙な違いがある。仏は尊い存在で、慈悲の心をもって相手に対する。それに対して、兎は非力で弱い小さな動物で、おとなしいだけの存在。両者ではずいぶん立場が違う。つまり、侮《あなど》ったりなぶったりする相手を仏と見ているか、兎と見ているかという、相手に対する具体的な認識に違いがあるから、こちらのことわざを使う際には状況をおさえておかないと相手に非礼となる。なお、ことわざとしては江戸前期のことわざ集『世話尽《づくし》』に見えるものだが、多用されたものではなかった。

生酔《なまえい》本性《ほんしょう》違《たが》わず ⇓ 酒《さけ》の酔《よい》本性忘《わす》れず

怠《なま》け者《もの》の節句《せっく》働《ばたら》き

ふだん怠けている者が、皆が休む時に限って働くことを非難していう言葉。

昔の農村では、祭日は身を慎み不浄を避ける物忌の日でもあった。村全体が仕事を休んで慎む日に働くのは、罪悪とみなされていた。下に「の節句働き」とつく怠け者を言う表現は各地でさまざまで、多彩な言い回しになっている。「野良」、「不精者《ぶしようもの》」、「ものぐさ者」、「極道」(土佐)、「せやみこき」(越後)、「のめしこき」(新潟)、「ずつなし」(長野)など。これらの例からだけでも、節句働きが全国各地でどんなに非難されたものであったかが明らかである。

生兵法《なまびようほう》は大怪我《おおけが》の基《もと》

＝生兵法大疵《おおきず》の基

なまじの知識や中途半端に覚えた技術などは、かえって失敗をまねく要因となるということ。

「生兵法」は、わずかばかり学んだ武道や兵学。ことわざの言う事例は身の回りの随所にあるだろう。ほんの少し柔道を習って強くなった気になっている者が、強盗をやっつけようとして逆にやられるとか、少しばかり泳げるようになった者が溺《おぼ》れている人を助けようとして自らも溺れてしまうとか。ことわざとしては江戸前期から常用されたもので、宮本武蔵の『五輪書』のような武道に関する書に用例が見えるのは当然としても、普通の文芸書に多出する。なお、古くから見られる「生物識《なまものし》り川へはまる」「生物識り地獄へ落ちる」などは、このことわざの〈知識〉版とも言えよう。「中々にやめようさきのなま兵法犬にかまるるきずのもとひそ」(狂歌『吾吟我集《ごぎんわがしゅう》』巻七、江戸前期)。

蛞蝓《なめくじ》に塩《しお》

＝蛞蝓に塩をかけたよう

(1)まったく元気がない状態のこと。(2)不得手なものに対して萎縮《いしゅく》してしまうこと。

貝殻が退化している軟体動物の蛞蝓に塩をかけると、浸透圧によって体液が体外に出て死んでしまう。同じ現象を起す蛭《ひる》にも「蛭に塩」という同義のことわざがある。蛞蝓は野菜などに害を与えるので嫌われ、駆除の対象になっていた。その駆除法の一つが塩を用いるものだった。ことわざとしては江戸中期から見られる。類義でたとえるものを野菜にした「青菜に塩」（別項）もよく知られているが、こちらは急に元気がなくなるような、状態の変化を言うことが多い。

習《なら》い性《せい》となる

習慣が生来の性質と同じようになること。

中国の古典『書経』（太甲）に出典がある。日本でも江戸初期の沢庵和尚の法話『東海夜話』や儒学書に用例が多い。西洋にも Habit（または Custom）is a second nature.（習慣は第二の天性）というほとんど同義の言い回しが見られる。

習《なら》うより慣《な》れよ

＝習わんより慣れよ

ことさらに学習するより、自分の肌で直接感じ、体得する方が有効だということ。

体験学習法とでも呼べることわざ。学ぶ時は、力まず肩の力を抜いて、とにかく回数を重ねてみることだ、と示唆《しさ》している。Practice makes perfect.（練習によって完成する）という英語の訳語として使われることがあり、ほぼ同義であるが、英語の方が実践にだけ目を向けているのに対して見出しのことわざは、理論より実践の回数だ、と理論と実践を比較して実践の重要さを言っている。

ならぬ堪忍《かんにん》するが堪忍

これ以上は我慢できないというところを堪えるのが真の我慢だという意。

江戸中期から用いられていることわざ。「由兵「古主隼人さまの手跡にて、私へ御意見の狂歌。堪忍のなる堪忍が堪忍か、ならぬ堪忍するが堪忍」勘十

「成る程、堪忍は誰れもすれど、堪忍のなり悪い所を堪忍するとは」」(脚本『隅田春妓女容性《すだのはるげいしゃかたぎ》』江戸後期)。図は『尋常小学修身書』(巻二、一八九五年)からで、このことわざを表した挿絵。

習《なら》わぬ経《きょう》は読《よ》めぬ

ふだんから嗜《たしな》んでいないものや知識や経験のないことは、やろうにもできるものではないというたとえ。

江戸後期の儒学書『嚶鳴館遺草《おうめいかんいそう》』に「とにかくに習はぬ経はよまれずといへる世話の通り」と、ことわざ(世話)として引用している。

鳴神《なるかみ》も桑原《くわばら》に恐《おそ》る

恐ろしく強い者にも苦手はあるというたとえ。

「鳴神」は雷。雷は桑の木が生い茂る所には落ちないということから。「桑原桑原」と唱えれば雷が落ちないとする俗信に基づいている。雷が農家の井戸に落ち、農夫が井戸に蓋をしたために天に帰ることができなくなった。そこで雷が、自分は桑の樹がきらいだから「桑原桑原」と唱えたら二度と落ちないと約束して天に戻ったという伝説が残っている。単なる俗信で根拠のないでたらめかと言えば、必ずしもそうではない。雷は高いものに落ちやすいから、まわりに高い木があれば桑の木のような低木には落ちにくいというわけ。ことわざとしては江戸前期のことわざ集に見えるもので、江戸時代に養蚕が本格化した状況と符合するが、雷に対するこのような受け止め方は中国からのものだという説もある。

なれて後《のち》は薄塩《うすじお》

人との付き合いは、親しくなって馴れた後は一線を置いた方がよいというたとえ。

漬物は、始めは塩を多めに使って塩分を強く効かせ、漬かるに従ってだんだん薄塩にする。漬物の「熟れる」に人の「馴れる」を掛けており、人との付き合い方に、漬物の漬け方を引合いに出した珍しいことわざと言えるだろう。江戸前期の代表的ことわざ集『世話尽《づくし》』に収載されているが、その後には忘れられてしまったもののようだ。

名《な》を取《と》るより得《とく》を取る

名誉や名声より実利を重視すること。

とりわけ現代社会に横行していそうな現象のようだが江戸時代にもあったようで、近松の『相模入道千疋《せんびき》の犬《いぬ》』など、江戸中期からよく用いられたものである。反対のことわざが「得を取ろうより名を取れ」。

難産色《なんざんいろ》に懲《こ》りず

苦難をどうにか脱した者が、それを忘れてすぐに別の難事に手をつけることのたとえ。

原義は、難産で苦しんだ体験がまだ覚めやらないうちに、性懲《しょうこ》りもなくまたその原因となる色事を行うこと。人間の性《さが》なのだろうか、大変な苦労をし、辛酸《しんさん》をなめた人が、再び同じようなことをやってしまうことはまれではない。ことによると「喉元《のどもと》過ぎれば熱さ忘れる」(別項)に近い心境で、苦しかったことより楽しかったことばかりを思い描いて、再度の行為・行動となるのであろうか。そして、悲しいかな同じ苦しみを繰り返すことになってしまう。

汝《なんじ》の敵《てき》を愛《あい》せよ

自分に敵愾心《てきがいしん》を抱いたり迫害するような者に対しては、むしろ慈しみの心をもって接しなさいという意。

「汝の敵を憎め」という世間の常識に対してイエスが言った言葉で、『新約聖書』(マタイ伝五章)に「されども我汝らに告げん、汝らの敵を愛《いつくし》み、汝らを詛《のろ》ふ者を祝し」とある。

難《なん》なくして七癖《ななくせ》 ⇩ なくて七癖

に

似《に》合《あ》い似合いの釜《かま》の蓋《ふた》

＝似合い似合いの鍋《なべ》の蓋

どんな欠点のある者にもそれ相応の相手があるということのたとえ。

釜には必ずそれに似合う蓋があるという原意を、省略と同音反復の技法をもって仕立てたもの。ことわざの意味としては人間関係全般に関わるものだが、実際には男女の相性について言われる。どうも夫婦になろうとする男女については、鍋、釜、その蓋といった台所用品が引合いに出されることが多いようだ。「破鍋《われなべ》に綴蓋《とじぶた》」（別項）もそうだし、「似合う夫婦の鍋の蓋」もそうだ。見出しの表現は明治末期の東北東部のことわざ調査書『俚諺調』に収載されている。表現技巧が凝らされている点、室町時代の御伽草子に「似合う釜の蓋」という表現がある点などから見て、類似した先行のことわざを意識して作られたものかもしれない。

匂《におい》松茸《まつたけ》味《あじ》しめじ ⇒ 香《かお》り松茸味しめじ

二《に》階《かい》から目薬《めぐすり》

＝二階から目薬をさす

⑴思うようにことが運ばず、もどかしく感じることのたとえ。⑵迂遠《うえん》なやり方で、まるで効果のないことのたとえ。

二階から下にいる人の眼に目薬をさしてやるという意から。目薬も近代のような水性のものなら、まだ階下の人の眼に命中することもあり得なくはないが、このことわざが起った江戸初期頃の目薬は軟膏《なんこう》状だったので、こんなことはまったく不可能。上方系のいろはカルタの主なものに採用されたということもあろうし、語句から映像を浮べやすかったこともあろう、このことわざは近世以降もよく用いられていた。「どうで爰《ここ》から物を云つちやァ二階から目薬、どれそこへ行つて親玉様にも亦《また》おぢいにも近付きに成るべい」（脚本『御摂《ごひいき》勧進帳』一番目、江戸中期）。

逃《にが》した魚《さかな》は大《おお》きい ⇩ 釣《つ》り落《おと》した魚は大きい

苦瓢《にがひさご》にも取柄《とりえ》

どんなにつまらない物でも、どこかしらによいところがあるというたとえ。

「瓢」は瓢箪《ひょうたん》や夕顔の類をさすが、同じ瓢でも甘い夕顔は食べられるが、瓢箪は苦くて食べられない。「苦」の字がついた「苦瓢」で、食用にならない苦い瓢箪のこと。それでも、皮は堅いので食器として、また神器としても古代から使われていた。ことわざとしては似た表現が江戸時代以前に用いられ、用例も江戸初期の仮名草子『可笑記』（巻一）に「昔さる人の云《いえ》るは、下《げ》らうの詞《ことば》に、苦瓢にもとりえありと云に付て、思へば誠なるかな」と見える。

憎《にく》い鷹《たか》には餌《え》を飼《か》え

手向かう者には得となることを与えて手なずけるのがよい対策だということ。

「飼う」は餌《えさ》を与える意。反抗的な相手には、軟硬二通りの対応が考えられる。いわゆる「飴《あめ》と鞭《むち》」（別項）の使い分けというものだろう。相手が鷹だからであろうか、ここでは飴をしゃぶらせることを推奨《すいしょう》している。鷹狩用に調教している鷹にそむかれた鷹匠《たかじょう》のとる有効な方法の一つだったのかもしれない。相手が人間の場合は、「憎い子にはあめん棒くれろ」（「くれろ」は与えろの意）となる。「鷹をのみかわゆきものにして、食迄くわせる事やある。……憎いによつて、食をくわせるといふ。それはだうした事じやととへば、古しへよりのたとへにも、憎い鷹にはゑをかへといふ事はしらぬかといふた」（咄本《はなしぼん》『正直咄大鑑』江戸前期）。

憎《にく》まれっ子《こ》世《よ》に憚《はばか》る

①憎まれ子世に出《いず》る　②憎まれ子世にはびこる
③憎まれ子国に憚る

人から嫌がられたり憎まれる者がかえって世間でのさばるということ。

江戸系いろはカルタに採られたことから大変有名になっているが、多くの人は「憚る」の意味がよく分らないままに使ってきたと思われる。「憚る」は普通は遠慮する意だが、それではことわざの意に合わない。「憚る」にはもう一つ、普通にはあまり使われないが、幅をきかすという逆の意味がある。このことわざにはこちらが該当する。言い回しはさまざまあり、江戸初期を中心に多く言われていたのは異表現①で、それ以外も江戸時代に言われていた。江戸初期の俳諧『鷹筑波集』(巻三)の「竹垣のよに出たるや憎まれ子」は早い用例の一つで、憎まれっ子の出世を詠んでいる。図は、明治時代の江戸系いろはカルタ。

肉《にく》を斬《き》らせて骨《ほね》を斬る

敵に勝つために捨身の戦法を取ること。

刀と刀の戦いでも、お互いが刀身の届く距離にいなければ相手に傷を負わすことはできない。自分の肉を相手に斬らせるくらいの距離に近づいたり、わざとすきを見せて相手を呼び込んだりすることで、相手に致命傷を与えようとするものである。「皮《かわ》を斬らせて肉を斬る」という表現もあるが、どちらにせよ自分の側になにがしかの犠牲なくして戦いに勝つことは難しいということを含ませているのであろう。

逃《に》げるが勝《かち》

逃げたが勝

相手と争うことなく自分の方から逃げてしまうことが、大局的に見て勝になるということ。

形勢不利とみて逃げ出す時の方便によく使われるが、もちろん、いつも逃げることが奨励されているわけではない。戦いはつまらない喧嘩《けんか》のようなものばかりではなく、堂々と戦うべき戦いもある。そこで、この戦いは戦うべきものなのか、逃げた方がよいのかという判断が大事になる。自分の方が引く戦法や戦略を言うことわざは「負けるが勝」（別項）、「逃ぐるも一手」「逃げるが奥の手」と多く、徳川家康の天下取の戦法を言った「逃げ逃げ家康天下取る」もあってにぎやかだ。いろいろあるわりに、これを含めてどれもあまり古くから言い慣わされたものではないようで、せいぜい江戸後期からのものである。

逃《に》げる者《もの》は道《みち》を選《えら》ばず

窮地にいたればのがれるための手段を選んでいる余裕はないというたとえ。

敵に追われる者は、逃げ道の状態を考えるより先にただ逃げるものだということから。ことわざとしては多用されたものではないようだ。「下今井より木下川《きげかわ》頭《わたり》は、処々に枝流《えだがわ》あり。去向《ゆくて》にさはり多かれども、逃る者は路《みち》をえらまず」（馬琴『里見八犬伝』九輯巻三六）。

西風《にしかぜ》と夫婦《ふうふ》喧嘩《げんか》は夜《よる》収《おさ》まる

＝西風と夫婦喧嘩は夕限り

強い風も夫婦間の喧嘩も夜のうちに収まり、次の日までは続かないということ。

これ以外にも「夫婦喧嘩と北風は夜凪《よなぎ》がする」「夫婦喧嘩と昼の風は暮方に止む」「夫婦喧嘩と南風」「夫婦喧嘩と八月の風は日暮に止む」「夫婦喧嘩と大風は日が入りゃ止む」と、風と夫婦喧嘩を取合せて扱っていることわざは多い。しかし、いずれにしても風と喧嘩のうち、言いたいのは喧嘩の方。それは、喧嘩に対して風に限らないさまざまな引合いの表現があることから分る。風以外の天候では、「夫婦喧嘩と夕立後《あと》から晴れる」「夫婦喧嘩と三日月様は一夜一夜に丸くなる」、もっと端的に「夫婦喧嘩は寝て直る」「夫婦喧嘩は尻から晴れる」といったものを見れば反論の余地はあるまい。もっとも、すべての夫婦喧嘩が同衾《どうきん》することで収まるのかどうかは分りかねるが……。

二足《にそく》の草鞋《わらじ》

＝二足の草鞋は履《は》けぬ◆二足の草鞋を履く

(1)同時に二つの仕事をすることはできない意。(2)同時に二つのことをする意。

一人の人間が同時に二足の草鞋を履くということをどう解釈するかで意味が分れる。文字通りに解釈すれば、二足の草鞋を履こうとしてもこれは無理で(1)の意となる。ところで江戸時代に、博徒《ばくと》を取締る十手持ちを博徒が兼ねるようなことを「二足の草鞋を履く」と言ったという。草鞋を比喩と見て、本来は両立しがたい二つのことを行うことに使われたのである。現代では「両立しがたい」という原意は薄れ、単に二つの仕事を行う場合などに短縮した見出し形をもっぱら用いている。「賃宿屋一方では中々商売になりませぬから少々田地を耕して居りますが、二足の草鞋は穿《は》けねへちふ譬《たとえ》の通りで、たまにお泊りになりましたお客様にも御粗末の無へやうに心付けますると、畑の方へは手が廻りませぬ」（古典落語『三人旅』）。

にっちもさっちもいかぬ

どうにも身動きがとれず、事が進展しないこと。

算盤《そろばん》用語からきた珍しいことわざ。「にっち」は二《に》進《しん》、「さっち」は三進《さんしん》が変化したもので、二進が二割る二、三進が三割る三のこと。ともに割り切れて計算がうまくゆく。ことわざの方は否定形だから、計算が立たず、商売の場合ならば金銭のやりくりがつかないことを言う。江戸中期からよく用いられており、浮世草子『諸道聴耳世間猿《しょどうききみみせけんざる》』（巻三）の「ここは三分薬にして来れば、陳皮、独活《どっか》、桔梗《ききょう》の類をたんと盛《もら》ねばと、胸の内の十露盤《そろばん》が二進《にっち》も三進《さっち》もゆかぬ段になりて」という用例は、算盤用語であることがよく分るものになっている。

煮《に》ても焼《や》いても食《く》えぬ

＝煮ても焼いても噛《か》めぬ

⑴取り扱いに困ること。⑵歯が立たないどうしようもないもののこと。

調理法の二大基本は煮ると焼く。生では食べられないものでも、煮たり焼いたりすれば食べられるものは多い。これで食べられるようにならなければ、どうしようもないということになる。「さつさ鯖《さば》のすしやおされてひらく、それは人の口に、くらくらうじやくじや、この亡者のすしは、煮ても焼いてもくはれんじや」（近松『娥哥加留多《かおようたがるた》』第二）。

二度《にど》あることは三度《さんど》ある

同じようなことが二回続けてあったら、もう一回あるということ。

かつては失敗や不運な出来事について言われ、だから同じ悪いことが来ないように気をつけよという戒めにもなっていた。現代では、幸にも不幸にも用いられ、また、単に起った事象の回数について言う場合も多い。一九九三年一〇月にロシアの大統領が日本訪問を再度中止した時にマスメディアがこぞって「三度目の正直」（別項）とともにこのことわざを使っていたが、用法は後者のものだった。ことわざとしては江戸後期には確認できる。「綾汙どのを稲舟様と、わたくしに思はせて、おだましなされたその代わり下様《しもざま》の諺《ことわざ》に二度ある事は三度とやら、かういふ事が又一度はどこぞでは御座りませう」（合巻『修紫《にせむらさき》田舎源氏』九編、江戸後期）。

二兎《にと》を追《お》う者《もの》は一兎《いっと》をも得《え》ず

同時に二つの利を得ようとすれば、どちらもうまくゆかないというたとえ。

逃げ回る一匹の兎でさえ捕まえるのは容易ではないのに、二匹を同時に捕まえようとしてもそれは無理。

英語の He that hunts two hares at once will catch

neither. の翻訳で、西洋のことわざを最初にまとまって訳出した『西洋諺草』(一八七七年)に、すでに見出しの表現で見える。明治初期の教科書『修身児訓』(一八八〇年)の「学問及勉強」の章では「西諺に曰く二兎を逐《お》ふ者は一兎を得ず」とことわざを紹介し、図のようなページの半分を使った大きな挿絵も収められていた。その後も、この名訳と言ってよい訳語がほぼ踏襲され、広まっていった。それに比例して、それまで用いられていた「虻蜂《あぶはち》捕らず」(別項)は少しずつ影を薄めていったようだ。

二《に》の足《あし》を踏《ふ》む

物事を実行することをためらうこと。初めに一歩は踏み出したものの、次の一歩を踏み出しかねていることから。俳諧『続山井《やまのい》』に「二の足をふんで立《たつ》春やこぞことし」と詠まれており、江戸前期から常用されていた。

二《に》の舞《まい》

＝二の舞を踏《ふ》む◈二の舞を演《えん》じる

(1)前の人のまねをすること。(2)前の人と同じ過ちを繰り返すこと。

「二の舞」はもともとは舞楽の名で、案摩《あま》の舞の次にそれをまねて舞う滑稽な舞のこと。平安時代の日本最古の雅楽書『教訓抄』に出てくるように、この舞楽は古くから知られていた。ことわざとしては現代常用のもので、『平家物語』などに用いられているが、なぜか近世には見られなくなっている。

二《に》匹目《ひきめ》の泥鰌《どじょう》 ⇩ 柳《やなぎ》の下《した》にいつも泥鰌はいない

二《に》枚舌《まいじた》を使《つか》う

＝二枚の舌を使う◈舌を二枚使う

一つのことを二通りに言うような嘘《うそ》をつくこと。

ただ嘘をつくという単純なことではない。同じことを言うのに、二度目はあたかも最初に使った舌と違う二枚目の舌を使って言ったかのように、まるで違うことを言うということだ。「二枚舌」はもともとは仏教から出た語。人は身・口・意から一〇の罪悪、すなわち十悪が生じると言っている中の一つが「両舌」、二枚の舌のことであった。このことわざは江戸後期から言い慣わされており、用例も、見出し形、二つの異表現ともにある。「死んでも忘れはしませんと。いふ口の下からして。否《いや》の応のと二枚の舌を。つかつて済《すま》すかヤイおむす」（人情本『孝女二葉の錦』巻六）。

煮豆《にまめ》に花《はな》の咲《さ》く ⇩ 煎豆《いりまめ》に花

女房《にょうぼう》と味噌《みそ》は古《ふる》いほどよい

＝女房と鍋釜は古いほどよい

女房は長く連れ添った者の方が何かにつけて勝っているということ。

「医者と味噌は古いがよい」（別項）ということわざもあるように、味噌は古い方が味がなれてうまい。同じように、古女房の方が仕事にそつがなくなり家を上手におさめることができるということだ。異表現の鍋や釜は、新しいと金気《かなけ》があって調理したものの味を損なうことから、使いこんだものの方がよいという科学的根拠をもっている。ところで、このことわざとは反対に「女房と畳は新しい方がいい」と、一見すると逆の意味のものがある。さて、どちらが本当のことなのかと判断に迷うことはない。見出しのことわざが主に家における女房という存在の評価であるのに対して、畳の方は人間関係における初々《ういうい》しさを評価するもの。つまり、観点に違いがあると見れば、二つのことわざは矛盾するものではないのである。

女房《にょうぼう》は台所《だいどころ》から貰《もら》え

妻を貰う時は、格が下の家から貰えということ。

近世の結婚観が端的に示されている。「男は座敷から貰え、嫁は庭から貰え」とか「嫁は木尻《きじり》から婿は横座から貰え」(「木尻」は炉端の末端の席、「横座」は主人の席のこと)といったことわざが示すように、日本の近世社会では結婚に関して男女の家の格が大きな問題になっており、基本的に妻を格下の家から貰うことで男上位が維持できると考えられていた。台所以外には、「女房は灰小屋から貰え」「女房は流し下から貰え」、ひどいものになると「女房は掃溜《はきだ》めから拾え」と極言するものまであった。

二卵《にらん》を以《もつ》て干城《かんじょう》の将《しょう》を棄《す》つ

(1)過去の少しばかりの欠点を言い立てて有用な人物を失うこと。(2)わずかな欠陥にはこだわらず、長所を認めて人を採用すべきであるということ。

「二卵」は二個の鶏卵。「干城」は、盾《たて》と城、転じて国を守ってくれる武人。中国・秦代の『孔叢子《くぞうし》』(巻上)の、二つの卵を受け取ったかどで干城の将を排斥するのは愚策だとする故事による。優秀な軍人を求める衛侯《えいこう》に子思《しし》が苟変《こうへん》を推薦したが、衛侯は苟変が役人時代に人民から二つの卵を取り立てたことがあったことから任用しようとしなかった。そこで子思は、人の短所ばかりにこだわらず、長所を取り上げて用いよと説いたのであった。

鶏《にわとり》の嘴《くちばし》となるとも牛《うし》の尾《お》となることなかれ

⇒鶏口《けいこう》となるも牛後《ぎゅうご》となる無《な》かれ

鶏《にわとり》は三歩《さんぽ》歩《ある》くと忘《わす》れる

＝①鶏の三足　②三歩歩くと忘れる

(1)すぐに物忘れすることのたとえ。(2)よく忘れる人をからかったり、あなどって言う言葉。

鶏が物忘れの代名詞にされたのは、犬や鸚鵡《おうむ》などと違い芸を覚えたり物まねをしたりするでもなく、人間の言うことを聞かない「馬鹿」とみなされたからであろう。一九六五年頃の福島の地方誌が、叱られても懲りない意で異表現①を収録している。忘れっぽいことのたとえとしては、中国・漢代と伝えられる『孔子家《こうしけ》語《ご》』に「家を移して妻を忘れる」とあったが、日本では用いられなかった。図は現代の労働運動のビラに載った風刺のイラスト。

鶏《にわとり》を割《さ》くに焉《いずくん》ぞ牛刀《ぎゅうとう》を用《もち》いん

＝鶏を割くに牛の刀

(1)小さなことをするのに大きな力を出す必要はないというたとえ。(2)物事に対する適用や方法が間違っていることのたとえ。

「牛刀」は牛を切り裂くのに用いる大きな包丁。小さな鶏をさばくのに牛刀を使う必要はないし、なによりも扱いにくい。『論語』(陽貨)に見える言葉。孔子が門人の子《し》游《ゆう》の治める地に出向いた時、いたる所で大国を治めるのに使う琴の音や歌声を耳にしたので、小国でも大国を治める精神を忘れない子游を牛刀になぞらえ称賛したという故事に基づいている。日本でも古くから知られ、最古の金言集である平安時代の『世俗諺文』をはじめ多用された。「せん平「日頃自慢の兵法は、何時《いつ》役にたつのだね」門兵衛「エ、みじめな人だぞ」意休「大象はとけい(兎径)に遊ばず。鶏を割くになんぞ牛の刀を用ひんや。イヤ意休が相手になる奴でない」」(脚本『廓《くるわ》の花見時』二番目、江戸中期)。

人間万事《にんげんばんじ》塞翁《さいおう》が馬《うま》

＝塞翁が馬◆世は塞翁が馬

吉凶も禍福も予測は不能なので、災難も悲しむことはなく、幸運も喜ぶことではないということ。

中国・漢代の『淮南子《えなんじ》』(人間訓)に見える故事。国境(＝塞)に住む吉凶を見通す術に優れた老翁の馬が、胡《こ》の地に逃げてしまったので人々が同情したが、翁は悲嘆しなかった。数カ月後にその馬は胡の駿馬を伴って帰ってきた。人々が祝福すると、逆に翁はこれに災いを予見した。はたして、老翁の子が落馬して足が不自由になってしまった。すると翁は今度は福を予見した。やがて、まわりの若者が戦争に駆り出されて死んでいったが、翁の子は足が不自由なために戦争に行くこともなく生き延びられたという。日本でも古くから知られ、謡曲『綾鼓《あやのつづみ》』『笠卒都婆《かさそとば》』や江戸時代の文芸に多用されている。

人間実《にんげんみ》が入《い》れば仰向《あおむ》く、菩薩《ぼさつ》は俯《うつむ》く

⇒菩薩実が入れば俯く、人間実が入れば仰向く

人参《にんじん》呑《の》んで首縊《くびくく》る

＝**人参呑んで首**

(1)結果を考えずに無計画に事を行うと、身の破滅になるというたとえ。(2)本末が転倒していることのたとえ。

この「人参」は朝鮮人参で、薬用に服すものだがきわめて高価だった。その高価な人参を呑んでなんとか病気は治ったが、人参代のやりくりがつかずに首を縊るはめになるということ。「人参が人を殺す」とも表現され、江戸中期頃から盛んに用いられた。風来山人の滑稽本『放屁論』の冒頭には「人参呑でくびくくる痴漢《たわけ》あれば、河豚汁《ふぐじる》喰ふて長寿《ながいき》する男もあり。一度で父《てて》なし子孕《はら》む下女あれば、毎晩夜鷹買ふて鼻の無事なる奴《やっこ》あり」と、不運・災難の例証の筆頭に挙げられていた。

人見《にんみ》て法《ほう》を説《と》け

＝**人《にん》によって法を説け**◈**人《ひと》を見て法を説く**

相手の人柄・教養に応じた処置を講じることが大事だということ。

「人《にん》」は、ひとがら。「法を説く」とは仏教で、仏法の教えを説き聞かせること。のちに広く一般に、理屈を説き聞かせたり意見する意に使うようになった。説教なら言うまでもないが、ごく普通の話でも、相手が大人か子供かで話し方が違ってくる。相手かまわずにいつでもどこでも判で押したように話しても理解され

ないだろうし、反面、相手に合せすぎても相手を見下す感じになって厭味《いやみ》になりかねない。相手を見て、その状況にふさわしい話し方をする必要があろう。江戸後期から用いられているが、江戸時代の用例は少ない。「与茂「もしおれのやうに、無理やりにああしたらどうする」そで「そりやわたしが心一つ。人《にん》を見て法とやら」」（鶴屋南北『東海道四谷怪談』序幕）。なお類義に「機《き》に因《よ》りて法を説け」があるが、こちらは機会に応じて適切な説法をせよという意で、少し異なる。

ぬ

糠《ぬか》に釘《くぎ》

なんの手応えも効目もないことのたとえ。

上方系のいろはカルタに採られた語句として知られている。「親の異見もきかぬ虫の音　新米の糠に釘打ごとくにて」（俳諧『二葉集』江戸前期）。

盗人猛々《ぬすっとたけだけ》しい

悪事をしながら図太いさまをののしる言葉。

「猛々しい」は、ここでは荒々しいとか、勇ましい意ではなく、図々しいこと。つまり、盗みをしていながらこそこそするどころか、逆にふてぶてしく、また図々しくしている奴の様子を表している。「盗人」には同義語に「泥棒」があり、江戸時代には両方とも使われていた。一般に、ことわざに使われた「盗人」は近代には「泥棒」に言い換えられたものが少なくない。その中でこれは、江戸初期から現代まで頻度高く使用されてきたことわざながら、「泥棒」の形はほんの例外的にあったにすぎない。「我が身に於ていささかも、覚えなき事に候、といへば、捕手の長《おさ》と見えて、陣羽織きたる者いひけるは、盗人猛々しとは汝《なんじ》がこと」（読本『浮牡《うきぼ》丹《たん》全伝』巻四、江戸後期）。

盗人《ぬすっと》にも三分《さんぶ》の理《り》

‖泥棒《どろぼう》にも三分の理

どんなものにでも、理屈は付けられるということ。

正当な理由があろうはずがない盗みという悪事にも、いくらかの理屈が付けられるということから。異表現よりは見出し形の方が古いようだが、それでも幕末のことわざ解義書『童蒙世《どうもうせ》諺和《げんわ》解集《げしゅう》』に見える程度で、用例も近代以前には見出していない。

盗人《ぬすびと》に追銭《おいせん》

‖盗人においをうつ◆盗人におい

損をしたその上にさらに損をすることのたとえ。

「追銭」とは、一度金を払ってまたさらに金を払うこと。金品を取っていった泥棒にご丁寧にもさらに金を渡してやるという意から。異表現の「おい」は追銭の略と考えられ、「追」や「負」の字が当てられるが、語源的にははっきりしていない。ことわざとしては比

較的古く、狂言『連歌盗人』に「二人「このぬす人は、さはなくて、連歌にすけるやさしさに、呼入て見参し、酒一つ呑せて」シテ「太刀」アド「かたな」二人「たびにけり。是かや事のたとへにも、盗人に負といふ事は、かかる事をや申らん」」と早い例が見え、江戸時代の近松作品などにも多用されている。

盗人《ぬすびと》に蔵《くら》の番《ばん》

わざわざ自分から害を蒙ったり、悪事を誘発することのたとえ。

人もあろうに、泥棒に蔵の中の大事なものを盗まれないように番を頼む、ということから。近代以前では近松の『夕霧阿波鳴渡《あわのなると》』の用例しか確認できていない珍しいものである。同義の「盗人に鍵預ける」の方は、古くは『源平盛衰記』に用いられ、江戸時代にもことわざ集にはよく見えている。「アアいへば左様《さう》ぢや、おれはいかい阿呆《あほう》ぢや、祈も除けたい恋の敵《かたき》持つて居てあてがふは、盗人に蔵の番磁石に針、皆に気を

つけられて」（『夕霧阿波鳴渡』巻中）。

盗人《ぬすびと》の上前《うわまえ》をとる

＝**盗人の分け前をとる**

(1)悪党の中にも上手がいるということ。(2)この上ないほどにたちの悪いことのたとえ。

泥棒が盗んできたものの上前を取ってしまうことから。見出し形は馬琴の『里見八犬伝』に、異表現は十返舎一九の『誹語堀之内詣』に見える。

盗人《ぬすびと》の昼寝《ひるね》

＝**盗人の昼寝も当《あて》がある**

(1)何事をするにも理由があるというたとえ。(2)何か思惑《おもわく》をもって事をするたとえ。

異表現のように補語と動詞を伴う形が江戸初期からあるもので、時代がだいぶ下ってから見出し形になっていった。人が働いている昼日中から寝ている者が、実は夜の〈仕事〉をもつ泥棒だということからだが、異表現だと何か当があって（つまりその夜に〈仕事〉をする目当てがあって）泥棒が昼寝しているのだなと見当がつく。

第二次大戦後までの古い江戸系いろはカルタに採られていたことわざで、江戸時代には常用されていた。いろはカルタの文句が最初から見出しの短縮形なのは、その方が言いやすかったからなのだろう。古い絵札は図（明治時代のもの）のように、藁頭巾《わらずきん》をかぶった山賊の姿が描かれているが、単なる泥棒では絵にしにくく、印象も弱いと感じられたからであろう。

盗人《ぬすびと》を捕《とら》えてみれば我《わ》が子《こ》なり

予想だにしない事態に困惑することのたとえ。また、身近な人でも気の許せないこと。

室町時代の俳諧『犬筑波』で「切りたくもあり切りたくもなし」の付句として付けられたもので、江戸初期からよく用いられた。

盗人《ぬすびと》を見《み》て縄《なわ》を綯《な》う ⇩ 泥縄《どろなわ》

盗《ぬす》みする子《こ》は憎《にく》からで縄懸《なわか》くる人《ひと》が恨《うら》めしい

我が子を身びいきする親のたとえ。泥棒をした我が子を憎まずに、捕まえる相手を憎むということから。『曾我物語』(巻七)に「盗みする子にくからで、縄つくる物をうらむる」という表現が見え、見出しの表現も近松の『冥途の飛脚』など、江戸中期には用いられるようになっている。

濡手《ぬれて》で粟《あわ》

＝**濡手で粟を攫《つか》む**

何の苦労もせずにうまいことをするたとえ。濡れた手を粟粒の中に押し込むと、細かな粟の粒は掌ばかりでなく甲にも指の股にもくっついてくる。労せずに利益を得ることができるというわけである。第二次大戦後には、「粟」を「泡」と誤解する人が現れているが、「攫む」という動詞のある異表現が一般的だったらそんな誤解も免れていたかもしれない。そうはいっても粟が日常生活からなくなってしまった今日、アワの音で粟を連想するのは難しい。古くは江戸初期の俳諧『鷹筑波集』(巻五)に「ぬれ手にてあは雪つかむ蕨《わらび》かな」と詠まれている。

濡《ぬ》れぬ先《さき》こそ露《つゆ》をも厭《いと》え

＝**濡れぬ先に露をも厭え**

まだ過ちを犯さないうちは過失を恐れるが、一度犯してしまうと気にならなくなるというたとえ。

まだ草の露に濡れていない時は、露に濡れるのを嫌がるが、一度濡れてしまうと後は平気になってしまうということから言われ、主に男女間の過ちについて用いられる。山東京伝の黄表紙『扮接銀煙管《そぎつぎぎんぎせる》』の「二つの首の色事ついに顕れければ、濡れぬさきこそ露をも厭へと、それより互いに相談づくにて、毎晩毎晩代りごつこに色事を楽しみける」はその好例。意味の上で「毒食わば皿まで」（別項）と重なるところがあるが、毒の方は悪事を対象としていることが多い。

ね

猫《ねこ》に鰹節《かつおぶし》

＝①猫に鰹節預《あず》ける　②猫に鰹節の番《ばん》

(1)あやまちが起きやすく油断できないというたとえ。(2)危険な状況のたとえ。

鰹節は猫の大好物。猫にその鰹節を預けて見張りを頼むということは、わざわざ猫に食べて下さいと言うようなもの。見出しは短縮形だが、異表現から具体的な情景が分る。ところで、猫は鰹節だけを特に好んだのではないようだ。江戸時代には「鰹節」の代りに「乾鮭《からざけ》」「生鰯《なまいわし》」なども用いられていた。これが外国になると、「チーズを食べられてから猫を叱ってもしようがない」（フランス）、「親猫も子猫と同じくらい牛乳をなめる」（英語）、「ラードを取りに猫をやるな」（英語）、「猫は手の届かぬレバーを腐っているという」（トルコ）、「猫には肉のかけらの夢」（パキスタン）などと、猫の好物がいろいろあることが知れる。そして日本に近いところでは、「猫の前に魚のおかず」（韓国）、「猫に当てつけて魚を焼く」（タイ）と、魚が好物であることがうかがえ、意外な感があるのは、魚とは縁が薄いと想像される遊牧民族にも「猫は新しい魚は食いたがるが水の中へは入らない」（モンゴル）とあること。さらには「猫に魚屋の番を頼む」（韓国）という異表現②の魚屋版まである。

猫《ねこ》に小判《こばん》

＝猫に丁銀《ちょうぎん》◆猫に銭《ぜに》◆猫に小判見せる

どんなに高価で貴重なものでも、その価値を知らない者には何の意味もありがた味もないというたとえ。

異表現の「丁銀」は銀貨の一つ。

「猫」の語が用いられている日本のことわざは二百を優に越える。その中でこれは最も有名なものの一つ。ことわざとしての初出は江戸中期頃からでそれほど古いものではないが、当初から現代まで使用された度合は非常に高いので、一貫して人気(?)があったと言えようか。同義のことわざに「猫に石仏《いしぼとけ》」「犬に小判」「馬に小判」などよく似たものがあったにもかかわらず、どれもこれほどの広まりと支持は得られずに消えていってしまったことからもうかがえる。図は田河水泡の「教訓漫画双六」(一九三二年)から。

猫《ねこ》に木天蓼《またたび》

＝ ①猫に木天蓼を焚《た》く ②猫に木天蓼お女郎《じょろ》に小判 ③猫に木天蓼泣く子に乳

(1)大好物なもののたとえ。(2)著しく効果があることのたとえ。(3)異性に心を奪われるたとえ。

「木天蓼」は山地に自生する蔓《つる》性の落葉低木で、若芽や実は食用となり、乾燥させた実は薬用にもなる。一説に、疲れた旅人が食べると元気が湧いてきて、「また旅」ができるようになると言われている薬効高い植物。この木天蓼はネコ科の動物が大変に好むことでも知られている。木や実をなめたり、焼いた匂いをかぐと激烈な反応を示す。酔ったように腰が抜けた状態になったり、顔じゅうをよだれだらけにしたり、体を地面にこすりつけてのたうちまわったりというような陶酔《とうすい》・恍惚《こうこつ》状態になる。これは木天蓼に含まれる不飽和ラクトンとアクチニジンと呼ばれる物質に猫が敏感に反応することによる現象だと言われる。ことわざとしては異表現②③のように、まったく無関係なものと抱き合せて対句的な用い方もしていた。早い用例は江戸中期の洒落本『契情買虎之巻《けいせいかいとらのまき》』に「五きやうは、りうの氏神なれば、けいせいのなづむ事、猫にまたたび焚《たく》にひとし」と見える。

猫《ねこ》の魚《うお》辞《じ》退《たい》

⑴内心は望んでいるのにうわべは遠慮することのたとえ。⑵当座だけで長くは続かないことのたとえ。

好物の魚をあげるといったら、猫がいりませんと断ったということだから、とても本心からの言葉とは思われず、猫の言葉の裏には何か秘められているものがあるはずだと推測するのがむしろ自然だろう。明治以前の用例は見当らない。ことわざ辞典類への収載も『俚諺辞典』(一九〇六年)が早いものと思われるが、そこでの「魚」には現代の表現とは異なって「さかな」という読みがついている。

猫《ねこ》の首《くび》に鈴《すず》

＝猫の首に鈴をつける

⑴危険この上ないことに挑むことのたとえ。⑵考えとしては名案だが、成功の見込みがなく実現しそうにないことのたとえ。

猫のためにさんざんな目にあっている鼠《ねずみ》たちが対応策を練った。猫の首に鈴をつければ猫がどこにいるかすぐ分るという意見が出た。なるほど名案だと皆も感心したが、やがてだれが鈴をつけるのかという難問に気づき、結局この案は実行されることはなかったという。近世フランスのラ＝フォンテーヌの『寓話《ぐうわ》』に収める「ねずみの会議」が有名で一般に知られているが、ことわざ自体は六世紀の古代シリア語の『カリラとディムナ』にさかのぼれるそうだ。中世ヨーロッパでは広く用いられたもので、彫刻や版画などの図像に表現した作品がたくさんある。日本ではラ＝フォンテーヌの作品は大正時代には紹介されていたはずだが、ことわざの形で記されていなかったこともあり、ことわざとして認定されて辞典に収載されるようになるのは昭和三〇年代以降になり、しかも載せている辞典は少ない。

猫《ねこ》の手《て》も借《か》りたい

①猫の手も人の手にしたい ②犬《いぬ》の手も人の手にしたい ③猫の手も人の手に借りたい ④猫の手も人の手

忙しい時に誰でもいいから手伝いがほしいこと。

農繁期などのきわめて忙しい時に、そばでのんびりと眠っている猫の様子を見た人間様の願望が、ことわざになったものだろう。見出し形は近松の『関八州繫馬《つなぎうま》』（一七二四年）に見られ、もっと具体的に猫の手が人手に代ることを望む異表現①が浮世草子『咲分《さきわけ》五人娘《むすめ》』（一七三五年）に見られる。このように比較的古い用例が見られるが、ことわざらしくないと思われたのか、ことわざ辞典への収載は明治後期以降になる。そして大辞典を除いた普通の辞典に登場するのは、第二次大戦後になってからである。なお、②の「犬」の形は江戸中期の浄瑠璃『摂津国長柄人柱《せっつのくにながらのひとばしら》』などに見られ、その頃から明治時代を通してよく使われていたが、大正頃には消えてしまった。

猫《ねこ》も杓子《しゃくし》も

だれもかれもみんなという意。

「猫」と「杓子」との取合せについて、江戸時代からいくつも説が唱えられていた。その一つで、猫が蝶番《ちょうつがい》杓子というものに似ているからとしたのが江戸後期の随筆『嬉遊笑覧』。そのほか、「女《め》子《こ》も弱子《じゃくし》も」が訛ったものだとか、売笑婦と講釈師の意である「寝《ね》子《こ》も釈師も」からだとしたものがある。また、ことわざの語釈の面では、江戸後期の滑稽本『稽古三味線』では、聞き覚えた子供が寝言にまで言うことのたとえとしている。図は、明治時代の少年誌『日本之少年』（四巻一〇号、一八九二年）から。語学学習の流行を風刺した戯画で、擬人化された猫や杓子がロシア語学習塾の前に行列を作っている情景が描かれている。

ねじれた薪《たきぎ》も真直《まっす》ぐな炎《ほのお》を立《た》てる

(1)方法が間違っていてもよい結果が出ることのたとえ。(2)目的を遂行するためには手段を選んでいられないということ。

たとえねじれた形状の薪であっても、いったん火がついたら元の形状は燃え立つ炎になんら反映されることはない。だから、わずかな方法の違いなどといった些細なことを斟酌《しんしゃく》するのは賢明ではないということになる。古いものでもなく、現代特に使われているものでもないが、類似の意味をもつことわざがほとんどないことと、このことわざが当てはまる状況もたしかに存在するという点から、これからのことわざとして生きてゆくものと推測している。

鼠壁《ねずみかべ》を忘《わす》る、壁鼠を忘れず

危害を与えた方は忘れやすく、与えられた方の恨みは長く続くというたとえ。

中国・漢代の『越絶書』（巻五）に出典が求められる。擬人法を用いたことわざ。鼠が壁に穴をあけるのは生活のための通路作りであって、相手やまわりに危害を与えたという気は毛頭ないであろう。しかし壁につけられた穴は元には戻らない。人間関係に目を向けて、いわゆるイジメ問題一つを引合いにだしても、いじめる方はほんの軽い気持だったり、時にはそれなりの理屈があったりするのであろうが、やられた方の傷は深く、一生にも影響するくらいに深刻だ。

鼠《ねずみ》ごっこ鼬《いたち》ごっこ ⇒ 鼬ごっこ

鼠捕《ねずみと》る猫《ねこ》は爪隠《つめかく》す

優れた能力や力をもつものは、ふだんはそれをひけらかすことはしないというたとえ。

実際に猫の爪は、普通は付け根にあるサヤにしまわれていて、木登り、闘い、餌《えさ》の捕獲の時などにむきだしになる。それは鼠を捕る猫と捕らない猫とで違うものでもない。おそらく猫が鼠を捕る情景を目撃した人間や、引っかかれた人が、猫にとって最大の武器である爪の威力に驚嘆してのことではなかろうか。ことわざとしては江戸前期から比較的用いられており、俳諧『玉海集』(付句巻下)には「父に手足の爪ぞ隠せる　鼠とる猫はねらふも静かにて」と詠まれている。

鼠《ねずみ》の子《こ》算用《さんよう》

際限なく増え広まっていくことのたとえ。

　ハツカネズミという名は、わずか二〇日ほどの妊娠期間で子供を産むことから命名されたもの。それにしても鼠の繁殖力はすさまじい。妊娠期間が短いのに成長は早く、そのうえ一度に多くの子供を産むから、あれよあれよという間に増える。一つがいのハタネズミが一年間に一七回、一回平均五匹、合計八五四匹の子を産んだという追跡調査記録がある。この八五四匹もつがいになって次々に出産してゆき、最初の一つがいが一年で二二〇〇匹に増えたという驚くべき数字が示されている。このことわざは、江戸前期のことわざ集『世話尽《づくし》』に「鼠算用」という表現で収載されており、現代も「鼠算」とか「鼠算式に増える」といった表現もされている。

鼠《ねずみ》は大黒天《だいこくてん》の使《つか》い

鼠は福の神だという考え。

　鼠は古代から、人間の大切な穀物を荒らす憎い敵とみなされていたが、時に評価される面も持っている。特に「火事の前には鼠がいなくなる」「鼠は沈む船を去る」と、予知能力への評価は高い。ここでは七福神の一人、大黒天の使者にまでなっている。大黒天はもとは密教の神だが、日本では大国主命《おおくにぬしのみこと》と結合して、頭巾をかぶり肩に大きな袋を背負い打出《うちで》の小槌《こづち》を持った姿でなじまれている。鼠がなぜ大黒天の使者と言われるようになったかは分らない。大黒天が台所にまつられること、鼠の好物の米俵を踏まえていることが関係しているかもしれない。見出しのことわざは江戸中期のことわざ集に収載されたものはあるが、文例は馬琴の『頼豪阿闍梨《らいごうあじゃり》怪鼠《かいそ》伝《でん》』に見られるものの非常に少ない。むしろ鼠は大黒様の絵に付き物のように姿を見せていた。

寝《ね》た牛《うし》に芥《あくた》かける

＝臥《ふ》せる牛に芥

何の関わりもない者に無実の罪を着せてしまうことのたとえ。

「芥」はごみや塵のこと。おとなしく寝ている牛にいきなりごみをかけてしまうということから。農民の生活の中から出たものだろうが、なぜ罪を着せる相手が牛なのだろうか。推測するに、生活の周辺で最ものんびりとして鷹揚《おうよう》にみえる動物である牛が、その上ねそべっているのだから、反撃はもちろん、拒絶することもあるまいとみなされたというところだろうか。これが現実に人間の間に起るとしたら、牛のようなのっそりとした感じのする、人のいい人物が狙《ねら》われるかもしれない。江戸前期のことわざ集『世話尽《づくし》』に収載されてはいるものの、近世での使用例はほとんど見当らないものである。

寝《ね》た子《こ》を起《おこ》す

＝寝る子を起す

どうにか収まったことに余計な手出しをして、再び問題を起すことのたとえ。

やっと寝かしつけた赤ん坊を、可愛いといって頰《ほお》をつついて起してしまったといった情景からであろう。寝付きの悪い子やいわゆる癇《かん》の強い子を寝かしつける親の苦労は、実際に経験した者でないと分らない。特にひどい夜泣きをする子をもった親の苦労は並大抵ではない。「寝る子は賢い親助け」ということわざがあるように、よく寝る子は親にとって何よりもありがたい。だから、やっとの思いで寝かしつけた子を起されたのではたまったものではないというのが親の気持であろう。

子《ね》に臥《ふ》し寅《とら》に起《お》きる

寝る間も惜しんで働くこと。

午前零時頃に寝て、午前四時頃には起きることから。戦国時代の北条早雲作と伝えられる家訓書『早雲寺殿廿一箇条』にすでに古語として援用されているように、古くから用いられた語句である。

寝《ね》耳《みみ》に水《みず》

＝寝耳に水の入る

驚きあわてることのたとえ。

この「水」を水音と解釈し、寝ている時に水音が聞えるとする説がある。しかし、その解釈は疑問で、やはり水そのものであろう。現実に寝ている人の耳に水が入る可能性はほとんどないと思われるが、水音では迫力がないし面白みもない。「寝耳に擂粉木《すりこぎ》」「寝耳へ石火矢《いしびや》」「寝耳に槍《やり》」という同義のことわざも江戸時代に見られるように、たとえごとは現実性とは関連がないどころか、むしろ現実から遠い奇抜な発想の方が訴える力が大きいものだ。寝ている状態に与えられる驚きは、衝撃の強い物の方が大きい。江戸前期の狂歌『鼻笛集』にはこれを題にした歌がまとまって五首詠まれている。その中の一首「夜半にふる板屋の雨に夢さめてね耳に水の入《いり》にけるかな」。図は幕末の狂画集『諺《ことわざ》臍《へそ》の宿替《やどかえ》』からで、大桶の水がぶちまけられている。

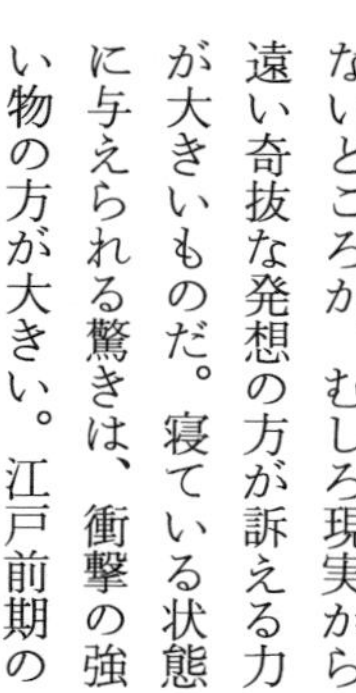

根《ね》もない嘘《うそ》から芽《め》が生《は》える

はじめはでたらめだったものが、そのうちに本当のことになってしまうことのたとえ。

「根がなくとも花は咲く」ということわざがある。根拠がなくても噂《うわさ》はひろまる意で、切花でも生けておけば花が咲くことから言われる。また、植物の中には俗に「はからめ(葉から芽)」と呼ばれる、根がなくても芽の出る子宝弁慶草のような植物がある。これらに共通するのは、根がなくても芽は出るし花は咲くという事実。だからというわけではなかろうが、根なしの嘘から芽が出て本当になってしまったというのが見出しのことわざ。抽象的な言い回しの「嘘から出た誠《まこと》」（別項）を植物に引き寄せながら面白く言い換えて作られたものであろう。

寝《ね》る間《ま》が極楽《ごくらく》

寝るほど楽《らく》はなし◈寝るが正月◈寝たほど楽しみはなし

寝ている時が一番の幸せだということ。

たとえ起きている時にどんなに心配ごとや不快なことがあろうと、寝ている間は忘れていられる。これは、現実世界にさまざまな困難や悩みが次から次へと起り、それから解放されることがない人間に対する反面からの慰めと言えようか。「そりやア洒落か間違ひかアハ……どれおれも寝んねしやう。ほんに寒い晩だナアどつこいなヱ寝る程楽はなき物をだ」（人情本『春《しゅん》秋二季《じゅうふたき》種《ぐさ》』五編巻下、江戸末期）。

根《ね》を断《た》って葉《は》を枯《か》らす

根を掘って葉を枯らす◈根を切って葉を枯らす

(1)災いや紛糾した事態の根本となる原因を除くことのたとえ。(2)元も子も失い全体を滅ぼしてしまうことのたとえ。

枝葉を切り落して幹だけにしようと思っても、枝葉は次々に出てくる。しかし、根を断てば根からの栄養がこなくなり、枝葉は枯れて二度と生えてくることはない。だから根を断つことは、原因を根源的に除去することになり、有効な方法と言えよう。反面において、ものの全体を駄目にしてしまう危険性も同時に孕《はら》んでいるということになる。江戸初期の『信長記《しんちょうき》』（巻一三）には「かの丹波国波多野、播磨国別所ごとき一類、根を絶《たや》し葉を枯すやうに成果《なりはて》候はば」と用いられ、その後も常用された。

念《ねん》には念を入《い》れ

〓①念に念を入れる　②念には念をつかへ

十分に注意を払った上にも注意をすること。

「念」は十分に思慮し気を付けること。異表現②の「つかへ」は、弓に矢をつがえるという時の「つがう」(互いに不可欠なものを組合せる)か、「遣う」の意であろう。この②もそうであるが、命令形で用いる場合も多く、用法的には状況に応じていろいろに使い分けられてきた。また、掲げた異表現以外にも「念に念をつがう」「念に念」「念には念」「念の上にも念」などさまざまな言い回しがあり、江戸中期の法語集『正眼《しょうげん》仮名法語』(巻上)には「せんなき事をイヤ〳〵とおもひて、くり返し〳〵念に念をかさねて相続してやまず」と見える。抽象的な語句のわりに有名なのは、江戸系いろはカルタに採られたことによるものだろうか。伝承的なカルタの絵札は商人が書状に確認の印を押そうとしている情景で、ことわざの意を表現している。

念力《ねんりき》岩《いわ》をも通《とお》す

〓一心《いっしん》岩をも通す ◈思う念力岩をも徹《とお》す ◈一念《いちねん》岩をも通す

何事も一心不乱に行えばなし遂げることができるというたとえ。

念力は精神の集中や強く思うことによって生れると考えられた力で、古代からさまざまに表現されたその力は尊敬され畏怖《いふ》されてきた。中国・楚の熊渠子《ゆうきよし》が、夜間に虎と見間違えて石に矢を射たところ、石が割れたという故事がある。このことから、「石に立つ矢」とか「岩をも通す桑の弓」(古代中国では桑の弓で男児の出世を願った)ということわざが生れたとされている。見出しのことわざもこの故事の系譜に入るもので、赤穂義士・堀部安兵衛の『堀部武庸《たけつね》筆記』にも出てくる。早い例は江戸初期の仮名草子『尤之双紙《もっとものそうし》』に見える。なお、精神論を強調する同義の「精神一到《いっとう》何事か成らざらん」も古くからよく知られていた。

の

能《のう》ある鷹《たか》は爪《つめ》隠《かく》す

＝よい鷹は爪を隠す◆よく鳥とる鷹は爪隠す

才能や真に実力のある人は、ふだんはそれをひけらかすことはしないというたとえ。

これとは反対の「能のない鷹」は爪を現しているのだろうか。正解は、能があろうがなかろうが、鷹の爪は通常は現れている。同義の「鼠《ねずみ》捕《と》る猫は爪隠す」（別項）の猫とはちょうど逆である。では、ことわざは事実誤認をしているのであろうか。そうとも決めつけられないようだ。鷹は下にいる獲物を狙《ねら》って急降下する際には、足を体にぴったりとくっつけて減速を最小に留めようとするが、このとき爪は隠れた状態になっていることがある。というわけで、まったく根拠がないとは言えないのである。安土桃山時代のことわざ集『北条氏直時分諺留《うじなおじぶんことわざとめ》』に筆録されており、江戸時代では常用されていた。「用らるるが、禍の端。おそるべし慎むべし。能ある鷹は爪を隠すじや。一生身を全《まっとう》してたもるが、おれへのいかゐ孝行」（談義本『当世下手《いまようへた》談義』巻二、江戸中期）。図は「ためになることばいろは双六」（一九三六年）から。

能書《のうしょ》は筆《ふで》を択《えら》ばず ⇩ 弘法《こうぼう》筆を選ばず

軒《のき》を貸《か》して母屋《おもや》取《と》られる ⇩ 庇《ひさし》を貸して母屋を取られる

のけば他人《たにん》

夫婦は離婚すればまったくの他人になってしまうと

いうこと。

「のく」は退く意。「離」の字を当てることもある。いくら惚《ほ》れあって夫婦になっても、知り合う前はお互いに他人。長年夫婦として苦楽をともにしたとしても、別れてしまえば元の他人に戻っただけという醒《さ》めた見方もある。また、のけば他人になってしまうから、なんとか夫婦別れを避けるべきだという離婚回避の根拠として使われる場合も多い。江戸中期の浄瑠璃『三日太平記』(第九)には「我子の重太郎、いかが成りしぞ気遣ひと、思へど夫《それ》と得《え》いはぬ、のけば他人の身ぞつらき」と離婚した立場を慨嘆するところがある。

鋸屑《のこぎりくず》も言《い》えば言う ⇒ 大鋸屑《おがくず》も言えば言う

残《のこ》り物《もの》に福《ふく》がある

＝余《あま》り物《もの》には福がある

残ったものや余ったものには、案外よいものがあるという意。

くじ引などで当りくじが残り少ない部分に多いかというと、確率的には何の根拠もない。ただ、選択の余地がせばまってからの当りという点で、人に与える印象が強くなるのかもしれない。実際にことわざとして用いられるのは、順番が後回しになってしまった人への慰めの言葉として使われることも多いし、本当にその通りの結果になった時には、軽い驚きとともに「やはりそうか」という納得の意味合いでも用いられる。言い回しは異表現が大田南畝《なんぽ》の『寝惚《ねぼけ》先生文集』など江戸中期からあり、見出し形も幕末頃には見える。

後《のち》の百《ひゃく》より今五十《いまごじゅう》 ⇒ 明日《あす》の百より今日《きょう》の五十

喉《のど》から手《て》が出《で》る

むしょうに欲しがることのたとえ。

カメレオンは、口から長い舌を一瞬のうちに出し入れして獲物を捕ることができる。人間の舌はカメレオンの舌のようには動かない。そこで、舌のかわりに人間がふつう捕獲する手段に使う手が口の中から出てくるといった光景が着想されたのであろうか。明治以前には用例などが見えないので古いものではない。最初は、欲しがるものは飲食物に限定されていたが、やがて何についても言うようになった。

喉元《のどもと》過ぎれば熱《あつ》さ忘《わす》れる

(1)どんな苦痛を味わっても時が経つとすっかり忘れてしまうことのたとえ。(2)苦難にある時に受けた恩でも、乗り越えて楽な状態になるとその恩義を忘れてしまうことのたとえ。

熱い飲物を口に入れて予想外の熱さに驚きながら、吐き出すこともならずそのままエイとばかりに呑み込んでしまったという経験はよくあるだろう。熱いのは喉元までで、あとは感覚のない食道になるので熱さは感じない。こうした熱さに対する喉元の感覚に基づいたことわざ。ところで、人が受けた苦痛を忘れることなく持ち続けて生きてゆくとしたら、それは絶望的に苦しいことである。このことわざそのものには肯定的な側面が見られないが、人間の心のあり方、持ち方という点からことわざが取り上げている人間性に焦点を当ててみると、忘れるからこそ救いがあるという肯定的側面が浮び上がってくる。ことわざとしてはそれほど古いものではなく、江戸中期頃からのもの。本居宣《もとおりのり》長《なが》のことわざ集『言彦鈔《げんげんしょう》』に見える。

上《のぼ》り一日《いちにち》下《くだ》り一時《いっとき》

(1)坂を上るには時間がかかるが、下るにはわずかしか要しないこと。(2)物を作るのは大変だが、壊すのは簡単だというたとえ。

上りに一日を要する坂道となれば、普通は山道であろう。上りが一日に対して下りが一時(二時間)というのは、もちろん例によってことわざ特有の誇張した表現だが、感覚的にはそれくらいの時間差が感じられるというものだろう。ともかく、上りは下りより相当に時間がかかり、肉体的な疲労度も高いことはまちがいない。なお、⑵の意味をもつことわざはほかにはほとんど見られず、この点で珍しいものである。

鑿《のみ》と言《い》えば槌《つち》

万事によく気を利かすことのたとえ。

鑿は材木などを彫るための工具。単独で使う種類もあるが、普通は槌で鑿の柄の頭を叩いて用いる。鑿と槌はいわば一対の道具で、鑿だけでは用をなさないから、鑿を取ってくれと言われた時に一緒に槌も渡せば、相手の意は満たされるはず。このことわざは、ものを頼む者と頼まれる者の間で用いられ、頼んだ以上のことが返ってくれば、ささいなことでも嬉しく感じられるということであろう。江戸中期のことわざ集『類聚世《るいじゆせ》話百川合海《わひやくせんがつかい》』には「鑿といえば槌と気のつく」と収載されているものの、古い用例は非常に少ない。そのわりに近代以降知られているのは、ほとんどの上方系のいろはカルタに採用されていたことが大きいのであろう。

蚤《のみ》の息天《いきてん》に上《のぼ》る ⇩ 蟻《あり》の思《おも》いも天に届《とど》く

蚤《のみ》の頭斧《かしらよき》で割《わ》る

＝蚤の首を斧で割る

手段が適していないことのたとえ。

「よき」は小形の斧《おの》。蚤は世界に何百種もいて、大きさも一ミリメートル弱から一センチメートル弱までと差があるが、小さいことに変りはない。ことわざでも「蚤の卵」「蚤の金玉《きんたま》」「蚤の眼《まなこ》に蚊の睫毛《まつげ》」などと小さいもののたとえとなっている。この、眼を凝らさないと見えないほど小さな蚤の、しかも頭の部分を小さめとはいえ斧で割るというのだから、土台無理な話である。古い用例は多くはないが、ことわざを絵にした幕末の『狂斎百図』には、蚤を間接的に表現したものが収められている。

蚤《のみ》の夫婦《ふうふ》

＝蚤のめおと

妻の方が夫より体が大きい夫婦のこと。

雌雄のはっきりしている生物の大部分は、雄の方が雌より大きいようだ。そのなかで、蚤は雌の方が雄よりはるかに大きい珍しい例。人に付く蚤の場合だと、雌の体長は二～四ミリメートルで雄の二倍ある。江戸中期には見られることわざだが、小さな蚤の雌雄を見分けてしまう当時の人々の観察眼には恐れ入る。「小男が大柄な女房を持てば、蚤の夫婦のやうだと云ふ譬《たと》へに違ひなく、蚤の亭主は至つて小さく女房は甚だ大きし」（黄表紙『敵討蚤取眼《かたきうちのみとりまなこ》』江戸後期）。図は幕末の狂画集『諺《ことわざ》臍《へそ》の宿替《やどかえ》』から。

野良猫《のらねこ》の隣歩《となりある》き

怠け者が家業を放り出して遊び歩くたとえ。

ここの「野良猫」は、飼主のいない猫の意ではなく、怠け癖のある猫。猫が本業（?・）の鼠捕《ねずみと》りをしないで近所を遊び歩くことから。「猫は家にばかりいるようでも七軒歩く」ということわざもあるように、猫は飼主の家の中ばかりにはおらず、その周辺一帯を縄張としている。夜には「猫の集会」と呼ばれる情報交換会も行なう、意外に社交的な動物である。だから猫がぶらぶらと近所を歩き回っていて、人間には怠けているように見えても、猫としてはちゃんとした仕事である縄張の見回りをそれとなく行なっているのだ。

乗《の》りかかった舟《ふね》

＝乗りかけた舟◈乗り出したる舟

途中でやめることのできない状態のたとえ。

動きはじめて岸から離れてしまった舟に乗っているということで、もう後戻りできないということから。

同義のことわざには「渡りかけた橋」「乗りかかった馬」もあるが、見出しのことわざはたとえとしても真実味が濃いためであろうか、江戸初期から現代まで一貫して一番よく用いられてきた。江戸時代では西鶴などの浮世草子や洒落本に多く見られる。「彼ひらかたの平たき言葉を筆にまかせてかいつくるも、乗りかかりたる舟なれば圧《おし》の重い三十石と、ゆきかふ舟の悪態いはず」（洒落本『福神粋語録《すごろく》』序文、江戸中期）。

糊《のり》ついでに帽子《ぼうし》

＝①糊ついでに帽子作る　②糊ついでに帽子洗う

一つの機会に便乗していろいろな事をすませてしまうことのたとえ。

現代ではまず用いられないことわざであり、耳で聞いただけでは分らないことわざの一つだろう。着物を洗い上げ、それに糊を使ったので、ついでに頭にかぶっていた物にも糊をしてしまうという意である。今風に表現すれば「ちゃっかり屋」をさしていようか。なお、帽子は近世では女の被物《かぶりもの》で、角隠し、綿帽子、手拭被《てぬぐいかぶ》りなどがあった。江戸前期のことわざ集『世話尽《づくし》』に異表現②が見えるほか、近世のことわざ集への収載は見られるが、用例は見出せていない。

暖簾《のれん》に腕押《うでお》し

相手の手応えがなく張り合いのないことのたとえ。商店で屋号などを染め抜いて店頭にたらした布が暖簾だから、腕で押しても何の手応えもない。「腕押し」は普通は、肘《ひじ》を床などにつけお互いの掌を組合せて競う遊びで、現代でいう腕相撲のこと。ここでは「腕で押す」つまり、腕を前に出して押す意。ことわざとしては新しく、『和漢泰西ことわざ草』（一八九二年）が早い収載となっている。

のろまの一寸《いっすん》馬鹿《ばか》の三寸《さんずん》

＝下衆《げす》の一寸のろまの三寸馬鹿の開けっ放し

引戸の閉め残しの度合から品性が分るということ。引戸を閉める場合に、気の利かない動作の鈍いのろまは、きちんと閉めずに一寸（約三センチメートル）ほど開けたままにし、愚か者は三寸も開けたままだという意。「下衆」は身分や心根の卑しい者。昔の日本家屋の間仕切は障子戸が主なものであった。暑い夏は取り外し、寒い冬には防寒に活用した。寒さから守るにはぴったりと閉めなければ隙間風が入る。襖《ふすま》や障子が減ってドアが主流となってきている現代家屋でも、閉め残しという問題は変っていない。

は

敗軍《はいぐん》の将兵《しょうへい》を語《かた》らず

①敗軍の将兵を談《だん》ぜず　②敗軍の将は以《もっ》て勇《ゆう》を言うべからず

失敗してしまった者は、それに関する見解を示す資格はないということ。

兵法の鉄則は、敵に勝つことであるから、戦いに敗れた将軍が兵法についてあれこれもっともらしく語る資格はあるはずもない。ところが、敗者はなにかと言訳して自分を正当化しようとしがちである。そんな人間の内面の弱さを衝いている。出典は中国の『史記』（淮陰侯伝）に異表現②で見られる。日本では古く『太平記』（巻四）に「敗軍の将は再び謀《はか》らず」という類句があり、①も馬琴の『里見八犬伝』（九輯巻四八）に「為景は独傲然《ひとりごうぜん》とうち笑て、現《げ》に敗軍の将には兵を談ずべからず、俘囚《ふしゅう》の人には、安楽を示すべからず」と見える。

背水《はいすい》の陣《じん》

一歩も後には退《ひ》けないという絶体絶命の覚悟で物事に対処すること。

戦闘の際、自軍を有利な山の砦《とりで》から川を背にした不利な陣に変えて、あえて自らを窮地に追いやることで活路を見出す戦術を用いて敵軍を打ち破ったという『史記』（淮陰侯伝）にある故事に発している。日本では、『太平記』（巻三二）に「引場《ひきば》の思《おもい》はなけれ共、韓信が兵書を編《さみ》して背水陣を張《はり》しに違《ちが》へり」とあるが、その後は江戸時代にもほとんど見られず、常用されるのは近代になってからである。現代では頻繁に使われることわざで、決死の思いで事に当るという意味合いで用いられている。

杯中《はいちゅう》の蛇影《だえい》

疑わしい気分でいると何でもないものにも脅《おび》えてしまうというたとえ。

中国の『晋書』（楽広伝）にある故事による。ある男が招かれて酒を飲んでいて、杯の中に影が見えた蛇を酒とともに呑み込んでしまったと思い込んで病に伏してしまう。しかし壁に掛けてある弓に描かれた蛇が杯に映っていたのにすぎなかったと真相が分ると、病はすぐに回復したという。「疑心暗鬼《ぎしんあんき》」（別項）と同義のことわざだが、日本ではあまり用いられず、江戸前期の俳諧『続境海草《さかいぐさ》』に「蛇にあらで呑《のむ》さか月や弓の影」と詠まれた例がわずかに確認できている程度で、明治になってから辞典類に出てくる。

灰吹《はいふき》から蛇《へび》が出《で》る

＝灰吹から大蛇《だいじや》▣灰吹から竜《りゆう》が出る▣唾壺《つばつぼ》から蛇

(1)意外なものから意外なものが出てくるたとえ。(2)ありえないことのたとえ。

「灰吹」はタバコの吸殻をたたき入れるためにタバコ盆についている筒。多くは竹でできている。灰吹きから出てくるものを、見出し形、異表現を併せてみると、意外なものの組合せは、蛇・大蛇・竜と、似ていながら明らかに異なっている。ことわざによくある形だが、前よりももっと意外なものを用意したくなる人間の心理が現れていると言うことができるかもしれない。類似の発想は「瓢簞《ひようたん》から駒《こま》」（別項）が有名であるが、見出しのことわざには小さく価値のないものから大きく立派なものが生じるという含みがある点で「瓢簞」と微妙に異なる。「うぬらが相手にや有難ィと思やアがれ。灰吹キから竜灯おはぐろ壺から猩々《しようじよう》小僧が出た様なもんだ」(浄瑠璃『伊達競阿国戯場《だてくらべおくにかぶき》』第六、江戸中期)。

這《は》えば立《た》て立てば歩《あゆ》めの親心《おやごころ》

＝這えば立て立てば歩め▣立てば歩めの親心

子供の成長を待ち願う親心を言うもの。子供が這うようになったら立つように、立ったら歩くようにと、子供の変化をみつめながら成長を待ちに待つ親の心情が表れている。「人に気障《きざ》な事を云はれねぇ方がいいよ、アノど逸《いつ》の唄にもあるが、這へば立て立てば歩めと育てた親が、今更転《ころ》べた胴欲《どうよく》なと唄ふものを」(人情本『娘消息』初編巻中、江戸後期)。

馬鹿《ばか》と煙《けむり》は高《たか》いところへ上《のぼ》る

愚人はおだてにのりやすいということ。煙は風がなければ上へ上へとあがる。「馬鹿と子供は正直」と言われるように、愚人には素直な面があり人を疑いの目で見ることをしないから、単純なことでだまされることもあるし、おだてにもきわめて弱い。このことわざは、自らの謙遜表現に使われる場合も多い。登山家・今井通子が随筆「スポートピア」の中で、愚直にその道一筋を進む「馬鹿」の登山家が「高いところへ上る」ということで、このことわざを用いて自らの生き方を語っている。

馬鹿《ばか》と鋏《はさみ》は使《つか》いよう

鋏の使い方も人の使い方もそれなりの使いようがあり、上手か下手かで大きな違いがでるという意。江戸時代にはあまり用いられなかったようで、ことわざ集では幕末の『国字分類諺語』に「馬鹿とはさみは遣ひやうで切れない」と収載され、用例は古典落語『にゆう』に見られる程度である。

馬鹿《ばか》の一《ひと》つ覚《おぼ》え

⑴愚かな者が何か一つのことを覚えると、いつでも何度でもそれを振りかざすこと。⑵そうした愚人の振

舞いをあざける言葉。

人は生きてゆく中でさまざまな状況や場面に遭遇《そうぐう》し、それにふさわしい判断を下し、具体的に対処しなくてはならない。その結論や行動は、いつも同じではない。ところが愚人といわれる者は、一度自分が覚えたことを、状況の違うどんな場面でも、また何度でも使って違和感をもたない。それが愚人たる所以《ゆえん》なのであろうが。現代は主に、同じ行為を繰り返す時の言訳や、そうする人へのあざけりに使われる。明治以前には見当らず、明治も後期あたりから用いられるようになったものと思われる。

馬鹿《ばか》は死《し》ななきゃ直《なお》らぬ

⑴愚か者が自らの愚を悟ることは一生ないということ。⑵愚人の言動にあきれはてて嘆息する言葉。

「馬鹿に付ける薬はない」と同義で、愚人の言うことやすることに対してあきれるとともに、あきらめの境地といったものが感じられる。このことわざ以外にことわざに見る愚人に対する認識や対処を見てみると、(ア)何をするか分らないうす気味悪い存在と見ている。「馬鹿と暗闇は怖い」「馬鹿ほど怖いものはない」(イ)関り合いになるなと言うもの。「馬鹿と見たら手を付けるな、糞《くそ》と見たら上《のぼ》るな」「馬鹿と気違いは避《よ》けて通せ」「馬鹿にかまうは馬鹿より馬鹿」(ウ)浮世から遊離した存在と見ている。「馬鹿に苦労なし」(エ)やり方次第では役に立つと言うもの。「馬鹿と鋏《はさみ》は使いよう」(別項)、「阿呆《あほう》と髭剃《ひげそり》は使いよう」などがある。

「そんならお前も死ぬ気だの、それもよかろう。とてもお前の馬鹿は死なざァ治るめえから」(滑稽本『六あみだ詣《もうで》』初編巻下、江戸後期)。

謀《はかりごと》は密《みつ》なるを以《もつ》てよしとす

計略というものは秘密裏に遂行しなければ成果は得られないということ。

中国の『三略』(上略)に「謀は密ならんことを欲す」という表現があり、おそらくこれを元にできたことわざと思われる。『日本書紀』(巻四)に「言《こと》は密《ひそか》なることを貴《とうと》ぶ」という類義の表現が見られる。見出しの形は江戸中期からよく見られ、馬琴の『椿説《ちんせつ》弓張月』などで用いられている。

掃溜《はきだ》めに鶴《つる》

＝掃溜めに鸛《こうのとり》 ◈ごみ溜めに鶴 ◈塵塚《ちりづか》に鶴

見映えのしないみすぼらしい所に飛びきりの優れた者や美しい人が現れるたとえ。

「掃溜め」はごみ捨て場。優美な鶴がきたないごみ捨て場に舞い降りたということだから、昔、鶴が人家近くにも多くいた時代に生れたものであろうか。それとも単なる空想なのであろうか。現代では鳥が付き物のようなごみ集積場に、もし、丹頂鶴が舞い降りたとしたら、その日の全国版のニュースとなることは請け合いだ。それほど鶴は現代の日本では貴重な鳥になってしまっている。ことわざの方は江戸中期から常用され、洒落本『江戸評判娘揃』には「片谷中には実まれ物のかきやのおせん殿こそ誠に鳶《とび》が鷹《たか》。はきだめに鶴たとへるに物なし」と用いられている。

破鏡再《はきょうふたた》び照《て》らさず

一度不縁になった夫婦は元の状態に戻ることはできないというたとえ。

いったん壊れてしまった鏡は元のように人を写し出すことはない、という事象を夫婦の関係にたとえたもの。実際の夫婦関係では、このことわざのようになる場合と、過ぎたことは水に流して「元の鞘《さや》に収」(→元の鞘へ収める)まって、めでたしめでたしとなる場合のどちらかであろう。中国・宋代の『虚堂和尚語録』(巻一)の「破鏡重ねて照らさず、落花《らっか》枝に上りがたし」などに基づくようだ。日本では「落花枝に返らず、破鏡再び照らさず」という形で用いられることが多かった。江戸時代のことわざ集類にこの対句形式のものが見られ、中期の『諺草《ことわざぐさ》』には中国の『五灯会《ごとうえ》元《げん》』の一三巻にあるとしている。

薄氷《はくひょう》を踏《ふ》む

＝①薄《うす》き氷《こおり》を踏む　②薄氷を踏む思い

危険を承知でことに臨むこと。

薄い氷の上を踏み歩く意から。中国の『詩経』(小雅、小旻《しょうびん》)に「戦々兢々《せんせんきょうきょう》として深淵《しんえん》に臨《のぞ》むがごとく、薄氷を履《ふ》むがごとし」とあり、『淮南子《えなんじ》』にも見られる。日本でも平安時代の『九条右丞相遺誡《うしょうじょうゆいかい》』に「戦々慄々《りつりつ》として、日一日に慎むこと、深き淵に臨むがごとく、薄き氷を履《ふ》むがごとしといへり」と異表現①が見え、『保元物語』(巻上)に「又この後もいかなる事かあらんずらんとなるべしと、まことに深淵にのぞんで薄氷をふむがごとくおそれおののきけるほどに」とあるように、『詩経』の対句「深淵に臨むがごとく」とともに使われる例も多い。そのほか『平家物語』『曾我物語』などから江戸時代のさまざまな文芸類に多用されている。現代では②が多く使われ、危険な状態にある心理を言い表すニュアンスが強くなっている。

箸《はし》が転《ころ》んでも可笑《おか》しい

＝箸のこけたにも笑う◈箸が転んでも可笑しい、犬が駆け出しても笑う

日常のありふれたことに、さも可笑しいものを見たように笑い転げること。

食卓の上にあるいつも使っている箸が、なにかの拍子に転がったのを見て笑い出すということから。十代後半の情感豊かな女の子の表情について言うことが多い。「そりや不可《いか》んな。箸が転んでも可笑い、狗《いぬ》が駈出しても笑ふと云ふやうなお年頃で、そんな御様子では不可《いけ》ない」(古典落語『皺《しわ》め』)。なお、ほんの些細なことのたとえとして「箸の転びたること」という言い回しも、江戸後期の経済学者・海保青陵《かいほせいりょう》の『稽古談』に見えている。

箸《はし》にも棒《ぼう》にもかからぬ

＝箸にも杭《くい》にもかからぬ

⑴どうにも取り扱えないことのたとえ。⑵なんの取柄もないことのたとえ。

短くて細い箸でも、また逆に、長くて太い棒でも取り扱うことができないということから。主に⑴の用法で使われる類似のものに、「縄にも葛《かずら》にも」「縄にも杓《しやく》子《し》にもかからぬ」がある。同じように類似のものでも「酢《す》でも蒟蒻《こんにやく》でも食えぬ」「酢味噌《すみそ》でも食えぬ」「蓼酢《たでず》でもいけぬ」などは、むしろ「煮ても焼いても食えぬ」（別項）に近いものと言えるだろう。見出しのことわざは江戸中期から文芸作品に多く見られるもので、後期の滑稽本『早変胸機関《はやがわりむねのからくり》』には「コレお三殿や、アレ戸ばかりが剝げたによ。吹飛ばぬうちに取込んでおかつしやい。片袖なくなると、箸にも棒にもかからねへ。アレ無性わざな。今の若い者はとかく骨惜みだ」と用いられている。図は幕末の狂画集『諺臍の宿《ことわざへそのやど》替《かえ》』から。

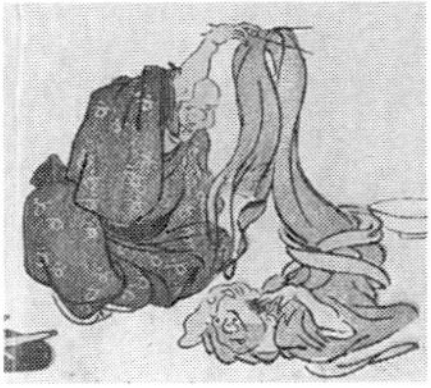

恥《はじ》の上塗《うわぬり》

面目ないことをした上に、さらに不面目を重ねること。

「上塗」は壁塗や漆塗《うるしぬり》などで、何回か塗を重ねるうちの仕上げの塗。「恥」という塗物を重ね塗るといった表現。「……の上塗」という同じ形の表現は「恥」以外にも「嘘《うそ》」「損《そん》」「不幸」などがあるが、「恥」の歴史が最も長く使用頻度も高いので、これらは「恥」からの転用かと思われる。「恥」の方は江戸中期からは常用となっており、さまざまな分野で使われていた。「二人一所に死ではの。安居の宮の心中と。大坂中の口の端にかかって弥《いよいよ》恥の上塗り」（浄瑠璃『夏祭浪花鑑』第五、江戸中期）。

始《はじ》めあるものは終《おわ》りあり

⑴物事に始めがあるものには必ず終りがあるということ。⑵いつまでも滅びることなく盛りが続くものは

ないということ。

中国・漢代の『揚子法言』（巻九）で、君子の寿命を論じた箇所に「生有る者は必ず死有り。始め有る者は必ず終り有り。自然の道なり」と出てくる。このことわざは、始めには終りがあるという事物の哲理を言い表しているとともに、人の栄枯盛衰もあわせて言っているものと言えよう。日本でも、九世紀の空海『性《しょう》霊集《りょうしゅう》』（巻八）に「始有るものは終有り、生《しょう》ある者は死有り、合会《あうもの》は離るること有り、良《まこと》に以《ゆえ》有るかな」と記されている。その後も、『源平盛衰記』（巻三〇）で「運の尽きぬる上は、我が朝にも限らず、異国のためしこれ多し。始めあるものは終りあり。盛にしては又衰ふ」と用いたように、古代から連綿と続く世界観であった。

始《はじ》めの勝《かち》は糞勝《くそが》ち ⇓ 先勝《さきが》ちは糞勝ち

始《はじ》めよければ終《おわ》りよし ⇓ 終りよければすべてよし

箸《はし》より重《おも》い物《もの》を持《も》ったことのない

⑴裕福な家で大事に育てられ、労働したことのないことを言う。⑵大切に育てられることのたとえ。

それほど古くから用いられたことわざではないようで、江戸後期の人情本『春秋二季種《しゅんじゅうふたきぐさ》』などの用例が早いもののようだ。

走《はし》り馬《うま》にも鞭《むち》

＝①行く馬に鞭　②走る馬に鞭　③駆《か》け馬に鞭　④早馬《はやうま》に鞭

よい上にもよくし、勢いを増大することのたとえ。

走っている馬に鞭を加えれば、それまで以上に速く走ることから。馬が日常からいなくなってはいるが、現代の競馬からでも容易に情景は描けるだろう。異表現以外にもたとえるものを異にする「帆かけ船に櫓《ろ》を押す」「飛脚《ひきゃく》に三里の灸《きゅう》」（「三里」は灸の効き目のある部分で、ここは足の膝頭の下の外側でくぼんだ所）などがあって、この意のことわざの種類は実に多彩だ。特に、古くからの表現が多彩だという特色もある。異表現を時代順に見ると、①が一〇世紀の『後撰集』(巻一九)に「をしと思ふ心はなくて此の旅はゆく馬に鞭をおほせつるかな」とあり、江戸時代の仮名草子などにもある。次が②で、一二世紀の故事説話『注好選』に見え、『太平記』から室町時代の御伽草子へと続いてゆく。③④は江戸初期から見られ、時代的に大きな違いはないようだ。

恥《はじ》を言《い》わねば理《り》が聞《き》こえぬ

恥を言わねば理が知れぬ◈恥を包みては理が聞こえぬ◈恥をあかさねば理も現れず

自分の恥となるようなことも洗いざらい話さないと、やむをえないものだと理解してもらえないということ。

「理」は物事の筋道。このことわざは、借金などを頼み込む時や弁済できない時に、必死になって言訳するような場面でよく用いられた。しかし、人間関係が希薄になって、金を借りるのも「遠くの親より近くのサラ金」という現代の傾向もあってか、今日ではまず使われなくなっている。江戸時代には常用のことわざであったから、その間に人々の意識や価値観が大きく変ってしまったということなのだろう。「今説話《いまものがたる》一条あり、心を定て聞給へと、おのれが恥をあかさねば理もあらはれずとて、婢女《こしもと》常磐と密通のはじめよりの事……脱《おち》もなく説話《ものがた》り」(読本『復讐奇談七里浜』第二回、江戸後期)。

畑《はたけ》あっての芋種《いもだね》

男親が優れているだけでは不十分で、女親がよくなければよい子はできないということ。

しばしば子宮は畑に、精子は種にたとえられる。種が畑の中で成長して発芽するように、生育の場である子宮という畑で胎児が成長して出産を迎える。豊かな土壌の畑でなければよい苗木にならないわけだから、受胎と生育の機能をもつ子宮という畑の場合も同じことが言えようか。なお、このことわざは「命あっての物種」(別項)をもじって言い換えたものとも伝えられており、その意味でも新しいことわざで、第二次大戦後からのもののようだ。

畑水練《はたけすいれん》

＝畑で水練を習う

実際にはまったく不適切な理論や練習のたとえ。

何かを習う場合、実地に行うのが一番である。やむをえない事情で間に合せや代用ですませることがいくらか可能なものもあるが、水泳の場合、基本中の基本である水に浮ぶという感覚を学ぶことは、代用練習では難しい。同義のものに「畳《たたみ》の上の水練」、「岡の水稽古」などがあり、前者は現代では見出しのことわざより知られている。見出しの方は江戸中期からさまざまなところで用いられており、用例も多い。江戸中期の医者・文人、橘南谿《なんけい》の『北窓瑣談《ほくそうさだん》』に「見識中々医師の及ぶ所にあらず。然れども世俗にいはゆる火燵《こたつ》兵法、畑水練といふものは、用に立がたきものなり」と見える。

二十《はたち》後家《ごけ》は立《た》つが三十《さんじゅう》後家は立たぬ

＝二十後家は立つ、三十後家はこける

夫婦生活が短い未亡人は後家のままを通せるが、比較的長く味わった者は禁欲生活に耐えるのが難しいということ。

ここの「立つ」は「暮しが立つ」の「立つ」と同じで、そのままの状態でやってゆける意。実際には個人差や意識の違いもあり、あくまでも一般論でしかあるまい。むしろ、離婚率が桁違いに高い現代では、まるであてはまらない見方かもしれない。ことわざとしては幕末のことわざ集『国字分類諺語《げんご》』には異表現を掲げて「京の方言　二十の後家はみさをを立て通すものなれど、三十の後家はみさをを立てる事が出来ぬといふ事」と、この表現が京都方面でのものであることと、その解釈が示されている。

八十《はちじゅう》の手習《てなら》い

高齢になってから字を習うこと。晩学のたとえ。

「七十の手習い」「六十の手習い」という言い回しもされた。その中では「六十の手習い」が最も古くからあったが、「八十」も、人生五十年と言われた時代にすでにあったものである。「六十」は江戸初期の俳諧『犬子集《えのこしゅう》』（巻一五）に「上《じょう》きこんにもするは手習　六十になれどこころは若やぎて」と詠まれており、中期の浮世草子『浮世親仁形気《おやじかたぎ》』にも見える。一方「八十」は、「六十」より遅い時期の用例が多いので、あるいは「六十」の誇張化もしくは言い換えとも想像される。「せめておれが物書かば、朝晩傍に引付けて、教へよう物と思ひ初めたる草紙と机、八十の手習と、人の笑ふがおとましさに」（浄瑠璃『小野道風青柳硯』第二、江戸中期）。図は上方系カルタの一種で、明治時代のもの。

八十《はちじゅう》の三《み》つ子《ご》

年をとると子供と同じような邪気のない性質になったり聞き分けがなくなったりすることのたとえ。

「三つ子」は三歳の子のこと。八〇歳の老人が三歳の子と同じだということ。「老いては再び稚児《ちご》になる」と説明的に言い表した同義のことわざもあるように、老人のこうした現象は「七十」にも「六十」にも同様の表現がある。さらに「八十のちょろちょろわっぱ」（「わっぱ」は腕白な子供のこと）、「本掛《ほんけ》還《がえ》りの三つ子」（「本掛還り」は還暦、すなわち数え年で六一歳のこと）などというものもあった。それらの中では見出しのことわざが最もよく知られる。「アレ親父殿が戻られたと、夕暮近き老の暮、八十の三つ子と守する祖父《ぢい》は孫よりも、愚に帰る我門口さへ」（浄瑠璃『三日太平記』第七、江戸中期）。

蜂《はち》の巣《す》をつつく

＝蜂の巣をつついたよう

⑴大変な騒ぎの形容。⑵大勢の人が手の下しようもなくただただ大騒ぎすること。

蜂の巣を棒のようなものでつついたとしたらどうなるだろうか。何百匹もの蜂が一斉に巣から飛び立ってあたりを飛び回り、近くにいる者に襲いかかったりするだろう。蜂一匹の羽音だけでも相当うるさいのに、何百匹の羽音と、逃げ回る人々の叫び声などで付近一帯は大変な騒ぎとなってしまう。蜂の中でも特に怖いスズメバチの害は現代でもしばしば報道されているので、この情景はすぐ思い浮べることができる。ただし、ことわざらしくない表現のためか、ことわざ集類にはわずかに江戸中期の資料一点にしか見られない。用例も年代が特定できる古いものは見当らず、講談『西郷南洲』に「蜂の巣をついた様」とあるものが早いもののようだ。

這《は》っても黒豆《くろまめ》

⑴明白な誤りと分っても自説を曲げないことのたとえ。⑵きわめて頑固な者のこと。

床に落ちている小さな黒い物を、一人は虫だと言い、もう一人は豆だと主張して互いに譲らない。そうこうするうちに、もぞもぞ動きだした。ここで勝負あった、というところなのだが、豆と主張した人が「いや這ってもあれは黒豆だ」と言い続けることから。黒豆は大豆の一種で正月のお節料理に欠かせないが、これに似た虫となると団子虫という体長一センチメートルくらいの虫が思い浮ぶ。この虫は敵から身を守る時に体を丸めて団子状になるが、その時の状態が黒豆と似ている。豆が動き出すというオカルト的な色合いがあるが、簡潔な表現でことわざとしての妙味を見事に言い表しているものと言えるだろう。用例に古いものは見当らず、ことわざ集類でも早いものは、江戸後期の『続拾遺尾張俗諺』に過ぎない。

八方美人《はっぽうびじん》

誰に対しても愛想がよすぎる人を批判する言葉。どこから見ても非の打ちどころがない美人の意から。古くは、どの面から見ても玉のように美しい意の「八面玲瓏《はちめんれいろう》」という類義の表現があり、謡曲などに用いられていた。見出しの表現は近代に入る頃からのようで、勝海舟の『氷川清話』に「八方美人主義」という用語で使われた例が見られる。

初物七十五日《はつものしちじゅうごにち》

＝初物を食べると七十五日生き延びる

初物を食べると寿命が延びるとして、初物を珍重すること。

旬《しゅん》に先駆けてとれたばかりの魚類や、野菜・果物をはじめ季節ごとに初めて出回るものが「初物」。初鰹《はつがつお》・初桜・初ほととぎす以下、若菜・早蕨《さわらび》・新酒の類まで、初物信仰と言ってよいような風潮が江戸に蔓延《まんえん》して人々は競って初物を求めた。特に初鰹は「目には青葉山ほととぎす初鰹」（別項）と愛でられ、「どてら質に置いても初鰹」（「どてら」は冬用の綿入りの着物）と借金してまで求めるありさまだった。いろいろな物の評判を記す評判記の中に、初物を対象にしたものまであった。その一つ江戸中期の『初物評判《はつものひょうばん》福寿草』には「長寿をたもたん事もとより難き事にあらず、世俗にいふ初ッ物七十五日といふ事有、これは初ものを喰《く》へば七十五日生キ延ると。一ッ片ンに覚たる人あれ共さにあらず」と記されている。

鳩《はと》が豆鉄砲《まめでっぽう》を食《く》う

突然のことに目を丸くして驚き、きょとんとする様子のこと。

鳩が、竹製の鉄砲で打った豆の弾丸を受けてびっくりすることから。近代以前には出てこないもので、ことわざ辞典では明治中期からの収載となっている。『俗諺辞林』（一九〇一年）では解釈が少し異なり、目を見張り頬《ほお》をふくらませて怒る者の形容としている。

鳩《はと》を憎《にく》み豆蒔《まめま》かぬ

＝鳩こらすとて豆蒔かぬ

ささいなことにこだわって本来の大事なことをやるべきことをやめにして、自分にも世間にも損害を招くことのたとえ。

畑に豆を蒔くと鳩がこれをついばんでしまうからと言って、豆蒔き自体をやらないということから。『イソップ物語』の翻案書である江戸初期の仮名草子『伊《い》曾《そ》保《ほ》物語』の三六話「腹と五体の事」に「人としても今まで親しき中をすてて従ふべきものに従はざれは、天道にも背きにんあひにも外れなんす、かるか故にことわざに云、鳩を憎み豆作らぬとかや」と用いられている。その後はこれという用例もなく、ことわざ集にしても江戸前期の『世話尽《づくし》』が収載するのみなので、近世にはあまり使われなかったことわざだったかもしれない。

話《はなし》上手《じょうず》に聞下手《ききべた》

＝話上手の聞下手◉語り上手聞下手

⑴自分だけ話をして人の話は聞かない人のこと。⑵話し方が上手な人は、相手の話を聞くのが下手なことが多いということ。

自分が話すのに夢中になって話してばかりいると、どうしても相手の話を聞く時間が減ってしまうから、よほど意識していないと相手の話を聞かないことになってしまう。このことわざに対して、本当に話の上手い人は聞くのも上手いとする「話上手は聞上手」とするものもあるが、古い用例もないので見出しのことわざを打ち返したものかもしれない。見出しの方もあまり早くから使われたものではないようで、江戸中期の浮世草子『東海道敵討元禄曾我物語』の序文の「伊勢国蓬萊《ほうらい》山に於て敵討の事、人住まぬ田舎まで其《その》沙汰まちまちなれど、咄《はなし》上手に聞き下手のみ多く」とする例などが江戸時代で確認できているものだ。

洟垂《はなた》れ小僧《こぞう》も次第送《しだいおく》り

＝①洟垂れも次第送り　②洟垂らし順送り

洟を垂らしているような幼い子供でも順々に大人になってゆくということ。

「次第送り」は、順々に送ってゆくこと。洟を垂らしていようが、襁褓《おしめ》をしていようが、どんな幼い子供だって皆成長し、大人になってゆくのはいわば自然の現象であろう。幕末のことわざ集『国字分類諺語《げんご》』には異表現①を収載して、「上方の諺《ことわざ》也」としている。江戸後期の滑稽本『役者必読妙々痴談』にも①が上方のことわざとして用いられている。

花《はな》の傍《かたわ》らの深山木《みやまぎ》

＝①花の傍らの常磐木《ときわぎ》　②花のあたりの深山木

優れたものの近くにあって、だいぶ見劣りのするもののたとえ。

「深山木」は深い山に生えている木。「常磐木」は常緑樹。美しい花が咲いている傍らでは、青々とした常緑の木も冴えなく見劣りしてしまうということから言われるようだ。『源氏物語』に出てくる数少ないことわざの一つ。「大殿の頭中将、かたち、用意、人には異なるを、（源氏と）たち並びては、花のかたはらのみやま木なり」（紅葉賀）。そのほか『宇津保物語』に異表現①が、鎌倉時代の説話『撰集抄《せんじゅうしょう》』に②、また『十訓抄《じっきんしょう》』に「花のあたりのときは木」と見えるように、古い文学でよく用いられたことわざであった。

花《はな》は折《お》りたし梢《こずえ》は高《たか》し

手には入れたいがその手段がないこと。世の中はとかく、ままならないものだということのたとえ。

江戸前期の歌謡『松の葉』（巻三）に「花は折りたし梢は高し、心づくしの身はいかにせん」と歌われたり、淡路島に伝わる盆踊唄に「花は折りたし梢は高し眺め暮すや木のもとに」と歌われ、端唄「なみだ川」にも用いられるように歌謡でよく見られた。

花《はな》は根《ね》に鳥《とり》は古巣《ふるす》に帰《かえ》る

＝花は根に帰る

物事はみなその根元となるものに立ち帰ってゆくものだというたとえ。

咲いた花も散って地の肥しとなり、空飛ぶ鳥もねぐらに帰るということから。異表現が日蓮の『報恩抄』に用いられ、見出し形が中世の歌謡『宴曲集』の「花」の冒頭に引例されているように、近世以前から江戸時代にかけて常用されていた。

花《はな》も実《み》もある

⑴名実ともに優れていることのたとえ。⑵道理も情もわきまえ落度のないことのたとえ。

外観の花と中身の実の両方がそろっていることから。室町時代の家訓書『多胡《たこ》辰敬《ときたか》家訓』、江戸前期の儒学者・熊沢蕃山の『集義和書』、そのほか江戸時代の文芸類によく用いられていた。

花《はな》よ蝶《ちょう》や ⇩ 蝶よ花よ

花《はな》より団子《だんご》

⑴風流なことより食べることがよいというたとえ。⑵外見よりも実質を取ることのたとえ。

花見に行っても、花を鑑賞するより団子を食べる方がよいという意から。昔から花見に団子は付き物だが、花を見るよりも団子を食べる方がよいという実利主義が強く感じられる。初出は室町末期の俳諧『犬筑波集』に「花よりもだんごとたれか岩つつじ」と詠まれ、江戸初期には百花繚乱《りょうらん》のごとくにさまざまなところで用いられ、現代に至るまで常用されている。特に江戸系のいろはカルタに採られていたことも影響していようが、言いやすく、聞きやすく、情景を描きやすいという三拍子揃った印象度の高いことわざである。また、近松の浄瑠

璃や江戸後期の僧・仙厓の禅画に、これを言い換えて語呂合せを加味したかと思われる「花の下より鼻の下」(「鼻の下」は口、すなわち食べる物)という言い回しを派生させたくらい強い支持があった。図は明治時代の西洲の戯画集『滑稽洒落狂画苑』から。

鼻《はな》をかめと言《い》えば血《ち》の出《で》るほどかむ

人に言われたことを当てつけに度の過ぎたやり方で応じること。

洟《はな》を垂らしているのを、みっともないからかみなさいと注意されたら、鼻血が出るほど強くかんでみせたということから。相手の言うことに非がなく抗弁できるものではないが、素直に言われるままをやることに抵抗感がある時に、その感覚を行動で表現したということわざ。江戸後期のことわざ集『諺苑《げんえん》』に収載されているが、用例は見当らないので、それほど一般に用いられたものではなかったようだ。たしかに、ことわざとしては技巧面で洗練されていない。

歯《は》に衣着《きぬき》せぬ

言葉を飾ったり、遠慮したりせずに思ったままを率直に言うこと。

歯に衣装をまとって隠すようなことなくしゃべるという意から。反対に、歯に衣を着せてしまうと「奥歯に衣着せる」ということわざのように、物事を明瞭に言わずに思わせ振りな言い方のことになる。見出しのことわざは江戸前期から常用されていた。「あの売女《ばいた》髪の毛引抜きずんぼろぼうに仕《つかまつ》ると、諸人の軽薄裸にして、歯に衣きせずぞ申しける」(近松『津国女夫池《つのくにめおといけ》』第一)。

婆育《ばばそだ》ちは三百《さんびゃく》安《やす》い

＝婆育ちは銭《ぜに》が安い ◈婆育ち子は三百下がる

祖母に育てられた子供は甘やかされるため、ほかの子供に比べてしっかりとしていないということ。

「三百」は「三百文《もん》」の省略で値が低いこと。「子よりも孫が可愛い」「孫の可愛いのと向《むこ》う脛《ずね》の痛いのは堪えられぬ」ということわざもあるように、孫の可愛さは格別のもののようだ。可愛さは溺愛《できあい》につながり、しっかりとした躾《しつけ》や教育をせずに孫を甘やかして育ててしまいがちになる。ことわざとしては江戸後期頃から見える。

鱧《はも》も一期《いちご》、海老《えび》も一期

人の境遇はさまざまであっても、結局は同じような一生を送るというたとえ。

鱧は鰻《うなぎ》に似た硬骨魚で関西では食材として珍重される。「一期」は仏教語で一生のこと。鱧は鱧としての一生を送り、海老は海老として一生を送るということ。鱧と海老を対比に用いたのは、鱧が大きく細長く、そして海中を自由に泳ぐのに対して、海老は小さく曲がった体で岩陰などをちょこちょこ跳ね回るという対照的なところがあるからであろうか。江戸前期からよく用いられたことわざで、俳諧『時勢粧《いまようすがた》』(第一)に「長き鱧短き海老も一期ぞや」と詠まれている。

早《はや》い者《もの》に上手《じょうず》なし

手早くこなす人の仕事には、上手に仕上がっているものがないということ。

「早い者」の後に「の仕事」「のやること」といった語が省略されている。ことわざに言うことは裁縫などに現れて、手早い人の縫目は雑なことが多いように思われる。早くやった仕事は雑で手抜かりも多く、できが悪いという意の「早かろう悪かろう」と同じ考えのものである。拙速な仕事を戒めることわざであるが、逆に早いをよしとすることわざもある。「早いが勝」「早いのが一の芸」はまだ一理あるのだが、「早飯も芸のうち」(別項)、「早食い早糞《はやぐそ》早走り」となると、早いことを言い募るための無理が目に付くようだ。

早牛《はやうし》も淀《よど》、遅牛《おそうし》も淀

＝遅牛も淀、早牛も淀

途中の経過では多少の早い遅いの違いはあっても、行きつく所は同じだからあわてるものではないというたとえ。

ここの「牛」は荷物を運ぶ牛車。淀は京都の外港で、京・大阪間を結ぶ淀川舟運の要となっていた。京都市内との運送には牛車が利用されており、早い牛車もあれば遅い牛車もあったというところからこのことわざが生れたのであろう。「小アド「ヤ。勝つたぞ勝つたぞ」シテ「こちらも勝つた」小アド「何処に勝つた」シテ「おそ牛も淀、はや牛も淀と云へば、明後日の今時分は追付からうぞやい」」（狂言『牛馬』）。

早起《はやお》きは三文《さんもん》の得《とく》

＝朝起き三文の得

早起きをすれば何かしら得があり、健康にもよいということ。

電気のない時代では、社会全体が夜明けとともに労働を開始する朝型だった。早起きは自然のリズム、体のリズムにもかなっており、仕事の効率もよくなり勤勉にもつながるので、誠に重要な規範であった。「朝起きの家に福来る」「朝起き七つの徳あり」「宵寝朝起き長者の基」「早起き鳥は餌《え》に困らぬ」「朝起き五両」「朝起き三両始末五両」（「始末」は倹約の意）など、〈早起き奨励ことわざ群〉とも言えるものがあることからもうかがい知ることができる。一方、これを裏側から見たものには「朝寝する者は貧乏性」「朝寝昼寝は貧乏のもと」とあって、反対側からの証明ともなっている。そして、両方を合せたものが「早起きは三文の得、長起きは三百の損」。

早合点《はやがてん》の早忘《はやわす》れ

＝早のみこみの早忘れ ◉早覚えの早忘れ

早のみこみをする人は、忘れてしまうのも早くてあてにならないということのたとえ。

何の疑問ももたず、十分に確かめもしないで分ったと思い込んだものは、心に残る度合も浅い。だから少し時間が経てば忘れられてしまうことになる。このことわざは古くからあるものではなく、異表現も含めて明治になってから言い出されたもののようである。

早飯《はやめし》も芸《げい》のうち

素早く食事をすませてしまうのもそれなりの芸のうちだということ。

類義の言い回しがいく通りもある。江戸中期の俳文『風俗文選』に「早食い早糞《はやぐそ》は男子の一芸」、黄表紙『焼餅噺《ばなし》』に「早飯早糞早走り」、幕末の随筆『三省録後編』に「早食ひ早屎《はやぐそ》早走り」など。

流《は》行《や》る芝居《しばい》は外題《げだい》から

人々のよい評価を得て大きな支持を得るには、題名が重要だということ。

「外題」は書物の表紙に書かれている書名や芝居の題名のこと。人々にもてはやされるようになる芝居も、まずは題名が肝心で、そのよしあしで人気が出るかどうか決まると言う。江戸後期の洒落本『身体《しんだい》山吹色』の例「大将分の役者が我思入《わがおもいれ》の芸をして見せふとて、看板出しても端の一座の出来がわるければはやらぬ。昔からいふ通りで流行《はやる》芝居は外題からじや。其芸によつて誰が何はよふ出来る、彼が何は面白いといふて見に行くではあるまいか」では、はやる芝居は看板役者からではなく、芝居の内容からであるというような意で使っている。

腹《はら》が減《へ》っては戦《いくさ》ができぬ

しっかり腹ごしらえをしていなければ、よい仕事や働きはできないというたとえ。

「戦」の語が用いられているので、武士の間に生れたことわざとする見方があるが疑問。肉体面・精神面で最も激しく消耗するものであるということから、戦を仕事などの比喩《ひゆ》に取り上げたと見るべきではなかろうか。見出しの形は明治以前には見られないが、江戸末期の脚本『与《よ》話情浮名横櫛《わなさけうきなのよこぐし》』（序幕）に「駕乙「なァ棒組、この中《うち》ちよつと遣《や》つて来《き》ようか」ト飯を喰ふ思入《おもいいれ》。鴛甲「ちげえねえ、腹が減つちやァ仕事は出来ねえ、この中に遣つて来ようか」」と、「戦」ではなく「仕事」の形の例がある。しかし、「仕事」では当り前過ぎて印象が弱い。ことわざ特有の誇張の技法を採るならば、「仕事」から「戦」へと発展したものと見る方が当っているのではあるまいか。

腹立《はらだ》ち上戸《じょうご》ねち上戸笑《わら》い上戸

酒を飲むといろいろな癖が出るものだということ。「ねち上戸」は、「捩《ねじ》上戸」とも言い、理屈をこねるくどい酒飲み。酒癖にはまだほかにいくつもある。気が大きくなって大言壮語する者、多弁になってはしゃぐ者、やたらと愚痴《ぐち》ばかり言う者、感情が激して泣きだす者などは、程度問題ではあるものの、他人にそれほど迷惑とならないからまだいい。喧嘩《けんか》を吹っ掛けたり、やたらにからむ酒となるといただけない。このことわざは、江戸後期のことわざ集『諺苑《げんえん》』に収載されている。

腹《はら》の皮《かわ》が張《は》れば目《め》の皮がたるむ

＝腹の皮つっぱれば目の皮たるむ

満腹になると眠くなるということ。技法としては、「張る」と「たるむ」という反意語を取合せている。腹の皮がつっぱるくらいに食べると、瞼《まぶた》が重くなり目のまわりの皮がゆるむ様な状態になることから。動物園の猛獣飼育係の話では、この現象は人間だけではなく動物にもあてはまるという。腹と目の皮の関連の仕組が、実は分っていない。内臓を支配する自律神経のバランス説、血液中の栄養分の変化を脳が感知する説、精神的満足感による説などが唱えられているが、科学的に解明されてはいない。

腹八分《はらはちぶ》に医者《いしゃ》いらず

＝腹八合医者いらず

食べすぎにならないように腹八分の食事を摂ってい

れば健康だということ。

「十分はこぼれる」(別項)というように、百パーセントになる少し前でとどめておくというのが、食事に限らず何の場合でもうまくゆくコツなのかもしれない。ことわざとしてそれほど古くからあったものではなく、『国字分類諺語《げんご》』など幕末頃のことわざ集類のいくつかに見られる。図は「ためになることばいろは双六」(一九三六年)からで、食べている子の腹は大きく膨らんでおり八分以上ありそうだ。

腸《はらわた》の煮《に》え返《かえ》る

激しい怒りを抑えかねること。

近松の『本朝三国志』で用いられているが、江戸時代ではこの言い回しは多用されておらず、「腸が燃え返る」「腸煮える」「腹が沸き返るよう」などという表現の方が多かった。

針《はり》とる者《もの》は車《くるま》とる

はじめは些細な悪事も、高じれば重大な犯罪を犯すようになるということ。

最初は針を盗むといった取るに足りない悪事であっても、そのうちに悪事になれて大胆になり、やがては車を盗むような大きなことまでやるようになる。同義の「卵を盗む者は牛も盗む」(別項)という西欧起源のことわざが普及する前に日本にあったものである。江戸中期の儒学者・三浦梅園は「諺にも針とる者車をとると云へり、色に耽《ふけ》り博奕《ばくえき》を好める人を見るに、十に九、此の失なきはなし」(随筆『梅園叢書』)と指摘している。

針《はり》の筵《むしろ》に座《すわ》る

＝針の筵

恥や恐れの気持から、その場にいたたまれないことのたとえ。

針を打った筵には痛くてとても座ってはいられないということから。黄表紙『堪忍五両 金言語《こがねのことのは》』、鶴屋南北の『東海道四谷怪談』などに用いられ、江戸後期から言い慣わされていた。

針《はり》は小《ちい》さくても呑《の》まれぬ ⇓ 小さくても針は呑まれぬ

針《はり》を蔵《くら》に積《つ》む

わずかな金を溜めてゆくことのたとえ。

小さく細い針を蔵の中に蓄えてゆくということから。西鶴の『西鶴織留《おりどめ》』（巻一）に「芝居の替り〳〵に桟敷をとらせ、中居腰元お物師つれて、針を蔵につみたればとてたまる事にはあらず」、『日本永代蔵』（巻三）に「針を蔵に積ても溜らぬ内証」などとあるように、倹約してわずかな金をこつこつと溜めながら、一方で浪費してしまう無意味・愚かしさに用いている場合が多い。江戸時代では、西鶴作品をはじめ浮世草子の類に多く見られるが、ほかの分野ではそれほどは用いられなかった。

針《はり》を棒《ぼう》に取《と》りなす ⇓ 針小棒大《しんしょうぼうだい》

春植《はるう》えざれば秋実《あきみの》らず

原因のない所に結果はないというたとえ。

春に種蒔きをしていなければ秋に収穫する物がないのは当然。技巧もなく面白くもなんともないが、ことわざとしては古い部類に入る。室町時代の金言集『句《く》双紙《ぞうし》』に収載されており、江戸時代にも伝承されていたが多用されたものではなかった。

春《はる》に三日《みっか》の晴《はれ》なし

春は晴天が三日は続かず、雨や曇りが多い時季だということ。

室町時代の金言集『句双紙』に収載されているが、天気俚諺の多くが一般書に用いられることが少ないように、近代以前には用例が見出されていない。

春《はる》の日《ひ》と継母《ままはは》はくれそうでくれない

＝春の日と継母はくれるようでくれぬ

日が「暮れる」と、継母が物を「呉れる」を掛けた洒落言葉。

秋から冬にはあっという間に暮れてしまう日も、春になると長くなる。そんな現象を表したのが「春の日は暮れそうで暮れぬ」ということわざ。見出しのことわざは、これに「継母」を取合せて面白く表現したもの。同じような発想のものに「春の日と親類の金持はくれそうでくれぬ」がある。なお、異表現は幕末頃のことわざ集『いらぬことわざ』に収載されている。

春《はる》の雪《ゆき》と叔母《おば》の杖《つえ》は怖《こわ》くない

春先に降る大雪はすぐに融けてしまうから心配には及ばないということ。

この形は江戸後期のことわざ集『譬喩尽《たとえづくし》』に収載されているものだが、各地には「叔母」以外をたとえにしたものが沢山ある。「春雪とよその殿様おっかなくない」（岩手）、「春雪と老人の話は恐ろしくない」（宮城）、「春雪と女の腕まくり」（福島）、「春の雪と子供の喧嘩《けんか》で長引かぬ」（新潟）、「春の雪と歯抜け狼《おおかみ》は怖くない」（和歌山）。そして、もう少し地域の広がりをもつものに「春の雪とよその地頭殿は怖うない」「春の雪は根がない」「春の雪と年寄りの腕自慢はあてにならぬ」などがある。

判官贔屓《はんがんびいき》 ⇩ 判官贔屓《ほうがんびいき》

犯罪《はんざい》の陰《かげ》に女《おんな》あり

＝①事件《じけん》の裏に女あり　②犯罪の底には必ず女あり

犯罪が行われる動機には女を巡る問題があったり、女が関係しているということ。

一八世紀のパリ警視総監サルチーヌ、また政治家タレーラン（一七五四～一八三八）の言葉とされているが、文献として確実なのは小デュマの戯曲『パリのモヒカン族』(一八六四年)の中の「女を探せ」という言葉からである。犯罪のあるところには女がいるから、女を探せば犯人をたぐることができるというもの。日本では、水上滝太郎の小説『大阪』(一九二二年)で異表現①をことわざとして用いている。ことわざ集では『立志成功豆格言』(一九〇五年)に「非常の犯罪は多くは女に関係あり」と見え、見出し形は高知県女子師範学校によるガリ版刷りの『土佐俚諺集』(一九三五年)に見える。

万卒《ばんそつ》は得《え》易《やす》く一将《いっしょう》は得《え》難《がた》し

＝千兵《せんぺい》得易く一将求め難し

真に優れた人物は少ないということ。

「卒」は下級の兵隊や雑兵、「将」は将軍のこと。下っ端の兵隊をたくさん集めるのは難しくはないが、指導者となる人は容易には見つからないということから。漢語調の言い回しなので中国経由かと思われがちだがそれらしい文献はないようだ。異表現が室町時代の金言集『句双紙《くぞうし》』に見え、用例は江戸初期の『三河物語』にある。見出し形も江戸時代に用例が見えている。「保昌、梅丸を長押《なげし》にいざなひ、万卒は得やすく、一将は得がたし。御辺我軍をたすけ給はんには、今度の合戦勝利うたがふべきにあらず」(読本『近江県《あがた》物語』巻五、江戸後期)。

ひ

贔屓《ひいき》の引《ひ》き倒《だお》し　⇒　甲張強《こうばりつよ》くて家押《いえお》し倒《たお》す

びいどろを逆《さか》さに吊《つ》す

＝びいどろを逆様《さかさま》にする

美女を形容する言葉。

「びいどろ」はポルトガル語でガラスのこと。この表現が実際にどのような美人を形容したのかはっきりしていない。江戸中期頃から常用されており、浮世草子『美景蒔絵の松』や黄表紙『竈《かまど》将軍勘略之巻』など用例も多い。その中に、美女を美しいガラス製の器の形状になぞらえた例と、ガラス越しに見た美女の顔をなぞらえている例があるが、それだけではっきり断定できない。

非《ひ》学者論《がくしやろん》に負《ま》けず

＝非学者の論議に負けず

無学の者の強弁を相手にしても意味がないということ。

学問のない者がある者と議論すると、暴論や屁理屈であってもそれを自覚できないのでかみあった議論にならず、正誤を問題にする議論でも勝ち負けという形で終らない。負けにならないから自分の無学も自覚しない。そういう者を相手にしても疲れるだけである。狂言『宗論《しゅうろん》』に「アド「ハテありもせぬ物をあるあると思うて喰《く》ふは。むざい餓鬼ではないか」シテ「非学者論議に負けずと云ふはおぬしが事じや」」と用いられ、その後も江戸初頭の『日葡《にっぽ》辞書』や近松作品などにも出てくる。

日《ひ》暈《がさ》雨傘《あまがさ》月《つき》暈《がさ》日傘

太陽が暈《かさ》をかぶると雨傘がいり、月が暈をかぶると日傘がいるということ。

広島地方で採集されたもので、「暈」と「傘」という同音語を使い、さらに「がさ」という音を四回も繰り返す、きわめて技巧に富んだことわざの代表格と言えるものだろう。ただし、実際の気象の面で正しい知識を伝えるものかどうかとなると、疑問符が付く。太陽や月にかかる暈は、巻層雲に光が当ってできる。巻層雲は低気圧の外側に現れるから天気がくずれる前兆ではあるが、暈が見えて雨になる確率は六割程度というから確率的には高くない。また、暈は低気圧の位置によって生じるもので、太陽であろうと月であろうと違いはない。なお、全国各地に見出しの表現と一部対立する「日暈月暈でると雨」という天気俚諺がある。

東《ひがし》に近《ちか》ければ西《にし》に遠《とお》い

どちらにも偏らぬ厳正な中立ということは難しいということ。

二つのものの片方に近ければ、反対の方には遠くなるということから。目に見える距離としての双方の真中に立つことは可能であろうが、ここは、真中がどこか簡単に認識できない人間関係とか対立する人同士の見解などに対する自分の位置のあり方といったものを言っているのであろう。技巧も飾りもない単純な言い回しであるが、含蓄に富んでいる。おそらく英語の **The longer east the shorter west.** を訳したもので、『西洋諺草』(一八七七年)に「東に近きものは西に遠し」と収載されている。

引《ひ》かれ者《もの》の小唄《こうた》

＝引かれ者の歌

これ以上逃れることも、どうすることもできない窮地に陥った者が、平気を装ったり強がりを言うことのたとえ。

「引かれ者」は、罪を犯して捕えられ縄で縛られて連行されている者や、処刑前の引回しの刑に処せられている者。「小唄」は江戸時代にできた三味線に合せて唄う粋な短い唄。罪人が連行される、または処刑場に向う途中で、まだゆとりがあるかのように粋な小唄を口ずさんでいるといった情景。江戸後期から見えることわざで、古典落語『御船の戦争』に「これまで音信不通いたし頓《とん》とうち絶えてをる奴で有るが、何を申しますか、引かれ者の小唄とやら」と出てくる。なお、以前には同義で「引かれ者の新内節《しんないぶし》」(「新内節」は三味線に合せて唄う語り物)という表現があったが、伝承は途絶えてしまったようだ。図は大正時代の伊東忠太の風刺画集『阿修羅帖《あしゅらちょう》』から。

彼岸《ひがん》が来《く》れば団子《だんご》を思《おも》う

⑴肝要なことはそっちのけにして食べ物のことばかり考えている人を冷かす言葉。⑵気楽なことばかりを思い描くたとえ。

彼岸で大事なのは法要や先祖の墓参りなどのはず。それを食意地の張った者が、彼岸といえば付き物の団子を真先に連想してしまい、その方ばかりを気にしているといった情景を言ったものだろう。表現にどぎつさがなく、軽い雰囲気が感じられる言い回しなので、現代でも十分に使えるお勧めのことわざの一つであろうか。

彼岸過《ひがんす》ぎての麦《むぎ》の肥《こえ》、三十《さんじゅう》過ぎての男《おとこ》に意見《いけん》

＝彼岸過ぎての麦の肥、二十《はたち》過ぎての親の意見

ことをするに時機を失して、役に立たないことのたとえ。

「麦の蒔時《まきどき》は銀杏《いちょう》の葉を見て」と言われるように麦は秋に蒔き、肥料を施す時季も「麦肥料春の二度より冬一度」がよいとされる。だから、春の彼岸過ぎの肥料は時季遅れで何の効果もない。同じように、三〇歳を過ぎた男にああだこうだと意見してみたところで、すでに自分なりの考えや見識をもっているから聞き入れるものではないということ。同義のものに「二十過ぎての子の意見と彼岸過ぎての肥はきかぬ」という言い回しもある。

低《ひく》い所《ところ》に水溜《みずたま》る ⇒ 窪《くぼ》い所に水溜る

日暮《ひく》れて道遠《みちとお》し

時を無駄に費やし、まだなすべきことは山ほどあり、遂行するには程遠いということのたとえ。

日が暮れかかっているのに目的地にはまだ遠いということで、「日暮れ」で年老いたことや残された時間が少ないことを、「道遠し」で目的が達成されていな

いことや、やるべき仕事が多いことを言う。中国の『史記』（伍子胥《ごししょ》伝）に出典が確認できる。日本でも古くから用いられ、平安時代の『日本往生極楽記』（第一七）には「一の鍛冶の工《たくみ》、上人を過《よぎ》り、金を懐《ふところ》にして帰る。陳《の》べて曰く、日暮れ路遠くして、怖畏なきにあらずといふ。上人教へて曰く、弥陀仏を念ずべしといへり」と見えている。

鬚《ひげ》の塵《ちり》を取《と》る ⇒ お鬚の塵を払《はら》う

膝頭《ひざがしら》で江戸《えど》へ行《ゆ》く

大変な苦労のわりに物事が遅々としてはかどらないことのたとえ。

膝を地につけて遠距離を歩くということから。「江戸」の代りに「箱根」「京」「東路《あずまじ》」などの地名を用いたことわざもある。上方系のいろはカルタに採用された語句でよく知られていたが、近代以前ではことわざ集類には頻出するものの、用例は少ない。「膝がしら江戸の役者が大坂でしびり切らして京や尾張へ」（『いろは歌当和訓《とうわくん》』江戸後期）。

庇《ひさし》を貸《か》して母屋《おもや》を取《と》られる

＝①傍屋《かたや》貸して母屋取らるる　②貸家貸して母屋取られる　③軒《のき》を貸して母屋取られる

面倒をみてやった者から、逆に被害を蒙ることのたとえ。

「庇」は軒に差し出した雨や日光を防ぐ小屋根だが、本来は、家の中心の部屋の外側に設けた広縁の間で「廂」の字を当てた。異表現を併せて見ると、母屋の軒先や廂、また別の家を相手に好意で貸してやったのに、いつの間にか母屋にまで入ってきて我が物顔をされるという意から。①の「傍屋」は母屋の傍らにある家屋で、①②は母屋とは別の家だから、明確な貸借関係にある者であるのに対して、③は母屋の一部を雨宿りかなにかで少しのあいだ貸しただけなのだから、表現が大袈裟になっている。ことわざとしても①②が先にあった。「主税丹下「そふはならぬぞならぬぞ」主税「廂《ひさし》を借て母屋を取るる」丹下「犬骨折って、高見で是が見物しておらりうか」」（脚本『名歌徳三升玉垣《めいかのとくみますのたまがき》』一番目、江戸後期）。

膝《ひざ》とも談合《だんごう》

⑴思案にくれ、膝を抱えて相談相手にするということ。⑵どんな相手でも相談すればいくらかの役に立つということ。

江戸初期から常用されたことわざで、近世の文芸類に多数の用例が見られるが、現代は死諺化している代表的なものの一つである。

秘事《ひじ》は睫毛《まつげ》

＝**秘事は睫毛の如《ごと》し**

秘伝や秘め事は案外手近な所にあるもので、ただ気づかないだけだというたとえ。

睫毛は目から一番近い所にあるのに鏡に映さないと見えない。秘事を睫毛にたとえたことわざ。江戸初期からさまざまなジャンルで用いられた。「仮令《たとえ》其家々ニテ面々ノ約束アリテ、少シハ秘事ガマシク云フ様ナル事ハ有モコソセメ。其ハ常ニ申習ハス如ク、秘事ハマツゲノ如シト申テ、深シキ事ハナキ物ニテ侍ゾ」（キリシタン書『妙貞問答』巻中、江戸初期）。

美人薄命《びじんはくめい》

＝**佳人《かじん》薄命**

美人と評される人は病弱で長生きできなかったり、数奇な運命に弄《もてあそ》ばれて不幸になることが多いということ。

現実には、健康で長生きする美人も多いはず。ここでは、外見的になんとなく弱々しく健康的でない美人が念頭に置かれていたのだろう。中国・宋代の蘇軾《そしょく》の詩に見られる異表現がもとになっている。「西施《せいし》の顰《ひそみ》に倣《なら》う」（いたずらに人真似をして物笑いになる意）ということわざを残す中国の代表的美人の西施は、痛みで眉を顰《ひそ》めずにはいられない病弱だったたし、『長恨歌《ちょうごんか》』に詠まれる楊貴妃《ようきひ》も湯上りには人の助けがいるような弱々しさの感じられる美人だった。当時の人々の意識や認識が反映されていると見られ、日本の江戸時代にも影響が見受けられる。「明の謝肇淛《しゃちょうせい》が語《ことば》にも、美人は必ず殃《わざわ》ひあり。また多くは薄命なり」（人情本『清談若緑』二編叙、江戸後期）。

引越貧乏《ひっこしびんぼう》

たび重なる転居で貧しくなること。

浮世絵師・葛飾北斎は長屋住いで九三回も転居したと伝えられている。江戸の町の内に限っているとはいえ、これだけ引越をしてはとても貯金するゆとりはなかっただろう。実際、売れっ子絵師だったが、お世辞にも金持とは言えなかった。現代でも、高給取りや社用で引越費用が保障されている場合はともかく、個人的に何度も引越したら本当に金銭的にゆとりがなくなってしまうだろう。

羊《ひつじ》に虎《とら》の皮《かわ》を着《き》せる

中身がないのに外見ばかり整えることのたとえ。

江戸初期の儒学者・熊沢蕃山の『集義和書』（巻一二）に「常人の君子の大義をとらざることをそしり、凡女にも貞女の節を守らしめんとす。羊に虎の皮をきするを以て道をおこさんとす」と用いられている。「羊質《ようしつ》虎皮《こひ》」という言い回しも、中期の儒学者・服部南郭《はっとりなんかく》の『南郭先生文集』に出てくる。

必要《ひつよう》は発明《はつめい》の母《はは》

発明は、必要に迫られて生れるものだということ。

Necessity is the mother of invention. の翻訳。スウィフトの『ガリバー旅行記』（一七二六年）に用例があるものだが、日本では、どちらも一八八八年に刊行された『西洋諺喩一語千金』と『英和対訳泰西俚諺集』に「必要は発明の母なり」と訳語を当てたものが古いものであろう。後者は対訳書なので英文も併記してある。日本で紹介された当初から現代まで一貫して同じ言い回しが続けられている。図は、漫画家・清水対岳坊が雑誌『英語少年』(一巻二号、一九一一年)に英語のことわざの絵解きとして描いたもの。

一口物《ひとくちもの》に頰《ほお》を焼《や》く

ちょっとしたことに手出しをして、思わぬ失敗をすることのたとえ。

一口分の食べ物で自分の口を火傷《やけど》する意から。火傷をするのは直接には口の中で、頰ではない。それを敢えて頰と表現したのは、例によってのことわざの誇張癖であろうか。たしかに「一口物に口を焼く」では当り前すぎて面白くない。一方で、幕末のことわざ集『俗諺集成』に「一口物に頰はらす」と、口の中の火傷で頰がはれたと解せるものがあるので、一口に頰ばって頰の裏を焼く、と解せば単なる誇張だけではないかもしれない。江戸中期からよく見られることわざで、後期の滑稽本『世中《よのなか》貧福論』(後編巻上)には「女さへ見れば粘売《のりうり》婆でも唯は通さず、中には思ひの外ゆすり取られて、一口物に頰を焼く事度々なれども」と用いられている。

人《ひと》食らい馬《うま》にも合口《あいくち》

＝人食い馬も合口

どんな乱暴者にでも、背くことのできない相手や気の合った者はいるものだというたとえ。

「人食らい馬」は、人に嚙《か》みつく癖のある馬。「合口」は話や気の合う間柄。人に嚙みつくような馬にでも妙に相性のいい人がいて、その人にかかると馬はおとなしく言うことを聞くということから。現代ではまず見聞きすることがなくなったが、江戸初期から常用されていた。「某《それがし》が思ひの通り、両家の滅亡今此時《このとき》、なんと村上、味《うま》いでないかと、人喰馬に相口の左衛門」（浄瑠璃『本朝二十四孝』第五、江戸中期）。

人盛《ひとさか》んにして神祟《かみたた》らず ⇒ 凡夫《ぼんぷ》盛んにして祟《たたり》なし

人酒《ひとさけ》を飲《の》む、酒酒を飲む、酒人を飲む

＝**一杯《いっぱい》は人酒を飲み、二杯は酒酒を飲む**

酒の飲み始めは自制心があるが、だんだん酔いがまわり、終いには酒に飲まれてしまうということ。

『法華経抄』に出典が求められるが、日本でも江戸中期の教訓書『町人嚢《ちょうにんぶくろ》』（巻四）に「始めは人酒をのみ、中比《なかごろ》は酒が酒をのみ、終りには酒人を飲とかや」と出典を踏まえたものが見える。

一筋縄《ひとすじなわ》ではいかぬ

⑴通常のやり方では思うままに対応することができないこと。⑵手強《てごわ》い相手だということ。

「一筋縄」は一本の縄、転じて、尋常の手段。縄一本で事に対してみたら相手が強過ぎて対処できなかった、手段として脆弱《ぜいじゃく》で対応できなかったという意から。多くの場合、相手が手強いというだけでなく、一癖も二癖もあるという意味合いも含む。現代でもよく使われるが、用例は江戸中期以降に見られるようになる。「とかく鉄が嶽を抱込んで、あっちの身受《みうけ》を延して貰《もら》はうより外《ほか》はない、と言うても一筋縄では往《い》かぬ奴、抱込む仕様《しよう》は、ム、太夫が身請《みうけ》はおれ次第」（浄瑠璃『関取千両幟《のぼり》』第二、江戸中期）。

一筋《ひとすじ》の矢《や》は折《お》るべし、十筋《とすじ》の矢は折り難《がた》し

一人ではできないことも協力すれば可能となるというたとえ。

「折るべし」の「べし」は、可能を表す助動詞。矢は竹でできているから、一本なら折ることができるが一〇本も束になると簡単には折ることはできないとい

う意。矢の数は異なるが、戦国大名・毛利元就《もとなり》が三人の息子に、一本の矢は折れても三本になれば折れないから、三人が協力すれば敵に負けることはないと説いた教訓がよく知られている。

一《ひと》つ穴《あな》の狐《きつね》 ⇒ 同《おな》じ穴の狢《むじな》

一《ひと》つ釜《かま》の飯《めし》を食《く》う ⇒ 同《おな》じ釜の飯を食う

一《ひと》つまさりの女房《にょうぼう》は金《かね》の草鞋《わらじ》で探《さが》しても持《も》て

＝**一つ妻《め》増《ま》しは鉄の草鞋で探せ**

夫婦関係は妻が一つ年上の方がうまくゆくから、何としてでもそういう妻を探せということ。

金属製の草鞋は擦《す》り切《き》れることがなく、この上なく丈夫なもの。その丈夫な草鞋を履《は》いて一つ年上の女房を徹底的に探しまくれという意。年上妻、特に一つ年上妻をよしとする言い回しはたくさんある。「一つ増しは果報持」「一つ姉は買うても持て」などは説明無用だろう。「姉女房は身代《しんだい》の薬」（別項）は、暮し向き、家庭生活にとって薬になる意。「一つぶせは倉建てる」（種子島）の「一つぶせ」は一つ年上の意、「箆《へら》増しは果報持」「一箆《ひとへら》二箆果報箆」「箆増しは世持ち」「一本箆金の草鞋はいて探せ」などの「箆」は年齢と同じで、「箆増し」は夫より妻が年上のこと。以上は男側からの言い方であるが、女側からだと「一つ劣りは金の草鞋で探せ」（新潟）ということになる。

人《ひと》と煙草《たばこ》の善《よ》し悪《あ》しは煙《けむり》となって世《よ》に出《で》る

人間の真価は死んだ後になって分るということ。

煙草は火を付ける前の葉の香りも大事だが、なんといっても実際に吸ってみて旨《うま》いかどうかである。同じように人間も死んで焼かれて煙となってから本当の評価が定まるというもの。類義の「棺《かん》を蓋《おお》いて事定まる」（別項）の中身をさらに具体化し、煙草の煙に類比しているのが面白いところだ。「ほんに思へば、世の中の人と煙草のよしあしは、けぶりと為《な》つて後の世に知る」（合巻『杜若紫再咲《かきつばたゆかりのにどざき》』江戸後期）。

人《ひと》には添《そ》うてみよ、馬《うま》には乗《の》ってみよ
⇒馬には乗ってみよ、人には添うてみよ

人《ひと》の頭《あたま》の蠅《はえ》を追《お》う

頼まれもしないいらざる世話を焼くことのたとえ。江戸中期の評判記『作者評判千石篩《とおし》』に用例が見えている。「人の頭の蠅を追うより己《おのれ》の頭の蠅を追え」とする表現もよく使われる。

人《ひと》の意見《いけん》に餅《もち》をつく⇒意見と餅はつくほど練《ね》れる

人《ひと》の痛《いた》みは三年《さんねん》耐《た》える

＝**人の痛さは三年も耐える**

他人の苦難には同情せずに、無頓着でいられることのたとえ。

それほど古くからあったことわざではないようで、江戸後期から文献に見えている。「玉「ア、アレ痛いヨ。何様《どう》おしのだぇ出抜けにサ。アイタアイタ」鈍「ナニ其様《そんな》に痛くもあるめぇ、ハハハハハ」玉「他《ひと》の痛いのなら三年も堪へるのかぇ憎いヨウ」」（人情本『娘太平記操早引《みさおのはやびき》』四編、江戸後期）。

人《ひと》の噂《うわさ》も七十五日《しちじゆうごにち》

＝**世の取沙汰《とりざた》も七十五日**

人があれこれ勝手に言い広めることも一時的で、しばらくすれば収まってしまうということ。

「七十五日」は特に根拠があるわけではなく、ことわざによく用いられる特有の期間。人が社会の中で生きていれば、さまざまなことがある。時には人の耳目を集め、いろいろに言われるようなことがあっても、日々次々に新しい事柄が生じるからやがては忘れ去られてしまう。これも一つの人情なのかもしれない。異表現は江戸初期に使用されたが、中期以降はほとんどが見出し形となる。「今宵の事を知る者は、五人の外には宗全ばかり、諺《ことわざ》にもいふ通り、人の噂も七十五日、たとへ彼が此事を、触れ歩いても今のまに、お二人様の浮名は消ゆる」（合巻『修紫《にせむらさき》田舎源氏』二編、江戸後期）。

人《ひと》の踊《おど》る時《とき》は踊れ

皆がやっていることには強いて逆らったりせず、自分もやるべきだということ。

「郷《ごう》に入っては郷に従え」（↓郷に入っては郷に従う）と同義とされることわざだが、「郷」より具体的で分りやすい。「郷」が原理・原則論の抽象世界のことだとすれば、こちらは具体論・個別論のことと言い換えることもできようか。また、「郷」の方はただただ受け入れてもらえるようにと、相手側に合せよということだが、こちらは、相手側の「踊り」を肯定して積極的に入り込もうという姿勢も感じられる。

人《ひと》の口《くち》に戸《と》は立《た》てられぬ

＝人の口には戸が立てられず◆人の口には戸は立たぬ

他人があれこれ噂《うわさ》をしたり、風評が立つのを防ぐことはできないというたとえ。

「戸を立てる」とは、戸を閉めること。内と外との遮蔽物《しゃへいぶつ》となる戸を人の口に当てはめた奇抜な着想のことわざと言える。心の内にあるものを外へ出ないようにするために、口を家に見立て戸を締めて出ないようにしてしまおうというのだから笑わせる。それでも人の口を封ずることはできないというわけ。現代でもよく使われていることわざではあるが、江戸初期の『慶長見聞集』（巻二）に「下人《げにん》の口に戸はたてられぬ」という表現があり、中期以降は見出し形や異表現がよく使われている。「戸の立たぬは人の口」という言い回しもあったことは、それだけこのことわざが一般化していたことの証明にもなろう。

人《ひと》の心《こころ》は九分《くぶ》十分《じゅうぶ》

＝①人心《ひとごころ》九分十分　②人の腹《はら》は九分十分

人が考えることは似たり寄ったりで、たいして違いがないということ。

見出し形が古浄瑠璃『公平化生論《きんぴらけしょうろん》』に、異表現①が江戸中期の浮世草子『当世誰が身の上』に、②が評判記『作者評判千石篩《とおし》』に見られる。

人《ひと》の十難《じゅうなん》より我《わ》が一難《いちなん》

他人の大きな苦しみは気にならないが、自分のことだとほんの些細なことでも大いに気になるものだというたとえ。

「十難」「一難」は苦しみの程度を量と質の両面で言っていると考えられる。それにしてもこのことわざは抽象的な部分があって今一つ真実味に欠ける。同義で「人の子の死んだより我が子の転《こ》けた」の方が情景も鮮烈で文句なしの説得力がある。表現が似ていて紛らわしいが、意味内容がまったく違うことわざに「人の七難我が十難」「人の七難より我が八難」「人の一寸我が一尺」などがある。これらの「難」は災難ではなく難点という意で、他人の欠点は少しでも目につくのに自分の欠点は大きなものでも気づかない、というもの。

人《ひと》の頼《たの》まぬ経《きょう》を読《よ》む

頼まれてもいないことに出しゃばることのたとえ。

法事の時、頼んでいた僧侶が都合が悪くなったのを知って自分から進んでお経を唱えてやったのに、まわりからはひどく不興をかった。それもそのはず、代りの僧侶が来ることになっていたし、唱えた経の内容がその場にふさわしいものでもなかった、というような情景だろうか。ことわざとしては新しく、第二次大戦後の文献から確認できるものである。今日までそれほど広く認知されてはいないものの、この意味の類義のことわざがほとんど知られていない現状では、これからのことわざとして広まる可能性が考えられる。

人《ひと》の情《なさけ》は世《よ》にある時《とき》

①人の情も世にあるうち　②人の情は金あるうち

他人が示してくれる好意は、自分が社会的に評価されている時だけの現金なものだということ。

「富は多くの友を作る」と言われ、それを反対から見ると「貧賤《ひんせん》友少なし」となる。双方を足したようなものが、「繁栄は友を作り、逆境は友を試す」となろうか。もちろん、ここで言う友は真の友ではなく、友達付き合いといった程度のものだろうが。いずれにせよ、人と人とのつながりに、人間の本性とは直接関りのない金・権力・地位といったものが大きな要素となっている点は否めない。世間からちやほやされなくなり困窮するようになれば、表面だけの友は姿を消してしまうのだろう。江戸時代から見られることわざで、さらに露骨な異表現②も同時代からのもの。「あそこに三ツ日ここに二日の居候。人の情も世に有る内と。聞しにまさるうき思ひ」（洒落本『大通愛想尽《だいつうあいそづくし》』江戸中期）。

人《ひと》の振《ふ》り見《み》て我《わ》が振り直《なお》す

他人の行動の良い悪いを見て、自分の行いを振返り、改める材料にするということ。

近松の『用明天皇職人鑑』をはじめ、特に浄瑠璃に多数の用例があり、江戸中期からよく用いられていた。また、「直せ」と命令形の用法も少なくない。

人《ひと》の褌《ふんどし》で相撲《すもう》取《と》る

人に便乗したり、他人の物を利用して目的を果たすことのたとえ。

相撲を取るのに不可欠な褌を、自分のを使わずに他人の物を借りて済ませてしまうというのが近代からの解釈であるが、江戸時代の経済学者・海保青陵《かいほせいりょう》の新田開発の書『新墾談』（一八一三年）にちょっと面白い解釈が見られる。人の褌で相撲を取るというのは、負けても勝っても自分の痛みにならないということだ。そして、上手に人に褌を出させるのが智者である、と。ほかには見られない解釈で、後にも伝わらなかったが、ことによると古くはこうした解釈が存在したのかもしれない。図は幕末の狂画集『諺臍《ことわざへそ》の宿替《やどかえ》』から。

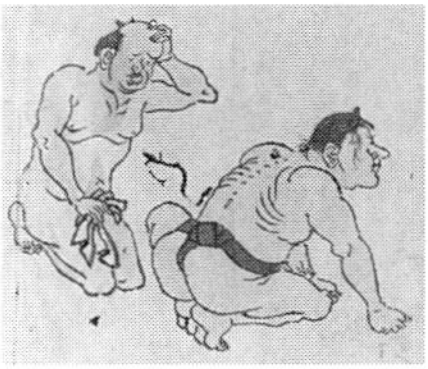

人《ひと》の行方《ゆくえ》と水《みず》の流《なが》れ

水の流れと人の行末《ゆくすえ》◈水の行方と人の行方は知れぬ

人の将来はどうなるかまったく予想できないということ。

今ここに流れている水はこの先どこへどのようになってゆくか分らない。同じように人のこれから先のことは俗人の知るところではない。見出し形や異表現以外にもいろいろに表現されることわざで、江戸時代に多用されたものながら定型や標準形といったものがない。例えば、「人の身の上と水の流れほど定まらぬものはない」「水の流れと人の身」「身の行方と水の流れは定めなし」「人の行方と水の定めがたき」など。なかには言い換えだったかもしれないが、水以外のものにたとえた「人の行く末と枝珊瑚《えださんご》樹《じゅ》の花や葉は知れぬもの」（脚本『幼稚子敵討《おさなごのかたきうち》』六つ目、江戸中期）とするものもあった。

人《ひと》の悪口《わるくち》は鴨《かも》の味《あじ》

人を謗《そし》るは鴨の味

他人の悪口は極上の味わいがあるというたとえ。

鴨は上等な肉質から特に近世では珍重された。人間の品性からすれば、他人の悪口や陰口を叩くことは卑しむべきことに決っている。しかし現実には、人の噂話が世間から絶えることはない。それを飯の種にしている雑誌なども少なくない。そうした類の雑誌が多く発行され続けてきたということは、事の是非は別にしてそれだけの読者がいるということだ。また、巷《ちまた》の飲屋での話題の双璧は、愚痴・不平と他人の悪口・噂話のようだ。

人《ひと》は石垣《いしがき》、人は城《しろ》

人は国を守る城であり、城を守る石垣のように人民は大切なものだということ。

江戸初期の軍学書『甲陽軍鑑』(第三九)に武田信玄の歌として「人は城、人は石垣、人は堀、情けは味方、仇《あだ》は敵なり」と紹介されている。信玄はその生涯において城らしい城は築かなかったと伝えられているが、実際にはいくつもの城を造ったり修築したりしている。信玄がこの歌で言いたかったのは、大事なのは人間だということであり、それを味方の励ましに言ったものと解されようか。「天の時地の利は人の和にしかず、人は城人は石垣人は堀」(浄瑠璃『蘭奢待新田《らんじゃたいにった》系図』第四、江戸中期)。

人《ひと》は氏《うじ》より育《そだ》ち ⇓ 氏より育ち

人《ひと》は落《お》ち目《め》が大事《だいじ》

(1)苦境に陥った人に対して回りの人間は冷淡になりがちだが、そうした時にこそ支援するのが真の友情だということ。(2)自らが不遇で苦しい時こそ、早く立ち直れるようにこれまで以上に努力しなければならないということ。

(1)と(2)で意味に大幅な違いがあるが、それは観点の相違からくる。(1)は落ち目の人に対する他者としての取るべき態度や姿勢を言うもので、(2)は自分の立場についての自己観察とでも言うもの。江戸時代にはあまり用例は見えないが、後期の洒落本『船頭深話』に「浄るり本でもよくいふことだが、人は落目が大事とやらで」とある。

人《ひと》は死《し》して名《な》を留《とど》め、虎《とら》は死して皮《かわ》を留む

⇓ 虎は死して皮を留め、人は死して名を残《のこ》す

人《ひと》は善悪《ぜんあく》の友《とも》による

＝善悪は友による

交際する友人による影響力は絶大だということ。

善人になるには善人の友をもち、悪人になるには悪人の友をもてばそうなるという〈友人環境決定論〉とも言うべき考えのものである。たしかに人は付き合う人から多大な感化を受けることは否定できまい。その感化力も、悪の感化力の方が強いと見るのがことわざでの認識。「朱に交われば赤くなる」（別項）をはじめいくつものことわざが悪の影響力の強さを言ってきた。善の方はといえば、せいぜい「麻の中の蓬《よもぎ》」（別項）が知られているものだろう。見出しのことわざはその両方を言っているもので、室町時代に用いられ、江戸時代は常用されていた。「水は方円の器物に従ひ、人は善悪の友によると申せば、よき事申《もうす》人に交ろひ、かりそめも悪《あし》きを学ぶべからず」（『多胡辰敬《たこときたか》家訓』室町時代）。

人《ひと》は情《なさけ》の下《した》で立《た》つ

＝人は情の下に住む

人の世の中は互いの思いやりで成り立っているということ。

人間性善説が根底にある社会認識となっている。「渡る世間に鬼はなし」（別項）と同じ発想ながら、社会の根本を人の情とみなす考え方が示されていて、より強固な性善説をなしている。もちろん、実際の世の中は人情だけではやってゆけない。それでも人情が基本であることを忘れてはいけないと、人々に言い聞かせる役割ももっていそうなことわざである。越中の盆踊唄に「鮎は瀬につく鳥は木にとまる。人は情けの下に住む」と用いられている。

人《ひと》はパンのみにて生《い》くるにあらず

人は物質的に満足するだけでは生きていることにならないということ。

人間は精神生活の糧《かて》として神の言葉を実行することこそが大切だと説いたキリストの言葉。『新約聖書』（マタイ伝四章）に「人の生くるはパンのみに由《よ》るにあらず、神の口より出づる凡《すべ》ての言《ことば》に由る」とある。「人々は互いに相愛し相助けよ」という神の言葉を実践することによって、人間は人間として生きてゆくことができるというのである。

人《ひと》は百病《ひゃくびょう》の器物《うつわもの》

＝人は病《やまい》の器

人間はあらゆる病気にかかり、まるで病気を入れる容器だということ。

「また、今日ありて明日をも知らぬ命、人は百病の器ものなれば、いかなる病もいでまじきものにもなし」（洒落本『傾城《けいせい》つれづれ草』江戸中期）。

人《ひと》は見《み》かけによらぬもの

人の能力や性質などは、外見だけでは分らないということ。

江戸中期の浮世草子『古今堪忍記』や後期の『盟《かみかけて》三五《さんご》大切《たいせつ》』などの脚本で多用され、今日までよく用いられていることわざである。

人《ひと》は見目《みめ》より只心《ただこころ》

人間は外見の美しさは二の次で、善良な心をもつことが肝要だということ。

仏教では、いくら美貌の持主だといっても「皮一枚剝《は》げば美人も髑髏《どくろ》」（→美しいも皮一重）だと説く。見た目の女の美貌など取るに足りないとするものだが、その裏には美しさに惹《ひ》かれてしまう煩悩の抑えがたさが伏在しているようだ。同じようにこのことわざも、何においても醜よりは美を指向してしまう人間一般に共通する弱点を取り上げている。相手が美人でない場合にこのことわざを用いると、暗に相手の不器量を言っているかのように誤解されるところがあるので、実際に使うに際しては注意が必要だ。安土桃山時代のことわざ集『北条氏直時分諺留《うじなおじぶんことわざとめ》』に見え、江戸時代には常用されていた。

一人口《ひとりぐち》は食《く》えぬが二人口《ふたりぐち》は食える

⇒二人口は過《す》せるが一人口は過せぬ

一人相撲《ひとりずもう》

＝一人相撲を取る

(1)誰も見ていないのに自分一人で気負うこと。(2)双方の力量に差がありすぎて、争っても勝負にならないこと。

相撲はもともとは豊年を占う神事の一つだったことが『日本書紀』垂仁天皇七年の条に見える野《の》見宿禰《みのすくね》と当麻《たいま》蹶《け》速《はや》との組打ちの記述から分る。一人相撲も、姿の見えない神を相手に相撲を取り、神が二勝一敗で勝つと豊作とする儀式的なものであった。現代でも愛媛県大三島町の大山祇《おおやまつみ》神社の御田植祭のものが伝承され、毎年六月に行われている。一方で、時代が下がるとともに神事の色彩が弱まり、娯楽性の濃い大道芸ともなっていった。江戸後期の滑稽本『六あみだ詣《もうで》』(嗣編巻上)には「それから京へ上り還俗せられ、その身になつて好きの道とて、辻々《つじつじ》に立つて、ひとり相撲を取つて見過ぎとせられたが」と、一人相撲を生業としていることが書かれている。図は英一蝶《はなぶさいっちょう》原画『一蝶画譜』(一七七〇年)からで、店先での一人相撲の様子が描かれている。

一人《ひとり》の文殊《もんじゅ》より十人《じゅうにん》のたくらだ

＝一人の好士《こうじ》より三人の愚者

(1)一人の優れた者の考えより、優秀ではなくとも大勢が考えたことの方がよいというたとえ。(2)大勢で決めることには問題が起らないということ。

「文殊」は知恵をつかさどる菩薩、「好士」も優れた人の意。「たくらだ」は、人が猟をしている時に自ら飛び出してきて殺されるという鹿に似た獣で、転じて愚か者の意。江戸中期の教訓書『子孫鑑』に「細民(庶民)のたとへ」として用例が見られる。

一人娘《ひとりむすめ》に婿《むこ》八人《はちにん》

＝①娘一人に婿八人　②娘一人に婿二人

望まれるものは一つなのに、希望する人がたくさんいることのたとえ。

原義は一人の娘に対して婿になりたいと望む男が八人もいるということ。見出し形の「一人娘」は子供が女の子一人という意の一人娘ではなく、異表現のように一人の娘を指していると見てよいだろう。江戸前期の俳諧『二葉集』に「きけばさて娘一人に聟《むこ》ふたり」と詠まれた句があり、長野県松本の遊戯唄に「娘一人に聟三人」という歌詞もあるので、古い形のものは婿が二人もしくは三人だった可能性もある。江戸後期の人情本『春色梅美婦禰《みぶね》』(巻六)には「女同士は自然《おのずから》、言葉にも花も愛敬も、あればさすがに憎からず。娘一人に聟八人の、たとへにあらで」と①が見える。また、同時期の人情本『春色辰巳園《たつみのその》』(後編巻四)には「ただ美服をかざりて色をつくろい、婦女子の心ますます賤《いや》しく、真の情合《じょうあい》あらざれば、娘一人に男八人《いろ》」と、「婿」を「情人」に言い換えるものも見えていた。

人《ひと》を射《い》んとせばまず馬《うま》を射よ
⇒将《しょう》を射んと欲《ほっ》せばまず馬を射よ

人《ひと》を使《つか》うは使われる ⇒使う者《もの》は使われる

人《ひと》を呪《のろ》わば穴二《あなふた》つ

＝①人を祈《いの》らば穴二つ　②人を呪わば穴二つ掘れ

人に危害を加えたら自分も害を受けるものだというたとえ。

異表現①の「祈る」は、災いが起るように祈願する意。人を呪うとなぜ穴が二つもいるのだろうか。そして、何のための穴なのだろうか。図は幕末の河鍋暁斎《きょうさい》の『狂斎百図』のもので、人を呪い殺すために藁《わら》人形に釘を打ちつける丑《うし》の刻参《こくまい》りをした女に対して、傍らの魔人が二つの穴を指し示している。昔はふつう穴を掘って埋葬する土葬だったので、呪いを受けて死んだ者が入る穴が一つと、そして呪った者自身が入る穴がもう一つというわけである。この墓穴説は、江戸中期の平元正信のことわざ解義書『五十一諺』がすでに述べている。

人《ひと》を見《み》たら泥棒《どろぼう》と思《おも》え

他人は信用できないから、まずは疑ってかかれということ。

人間性悪説を表白したようなことわざである。ただし、できた当初は他人を信用するなというより、十分に用心をしてかかれという意味合いが強かった。この言い回しは、江戸初期の教訓書『長者教』に見える、人を見たら盗人と思い、火を見たら火事だと思って用心しろという意の「人は盗人《ぬすびと》、火は焼亡《じょうもう》」が変化して、幕末か明治初期に言われるようになったもの。古典落語『碁盤割』の「そこですね旦那……昔より火を見たらば火事と思へ、人を見たらば泥棒と思へと云ひます。それはかたいやうな顔をして居ても、本当にかたいかやはらかいか分かりません」という用例が最も古いもののようで、年代が特定できるものは一八八一年の『うきよ新聞』となる。

人《ひと》を見《み》て法《ほう》を説《と》く ⇒人《にん》見て法を説け

火《ひ》のない所《ところ》に煙《けむり》は立《た》たぬ

いくらかでも事実がなければ噂《うわさ》は立たないものだということのたとえ。

現代でも常用のことわざであるが、明治以前には見られない。翻訳臭さのない表現であるが、明治時代に西欧から入ってきたことわざと見られる。明治時代のことわざ集を当ってみると、『英和対訳泰西俚諺集』(一八八九年)に「Where there's fire there's smoke. 火のある処必ず煙あり(西)」(「西」はスペインの意)と記されており、同年の『和漢泰西金言集』は「煙の有る所に火あり」という言い回しを収載している。以降、「火無き所に煙は起こらず」が『和漢泰西ことわざ草』(一八九二年)、『英和対訳西洋古語格言』(一九〇一年)は「Where there is smoke there is fire. (Eng.) 煙の在る所には火あり」としている。見出しの言い回しは、『日本俚諺大全』(一九〇八年)が古く、ここでは日本のことわざとして扱われている。

疲馬《ひば》の鞭《むち》を恐《おそ》れず ⇩ 痩《や》せ馬《うま》鞭を恐れず

火《ひ》吹竹《ふきだけ》の根《ね》は藪《やぶ》にあり

(1)ものの真の原因は意外な所にあるというたとえ。(2)張本人は予想もしない所に潜んでいるものだというたとえ。

「火吹竹」は火を起す時に使う竹の筒で、先端に小さな穴があいている。竹は真直ぐ伸びているが、その根はこぶだらけで網の目のように張っており、地上の竹と地下の根の形状は対照的と言える。また、一方は世の中で火を起すのに使われているのに対して、もう一方は薄暗い竹藪の地中にあるという対比も含んでいるのであろう。もともとは土佐のことわざで、文献に見えるのは『諺語大辞典』(一九一〇年)からである。

ひもじい時《とき》のまずい物《もの》なし ⇩ 空《す》きっ腹《ぱら》にまずい物なし

百害《ひゃくがい》あって一利《いちり》なし

悪い面や弊害ばかりがあって、よい点は何もないということ。

現代の常用語句である。漢語調の表現なので中国の古典に由来しそうに思われるが、意外にも故事・ことわざ辞典などの古い文献に見られない。早い収載は、日本のことわざを英語と対照して紹介した *Japanese Proverbs and Proverbial Phrases*, 1935 あたりからのようだ。

百《ひゃく》尺《しゃく》竿頭《かんとう》一歩《いっぽ》を進《すす》む

⑴完璧な上にさらに向上しようとすること。⑵すでに十分な努力したうえに、さらなる努力をすることのたとえ。

「百尺竿頭」は、百尺(約三〇メートル)もある竿《さお》の先端のことで、到達可能な極点を指す。仏教の修行できわめて高い境地に到達するたとえとして、工夫や向上可能な極限を言う。「一歩を進む」は文字通りさらなる一歩を踏み出すことで、一層の工夫・向上を図る意となる。中国・宋代の『伝灯録』に出典が見られる。日本では道元の法語を弟子・懐奘《えじょう》が筆録した『正法眼《しょうぼうげん》蔵随聞記《ぞうずいもんき》』や江戸初期の沢庵和尚の『東海夜話』に出てくる。文章法としても使われ、前文で論じた後にさらに一歩を進めて強調して論ずるということで、〈百尺竿頭進一歩法〉と呼ばれる。

百足《ひゃくそく》の虫《むし》は死《し》に至《いた》りて僵《たお》れず
⇒百足《むかで》は死んでも倒《たお》れず

百日《ひゃくにち》の説法《せっぽう》屁《へ》一《ひと》つ

‖七日《なぬか》の説法屁一つ

長い間の苦労が、わずかな失敗ですべてぶち壊しになることのたとえ。

百日もの長い間、ためになる教えを説いてきたお坊さんが、最後の最後に粗相をしてしまったために、それまでの厳粛で深遠な話のありがたみがなくなってしまったというもの。江戸中期頃から見られるようになり、十返舎一九の読本『通俗巫山夢《ふざんのゆめ》』(巻四)には「甚次郎兵衛もその口を合はせて、是れまで陽太郎を欺き置きしが、百日の説法屁一つにて、思ひもよらず、化の皮は禿げたれども」と用いられている。このことわざは絵画にも表現しやすかったようで、江戸後期の浮世絵類に多く見られる。いずれも下がかった滑稽な表現で強烈な印象を与えるものになっている。図はその代表的なもので、河鍋暁斎《きょうさい》の『狂斎百図』(江戸末期)から。

百人《ひゃくにん》を殺《ころ》さねば良医《りょうい》になれぬ

医者は多くの患者を扱って腕をみがくということのたとえ。

刺激的な表現であるが、たしかに医者は患者の命をあずかり、その与奪権を握っている。ちょっとした失敗でも文字通り命取りとなる。しかし、病気は数限りなくあり、しかも新しい病気も次々に現れ、その病状を的確に把握することは容易ではない。理論も大事だが、一人一人が皆違う生身の人間を相手にするものだけに、何よりも実地の経験から学ぶところが大きい。「若い医者にかかると墓地まで大いに繁盛する」ということわざが一四世紀のフランスの文献に見える。これは経験の浅い医者の医療ミスを指摘するものであるとともに、多くの経験を積んでゆく一つの過程をたとえてもいる。見出しのことわざは近代になってから知られるもので『諺語大辞典』(一九一〇年)には収載されている。

百年河清《ひゃくねんかせい》を俟《ま》つ

――河《か》の清《す》むを俟つ

どんなに長く待っても望みの叶えられないことのたとえ。

この「河」は黄河で、濁っている黄河の水が澄むのを待つということから。異表現が中国の『春秋左氏伝』(襄公八年)にある。吉田松陰が大原三位《さんみ》(重徳《しげとみ》)に宛てた書簡に異表現が見られるが、見出し形の近代以前の用例などは見出し得ていない。明治時代に入ってからは、板垣退助・江藤新平らの「民撰議院設立建白書」（一八七四年）にも見られ、現代でもよく使われている。

百聞《ひゃくぶん》は一見《いっけん》に如《し》かず

＝千聞は一見に如かず

人の話を百回聞くより、自分の目で一度見る方が確かだということ。

出典は、見出し形が『漢書』（趙充国伝）にある。現代でも非常によく知られ、また使われている言葉だが、日本ではそれほど古くから用いてはいなかったようだ。異表現は室町時代に世阿弥が金春大夫《こんぱるだゆう》に宛てた書状の中で使っており、類義の「聞《きき》しよりは見る」が室町時代の『宗長日記』に用いられているが、見出し形は江戸時代以前の各種ある金言集にも収載されておらず、用例も確認できていない。一般的になるのは、どうも明治に入ってからのようで、元仙台藩士の追想記『在臆話記』に確認でき、明治のことわざ辞典類にも採用されるようになっている。

百里《ひゃくり》の道《みち》は九十九里《くじゅうくり》を半《なか》ばとす

＝百里を行く者は九十を半ばとす

物事を完遂するには最後が肝心なので、気を緩めずに励めということ。

長い長い行程もあとわずかを残すのみとなったが、そこのところでそれまでの長い行程の半分来たに過ぎないと、力を抜くことなく対処していれば間違いはないということ。異表現が中国・漢代の『戦国策』（秦策）にあり、日本でも中国の古いことわざを収めた江戸後期の『古今名諺』などには見られ、用例も箴言《しんげん》集《しゅう》『言志晩録』にあるが、一般に用いられるようになるのは明治以降になる。

百貫《ひゃっかん》のかたに編笠一蓋《あみがさいっかい》

＝千貫のかたに編笠一蓋◈百両のかたに編笠一蓋

多額の支出に対してわずかしか収入がないことのたとえ。

「百貫」は金百貫目。「蓋《かい》」は笠などを数える時に用いる語で、ガイとも言う。多額の金を貸したのに、抵当は編笠がたったの一つだけということ。「編笠」以外にも抵当となる物には「竹の皮笠」「塗笠《ぬりがさ》」「猿（一四）」といろいろあった。今日では死語化しているが、江戸初期から常用されたものだった。「こっちは高い米をくはせ、銭をとらぬは猶《なお》迷惑、なんと迷惑くらべして見ようかなあ。一りんでも待ちはせぬさん用せずば破れかぶれ、百貫にあみ笠一がい、二人がわんばうひつぱいで帰る」（古浄瑠璃『傾城二河白道《けいせいにがびゃくどう》』巻中）。

百貫《ひゃっかん》の鷹《たか》も放《はな》さねば知《し》れぬ

①逸物《いちもつ》の鷹も放さねば捕《と》らぬ　②千貫の鷹も放さねば捕らぬ

物や人の値打は、実際に使ってみなければ分らないということのたとえ。

大金を出して手に入れた鷹でも、異表現①のようにとりわけ優れた鷹でも、実際の鷹狩で野に放して獲物を捕らせてみなければよい鷹かどうか分らない。人間も、能力のあるなし、適職かどうかを外見だけで判断するのは難しく、実地を通してでないと本当は分らない。①が江戸前期から見えはじめ、その後②、そして見出し形、と言い回しが変化していった。「松兵「せめて奥様に。夢なりとも。この事をお知らせ申したら。この親仁《おやじ》めが本望」磯浪「百貫の鷹も放さねば知れぬと」」（脚本『敵討浦朝霧《かたきうちうらのあさぎり》』二つ目、江戸後期）。

瓢簞《ひょうたん》から駒《こま》

(1)思いもよらないことが現実に起ることのたとえ。
(2)実際にはあり得ないことのたとえ。

瓢簞から馬が出るということだが、現実に起るわけはない。突飛な着想のことわざは少なくないが、それにしても奇抜過ぎる。関連するものとして思い浮ぶのは、中国・唐代の張果老という仙人である。いつも白《はく》驢《ろ》（白い驢馬）に乗って一日数千里を行き、休む時は瓢簞の中に白驢を収めていたという。この張果老や瓢簞から馬が出てくる構図の絵が日本には多くある。現在確認できている最古のものは、室町時代の式部輝忠という絵師の描いたもので、仙人が瓢簞の口を逆さまにして白驢を出している場面になっている。その後も、特に江戸時代には類似した図柄の絵が、有名・無名の絵師を問わず実にたくさん描かれている。一方、文字資料でも、室町時代の『宗安《そうあん》小歌集』に「ひよめけよの、ひよめけよの、くすんでも瓢簞《ひょたん》から馬を出す身かの」とあり、江戸初期からは常用されている。室町時代にはすでにこのことわざがあったわけで、張果老の図が画題として定着する傍ら、瓢簞から駒が出る構図が独立し、それとともに言葉化されていったものと推定される。なお、この図柄は平面的な絵ばかりでなく、刀の鍔《つば》や置物・根付《ねつけ》といった造形物にもよく見られる。

瓢簞《ひょうたん》で鯰《なまず》

＝瓢簞で鯰を押える◆鯰で瓢簞を押える

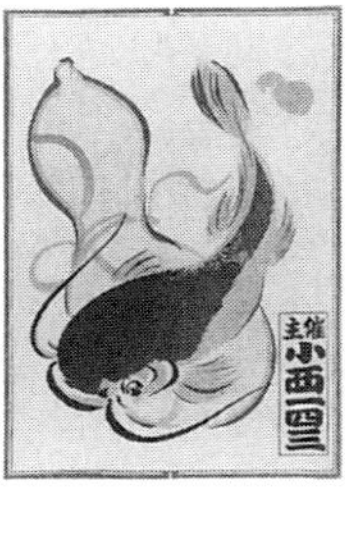

ぬらくらして抑えがたくとりとめのないさまや、要領を得ないことのたとえ。丸くてすべすべした瓢簞でぬるぬるした鯰を押さえようとすることから。この構図を室町時代の如拙《じょせつ》が水墨画に描いたものが国宝となっていて有名である。そのほか、第二次大戦前までの日本の絵画や鍔《つば》などの造形物には、この文様を主題にしたものがたくさんあって、重要な画題であったことがうかがえる。図は千社札の一種で、瓢簞と鯰の位置関係が逆である〈逆さ絵〉になっている。

豹《ひょう》は死《し》して皮《かわ》を留《とど》む

⇒虎《とら》は死して皮を留め、人《ひと》は死して名《な》を残《のこ》す

屏風《びょうぶ》と商人《あきんど》は直《すぐ》には立《た》たぬ

⇒商人と屏風は曲《まが》らねば立たぬ

ピンからキリまで

⑴始めから終りまで。⑵最上や上等なものから、最低や下等なものまで。

ポルトガル伝来のカルタがもとになっている「めくりカルタ」の一をピン、一二をキリということから。花札でも正月をピン、一二月をキリと呼ぶ。山東京伝の黄表紙『開帳利益札遊合《りやくのめくりあい》』にめくりカルタを説明する箇所があり、「ピンからキリまで十二通り有《ある》は月の数なり」と述べている。

牝鶏《ひんけい》晨《あした》す

＝牝鶏の晨◆雌鳥《めんどり》歌えば家滅ぶ

⑴男に代って女が権勢を奮う意。⑵女権が強いことは災いとなるというたとえ。

雌鳥が雄鳥より先に朝を告げることから。出典として、見出し形が中国の『書経』（牧誓）に見られる。日本でも、鎌倉時代の藤原定家作と伝えられる『松浦宮《まつらのみや》物語』や説話『十訓抄《じっきんしょう》』など、古くから常用された。女に対する歴史的な認識が表れており、現代では女性差別のことわざとして批判の対象となっている。

貧者《ひんじゃ》の一灯《いっとう》、長者《ちょうじゃ》の万灯《まんとう》

⇩長者の万灯より貧者の一灯

貧《ひん》すれば鈍《どん》す

＝貧すりゃ鈍する

⑴貧乏になると賢い人でも頭の働きが鈍くなるということ。⑵落ちぶれるとさもしい心をもつようになるということ。

「貧は病より苦し」く、「貧ほど辛《つら》いものはない」。特に、それまで金に不自由しなかった者が貧しくなるとその惨めさは倍加する。おっとりしていた者が食べるためにあくせくしてゆとりを失い、考えることにも閃《ひらめ》きがなくなってくる。江戸中期から常用されることわざで、後期の滑稽本『一盃綺言《いっぱいきげん》』に「おれも昔のおれなら、人さまが小馬鹿にもさつしやるめへが、貧すりや鈍するの理屈で、今言たとても通らねへはなしだ」と用いられている。また、『道中膝栗毛』(五編巻上)に見える「借銭をおうたる馬にのりあはせ、貧すりやどんと落されにけり」といった修辞的な用法でもよく使われている。

貧乏人《びんぼうにん》の子《こ》沢山《だくさん》

貧乏な人には子供が大勢いるということ。

江戸時代には、同義で柿をたとえにした「貧乏柿の核《さね》沢山」「渋柿の核沢山」などが多く用いられた。渋柿が、実は小さいのに種がたくさんあることから言われたものである。幕末のことわざ集『国字分類諺語《げんご》』に「貧乏に子あり、山柿《やまがき》にさねあり」という表現が収められているので、見出しのことわざは「柿」形から派生したものかと推測される。江戸後期の人情本『仮名文章《まじり》娘節用』(三編巻中)には「人の欲しがる金銀が、有り余るほどの大家には、子を欲しがるほど子が出来ず、貧乏人の子沢山を、うらやむと云ふ」とあり、この時期には言われていたことが分る。子供が多ければ養育に金がかかる現代では、貧乏な家になぜ子供が多いのか実感としてよく分らないであろう。江戸の貧しい庶民にとって金のかからない楽しみは夫婦の営みだったからと解釈する説があり、説得力があるようにも思われるが真偽の程は定かでない。

貧乏《びんぼう》暇《ひま》なし

(1)貧乏人は生活に追われてゆとりがないということ。(2)多忙なことの言訳にしたり、謙遜したりして言う語。

近松の『五十年忌歌念仏』(巻上)に「嫁子共が申すにも、親父と旦那様へ往《い》かつしやれ、何かのお礼も申さつしやれと申しまする。ヲ、ヲ、とは申しながら、正真《しょうじん》の貧乏隙なし」とあるように、主に江戸中期から用いられた。前期のことわざ集『世話尽《づくし》』に収められてはいるものの、広く知れ渡ったのはやはり江戸系いろはカルタによるものであろう。カルタの絵柄は蜆《しじみ》売《うり》を描いたものが伝承され、実際にカルタをやる時には「貧乏暇なし蜆売」と、「蜆売」を補足して詠んだことが多かったようだ。これは絵札を取って競争するカルタ取りで文字を知らない子供も取れるように配慮した、〈取らせ言葉〉と呼ばれるものだった。なお、福島には「貧乏暇なし溜《た》めかつぎ」(「溜め」は肥溜《こえだめ》)という表現があるので、同じ天秤棒《てんびんぼう》で担ぐものでも何種類かあったのかもしれない。

ふ

風前《ふうぜん》の灯火《ともしび》

＝①風の前の火　②風前の塵《ちり》

物事が危険極まりない状況にさらされていることや、もののはかなさのたとえ。

蠟燭《ろうそく》の火や、燃え木や竹の先に燃える小さな火は、ちょっと風に吹かれればいつ消えても不思議ではない。「命の火を灯《とも》す」という言葉もあるように、生命を火にたとえることがあるから、消えなんとする火が命の危うさにたとえられたのであろう。仏典の『倶舎《くしゃ》論《ろん》』に由来し、古くは鎌倉時代の仏書『愚迷発心集』に「ただ水沫の命未だ消えざるの前、務《いそ》ぎて来世の営みを企て、風前の灯髣《ほの》かに残れる程、宜《よろ》しく除難の路を脱るべし」と見えている。なお、異表現①は平安時代の『堤中納言物語』に見え、②は日蓮の『開目抄』や『平家物語』に「風の前の塵」とするのが古い用例である。

夫婦《ふうふ》喧嘩《げんか》は犬《いぬ》も食《く》わぬ

＝夫婦《みょうと》いさかいは犬も食わず

夫婦の間の喧嘩を他人が仲裁するのは愚かであるということ。

なんでも食う犬でも夫婦喧嘩は見向きもしないということから。夫婦は身近に生活しているから些細なことで喧嘩《けんか》もするが、「夫婦喧嘩は寝て直る」ように、他人から見るとあっけなく和解もしてしまう。だからそんな喧嘩に仲裁をするのは愚の骨頂というわけだ。

夫婦《ふうふ》は合《あわ》せもの離《はな》れもの ⇒ 合せものは離れもの

笛《ふえ》吹《ふ》けど踊《おど》らず

＝**笛吹きたれど汝《なんじ》ら踊らず**

用意万端を整えても相手がそれに応じてこないことのたとえ。また、それを嘆く言葉。

異表現が『新約聖書』（マタイ伝一一章）に見える。洗礼者・ヨハネが人々に神の国の到来が近いことを告げながら洗礼を授けていたが、いくらヨハネが道を説いても聞く者がいなかった。これを、笛を吹いて結婚式ごっこの踊に誘ったのに皆が乗ってこなかったという子供の遊び歌を引合いに出して、キリストが嘆いて言ったものであった。現代では常用のことわざの一つだが、日本でのことわざ辞典への収載は昭和二〇年代からとなっており、新しいもののようだ。

深《ふか》い川《かわ》は静《しず》かに流《なが》れる

本当に力量のある人や思慮深い人は、悠然と行動するというたとえ。

「浅瀬に仇波《あだなみ》」（別項）ということわざもあるように、浅い川は波が立ちやすく音も出やすい。反対に、水深の深い川はふつう川幅も広く流れは緩《ゆる》やかなので、底の岩や岸辺の石などに流れがぶつかる音は生じにくい。翻訳臭さが感じられないが外国のことわざの翻訳で、英語の**Deep water runs still.** に当る。『西洋諺草』（一八七七年）に「深き川は流るるに声なく浅きは却《かえ》って騒がし」、『和漢泰西ことわざ草』（一八九二年）に「深き川は流るるに音なく浅き川は却てさわがし」と見えるので、これらを下敷きにして後半部分を省略したものかと推定される。

不義《ふぎ》はお家《いえ》の御法度《ごはっと》

男女の密通はかたく禁じられているということ。

「不義」は、社会的に容認されていない男女の関係を指す。今で言えば「不倫」に相当すると言ってよいだろう。多くは武家社会で使用人同士が私的に関係することを厳禁したもので、浄瑠璃や歌舞伎脚本に多用されている。「頼もしいお人じやと思ひ付たが癪《しやく》の種。他目《ひとめ》を忍び邂逅《たまさか》に。恥かしながら打明けて。思ひの丈を言度《いうたび》に。不義は屋敷の御法度。重《かさ》ねて云など取合《とりあわ》ず。兎角《とかく》する内お家の災難」(浄瑠璃『忠臣伊呂波実記』第七、江戸中期)。

覆水盆《ふくすいぼん》に返《かえ》らず

＝覆水収《おさ》め難《がた》し◈覆水再び盆に返らず

(1)離縁した夫婦が元に戻ることはないというたとえ。(2)一度やってしまったことは取り返しがつかないということ。
ひとたび盆からこぼれた水は、再び元の盆には戻らないことから。一説に、太公望として有名な中国・周代の呂尚《ろしょう》は、読書ばかりしていたので妻に愛想をつかされ離縁となってしまった。後に呂尚が出世すると妻が復縁を迫ってきたので、呂尚は盆の水をこぼし、この水が元に戻ったら復縁する、と言ったという故事に基づく。日本では江戸中期の浄瑠璃『艶容女舞衣《はですがたおんなまいぎぬ》』に「鉢の水を大地に明させ。其水を鉢へ入よ。元の如く夫婦に成ん」と、このことわざを踏まえた表現があり、同じ浄瑠璃の『伊達競阿国戯場《だてくらべおくにかぶき》』にも見出し形が見られるのでこの時期にはよく使われていたことがうかがえる。

河豚《ふぐ》は食《く》いたし命《いのち》は惜《お》しし

悦楽は味わいたいが、のちのちの祟《たたり》が怖くてためらうこと。

魚の王様は鯛とされているが、味に限定すれば河豚を挙げる人もいるに違いない。美味な河豚で一番の問題は、猛毒があるということだ。それを承知で世に言う美食家は、毒のある内臓を食べて「舌がピリピリした」と悦に入ったりする。粋《いき》に振舞うのも命懸けということになる。ことわざとしては江戸中期あたりから見え始める。「封切を早く見たしと前後をいどむ其中にも、あたじけない見物めは、河豚は食たし命は惜し、封切見たし銭惜や」（滑稽本『客者《かくしや》評判記』巻上、江戸後期）。

富士《ふじ》の山《やま》と擂鉢《すりばち》ほど違《ちが》う

はなはだしく違うこと。

擂鉢を伏せると小さな形のいい山の形になる。しかし、形は似ているとはいえ、小さな擂鉢と雄大で美しい富士山とは比べるべくもないというわけだ。「間夫《まぶ》といふはお国方では。金のない風来ものの。女郎の為には貧乏神といふ男。そんな者とは富士の山と摺粉鉢ほどちがふた大臣」（浮世草子『傾城《けいせい》歌三味線』巻二、江戸中期）。

武士《ぶし》は食《く》わねど高楊枝《たかようじ》

——さむらい食わねど高楊枝

⑴武士たる者は貧しくても気位は高くしているということ。⑵貧しくても気位は高く持って生きるべきだというたとえ。

「高楊枝」は食後にゆうゆうと爪楊枝《つまようじ》を使う意で、食事を欠いても満腹のふりをすること。武士道を謳《うた》った江戸中期の『葉隠《はがくれ》』に「士は食はねども空楊枝《からようじ》、内は犬の皮、外は虎の皮」とあり、大田南畝《なんぽ》の『寝惚《ねぼけ》先生文集』に見出し形が見られる。図は江戸後期の地口絵集『神事行灯《あんどん》』（四編）からで、このことわざの地口「仏師《ぶっし》や食《くわ》ずて高やうじ」の絵。

布施《ふせ》ない経《きょう》に袈裟《けさ》を落《おと》す

報酬が少なければ身が入らず仕事の質は低下すると

いうたとえ。

「布施」は僧侶へ施す金品。「袈裟を落す」とは、僧侶が袈裟をつけずに略式で読経を行うこと。つまり、御布施がない時は、坊さんはきちんとした恰好でお経は唱えないということ。別の言い方をすれば、報酬の多寡に見合う仕事をする意の「布施だけの経を読む」と割切られるか、あるいは「布施ない経は読まぬ」とただ働きは拒否されてしまう。経を読むことは慈善事業ではなく僧侶の労働であるという認識が、これらのことわざの根底に流れているようだ。『布施無経』という題名をもつ狂言もあり、その中にこの用例もあるので、比較的古くから用いられていたことが分る。

臥《ふ》せる牛《うし》に芥《あくた》 ⇒ 寝《ね》た牛に芥かける

二《ふた》つよいことなし

‖ **①二つよいことはない ②よいこと二つなし**

世の中に両方ともよいという事はないものだということ。

社会や人間に対するこのような見方は古くからの根源的な認識であったと言ってよいだろうが、具体的な表現としては西鶴の『日本永代蔵』に異表現②が見られる。「二つの島へ上れば、浜端《はまばた》に女の草履《ぞうり》夥《おびただ》しくならべある。扠《さて》は聞き伝へたる女護の島。草履を穿いて見たいには、姿を隠して居るゆゑならず。二つ善い事はならぬもの、先づ此の草履はどうであらう」（黄表紙『近頃島めぐり』江戸中期）。

豚《ぶた》に真珠《しんじゅ》

値打の分らない者に高価なものを与えること。まったく無駄・無意味なことのたとえ。

『新約聖書』（マタイ伝七章）の「また豚の前に汝《なんじ》らの真珠を投与る勿《なか》れ」が元になっている。日本のことわざ集では『英和和英諺語辞典』（一九一四年）が **Cast not your pearls before swine.** の項目に「豚ノ前ニ真珠ヲ投ズル勿レ」と訳した例が早いもののようで、現代では

「猫に小判」（別項）と同じくらいに知られている。

二股膏薬《ふたまたごうやく》

＝内股《うちまた》膏薬

自分の考えや方針がしっかりせず、あっちへ行ったりこっちへ来たりする無節操のたとえ。また、そういう人の意。

昔の膏薬は両面がべとべとしており、二の腕の内側や片方の腿《もも》の内側に貼《は》りつけると反対側もべとついた。むろん、「理屈と膏薬はどこにでも付く」（別項）くらいだから、実際にはそう簡単に反対側に貼り替えることはなかったはずで、誇張した表現には違いないが、あっちに「付き」こっちに「付く」膏薬と、節操なさを同視する着眼は奇抜そのものだ。文献上の初出は江戸初頭の『日葡《にっぽ》辞書』に見られ、用例も江戸前期の狂歌『吾吟我集《ごぎんわがしゅう》』（巻六）に「物のけにつくほどならば内股の膏薬のごと我も離れじ」と詠まれている。近代以前は異表現が多いが、現代は見出し形に取って代られている。

豚《ぶた》もおだてりゃ木《き》に登《のぼ》る

気をよくするとふだん出来ないようなことも出来てしまうということのたとえ。

不可能なことのたとえとして「豚の木登り」ということわざがあることからも分るように、実際は豚が木に登ることはない。出来ないことを出来るようにしてしまうのは例によってことわざの誇張であるが、それにしても片方で不可能なことのたとえになっているのに、他方では可能だとしてしまうのだから、悪く言えばことわざのいい加減さの極みとも言える。そこが、矛盾を度外視した表現の魅力だとも言えるのだが。昭和五〇年代あたりから言い出されたもののようで、ことわざ辞典で収録しているものは今日でも例外的で、見出しの表現を書名にしたものも刊行されてはいるものの、ことわざとしての市民権が得られたものにはなっていない。

二人口《ふたりぐち》は過《すご》せるが一人口《ひとりぐち》は過せぬ

＝一人口は食えぬが二人口は食える

一人暮しは無駄が多く不経済だが、夫婦の二人暮しはむしろ安上りだということ。

収入が同じなら、数字の上だけでは一人より二人暮しの方が苦しいにきまっている。しかし、必ずしも一たす一は二ではない。例えば、食事の材料など一回では使い切れないものも多く、残して腐らせたりする。二人の所帯なら食事面でのやりくりもしやすく、無駄が出にくい。その上、家計を預かる者が安くて旨《うま》い物を工夫すれば健康面にもプラスになって医療費も減ろうというもの。経済的な不安から結婚をためらっている人へ人生の先達が送る助言の一つとして、今もしっかり生きていることわざである。

豚《ぶた》を盗《ぬす》んで骨《ほね》を施《ほどこ》す

巨悪をなしておきながら、わずかばかりの善行をすることのたとえ。

隣の家の豚を盗んで食べられるところは全部平らげた後で、骨も煮出せばスープになると、何食わぬ顔でその骨を隣家へおすそ分けした、といった情景が思い浮ぶ。日本のことわざという扱いを受けてきているが、英語に Steal a pig and give the feet for alms.（豚を盗んで足を施す）ということわざがあり、『西洋諺草』（一八七七年）と『和漢泰西ことわざ草』（一八九二年）には西洋のものとして「豚を盗みて骨を施こす」という言い回しが収められている。翻訳臭のない表現だったためか、『古今俚諺類聚』（一八九三年）にはすでに、「豚を盗んで骨を施すやう」という言い回しが日本のものとして収められている。

淵《ふち》は瀬《せ》となる

⇒ 昨日《きのう》の淵は今日《きょう》の瀬

仏法《ぶっぽう》あれば世《せ》法《ほう》あり

何事にも対応するものがあるということ。

「仏法」は仏が説いた教え。それに対応するのが「世法」で、世間や世俗の法則や真理。仏教界と世間とは次元が異なると考えられていた。それは、世俗の家を出て仏門に入ることを「出家」と言い、僧籍を離れて世俗へ戻ることを俗世へ還る、すなわち「還俗《げんぞく》」と言っていたことからもうかがい知ることができる。ことわざとしては江戸時代以前からあったようで、謡曲『車僧《くるまぞう》』に「地「善悪二つは両輪の如し」シテ「仏法あれば世法あり」地「煩悩あれば菩提あり」シテ「仏あれば衆生もあり」」と用いられ、両法が対の概念だったことが分る。

太《ふと》き物《もの》には呑《の》まれよ、長《なが》きには巻《ま》かれよ

⇒長い物には巻かれよ

船形《ふながた》三里《さんり》帆《ほ》形《がた》七里

＝**船姿《ふなすがた》三里帆姿九里《くり》**

海上では、船体は三里（一里は約四キロメートル）、帆は七里の沖合まで見えるという意。

港を出発して沖合遠く水平線の彼方へと遠ざかってゆく船でも、また反対に水平線の彼方から姿を現し陸へ進む船の場合でも、目に見える限度を数字で表したもの。船の姿がどこまで見えるかということでいくつかの条件を設定して数理的に追究してみると、例えば帆柱が一五メートル、船を見る人の視点が一二メートルの高さだとすると二四キロメートル先のものが見えることになり、ことわざと近似した数字となる。このことわざには、異表現以外に数字も異なる「帆影《ほかげ》七里船端《ふなばた》三里」というものもあり、数字に異同が目立つが、船の大きさ、帆柱の高さ、目線の位置といった条件による違いと理解できるようだ。

舟盗人《ふなぬすびと》を徒歩《かち》で追《お》う

方法が適切ではなく無駄に苦労することのたとえ。

舟を乗り逃げした者は、当然、川や海の上を逃げてゆく。盗まれたことを知った側が陸伝いにそれを追いかけるという情景。これでは、泥棒はつかまりっこない。江戸前期のことわざ集『世話尽《づくし》』に収録されているが、近代以前の用例は見出されていないので多用されたものではない。現代の社会状況からこのことわざの情景も描きにくくなっており、その意味ではすでに死語となったものかもしれない。

舟《ふね》に刻《きざ》みて剣《つるぎ》を求《もと》む

＝舟を刻んで剣《つるぎ》を尋《たず》ねる◈舟べりに刻《こく》す

時勢の移り変りに気づかず、いつまでも古いしきたりに固執する愚かさのたとえ。

中国の『呂氏《りょし》春秋』(察今)にある故事に基づく。舟から川の中に剣を落した者が、落ちた位置を舟端に印をつけて、後から印の下の川底を探したが、舟が動いていたので見つからなかったという。日本でも鎌倉時代には知られており、金言集『玉函秘抄《ぎょっかんひしょう》』に収載されているのをはじめ、江戸時代のいくつものことわざ集類に収められている。近松の『用明天皇職人鑑』(第一)には「船端にきざをつけて刀を尋ぬる」(「きざ」はきざみ目の意)という言い回しが出てくる。なお、熟語にして「刻舟《こくしゅう》」とも言う。

船《ふね》は水《みず》より火《ひ》を恐《おそ》る

外部からの危害より内部に起る災いが恐ろしいというたとえ。

船の備えの基本は、浸水を防ぐという水に対するものであろう。ところが、船中に発生する火災といった火に関する防御には案外甘く、油断もある。万が一、航海中に船火事でも起そうものなら、孤立無援だから悲惨なことになる。同じように人間の組織でも、対外的な対策は講じられても、内部へは甘くなりがちで、もし問題が発生すれば致命傷にいたる危険性が高い。ことわざとしては西洋から入ってきたもので、『和漢泰西ことわざ草』(一八九一年)での収録が早いもののようだ。対応する英語のことわざとして Ships fear fire more than water. がある。

踏《ふ》まれた草《くさ》にも花《はな》が咲《さ》く

逆境にある者でもいつまでもそのままではなく、栄えることがあるというたとえ。

俗謡の「韓信《かんしん》の股《また》をくぐるも時世と時節、踏まれた草にも花が咲く」という一節に発している。韓信は中国・漢王朝建国時の功臣。無名の頃、ならず者の侮辱に耐えてその股をくぐったという逸話を残し、そこから大志ある者は小さな屈辱には耐えよ、という「韓信の股くぐり」ということわざも生れている。その韓信もやがては世に出たし、誰からも見向きもされず踏みつけにされたような道端の草花でも、時季が来れば花が開くと、現在、不遇な立場にある者や災いを受けた人への心優しい励ましの言葉になっている。近代以前の文献には見られない。『気仙《けせん》郡誌』(一九一〇年)、また明治末期に東北地方東部のことわざ類を調査した報告書『俚諺調』に見られるので、発生の地は東北地方かもしれない。

文《ふみ》は遣《や》りたし書《か》く手《て》は持《も》たず

(1)文字を書けない者が、恋文を書きたいのに書けずに思い悩むこと。(2)相手に気持を伝えたいのに、その方法がないということのたとえ。

第二次大戦前までの古い江戸系のいろはカルタの札としてよく知られている。もともとは「文は遣りたしせんかたな」という言い回しで、室町時代にまとめられた歌謡『閑吟集』などに見られる。その後、江戸に入る頃の小唄・隆達節《りゅうたつぶし》に「文はやりたしつてはなし」、隆達節のすぐ後を受けた弄斎節《ろうさいぶし》に「文は遣りたし我が身は書かず」と歌謡世界での伝承が目につく。そして見出しの言い回しは、兵庫県豊岡地方の「延享五年小歌しやうが集」(一七四八年)あたりからとなっている。図は明治時代のものだがいろはカルタの絵柄はこのように、遊女が巻紙に文を書こうとして

いるものが伝承的なものであった。

踏《ふ》めば窪《くぼ》む

何も行動しなければ反響もないが、何かをすれば反応はあるものだということ。

少し軟らかな土だったら踏めば跡が残るという単純な物理現象に着目している。江戸前期の俳諧『ゆめみ草』（巻四）に「ふむ所くぼむたとへか雪の道」と詠まれているように、江戸時代に比較的よく用いられたことわざに「踏む所が窪む」というのがあった。これには、人が踏む所は跡が窪むという普通の意のほかに、人が大勢出入りするところは出費が多く損になるというたとえの用法もあった。見出しのことわざは、古い例などがないので、この古くからあった「踏む所が窪む」から派生したものと推定される。

冬来《ふゆきた》りなば春遠《はるとお》からじ

つらい時期を凌《しの》げば、必ず幸福な時がやってくるということ。

イギリスの詩人シェリー（一七九二〜一八二二年）の「西風に寄せる歌」の結びの句 **If winter comes, can spring be far behind?** の翻訳。西風が枯葉を舞上げる過酷な冬の到来も、やがては訪れる春の草木が芽吹くための準備期間だと言う。逆境にある身はいつまでも続くものではなく、希望に満ちた境遇の到来を予感させることを文学性豊かに表現している。

古川《ふるかわ》に水絶《みずた》えず

もともとがしっかりしているものは、衰えてもたやすくは滅亡しないというたとえ。

昔からある川は、土手に草や灌木《かんぼく》が生い茂っていて、一見水が流れていないかに見える場合でも、底の方にはちゃんと流れがあるものだ。同じように、代々富豪だった家は没落しても、貧乏人の家とは違って何かしら往時をしのばせるものが残っているものだということ。江戸初期からどのことわざ集にも収載されており、用例も少なくない。「いく秋か月ハかはらすふる川に水絶すしてかけもすむなり」(『狂歌五題集』江戸中期)。

古《ふる》き革袋《かわぶくろ》に新《あたら》しい酒《さけ》は盛《も》られぬ

⇒新しい酒は新しい革袋へ

古傷《ふるきず》は痛《いた》みやすい

過去に犯した悪事やいやな体験は、なにか事あるごとに人の口に上ったり思い出されて、いつまでも祟《たた》るものだということ。

現に今ある傷が痛いのは当然だが、古傷や手術の傷跡も、傷自体はきれいに治っていてふだんはまったく気にもしていないのに、気候の変り目や雨の日などに痛むことがある。こうした肉体に蒙った古い傷を、過去の自分の悪事が世間の記憶からいつまでも消えないことと重ね合せて出来たものであろう。ことわざとしては明治時代に入ってからのもののようで、『日本俚諺大全』(一九〇八年)の収載が早い。

故《ふる》きを温《たず》ね新《あたら》しきを知《し》る

伝統に立脚した上で、新しく現代を認識するということ。

「温故知新《おんこちしん》」とも言う。かつて学んだことを改めて吟味・復習した上で、それに基づいて新しい知識や道理を見出してゆくことを言う。「温」は本来、あたためる意。古いもの、冷えたものをあたためてよみがえらせる意から、尋ねる、復習する、といった意になる。『論語』(為政)に「子いわく、故きを温ねて新しきを知る、以て師となすべし」とあり、孔子が師の資格として述べた言葉であった。日本でも古くから知られ、八世紀末の『続《しょく》日本紀』や平安時代の日本最初の金言集『世俗諺文』に収載されている。「おろかなるかな。古きを尋ねて新しきを知れとなり。道うけざらむ人の稽古修行は、いたづらの事なるべし」(連歌論『ささめごと』室町時代)。

降《ふ》れば土《ど》砂《しゃ》降《ぶ》り

不幸な出来事や事件は、続けて起りがちだということのたとえ。

英語の It never rains but it pours. の翻訳。英語圏では、災いや不幸な出来事などについて用いられることがほとんどだが、よいことについても使われることがあるという。日本ではこれに対応するものとして「泣《な》き面《つら》に蜂《はち》」（別項）を当てることが多かったが、よい場面での使用があるということから考えると、「二度あることは三度ある」（別項）の方が近いようだ。『英和和英諺語辞典』（一九一四年）に英文は載っているが、見出しの表現は示されていない。現代ではテレビのニュース解説でも耳にするようになり、一般的になってきた。

刎頸《ふんけい》の交《まじ》わり

相手のためには首をはねられても悔いはないというほどの親しい間柄のこと。

「刎」ははねる、「頸」は首。中国の『史記』（廉頗藺《れんぱりん》相如《しょうじょ》伝）にある話に由来する。春秋時代、将軍・藺相如は趙《ちょう》の恵文王を守り抜いた功績で、将軍・廉頗より身分が上になった。そこで恨みを抱いた廉頗は藺相如を辱《はずかし》めようとした。しかし、二人の争いは国を滅ぼすことになると考えた藺相如は争いを避けて身を隠した。そのことを知った廉頗は自身の不明を恥じて詫び、互いのためには命までを捨てる深い友情を結んだという。日本での用例は、中国の古典に詳しい馬琴の『里見八犬伝』（五輯巻一）に「親疎《しんそ》を論ずる事かはと、辞《ことば》等しく怨ずれば、信乃は莞爾《にっこ》とうち笑《えみ》て、刎頸の交りは、いづれに親疎あるべきならねど」などと何カ所も使われている。

分相応《ぶんそうおう》に風《かぜ》が吹《ふ》く

——分々《ぶんぶん》に風は吹く

(1)人はみなそれぞれの立場や身分に応じた生活をするということ。(2)所帯の大小に応じた出費もあり、問題も起るということ。

ここの「分」は、境遇とか身の程の意で、「分相応」は能力や地位にふさわしいこと。「風」は、具体的には事柄とか運を言う。異表現はブンブンという音の響きがよく、風音を思わせて、全体の音調もすこぶるよい。異表現は江戸前期のことわざ集『世話尽《づくし》』に、見出し形も江戸中期からのことわざ集にいくつも見られるが、近代以前の用例は見出し得ていない。

分別《ふんべつ》過ぎれば愚《ぐ》に返《かえ》る

物事は、考え過ぎるとかえってつまらない考えになり失敗するということ。

どうしようかと熟考するのが「分別」。人間が生きてゆく上に分別は欠かせないが、分別をしてみても、事はそうおいそれとはゆかない。そこで、「分別の上にも分別」と怠りなくすることが勧奨される。しかし、それも過剰となると、かえって的確な分別ができなくなって失敗してしまうものである。明治以前の古いことわざ集類には見えないが、用例は少しある。「殊に宣旨《せんじ》を背《そむ》く過《あやま》り、伯父君とて御免はない、分別過《す》ぐれば愚に返る、初一念に御進みと」（近松『日本振袖始』第一）。

蚊虻《ぶんぼう》に嶽《たけ》を負《お》わす

＝蚊虻嶽を負う

⑴力や能力のない者が大きすぎる仕事に耐えられないことのたとえ。⑵不可能なことのたとえ。

蚊《か》や虻《あぶ》のような小さな虫に山を背負わせる、ということから。用例は非常に古く、空海の『性霊集《しょうりょうしゅう》』（巻九）に「譬《たと》へば蟷螂《とうろう》、車に対《むか》ひ、蚊虻、嶽を負はむが如《ごと》し」と見える。中国の古典にありそうな文句だが見当らない。同義でたとえ方も酷似している「蚊をして山を負わしむ」が『荘子』（応帝王）に見えるので、あるいはこの表現の言い換えだったのかもしれない。

へ

臍《へそ》が茶《ちゃ》を沸《わ》かす

＝お臍で茶を沸かす

あきれるほどにばかばかしく滑稽なこと。

黄表紙『辞闘戦新根《ことばたたかいあたらしいのね》』に用例が見られるなど、江戸中期から盛んに用いられた。

下手《へた》こそ上手《じょうず》の上《うえ》の飾《かざ》り

下手があるから上手なことが知れるということ。

安土桃山時代の能楽書『八帖花伝書』に「初心に帰り、下手にも物を問ふ事、是、上手の業なり。古歌に曰く、「下手こそは上手の上の飾りなれ返々《かえすがえす》も誹《そし》りばしすな」」と引例したものがある。

下手《へた》な大工《だいく》でのみ潰《つぶ》し

仕事もしないで酒ばかり飲んで身代を潰してしまうこと。

洒落をことわざの形にしたもので、日本のことわざの特色とも言える。使い方が悪くて工具の鑿《のみ》を台無しにしてしまう意の「鑿潰し」と、酒を飲んで身代をなくす「飲み潰し」が掛けられている。洒落だから特に深い意味があるわけではなく、気が利いていて粋な言い回しが身上。その点では、あまり有名な言葉とは言えないが、さらりと口にするお洒落な言葉であろう。同時に、世に言う「飲んべえ」にはいささかグサリと来そうな響きがある。

下手《へた》な鉄砲《てっぽう》数《かず》打《う》ちゃ当《あた》る

＝下手な鉄砲も数打てば当る

未熟な者でも数多くやれば成功することがあるというたとえ。

「当る」は「中る」とも表す。一六世紀の中頃に伝来した鉄砲は、日本の社会に大きな影響を与えた。それは、「鉄砲水」など鉄砲という言葉を使った用語がたくさん現れていることからもうかがわれる。ことわざの類だけでも三〇近くが作られており、これもその一つ。何百ものことわざを使って浮世草子風に綴った幕末の『諺尽道斎噺《たとえづくしどうさいばなし》』に「下手な鉄砲のかずうつ」が見られるが、「当る」という撃った結果が記されていないので、このことわざの古い言い回しだったとは言いきれない。明治に入って『金諺一万集』(一八九一年)が異表現を、『和漢泰西ことわざ草』(一八九二年)が「下手の鉄砲も数撃てば中《あた》る」という形を日本のものとして載せている。一方、西洋には **He who shoots often, hits at last.** ということわざがあり、『諺語大辞典』(一九一〇年)が異表現を見出し項目にしてドイツのものとして載せている。『諺尽道斎噺』の例がこのことわざを踏まえたものと見ると、このことわざは幕末頃に生じたものと西洋のものが融合して、明治以降に見出しの表現になったものかと推定される。

下手《へた》の考《かんが》え休《やす》むに似《に》たり

下手の思案《しあん》は休むに似たり

ろくな考えも出ないのに、ただ長く考えても時間の無駄で何の意味もないということ。

一般に考えることが苦手になってきたと言われる現代の日本で、たとえ下手であろうと思考できることは決して悪いことではない。というのは一般論。これは、もともとは囲碁や将棋の世界で、相手の長い長い考えにじれた者が敵を牽制《けんせい》した言葉だった。洒落本『むだ砂子』に用例があるように、江戸中期から見えるもので現在もよく知られているが、そのわりに江戸時代の用例は多くない。「解らん事を申さずに早く致せ。下手の考へ休むに似たりと云ふ事が

有るが、戦争《いくさ》を致すに然《そ》う一々首を傾けて居ては勝つ事が出来んワ」（古典落語『将棋の殿さま』）。図は昇斎一景の錦絵集『教訓言黒白《くろしろ》』（一八七一年）から。

下手《へた》の道具《どうぐ》選《えら》び

＝下手の道具調《しら》べ

腕前の悪い者に限って、道具のえり好みをするということ。

よく知られている「弘法《こうぼう》筆を選ばず」（別項）と反対のことわざ。近世でも多用されたものではなかった。「何程丈夫なる業物《わざもの》なりとも、跡退りしながら振舞しては用に立べきものに非ず。下手の道具ゑらみと云諺実に戯言ならじ」（随筆『薫風雑話』江戸中期）。

下手《へた》の長談義《ながだんぎ》

＝下手の長話 ◈下手の長談義高座《こうざ》の妨《さまた》げ

話の下手な人に限って長々と話が続き、聞いている者が迷惑するということ。

「談義」は話全般を言うが、もともとは僧侶による説法のことだった。お坊さんのありがたいがいささか辟易《へきえき》する長い長いお話だったというわけだ。狂言に用例の見える古いものであり、江戸時代には上方系のいろはカルタにも採用されたので、特にカルタを通して広く知られるようになったものであろう。他人の行為を批評する言葉として使うか、それとも自分に対して用いるかで意味合いは大きく異なる。冒頭の語釈は他人に対した場合で、自分の場合になると、謙遜《けんそん》や謙虚な物言いのニュアンスとなる。

下手《へた》の横好《よこず》き

＝下手の物好《ものず》き

下手なくせにそのことが無性に好きだということ。

「横好き」の「横」は、「横やり」「横車」などの「横」と同じで、本来の枠を外れた無理、勝手という意。つまり「横好き」は、ただ普通に好きと言えるような枠からはずれている状態。ことわざには他人の行為を批評して使う場合と自分のことについて言う場合で意味の異なるものが多いが、これも、後者の場合は謙虚な物言いの表れとなる。古くは異表現が、室町時代の教訓書『めのとの草子』に「名目《みょうもく》」(ことわざに同じ)として出てきており、安土桃山時代のことわざ集『月菴酔醒記《げつあんすいせいき》』にも記されている。異表現は見出し形に比べて、他人が嫌がるようなものを好むという意味合いが込められているようだ。狂言『縄綯《なわない》』に用例があり、江戸中期頃までは続いていたようだが、その頃に言われ出していた見出し形に移り変っていったものと考えられる。

糸瓜《へちま》の皮《かわ》とも思《おも》わず

少しも意に留めないこと。

糸瓜の実は水にさらして、たわしや垢《あか》すりとして使い、茎から採った水は化粧水や咳止《せきど》め薬として役に立つ。しかし、表面の皮は何の価値もなく、水にさらされているうちに剝《は》げ落ちたり捨てられたりするだけのものだった。江戸初期から用いられたことわざだったようで、『毛吹草』にも「世話」(ことわざ)として収められている。「おつる涙をおしのごひ、あらあらしうのたまへば、かの女、糸瓜の皮ともおもはねども、おそろしげなる風情して、引出物にやめでつらん」(仮名草子『露殿物語』巻上、江戸初期)。

屁《へ》と火《ひ》は元《もと》から騒《さわ》ぐ

＝ ①屁と火事は騒ぐ方より ②屁と火事は手前から出る

最初に言い出したり騒ぎ出したりするのが元だということ。

火事は火元の家に人がいれば、普通は家人が最初に気づき騒ぎ出す。一方、音がしない屁も、した者は後ろ暗さから、他人に気づかれる前に素知らぬ顔で臭いと口にしてしまうというものである。ハ行の一音語二つを取合せるという面白さのあることわざになっている。山梨の伝承童謡に「屁と火事ゃ元から騒ぎ出す、橋の下のくそかけ坊主、箸《はし》ではさんでひん舐《な》めろ」と用いられている。なお、ことわざ集への収載は、幕末の『国字分類諺語《げんご》』『世俗俚言集』に見出し形と異表現①が収められている。

屁《へ》の河童《かっぱ》

＝河童の屁

(1)造作もなく簡単だということ。(2)なんとも思わないこと。

江戸中期にはあった異表現が、明治時代に言い換えられたものと考えられる。河童が水中で屁を放っても、水の中だからなんの痛痒《つうよう》もないし、他愛もないことと想像したものであろう。「河童」と「屁」の語順が倒置されたことで、意味が強調されるような効果が感じられる。

蛇《へび》に足《あし》を添《そ》える

＝蛇を描いて足を添える

わざわざ無用なことをするたとえ。

異表現で分るように、蛇を描いていて形をよくしようと足を描き加えることから。現代では熟語の「蛇《だ》足《そく》」という形で用いられているが、この形は中国・漢代の『戦国策』(斉策)にすでにあった。「寒からねど雪を画ば雪、薫《におい》なけれど花を作れば花也。却句《けっく》念をいれすぎ、虎に羽を加へ、蛇に足を添へば、人の笑ひをまねくのみ」(神道書『神路手引草』江戸中期)。

蛇《へび》に噛《か》まれて朽縄《くちなわ》に怖《お》じる

以前の失敗した経験にこりて、必要以上に用心することのたとえ。

一度、蛇に噛まれて痛い思いをしたことから、蛇に姿が似ている腐った縄、朽縄を見て身構えるということから。蛇の異称「くちなわ」は、朽縄に似ていることから呼ばれるようになったとされる。冒頭の「蛇」は、ことわざとして読みを明らかにしている明治以前の例はないので、ことによると「くちなわ」と読み、後ろの「朽縄」と語呂合せになっていたのかもしれない。その方が、ことわざとしての洗練度が高いように思われる。

蛇《へび》に睨《にら》まれた蛙《かえる》

＝蛇に見込まれた蛙◈蛇に逢《あ》った蛙

天敵や強いもの、苦手とするものの前で身がすくんでしまうもののたとえ。

蛞蝓《なめくじ》は蛇を、蛇は蛙を、蛙は蛞蝓を食うところから、三者が互いに牽制《けんせい》し合って身動きできない状態を「三竦《さんすく》み」と言うが、その蛇と蛙の情景に焦点を当てたもの。ことわざとしては明治以前には見られない。三竦みの図は葛飾北斎なども描いているので、おそらくそうした絵を元に、近代になって言われだしたものと推定される。

蛇《へび》の生殺《なまごろ》し

＝くちなわ生殺しにしたよう

⑴さんざんにいたぶっておいて、止めをささずに放置することのたとえ。⑵物事の結論を先送りにして、不徹底のままにしておくことのたとえ。

「生殺し」は、ほとんど死にそうな状態にしておくこと。ひとおもいに殺すよりも残酷な行為であり、また、中途半端なやりようは恨みを買って後難を招くことになる。「蛇の生殺しは人を嚙《か》む」とも言われ、生殺し状態は災いの種となる、と暗に示している。異表現の「くちなわ」は、腐った縄、朽縄《くちなわ》に似ていることからきた蛇の異称。「大江の御家中、丑島宅兵衛様が引取つて、世話でもしてえやうに仰《おつ》しやるゆゑ、外ならず骨も折つても、ぐにやらぐにやらと、蛇の生殺しで、今以てきまらねえの」（鶴屋南北『御国入曾我中村』二番目）。

屁《へ》をひって尻《しり》つぼめる

＝屁ひって肛《しり》すぼめる◈屁をこいて尻すぼめる◈屁ひって尻

失敗をした後で、とりつくろったりごまかすことのたとえ。

おならをしてしまった後で、あわてて尻の穴をすぼめてみるということから。異表現の「すべる」も、すぼめる意。お世辞にも上品とは言えないことわざで、古い江戸系いろはカルタの中ではその図柄と相まって卑俗さが飛び抜けたものになっている。図はその明治時代のものであるが、よくうかがえるであろう。江戸初期から見られることわざで、わずかずつ言い回しの違うものがあり、ほぼ定型化するのはいろはカルタに採用されてからかと考えられる。カルタ自体でもさらに変化しており、見出し形のような「つぼめる」という表現は、明治になってからのものである。「浮目はせまじ。此言漸《ようや》く大道を知るに似たり。窮して正《せい》にかへる。惜哉《おしいかな》、屁放て、尻をすぼめたること」(洒落本『跖《せき》婦人伝』江戸中期)。

【五四四】

弁当持先《べんとうもちさき》に食《く》わず

⑴持っている者は自分ではそれを使わないというたとえ。⑵他人のために役立て自分のことはおろそかになることのたとえ。

これまでは、金持が金を使わないという「金持金使わず」と同義の⑴の意味のみが知られていた。しかし、江戸中期の洒落本『風流睟談議《すいだんぎ》』には「儒者の不孝と貧乏人の気を張《はる》とがおなじこと。鎗《やり》持鎗つかはず。灯《ちょうちんもち》夫足もとくらく。弁当持さきへくはず。風呂たきはあかだらけ。煤掃《すすはき》にからだの掃除せず。けんどんや飯をくひ。とりあげ婆子を産《うま》ず。こえとりはくそこかず。箕《み》売は笠でひる」と、⑵の意味のたとえとなるものが、鎗持以下九例も列記されている。また、江戸後期と推定される仇討小説『柳荒美談後編』にも「世のたとへのごとく、鎗持鎗を遣はず、弁当持先へくはせず、医者の不養生、禰宜《ねぎ》神主の不信心、酒屋の亭主生酔とならず」と、「医者の不養生」(別項)と並列に置かれており、⑵の意味が存したことの根拠になりそうだ。

弁当《べんとう》忘《わす》れても傘《かさ》忘れるな

出掛ける時は雨傘を忘れずに持てという意。

北陸地方で言い慣わされている天気俚諺の一つで、時雨《しぐれ》の多い晩秋あたりからの天気の変りやすさに対する心得となっている。

ペンは剣《けん》より強《つよ》し

言論がおよぼす力は武力より強いということ。

ラテン語の Calamus Gladio Fortior. の翻訳。イギリスの政治家で小説家でもあるリットン（一八〇三〜七三年）の戯曲『リシリュー』によって一般に知られるようになった。ペンと剣が直に触れ合えば剣が強いに決っている。それを、一種の逆説として、ペンが強いとしている。ペンは文の、剣は武の象徴として用いているわけで、たしかに社会の事象によってはペンが剣に優ることもあろう。しかし、悲しいことに一般論としてこの説があてはまるものではないということは、リットン自身が「完全に偉大な人物の支配のもとでは」という前提条件をつけて用いていたことからもうかがい知ることができる。日本のステンドグラスの先駆者・小川三知は一九一五年にこのことわざのラテン語と絵を配したステンドグラスを制作している（慶応大学図書館、一九七四年復元）。

ほ

判官《ほうがん》贔屓《びいき》

弱い者に同情を示し肩をもつこと。

「判官」は、検非違使《けびいし》の尉《じょう》（＝判官）だった源義経を指す。薄幸な運命の義経に同情した民衆の心根を表現したものである。江戸前期の儒学者・熊沢蕃山の『集義和書』(巻三)には、「世に判官贔屓と申候は、いかなる事にて候や」と、設問の一つとして掲げられている。近年では「はんがんびいき」と口にされることが多くなっている。

暴虎《ぼうこ》馮河《ひょうか》の勇《ゆう》

向う見ずで命知らずなことをすること。

「暴虎」は虎を素手で打つこと、「馮河」は大きな河を歩いて渡ること。『論語』(述而)に見える故事に由来する。孔子の弟子で武勇に優れていた子路が、大軍を動かす際、師だったら誰と行動を共にするかと孔子に問いかけた。孔子は、虎を素手で打ったり黄河を徒歩で渡ったりする危険を冒し、死んでも後悔しないような者とは行動を一緒にできない、と答えたというもの。日本でも、古浄瑠璃『和国女眉間尺《みけんじゃく》』に「其《そ》の御きりやうたくましく、御たけ七尺有余にして、暴虎馮河の御威せい、かみ公卿より地下《じげ》までも、恐れぬ者はなかりけり」とある。

坊主《ぼうず》憎《にく》けりゃ袈裟《けさ》まで憎い

法師《ほうし》が憎ければ袈裟まで憎い◆坊主憎ければ袈裟まで

憎しみが高じて相手の関係するものすべてが憎くなることのたとえ。

「袈裟」は僧侶の衣服で、左肩から右脇下に掛けてまとう長方形の布。憎らしいとなると、その僧の袈裟までが憎らしく感じられるというもの。愛憎といった人間心理の機微を突いたことわざと言える。愛の場合にも、「愛は屋上の烏《からす》に及ぶ」(別項)ほど激しいものがある。袈裟も烏もたまたま引合いに出されただけで、特に理由があるわけではなく、当然のことながら僧侶一般が憎悪の対象となるものでもない。江戸初期から常用されたことわざで、通常の形で使われているものが多いが、なかには「今朝まで」ともじりにしたり、「坊主可愛けりゃ袈裟まで可愛い」と逆用したものまでさまざまに表現されていた。

坊主《ぼうず》の花《はな》簪《かんざし》

何の価値もなく無駄なことのたとえ。

「花簪」は造花などを付けた簪。髪の毛のない坊さんが簪を付けられるわけがない。いくらきれいな簪でも、役に立たずにかえって邪魔な「無用の長物《ちょうぶつ》」となる。意味からことわざを分類するならば、無駄とか無用の意のことわざは「猫に小判」(別項)、「豚に真珠」(別項)、「犬に論語」など数多い。その中でこのことわざはかなり新しいもののようで、ことわざ集への収載は昭和三〇年代以降からとなっている。

坊主《ぼうず》丸儲《まるもう》け

元手や経費をかけずにまるまる儲けとなること。

僧侶が、直接経費のかからない経を唱えるだけで布《ふ》施《せ》をもらうことから。「いつまでもここに稲荷や福の神ツ。アイ和尚お久しぶり、朝坊主丸もうけツ」(滑稽本『浮世風呂』前編巻上、江戸後期)。

棒《ぼう》ほど願《ねが》って針《はり》ほど叶《かな》う

願うものは大きくても実現するものは小さいということ。

願いの大きさとその結果の小ささを、棒と針から類推させている。棒と針は大小対照的な形状からか、「針小棒大《しんしょうぼうだい》」(別項)などいくつかのことわざにもなっている。棒と針でも大小の対比は十分に感じられるが、ことわざとして見るといささか規模が小さい。その点、同義の「富士の山ほど願って蟻塚《ありづか》ほど叶う」は、富士山と蟻の作った山との対比であるから雄大だ。見出しのことわざも「富士の山」もともに江戸中期あたりから見える。

焙烙千《ほうろくせん》に槌一《つちひと》つ

一人の優れた者には群小の者が束になっても太刀打ちできないことのたとえ。

「焙烙」は「炮烙」とも書き、素焼きの土鍋。槌でちょっと叩いてもたちまち壊れてしまう。だから、たとえ焙烙が千も集まっても、槌が一つあれば全部を簡単に割ることができるというわけである。江戸前期には用いられ、俳諧『毛吹草追加』(春部)には「花に風やほうろく千に槌一つ」、狂歌『吾吟我集《ごぎんわがしゅう》』(巻三)には「是そこの炮烙千に槌一つ月にをさるる星の光は」と詠まれているが、近世全体でもそれほど多用されたものではなかったようだ。

吠《ほ》える犬《いぬ》は嚙《か》みつかぬ

①吠える犬はめったに嚙みつかぬ　②吠える犬人を嚙まず

人を脅《おど》したりやたらに威張ったりする者は、むしろ実力はなく何もできないものだというたとえ。

「弱い犬ほどよく吠える」ということわざもあるように、犬が吠えるのは、相手が怖いから吠えて威嚇《いかく》しようとするものである。本当に嚙みつく犬は低く唸《うな》るだけで、やたらに吠えたりしない。『西哲格言鈔』(一八七九年)に「能《よ》く吠《ほゆ》る犬は必らず嚙まず」という表現が収載されているので、英語の **Barking dogs seldom bite.** の翻訳とも考えられる。その一方で異表現②が、幕末から明治初期にかけて複数の人の手によってなったと推定されることわざ集『いらぬ諺』に見えるので、日本産の可能性も含んでいる。

酸漿《ほおずき》と娘《むすめ》は色付《いろづ》くと虫《むし》が付《つ》く

(1)娘が年頃になると好ましくない男ができるということ。(2)盛りとなるものには、それに伴う悩みがあるというたとえ。

酸漿の青い実が赤い色に変って熟してくると、その実を求めて害虫が寄ってくるようになる。同じように、娘が成熟して色気が出るようになると、言い寄る男が出てくるということ。親にとって、子供の成長はうれしい反面、何かと気をもむことも増えてくる、そんな時期でもある。ことわざとして古いものではなく、ことわざ集への収載は岡山県の郷土誌『大原郷土誌稿』(一九三三年)が古いもののようだ。

菩薩実《ぼさつみ》が入《い》れば俯《うつむ》く、人間実《にんげんみ》が入れば仰向《あおむ》く

‖人間実が入れば仰向く、菩薩は俯く

稲は実るほど穂が垂れるが、人間は地位が上になると尊大になるということのたとえ。

「実《みの》るほど頭《こうべ》をたれる稲穂かな」ということわざもあるように、よく実った稲穂はまるでうつむいているように垂れ下がる。ここの「菩薩」は稲の品種名。しかし、菩薩のような人なら、たとえ地位が高くなっても謙虚なはずだという意味合いが暗に込められているのかもしれない。その方が面白く、言語芸術としてのことわざにふさわしいだろう。いずれにせよ、稲の穂と地位の高くなった人間を対比して、その対照的な様子を描いた珍しいものである。江戸前期から見られ、中期の教訓書『町人嚢《ぶくろ》』(巻二)には「金銭財宝を多く貯へもてるは、おのれが身のため也。人にほこりたかぶるべき理なし。世話にも、ぼさつ実がいればうつぶき、人間実がいればあをのくといへるも、よきいましめにこそ」とある。

牡丹餅《ぼたもち》の棚《たな》から落《お》ちたよう ⇒ 棚から牡丹餅

発句苦《ほっくく》になる馬鹿《ばか》になる

趣味・道楽にうつつを抜かしてばかりいると、ほかのことがおろそかになるというたとえ。

「発句」は現代でいう俳句。発句をひねりだそうと苦心して「苦になる」ことに、発句の「句になる」を響かせて可笑しみを表現している。一日に何千句も詠んだと言われる西鶴のような天才は別で、凡人はたとえ一首でもあぁでもないこうでもないとひねらないと思い浮ばないのだろう。句作に苦心すればするほど、ほかへの影響は免れない。明治以前には見られないことわざで、ことわざ集での早いものは『新選俚諺集』

(一九〇一年)となっている。

仏《ほとけ》千人《せんにん》神《かみ》千人

世間には悪人ばかりではなく、仏や神のような善人もたくさんいるというたとえ。

本来の仏や神は「何人」と数えないから、ここの「仏」「神」は、仏や神のような人という意になる。多用されたものではないが、江戸中期から使われている。「おちよさんとはお前の事かへ。仏千人神千人世間をちつとも広くするは。わたしらがつとめのならひ。これを縁に心やすくしてくださんせ」(洒落本『太平楽巻物』江戸中期)。

仏《ほとけ》頼《たの》んで地獄《じごく》へ落《お》ちる

＝仏頼んで地獄

期待して行なったものが、逆の結果となるたとえ。同義で「坊主頼んで地獄」というのもある。仏にせよ坊主にせよ、極楽浄土に行けるようにと頼んだにもかかわらず、逆に地獄行きとなってしまったということ。ことわざとしては江戸中期から常用された。「機嫌の悪い辰様《たつさん》の。顔見た事ないわいな。機嫌さへ直るなら。何故《なんなり》とせう宗兵衛様《さん》。サアどうせうえどうせうえと。女心のあどなくも。仏頼んで地獄とは。我身の沈む初めなり」(浄瑠璃『難波丸金鶏《こがねのにわとり》』江戸中期)。

仏《ほとけ》造《つく》って魂《たましい》入《い》れず

物事のだいたいを果しながら、最も大事な点をなおざりにすることのたとえ。

開眼供養《かいげんくよう》という法事は、新しくできた仏像などに眼を書き入れて仏に魂を入れ、彫像を仏にするための儀式のことで、こうした儀式があるように、仏像が新しく造られても魂が入れられなければ仏にはならない。「画竜点睛《がりょうてんせい》を欠く」(別項)という語句からも分るように、眼を入れることは魂を入れることを意味した。すなわち、このことわざの前には、同義の「仏造って眼《まなこ》入れず」ということわざが広く知られていたのである。見出しの方は江戸中期頃から用いられたもので、用例としては脚本『廓《くるわ》の花見時』に「白玉「そのやうな意地悪う云はんすと構はぬぞえ」意休「今となつてさら云つちや、仏造て魂入れずだ。拝む拝む」」と見えている。

仏《ほとけ》の顔《かお》も三度《さんど》

‖①仏の顔も三度撫《な》でれば腹立てる　②地蔵《じぞう》の顔も三度撫でれば腹立てる

どんなに温厚な人でも度重なる仕打ちには我慢できないというたとえ。

仏のように柔和な人でも、何回も顔を撫でられればついには怒ってしまうということから。「撫でる」のが頭であれば慈《いつく》しみなどの表現ともなろうが、それが本来他人が触るべきでない顔になり、しかも何回にも及ぶとなると、極めて不快で侮辱《ぶじょく》された気にもなる。別な異表現に「木で造った仏も三度なぶれば腹を立つ」というのがあるように、感情のないはずの木仏でさえ立腹する。狂言『貰聟《もらいむこ》』に異表現①に近い用例が見えるのをはじめ、江戸時代全般に多用された。なお、その中には②のような「地蔵」を用いた表現も少なからずあったが、こちらは近代に入って姿を消していったようだ。

仏《ほとけ》のない堂《どう》へ参《まい》る

‖仏もない堂◆仏のない寺参り

目的のかなわない無駄な努力をするたとえ。

本尊のいない寺を詣でるということから。浄瑠璃『蘆屋道満大内鑑《あしやどうまんおおうちかがみ》』、心学書『松翁道話』など江戸中期からよく用いられている。

仏《ほとけ》の箔《はく》を剝《は》がす

欲得のために無法な振舞いをすることのたとえ。

金箔で覆《おお》われた仏像のその箔を剝がすということから。仏を形に表したありがたい仏像を台無しにする行為だから非道この上ない仕業となる。ことわざとして江戸中期頃から見られるようになるものだが多用はされなかった。文例のほかには人を痛烈に風刺する風刺画に仕立てたものもあった。その一つが歌川歌重《うたしげ》の「人こころ浮世のたとへ」(一八六八年)と題する錦絵で、幕末の各藩や藩主をことわざでもって風刺したもの。図はその一部で、津藩(左側の男)が「仏のはくをはがす人」となって仏像の金箔を剝ぎ落そうとしている情景。仏像の右隣で「魂」と書かれた円い固まりを手にしてあかんべえをしている男は徳川慶喜《よしのぶ》で、「仏つくつてたましいをいれぬ人」(↓仏造って魂入れず)となっており、大政奉還を見立てた図かと推測される。

仏《ほとけ》も下駄《げた》も同《おな》じ木《き》のきれ

＝下駄も阿弥陀《あみだ》も同じ木のきれ

始めは同じでも最後はまるで違うことのたとえ。また、尊卑の差はあるが、その元は同一であることのたとえ。

ここの「仏」は仏像のこと。仏像は金箔《きんぱく》などが表面に施されていて一見したところでは分りにくいが、近代以前のものは木製が多かった。人間から拝まれ尊敬される仏と、足で踏みつけにされる下駄という大きく違うものが元は同じ木製というところに着目したもの。「その鹿の命を断るは罪ふかき身の果なれど、仏も下駄もおなじ木のきれと、例の一休のしめしに逢て、はじめて輪廻《りんね》の鼻緒はきれてん」(俳文『鶉衣《うずらごろも》』前編巻上、江戸中期)。

骨折《ほねお》り損《ぞん》のくたびれ儲《もう》け

＝骨折り損のくたびれ得《どく》

苦労だけして何の益もなく、疲れだけが残ること。無駄に苦労することを金の損得表現に模して、語調もうまく整えている。古い江戸系のいろはカルタに採られたことで有名なものであるが、ことわざとしてはそれほど古いものではないようだ。鶴屋南北の『玉藻《たまもの》前御園公服《まえくもいのはれぎぬ》』(六建目)に「そんならなけなしの路銀を遣つて、連れて来た上に、……ほんの骨折り損の草臥《くたび》れ儲けか。こいつはとんだ目にあつたわえ」と用いられている。この用例でもそうだが、多くは自分の行為の自己批評として用いられることが用法上の特色となっている。

骨《ほね》なしの腕《うで》ずんばい

＝腕なしの振《ふ》りずんばい

力のない者が能力以上に無理をするたとえ。

「ずんばい」は礫《つぶて》。江戸時代に、竿の端の糸に小石をつけて礫として振り飛ばす遊びがあり、「振りずんばい」「ずんばい」などと言った。骨のない腕で振りずんばいをするということから。江戸中期の浄瑠璃『忠臣伊呂波実記』(第四)に「由良之助めが形態《ざま》見たか。最前は左《さ》も立派に城を枕に討死とは。口は達者な影弁慶。骨なしの腕ずんばい」と見出し形が見られ、異表現も江戸中期から用いられていた。

誉《ほま》れは謗《そし》りの基《もと》

栄誉を得ると、それが人の妬《ねた》みや憎しみを買い、悪く言われるということ。

人の心は微妙かつ複雑怪奇でどうも厄介な代物である。ある人が立派な業績を残し栄誉を手にする。まわりの人は表面では祝福する。しかし同時に、腹の中や陰では業績のあら探しをしたり、別の欠陥を探そうとして止まない心をもつことがある。江戸前期から用いられており、俳諧『毛吹草追加』(夏部)に「ほまれ有声やそしりのもとときす」と詠まれ、仮名草子『他我《たが》身の上』にも用例が見える。中期の浮世草子『元禄大平記』(巻一)の「近代作者のよしあし」の章には「西鶴が軽口ぬれ文の発明、諸国に聞えて、その身誉れをとるに似たれど、誉れは毀《そし》りの基とかや。もとより西鶴文盲にして書法をしらず」とことわざを地でいったような例があって驚かされる。

洞ヶ峠《ほらがとうげ》

＝洞ヶ峠を決め込む

争っている有利な方に追随しようと形勢をうかがうことのたとえ。

毛利軍と対峙《たいじ》していた豊臣秀吉は、織田信長が本能寺で明智光秀に討たれたと聞いて急遽《きゅうきょ》京へと引き返し、京都の山崎で光秀軍と戦うことになった。この時、光秀側と見られていた筒井順慶は、自軍を山崎に近い洞ヶ峠にとどめて形勢をうかがい、光秀軍の敗色が濃厚になるや秀吉軍に加わったという故事がある。ことわざがよる故事としては新しく、しかも珍しく日本のものである。「惟任《これとう》(明智光秀)は洞がたうげにて、筒井をまてどもまてども来たらざれば、手もちわるうして、淀之城へ引て入、普請《ふしん》のなはばりなどし侍りけり」(『太閤記』江戸初期)。図は大正時代の伊東忠太の風刺画集『阿修羅帖《あしゅらちょう》』から。

惚《ほ》れた腫《は》れたも当座《とうざ》のうち

夢中になっているのも夫婦になって間もない期間だけだということ。

「腫れた」は「惚れた」を強めるために添えた語呂合せの言葉。「若い時はわたしにしても、好男子《いいおとこ》を持ちたいと思ふは、当然《あたりまえ》の人情で……好《い》いと思つてお互に、惚れたはれたも当座の中《うち》……子供でも出来てみな。モウ其の時は好いも悪いも常になつて」(人情本『清談若緑』巻二、江戸後期)。

惚《ほ》れた病《やまい》に薬《くすり》なし

＝惚れ病と馬鹿《ばか》の治《なお》る薬はない

恋煩《こいわずら》いに特効薬はないということ。

「恋の病に薬なし」とも言うように、恋煩いは表面的にも本当の病気のような症状を呈することもあるが、実際の病気ではないから薬では治らない。古く室町時代の『七十一番職人歌合』(巻中)に「あはれ我が恋の病ぞ薬なき浮き名ばかりをたち物にして」と詠われていた。そのほかにも「お医者様でも草津の湯でも惚れた病は治りゃせぬ」「惚れた病は医者も困る」などいろいろな言い回しがされてきた。

惚《ほ》れた欲目《よくめ》には痘痕《あばた》も靨《えくぼ》 ⇒ 痘痕も靨

惚《ほ》れて通《かよ》えば千里《せんり》も一里《いちり》

=惚れて通えば千里が一里

強い愛情を抱く相手の所へ行くのであれば、遠方であろうと遠く感じないということ。

筑後の俗謡の一節で、異表現に続いて「逢はで帰ればまた千里」と唄われていた。とにかく恋の力は絶大なものがあり、千里の道程を千分の一にしてしまうということなのである。こうした心理に国境はないと見え、トルコには「恋人のためならバクダードも遠くない」と隣国イラクの首都までの道のりもいとわないことわざもある。

襤褸《ぼろ》は着《き》てても心《こころ》は錦《にしき》

(1)外見は貧弱でも心根は立派だということ。(2)心の豊かさがあれば見てくれはどうでもいいということ。

体は古びて破れ目のあるような衣服をまとっていても、心は金糸銀糸を用いた華麗な文様の織物で飾られているというもの。外観より内面を重視することわざの一つで、だから人を見かけで判断してはならないという戒めにもなるし、たとえ貧乏していても心の豊かさが大切であることを忘れてはならないということにもなる。現代では歌謡曲「いっぽんどっこの唄」にも歌い込まれていてなじみのものだが、ことわざとしては明治になってからのもののようで、ことわざ集での早いものは『諺語大辞典』(一九一〇年)になる。

煩悩《ぼんのう》の犬《いぬ》は追《お》えども去《さ》らず

心を悩ます欲望などは追い払っても追い払っても離

れないということ。

「煩悩」は仏教で心身にまといついて心を乱す妄想や欲望のこと。この煩悩が付きまとって離れないことを、人に付きまとう犬にたとえて表現したことわざである。煩悩という仏教に発する語にふさわしく、鎌倉時代の仏教説話『宝物集《ほうぶつしゅう》』(巻四)に「煩悩は家の犬、うてどもさる事なく」と見えており、江戸初期の俳諧『鷹筑波集』(巻三)にも「ぼんなうのみちはおもひも切がたし　犬と成ても門に忍ばん」と詠まれている。

凡夫《ぼんぷ》盛《さか》んにして祟《たたり》なし

人盛んにして神祟らず◈凡夫盛んにして神祟なし

凡人でも勢いがあって盛んな時は神仏でもどうすることもできないということ。

江戸中期のことわざ集『尾張俗諺』ではこのことわざの解釈として「美濃に血気さかりといふ」と注記しており、後期の『諺苑《げんえん》』では「人盛にして天に勝の意」と、凡夫が天にも勝ってしまうと解釈している。同じ後期の脚本『いろは仮名四谷怪談』(二幕目)には「小兵衛「たとひ此の身は死するとも、恨みは民谷伊右衛門」三人「そりゃ癩者《かったい》の瘡《かさ》うらみだ」伊右衛門「凡夫さかりに祟りが有らうか、馬鹿なことを」と、盛りの身は恨まれても大丈夫だとしている例がある。

ま

参《まい》らぬ神《かみ》に祟《たたり》なし ⇒ 触《さわ》らぬ神に祟なし

蒔《ま》かぬ種《たね》は生《は》えぬ

蒔かぬ種は生えず

(1)原因なくして結果はありえないこと。(2)何もしないでよい結果を期待しても叶わないというたとえ。

種を蒔かずに芽が出ることはない。しかし、自然界の事象はたとえに過ぎず、このことわざの主眼はあくまでも人間に対するもの。努力もせずによい結果だけを期待する図々しい輩《やから》がいる限り、このことわざは有効性をもつ。早いものは西鶴の『世間胸算用』(巻二)に「思ふままなら今の間に銀《かね》の成る木が欲しや、さても蒔かぬ種は生えぬものかな」とある。そして、上方系のいろはカルタに採られたことわざでもあるが、絵柄にまるで違うものがある。一つは多分放蕩《ほうとう》という種を蒔いた結果であろう、落ちぶれて商家などで物乞いしている姿のもの。次は農夫が種蒔きや田植えをしているもので、数としてはこれが多い。さらに、蒔いた種が実って裕福になったご隠居さんの姿のものもある。絵の違いは、ことわざのどこに力点を置いたかということなのであろうが、絵師の思いがどこにあるかがうかがえて興味深い。図は田河水泡の「教訓漫画双六」(一九三二年)から。

負《ま》け惜《お》しみの減《へ》らず口《ぐち》

負けた者が悔しさを隠して勝手な理屈を並べ立てること。

負けたことを素直に認めるのはそれなりの勇気がいる。人間の弱さの一つだろうが、たとえ負けたと分っても、これは実力ではない、とどこか自分を弁護したい気持が働く。そしてその結果に対してああだこうだと言ってしまうというのがこのことわざである。このような心理は人間共通のもののようで、人間の心理を動物に仮託したイソップ童話の「狐と葡萄《ぶどう》の房」には、狐が葡萄を採ろうとして手が届かず採れなかった時に「あれはまだ酸《す》っぱくて食えない」と言って自らを慰めたという話が載っている。

負《ま》けるが勝《かち》

——①負けるは勝つ　②負けて勝つ

その場では勝を相手に譲っても、長い目で見れば自分の方が優位になるということ。

逆説の技法を用いたことわざとしてよく知られている。無用な争いを避けるための方便や、敗者を慰める言葉としてもよく用いられる。異表現①が葛飾北斎の手になるいろはカルタなどにあるように、江戸後期から言い慣わされるようになっており、特にいろはカルタを通してなじまれてきた。

馬子《まご》にも衣装《いしょう》

身なり次第で人は立派に見えるというたとえ。

「馬子」は人や荷物を乗せた馬を引く馬方のこと。馬子自体は古代からいたが、交通の発達に伴って近世では盛んだった。ほとんどが粗末な身なりで、中には暴利を貪《むさぼ》ったりあこぎな振舞いをしたりする者も少なくなかった。ということから、「馬子」という言葉には単に身なりだけではなく、品行の悪さということも含意されていたものであろう。ことわざとしては江戸後期から見えるもので、それほど古いものではない。山東京伝の読本『双蝶記』（巻一）には「よき武者ぶりにあらずや。といへば、いかさま鍬助がいふ通り、馬子にも衣装亡者にも鎧《よろい》ぢや。とても薪《たきぎ》にしてしまふ死《しに》骸《がら》だ、土ほぜりの身で仮にも一騎の武者となり」と用いられている。なお、類義のことわざとして古くは「人形にも衣装」があり、ほかにも「山の猿にも衣装」があった。

孫《まご》は子《こ》より可愛《かわい》い

祖父母がたいそう孫を可愛がることのたとえ。

親は一般に子供に対する責任感・一体感・重圧感が強いために、子供を純粋に可愛いと思う余裕がもてない。それに対して祖父母にはそういうものは薄いし、人生の行先も見えてきた頃に新しく生れてきた無垢《むく》であどけない者への思い入れも強かろう。また、すでに育ってしまった子供より素直に反応を示してくれる孫は文句なしに可愛い。「乳母の母におくれ、十一歳まで祖母《ばば》育ち。孫は子よりも可愛とて、寵愛《ちょうあい》のあまり。

手習ひは必ずさせな」（浄瑠璃『傾城八花形《けいせいやつはながた》』江戸中期）。

孫《まご》を飼《か》うより犬《いぬ》ころ飼え

孫を可愛がっても、後で孝行して貰えることは少ないから、犬を飼った方がまだましだということ。俳諧『玉海集』（巻三）に「植て見よまこかはんより犬子草」と詠まれ、江戸前期からよく使われたことわざである。

まずい物《もの》の煮《に》え太《ぶと》り ⇒ 味《あじ》ない物の煮え太り

待《ま》たせる身《み》となるも待つ身となるな

＝**待たるるとも待つ身になるな**

人に待たされることはいやなものだということ。他人に自分を待たせても自分が待つ方になるなという、一見すると利己的に聞こえる言い回しになっている。しかし本意は、人を待たせろと言っているのではなく、とにかく待つことは避けよという意である。実際のところ、待つ側は相手が約束通りに来ないと、場所・時間を間違えたのではないか、相手に何かあったのではないか、などとさまざまな憶測をしてしまう。現代では死語だが江戸時代には常用のことわざだった。一般には時計がなかった時代だから、それほど厳密な時間を限った待合せではなかったろうが、反面で遅刻の幅も大きかったのかもしれない。そういえば「待つ身になれば一日が十日」ということわざもあるから誤差の程度も大きかったのであろう。

待《ま》つうちが花《はな》

＝**①待つが花　②待つ間が花**

結果を待っている時がよいということ。結果が明らかになると期待はずれが多いということから。異表現はそれぞれ江戸中期から用いられており、見出し形は後期の洒落本『傾城買二筋道《けいせいかいふたすじみち》』に「まつうちが花、またるるがつぼみ」と、「待つ」と「待たれる」を対にした形が見られる。

松《まつ》かさより年《とし》かさ

年長者の経験は貴重だというたとえ。

「松かさ」は、松ぼっくりのこと。「年かさ」の「かさ」は容積とか分量の意で、年がかさんでいること。「かさ」の音を反復させて語調のよいものになっている。同義の「亀の甲《こう》より年の劫《こう》」(別項)のいわば植物版と言ってよいだろう。ことわざ集への初出は明治になってからで、俳人・正岡子規の「日本の諺」(自筆稿本『無花果艸紙《いちじくそうし》』所収)に見られる。この「日本の諺」には、七〇四のことわざが収められており、この数は、公刊された日本のことわざ集の第一号である俳人・松江重頼《しげより》の『毛吹草』の収録数七〇七を念頭に入れてのことと想像される。

待《ま》てば海路《かいろ》の日和《ひより》あり

①待てば甘露《かんろ》の日和あり　②待てば甘露の雨を得る

待っていればいずれはよい機会がやってくるというたとえ。

待っていれば船旅に適した天気のよい日がくるとする見出し形は、異表現①②が転じたものだとする説がある。「甘露」は中国の伝説で、天子が仁政を行うと天から降るという甘いつゆ。「甘露の雨」はそのつゆのことで、甘露の雨が降るような幸福な時を「甘露の日和」と言った。その「甘露」が「海路」に転訛したというものである。このことわざは、ことわざ集では江戸初期から幕末まで二九点に認められ、圧倒的に①が多く、次いで②、見出し形は中期以降の四点にすぎない。用例は①が西鶴作品から幕末の歌舞伎脚本まで一〇例、②は俳諧『境海草《さかいぐさ》』に一例のみ、見出し形も鶴屋南北の『玉藻前御園公服《たまものまえくもいのはれぎぬ》』一例のみであった。明治以降も、樋口一葉の『にごりえ』など明治初・中期の作品は①で、ことわざ集の大半も同様だが、明治三〇年代から異表現と見出し形を併記する辞典が出てきてしばらく続く。見出し形がはっきり優位になるのは昭和三〇年代以降のようなので、転訛説の可能性は大きい。

俎板《まないた》の鯉《こい》

＝①俎板の上の魚《うお》　②俎上《そじょう》の魚　③俎板の魚

⑴死を待つしかない絶体絶命な状態のたとえ。⑵相手のなすがままに従う状態のこと。

俎板の上に置かれて、これから包丁でさばかれるばかりの状態にある鯉という意から。現代では常用のことわざだが、見出し形の古い用例はまれで、昔からあった言い回しではない。一〇世紀に書かれた最初期の軍記物『将門記《しょうもんき》』に「俎の上の魚の海浦《かいほ》に帰るが若《ごと》し」と異表現①が見え、『源平盛衰記』には②が出てくる。そして江戸時代になると③が中期の浄瑠璃『花《はな》衣《ごろも》いろは縁起』に見える。それ以降は、昭和三〇年代まで主に①が続く。見出し形は江戸後期の合巻『正本《しょうほん》製《じたて》』には見えるものの明治時代にも一般的にはならず、広く用いられるようになるのは意外にも昭和四〇年代以降となるようだ。

学《まな》びて思《おも》わざれば罔《くら》し

自分で思考せずに、ただ教えを受けただけでは真の内容は身につかないということ。

『論語』（為政）に出典がある。この後に「思いて学ばざれば則ち殆《あや》うし」とあって、自分だけの思考で人の教えを受けなければ独断に陥って危険だとする語句と対で用いられている。日本でも江戸中期の儒学者・伊藤東涯の『古今学変』など儒学書によく用いられた。

眉唾《まゆつば》

＝眉に唾つけよ◈眉に唾をする

だまされないように用心すること。

眉に唾をつけて、狐や狸に化かされないようにするまじないがあり、そこから発したもの。江戸後期の人情本『春の若草』（二編巻一）に「久「ハテナそしてその幽てきは男か女か」伝「夫《それ》が男と女と二個出るといふのだから妙じやァねへか」吉「いよいよ何だかうそらしいぜ眉毛《まみえ》へ唾《つばき》を付て聞かねへとかつがれそうなあんばいだ」」とする用例がある。現代はもっぱら見出し形のような省略された言い回しが使われている。

丸《まる》い卵《たまご》も切《き》りようで四角《しかく》

物の言いようや、やりよう次第で、角がたったり、円く収まったりするということ。

明治時代に収録されている青森地方の流行唄に「清盛公火の病。山へ登るは石童丸よ。丸い卵も切様で四角。兎角《とかく》浮世は色と酒」と唄われており、明治初期に流行したギッチョンチョン節など歌謡類でよく用いられた。

真綿《まわた》で首締《くびし》める　＝真綿で喉《のど》を締める

遠回しにじわじわと痛ぶったり責めたてることのたとえ。

真綿は繭《まゆ》を引き延して作った綿で柔らかいが切れにくい。そんな真綿で首を締め上げると、一見したところ弱いようだが実は猛烈にきつい締め上げになる。ことわざとしては江戸中期から常用されたもので、用例も各種ジャンルにわたり多い。「息子の油は親父に取らるるなり。此油は何に付ても度々取るが薬なり。取様は針の這入《はいっ》た牡丹餅《ぼたもち》を食せ、真綿で首をしめ、意見でおろし、お談義でつきこなし」(黄表紙『這奇的見勢物語《こはめずらしいみせものがたり》』江戸後期)。図は明治初期の一枚刷錦絵「ポンチにならゐて教訓たとへ草」から。

真綿《まわた》に針《はり》を包《つつ》む　⇒綿に針を包む

み

ミイラ取《と》りがミイラになる

⑴人を連れ戻しに行った者が自分もそのまま先方に留まり役目を果さないこと。⑵人を説得しようとした者が、逆に相手の説得にあって同調してしまうことのたとえ。

ミイラというと、エジプトや古代マヤ文明の乾燥して固まった死体がよく知られているが、ここは、ミイラから採れるとされた油のこと。この油は実はミイラに加工する際に用いた薬品類が元になったものであったが、中世ヨーロッパでは薬効があると高く評価され評判を呼んでいた。日本でも江戸初期にポルトガル船などで輸入され、高価ながらも万能薬として人気があり求める人が多かったという。つまり、このことわざは、貴重なミイラ油を取りに出掛けた者自身が死体のミイラになってしまうというのが原義のようだ。江戸中期頃の赤本『名人ぞろへ』には、「木乃伊《みいら》のわたる国、中天竺《てんじく》より南にあたる。……土にて舟をこしらへ、水晶の石に水を入、屋根にこしらへ、舟に車をつけてさし寄せ、木乃伊を取るなり。もし此舟、土の練り加減あしければ、たちまち焼けくだけて、木乃伊取りに行きたる物、また木乃伊になるよし」とミイラ取りの情景が記されている。ことわざとしては江戸中期にはよく見られ、浄瑠璃『本朝二十四孝』などに用例がある。

味《み》方見《かたみ》苦《ぐる》し

一方だけを味方し贔屓《ひいき》するのはみっともないものだということ。

自分の味方を応援するのは悪いことではなく、むしろ自然なことだろう。ただし、応援の度が過ぎたり、あまりに公平さを欠いたりすれば人の不快を招くから、節度をわきまえなければならない。ともすれば自分の仲間や近しい方に味方しがちである人間のそうした性向に楔《くさび》を打つ役が担わされていることわざと言っていいだろう。ことわざとしては江戸中期から用いられ、滑稽本『室《むろ》の梅』に「源の浄土宗ほどありがたい宗旨はない、と水掛論の中へ、寺町の鰻《うなぎ》屋罷出《まかりい》で、おのおの方は味方見苦しい評の付けやう、どなたがどう仰せられても禅宗ほど堅く有難い宗旨は御座りませぬ」と見えている。

身《み》から出《で》た錆《さび》

＝身から出したる錆◈身より出せる錆

自らが犯した悪行のために、自分に災いが生じて苦しむことのたとえ。

古い江戸系のいろはカルタに採られており、絵柄は刀の抜身をしげしげとながめている武士の構図のものが普通である。つまりカルタでは、「身」を刀身の意と解していることになる。刀身に錆が生じたまま放置すれば、ひいては金属の部分全体が腐食してしまう。というわけでこのことわざは、人間の「身」を刀の「身」になぞらえているものと見ることができよう。錆は人の身にとって、苦難だとか災いといったものだろう。狂言『小傘《こからかさ》』『棒縛《ぼうしばり》』に用例が見られ、江戸時代には種々のジャンルで常用されたことわざであった。

見《み》ざる聞《き》かざる言《い》わざる

＝見ざる聞かざる◈言わざる見ざる聞かざる

他人の難点も自分に不都合な点も、見ない、聞かない、言わないのが身のためだということ。

三つの「ざる」(しない)を「猿」に掛けて語調を整えていて、耳で聞いた時の印象が強いことわざとなっている。このことわざには目・耳・口を手で覆う「三猿」の図柄が広く知られている。三猿の背景には、江戸初期に盛んになった民間信仰の庚申待《こうしんまち》がある。庚申の夜には人が寝ている間に体内の三尸《さんし》（三匹の虫）が天に人の罪を告げ、命を縮めるため、申《さる》にちなんだ青面《しょうめん》金剛《こんごう》（猿面）や猿田彦を祭って一晩中起きているというもの。人の罪が天に告知されるのを防ぐ意からか、庚申塚の石塔などにこの三猿が施されているものが目立つ。全国各地に残る庚申塚の猿の数は大多数が三匹と思われるが、なかには二匹もしくは一匹の場合もある。鎌倉時代の説話『沙石集《しゃせきしゅう》』（巻五）に「イワザルトミザルトキカザル世ニハアリ　思ハザルヲバイマダミヌカナ」と詠んだものがあることから、これまで知られていた狂言の用例よりはるか以前にさかのぼる時代からのものだということが分る。

微塵《みじん》も積《つ》もれば山《やま》となる ⇒ 塵《ちり》も積れば山となる

身過《みす》ぎは草《くさ》の種《たね》

＝身過ぎ世過ぎは草の種

生活の糧を得る手だては草の種のように種々あるということ。

「身過ぎ」は生活してゆく方法、なりわい。「世過ぎ」は世渡り、生活のこと。『西鶴織留《おりどめ》』や近松の『栬狩剣本地《もみじがりつるぎのほんじ》』などに用例が見られるが、現代は用いられなくなっている。

水清《みずきよ》ければ魚棲《うおす》まず

＝清水《せいすい》に魚棲まず

人があまりに潔癖すぎるとかえって敬遠されるということ。

澄みすぎた水にはプランクトンなどの栄養分も少なく、魚は棲みにくいものである。中国の『文選《もんぜん》』（東方《とうぼう》朔《さく》）に「水至って清ければ則ち魚無し」という表現があり、鎌倉時代の教訓書『五常内義抄』にそれを受けた「水至テ清ケレバ底ニ魚ナシ」という表現が見える。見出し形は『源平盛衰記』に、異表現は江戸中期の教訓書『町人嚢《ちょうにんぶくろ》』に見え、近代以前にはどちらの形も多用されていた。

水清《みずきよ》ければ月宿《つきやど》る

心の清らかな人には神仏の加護があらたかであるということのたとえ。

波風なく水面がおだやかで、水が澄んでいれば月の姿が映る。「神は正直の頭《こうべ》に宿る」(別項)と類義のことわざだが、こちらは直截《ちょくさい》な物言いではなく、神仏の加護を月影にたとえたもので、清澄で風趣に富んだ表現となっており印象深い。仏書『釈論』などに見える語で、江戸中期の『慈雲短篇法語』に「心相(心中の想念)の尽せざるをしる。これを智者と云。此こころ無尽なれば、万善(仏道の助けとなるあらゆる善行)ここに聚集《しゅうじゅう》す。万善聚集して智恵そのなかに生《しょうず》。たとへば水清ければ月の影をうつす如し。大智(仏の広大な智恵)万善ここに在《あって》大慈悲を生ず」とあり、このことわざの解説となっている。

水心《みずごころ》あれば魚心《うおごころ》 ⇩ 魚心あれば水心

水《みず》と魚《うお》 ⇩ 魚と水

水《みず》に絵《え》を描《か》く

①水に描《えが》く ②氷《こおり》にちりばめ水に描く ③水に文字《もじ》書く

⑴苦労するだけ損だということ。⑵物事がはかないことのたとえ。

水面に絵や文字を描こうとしても、描くと同時に消えてしまい後には何も残らないことから。異表現②の「ちりばめる」は刻みつける意。『大般涅槃経《だいはつねはんぎょう》』(序品第一)に①があり、おそらくこれが基になってできたものと想定される。②が空海の『三教指帰《さんごうしいき》』に、①が日蓮の『法花題目抄』に見えるなど、古い仏教書に用いられている。見出し形は江戸前期からで、俳諧『時勢粧《いまようすがた》』(冬部)に「水に絵をかくごとく也《なり》春の雪」と詠まれている。

水《みず》の流《なが》れと人《ひと》の行末《ゆくすえ》 ⇩ 人の行方《ゆくえ》と水の流れ

水《みず》は逆《さか》さまに流《なが》れず

何事も自然の筋道や順序があり、逆らうことはできないということのたとえ。

水の流れは高い所から低い所へと流れてゆく。それは自然界にあって自明なこと。この言葉は江戸時代以前からあったようで、謡曲『盲沙汰』には「世は末世におよぶといへども、日月は地に落給はず、水はさかさまに流るる事なし、唯《ただ》御心安くおぼしめされ候へ」と見えており、江戸初期からは比較的よく用いられるようになっていったものである。

水《みず》は方円《ほうえん》の器《うつわ》に従《したが》う

＝水は方円の器に従い、人は善悪《ぜんあく》の友《とも》による

水が入物《いれもの》の形に従うように、人は環境や友人、付き合い方によって良くも悪くもなるというたとえ。

「方円」は四角形と丸形のことで、そうした器の形に合せて水はどうとでもなるということから。平安時代の日本最初の金言集『世俗諺文』に「従器水」の項目が立っており、往来物の祖と評される『新猿楽記』に「水の器に随ふがごとし」、室町時代の『多胡《たこ》辰敬《ときたか》家訓』に異表現がすでに見えている。そして、江戸時代には随所で用いられたことわざだった。しかし、このことわざは日本でできて伝承されたものとは言えないようで、はるか昔の中国・戦国時代の『韓非子《かんぴし》』『荀子《じゅんし》』に類似した言い回しがあるのでそれに基づいたものか、少なくとも何らかの影響を受けたものと思われる。もっとも中国のものでは、民の善悪は君主の善悪によるという意であった。図は教訓画集『人生画訓』(一九二九年)から。

水《みず》広《ひろ》ければ魚《うお》大《だい》なり

(1)立派な君子の所には賢明な臣下が集まるというたとえ。(2)人が大きなことをなすには環境や場所がよく

なければならないということ。

中国・漢代の『淮南子《えなんじ》』(説山訓)や『説苑《ぜいえん》』(巻八)にある古い言葉。「大魚は支流に泳がず」(別項)、「大魚は小池《しょうち》に棲《す》まず」と言われるように、大きな魚は小さな川や流れにはいない。魚が大きく育つには、広く大きな川が不可欠である。このことわざは鎌倉時代の金言集『管蠡鈔《かんれいしょう》』などには収載されているものの、なぜかのちの江戸時代の文献には見られなくなっている。

水《みず》を以《もっ》て石《いし》に投《とう》ず

＝①水をもて石に投ぐる　②水にて岩《いわ》を打つ

言ったことが人に受け入れられなかったり、何も効果がないことのたとえ。

石に水をかけてみても水は石の中に入らず、まわりにこぼれるだけだということから。中国の『文選《もんぜん》』(李康、運命論)に出典が求められる。日本では、聖徳太子の「憲法十七条」の五に「財有るが訟は、石をモて水に投ぐるが如し。乏しき者《ひと》の訴は、水をモて石に投ぐるに似たり」と用いられており、文献に見える日本最古のことわざと言える。ほとんど同じ表現は『日本書紀』にも見られる。異表現②は、鎌倉時代の史論『愚管抄』に見られ、見出し形は江戸時代でも、一向一揆に関する『庫裡《くり》法門記』に出てくるが、なぜか現代までのことわざ辞典類では『故事俗信ことわざ大辞典』(一九八二年)を除いて収載されていない。

味噌《みそ》も糞《くそ》も一緒《いっしょ》

＝①糞味噌　②味噌も糞も一つ　③犬の糞も焼味噌も一つ

きれいなものも汚いものも、良いものも悪いものもごっちゃにするたとえ。無茶苦茶なさま。

そう言われれば、味噌と糞は見た目が似ていなくもない。そのためか、運のよい時はどんなことでもうまくゆくものだという意の「運がよけりゃ牛の糞も味噌になる」(別項)ということわざもある。これは、味噌が日本人にとって主要な栄養源であり大事な価値ある食料であったからこそのことわざと言えよう。糞も昔は肥料として用いられ、決して無価値なものではなかったが、それでも味噌の重要度に比べれば及ぶところではない。ことわざとしての初出は異表現②が幕末頃のことわざ集に収められている程度で、古いものでも一般的なものではなかった。現代はもっぱら①が用いられている。

三《み》たび肘《ひじ》を折《お》って良医《りょうい》となる

苦労や実地の経験を積み重ねて人は立派な者になるというたとえ。

自分の肘を何度も折って苦痛を味わい、その体験を治療経験に役立てて、ようやく医者として一人前となるということから。どんな職業でもそうだが、特に高度な技術・熟練を要するものは、それこそ身を切るような修練が必要であろう。中国の『春秋左氏伝』(定公一三年)に出典が求められる古いことわざである。なお、「肘」を、本人のものではなく患者、つまり他人のものとする異説がある。「百人を殺さねば良医になれぬ」(別項)ともあるように、医者はとにかく数多くの実地経験から学ばねばならないのは確かであろう。また、一方で藪医者《やぶいしゃ》と評される医者が少なからず存在し続けた事実から、「他人の肘」説が生れ伝わっていったものであろうか。

三日坊主《みっかぼうず》

飽きっぽく何をやっても長続きしないこと。また、そういう人を嘲笑《ちょうしょう》して言う言葉。

出家して仏門に入ってみたものの、わずか三日でやめて還俗《げんぞく》してしまうということから。現代でも巷間《こうかん》でよく見聞きする語だが、熟語としてとらえてあまりことわざとしての意識はないようだ。ことわざとしての初出は案外に古く、江戸前期の俳諧『崑山集《こんざんしゅう》』(巻一〇)に「月頭《つきがしら》それるは三日坊主かな」と詠まれている。西鶴も『独吟一日千句』の中で詠んだり、『世間胸算用』で用いている。

三《み》つ子《ご》に習《なら》いて浅《あさ》い瀬《せ》を渡《わた》る
⇒負《お》うた子《こ》に教《おし》えられて浅瀬を渡る

三《み》つ子《ご》の魂《たましい》百《ひやく》まで

三つ子の根性《こんじよう》百まで◈三つ子の心百まで◈三つ子の魂八十まで◈三つ子の魂六十まで

＝子供の頃の性格や性分は生涯変ることはないというたとえ。

「三つ子」は三歳の子。ここの「魂」は人間の本性とか考え方。人間の本性は変らないとすることわざは、「雀《すずめ》百まで踊忘れず」(別項)、「噛《か》む馬は死ぬまで噛む」「漆《うるし》は剝《は》げても生地《きじ》は剝げぬ」などたくさんある。外国でも、「狼は自分の毛を変えてもその本性を忘れない」(西欧・アルバニア等)、「子供の頃に食べた蜜の味はいまだ舌に残る」(アフリカ・スワヒリ語)、「ゆりかごの中で覚えたことは一生続く」(コスタリカ)、「曲って生えた木はけっして真直ぐに成長することはない」(コロンビア)などさまざまあるので民族による違いはないのだろう。なお、このことわざは異表現を含めて江戸初期に見られはじめ、中期から常用となるが、「三つでついた癖《くせ》は百まで」とたとえになっていないそのままの表現や、「三つ子の知恵は八十まで」と「知恵」を用いた例もあり、言い回しは一定したものではなかった。

三《みっ》つ叱《しか》って五《いつ》つ褒《ほ》め七《なな》つ教《おし》えて子《こ》は育《そだ》つ

子供を叱るのは少しにし、多くほめてたくさん教えてやるのがよいということ。

七五三を逆さに用い、七五七五調でリズムのよい表現となっている。子供の成長を願い、叱り、褒《ほ》め、教育するのは大変難しい。宗教的・道徳的な教訓を詠み込んだ和歌である道歌には、「可愛くば五つ教えて三つ褒めて二つしかりて善き人にせよ」と詠われているものがある。この道歌などに影響を受けて近代になって作られた比較的新しいことわざのようだ。

満《み》つれば欠《か》ける

＝月《つき》満てれば欠く

物事には栄えがあれば衰えがあるというたとえ。

満月の後は日毎に欠けてゆき最後は新月となる。そしてまた、日毎に満ちてゆき再び満月となる。地球から見る月の姿は毎月この繰り返しとなっている。「満」と「欠」という本来抽象的な語も、対となることで月の具体的な姿が現れてくる。中国・戦国時代の『呂氏《りょし》春秋』(博士)に見られる古いもので、日本では江戸初期から用例が見られる。その一つ儒学者・藤原惺窩《せいか》著と伝えられる『仮名性理《せいり》』に「四季の転変してうつりかはれる次第を察するに、さかんなればかならずおとろへ、満ればかくるならひは、皆是自然の理と見え侍る」と用いられている。

見《み》ぬ商《あきな》いはできぬ

＝見ぬ商いはならぬ

現品を自分の目で確認しなくては判断できないということ。

カタログや電子機器などが普及している現代では、現品を見ないでする商取引は当り前であるが、かつては取引相手の口頭や書面だけでのやりとりには間違いも少なからず発生したであろう。流通なども発達しておらず、品質などの確認ができずに、安全で確実な商いをすることは困難であったろうと想像される。西鶴の『好色二代男』に異表現が見えるように江戸前期には用いられたことわざで、その後も滑稽本『道中膝栗毛』などにも見られる。

見《み》ぬうちが花《はな》

＝見ぬが花

実際に見るより、見ないであれこれ想像している方がよいということ。

実の姿や真実を見ることは重要なことで、「百聞《ひゃくぶん》は一見に如《し》かず」(別項)などと、直接自分で見ることを奨励することわざもある。しかし、「知らぬが仏」(別項)のように、知らずにすむとか、見ないですませられるものなら見ないでおいた方がよい場合も現実にはある。江戸中期の浄瑠璃『京羽二重娘気質《きょうはぶたえむすめかたぎ》』(第七)に「女夫《めおと》の間《なか》でさへ見せられぬ物がある、まして若い人の事、年寄の親に隠す物も無うてはいの、余り物を吟味すると、結句屑《くず》が出るもの、見ぬ内が花、花で御座んすはいの」とあり、見ない方がよいものがあると言っている。

実《み》のなる木《き》は花《はな》から

＝実のなる木は花から知れる

大成する人は幼少の頃から人並み優れているということのたとえ。

実がよくなる木は花の咲きようで分るということから。同義で有名なのが「栴檀《せんだん》は双葉《ふたば》より芳《かんば》し」(別項)。「栴檀」が鎌倉時代から多用されたのに対して、こちらは江戸中期からのもので歴史の差は大きい。異表現は動詞を明示してあり、意味が明確になっている。この動詞を言い換えたものと思われるのが「実のなる木は花から違う」。どちらも、栴檀といった特定の植物を選ばずに普通名詞で構成しており、平凡だが分りやすいものとなっている。「旦那へ直ぐに話を仕様が、末々《しじゅう》は見込の有る子供だ。大切に育てなさいよ……栴檀は二葉より、実のなる木は花からと云ふから」(古典落語『雛鍔』)。

身《み》は習《なら》わし

習慣や環境によって、人はどうにでも変るものだということ。

『古今集』(巻一一)に「人の身もならはし物をあはずしていざ心みむ恋ひや死ぬると」と詠まれている。鴨長明の『発心集《ほっしんしゅう》』でも「かやうに身を捨つる後は、病ひも従ひて去りぬ。これ則ち、身はならはしの物なるうへに、運命限りある故なるべし」とあり、古くからのことわざだったと言えそうだ。

蚯蚓《みみず》の木《き》登《のぼ》り

＝蚯蚓の天上《のぼ》り

身の程知らずで、できるはずのない不可能なことのたとえ。

蚯蚓は湿った地中で生きる生物であるから、地表で生きてゆくことはおろか、木に登ることなどできるはずもない。では、なぜこんな着想が考えつかれたのであろうか。ありえないことを言う「魚《うお》の木に登る」ということわざが古くからある。また、蚯蚓に形が少し似ている蛇は樹上生活もする。さらにその蛇に似た想像上の動物の竜は得意技として天にも昇る。この竜に倣《なら》ったのであろうか、図のように葛飾北斎の『北斎漫画』（一二編、一八三四年）には蚯蚓が天に昇るという異表現の絵が収められている。

これらもろもろが蚯蚓と結び付けられて生れたものかもしれない。ことわざとしては江戸後期のいくつかの文献に見られる。十返舎一九の滑稽本『世中《よのなか》貧福論』後編の序文では「蚯蚓の木上り、石亀のじだんだも、時いたれば其の志を全くする事、人間の盛衰相同じ」と用いている。

耳《みみ》取《と》って鼻《はな》をかむ

＝耳を削《そ》いで鼻へ付く◆耳取って鼻

(1)突拍子もないことのたとえ。(2)無理無体なことのたとえ。

耳を削ぎ落してそれを鼻紙の代りに洟《はな》をかむという意から。あまりに突飛な着想でばかばかしいと思われたためか現代では見られなくなっているが、江戸初期から常用されていた。初期の俳諧『鷹筑波集』（巻五）には「耳取てかむとやいはん菊の花」と詠まれ、その少し後の『崑山集《こんざんしゅう》』でもまったく同じ句が詠まれている。これら以外にも江戸前期の俳諧集に何点か見られ、滑稽やばかばかしさを売物にしている黄表紙の類にもよく用いられたものであった。

耳《みみ》に胼胝《たこ》

①耳に胼胝ができる　②耳にたこが入《い》る

(1)何度も同じことを繰り返し聞かされること。(2)聞き飽きるほどに聞かされることのたとえ。

「胼胝」は皮膚が強い刺激を繰り返されたり、局部的に圧迫されたりして堅く厚い状態になった部分。もちろん、ことわざ特有の誇張だが、聞くだけでこんな胼胝が耳にできてしまうというのだからすさまじい。異表現②の「たこ」は、生き物の蛸《たこ》を想定しているのであろうか。ことわざとしては江戸中期から見られるようになるもので、川柳『柳多留』(二〇編)に「耳にたこできいしたにと高尾いひ」と詠まれ、江戸後期の人情本『花街寿々女《さとすずめ》』(巻上)にも「去年の夏、目出度なられて夫《それ》からの騒動。お袋が分つた中の悲しさにやあ、夜盗でもするやうに、一家親類を触《ふれ》あるき、耳にたこの入《い》る程、勘当の云草《いいぐさ》も聞倦《ききあき》て」とある。

耳《みみ》を掩《おお》いて鐘《かね》を盗《ぬす》む

耳を掩いて鈴を盗む

(1)良心にそむくことを後ろめたく思いながら、それを強いて考えないようにして悪事を働くこと。(2)本人はうまく犯罪を隠し得たと思っていても、とっくに知れ渡っていることのたとえ。

古いもので、見出し形も異表現も中国の古典『呂氏《りょし》春秋』(自知)、『淮南子《えなんじ》』(説山訓)などにいくつも見られる。男が鐘を盗もうとしたが大きすぎて背負えないので、槌《つち》で鐘を壊そうとしたら大きな音がした。他人に聞えてはならないと、思わず自分の耳をふさいだという話が伝承されている。日本でも室町時代の金言集『句双紙《くぞうし》』に見られるが、用例は馬琴の『夢想兵衛胡蝶《こちょう》物語』『里見八犬伝』、異表現が近世後期の儒学書『弁妄』に見られる程度のようで、多用されたものではない。

見目《みめ》は果報《かほう》の基《もとい》

＝見目は果報の下地《したじ》◈見目は果報の一つ

美しい容貌の持主は幸せになれるということ。「見目」は顔立ちとか容貌。「果報」は仏教語で、因果応報とかよい報いを受ける意から、ここでは幸運という程度の意。美人は男にちやほやされ、なにかにつけて得なもの。もっとも、見目ばかりではだめで気持が大事だとする「人は見目より只心《ただごころ》」(別項)という反対のことわざも古くからある。どちらも、一面の真実あり、と言えよう。『平家物語』(巻九)には「みめは幸の花」という類義の言い回しがあるが、見出し形は江戸前期から見える。貞門の『誹諧独吟集』(巻上)には「氏なきもみめや果宝のもとならん」とずばりそのものが詠まれている。

身《み》も蓋《ふた》もない

(1)あまりに事が明らかで、情緒・風情に欠けること。(2)率直な物言いが過ぎて、後の話が続けられないこと。

ここの「身」は容器のうち、物を入れる方のこと。つまり、「身も蓋もない」とは入れる器本体もそれを覆《おお》う蓋もないということで、中身が露出して直に人目に晒《さら》される状態を指す。現代では常用の語句だが、あまり古くから用いられたものではないようだ。人情本『娘太平記 操早引《みさおのはやびき》』(四編巻中)に「私《わちき》だつて、未《ま》だ老い朽ちた身ぢやァなし、お前《ま》様《はん》一個位《ひとりぐれえ》過しかねやァしないけれど、左様《そう》成つて見ちやァ、身も蓋もないからサ」と用いられているように江戸後期から見える。

夫婦《みょうと》いさかいは犬《いぬ》も食《く》わず ⇩ 夫婦《ふうふ》喧嘩《げんか》は犬も食わぬ

見《み》ると聞《き》くとは大違《おおちが》い

＝見ると聞くとは違う

(1)人の話を聞いただけのものと、自分で実際に見たものでは大変な相違があるということ。(2)噂《うわさ》と事実は違うものだということ。

「聞いて極楽見て地獄」(別項)と同じように、話で聞いていたより実際の方が悪い場合に用いるのが普通。ことわざとしては江戸前期から見え、俳諧『続山井《やまのい》』に「みると聞とちがふや花の鬼莇《おにあざみ》」と詠まれ、中期の脚本『三十石　艠始《よふねのはじまり》』(二幕)に「家中には不義法度の固い掟と承つたが見ると聞くとは大違ひ、妹喜蝶《きちょう》の婚礼の夜に傾城《けいせい》遊女を引込み、館は揚屋《あげや》同然」と用いられている。

見《み》るに目《め》の毒《どく》

見るに目に欲《よく》◆見るが目の毒◆見るに目の欲触《さわ》るに煩悩《ぼんのう》

目にしなければ欲しくもなかったものが、見たがために煩悩となって苦しむこと。

「欲《よく》に頂《いただき》なし」(別項)ということわざもあるように、人は何か欲しいものを手に入れると次はこれというように、欲望の連鎖を抱く動物なのかもしれない。その欲望は、耳で聞くより目で見る方が一層強い。一方で、見ることで苦しむことを人は承知しており、時に、見なければ仏のように泰然としていられる「見ぬが仏」を願いもした。江戸初期からいろいろに表現されており、のちには「見るは目の毒、聞くは気の毒」「見れば目の毒歯の毒」と語調を整え強調するための補足語を伴う形のものも作られていた。

身《み》を捨《す》ててこそ浮《うか》ぶ瀬《せ》もあれ

一身を投げ打つ覚悟で事に当ってはじめて成就も可能であるというたとえ。

「瀬」は浅瀬の意。江戸前期の『空也上人絵詞伝』(巻上)に「山川の末に流るる橡殻《とちがら》も身を捨ててこそうかむ瀬もあれ」と、山川の瀬にどんぐりの殻が浮ぶという情景が詠われている。人間も、川に流されてもじたばたせずに欲心を捨てて天命にゆだねる気持になれば、救いの道も開かれるというものだろう。江戸時代以前の用例では狂言『通円《つうえん》』に「大水の先に流るる橡殻も。橡殻も。身を捨ててこそ浮かむなれ。我も身を捨て浮かまんと、やうやう急ぎ行く程に宇治橋の橋」とあり、空也上人の歌が古くから知られていたことがうかがえる。江戸時代では、特に初期の仮名草子、中期の浮世草子などで常用された。

身《み》をつめりて人《ひと》の痛《いた》さを知《し》れ

⇒我《わ》が身をつねって人の痛さを知れ

む

六日《むいか》の菖蒲《あやめ》、十日《とおか》の菊《きく》

＝十日の菊、六日の菖蒲

時機を逸して役立たずになることのたとえ。

「六日のあやめ」は「六日のしょうぶ」とも言う。菖蒲は五月五日の端午《たんご》の節句、菊は九月九日の重陽《ちょうよう》の節句のものだから、それぞれ五月六日の菖蒲、九月一〇日の菊ということになれば、時機を逸したものということになる。古来からある端午の節句も、奈良時代から催された観菊の宴の重陽の節句も、五節句の一つで重要な行事であった。この大切な行事に菖蒲や菊が間に合わなかったら意味をなさないし、そんな行事に参加しそこなったら理由の如何を問わず、失格者の烙《らく》印《いん》を押されてしまうようなものであったろう。両方とも古くからの行事であるだけにことわざとしても古く、『平家物語』などに記されている。

向《む》かうししに矢立《やた》たず

素直で柔順な相手には攻撃できないものだというたとえ。

「向かう」は、向かってくる意ではなく、こちらに顔を向けているという意。「しし」はもともと食用にする獣の肉の意。古く狩猟で手に入れる獣の肉は鹿か猪が多かったので、「しし」が「鹿」または「猪」の意でも使われるようになった。近松の『曾我会稽山』（第一）には「鑓玉《やりだま》に上げて突きしは飛鳥の業《わざ》、雁股《かりまた》早く飛鹿《とびしか》の、もと首射きる安田の三郎、竹の下の孫八左衛門、向ふ猪《しし》に矢はたたず、打物にて切りとむる」、浮世草子『新色五巻書』（巻三）には「今と云ふ今ここにて逢ふたる嬉しさ。見付次第咬《かじ》りつかんと三十二枚の歯を、これ磨《と》ぎ澄まして来れど。向ふ鹿《しし》に矢が立たぬと云ふ」とあるように、「しし」を「猪」と見る例と「鹿」と見る例がある。

昔取《むかしと》った杵柄《きねづか》

＝昔取りたる杵柄

過去に鍛えた技量は年月を超えても十分に使うことができるというたとえ。

「杵」は穀物などを臼に入れて搗《つ》くための道具で、「柄」は杵の手で持つ部分の呼称。つまり、若かりし時に餅つきなどで鍛え抜いて修得した腕前ということから。『大学』『中庸』『論語』『孟子』の四書を地口にした山東京伝の『戯作《げさく》四書京伝予誌』（通用）には「昔とつたる杵屋流の三味線も心の根〆《ねじめ》よければばうは気の調子あらはれず」と洒落のめしの書にふさわしい洒落として用いている。

昔《むかし》のことを言《い》うと鼠《ねずみ》が笑《わら》う

＝昔のことを言うと鬼《おに》が笑う

いまさらどうにもならない過去のことを言っても仕方がないということ。

「来年のことを言うと鬼が笑う」（別項）のもじり、あるいは、年寄りの昔話に辟易《へきえき》した人の創作かもしれない。江戸後期の鶴屋南北『御国入曾我中村』に見えているので、案外、昔から老人の繰言や昔話の被害者がいたのかもしれない。

昔《むかし》の某《なにがし》、今《いま》の金貸《かねかし》

昔は立派な者が今は卑しい立場になっていることの

たとえ。

以前は何の何と由緒ある筋の者が、現在は卑しい金貸に成り下がっているということから。「某」の「かし」と「貸」の音を重ねて語調を整えている。これは江戸後期の『俚言集覧』に見られることわざだが、人の世に栄枯盛衰は付き物ということで、同義でたとえを異にしたものがいくつかある。「昔は長者、今は貧者」「昔は奥様、今は口様」（昔は「奥様」と敬われて奥々まである家に住んでいたが、今は入口しかないような家に住む身）などは江戸時代からで、それ以前にはたとえがだいぶ違うが「昔の剣《つるぎ》、今の菜刀《ながたな》」があり、これには「昔の正宗《まさむね》、今の菜刀」（正宗は名刀）という表現もあった。これらは、古くなったものは役に立たないというニュアンスで使われたり、昔のよいものより今役に立つものの方がよいという意で使われた。

昔《むかし》は今《いま》の鏡《かがみ》

歴史を学ぶことが現在を生きる参考となること。

昔の人が経験した事実は、現在にも通じる部分がある。地球という大きな環境の中では、そこに生きる人や実際の社会制度などは変化しても大枠は変らない。また、変化したと思われるものにも過去との共通性を見出すことができる。それは「歴史は繰り返す」（別項）という言葉からも推測される。その一方で、とにかく昔は今とは違うとする考え方もしっかり存在し、ことわざでも「昔は昔、今は今」と言っている。後者は『平家物語』などに用例があり、世の中の盛衰について用いている。

百足《むかで》は死《し》んでも倒《たお》れず

＝百足《ひゃくそく》の虫は死に至りて僵《たお》れず

支持基盤が堅く勢力のある人は、衰えたとしても余力や影響を残すというたとえ。

百足は足が多くて支えがあるので、死んでも倒れることがないということから。出典は中国の『文選《もんぜん》』（曹冏《そうけい》、六代論）に異表現がある。日本では八世紀末の

『続《しょく》日本紀』(巻三六)に「百足の虫の死ぬるに至りても顚《くつがえ》らぬ」という表現が見られ、『曾我物語』(巻九)にも「これや、文選のことばに、百足《むかで》は死にいたれども、たはふれすなと也」という表現がある。

麦《むぎ》と姑《しゅうとめ》は踏《ふ》むほどいい

麦は冬期に地面が凍って根がもち上がらないように踏んでおくのがよいということ。

麦との取合せに姑をもってきていることについて、いくつかの説がある。幕末から明治初期の国語辞書『和訓栞《わくんのしおり》』は、蕗《ふき》の薹《とう》を姑とも言うことから麦と蕗の薹は踏んだほうがよい意としている。また、姑に対して日頃は下手《したて》に出ていても、時には麦を踏むように抵抗するのがよいとする説もある。さらに、舅《しゅうと》の家はよく訪ね、麦もよく踏むのがよいという意の「舅の門《かど》と麦畑は踏むほどよい」というよく似たことわざもあることから、姑の家をしばしば訪ねよという解釈も可能になる。実際、江戸前期の農書『百姓伝記』(巻一〇)では「麦畑としうとはふむほどよし」を「世話」(ことわざの意)とした上で、麦踏の効用と「しゅうと」の家の訪問の意だとしているので、少なくとも早い時期の解釈はこれだったと思われる。

無《む》芸《げい》大《たい》食《しょく》

大食らいよりほかに何の取柄もないこと。

もともとは文字通り大飯だけ食べて芸のない者を非難する言葉だった。現代は、宴席などで芸の披露を求められた者が言訳として用いることが多い。実物は今日まで確認されていないが、中京カルタと呼ばれるいろはカルタがあったようで、その「む」はこのことわざになっているという。小山駿亭の『心学いろは戒《いましめ》』(一八二五年)という教訓書の内容から推測したもので、同書は上方系でも江戸系でもない四八のカルタの文句に解説を施しており、見出し語の早

い文例となっている。図は、葛飾北斎の『北斎漫画』（二〇編、一八一九年）から。

向《むこ》う三軒《さんげん》両隣《りょうどなり》

ふだん、親しくつきあう近所の意。

自分の家の両隣と向かい側の三軒ということ。江戸時代には、近隣の五戸を一組として防火・防犯・互助の組織である五人組が作られ、連帯責任を負わされた。このような近隣互助制度を背景にしたことわざと言えよう。滑稽本『道中膝栗毛』や読本『通俗巫山《ふざんの》夢《ゆめ》』に用例が見えるように、江戸後期頃には言い慣わされていたものである。

娘《むすめ》の子《こ》は強盗八人《ごうとうはちにん》

娘を大きくして嫁にやるまでには莫大な費用がかかるというたとえ。

現代では子供が男か女かで大した違いはないが、かつては娘一人を成長させ嫁がせるまでには莫大な費用がかかった。それは、強盗による被害に八回も遭ったと同じだとする奇抜なたとえのことわざ。類義でよく知られている「娘三人持てば身代潰《しんだいつぶ》す」と比べてみても、凄《すさ》まじいばかりの比喩だと了解されよう。ほかにも「娘多きは貧乏神の宿」があるが、可愛い娘が強盗だとするこのことわざの迫力には遠く及ばない。江戸前期の俳諧『ふたつ盃《さかずき》』に「花もみぢ娘あまたに生れ行」という句を論評するくだりで、「此句は世話（ことわざ）に娘の子は強盗八人といへるを以て付た物そふ也」と見える。

娘一人《むすめひとり》に婿八人《むこはちにん》 ⇒ 一人娘に婿八人

娘《むすめ》を見《み》るより母《はは》を見よ

嫁を貰《もら》う時は、当人よりも母親の人柄を観察しろということ。

同性ということから娘は母親と過すことが多く、母親の立居振舞いなどを見ているし、躾《しつけ》はふつう母親に委ねられているから、母親の感化力・影響力は強い。妻を娶《めと》る際には母を見ろとするのは世界に広く分布している。「母親を見て娘を貰え」(ロシア)、「母を見て娘と結婚せよ」(ハンガリー)、「その母親を見て娘と結婚しろ」(エチオピア)、「母を見て娘を貰え、縁《ふち》を見て布を貰え」(トルコ)、「母を見て娘を理解せよ」(アフガニスタン)などとある。なかには念には念を入れた「娘を知りたければ母を見よ、もっと知りたければ母の母を見よ」(タイ)とするものがあり、なんともご丁寧だ。

胸《むね》に一物《いちもつ》

(1)心の中にもやもやとわだかまるものがあること。
(2)心中によからぬことをたくらむ意。
　江戸中期の浄瑠璃『本朝二十四孝』や、後期の合巻『会席料理世界も吉原』などに用例が見え、のちにはこの後に「手に荷物」と続けて、語調を整える言い回しも現れている。なお、(2)の意では、胸ではなく「腹《はら》に一物」という言い回しもある。

無病息災《むびょうそくさい》

病気にかからず元気でいること。

「息災」はもとは仏教語で仏の力で災いを鎮《しず》めなくすことだった。その結果、身にさわりのないこと、達者なこととなる。現代ではよく用いられることわざだが、四字熟語という形が関係するのか、ことわざ辞典への収載は少ない。用例は比較的古くからあり、謡曲『寝覚』に「そもそも是は医王仏の化現《けげん》、無病息災の方便のため、三返《みかえり》の翁仮に顕はれ出でたるなり」と見え、キリシタン書『サカラメンタ提要付録』には「我らが敵なる天狗は、無病息災なる時は、デウスの御憲法をかすめ、御慈悲をあまりに深く頼み過ごさせ」と用いられていた。

紫《むらさき》の朱《あけ》を奪《うば》う

＝朱を奪う紫

まがいものが本物に取って代ることのたとえ。また、悪が善に勝ることのある世の中の不条理をたとえた語。『論語』(陽貨)の「紫の朱を奪うを悪《にく》む」が出典となっている。古代中国では、青赤黄白黒の五色をまじりけのない正色と定めていたが、やがて紫などの中間色が好まれるようになる。孔子がこれをたとえに、社会秩序の乱れを嘆いた言葉。『徒然草』でも『論語』の形を引用している。見出し形は江戸中期の怪談『垣根草』に見え、江戸時代は常用されたが、現代ではほとんど用いられなくなっている。

無理《むり》が通《とお》れば道理《どうり》引《ひ》っ込《こ》む

①道理そこのけ無理通る　②無理が通らば道理引っ込め

(1)筋道に合わないようなことが罷り通ると、物事は正しく行われなくなるというたとえ。(2)難に遭わないためには、正しいことでも差し控える方がよいということ。

「道理」は物事のあるべき筋道とか、人の行うべき正しい道や道義。「無理」はその反意語。抽象語ながら韻を踏んだ相反する語を組合せるという技巧が施されていて、印象度が高い。江戸中期には異表現①のような形もあったが、江戸系いろはカルタに見出し形が採用され、以降はこの形が広まっていった。図は漫画家・岡本一平の「諸家大家傑作画訓集」(一九二九年)から。

め

名人《めいじん》は人《ひと》を謗《そし》らず

奥義を極めるような人は、他人の欠点や短所を言うようなことはしないものだということ。

名人は、自分の力に自信や信念があるから他人がどうであるかといったことなど気にしないし、他人の長所を認める余裕もある。だから、他人の悪口を言ったり、悪しざまに批評したりしないというのである。江戸前期から常用のことわざで、俳諧雑話『滑稽太平記』（巻五）に「今更心を変じ、斯恥辱《かくちじょく》をあたへ給わん事、和歌の道にも背《そむ》くべし。仁義にも漏なん。あまりに情なき事にあらずや。名人、人を不謗《そしらず》と有をや」と用いられている。

命《めい》は義《ぎ》によって軽《かろ》し

個人の命は忠義を前にしては惜しむべきものではないということ。

主君や国に対する忠義が最も大事なものとみなされていた時代の〈思想〉とも言うべきものである。中国の『後漢書』（朱穆《しゅぼく》伝）の「身は恩の為に使われ、命は義によって軽し」に基づいて、のちに日本で前半を省略した形で言い慣わされるようになった。日本では平安時代の『和漢朗詠集』、軍記物の先駆の一つ『陸奥話記《むつわき》』に見られ、その後も『平治物語』、幸若舞『ほり川夜うち』、謡曲『小林』などへと広がり、江戸時代にも各種ジャンルで常用された。

雌牛《めうし》に腹《はら》突かれる

思いもかけないことで、手ひどい打撃を受けることのたとえ。

雌の牛は性質は温和で角も曲っているから人を突くことはあるまい、と油断していて不意打ちを食らうということから。一二世紀の歌学書『袋草紙』に、藤原義定という人物が「われのみと思ひこしかど高砂《たかさご》の尾上《おのえ》の松もまだ立てりけり」と詠んだのに対して歌僧・良暹《りょうぜん》が、見出しのことわざを用いて素人歌人に詠み負かされたと表明している箇所がある。この話はほぼ百年後の説話『十訓抄《じっきんしょう》』『古今著聞集《ここんちょもんじゅう》』にもほとんどそのままの形で収められている。

目《め》から鱗《うろこ》が落《お》ちる

何かがきっかけとなって、急に物事がよく見えるようになったり、誤りに気づいて迷いから覚めたりすることのたとえ。

眼球に張りついていた鱗が何かの拍子にぽろりと落ちて、突然目が見えるようになるということから。人間の目には鱗はないが、蛇にはあり、脱皮する時に目から落ちるという。『新約聖書』(使徒行伝九章)に基づいたことわざ。キリスト教徒を迫害して失明したパウロに対して、イエスはその目が元に戻るようにと弟子のアナニアを派遣する。アナニアがパウロの上に手をおくと「目から鱗のようなものが落ち」て、元通りに目が見えるようになったというもの。つまり、邪悪の化身・蛇=パウロであったから、目から鱗が落ちることになったのだろう。現代では聖書に発するものであることを意識せずに、よく用いられることわざになっている。

目《め》から鼻《はな》へ抜《ぬ》ける

怜悧《れいり》で抜目のないことのたとえ。 ＝目から入って鼻へ抜ける

目の穴から入って瞬時にすぐ近くの鼻の穴から出るということから。このことわざの原意を、目で見てすぐ鼻で嗅ぎ分けるとするものもあったが、幕末の歌川芳盛画の版画「浮世たとえ」では、人が頭を鼻から出し足先を目に留めている様子が描かれており、上記の意味が明示されている。江戸前期の俳諧『毛吹草』には「目から入て花へ出るや木々の露」ともじったものが詠まれている。

目《め》から火《ひ》が出《で》る

顔や頭を物などにひどくぶつけた衝撃の状態を言う言葉。

古脚本『けいせい浅間嶽』や俳諧『崑山集《こんざんしゅう》』など江戸前期の文献から用例が見えている。

目《め》くじらを立てる

どうでもよい些細なことをむきになって咎《とが》めだてること。

「目くじら」は目の端や角。脚本『御摂勧進帳《ごひいき》』などに用例があり、江戸中期頃から文献に見える。類義の「目に角《かど》を立てる」という表現には、怒りのニュアンスがより強く含まれている。

目《め》糞《くそ》鼻《はな》糞《くそ》を笑《わら》う

自分の欠点を顧みることをせずに、他人の欠点だけをあざけることのたとえ。

目糞が鼻糞を汚い奴と冷笑するという意から。お世辞にも上品とは言いがたいものだが、情景を鮮明に描けるという意味で印象の強いことわざである。人の欠点は見えても自分の欠点は分りにくいというのが人間に共通する心理のようで、類義のことわざは多い。「猿の尻笑い」(別項)は古くからあるが、同じ猿同士のやりとりのためなのか、やや印象は弱い。「目やにが鼻垢《はなあか》を笑う」「腐《くさ》れ柿《がき》が熟柿《じゅくし》を笑う」などになると、印象が強くなる。そして鹿児島地方には「アマメがフを笑《わ》る」という、ゴキブリ(アマメ)がカメムシ(フ)の悪臭を笑いものにする珍しい秀作もある。

盲蛇《めくらへび》に怖《お》じず

めしいのくちなわに恐れず◈盲蛇に恐れぬ◈盲蛇

(1)無知な者は、知らないがために物おじせず、かえって無謀な振舞いをするというたとえ。(2)知ってしまうと躊躇《ちゅうちょ》するようなことも、知らなければ余計なことを考えないから実行できるということ。

目が見えなければ、たとえ恐ろしい蛇が足元にいても怖がることはない。図は幕末の河鍋暁斎《きょうさい》の『狂斎百図』からだが、このように竜のような蛇であろうと平気で跨《また》げる。キリシタン書『破提宇子《はだいうす》』の用例をはじめ、江戸初期から現代まで常用されよく知られているはずのものだが、解釈には注釈が必要である。古くから盲は無知にたとえられてきており、このことわざの解もその延長線上にあるが、目が見えなくても知識修得は十分可能だからその点で盲人に対する根拠のない差別にまちがいない。ただし、このことわざが盛んであった江戸時代には、盲人に対する保護政策もあってあこぎな金貸業などに携わる盲人もおり、盲人は常に社会的弱者と限られておらず、時に庶民の反発を買う強者と見られて揶揄《やゆ》の対象になることもあったという社会的背景も頭に入れておく必要がある。

飯《めし》の上《うえ》の蠅《はえ》

次から次へとやってきてうるさいもののたとえ。

蠅は何にでもたかるものだが、魚やにおいを強く発する腐った物などには特に集まる。飯が特ににおいが強いというわけではないが、日本人の食生活の中心である飯に汚い蠅がうるさくつきまとうのは歓迎しなかったはず。「此の広い難波の津、東西南北色で固めた色所に住む我々、時の興なればこそ比丘尼連を呼んで遊ぶは飯の上の蠅とも思はぬ」（浮世草子『伊達髪五人男』巻四、江戸中期）。なお、うるさい蠅をとめどなく追う「飯の上の蠅を追う」という表現も江戸時代には多かった。

目《め》には青葉《あおば》山《やま》ほととぎす初鰹《はつがつお》

初夏の代表的な風物を愛でる言葉。

江戸時代の俳人・山口素堂（一六四二〜一七一六年）の句が言い慣わされたもの。早くも山東京伝の『戯作四書京伝予誌』（一七九〇年）に「桜もひよんな所へ植えられて、生た花に見らるる花のくるしきぞかし、目に青葉山時鳥《ほととぎす》初堅魚《はつがつお》、かつほかつほの声にはじめて心づき」と用いられていた。そして、新しいテーマを積極的に描いていた葛飾北斎も画題にして手がけている。

目《め》には目、歯《は》には歯

自分が受けた危害に対しては、同じ程度の反撃が許されるというたとえ。

目を傷つけられた者は相手の目を、歯を傷つけられた者は相手の歯を、それぞれに報復してよいとする考え方で、もとは紀元前一八世紀の慣習法『ハムラビ法典』にこの復讐の原則が記されている。『旧約聖書』では三ヵ所に用いられており、「出エジプト記」では「目には目、歯には歯、手には手、足には足、焼き傷には焼き傷、打ち傷には打ち傷をもって償わなければならない」という表現となっている。現代の日本の若い世代には、やられたらやり返せという程度の意味合いで、最もよく知られていることわざの代表的なものだという調査結果があるが（NHK放送文化研究所、一九九三年）、実際の広まりは、聖書とは関係なく、漫画雑誌やテレビの劇画などによるところが大きいと推定される。

目《め》の上《うえ》の瘤《こぶ》

＝目の上のたんこぶ

目障りで邪魔になるたとえ。

瞼《まぶた》に小さなものもらいができてもうっとうしくて気分のよいものではない。まして、大きな瘤が目の上にできれば厭《いと》わしい限りとなる。自分の目の上にできた瘤が邪魔なように、現代では例えば会社などで実力や地位が少し上で自分にとって邪魔な存在は瘤とみなされる。江戸初期の俳諧『鷹筑波集』（巻二）に「目の上を雨のうつにやこぶ柳」と詠み込まれており、江戸時代には常用のことわざであった。現代でも非常によく用いられているということは、簡潔な表現もさることながら、やはり江戸系のいろはカルタに採用された影響が大きかったかもしれない。

目《め》の正月《しょうがつ》

＝目に正月さす

きれいなものや珍しいものを見て楽しむこと。狂歌『後撰夷曲集』（巻三）に「春ならで目の正月は今宵ぞと向ふ鏡のもち月のかげ」と詠み込まれているように、江戸前期からよく用いられたことわざである。

目《め》は口《くち》ほどに物《もの》を言《い》う

目も口ほどに物を言う

目には表情があり、言葉にしなくても目の表情で気持は伝わるものだということ。川柳『柳多留拾遺』や古典落語『成田小僧』に用例が見られるが、よく言い慣わされるようになるのは近代に入ってからのようである。

目《め》を皿《さら》

目を皿になす◈目を皿のようにする

目をまんまるに大きく見開くこと。驚いた時や何か物を必死になって探す時にする眼の表情・仕種《しぐさ》を形容する言葉。「目を丸くする」という表現をさらに誇張した言い回し。江戸中期の山東京伝の洒落本『夜半の茶漬』は「なる程あの傾《けい》も極《ごく》の字が黒くなりやしたと、いづくも女郎買のはなシほどのりくるものは無く、二人は目を皿の様にして、はなしやむべくもなし」と用いられている。ことわざというより慣用句とも言えるもので、あまり古い用例もなく、ことわざを絵にした『諺画苑《げんがえん》』（一八〇八年）や滑稽本『道中膝栗毛』などに見られるが、近代以前は多用されてはいない。図はその『諺画苑』から。

雌鳥《めんどり》歌《うた》えば家《いえ》滅《ほろ》ぶ ⇒ 牝鶏《ひんけい》晨《あした》す

面壁九《めんぺきく》年《ねん》

長年、わき目もふらずに努力するたとえ。達磨《だるま》大師がインドから中国に渡り、少林寺で壁に面して九年間も座禅を組んで修行して悟りを開いたという故事に基づく。室町中期の連歌師・心敬が『心玉集』の中で「つたへきく壁にむかふや九年」と詠んでいるので、この故事は早くから知られていたことが分る。

面々《めんめん》の楊貴妃《ようきひ》

人の好みはそれぞれで皆違うというたとえ。

「面々」は、一人一人、おのおのの意。楊貴妃は世界三大美女の一人とされる美人。どの男も自分の恋人や妻を楊貴妃のような美人だと思っているということから。色恋の力は強烈で、ひとたび惚《ほ》れてしまえば「痘痕《あばた》も靨《えくぼ》」（別項）ということにもなる。傍目《はため》からはお世辞にも美人とは言えなくても本人にはクレオパトラであり、小野小町なのだろう。江戸前期から用いられ、特に前期の俳諧集にはよく活用されていた。『毛吹草』（巻五）には女ではなく桜を詠んだ「面々の楊貴妃なれや家桜」が見られる。

も

盲亀《もうき》の浮木《ふぼく》

①盲亀の浮木に逢《あ》える ②盲亀の浮木優曇華《うどんげ》の花 ③一眼《いちがん》の亀《かめ》浮木に逢う

(1)めったに出会うことがなかったり、容易になしえなかったりすることのたとえ。(2)仏の教えに会うことの難しさを言う。(3)めったにない幸運にめぐり合うことのたとえ。

仏典『阿含経《あごんきょう》』に、大海に棲《す》み、百年に一度だけ水面に浮き上がる盲目の亀が、海上に漂う浮木のただ一つの穴に入ろうとするが容易になしえないという寓話《ぐうわ》があり、これに基づいている。日本でも古くから非常によく知られ、常用され続けていた。古いものの一つは平安時代の源信の『往生要集』に「我等、無数百千劫《ごう》に四無量・三解脱《げだつ》を修して今大聖牟尼《むに》尊を見たてまつること猶《なお》し盲亀の浮木に値《あ》へるが如し」(巻上)、「猶し一眼の亀の、浮木の孔に値へるがごとし」(巻中)と用いられている。なお、異表現②の「優曇華」は仏教で三千年に一度咲く花とされ、珍しいことのたとえに使われている。

孟母《もうぼ》三遷《さんせん》

＝孟母三遷の教え ◈ 孟母の三居《さんきょ》

子どもへのよい影響を求めて転居し、良質な教育環境を得ること。

孟子の母が子どもへの影響を考えて、始めは墓地の近くにあった住居を市場の近くへ、そして学校の近くへ移したという故事によるもので、『列女伝』(母儀伝、鄒孟軻母)に見える。日本でも江戸初期の仮名草子『可笑記』、中期の上杉鷹山が近侍へ向けた心得『輔儲訓《ほちょくん》』などに用いられているが、多用されるようになるのは江戸後期頃からのようだ。

燃《も》え杭《くい》には火《ひ》が付《つ》きやすい

⇒焼《や》け木杭《ぼっくい》には火が付きやすい

持《も》ちつ持たれつ

お互いに助け合ったりもたれ合ったりすること。

持ってあげたり持ってもらったりということで、相互扶助を指す言葉。良い場合にも悪い場合にも使う。悪い場合では、汚職問題で贈賄《ぞうわい》側と収賄側が「持ちつ持たれつ」の関係だった、というような使われ方をする。良い場合は、お互いの能力や持味を出し合って協力し合う言葉となる。江戸中期の『狂歌秋の花』には「世の中は持つもたれつするがなる富士で西行西行で不二」と詠われ、鶴屋南北の脚本『松梅鶯曽我《みどりのはなはるつげそが》』(五建目)に「わしがやうな埒《らち》の明かぬさんぴん侍ひ。その身貧な男を思ひ切り、去られてうせた以前の月小夜、今では武家へ奉公と、聞けば聞く程道知らず……

イヤ、浮世は持ちつ、持たれつだなぁ」とある。

餅《もち》に砂糖《さとう》

話がうまくできすぎていることのたとえ。

餅はもとより砂糖が大変な貴重品であった時代の産物。江戸前期の『誹諧当世男』(付句、恋)は「その中や餅に砂唐のあぢ物じや」と詠み込んでいる。

餅《もち》は乞食《こじき》に焼《や》かせろ、魚《さかな》は殿様《とのさま》に焼かせろ

＝餅は乞食に焼かせろ、魚は大名《だいみよう》に焼かせろ

ものは適材を選んで当てることが肝要だということのたとえ。

餅を焼く時は、たびたび裏返して焼き上げてゆくと中まで火が通ってよく焼ける。一方、魚は頻繁《ひんぱん》に裏返すと身崩れするからじっくり焼かなくてはならない。ところで、なぜ餅焼きには乞食がよく、魚焼きには殿様なのであろうか。思うに、乞食は空腹なので早く食べたい一心で焼き上がりを待ち兼ねてたびたび裏返す。それに対して殿様はがつがつしていないから、ゆったりと待っていられる、といった情景が思い浮べられて言われたものなのであろう。なお、扱う材料は異なるが同義のことわざに「瓜《うり》の皮は大名に剝《む》かせ、柿の皮は乞食に剝かせよ」とするものもある。これは皮を厚く剝いた方がよいものと薄い方がよいものを取り合せたもので、やはり食べ物に対する執着の違いがうかがえる。

餅《もち》は餅屋《もちや》

＝餅屋は餅屋

物事はそれぞれその道の専門家に任せるのがよいというたとえ。

餅は餅屋が搗《つ》いたものが美味だということから。餅は古代から珍重されていた。もともとは自分の家で作るものだが、近世の都会には商売として専門に作る餅屋が現れてくる。江戸時代の随筆によると、餅屋は元

禄時代（一六八八～一七〇四年）に江戸に興ったとあるが、『類字名所狂歌集』（一六七六年）に「花を見て葛団《くずだん》子《ご》までもしられけり餅は餅屋のよしの山哉」と詠い込まれた例や、一六八〇年までの記事で終っている俳諧『滑稽太平記』に「餅は餅やがよし、指合《さしあい》の事は此方にまかせよ」とあることなどから、元禄以前、少なくとも元禄を十数年さかのぼる頃には存在していたことがうかがわれる。餅屋という商売が行われ、ことわざにもなっていたと明確に言えるのは、浮世草子『元禄曾我物語』（巻四、元禄一五年）の「武士が商人になりてはいな物。町人が侍には移らず。兎角《とかく》餅は餅屋。酒は酒屋なるべし」とある用例によることになろう。図は葛飾北斎の『北斎漫画』（一二編、一八三四年）から。

持《も》ったが病《やまい》

別に持たなくてもよいものを持っているがために面倒が起るということ。

ここの「病」は、いわゆる病気ではなく、苦労の種やよくない癖。子供や金、また、病み付きになった趣味などは、一度持ってしまうとそれに伴って苦労や面倒も抱え込んでしまうということになる。江戸中期から見えることわざで、後期の黄表紙『しわみらせ薬』に「されば金の番人と生れて乞食と呼れんよりは、貧人のひたし者となって直なるにはしかじ、かるが故に持つたが病になやむと云ども貧の病は苦にならず」と用いられていた。

持《も》つべきものは子《こ》

＝持つべきものは銀《かね》と子

自分の子供は親に尽してくれるからありがたいものだということ。

見出し形は謡曲『苅萱《かるかや》』や江戸後期の読本『昔話《むかしがたり》稲妻表紙』などに用例があり、異表現も江戸中期の浮世草子『新色五巻書』に見える。現代では親孝行が少なくなったためか、「持つべきものは友」という表現が多くなっている。

本木《もとき》に勝《まさ》る末木《うらき》なし

不満を感じて何回か取り替えても、結局は最初のものが一番だというたとえ。

「本木」は樹木の幹、「末木」は梢や枝の意で、最初に伸びる幹より太く立派な枝はできないことから。主に男女の間のことに使われ、たとえを用いずに「女房は変えるほど悪くなる」というあからさまな表現もある。見出しのことわざは滑稽本『客者《かくしゃ》評判記』など江戸時代では常用された。

元《もと》の鞘《さや》へ収《おさ》める

＝元の鞘へはまる

再び元の身分にすること。また、元通りにしたり、なったりすること。

鞘の外に出ていた刀身を再び元の鞘の中に収めることから。他動詞の「収める」に対して、自動詞の「収まる」という言い回しもある。現代ではよく使われる慣用句的な語句だが、言い出されたのは江戸後期からで、当時はあまり多用されたものではなかった。「何も伯父《おじ》御の心に叶はぬトいふて、後付けに勘当を、される覚はねへ。此一札は持て帰つて、もとのさやへ収める工面をしてくだせへ」（人情本『花街寿々女《さとすずめ》』巻中、江戸後期）。また、異表現の否定形「元の鞘へはまらぬ」とする逆の意味の表現もあった。「夫夫《それぞれ》の商売物を買ふて際々《きわぎわ》に差引し元のさやへははまらねども、どふやらこふやら片付て仕廻《しま》ひ」（洒落本『身体《しんだい》山吹色』江戸後期）。

元《もと》の女房《にょうぼう》に仲人《なこうど》なし

＝元の妻《め》に仲人なし

復縁に形式的な儀式は不要ということ。
かつて夫婦別れをしたとはいえ、本当に仲が悪くて別れたのではなく、些《さ》細《さい》な喧嘩《けんか》が原因で、いわば勢いで別れてしまった元の女房であれば、これまたちょっとしたきっかけがあれば復縁はいたって簡単。そんな際には、改めて仲人を頼むまでもないし、きまりが悪くて頼めるものでもない。自分達だけでさっさと元に戻ってしまうというわけである。狂言『箕被《みかずき》』『川原太郎』など江戸時代以前から用例が見られる。「アド「いや。暇《いとま》のしるしを取つた程に。戻りはしますまい」シテ「それは曲がない。元の女房に仲人なしと云ふ。是非とも斯《こ》う通らしめ」」(『箕被』)。

元《もと》のもくあみ

＝①元の木椀《もくわん》　②元のもくあん

それまでの努力がすべて無駄となり、元の状態に戻ること。

現代では、単に元に戻る意にも使われる。原義に古くから諸説がある。(ア)男が妻を離縁して山に籠って米穀を断つ木食《もくじき》の修行を行なって木阿弥・木食上人と尊ばれたが、やがて修行を怠り元の妻のもとに戻ってしまったので、世の人が男のことを嘲笑《あざわら》って「元の木阿弥」と呼んだことからという説(仮名草子『七人比丘尼』一六三五年)。(イ)戦国時代の武将・筒井順昭が死に際して、あとつぎの順慶が幼少だったために遺言して、木阿弥という順昭に声のよく似た盲人を、病床に伏す順昭に仕立てさせた。順慶が長ずるに及んで順昭の死を公表し、木阿弥は元の市井の身に戻ったという故事によるという説(『天正軍記』一六五四年)。(ウ)木の椀の塗がはげて元の木地が現れる意の「元の木椀」が転訛したという説。(エ)木工兵衛《もくべえ》という百姓が多額の献金によって阿弥号を得たが、誰もその正しい阿弥号で呼ばずに元の名前と混合させた「木阿弥」と呼んだという伝承によるという説。どの説もこれという具体的な根拠がなく、〈語源話〉に留まっている。なお、仮名草子『元のもくあみ』(一六八〇年)は、主人公の名前が書名になっており、当時のこのことわざへの関心の強さがうがわれる。

元《もと》も子《こ》も失《うしな》う

＝①元子《もとこ》を失う　②元も子もない

跡形もないほどの損害を蒙るたとえ。

元金も利子もすべてを失うということからで、現代では常用語句の一つ。江戸中期の洒落本『翻草盲目《ほんぞうもうもく》』に「地獄中が大騒動。蛮内は暫《しばら》く山上に休《やすみ》しか。此上はもし黒鬼がいふ通り。舌を抜れた時は。元もこも失うやうなもの。もふ地獄にはいられず」とあり、後期の随筆『三養雑記』に異表現①に関する解説が見られもするが、江戸時代全体として見ると使用頻度は高いものではなかった。

物言《ものい》えば唇《くちびる》寒《さむ》し

言わずもがなのことを口にすると、それによって災いを招くということ。

俳人・松尾芭蕉の「物言えば唇寒し秋の風」が基になっている。芭蕉の句では前書に、中国の古典『文《もん》選《ぜん》』をふまえた「座右之銘」として「人の短をいふ事なかれ。己《おの》が長をとく事なかれ」とあるように、他人の短所を言ったり自慢話をしたりした後では、何となく自己嫌悪に襲われるという意のものであった。江戸中期頃は洒落本『傾城蜂牛伝《けいせいほうぎゅうでん》』などで芭蕉の句がそのまま用いられていたが、後期頃からは見出しの表現も見えるようになる。俳文『鏡裏梅《きょうりのうめ》』(『鶉衣《うずらごろも》』後編)には「金人の口を緘し、物いへば唇寒しのいましめも、只いふ人のうへにして、聞者にはあづからず」と用いられている。

物種《ものだね》は盗《ぬす》めるが人種《ひとだね》は盗めず

＝物種は盗むとも人種は盗まれず

(1)植物の種は盗めても、人間の子種は盗めないということ。(2)血統は争えず親子は似ているということ。

これと極めてまぎらわしい「物種は盗まれず」とい

う(2)と同義のことわざがある。おかしなことに、同じ「物種」を、一方は「盗める」、他方では「盗めない」としている。つまり、盗める「物種」は植物の種で、盗めない「物種」は人の種、すなわち血統・血筋ということである。馬琴の合巻『牽牛織女願糸竹《たなばたつめねがいのいとたけ》』に「ものの種は盗むとも人種は盗まれずと世のことわざに言ふもことわり、人の介が面影の父御《ててご》に似たるのみならず」、同じ馬琴の『里見八犬伝』(九輯巻二二)に「現《げに》物種は窃《ぬすま》れずといふ、世の常言《ことわざ》は以《ゆえ》あるかな。執《いずれ》も父の面影あり」と見えて、両方が同義であることが明らかとなっている。

物《もの》には時節《じせつ》

―― 物は時節

何か物事をするにはそれに適した時期があるということ。

室町時代の詩句の略解書『蕉窓夜話』に異表現が見られ、見出し形も『西鶴置土産』など江戸時代に多くの用例が見られる。

物《もの》は相談《そうだん》

―― 物は談合《だんごう》

(1)物事は自分一人で抱え込まず、誰かに持ちかけてみることだということ。(2)人に相談する際の前置きの言葉。

「三人寄れば文殊《もんじゅ》の知恵」(別項)ということわざが古くからあるように、人が違えば違った考えも生まれるものであるから、頭を抱えるような難問を自分一人で対応しようと、力んで頑張り過ぎずに人に相談する方がかえってよい結果が生れるのかもしれない。江戸前・中期頃からよく見られるようになるもので、異表現が浮世草子の『好色万金丹《まんきんたん》』や『棠大門屋敷《からなしだいもんやしき》』などに見られる。見出し形の用例、浄瑠璃『伊賀越道中双六』(第六段)の「コレ親仁殿《おやじどん》。何と物は相談じゃが。此お娘《むす》をわしに下《くだ》されぬか」は、(2)の用法であることが分る。

物《もの》は試《ため》し

とにかく一度試してやってみようということ。これまで経験したことのない物事は、どういう結果が出るのか見当がつかないので、とにもかくにも一度やってみないことには事態の進展はないというわけである。チャレンジ精神を評価しているとも言えよう。全体がわずか六音からなる短い語句で、技巧上の工夫もなく、そっけないほどの表現だが、どこか訴えるところがある。近松作品にはいくつも用例が見えるので、遅くとも江戸中期にはよく使われたものだったと言える。「合羽の煙草入より、香箱に自筆の一首取添へ差し出し、物は試し、在所へ帰りて畠に此指を植て見たらば」(浮世草子『傾城禁短気《けいせいきんたんき》』巻二、江戸中期)。

桃栗三年柿八年《ももくりさんねんかきはちねん》

〓桃栗三年柿八年、柚《ゆず》は九年◈桃栗三年柿八年、梅は酸《す》いとて十八年

どんなものにもそれ相応の年数があるものだということ。

桃と栗は三年、柿は八年かかってやっと実がなるというもの。平安時代の事典『口遊《くちずさみ》』に「桃三、栗四、柑六、橘七、柚八」と記されている。用例は江戸前期の狂歌『古今夷曲集』(巻七)に「桃栗のみにやならへる恋の道　三年してもならぬつらさよ」とある。黄表紙には「桃栗残念」とか「汐汲み三年柿八年」というもじった形や地口にしたものも少なくなく、「桃栗三年後家一年」(後家の操は一年しかもたないということ)というものもあった。尺八の修業について言う「首振り三年ころ八年」(別項)ということわざも、これのもじりと思われる。掲げた異表現はほんの一例で、これら以外にも違った表現がいくつもあり、さらに全国各地に地方色のある言い回しがいろいろある。

貰《もら》う物《もの》は夏《なつ》でも小袖《こそで》

〓下《くだ》さる物は夏でも小袖◈戴《いただ》く物は夏でも小袖◈

＝ **夏でも小袖**

欲深いことのたとえ。

「小袖」は冬に使う絹の綿入れ。人がくれるというものなら、夏に冬物であってもかまわないということ。見出し形も異表現も江戸後期から幕末頃のことわざ集に見られる。これらは穏やかな表現だが、より印象の強い表現や誇張表現を作り出すということわざの特性がこのことわざにも見られるようだ。「貰うものは夏も牡丹餅《ぼたもち》」はまだ序の口で、「貰うものなら元日から葬礼道具」となるとにわかには信じ難く、「口に入るものなら按摩《あんま》の笛でも」にいたれば、あっけにとられるだけだろう。

門前雀羅《もんぜんじゃくら》を張《は》る ⇒ 門前に市《いち》をなす

門前《もんぜん》に市《いち》をなす

＝ **門前市をなす ◈ 門《かど》の前市をなす ◈ 門前に市**

(1)出入りする人が大勢いるということ。(2)たくさんの人が慕ってくることのたとえ。

門の前が市を催しているように大勢の人が集まっているということから。中国・漢代の『戦国策』（斉策）にある「門庭市の若《ごと》し」が基になっていると考えられる。日本では『平家物語』などの軍記物をはじめ、中世の御伽草子『鉢かづき』、謡曲『太世太子《たいせいたいし》』、そして江戸時代には初期の『伊曽保《いそほ》物語』『信長記』から幕末に至るまでおびただしい用例が各種文芸作品などに見られる。おそらく、近代以前にあったことわざでは最も多用された一つではなかろうか。なお、これと反対の意で、訪れる人がなく寂れているたとえが「門前雀羅《じゃくら》を張る」。「雀羅」は雀などを捕える網のことで、門前に雀が群れて網で捕れるくらいに人通りがないということ。

門前《もんぜん》の小僧《こぞう》習《なら》わぬ経《きょう》を読《よ》む

＝ **寺《てら》の前の童《わらんべ》は習わぬ経を読む**

人は環境に強く感化されるというたとえ。

寺の門近くに住んでいる子供は、習ってもいないのに難しい経を難なく読むということから。寺の回りにいれば読経する声は外へよく聞こえるから、記憶力がよい子供だったら、ただ耳にするだけで覚えてしまうだろう。現代でも「門前の小僧」と省略した形で常用されており、古い江戸系いろはカルタで知られるものだが、特に古くからのものではなく、早いものは江戸後期のことわざ集『諺苑《げんえん》』に記された「門前の小僧経を読」という言い回し。もともとは「勧学院《かんがくいん》の雀《すずめ》は蒙《もう》求《ぎゅう》を囀《さえず》る」（別項）という類義のことわざが一二世紀にあり、続いて中世の狂言や幸若舞に見られる類義の「智者《ちしゃ》の辺《ほとり》の童は習はぬ経を読む」が先行した形のものとなって、その後に異表現が江戸初期から起ってきたという推移かと思われる。

なお、異表現の早い用例は江戸初期の『慶長見聞集』に見える。図は、江戸系いろはカルタの明治時代のもの。

門《もん》に入《い》らば笠《かさ》を脱《ぬ》げ

他人の家を訪れて門内に入ったら、被っているものをとって挨拶するのが礼儀だということ。

俳諧『毛吹草追加』に「門にいらは笠ぬけ夜はの月の貌《かお》」と詠まれているように江戸前期からよく用いられたことわざであった。

や

薬缶《やかん》で茹《ゆ》でた蛸《たこ》

＝薬缶で蛸茹でる

⑴手も足も出ないという洒落。⑵手の打ちようがなく進退極まること。⑶中に閉じこもって動かないことのたとえ。

薬缶の中に入ってしまった蛸、もしくは、薬缶で茹でられる蛸ということで、手足が八本もありながらどこからも出せない状態が想像される。「芝居見よにもしてみせるものはなく、京大坂にごふく屋と銀かしばかりになり。世界は薬缶で蛸ゆでたやうにかなるであろ」（浮世草子『風俗誹人気質《はいじんかたぎ》』巻五、江戸中期）。

焼鳥《やきとり》にもへお

用心する上にも用心せよということ。

「へお」は鷹の足に逃げないように結び付けておく紐《ひも》のこと。江戸前期の俳諧『崑山集《こんざんしゅう》』（巻一）に「やき鳥にへをか左義長《さぎちょう》のひかへ縄」と詠まれているように、江戸時代には常用されていた。

焼餅《やきもち》は膨《ふく》れながら熱《あつ》くなる

嫉妬は徐々に高じながら、やがて抜き差しならなくなるものだということ。

嫉妬が増大する様子を、餅を焼く過程にたとえた表現。古典落語『夢の後家』に用例が見えるが、あまり古くから言われていたことわざではないようだ。

焼餅焼《やきもちや》くとて手《て》を焼くな

嫉妬《しっと》に狂って身を誤らないためにも、焼餅はほどほどにしろという戒め。

「嫉妬《しっと》は人を射って我が身を傷つける」という説明的な表現ながら類義のことわざもあるように、過度な焼餅は相手にも迷惑だし自分にとっても得にならないようだ。かといってまったく嫉妬しないというのも冷淡のようで、「焼餅とかき餅は焼く方がよい」が、焼きすぎず適度に焼く「焼餅は狐色」くらいが好ましいことになる。なお、「焼餅を焼く」という慣用表現は江戸時代に見られるが、「焼餅」を使ったことわざ類は明治時代に入ってからのようである。

疫病神《やくびょうがみ》で敵《かたき》を取《と》る

＝疫病の神で敵を取る◆疫病神で敵

意想外の機会に、自ら手を下すことなく目的を果すことのたとえ。

自分が敵と狙っていた相手に、疫病をもたらす神が取り付いて敵を晴らしてくれるということから。現代はまったく消えてしまったことわざだが、江戸初期の仮名草子『尤之双紙《もつとものそうし》』をはじめ、江戸時代全体では常用された。山東京伝の合巻『ヘマムシ入道昔話』に「「かれといひこれといひ、世の人の口の端《は》は防がれず、貴殿の武士が立ちますまい」とかねて企みし意趣晴らし、疫病神で敵の讐《たとえ》、言葉をたくみにたきつければ」と用いられている。

焼石《やけいし》に水《みず》

＝焼石に水掛ける

(1)少しばかりの援助や努力では何の効果もないことのたとえ。(2)あまりにわずかで何の足しにもならないことのたとえ。

焼けて熱くなっている石に少しばかりの水をかけても蒸発してしまうだけ。現代でも非常によく使われることわざであるが、使われ始めたのは江戸前期で、江戸時代全般で多用された。近松の『双生《ふたご》隅田川』(第三)では「証拠《しょうこ》が見度《みた》くば和主《わぬし》が心を見よと、詞を押へひつしひつしと生木に釘打鉄槌論、相手も負けじと焼石に水掛論、双方理詰の高声」と修辞的に使っている。

焼面火《やけづらひ》に懲《こ》りず

失敗に懲りずに同じ過ちを繰り返すことのたとえ。顔面に火傷《やけど》を負った者が懲りもしないで火にあたることから。俳諧『阿蘭陀《おらんだ》丸《まる》二番船』など、江戸前期から用いられている。

焼野《やけの》の雉子《きぎす》

＝焼野の雉子夜《よる》の鶴《つる》

子に対する親の情愛の深さのたとえ。

「雉子」は雉《きじ》。巣のある原が燃えていたら、雉は我が身の危険を顧みずに雛鳥《ひなどり》を助けに戻るということから。雛のいる鶴は霜の降る寒い夜、自分の翼で子を覆《おお》い温めるという「夜の鶴」と併せ言う異表現の形も多い。ことわざには誇張や想像の産物が多いが、これらは実話がいくつも報告されてきたので、事実に基づく表現であったと言える。見出しの表現の初出は古く、鴨長明の『発心集《ほっしんしゅう》』など鎌倉時代から用例が確認できる。「夜の鶴」だけの言い回しも多くあり、こちらは見出しの表現よりさらに古く平安時代の『和漢朗詠集』や物語『在明《ありあけ》の別《わかれ》』などに見えている。また、単独の「焼野の雉子」には、非常な危険にさらされることや進退窮まることのたとえとしての用法もあった。

焼《や》け木杭《ぼっくい》には火《ひ》が付《つ》きやすい

＝燃《も》え杭《くい》には火が付きやすい ◈燃え杭に火付きやすし

以前関係のあった者は、縁が切れても、また元の関係に戻りやすいということ。

男女の仲が元に戻りやすいことを言っている。実際のところ、生木は燃えにくい。それに比べて、一度途中まで燃えたものには消炭《けしずみ》状態に近い部分ができ、乾いた木材に火を付けるよりも燃えやすくなる。江戸前期以降に用例が見られるようになるもので、古脚本『けいせい浅間嶽』（巻中）に「姫君に様子を聞けば右の仕合《しあわせ》ゆゑ、二三町脇に庵室を借りて入れ置きました。元傾城《けいせい》狂ひをした人でござるが、燃杭に火が付きよいわ」と異表現がある。見出し形は江戸後期の洋風画家・司馬江漢の故事画文集『訓蒙《くんもう》画解集』に見える。

安《やす》かろう悪《わる》かろう

＝高かろう良かろう、安かろう悪かろう

値段の安いものは品質が悪いと考えるのが人の常だということ。

異表現のように、高価なものは品もよいだろうという逆表現と一緒に用いられることも多い。安土桃山時代のことわざ集『北条氏直時分諺留《うじなおじぶんことわざとめ》』に見られるのは「早かろう悪かろう、遅かろう良かろう、安かろう悪かろう、高かろう良かろう」とする言い回しであった。異表現も見出し形も江戸中期頃から用いられており、見出し形は馬琴の『夢想兵衛胡蝶《こちょう》物語』(後編巻二)に「此品類《しなじな》は見かけばかり、買よりはやく損じますと、いうては買人《かいて》がないゆゑに、まざまざ粘《のり》で固めた物を、得要むきと偽るも、みな是直《これね》との相談にて、安からう又わるからうは、いはずとしれた一文をしみ、百損するも買人の好々《すきずき》」と見える。

安物買《やすものか》いの銭失《ぜにうしな》い

=安き物は銭失い

安物を買っても結局は損をするというたとえ。

安価な物を買って得をしたようないい気分になっていたら、購入した物の具合が悪くなったり、壊れて修理や買い換えしたりということで、結果的にはかえって高い買物をしてしまった、といった状況を言い表したもの。ことわざとしては異表現が安土桃山時代のことわざ集『北条氏直時分《うじなおじぶん》諺《ことわざ》留《とめ》』にあるが、見出し形は古い江戸系いろはカルタが早いものとなっている。図はその明治時代の一種。

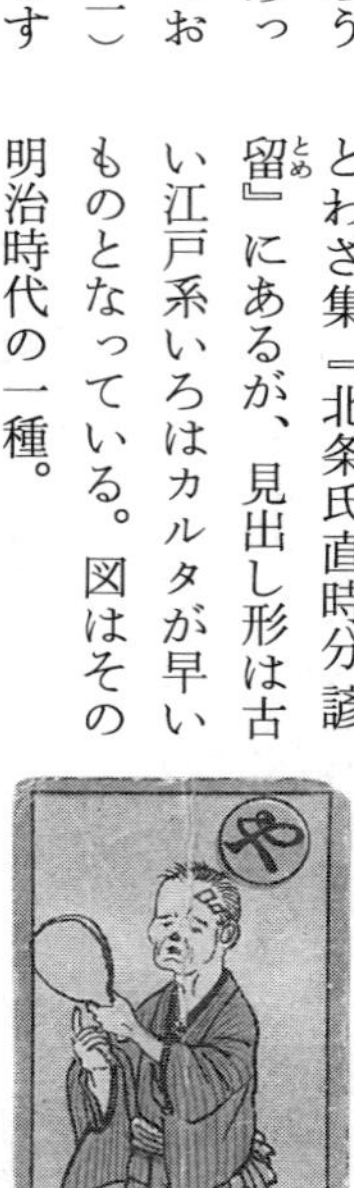

鑢《やすり》と薬《くすり》の飲《の》み違《ちが》い

早合点して大きな間違いをしてしまうこと。

「やすり」と「くすり」とでは頭の一字が違うだけだが大違い。音は似ているがまったく異なる二つの名詞を繰り返す語調のよさ、「八《や》」と「九《く》」の語呂合せの面白み、そして、その数字のたった一つの違いが大いなる相違となるという論理がないまぜになった、技巧に富んだことわざである。

痩《や》せ馬鞭《うまむち》を恐《おそ》れず

=①痩せ馬鞭を驚《おどろ》かず ②疲馬《ひば》の鞭を恐れず

酷使され、困窮にある者を統制することはできないというたとえ。

重い荷物を負わされて日頃鞭打たれている馬は、そのうちには鞭を恐れなくなるものだということから。実際のところ、これ以上ないくらいにこき使われたら馬でも捨鉢になるのかもしれない。「飢《う》えた犬は棒を恐れず」(別項)という類義のことわざもあるから、馬の場合も同じなのであろう。古くは中国・漢代の『塩鉄論』(詔聖)に「罷馬《ひば》は鞭箠《べんすい》を畏《おそ》れず」という表現があり、日本では鎌倉時代の金言集『管蠡鈔《かんれいしょう》』などに収録されている。異表現や見出し形の古い例は、『太平記』に②が用いられており、見出し形は下って江戸初期の仮名草子『可笑記』が早いものとなっている。

柳《やなぎ》の枝《えだ》に雪折《ゆきお》れなし

＝柳に雪折れなし◈柳に風折《かぜお》れなし

柔軟に対応できるものはきつい試練にも耐えることができるというたとえ。

柳の細い枝は、春のそよ風にでもどんよりとした夏の微風にでもそよぐ。冬場は葉がないだけにいっそう身軽で、雪の積る所も少ないから、雪の重さで枝が折れることはあまりない。持前の柔らかい構造で風力や雪の重力を軽減してしまう。ことわざ集では安土桃山時代の『月菴酔醒記《げつあんすいせいき》』に記され、用例は江戸初期から見られる。近松の『釈迦《しゃか》如来誕生会』(第二)に「しっかと取りつき欄干《らんかん》ふまへ、むかうへふはと飛び給へば、柳の枝に雪をれは、なくなくたぐる力草」と修辞的な用法で用いられている。

柳《やなぎ》の下《した》にいつも泥鰌《どじょう》はいない

＝①いつも柳の下に泥鰌はおらぬ　②柳の下の泥鰌　③二《に》匹目《ひきめ》の泥鰌

一度はうまくいっても、同じ手でそうはうまくゆくものではないというたとえ。

ある時、思いがけず川辺の柳の木の下で泥鰌を捕ることができた。そこで何度も同じ場所で捕ろうと試みることの愚かしさを言うことわざ。「株《くいぜ》を守りて兎《うさぎ》を待つ」（別項）と同じ着想の泥鰌版である。ことわざとしては古いものではないようで、初出は『和漢泰西俚諺集』（一八九〇年）に「毎時《いつも》柳樹《やなぎ》の下流《した》に鰌《どじょう》ハ居らぬ」という表記で収載されている。続いて「いろは短句」（補遺の一『知玉叢誌』四四号、一八九一年）に「いつも柳の下に泥鰌は居ない」という表記であり、これら異表現①が常用化するのは大正に入る頃で、見出し形などはさらに後かと推測される。

柳《やなぎ》は風《かぜ》に従《したが》う

＝楊柳《ようりゅう》の風になびく

従順な者は人から傷つけられることがないというたとえ。

柳の枝は風に吹かれるままになびくことから。日本最古の雅楽書『教訓抄』に「楊柳風に従う」という言い回しが見え、鎌倉時代からあった言葉であることが分る。異表現も室町時代の女子教訓書『仮名教訓』に見えている。

柳《やなぎ》は緑《みどり》、花《はな》は紅《くれない》

⑴人の手の加わらない自然のままな姿であること。⑵物には自然の理というものが備わっているというたとえ。⑶春の風光の美を形容する言葉。

早春の頃、常緑樹以外はまだ枯枝ばかりで殺風景という中に鮮やかな緑の新葉を身にまとう柳は、美しさという点では一年で一番人目を惹《ひ》くだろう。中国の古典に多く用いられ、日本でも室町時代の『一休和尚法語』に「松なほからず、おどろまがらずと申す。三度四度申しかへして、是れを至極の道理と申す。是れは柳はみどり、花はくれないの心也」と用いられているのをはじめ、謡曲や江戸時代の種々の文芸類に頻出することわざである。

やはり野《の》に置《お》け蓮華草《れんげそう》

＝手に取るなやはり野に置け蓮華草

もののよさや味わい深さは環境に叶っていなければ

ならないということ。

群生した蓮華草が咲くと赤紫の絨毯《じゆうたん》を敷きつめたような艶《つや》やかさがある。蓮華草は種類によっては古くから自生していた。異表現の句は、江戸後期の俳人・滝野瓢水《ひようすい》が、遊女を身請《みう》けしようとしている知人に送った手紙に記したものと伝えられている。野の花は野原に咲いているからこそ美しいのであって、手折《たお》って家の中で鑑賞するものではなかろう、つまり、身請けは考え直してはどうか、といったものであった。

藪《やぶ》から棒《ぼう》

＝藪から棒を突き出す

話や物事が唐突であること。

藪の中から棒切れが急に突き出てくるような状況から。「藪から棒に」と副詞的にも用いられることから、あまりことわざと意識されていないが、江戸中期の名物評判記『狂歌評判俳優風《わざおぎぶり》』など、江戸時代から現代にいたるまで常用のことわざである。

藪《やぶ》に功《こう》の者《もの》

(1)見下していた者の中にも意外に立派な者がいるということ。(2)藪医者と言われる者にも名医がいるということ。(3)辺鄙《へんぴ》なところにも美味なものがあるということ。
古くは鎌倉時代の説話『十訓抄《じつきんしよう》』に用例が認められ、江戸時代には当て字に基づいてさまざまな解釈がなされていた。(1)は「野夫に剛の者」(「野夫」は田野で働く者、田舎者)、(2)は見出しの表記、(3)は「藪に香の物」(「香の物」は漬物)などが代表的なもの。

藪《やぶ》に馬鍬《まぐわ》

＝藪に馬鍬引く

無理遣《むりや》りに事をするたとえ。

「馬鍬」は、牛や馬に引かせて土を掘り起す農具。根が張っている藪を強引に馬鍬で掘り起そうとすることから。俳諧『ゆめみ草』に「竹の子ををれるは藪にま鍬哉」と詠まれているように、江戸前期からよく用いられた。図は河鍋暁斎《きょうさい》の『狂斎百図』（江戸末期）から。

藪蛇《やぶへび》

＝藪をつついて蛇を出す◉藪を叩《たた》いて蛇を出す

やらなくてよい余計なことをして、かえって災いを受けることのたとえ。

茂みをつつきまわして、潜んでいた蛇に襲撃されるというような情景から。現代ではもっぱら見出し形のような短縮形が用いられ、単に余計なことをしたというくらいの意味合いで使われている。幕末のことわざ集の数点に収載されているので、ことわざとして言い出されたのはその頃からと推定される。中国産で類義の「草《くさ》を打って蛇を驚かす」（別項）が古くからあるので、この影響を少なからず受けているかとも思われる。「俺が外の者で掛合の巧手《じょうず》の者を遣らうと云ふのを、貴様が何でも彼でも行くと呑込んで往《い》んだが、察する通り藪をつついて蛇を出したのだらう」（古典落語『女丈夫』）。

病膏肓《やまいこうこう》に入《い》る

⑴不治の病気にかかること。⑵癖や趣味などが病的にまで高じることのたとえ。

「膏肓」は、「膏」が心臓の下の部分で「肓」が横隔膜の上の部分のこと。「肓」を「盲」と読み誤って、「膏盲」は現代では「こうもう」と読まれることが多い。中国の『春秋左氏伝』（成公一〇年）にある故事に由来する。晋の景公が病気になり名医の診察を依頼するが、医師の到着する前に夢を見る。病気の精が二人の童《わらわ》となって現れ、膏と肓に隠れれば名医からでも逃げられるだろうと相談していた。はたして医者の診断は、病魔が膏と肓にあるから手の施しようがないというものであった。日本の早いものでは室町時代の金言集『句双紙』に収められている。「予に乞ことあり。其源を尋れば、こいつまた欲ばる病の膏肓に入たる親父なり。是を治せんとするに、鍼灸薬《しんきゅうやく》の及べきにあらず」(平賀源内の滑稽本『根南志具佐《ねなしぐさ》』自序)。

病《やまい》治《なお》りて薬《くすり》忘《わす》れる

＝病治りて医師《くすし》忘れる◈病去りて薬を忘る

直面していた困難を乗り切ってしまうと、お蔭を蒙ったことは忘れてしまうというたとえ。

人間は病気が治ってしまえば生活も以前に戻るから、薬も医者も忘れてしまうのが普通なのかもしれない。困っている時に恩恵を受けた人に対しても然り。これを恩知らずと解釈することもできるであろうし、人間の属性と割り切ることも可能であろう。ことわざの表現としては江戸前期から『毛吹草』などに「医師」形が多くあったが、「薬」形も同じ頃の狂言解説書『わらんべ草』などに見える。

病《やまい》は気《き》から

＝①諸病《しょびょう》は気より起《おこ》る ②万病《まんびょう》気から起る ③病は気より起る

病気は気持の持ち方一つで、重くも軽くもなるということ。

病気と言えばとかく身体の具体的な故障だけが問題視されがちだが、それには人の気持のありようも大きく関っているものである。例えば、病人が病気を悪い方にばかり考えれば実際の症状も悪くなり、治るものも治らない。ことに胃は精神面の影響を最も受けやすいところで、胃潰瘍《いかいよう》はしばしばストレスによって生ずると言われる。正にこのことわざの正しさを科学的に証明しているものと言える。ことわざとしては古く、『太平記』に異表現①が見えている。

病《やまい》は口《くち》から入《はい》り、禍《わざわい》は口から出《で》る

＝禍は口から出る

病気は食べ物を通してかかり、災難は自分の話す言葉によって起るものだということ。

もちろん、すべての病気や災いが、食べ物や言葉に起因するわけではない。人の心身に災いとなるものには食べ物と言葉が原因であることが多いから、慎まなければならないということだろう。中国・晋代の『傅《ふ》子《し》』（附録）に出典が求められ、日本でも古くからあった。『万葉集』の山上憶良《やまのうえのおくら》の「沈痾自哀《ちんあじあい》の文」に「病は口より入る」という表現が見えている。見出し形やこれら類似の表現は、以降もさまざまなジャンルで現代まで伝承されてきた。日本で〈最も長く生き続けた〉ことわざと言えようか。

山《やま》から里《さと》 ⇩ 寺《てら》から里

山高《やまたか》きが故《ゆえ》に貴《たっと》からず

外見がいくら立派でも中身が伴っていなければ真の価値はないということ。

平安末期から鎌倉時代にかけて成立し、江戸の寺子屋の教科書にもなった児童教訓書『実語教』には、この後に「樹有るを以て貴しと為す」と続けており、樹が生えている山に価値を認めている。図はその『実語教』の一種で絵を添えた『実語童子教注解鈔』（一八四七年）から。

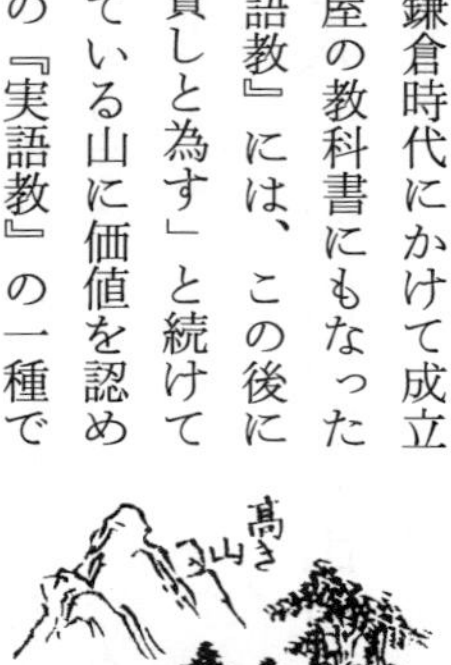

山高《やまたか》ければ谷深《たにふか》し

株価が暴騰した後には暴落があるということ。

新聞の経済関連記事にはよく出てくる言葉だが、一般のことわざ辞典ではほとんど立項されていない。約二五〇の相場関連の言葉を詳しく解説した『相場道の金言』（一九三八年）を見ると、この言葉について「相場が暴騰すれば、その反落もまた激しく、徐《おもむ》ろに（原文ママ）騰貴すれば、その反騰もまた急であり、緩《ゆるや》かに下落すれば、緩かに騰貴する。すべて変動の緩急大小と、反動の緩急大小とは、恰《あたか》も物理学上の反動と同様に、比例するのが例である」と記している。日本ではもっぱら相場について使われているが、同じ表現が西欧や朝鮮にもあって、そちらは社会的地位の高低とか運不運の問題に用いられている。

山《やま》に千年《せんねん》海《うみ》に千年 ⇒ 海千山千

山《やま》の芋《いも》が鰻《うなぎ》となる

(1)突然、あり得ないようなことが起り、想像もできないものに変化することのたとえ。(2)身分の低い者が突如、出世することのたとえ。

山芋も鰻も細長いところは似ているが、ほかに類似点はまったくない。それが変化してしまうというのだから、人知を超えた妙とでも言うのであろうか。このような俗信があったとも、古くからのたとえ話だとも伝えられている。最も古い用例である鎌倉時代の随筆『塵袋《ちりぶくろ》』には「魚も竜には成るにこそ、或は蛇の鰻になるとも、山の芋の鰻になるとも云ふ事あり」と記されている。狂言『成上り』は(2)の用例で「シテ「世間に成上りと申す事が御座る」……アド「それは位の低い者が。官に進む目出度い事か」シテ「先づ其様な事で御座る。別して山の芋が鰻になる」とある。

山《やま》のことは樵《きこり》に聞《き》け

――**山のことは山賤《やまがつ》に尋ねよ**

何か相談することがあれば、その道の専門家に尋ねるのが最善だというたとえ。

「山賤」は猟師・樵などのこと。江戸前期の儒学者・熊沢蕃山の『集義和書』(巻一五)に「京の事は京そだちの者にたづね、山の事は山賤にたづね、川の流、洪水の勢は河辺の者にたづねて談合し」と見える。

山桃《やまもも》の選《え》り食《ぐ》い

――**山桃のより食い**

ことの早い遅いはあっても帰するところは同じというたとえ。

樹になっている山桃を食べる時は、初めはよさそうなものを選びながら食べるが、少なくなるとえり好みしなくなり、結局は全部を食べてしまうということから。見出し形が江戸前期の狂歌『吾吟我集《ごぎんわがしゅう》』に、異表現が中期の浄瑠璃『男作五雁金《おとこだていつつかりがね》』に見えるが、近代は同義の「煎豆《いりまめ》の選り食い」の方がよく用いられる。

山《やま》より大《おお》きな猪《いのしし》は出《で》ない

⑴誇張にも程があるということ。⑵入物《いれもの》より大きな中身は入っていないというたとえ。

誇張癖のある人の話に対してこれが発せられれば、ぎゃふんとなるに違いない。現代では猪猟の実感は薄いが、釣の例ならいくらでもあるだろう。「釣り落した魚は大きい」(別項)という類。しょせんは釣の話だから普通は笑ってすますが、度が過ぎるものに対しては「海(川)より大きい魚はいない」とでも言ってやればよい。明治以前には見られないようで、初出は『日本俚諺大全』(一九〇八年)となっている。

闇夜《やみよ》に烏《からす》

＝闇夜に烏雪《ゆき》に鷺《さぎ》

区別することができないたとえ。

日本画、特に浮世絵の世界では、雪と鷺との組合せはよく描かれる画題の一つだった。しかし、闇夜と烏の絵となると、漆画《しつが》で知られる柴田是真《ぜしん》(一八〇七～九一年)の蒔絵《まきえ》が想起できる程度である。そこには闇夜を背景に、真黒な烏が中央に大きく描かれている。烏は黒漆《くろうるし》で肉上げして描かれており、光線の当り具合で見えたり見えなかったりする。そもそも識別できないようなことを絵で表現すること自体、素直なことではなく、視覚的逆説とでもいうものなのであろうか。早い文例としては江戸前期の『貞徳誹諧記』(巻下)に「闇の夜に鳴ぬからすか雪女」と詠まれている。

闇夜《やみよ》の礫《つぶて》

＝闇の夜の礫▣闇に礫▣闇夜の鉄砲《てっぽう》

⑴当るかどうか心もとないこと。⑵用心しても防ぐことができず恐ろしいこと。

真暗な夜に小石が飛んできたら避けようがない。反対に暗闇の中にいる敵に鉄砲を打ったところで当るかどうかは覚束ない。⑴と⑵は、礫や鉄砲玉を放つ側と受ける側の立場の違いを表していることになる。江戸前期から用いられ、『毛吹草追加』(巻下)に「こはそもおほけなき事なり。是をいはば闇の夜の礫なるべし。目に見てだにも手にはとられぬならひ」と見えている。図は上方系いろはカルタを元にした面《めん》子《こ》で大正から昭和初め頃のもの。裏に「やみにてつぽふ」と記してある。

槍玉《やりだま》に挙《あ》げる

非難・攻撃のために、数ある中から選んで責め上げること。

もともとは槍の穂先で突き上げる意。受身形でもよく使われる。浮世草子『御伽平家』など江戸中期から言い慣わされたものである。

ゆ

勇将《ゆうしょう》の下《もと》に弱卒《じゃくそつ》なし

＝①強将《きょうしょう》の下に弱兵なし　②良将《りょうしょう》の下弱卒なし

上に立つ者の力量が部下などの能力を左右することのたとえ。

将が強いとその配下の者も強いということから。人間の身分や関係に上下がある場合のお互いの影響関係を見てみると、上から下へ与える影響の方が、その逆のものより圧倒的に大きい。これは上の者の立つ条件の一つに強力な統率力が求められるからで、強力な統率力があるから影響力が直に下に及ぶ。中国の古典に「強将の手下《しゅか》に弱兵無し」という表現があり、これがのちに日本で見出し形や異表現①の形で白隠禅師の『遠羅天釜《おらてがま》』や馬琴の『里見八犬伝』などで多用されて定着していったものかと推定される。

夕立《ゆうだち》は馬《うま》の背分《せわ》ける

夕立は局地的に降るものだということ。

夕立は発達した積雲・積乱雲によって起る一時的な雨で、夏の暑い日に多い。雲の直径はわずか数キロメートルなので、時によっては降っている所といない所の境目がくっきりと分るような降り方をする。それはあたかも馬の背中の左右で降っている側と降っていない側に分れるかのようだというもの。もちろん、どの夕立もこんな降り方をするわけではないが、かといってことわざ特有の誇張でもない。山沿いでは、夕立に限らず局地的にちょうど雨のカーテンを降ろしたような情景が見られることがあり、ことわざを実地に表しているようだ。ことわざとしては江戸初期から常用され、俳諧『鷹筑波集』(巻四)に「夕立はせめ行《ゆく》馬のせを分て」と詠まれている。

夕焼《ゆうや》けに鎌《かま》を研《と》げ ⇒ 秋《あき》の夕焼け鎌を研げ

幽霊《ゆうれい》の浜風《はまかぜ》に逢《あ》う

〓幽霊の浜風◈幽霊に浜風

やつれ青ざめて元気のない状態のこと。

上方系のいろはカルタに採られているものとして知られている。しかし、幽霊に浜風が当るという原意からことわざとしてどういう用法になるのかはっきりせず、このことわざの解釈は長い間曖昧《あいまい》な状態だった。早くにいろはカルタの語釈を試みた文豪・幸田露伴も「力無きもの、終《つい》に自ら保つ能《あた》わざるを云えるか」と疑問形のままにしている。また、『俚諺辞典』(一九〇六年)の熊代彦太郎は「何時《いつ》とは知れず、其姿を隠すをいふ」、日本のことわざにも多大な関心を抱いたモラエス（一八五四～一九二九）は「滅びたもの、惑乱したものどもの挨拶」と解釈していた。これらは用例を踏まえたものではなかったが、

昭和四〇年代になって、江戸中期の洒落本『娼妓絹籭《しょうぎきぬぶるい》』の用例「むめ川はかの福清がいつしにひとしく幽霊の浜かぜにあふたるやうにおとろへて臥具《よぎ》に厥身《その》をもたれゐる」が明らかにされ、さらに同時代の洒落本『部屋三味線』の「病み疲れたる寝姿は、げに幽霊のはま風にあふたる如く」という用例で、今日のような解釈に至ったものである。図は、明治時代の上方系いろはカルタ。

行《ゆ》き掛《が》けの駄賃《だちん》⇒行《い》き掛けの駄賃

行《ゆ》き大名《だいみょう》帰《かえ》り乞食《こじき》

初めに浪費して、後で窮してしまうことのたとえ。旅に出て、最初のうちに持金を景気よく遣ってしまい、帰路は物乞いになり果てるということから。「江戸っ子の癖で、上方へ見物にお出になつても、往き大名の還り乞食……只今は往きも乞食なら帰りも乞食」（古典落語『百人坊主』）。

雪《ゆき》と墨《すみ》

＝**雪と墨の違い**

正反対であることのたとえ。

比べる二つのものがまるで違うことのたとえには、よく知られていることわざがいくつかある。「提灯《ちょうちん》に釣鐘《つりがね》」（別項）、「月と鼈《すっぽん》」（別項）はなかでも有名であろう。この二つと見出しのことわざは類義ではあるが違うところがある。「提灯」「月」はともに、共通するところがありながらまるで違うものを指す時に用いられるが、見出しの方は共通点が一切ない。同じように類義の「鷺《さぎ》と烏《からす》」（別項）の場合は、白と黒という正反対の色を取り上げている点は同じだが、対比するものが

両方とも鳥という共通性が見られる点でやはり違いがある。用例は江戸前期から頻繁に見られ、俳諧『崑山《こんざん》集《しゅう》』（巻四）に「咲と散は雪と墨染のさくら哉」と詠まれている。

雪《ゆき》の上《うえ》に霜《しも》

‖①雪上霜《せつじょう》を加える　②雪上の霜

⑴あり余るほどあるところへ、代り映えのないものを加えることのたとえ。⑵余分なことを加えたり、余計なことをするたとえ。

雪が降ってあたり一面が真白になっているのに、その上に霜が降りている状態を想定したものだろうか。異表現①が中国・宋代の『伝灯録』に見られるというもので、日本でも早いものは室町時代の金言集『句双紙』などに収載されているが、用例は江戸以降になる。「父の罪すでに子に及びし也。今はた父の贓罪《ぞうざい》（収賄罪）あらはれたりとて、其事《その》をもしらざらむ幼弱のものども、かさねて其罪を行はれんは、雪上に霜をかさぬる謂《いい》にして」（新井白石『折たく柴の記』）。

雪《ゆき》の中《なか》に筍《たけのこ》を掘《ほ》る

‖雪中《せっちゅう》に筍を抜く◉雪の中に筍を求める◉雪中の筍

⑴得難いことのたとえ。⑵これ以上ないような孝行をするたとえ。

筍は春にならなければ芽を出さない。寒い冬の積った雪の中から筍を掘り出すことは現実にはあり得ない。これは中国の故事に因んでいる。中国の二十四孝（二四人の孝行な者）の一人、呉の孟宗《もうそう》が、冬に母親の望む筍を探すがどうしても見つからない。深く悲しんで天に祈ったところ、その恵みによって筍を得ることができたというもの。日本でも孟宗竹に名を残す故事になっており、鎌倉時代の仏教説話『宝物集《ほうぶつしゅう》』の異本『康頼宝物集』（巻上）に「孝養の志深き故に、竹の根毎《ごと》に掘りあさり求けるに、雪の中に笋《たけのこ》を求得て、喜に思て是を取て親にたてまつり、老たる親の病を助けたる事侍りき」と用いられている。

雪《ゆき》は豊年《ほうねん》の貢物《みつぎもの》

＝雪は豊年のしるし

降雪量が多い年は豊作だということ。

中国の『詩経』（小雅、信南山）に出典が求められる古い言葉で、日本でも『万葉集』（巻一七）に「新しき年の始めに豊《とよ》の年しるすとならし雪の降れるは」と詠われ、新年の雪は豊穣《ほうじょう》の瑞兆《ずいちょう》とする見方を示している。このことわざの言うところの根拠として、害虫の卵が凍死するとか水源が豊富になるとかいった理由が挙げられてきているが、これらは現代では科学的に否定されている。おそらく、山野に積った雪の白さによって清浄で豊かな映像が喚起されたのではないかと想像される。謡曲『難波』に用例があり、江戸時代の文芸類には多用されている。

雪仏《ゆきぼとけ》の水遊《みずあそ》び ⇓ 土仏《つちぼとけ》の水遊び

行《ゆ》く馬《うま》に鞭《むち》 ⇓ 走《はし》り馬にも鞭

油断大敵《ゆだんたいてき》

＝①油断は大敵の基《もと》 ②油断は大敵 ③油断強敵《ごうてき》

気のゆるみや不注意は、失敗の原因となるから大きな敵だということ。

四字熟語の形ということもあって、ことわざと意識されずに現代も常用されている。第二次大戦後に大幅に改変された江戸系いろはカルタでも変ることのなかった句の一つである（図は明治時代のもの）。炎に包まれた城を枕に自刃する武士の姿を描いている絵札から、「油断大敵火がぼうぼう」と字札にない言葉を補足して読むことも多かった。こうした補足語を〈取らせ言葉〉と呼ぶが、まだ文字の読めない子供でも札が取れるようにするためのものだった。

古くは狂言『歌仙』に異表現①が用いられ、ついで見出し

形が江戸初期の『可笑記』に、②③も同じ頃から用いられていた。

指汚《ゆびきたな》しとて切《き》られもせず

＝指むさしとて切って捨《す》てられず◆指が汚いとて切って捨てられぬ

悪い者が肉親にいるからといって簡単には見捨てることはできないというたとえ。

指が汚れて洗ってもきれいにならないからといって、切って捨ててしまうわけにはゆかないということから。手を家族、指をその構成員になぞらえたことわざで、なかなか含蓄に富んでいる。自分の指は、たとえどの指であろうとほかのものに換えがたいのと同じように、どんなに酷く評判の悪い肉親であろうとほかの人に代るものではない。使用頻度は高いとは言えないが、江戸前期から見えている。「将「手前とても七生までの勘当」与「併《しか》し一旦は左様仰せらるれども、指が汚いとて切つては捨てられぬ俗の譬《たと》へ」」（脚本『三十石艠始《よふねのはじまり》』二幕、江戸中期）。

夢《ゆめ》に饅頭《まんじゅう》を食《く》う

腹の足しにも何の得にもならないことのたとえ。

うまい饅頭を食べたといってもそれが夢の中であったということから。「何ほど書をよみても、草々《そうそう》の看をなし、早合点する人には、何ほどの金言名句を教へ示すとも諺にいふ夢に饅頭食たるがごとし。身に切ならず」（随筆『闇のあけぼの』江戸後期）。なお、江戸時代には「夢に牡丹餅《ぼたもち》」（幕末の合巻『教草女房形気《おしえぐさにょうぼうかたぎ》』）、「夢に餅食う」という似た言い回しがあったが、これらは幸せに逢うたとえに使われた。

夢《ゆめ》は五臓《ごぞう》の煩《わずら》い

＝夢は五臓の疲《つか》れ◆夢は五臓のわざ

夢を見るのは内臓の疲労によるものだということ。「五臓」は、漢方で言う肝臓・心臓・脾臓《ひぞう》・肺臓・腎臓《じんぞう》のこと。人の眠りは通常、九〇分ほどの深い静かな眠りの後に、眼球が左右に動くいわゆるレム睡眠の状態が訪れる。これが眠りの浅い状態で、この時に夢を見やすい。身体の疲労度が強かったり精神的な悩みごとを抱えていたりすると眠りが浅くなるので、夢を多く見ることになる。つまりこのことわざは、直接的には内臓の疲労や疾患が夢の原因ではないものの、心身の過労が夢見の原因であるとやや誇張して言ったものと言えよう。狂言『座禅』に「こなたは愚かな事を仰せらるる。夢は五臓の禍と申して、合はぬものでござる」とあり、江戸時代の文芸にもよく見える比較的古いことわざである。

揺籠《ゆりかご》から墓場《はかば》まで

生れた時から死ぬまでという意。

もともとは第二次大戦後にイギリスの労働党が唱えたスローガンで、生涯にわたる社会保障制度の充実を言い表した言葉だった。人間の生誕を揺籠に、死を墓場になぞらえたもので、現代の日本では社会保障に限らず広く一般的に用いられている。

湯《ゆ》を沸《わ》かして水《みず》にする

＝湯を沸かして水に入《い》る ◈湯を沸かして水になす

せっかくの努力を無駄にしてしまうたとえ。

水を沸かしてお湯にしたのに、何にも使わず元の水に戻してしまったり、水になってしまった風呂に入ったりすることから。これではわざわざお湯にした行為が無駄になっただけである。「水にする」には文字通りの意と、慣用的意味の無駄にするという意が重ねてある。「世のつねの事にも、少しもたがふひが事は、仏・神にくみ給ふ事也。ましてさやうの仏法の事に、ひが事は口惜《くちおしき》事なり。湯をわかして水に入たるがごとし」(『北条重時《しげとき》家訓』鎌倉時代)。

よ

夜《よ》明《あ》け前《まえ》が一番暗《いちばんくら》い

最悪の事態の向うには希望が見えるということ。

夜明けを希望、夜を絶望や最悪の事態になぞらえたもの。一七世紀イギリスのことわざ **It is always darkest just before the day dawns.** の翻訳で、日本では第二次大戦後になってから知られるようになった「新しい」ことわざである。これに近い表現で「夜はどんなに長くとも夜明けは必ず来る」とするものが、フィンランド、ザイール、コンゴに見られる。日本でも江戸後期のことわざ集『譬喩尽《たとえづくし》』に「夜まさに明けなんとして益々暗し」という表現があり、夜明けの寸前は最も暗く感じられるようだ。

よいこと二《ふた》つなし ⇒ 二つよいことなし

よい鷹《たか》は爪《つめ》を隠《かく》す ⇒ 能《のう》ある鷹は爪隠す

宵《よい》っ張《ぱ》りの朝寝坊《あさねぼう》

＝宵ぼれの朝寝こき▣夜ふかしの朝寝坊

夜更かしをして朝起きることができないこと、また、そうした人のこと。

「宵っ張り」は夜遅くまで起きていること。現代では少しも珍しいことではないが、昔は朝は早く起きるのが当り前だったので、朝寝坊は非難の対象でこそあれ賞賛されるものではなかった。見出し形は滑稽本『浮世風呂』(二編巻上)に「宵っぱりの朝寝坊ときているから、……さんざつぱらあばれ食をして、お寝《しずま》ると高鼾《たかいびき》だ」と用いられている。

酔《よい》どれ怪我《けが》をせず

執着心やわだかまりのない者に大失敗はないという

たとえ。

ひどく酔ってだらしなくなった者は、つまずいたり、ぶつかったりはするものの、案外に大けがにならないということから。実際には、腰の抜けるほど飲んだ人や千鳥足の人が交通事故にあったり、駅のホームから転落して轢死《れきし》する場合も少なくない。あるいは真冬に酔いつぶれたまま屋外に寝込んで凍死することもあるのだが……。しかし、ちょっと見た目にはいかにも危なっかしい足取りで、本人もどこをどう歩いたのか覚えていないのに、朝、目が覚めるとちゃんと自宅で寝ていたということも珍しくないので、傍目《はため》に映る危うさに比べて案外本人は大丈夫なのだということなのだろう。

よい分別《ふんべつ》は雪隠《せっちん》で出《で》る

よいアイディアや名案は静かに落ちついて考えるとよいということ。

「雪隠」は便所。日本の便所は間仕切があって個室ということから、一人になれる貴重な場所でもある。そのために本来の用途以外に読書などいろいろに利用される。「考えは雪隠」ということわざもあるように、その利用方法の中で最も基本的なものが沈思黙考することだろう。なにせ外部とは遮断《しゃだん》された一人だけの世界であり、ひらめきや思いがけないアイディアが生まれる恰好《かっこう》の条件を備えているのである。このことわざは江戸後期の『譬喩尽《たとえづくし》』に収載されている。

用心《ようじん》は臆病《おくびょう》にせよ

臆病だと思われるくらいに慎重に物事に当れということ。

十分に用心しろという意のことわざには、ほかにも江戸中期から見える「用心には縄を張れ」などがあった。いずれも江戸時代のことわざ集への収載頻度は高いのだが、どういうわけか用例は少ない。「俗語に、用心は臆病にせよといふ事、まことに道理によくかなえり。是ほどの小事は、何のうれひあらんと思ひて、けなげにして懼《おそ》れざるは、過のはじめわざはひの本なり」(貝原益軒『大和俗訓』巻三)。

羊頭狗《ようとうく》肉《にく》

＝羊頭を懸《かか》げて狗肉を売る

外見や見てくれがよくても、内容や実質が伴っていないことのたとえ。

「狗」は犬。羊の頭を看板に掲げて、実際は価値の低く安い犬の肉を売るということから。中国・宋代の『無門関』に異表現があり、出典と見られる。古代中国には「牛首《ぎゅうしゅ》を門に懸けて馬肉を売る」という言い回しもあった。日本では異表現が室町時代の金言集『句双紙』に見られるが、明治以前の用例が見当らないことから、現代は常用されているが、近代以前は常用のことわざではなかったようだ。

用《よう》のない星《ほし》は宵《よい》からござる

⇒名《な》のない星は宵から出《で》る

養由《ようゆう》に弓《ゆみ》を言《い》う

無意味で不適切なことのたとえ。

養由は中国・春秋時代の弓の名人。『淮南子《えなんじ》』に百歩離れた楊《やなぎ》の葉を狙い百発百中の腕前だったことが記されている。その養由に弓の道の講釈をすることから。『毛吹草』を始め、江戸前期から多くのことわざ集に収載されているが、用例は見えない。

よき分別《ふんべつ》は老人《ろうじん》に問《と》え

よい考えやアイディアが浮ばない時は老人の知恵を借りるのがよいということ。

老人は人生の先達であり、長い間にいろいろな経験をしてきているので、人生の知恵の宝庫でもある。大いにそれを利用せよということだが、その宝もうまく活用せずにあまりに長く持ち続けていれば、「年寄れば愚に返る」(別項)ことになって腐ってしまいかねない。もとからの日本のことわざのように扱われているが、『西洋諺草』(一八七七年)、『和漢洋諺』(一八八五年)、『和漢泰西ことわざ草』(一八九二年)などに西洋のことわざとして収載されているので、西洋から入ったものである。『俚諺辞典』(一九〇六年)以降は日本のことわざとして扱われている。

善《よ》く泳《およ》ぐ者《もの》は溺《おぼ》れ、善く騎《の》る者は堕《お》つ

＝よく走る者は蹶《つまず》き、よく泳ぐ者は溺る

人は自信のあるところで失敗をするものだということのたとえ。

水泳の名手であればふつうは溺れはしないし、乗馬の名手であれば、よほどのことがなければ落馬はしまい。しかし、十分心得のある名手でも、慢心・油断から失敗することがある。中国・漢代の『淮南子《えなんじ》』(原道訓)に出典が求められ、同書では「おのおのその好む所を以てかえって自ら禍《わざわい》をなす」と続けている。日本でも鎌倉時代の金言集『管蠡鈔《かんれいしょう》』に収載されている古い言葉である。江戸時代では、初期の『慶長見聞集』に『淮南子』の引用が見られ、また、後期の高野長英の『蛮社遭厄《そうやく》小記』には異表現が見られる。図は、田河水泡の「教訓漫画双六」(一九三二年)から。

欲《よく》に頂《いただき》なし

＝欲に限《かぎ》りなし

欲望には限度というものがないというたとえ。

早くには鎌倉時代の説話『沙石集《しゃせきしゅう》』に、江戸時代には中江藤樹の『翁問答』や狂歌などの文芸類に多数の用例があり、古くから盛んに用いられていた。

欲《よく》の熊鷹《くまたか》股裂《またさ》ける

＝欲の熊鷹爪《つめ》裂ける◆欲の熊鷹

欲が深すぎると自らに災いを招くというたとえ。

熊鷹は日本に棲息《せいそく》する鷹の中では最大級で、翼を広

げると一・七メートルにもなり、大型の鳥はもとより、狐や狸まで獲物にする気性の激しい鳥である。熊鷹の武器は鋭利な鉤《かぎ》状の爪で、これでつかまれた瞬間に獲物の頭蓋骨《ずがいこつ》などは砕けるほどだと言われる。その熊鷹が二頭の猪《いのしし》を同時につかんだが、驚いた猪が左右に駆けだしたので、つかんでいた鷹の股が裂けてしまったという「欲のくまだか」という昔話が岩手県に伝承されている。年代が分る資料での初出は、安土桃山時代のことわざ集『北条氏直時分諺留《うじなおじぶんことわざとめ》』に収載されている。用例も江戸時代には少なくなかった。

よく学《まな》びよく遊《あそ》べ

しっかり学習し、また存分に遊べということ。

今の小学校の教室の壁には、クラスの目標といったものが掲げられているが、第二次大戦後間もない頃の教室に貼られていた代表がこのことわざだった。学習を奨励していたことは間違いなかったが、遊びの方は付け足しか添え物にすぎなかったように記憶している。このように、この言葉は小学校で「目当て」として刷り込まれたためか、ことわざとして意識されることが少ないようだが、もともとは西洋輸入のことわざだった。明治時代の『高等国語教科書』(一九〇一年)の第一二課には「よく遊びよく勤めよ」と題するところがあり、その冒頭に「西洋の諺に「よく遊びよく勤めよ」といふことあり」と紹介している。原語は明らかではないが、紹介の中身が遊びと勉学の両立を謳《うた》っているものなので、見出しの表現の先行形と見られる。

預《よ》言者《げんしゃ》郷里《きょうり》に容《い》れられず

有能な人物も出身地や身近な人々には受け入れられないというたとえ。

「預言者」は、神の言葉を預かり、人々に知らせ導く宗教家。これは『新約聖書』(ルカ伝四章)にあるキリストの言葉。イエスが生地ナザレを訪れた時、その地の人々はイエスの説教に感心したが、そのうちに、なんだ大工のヨセフの子ではないかと言い出す。イエスは「預言者は己《おの》が郷《さと》にては喜ばるることなし」と口にし、町を追い出されたうえに崖から落とされそうになったという。このイエスの言葉は西洋にすでにあった「故郷では誰でも預言者たりえない」「預言者は己が郷己が家では喜ばれない」ということわざを踏まえたものだったようだ。日本では類義のことわざとして「所《ところ》の神はありがたくない」(別項)があった。

横車《よこぐるま》を押《お》す

〓横に車を押す◈横に車

無理に事を押し通そうとすること。

車輪は前後に回転させて運行させるものだから、それを横に押しても車は回転せず、ずるずると横滑りするか、下手をすると車自体が破損しかねない。江戸前期の狂歌『古今夷曲集』(巻一〇)には「横に車をすとも人の法をえば逆縁ながらゆかん極楽」と詠われ、また、西鶴の六つの作品に用いられている。「横に車は押されぬ」という否定形の用法も江戸中期から常用されていた。

横槌《よこづち》で庭掃《にわは》く ⇒ 槌で庭掃く

横《よこ》のものを縦《たて》にもしない

〓①縦な事を横たえもしない ②縦のものを横にもしない

億劫《おっくう》がって何もしないことのたとえ。

その辺にころがっている棒をすみの方に立てかけることも億劫がるようなことについて言う。異表現のような「縦を横」の形が江戸中期から用いられ、幕末頃には見出し形も言われるようになった。①②を合せたような用例が、江戸中期の浮世草子『好色産毛《うぶげ》』(巻四)に「目出度家にむまれきて、春たつ三つのはじめより、竪《たて》な事横にもせず、入次第つかい銀《かね》とつて」と見える。見出し形は江戸後期の滑稽本『浮世床』(二編巻下)に「なまけ者他所《よそ》の障子を張て遣り、トいふ句の通り、うぬが内では横の物を竪にもしねへものが、娘を張りに往《いっ》て、他家の帳合までしてやつたり、買物をたのまれたり」と用いられている。

葦《よし》の髄《ずい》から天井《てんじょう》覗《のぞ》く

自分の狭い了見で大きな問題を判断するたとえ。

「葦《よし》」は「葦《あし》」のことで、「あし」の音が「悪し」に通ずるのを忌んで「善し」に通ずる呼び方が定着したもの。湿地に群生するイネ科の多年草で、その細い茎の孔から天を覗いて天空の状態をああでもないこうでもないと言うことから。同義でたとえる物を異にしたことわざが古くからたくさんある。時代的に古いものから挙げると、「管《くだ》によりて天を見る」が平安時代の仏教説話『日本霊異記』にあり、中国の『史記』の類句を元にしたものと推測される。次に「かぎの穴から天覗く」が、『太平記』から江戸初期の文献に多数見られる。

そして、「竹の管から天を覗く」「針の穴から天を覗く」なども江戸時代に見られた。見出しのことわざも江戸前期から見られるものだが、古い江戸系のいろはカルタに採用されたためであろうが(図は明治時代のもの)、類句の中では今日でも最もよく知られている。

世《よ》の取沙汰《とりざた》も七十五日《しちじゅうごにち》 ⇒ 人《ひと》の噂《うわさ》も七十五日

世《よ》は元《もと》偲《しの》び

人は過去のことを慕わしく思うものだということ。『毛吹草』などの俳諧集や江戸中期の浮世草子『鎌倉諸芸袖日記』などに用例があり、江戸時代全般にわたってよく用いられた。

予防《よぼう》は治療《ちりょう》に勝《まさ》る

事態が発生してから元の状態に戻そうとするよりも、問題が起らないようにしておくことが大切だというたとえ。

西洋のことわざ Prevention is better than cure. の翻訳で、病気にかかって治療するより、かからないように予防することが大事だというのが原意。好んで病気になる人はいないだろうが、病気にならないように予防したり、健康を管理することは口で言うほど簡単ではない。とはいえ、流行病のように有効な予防注射や予防薬があるものならともかく、多くの病気は日々の健康への留意と自己管理の徹底化に負っているところが大のようだ。

夜道《よみち》に日《ひ》は暮《く》れず

――夜道に日の暮れたためしなし

遅くなりついでで、いまさらじたばたしても仕方がないということ。

日が暮れてしまえば、あたりは暗い夜道で同じだから、これから急ぐことは無用ということから。江戸後期から見えることわざで、あまり用いられたものではないが、多くは相手にあわてないようにと注意をうながす時に用いられる。

嫁《よめ》が姑《しゅうとめ》になる

時間の過ぎ去るのは早く、境遇もはなはだしく変るというたとえ。

「昨日の嫁今日は姑」という表現もあるように、長い人生のうちには、たった一日でその人の立場や境遇が激変することもある。ことわざには時間の過ぎるのは早いとする認識が基本的にあるが、それに別の要素をいろいろ加えたものがあって紛らわしい。「昨日の友は今日の仇《あだ》」は人の去就・離合の激しさを言い、「昨日の淵は今日の瀬」(別項)は世の中の変遷や人の浮沈の激しさを言い、「昨日の綴《つづ》れ今日の錦」(「綴れ」は破れを綴ったぼろ着物)は栄枯盛衰の激しさをたとえ、「昨日は人を従え、今日は人に従う」は人の境遇の逆転しやすさをたとえたものであった。見出しのことわざは一休の法話『水かがみ』に見られる比較的古いもので、以降に「昨日は寡婦《やもめ》、今日は姑」「昨日の娘今日の婆」などの変化した表現を生んでいった。

夜《よ》目《め》遠目《とおめ》笠《かさ》の内《うち》

人の顔が実際よりきれいに見える時に言う言葉。

青天白日の下、毛穴まで見えるほど近い距離、覆《おお》いなどがない場合は、細かい欠点までまるみえになってしまう。それに対して、夜の薄暗がり、遠くから見た時、そして笠をかぶっていて顔が陰になっている時などは、人の顔立ちが鮮明でないのでかえって実物よりよく見える。ことわざの初出は狂言『柿山伏』とされるが、この狂言には鉄砲が出てくるので作品の成立は鉄砲の普及以降となろう。そのほか江戸初期から各種文芸で常用された。「笠」を傘とみる見方があり、また、それを誤解とする見解もあるが、各種ある上方系のいろはカルタの絵札は笠と傘の絵が相半ばしている（図は明治時代のもの）。笠の方が古くから広く用いられてはいたが、傘も上層階級では鎌倉・室町時代から使っており、江戸時代には庶民に普及しているので、傘が間違いとは言えない。女を描いたものがほとんどで、女が傘をさしている風情ある情景が見てとれる。

嫁《よめ》の三日《みっか》褒《ぼ》め

姑《しゅうとめ》は、嫁を迎えた当座は褒めるが、それはごく短い期間だけだということ。

「口でばつかりたんならさせる軽薄は、末が通らぬ。嫁の三日ぼめと世上で姑をそしれども、三日なりともほめ給ふは、ありがたいといふ心」（滑稽本『当世阿多福《おたふく》仮面《めん》』江戸中期）。

由《よ》らしむべし、知《し》らしむべからず

⇒知らしむべからず、由らしむべし

寄《よ》らば大樹《たいじゅ》

①立ち寄らば大木《おおき》の陰《かげ》　②寄らば大樹の陰

人の力を頼りとする時は、有力な者を頼れというたとえ。

自分の信念をもたずに、強大なものに追随して保身をはかる事大主義を端的に言い表したことわざとしても知られる。しかし、古くは異表現①のように、日差しを避け、雨宿りに使うには葉の生い茂った大木の下がよいというささやかな実利を言う程度のもので、事大主義などという御大層なことではなかった。早い用例は江戸前期から見られ、俳諧『続山井《やまのい》』に「立よらば大木の陰の花見哉」と詠まれている。②や、さらにその短縮形の見出し形はかなり新しく、第二次大戦後になってからのようだ。ことわざ辞典では、『ことわざ処世訓』（一九五三年）が早いものと思われる。

寄《よ》る年波《としなみ》には勝《か》てぬ

‖寄る年波

年齢がかさんでくるのは抗《あらが》いがたく、防ぎようがないということ。

年の寄ることを波にたとえたことわざで、波のように次から次へと止めどなく押し寄せてくるから、何人といえども立ち向かうことはできないというのである。初見は馬琴の『椿説《ちんせつ》弓張月』（続編巻四）に「かく情欲は恣《ほしいまま》にすれど、よる年の浪ばかり、堰《せき》とどむるに術《てだて》なく、十《とお》あまり七年《ななとせ》の春の梢はかはらねど、姿の花は弥《いや》衰へて」と用いられているもので、あまり古いことわざではない。

夜《よる》の明《あ》けない朝《あさ》はない ⇒ 朝の来《こ》ない夜はない

夜《よる》の鶴《つる》 ⇒ 焼野《やけの》の雉子《きぎす》

弱《よわ》り目《め》に祟《たた》り目《め》

‖弱り目に祟り

苦しい境地にある時にさらに悪いことが重なることのたとえ。

右のような一般的な解釈では、「弱り目」「祟り目」

の「目」はそういう傾向や状態にあるという意を加える接尾辞で、「に」はその上さらに、と添加する助詞と見ている。ところで、このことわざの解釈にはいくつかの異説がある。一つは「弱り目」は弱った眼のことで、「祟り目」は「爛《ただ》れた目」の転化とする説であるが、これは根拠もなしに転化説が唱えられているので賛成しがたい。もう一つは、「目」を「境目」などの「目」と同じように、異なる状況に変るところという意をもつ接尾辞と解し、「に」を位置を示す助詞と考えて、弱っている時に祟る時、または、弱っている所に祟る所ができるという意に解釈するもので、文法的には整合性がある。なお、このことわざの先行形と見られるものに、弱った体に物《もの》の怪《け》がつくという「弱《よわ》目《め》の霊気《りょうげ》」があり、江戸初期から常用のものであった。見出しの方は、異表現が安土桃山時代のことわざ集『月菴酔醒記《げつあんすいせいき》』に収載され、用例も馬琴の『三七全伝南柯夢《なんかのゆめ》』などに見られる。見出し形も幕末から明治にかけた頃の『世俗俚言集』には見られる。

ら

来年《らいねん》のことを言《い》うと鬼《おに》が笑《わら》う

①来年のことを言えば鬼が笑う　②来年を言えば鬼が笑う

明日のことも分らないのに、一年も先のことをあれこれ言っても仕方がないというたとえ。

このことわざには異表現と言えるかどうか判定できないが、多くの類似した言い回しがある。「来年」の代りに「明日《あす》」「三日《みっか》先《さき》」「三年先」という表現があり、「鬼」の代りには「鼠《ねずみ》」「天井で鼠」というものがある。なかには「今からすると天井で鼠が笑う」というものまである。初出は異表現②が江戸前期に見られるもの以外はいずれも江戸中期から後期のものなので、「来年」以外の時期のものも「鼠」形も、より誇張度合を強めたり、面白くするための言い換えだったかもしれない。もっとも初出の②にしても、残忍・非道の象徴で決して笑うことのないはずの鬼を笑わせてしまうのであるから、それだけでも十分すぎるくらいにおかしいのであるが。

楽《らく》あれば苦《く》あり

＝楽すりゃ苦する

いま楽な思いをすれば、将来は苦労することになるということ。

「楽」と「苦」の順番を入れ換えた「苦あれば楽あり」という言い回しもあり、どちらにしても苦楽のどちらかがそのまま続くものではないという処世観を表現している。用法としても、現在楽をしている人に対しては、そのうち苦があるから安楽にすぎるなという戒めとなるし、苦境にある人には、今に楽になると励ましの言葉となる。類似の表現に「楽は苦の種《たね》、苦は楽の種」「楽をすれば苦をする」「楽あれば苦あり、苦あれば楽あり」などがあるが、その中でも見出しの表現は、簡潔ながら古い江戸系いろはカルタに採用されたこともあって、現代でもよく知られている。

楽《らく》は苦《く》の種《たね》、苦は楽の種 ⇒ 苦は楽の種

り

李《り》下《か》に冠《かんむり》を正《ただ》さず

＝李《すもも》の下に冠を正さず

人に少しでも疑いをもたれるような行動は慎めというたとえ。

李《すもも》の実がなっている木の下で冠の具合を直そうとすると、遠くで見ている人にはあたかも李の実を盗み取

るように見えてしまう。だから、時と場所を考えて物事を行わないとあらぬ疑惑をもたれてしまうというものだ。中国の『古楽府《こがふ》』にあるもので、瓜《うり》が生えている場所では履《は》いている靴を直すなという「瓜田《かでん》に履《くつ》を納《い》れず」と対になって用いられている。日本では鎌倉時代の金言集『管蠡鈔《かんれいしょう》』に収載され、用例も同時代の啓蒙書『五常内義抄』に「梨下ニ手ヲアゲテ冠ヲナヲサザレ」と見えるが、常用となると江戸時代以降のようだ。明治時代に教科書をはじめ多用され、現代でも常用のことわざである。

理屈《りくつ》と膏薬《こうやく》はどこにでも付《つ》く

理屈というものは言おうと思えばどんなことにも言えるものだということ。

理屈が「付く」に、同じ「付く」ものである膏薬を付け合せて、理屈を批判的に評したもの。明治以前には見られない。類義で「理屈と把手《とって》は付けよう」とするものが明治時代の東北地方の資料にいくつか見られるので、あるいはそれを引き継いだものかもしれない。初出は『諺語大辞典』（一九一〇年）になる。

立錐《りっすい》の余地《よち》もなし

①立錐の地なし　②錐《きり》を立てる地なし

ほんのわずかな狭い隙間もないことのたとえ。

先端の細い錐を立てることもできないほどに物が詰っていたり、人がぎゅうぎゅう詰めになっていたりする場合などに用いられる。中国の『史記』（留侯世家）に異表現①の出典が確認できる古い言葉で、日本でも平安時代の最古の金言集『世俗諺文』に②が収載されている。用例では『太平記』（巻一五）に「錐を立《たつ》る許《ばかり》の地も見えず」と古い時代のものがあり、①が江戸後期の経世論『迂言《うげん》』に確認できる。

理《り》の高《こう》ずれば非《ひ》の一倍《いちばい》

①理の高ずれば非になる　②理の高じたは非の百倍

いくら理屈が正しいといっても過剰となれば、理にそぐわないものより始末が悪いということ。

ここの「一倍」は、現代の二倍を意味する古い言い方。現代ではまず使わないことわざだが、江戸時代のことわざ集には頻出しており、理屈より人情を重んじ、理屈ばしるのを嫌う日本人の感性がはっきりと表れたことわざと言えるだろう。初出は異表現①が安土桃山時代のことわざ集『月菴酔醒記《げつあんすいせいき》』に見える。

竜吟《りゅうぎん》ずれば雲起《くもお》こる

英雄や豪傑が行動を起すと、多数の士がこれに従うというたとえ。

竜は想像上の動物で、雨をつかさどる霊獣とされていた。その竜が鳴くと雲が湧き起って雨が降るという言い伝えから。竜に雲を配した「雲竜文《うんりゅうもん》」と呼ばれる文様が中国や日本に古くからあるが、これらの文様がこのことわざを図像化したものかどうかは確定しきれていない。古い文例は謡曲『竜虎』などに見られる。図は明治時代の引札《ひきふだ》(広告のちらし)。

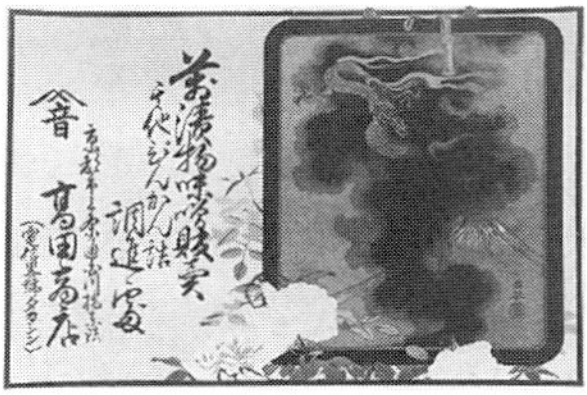

竜頭蛇尾《りゅうとうだび》

⑴始めは勢いがよいのに終りの方はさっぱりだめになることのたとえ。⑵始めがあって終りがないことのたとえ。

頭が竜のように立派なのに、尻尾は蛇のように貧弱だということから。中国・宋代の禅宗や禅の思想史を縮約したとも言われる『五灯会元《ごとうえげん》』や、臨済宗で重視された禅の問答に解説を加えた『碧巌録《へきがんろく》』(十則)に見える。『碧巌録』では、陳尊者という僧侶が問答した相手を評して、一見立派に見えたが本当の修行をしていない者で、竜頭蛇尾であろうと言ったというもの。江戸前期の金言集『禅林句集』には収録されているが、古くはあまり用いられていなかった。「迚《とて》も町人の口上、前後調《ととの》ひ首尾全くは出来ぬ物から、なまじい竜頭蛇尾《じゃび》の謗《そしり》を招き申事ニ候」（談義本『教訓続下手談義』巻二、江戸中期）。

竜《りゅう》の鬚《ひげ》を撫《な》でて虎《とら》の尾《お》を踏《ふ》む

危険きわまりないことを冒すことのたとえ。

竜は、蛇のような胴体をもち、頭には二本の角、口には牙が生え、口元には長い鬚がある中国の想像上の動物。神聖視され、稲妻を起し雨をつかさどる霊獣であったが、人には恐ろしい存在でもあった。一方の虎は、実在の動物の中で最も恐ろしいもの。いったいに動物の尾は敏感な箇所であるから、そこを踏んだら激しく怒るであろうし、それが虎の場合であれば、人間などひとたまりもなく殺されてしまうだろう。同義の「虎の尾を踏む」という表現は中国の『書経』（君牙）に見える古いものだが、このことわざのように竜が一緒になったものは中国にはないようで、ことによると日本で作られたものかもしれない。空海の『性霊集《しょうりょうしゅう》』には「竜鬚《りょうしゅ》を摩《ま》する（こする）如く、虎尾《こび》を践《ふ》むに似たり」と用いられ、見出しの表現は、鎌倉時代の寺社縁起『八幡愚童訓』や『平家物語』『太平記』などの軍記物に見られる。

良禽《りょうきん》は木《き》を択《えら》んで棲《す》む

賢明な人物は仕える主を選ぶものだというたとえ。すぐれた鳥は木の種類や具合を吟味して選んだ上で棲むものだということから。中国の『春秋左氏伝』（哀公一一年）に見える故事に由来する。衛の孔圉《こうぎょ》から戦闘について意見を求められた孔子が、自分を鳥に、孔圉を木にたとえて、鳥は止まる木を選ぶが木は鳥を選べないと言って立ち去ったというものである。日本でも江戸時代には用いられ、後期の仇討小説『絵本彦山権現霊験記』（巻五）に「一芸一能の士は何によらず用ゐらるる時節なり。しかれども良禽は木を見て棲、良臣は主を撰んで仕《つかえ》るといふ事あれば、仕官の道軽々しくする時は還て後悔あり」とある。

両手《りょうて》に花《はな》

＝両の手に花◆両の手に旨《うま》い物

同時によいものを二つ手に入れることのたとえ。両方の手にそれぞれきれいな花を持つということから。花を女に見立てて、一人の男が両側にいる女を独占している場合などについて言うことが多い。現代ではよく使われることわざであるが、江戸時代では多用されたものではなかった。それでも西鶴の作品には散見され、『武家義理物語』（巻二）には「雪の夜とて、二《に》人《にん》の女郎、美形によつて、ひとしほ御不愍《ふびん》のかかり、両の御手に花紅葉の御寵愛《ちょうあい》、春秋もこれゆゑ、御楽しみ深かりき」と用いられている。

両方《りょうほう》いいのは頬被《ほおかぶ》り

二つの物のどちらもがよいということはありえず、あるとすれば頬被りくらいなものだということ。

「両方」に「両頬」を掛けて面白く言った言葉。頬被りすると両方の頬が被われる。というわけで、両方にいいということのだしに使われたもので、「頬被り」に特に意味はない。修辞や技法に富むのが日本のことわざの特色の一つだが、その点でこれはいかにも日本のことわざらしさをもつものと言えよう。幕末から明治にかけてのことわざ集の写本『世俗俚言集』や明治末期のことわざ調査書『俚諺調』に収載されており、これらが東北地方のものなので、その方面で言い出された可能性がある。

両方聞《りょうほうき》いて下知《げじ》をなせ

＝両を聞きて下知をなせ

もめごとを裁くには両方の言い分を聞いた上で裁決せよという意。

「下知」は指図、判決。ことわざ集では『毛吹草』など江戸前期から見え、用例は後期の心学『松翁道話』、脚本『与《よ》話情浮名横櫛《わなさけうきなのよこぐし》』などに見られるが、それほどよく使われたものではなかったようだ。

良薬《りょうやく》口《くち》に苦《にが》し

その人のためになる忠言は、当人には聞き入れにくいというたとえ。

病気に効く薬は苦くて飲みにくいものだということから。天然の薬草が原料となっている薬に甘いものは少ない。甘草《かんぞう》などほんのわずかにあるくらいで、ほとんどは苦かったり辛かったりで、とにかく飲みにくいものと相場はきまっているようだ。中国・戦国時代の『韓非《かんぴ》子《し》』（外儲説上）に同義の「忠言耳に逆らう」（↓金《きん》言《げん》耳に逆らう）と併せて見える。古い江戸系いろはカルタに採用されており、絵柄は図（大正時代のいせ辰製）のように、臣下が殿様に忠言・諫言している様子を描いている。中国伝来のことわざとしては、平安時代の教訓書『君子集』から今日までずっと用いられ続けてきた、最もよく知られたものである。

両雄《りょうゆう》並《なら》び立《た》たず

＝英雄《えいゆう》並び立たず

力の拮抗《きっこう》する二人の英雄が並立することはなく、争いとなってどちらかが他方を倒すことになるということ。

文武に優れ、非凡な事業をなし遂げる人を「英雄」と言うが、ここの「雄」は強大な武力をもち才知に長けた武将などを指す。武力とは敵を降伏させることであり、その武力の上に築かれた英雄は常に敵対するものを打ち破り続けなければならない。英雄の並び立たないゆえんである。中国の『漢書』などに類似した表現がいくつも見られる古いことわざで、日本でも軍記物『太平記』（巻三四）に「両雄は必ず争ふと云習い」という言い回しが見られる。「頼朝義経等の数人は皆故左馬頭《さまのかみ》の遺子にして、已《すで》に義兵を起す。何ぞ君の下にありて令《れい》をうけ命を守るべきや。古より両雄ならび立たず。君のひまを窺《うかが》ふこと理の当然なり」（怪談『垣根草』巻二、江戸中期)。

綸言汗《りんげんあせ》の如《ごと》し

天子が一度口にした言葉は取り消しがたいということのたとえ。

「綸」は太い糸。天子の言葉はもとは糸のように細いが、下に届く時には綸のように太くなるということから、天子が下に向けて発した言葉を「綸言」と言う。体から出た汗が元に戻ることがないように、一度出された綸言を元に戻すことはできないということである。中国の『漢書』(劉向《りゅうこう》伝)に「号令は汗の如くにして、汗は出でて反《かえ》らざる者なり。今善令を出し未だ時を踰《こ》ゆる能《あた》はずして反すは、是れ汗を反すなり」とある。日本でも古くから用いられ、鎌倉時代の仏教説話『宝物集《ほうぶつしゅう》』(巻五)には「このゆへに、仏《ほとけ》無《はむ》虚妄《こもう》といひ、綸言汗のごとし、天子は二言なしなどは申《もうし》たる也」とある。以降、『平家物語』などの軍記物、能・狂言から江戸時代の種々の文芸作品に頻出する。なお現代は、一度話したことは取り消せないという程度の意味合いで用いられることが多い。

る

累卵《るいらん》の危《あや》うき

非常に不安定で危険な状態のたとえ。

卵を高く積み重ねたような、不安定でいつ崩れても不思議ではない状態を指す。中国・漢代の『戦国策』(秦策)に「累卵より危うし」と出てくる。『日本書紀』(巻一四)に「危殆《あやう》きこと卵《かいご》を累《かさ》ぬる」という表現が見えるが、日本での古い用例は多くない。似た表現では江戸中期の儒学者・室鳩巣《むろきゅうそう》の『駿台雑話』に「危《あやうき》事殆《ことほとんど》累卵のごとし」、幕末の松平春岳の「松平慶永《よしなが》辞表」に「当今累卵の御時節柄」などと見える。

類《るい》を以《もっ》て集《あつ》まる

似たところがある者は互いに集まってくるものだということ。

中国の『易経』(繋辞伝上)に出典が認められる古いもので、善人は善人同士、悪人は悪人同士というように、人は集い合うものだという意。日本でも『太平記』(巻八)に「日本六十余州の中には、遂に片手にも懸る者無りけり。人は類を以て聚《あつま》る習ひなれば、相伴ふ一族十七人、皆是尋常《これよのつね》の人には越たり」とある。これ以降も明治時代まで種々の分野でよく用いられてきたが、悪党の方が群れやすいのであろうか、用例は多く悪人の集まりについて言っている。上方系のいろはカルタのほとんどに採用されたこともあって今も生き続けているが、現代では、江戸時代に派生した「類は友を呼ぶ」という同義の言い回しの方が、〈悪〉の響きが感じられないためであろうか、善悪の区別なくよく用いられている。

ルビコン川《がわ》を渡《わた》る

断固たる処置をとることのたとえ。

ルビコン川は、イタリア北部のリミニという町付近を通りアドリア海に流れ入る小さな川。古代ローマ時代、英雄シーザーはこの川の近くのゴール地方で威名を欲しいままにしていたが、それを妬《ねた》んだ政敵ポンペイウスがシーザーの職を解任し軍隊の解散を要求してきた。これを知ったシーザーは急遽《きゅうきょ》ローマに帰ろうとルビコン川に至る。当時ローマの元老院は、外敵の侵入を防ぐため「武装した軍とともにこの川を渡る者はローマの敵とみなす」と宣言していた。これを渡ることはローマ共和国に兵を向けることになるのでしばらくためらったが、有名な「骰子《さい》は投げられた」(事ここにいたっては断行するほかない)と叫んでこの川を渡ったという。

れ

礼《れい》も過《す》ぎれば無《ぶ》礼《れい》になる

いくら丁寧でも、度が過ぎればかえって相手に失礼になるということ。

礼は相手に対する感謝や敬意を表すものであるとはいえ、過度に表せば厭味《いやみ》となり無礼な行為と映ってしまう微妙なものである。さり気ない言い回しながら、重ねた「礼」の音の一方を反意語としても使う巧妙な表現となっている。礼は素直に真心を表すことに尽きるのだが、「言うは易《やす》く行うは難《かた》し」(別項)で「礼も過ぎれば諂《へつら》いになる」場合も出てくる。図は、明治の広重とも称された小林清親《きよちか》の連作版画「教育いろは談語《たんご》」(一八九八年)の一枚で、礼を尽しすぎた男が猫にも諂っている様が描かれている。

歴《れき》史《し》は繰《く》り返《かえ》す

個人のことでも世界的なことでも、過去に起ったことは、また同じようなことが起るものであるということ。

現代ではもっぱら社会的に大きな事象や問題についての批評的な物言いに使われている。もともとは古代ギリシャの歴史家ツキジデスがペロポネソス戦争について記述した『歴史』(『戦史』とも訳されている)の中で述べている言葉に由来するとされる。英語では一六世紀頃に History repeats itself. という表現でことわざとして確認されており、日本では社会主義者・山川均《ひとし》の「社会政策と社会主義鎮圧」(一九〇七年)に見られるのが早いもののようだ。

連木《れんぎ》で重箱《じゅうばこ》洗《あら》う ⇒ 擂粉木《すりこぎ》で重箱を洗う

連木《れんぎ》で腹切《はらき》る

＝擂粉木《すりこぎ》で腹を切る

やってみても不可能なことのたとえ。

「連木」は、擂粉木のこと。多くは山椒《さんしょう》の木が用いられ、物を擂《す》りやすくするために丸い棒状になっているから、それで腹を切ることなどできることではない。江戸中期過ぎからことわざ集に見られ、上方系いろはカルタにも採用されているものの、江戸時代に文例が見えないこともあってか、語句の解釈に幅があった。『俗諺辞林』（一九〇一年）は、豆腐で頭を打って死ぬと言うのに同じ。『俚諺辞典』（一九〇六年）は、実際にはせずに、儀式的に形だけすることのたとえ。幸田露伴の「東西伊呂波短歌評釈」（一九〇九年）は、できないことを滑稽に言ったもの。『諺語大辞典』（一九一〇年）は、不可能なこと、または作法を知らないことに言う。ポルトガル語で書かれたモラエスの「いろは譬喩《だとえ》」（『日本夜話』一九三六年）の訳文は、手段を誤ったために目的を達せられないこと、などとさまざまで、冒頭に掲げた解釈に定まったのは第二次大戦後のことである。

ろ

廊下《ろうか》とんび

用事もないのに廊下などをうろつくこと、また、そうした人のこと。

もともとは、遊廓で客が遊女の来るのを待ちわびて廊下をうろつくことを言った。現代では「枯木《かれき》も山の賑《にぎ》わい」（別項）に近く、例えば催し物の参加者が少ない時に、人が誰もいないよりはよいと付近をうろつくことなどに言う。江戸時代の洒落本は遊里文学だからこのことわざが当然のようにいくつも見られる。「浮「たんとおしやべんなし」と出てゆく。梅「ぬしやぁなぜそねへに廊下鳶《とんび》をしなんすへ、色でもできなんしたかへ、今おつせへした虫にだもなるきかへ」」(山東京伝『娼妓絹籭《しょうぎきぬぶるい》』)。

老化《ろうか》は足《あし》から

肉体の老化は足の衰えから始まるということ。

生あるものである限りいつかは死ぬ。年をとるに従ってだんだんと肉体の衰えが現れるようになる。その老化の最初の兆候は、足に現れるとするのがこのことわざ。若い頃と同じように行動していても、中年を過ぎると、ちょっと走っただけで息が切れたり、急に走ろうとして足がもつれたりして老いを自覚させられることがある。また、年齢・外見という明らかなものに対して、目に見えず日頃自覚しにくいところから老化は始まっているのだというたとえにもなっているようである。

老少不定《ろうしょうふじょう》の習《なら》い

―― 老少不定

人の寿命は年齢とは関係なく訪れるから、予測できるものではないということ。

鎌倉時代の仏教説話『宝物集《ほうぶつしゅう》』、家訓書『北条重時《しげとき》家訓』などに用例が見られ、古くから江戸時代にかけては最も使用頻度の高い語句であった。

老馬《ろうば》道《みち》知る ⇒ 老《お》いた馬《うま》は路《みち》を忘《わす》れず

老兵《ろうへい》は死《し》なず、消《き》え去《さ》るのみ

役目を果した者は表舞台からただ消えてゆくだけだということ。

第二次大戦のアメリカ軍司令官で、日本の敗戦後に占領軍の連合国軍最高司令官を務めたダグラス・マッカーサー元帥が、一九五一年の演説の中で述べた言葉 Old soldiers never die, only just fade away. の翻訳。

アメリカが朝鮮戦争に介入し、国連軍司令官となったマッカーサーは戦争拡大を図るが、そのためにトルーマン大統領によって解任される。この演説はその任を去る時のもので、自らを戦いに敗れた一老兵とみなしながら無念な心情を表白している。

隴《ろう》を得《え》て蜀《しょく》を望《のぞ》む

望みが一つ叶うとさらにその上を望むように欲望が限りないことのたとえ。

中国の隴地方を平定したらそれに満足せず、さらに蜀の地を我が物としたいと思うことから。中国の古典『後漢書』『十八史略』をはじめ多くの書に見られる古い言葉である。熟語で「望蜀《ぼうしょく》」とも言う。日本には江戸後期の蘭学『捕影問答』などに用例が見られるが、近代以前はあまり用いられたものではなかった。「講中の山師ども集まり今は大御堂となりぬ。隴を得て蜀をのぞむ欲に限りなきは浄土も娑婆《しゃば》も同じ事」(滑稽本『浮世名所図会』巻下、江戸後期)。

ローマは一日《いちにち》にしてならず

大きな事業は、長い間の努力なくしてはなし遂げられないということのたとえ。

ここの「ローマ」は古代ローマ帝国の象徴としての首都を指す。強大なローマ帝国が最大版図期になるまでには五百年の歳月を要した。ことわざとしては中世ラテン語以来のもので、西洋では多くの国で現代も生きているそうだし、今日の日本でもよく知られている。ことわざ集では『小学用西諺以呂波譬』(一八八一年)に「邏馬《ローマ》ノ府ハ一朝ノ造営ニアラズ」、『英和対訳泰西俚諺集』(一八八九年)に「**Rome was not built in a day.** 羅馬《ローマ》は一日にして建たず」とあり、英語熟語集『英語熟語詳解』(一八九八年)では「大業《たいぎょう》は一朝一夕にしてならず」という訳語をあてている。見出しのような定訳となったのは『諺語大辞典』(一九一〇年)からのようだ。

六十《ろくじゅう》の手習《てなら》い ⇒ 八十《はちじゅう》の手習い

六十《ろくじゅう》の筵破《むしろやぶ》り

老人になってから女狂いをすることのたとえ。

「筵破り」は老人の男根の勢いが強く、茣蓙《ござ》や筵を突き通すほどだということ。石原慎太郎の小説『太陽の季節』では若い男が障子を突き破る場面の描写があるが、こちらはたとえとはいえ、六十の男が筵を破るというからもっとすごい。現代のことわざ辞典の類にはある配慮が働いているのかこれを収録しているものはほとんどない。しかし江戸時代の種々の文芸作品にこの用例はじつに多い。人生五十年と言われた時代である。実際には七十、八十まで長生きする人はいくらでもいたから、元気であれば六十での筵破りは誇張でもなく普通のことだったのかもしれない。

櫓《ろ》三年《さんねん》に棹《さお》八年《はちねん》

一人前に舟の櫓を扱いこなすには三年を要し、棹をこなすには八年かかるということ。

昔の舟の操縦具は、櫂《かい》、櫓、棹であった。同じ櫓と棹を比べたことわざに「棹は三年、櫓は三月《みつき》」があり、年数は大きく異なるが、櫓より棹の方がずっと難しいというところは共通している。ところが櫂と櫓を比べた場合は「櫂は三年、櫓は三月」と「櫓三年櫂一《いっ》時《とき》」とがあって、内容が矛盾していてどちらが正しいのか判断できない。ことわざに誇張は付き物だが、ここでは技術のレベルを問題にしているので誇張は考えられない。操縦技術の習得にも個人差があり、ある人は櫂に馴染みやすく別の人は櫓に馴染みやすいという人による違いか、もしくは操縦具自体の時代や地域による違いがことわざに表れたのであろうか。

盧生《ろせい》が一炊《いっすい》の夢《ゆめ》 ⇒ 邯鄲《かんたん》の夢

論語《ろんご》読《よ》みの論語知《し》らず

＝論語読みの論語読まず◈論語知らずの論語読み

(1)書物の内容は理解できても、実行が伴わないことのたとえ。また、(2)そうした人を嘲《あざけ》る言葉。

「論語」は孔子の教えや考えがぎっしり詰っている儒教の聖典中の聖典。立派なことが書かれている書物を読んでその内容は理解できても、それを実行に移すことができなければ何の意味もない。学者や勉学の徒というものは、学ぼうとする姿勢はあっても学んだことを実践できないのがむしろ普通なのかもしれない。

江戸初期から各種ジャンルで常用されている。初出はロドリゲスの『日本大文典』に異表現があり、用例も江戸中期の浮世草子『赤烏帽子《あかえぼうし》都気質《みやこかたぎ》』(巻二)に「一門一家も他人同然、内証は義絶して寄付けず。論語読の論語知らずといふて讃岐一国に悪《にく》まぬものもない」とある。

論《ろん》より証拠《しょうこ》

——論をせんより証拠を出せ

物事を明らかにするには議論をするより証拠となるものを示すことだということ。

抽象名詞からなる短いものだが、ことわざとしてはよく知られている。初出は江戸中期からだが、後期の平田篤胤《あつたね》の『出定笑語講本』(巻中)に

「論より証拠は、既に釈迦が成道出山して国へ還り」と見られるなど、今日まで絶えることなく使われ続けている。何よりもこれを有名にしたのは江戸系のいろはカルタにほかならない。いろは順の第二番目ということが大きく影響しているだろうが、絵札の果した役割も忘れてはならない。図は明治時代のものだが、第二次大戦前の絵札にはどれもこのように藁《わら》人形が描かれていて、これは丑《うし》の刻参《こくまい》りの証拠品だと指し示している。実際にカルタをやる時は、読み手は「論より証拠藁人形」と読んで字を知らない小さな子供に教えたという。抽象名詞からなることわざが具体的な絵に表されて言葉が生き生きとした例と言えるものだろう。

わ

若《わか》い時《とき》の苦労《くろう》は買《か》ってもせよ

＝若い時の辛労《しんろう》は買《こ》うてもせよ◈若き時の辛《しん》どは乞《こ》うてもせよ

若い時にする苦労は後で役に立つから、自分から積極的に買って出ろということ。

若い時は体力も馬力もあるし、なによりもこれから迎える長い未来という時間がある。相当な苦労でも体力的には乗り越えられるだろうし、そのことで身についたものは将来役に立つであろう。初出は江戸中期で、用例は浄瑠璃『京羽二重娘気質《きょうはぶたえむすめかたぎ》』（第五）に「ドレ些《ちっ》とお腰撫《さす》つて上げましよと、襷《たすき》外して寄添へば、イヤも草臥《くたび》れてぢやに措《お》いて下され。何のまあ、若い時のしんどは、買うてせいと言ふぢや無いかいな、遠慮せずと御寝《ぎょしん》なりませ」とある。

若《わか》い時《とき》は親《おや》に従《したが》い、盛《さか》りにしては夫《おっと》に従い、老《お》いては子《こ》に従う ⇒ 老いては子に従え

若《わか》い時《とき》は二度《にど》ない

＝若いうちは二度となし◈若きこと二度なし

活力のある若い時は一回しかないから、青春時代には思う存分にやるのがよいという意。

早いものでは室町時代の『伊勢貞親《さだちか》教訓』に見出し形がある。異表現も江戸時代に見られ、「若い盛りは二度ない」という言い回しもあった。

我《わ》が面白《おもしろ》の人泣《ひとな》かせ

自分が楽しくしていることが他人を苦しめていることのたとえ。

社会生活を営むうえで他人への迷惑行為はいろいろ

あるが、最も身近な例を挙げれば音に関するものだろう。携帯電話の音しかり、宴会での騒音しかり、楽器の演奏や声高な話し声もしかり。しかも厄介なのは、自分や自分の側にいる者にとっての快楽が、異なる立場の人には苦痛となるという点であろう。人の身になって我が身を振り返ることは難しい。

若木《わかぎ》の下《した》で笠《かさ》を脱《ぬ》げ

若者に対しては侮らずに敬意をもって接するべきだということ。

原意は、若い木の下に行ったら、被っている笠をとってきちんと挨拶をしろということ。まだひょろひょろで、ちょっとした風にも揺らぎ、押せば折れてしまいそうな木でも、いずれ時がくれば大きく太く成長するであろう。だから、たとえ今は頼りなくても軽視してはならない、ということなのである。「若木の下で笠を脱げ、古木の下では糞《くそ》をこけ」という表現もある。とかくことわざは極端に走りがちであるが、古木を侮蔑《ぶべつ》せよというより、若木への敬意を強調するための古木の汚い表現であろう。見出しのことわざは江戸前期の『毛吹草』に収められている。

我《わ》がことと下《くだ》り坂《ざか》に走《はし》らぬ者《もの》はない

自分の身に強くかかわることとなれば、誰でも奔走するものだというたとえ。

下り坂になったからといって必ず小走りになるものではないが、少なくとも、平坦な道や上り坂に比べれば足早にはなる。人間、例えば何らかの事件に関与しているという疑惑をもたれたら、嫌疑を晴らすために東奔西走することになろう。このように、自分のことに奔走する態度と、下り坂で小走りになりやすいことを取合せて面白く表現したことわざである。江戸後期のことわざ集『諺苑《げんえん》』に収載されているが、近世の用例は見つかっていない。

我《わ》が田《た》へ水《みず》を引《ひ》く ⇒ 我《が》田引水《でんいんすい》

我《わ》が亡《な》き後《あと》に洪水《こうずい》よ来《きた》れ

＝我が亡き後は大洪水

後のことはどうなろうともかまわないということ。フランス革命前夜、無能で享楽に明け暮れたフランス国王ルイ一五世の言葉とも、ロスバッハの敗戦の後に国王を慰めるためにその愛妾《あいしょう》ポンパドール侯爵夫人が口にしたものとも言われている。後者の説では、夫人が画家に肖像画を描かせているところへ意気消沈した王が入ってきたので、夫人が「お悩みになることはありませんのよ。御病気になられてしまいますわ。私どもの亡き後は大洪水になろうとかまいますまい」と言ったと伝えられる。日本のことわざ「後《あと》は野となれ山となれ」(別項)と同義のものだが、洪水の方が迫力があるためか、現代はよく使われるようだ。

和《わ》歌《か》に師匠《ししょう》なし

＝和歌に師なし

和歌の修練には古歌が手本となり、人間の師匠は無用だということ。

一般的には『新古今集』などの撰者として名高い鎌倉時代の歌人・藤原定家が『詠歌之大概《えいがのたいがい》』の中で「和歌に師匠なし。ただ旧歌を以て師となす。心を古風に染め、詞を先達に習はば、誰人《たれびと》かこれを詠ぜらんや」と述べたものが元となっていた。ただし、『新古今集』より五〇年ほど古い『袋草紙』に「和歌は昔より師なし」とあるように、同じような考え方はもっと前からあった。定家は中世の歌壇に新風をもたらした人物であり、古い歌を意識的に取り込んで新しい歌を作る「本歌取り」の作法を論じているように古典を重んじた歌人である。この言葉はその後も、例えば松永貞徳の歌学書『戴恩記』に援用され、伝承されていった。

我《わ》が仏尊《ほとけとうと》し

＝我が寺の仏尊し◈我が寺尊し

自分の事物は何が何でも他人の事物よりよいと思う

こと。

江戸前期の俳諧『続山井《やまのい》』に「我寺の仏たふとし神《かん》無月《なづき》」と詠まれているほか、江戸時代の各ジャンルでいろいろに表現されていた。

我《わ》が身《み》をつねって人《ひと》の痛《いた》さを知《し》れ

我が身をつめって人の痛さを知れ◈我が身をつんで人の痛さを知れ◈身をつめりて人の痛さを知れ

他人の苦しみや痛みは自分の身に置き換えて思いやれということ。

異表現の「つめる」は「つねる」に同じ。他人に対する優しさと同情にあふれたことわざで、倫理・道徳の上で、人としての望ましいあり方を示すものと言えるだろう。倫理的にも推奨できることわざだったことからか、日本の近代教育の中でも大いに活用された。五期にわたる国定教科書の修身と国語の中で、「艱難《かんなん》汝《なんじ》を玉にす」(別項)、「親しき仲にも礼儀あり」(別項)などとともに最も多用されたものであった。ことわざ自体も古く、鎌倉時代の『北条重時《しげとき》家訓』に「女などのたとへに、身をつみて人のいたさを知ると申」と見え、江戸初期の仮名草子から後期の諸ジャンルにわたって多く見ることができる。

脇目《わきめ》八目《はちもく》 ⇩ 傍目《おかめ》八目

禍《わざわい》転《てん》じて福《ふく》

①禍を転じて福となす ②禍転じて福となる

自分の身に及んだ災いが反対に幸いに変ること。また、幸いになるようにはかること。

中国の『史記』(蘇秦伝)に出典が求められる古いものので、現代でも常用のことわざだが、近代以前にはあまり用いられておらず、用例もそれほど多くない。その中では、神道を論じた鎌倉時代の『中臣祓《はらえ》訓解』に「自他平等に巧に妄執を割《さ》き、怨親斉《ひと》しく沐《ぼく》して、禍を転じて福と為《し》」とあり、江戸後期にも異表現①が散見される。

禍《わざわい》は口《くち》から出《で》る
⇩病《やまい》は口から入《はい》り、禍は口から出る

禍《わざわい》も三年《さんねん》経《た》てば福《ふく》となる

禍も三年おけば福の種《たね》◈禍も三年おけば役に立つ◈禍も三年

人の世には不用なものなどはないというたとえ。

今はその人にとって災いであるようなことでも、時が経てば役に立ったり、幸いになったりするということ。「貧乏人も三年おけば用に立つ」とも言うように、役に立ちそうもない貧乏人がずっと貧乏であるとは限らない。また、物事にはどこか取柄もあるのだから、長い目で見れば有用なものに変る可能性をもっている。江戸初期から見えるもので用例も多い。「これらも何の用にもたたぬ事なれども、時によつて大事の用に立事あり、下子《げす》のたとへに、わざはひも三年をけば用にたつと云事もつとも也」（仮名草子『可笑記』巻二、江戸初期）。図は三代歌川豊国作と推定される大判錦絵「教訓いろはたとゑ」（幕末）から。

綿《わた》に針《はり》を包《つつ》む

綿に針を包む心◈真綿《まわた》に針を包む◈真綿に針

うわべは優しく穏やかでも、底意地が悪いことのたとえ。

綿にしても真綿にしても、手触り肌触りは柔らかく心地よい。でもその中に針が仕込まれていたらどうだろう。気持よく触れていたのに突然チクリとくるわけだから、普通に針を指に刺した時以上に痛くて腹立たしい思いがするであろう。江戸初期から見られ、俳諧『犬子集《えのこしゅう》』（巻六）に「綿にはりをつつむ心か雪の松」と詠み込まれたり、後期の合巻『偐紫《にせむらさき》田舎源氏』（一二編）に「我へ心をかけしをさいはひ、取返さんと手をくだけど、なかなかしぶとき生れつき綿に針を包むと言はんか、茨《いばら》に咲きし桜と言はんか」などとあるように、江戸時代全体にわたってよく用いられていた。

渡《わた》りに舟《ふね》

＝渡りに船を得る ◉渡しに舟

必要としている時などに好都合なことが起ることのたとえ。

　川を渡ろうとして、身支度などの準備をしていたら、ちょうどうまい具合に渡し舟が来たという情景であろう。今の日本では、川を渡るのに舟が使われることはまれであろうが、第二次大戦前まではまだ、渡し舟が重要な交通機関となっていた川が少なくなかった。仏典『法華経』(薬王菩薩本事品)の「子の母を得、渡りに船を得るが如し」が出典となっており、日本でも古い文献から今日まで見られる。鎌倉時代の仏教説話『宝物集《ほうぶつしゅう》』(巻七)には「地獄の苦患《くげん》をまぬかれ、書写の硯水《けんすい》、奈落《ならく》の猛火をけす。渡りに船を得たるがごとくによろこび」と法華経の句を踏まえた表現がなされている。

渡《わた》る世《せ》間《けん》に鬼《おに》はなし

＝渡る世界に鬼はない

世間には極悪非道な人ばかりではなく、慈悲の心をもった人もいるということ。

　世の中を性善説で見ることわざとして知られている。いろいろな表現の類義のことわざがあり、「世の中に鬼はない」「世間に鬼はなし」「浮世に鬼はない」「世界に鬼やござらぬ」「人に人鬼はない」などはどれも江戸時代から言われていた。年代が特定できていないものを加えると「知らぬ他国にも鬼はない」「地獄にも鬼ばかりはいない」「どこの浦へ行っても人鬼なし」などがあり、実にさまざまに言われていた。見出しのことわざはあまり古いものではない。古典落語『京阪土産《かみがたみやげ》の下』に「有難う存じます。此御恩は忘れやァ致しません。渡る世間に鬼は無《ね》えてーのは此事でござゐます」とあるのが早いようだ。

割《わ》った茶碗《ちゃわん》を接《つ》ぐ

取り返しのつかないことにいつまでも愚痴をこぼし、未練を残すことのたとえ。

大事にしていた茶碗を割ってしまい何とかつなぎ合せてみようとするが、元通りにならないということから。江戸中期の浄瑠璃『壇浦兜軍記《だんのうらかぶとぐんき》』（巻二）に「エ、一生の不調法《ぶちょうほう》悔しいことをしたなあと。割つたる茶碗をついでみるに等しき愚痴に立帰り」とあるものの、現代もそうだが近世でもあまり多用されたものではなかった。

笑《わら》う門《かど》に福来《ふくきた》る

＝笑う所へ福来《きた》る◆笑う家に福来《く》る

苦難な状況にあっても希望をもって頑張っていれば、幸せをもたらすことができるということ。

一言に笑いといってもさまざまだが、この笑いは楽しげな笑顔や笑い声で、にこにこしている人の家には、どこからともなく幸運がやってくるものだということ。狂言『筑紫奥《つくしのおく》』に「左様ではござれども笑ふ門には福来たると申すに依て、追つ付け御加増を取らせられ御立身を被成《なら》れうは疑ひもござらぬ。是非とも笑はせられて被下《くださ》い」と見える。図は葛飾北斎の『北斎漫画』からで、「福」を「河豚《ふく》」にもじった戯画となっている。

破鍋《われなべ》に綴蓋《とじぶた》

(1)どんな人にもその人にとってふさわしい連合いがいるものだというたとえ。(2)容貌に恵まれない者同士や貧乏人同士の夫婦がむつまじく暮してゆくことのたとえ。

「破鍋」は、二つに割れてしまった鍋ではなく、縁が欠けた程度でまだ使える鍋、「綴蓋」は蓋そのものではなく、修理した蓋のこと。鍋と蓋の双方に欠陥があることで互いの傷は容認され、ことがうまく運ぶということなのであろう。この世の中、欠点のまったくない人間はいないのだから、要はそれをお互いが補い合うということになれば言うことはない。江戸前期から常用されたもので、江戸系いろはカルタにも採用され広く知られている。「つらかりしそなたの尻もわれ鍋にわがかけぶたの逢ぞうれしき」(『狂歌百首歌合』巻下、江戸前期)。

我《われ》もよかれ人《ひと》もよかれ

自分だけでなく他人もともによいことがあるようにと念ずること。

安土桃山時代のロドリゲス『日本大文典』に見られることわざで、他人との共存共栄が示されている。その一方で、「我は良かれ人は悪しかれ」(『慶長見聞集』江戸初期)という利己主義を示す表現もあった。

和《わ》を以《もっ》て貴《とうと》しとす

仲良く穏やかにやってゆくのが大切だということ。

古く中国の『礼記《らいき》』(儒行)に「礼は之《こ》れ和を以て貴しと為《な》し」とあり、制度や社会の約束事は和の精神で当ることが重要だとしている。『論語』(学而)にも類似の表現が見られるように、古代中国社会の根底に流れていた思想とも言える。日本でも、聖徳太子の憲法十七条の第一条冒頭に「一に曰《いわ》く、和を以て貴しと為し、忤《さか》ふること無きを宗《むね》と為す」とある。見出しの言葉は、ことわざというより金言に近いものだが、現代の社是・社訓などに広く用いられているから、日本の金言・ことわざの中では長寿第一位ということになる。ただし、憲法十七条の「和」には「やわらぎ」と読む説があり、それだと為政者側の温和な姿勢をさすことになりそうだが。

信頼と伝統 岩波書店の辞典

世界ことわざ比較辞典

日本ことわざ文化学会 編　B6判　532頁　定価3,740円

日本のことわざを見出しとして，世界各地25の言語と地域からことわざを集めた辞典．比較することで見えてくる新たな世界．

岩波 四字熟語辞典

岩波書店辞典編集部 編　B6新判　804頁　定価3,300円

引いて納得，読んで一得！　基本的な解説に加え，読んで得する情報を提供．〈温故知新〉が「温」「故」「知」「新」で引ける索引も至便．

広辞苑 第七版

新 村 出 編　［普通版］菊判3,640頁　定価9,900円
［机上版］B5判（本体2分冊）　3,640頁　定価15,400円

国語＋百科の最高峰．新収1万項目．総項目数25万．日本語の最も確かなよりどころとして高い評価と信頼を得ているベストセラー．

岩波 国語辞典 第八版

西尾実·岩淵悦太郎·水谷静夫·柏野和佳子·星野和子·丸山直子 編
B6新判　1,804頁　定価3,520円

新たに2200項目を加え，既収の項目も全て見直し．言葉の意味·用法の基本をさらにわかりやすく解説し，注記も充実．

岩波 新漢語辞典 第三版

山口明穂·竹田晃 編　B6新判　1,744頁　定価3,300円

日本語としての漢字の意味·用法を，漢字本来の字義に即し的確·簡明に解説．国字や人名·地名の漢字も多数収録，親字1万2600．

岩波 古語辞典 補訂版

大野晋·佐竹昭広·前田金五郎 編　B6判　1,552頁　定価3,300円

日本語の歴史的な移りゆきを捉えた本格的古語辞典．初版後15年の研究成果を反映させた補訂版．4万3千余語を収録．

＊定価は消費税10%込です（2021年9月現在）

時田昌瑞
1945年生まれ．早稲田大学文学部卒．
日本ことわざ文化学会会長．
著書『岩波いろはカルタ辞典』(岩波書店)
『図説ことわざ事典』(東京書籍)
『ちびまる子ちゃんの続ことわざ教室』(集英社)
『ことわざで遊ぶいろはかるた』(世界文化社)
『辞書から消えたことわざ』(角川SSC新書)
『思わず使ってみたくなる知られざることわざ』
(大修館書店) ほか

装丁◆矢崎芳則 (装画は『諺画苑』より)

岩波ことわざ辞典

2000年10月18日 第1刷発行
2021年10月15日 第19刷発行

著 者 時田《とき た》昌瑞《まさみず》

発行者 坂本政謙

発行所 株式会社 岩波書店
〒101-8002 東京都千代田区一ツ橋2-5-5
電話案内 03-5210-4000
https://www.iwanami.co.jp/

印刷・法令印刷 カバー，函印刷・半七印刷 製本・牧製本

© Masamizu Tokita 2000
ISBN4-00-080099-X Printed in Japan

岩波
ことわざ
辞典

付　　録

語句索引……………3
見出しおよび異表現に含まれる語句を抽出，50音順に配列．

準項目索引……………59
解説文中に出てくることわざを抽出，50音順に配列．欧文は末尾．

史料略年表……………79
第二次大戦以前の日本におけることわざ集，ことわざ研究書の主なものを編年．略解を付す．

参考文献……………95

語句索引

・見出し項目，異表現，参照項目の立っていることわざから抜き出した．
・当て漢字の異なる同一語，活用語などは適宜まとめ，ことわざの提示は冒頭7字にとどめた．
・見出し項目の語句は掲出ページの数字をゴシック体で，それ以外は明朝体で示した(上，下は上段，下段)．

あ

愛
　愛は屋上の烏に　**4上**
藍
　青は藍より出で　**6下**
愛嬌
　男は度胸，女は　**123下**
匕首
　匕首に鐔　**1下**
合口
　人食らい馬にも　**502下**
挨拶
　挨拶は時の氏神　**2上**
　挨拶より円札　**2上**
愛する
　汝の敵を愛せよ　**439下**
相手
　相手変れど主変　**3下**
　相手のない喧嘩　**3下**
相身互い
　女は相身互い　**145上**
会う(合う，遇う)
　会うは別れの始　**4下**
　合わぬ蓋あれば　**40下**
　犬も歩けば棒に　**69下**
　孔子も時に遇わ　**239上**
　七度の餓死に遇　**291上**
　時に遇えば鼠も　**409下**
阿吽
　阿吽の呼吸　**5上**
あえ物
　羹に懲りてあえ　27下
青(青い)
　青は藍より出で　**6下**
　柿が赤くなると　**153上**
　隣の芝生は青い　414下
青柿
　青柿が熟柿弔う　**5上**
青菜
　青菜に塩　**5下**
青海苔
　青海苔の答礼に　**6上**
青葉
　目には青葉山ほ　**587下**
仰向く
　菩薩実が入れば　**549上**
赤い
　柿が赤くなると　**153上**
　朱に交われば赤　**304上**
赤鰯
　亭主の好きの赤　393上
赤烏帽子
　亭主の好きな赤　**393上**
赤信号
　赤信号皆で渡れ　**7上**
揚がる
　足袋屋の看板で　**366下**
明るみ
　暗闇の恥を明る　**220下**
秋
　秋の日は釣瓶落　**8下**
　秋の夕焼け鎌を　**9上**
　一葉落ちて天下　**60上**
　女心と秋の空　**142上**
　天高く馬肥える　**401下**
　春植えざれば秋　**493下**
商い
　商いは牛の涎　**7上**
　見ぬ商いはでき　**571上**
秋茄子
　秋茄子は嫁に食　**7下**
呆れ
　呆れが礼に来る　**9下**
商人
　商人と屏風は曲　**9下**
悪
　悪に強ければ善　**12下**
開《あ》く
　開いた口がふさ　**2下**
　開いた口へ牡丹　**2下**
悪妻
　悪妻は六十年の　**10上**
悪事
　悪事千里を走る　**10下**
　悪事身に返る　**11下**
悪女
　悪女の深情　**11下**
悪銭
　悪銭身に付かず　**12上**
芥
　大海は芥を択ば　**341下**
　寝た牛に芥かけ　**461上**
朱《あけ》(シュも見よ)
　紫の朱を奪う　**582下**
開けっ放し
　下衆の一寸のろ　470下
開ける

開けて悔しき玉　13上
揚げる
得手に帆を揚げ　106下
顎
顎で人を使う　13上
麻
麻の中の蓬　16下
朝《あさ》(アシタも見よ)
朝の果物は金　16上
朝の来ない夜は　16下
朝三暮四　380上
朝令暮改　382下
朝雨
朝雨と女の腕ま　13上
浅い
浅い川も深く渡　13下
朝起き
朝起き三文の得　489上
朝酒
朝酒は門田を売　14上
朝寝朝酒は貧乏　16上
浅瀬
浅瀬に仇波　14下
負うた子に教え　113上
朝題目
朝題目に昼念仏　15上
朝茶
朝茶はその日の　15上
明後日
紺屋の明後日　261下
糾《あざな》う
禍福は糾える縄　176上
朝虹
朝虹は雨,夕虹　15下
朝寝
朝寝朝酒は貧乏　16上
朝寝坊
宵っ張りの朝寝　620下
朝日
朝日が西から出　17上
朝比奈
朝比奈と首引き　17下
薊
薊の花も一盛り　18上
足
足を棒にする　20上
後足で砂　28下
芋幹で足を衝く　73下
棺桶に片足を突　185下
首縊りの足を引　219上
足袋屋の看板で　366下
蛇に足を添える　542上
老化は足から　641上
葦《あし》(ヨシも見よ)
難波の葦は伊勢　434下
味
味ない物の煮え　19上
縁は味なもの　111下
香り松茸味しめ　153上
人の悪口は鴨の　509下
朝《あした》(アサも見よ)
朝に紅顔あって　18下
明日《あした》(アスも見よ)
明日は明日の風　18下
晨《あした》す
牝鶏晨す　522上
足元
足元から鳥が立　19下
味わい
珍談も再び語れ　383下
明日《あす》(アシタも見よ)
明日の塩辛食わ　279上
明日の百より今　20下
明日は我が身　21上
預かり
預かり物は半分　20下
預ける
下駄を預ける　230上
猫に鰹節預ける　455上
東男
東男に京女　21下
汗
綸言汗の如し　637上
畦
田もやろ畦もや　371下
遊ぶ
兎は波に遊ぶ　83下
よく学びよく遊　624上
仇
恩を仇で返す　147下
与える
天は二物を与え　402下
仇波
浅瀬に仇波　14下
頭《あたま》(カシラ,コウベも見よ)
頭が動けば尾も　22上
頭隠して尻隠さ　22下
頭剃るより心を　23上
頭でっかち尻つ　23下
頭禿げても浮気　24上
鰯の頭も信心か　77上
鰯の頭をせんよ　77下
嘘と坊主の頭は　89下
頭寒足熱　320上
人の頭の蠅を追　505上
新しい
新しい酒は新し　24上
故きを温ね新し　535下
当る(中る)
中らずと雖も遠　25上
当るも八卦当ら　25上
犬も歩けば棒に　69下
笑顔に当る拳は　105下
下手な鉄砲数打　538下
あちら
あちらを立てれ　25下
熱い
鉄は熱いうちに　397上
焼餅は膨れなが　601上
悪貨
悪貨は良貨を駆　25下
暑さ(熱さ)
暑さ寒さも彼岸　26上
暑さ忘れりゃ陰　26下
喉元過ぎれば熱　467上
熱火
熱火を子に払う　27上
集まる
類を以て集まる　638上
羹《あつもの》
羹に懲りて膾を　27下
当《あて》
盗人の昼寝も当　453上
当て事
当て事と越中褌　28上
後《あと》
後の雁が先にな　29上

後の喧嘩先です 29下
後の祭 29下
後は野となれ山 30下
後百より今五十 20下
後足
後足で砂 28下
後知恵
下衆の後知恵 229上
後腹
後腹が病める 31上
穴
同じ穴の狢 125下
蟹は甲に似せて 171下
千丈の堤も蟻の 333下
人を呪わば穴二 514下
姉姑
姉姑は鬼千匹に 246下
姉女房
姉女房は身代の 31下
揞《あば》く
狐之を埋めて狐 194上
痘痕《あばた》
痘痕も靨 32上
虻《あぶ》
虻蜂捕らず 32下
蚊虻に嶽を負わ 537下
危ない
危ないことは怪 32下
油揚
鳶に油揚さらわ 423下
炙《あぶ》る
月夜に背中炙る 387上
尼
寵愛高じて尼に 379下
海人《あま》
海のことは海人 98上
甘い
甘い物には蟻が 33下
酸いも甘いも噛 319上
雨傘
日暈雨傘月暈日 496下
雨垂れ
雨垂れ石を穿つ 33下
余りもの
余り物には福が 466上
女と坊主に余り 143下
余る
可愛さ余って憎 184上
凝っては思案に 247下
足らず余らず子 373上
網
網無くて淵を覗 35上
網の目に風たま 35上
編笠
百貫のかたに編 519下
阿弥陀
阿弥陀の光も銭 34下
下駄も阿弥陀も 552上
雨
朝雨と女の腕ま 13上
朝虹は雨, 夕虹 15下
雨の降る日は天 35下
雨降って地固ま 36上
雨後の筍 83下
五風十雨 254上
頼む木の下に雨 364上
待てば甘露の雨 560上
飴
飴と鞭 35下
文《あや》
言葉は身の文 249下
危うい(危うき)
君子危うきに近 222上
累卵の危うき 637下
過ち(過つ)
過ちては改むる 36下
過ちの功名 227下
誤り
弘法も筆の誤り 241下
菖蒲《あやめ》
六日の菖蒲, 十 577上
歩む
這えば立て, 立 473上
洗い着
借着より洗い着 181上
洗う
擂粉木で重箱を 328上
血で血を洗う 376下
嵐
コップの中の嵐 248下
争い
争い終りての乳 233上
蝸牛の角の争い 155下
骨肉の争い 248上
改める
過ちては改むる 36下
顕れる
家貧しくして孝 42上
桜は花に顕れる 266下
蟻
甘い物には蟻が 33下
蟻が鯛なら芋虫 37上
蟻の思いも天に 37下
蟻の熊野参り 38上
ある時は蟻があ 38下
千丈の堤も蟻の 333下
大黒柱を蟻がせ 344上
ありがたい
蟻が鯛なら芋虫 37上
所の神はありが 413上
ありの実
ある所にはあり 38下
歩く
犬も歩けば棒に 69下
鶏は三歩歩くと 448下
粟
濡手で粟 454上
合せもの
合せものは離れ 39下
慌てる
慌てる乞食は貰 40上
憐れむ
同病相憐れむ 406上
案ずる
明日のことは明 18下
案ずるより産む 40下
按摩
秋刀魚が出ると 278上

い

井
井の中の蛙大海 72上
夷
夷を以て夷を制 79上
医
医は仁術 72下
威

神は人の敬うに 178下
虎の威を借る狐 418下
異
縁は異なもの 111下
飯《いい》(メシも見よ)
食わぬ飯が髭に 222上
言う
言うは易く行う 41上
言わぬが花 78上
言わぬことは聞 78上
言わぬは言うに 78下
大鋸屑も言えば 117上
陰では殿のこと 156下
天に口なし人を 402上
見ざる聞かざる 564下
昔のことを言う 578下
目は口ほどに物 589上
物言えば唇寒し 596上
家
家貧しくして孝 42上
女三界に家なし 142下
敵の家へ来ても 163下
甲張強くて家押 240下
不義はお家の御 526上
笑う家に福来る 651上
家柄
家柄より芋幹 41下
烏賊《いか》
烏賊の甲より年 179上
毬栗《いがぐり》
毬栗も中から割 42下
生かす
大の虫を生かし 307上
息
阿吽の息 5上
息の臭きは主知 43下
勢い
飛ぶ鳥も落ちる 416下
行き掛け
行き掛けの駄賃 43下
生き腐り
鯖の生き腐り 269下
生き延びる
初物を食べると 483上
生き恥
生き恥かくより 44上
生きる
死しての長者よ 284上
死せる孔明生け 288上
人はパンのみに 511下
生き別れ
生き別れは死に 44下
戦
腹が減っては戦 490下
意見
意見と餅はつく 45上
牛の小便と親の 86上
親の意見と冷酒 136上
ないが意見の総 424上
彼岸過ぎての麦 498上
いさかい
いさかい過ぎて 233上
砂《いさご》(スナも見よ)
砂長じて巌とな 45下
石
雨垂れ石を穿つ 33下
石が流れて木の 46上
石に漱ぎ流れに 46下
石に布団は着せ 47上
石の上にも三年 47下
石部金吉鉄兜 163下
石を石,金を金 198上
石を抱きて淵に 50上
一石二鳥 65上
堅い石から火が 163下
玉石混淆 205下
転がる石に苔つ 401上
他山の石 355下
水を以て石に投 568上
石垣
人は石垣,人は 510上
石亀
雁が飛べば石亀 186上
石橋
石橋を叩いて渡 48上
医者
医者と味噌は古 48下
医者の不養生 49上
医者は仁の術 72下
柿が赤くなると 153上
大根おろしに医 345上
腹八分に医者い 491下
異獣
獅子窟中に異獣 282下
衣装
馬子にも衣装 558上
衣食
衣食足りて礼節 49下
出ずる
入るを量りて出 75上
伊勢
蟻の伊勢参り 38上
難波の葦は伊勢 434下
居候
居候三杯目には 51上
磯際
磯際で舟を破る 52上
急ぐ
急がば回れ 51下
善は急げ 336上
痛い
痛くもない腹を 52下
抱《いだ》く(ダクも見よ)
石を抱きて淵に 50上
少年よ大志を抱 307上
薪を抱きて火を 354下
男女の淫楽は互 374下
板子
板子一枚下は地 53上
痛さ
我が身をつねっ 648上
致す
致すまいものは 326下
頂
欲に頂なし 623下
戴く
戴く物は夏でも 598下
鼬
鼬ごっこ 53下
鼬の最後屁 54上
鼬のなき間の貂 54下
痛む(痛み)
人の痛みは三年 505上
古傷は痛みやす 535上
一
一押し二金三男 54下
一に看病二に薬 56下
一に褒められ二 57上

一姫二太郎 58上
一富士二鷹三茄 58下
一を聞いて十を 60下
一石二鳥 65上
市
千金の子は市に 332下
門前に市をなす 599上
一円
一円を笑う者は 65下
一眼
一眼の亀浮木に 590下
一期《いちご》
問うは当座の恥 192上
鱧も一期,海老 488上
一事
一事が万事 55上
一畳
起きて半畳寝て 118下
一度
一度見ぬ馬鹿二 56上
河童も一度は川 168下
七度の餓死に遇 291上
一難
一難去ってまた 56上
人の十難より我 507上
一日
芝居は一日の早 294下
千日の萱を一日 335下
天井一日底百日 400上
上り一日下り一 467下
ローマは一日に 642下
一人《いちにん》(ヒトリも見よ)
一人虚を伝ゆれ 62上
一年
一年の計は元旦 57下
十年の餓死に遇 291上
一念
一念岩をも通す 464下
一倍
理の高ずれば非 632下
一番
親より先に死ぬ 140上
夜明け前が一番 620上
一枚
板子一枚下は地 53上
皮一枚剝げば美 93上
一物
胸に一物 582上
逸物
逸物の鷹も放さ 520上
一文
一文惜しみの百 59下
一葉
一葉落ちて天下 60上
一利
百害あって一利 516下
一里
惚れて通えば千 555上
一里塚
門松は冥土の旅 170上
一蓋
百貫のかたに編 519下
一簣
九仞の功を一簣 200上
一挙
一挙両得 61下
一見
百聞は一見に如 519上
一散
牛の一散 86上
一升
一升徳利こけて 62下
一升の餅に五升 63上
一升入る壺は一 63下
金一升土一升 172上
借りる八合済す 182上
一生
聞くは一時の恥 192上
九死に一生 199下
乞食三日勤めて 245下
一将
一将功なりて万 62上
万卒は得易く一 495上
一心
一心岩をも通す 464下
一炊
盧生が一炊の夢 187上
一寸
一寸先は闇 64上
一寸下は地獄 53上
一寸の舌に五尺 289下
一寸の見直し 275下
一寸の虫にも五 64下
のろまの一寸馬 470下
一銭
一銭を笑う者は 65下
五つ
三つ叱って五つ 570下
一擲
乾坤一擲 234上
一斗
一斗の餅に五升 63上
一時《いつとき》
聞くは一時の恥 192上
上り一日下り一 467下
一杯
一杯は人酒を飲 503上
一匹
泰山鳴動して鼠 346上
一歩
千里の道も一歩 337上
百尺竿頭一歩を 517上
偽り
偽りを言うと鬼 90下
看板に偽りなし 189上
糸
男の目には糸を 144下
井戸
井戸の中の蛙 72上
渇して井戸を穿 166下
厭《いと》う
濡れぬ先こそ露 454下
医道
医道は仁術 72下
いとおしい
いとおしき子に 183下
糸目
金に糸目はつけ 174上
田舎
田舎の学問より 67上
京に田舎あり 202下
犬(狗,犬ころ)
一犬虚に吠えれ 61下
犬が西向きゃ尾 67下
犬になっても大 68上
犬の糞も焼味噌 568下
犬の手も人の手 458上
犬は三日飼えば 68下

犬骨折って鷹の 69上
犬も歩けば棒に 69下
犬も朋輩,鷹も 70下
飢えた犬は棒を 80下
兎を見て犬を放 84上
尾を振る犬は叩 141下
犬猿の仲 232下
狡兎死して良狗 239下
自慢の糞は犬も 296下
虎を画いて狗に 419下
箸が転んでも可 476下
夫婦喧嘩は犬も 524下
吠える犬は噛み 548上
煩悩の犬は追え 555下
孫を飼うより犬 559上
羊頭狗肉 622上
猪
山より大きな猪 612上
命《いのち》(メイも見よ)
命あっての物種 71上
命あれば水母も 220上
命長ければ恥多 71下
鬼の留守に命の 128上
河豚は食いたし 526下
祈る
人を祈らば穴二 514下
いびり
下いびりの上諂 289上
韋編《いへん》
韋編三たび絶つ 73上
今
後百より今五十 20下
昔の某,今の金 578下
昔は今の鏡 579上
戒め
前車の覆るは後 333上
芋
芋の煮えたもご 74上
山の芋が鰻とな 611上
芋幹
家柄より芋幹 41下
芋幹で足を衝く 73下
芋種
畑あっての芋種 479下
芋虫
蟻が鯛なら芋虫 37上
癒《いや》す
絵に描いた餅飢 108下
入船
出船あれば入船 398上
煎豆
煎豆に花 74下
入谷
恐れ入谷の鬼子 120下
入《い》る(ハイルも見よ)
石を抱きて淵に 50上
入るを量りて出 75上
郷に入っては郷 240上
虎穴に入らずん 244上
射る
将を射んと欲せ 309上
鳴かずば雉も射 193上
入れる
念に念を入れる 464上
仏造って魂入れ 550下
色
色の白いは七難 75下
色は思案の外 76上
英雄色を好む 105上
とかく浮世は色 409上
難産色に懲りず 439上
色気
色気より食い気 75上
色事
色事は思案の外 76上
色付く
酸漿と娘は色付 548下
岩
念力岩をも通す 464下
水にて岩を打つ 568上
巌
砂長じて巌とな 45下
鰯
鰯の頭も信心か 77上
鰯の頭をせんよ 77下
鯛の尾より鰯の 348下
鰯網
鰯網で鯨捕る 76下
因果
因果は巡る車の 79下
親の因果が子に 136上
陰徳
陰徳あれば陽報 80上
淫楽
男女の淫楽は互 374下

う

鵜
鵜の真似する烏 94上
烏を鵜に使う 180上
憂《う》い
旅は憂いもの辛 365下
上
上には上がある 81上
下いびりの上諂 289上
目の上の瘤 588下
筌《うえ》
魚を得て筌を忘 82上
飢える(飢え)
飢えた犬は棒を 80下
絵に描いた餅飢 108下
鷹は飢えても穂 352上
植える
紅は園生に植え 221下
十年の計は樹を 302上
春植えざれば秋 493下
魚《うお》(サカナも見よ)
魚心あれば水心 81上
魚と水 81下
魚の陸に上るご 82上
魚を得て筌を忘 82上
木に縁りて魚を 196上
猫の魚辞退 457上
俎板の上の魚 561上
水清ければ魚棲 565下
水広ければ魚大 567下
穿つ
雨垂れ石を穿つ 33下
渇して井戸を穿 166下
浮ぶ
身を捨ててこそ 576下
浮世
金が敵の浮世 172上
とかく浮世は色 409上
浮く
石が浮いて木の 46上
鶯

鶯鳴かせたこと 82下
鶯の卵の中のほ 83上
動く
頭が動けば尾も 22上
風は吹けど山は 162下
兎
兎波を走る 83下
兎を見て犬を放 84上
狐死して兎悲し 194下
株を守りて兎を 211上
狡兎死して良狗 239下
鹿を逐う者は兎 280下
獅子は兎を撃つ 284下
貂になり兎にな 402上
なぶれば兎も食 435上
二兎を追う者は 445下
牛
商いは牛の涎 7上
生き牛の目を抜 43上
牛に経文 85上
牛に引かれて善 85下
牛の一散 86上
牛の小便と親の 86上
牛の鞦と諺とは 86下
牛の角を蜂が刺 87上
運がよけりゃ牛 103下
牛飲馬食 224下
九牛の一毛 199下
鶏口となるも牛 225下
食べてすぐ寝る 367上
卵を盗む者は牛 368上
角を矯めて牛を 389上
寝た牛に芥かけ 461上
早牛も淀,遅牛 488下
氏《うじ》
氏より育ち 88上
女は氏なくして 145下
蛆
男やもめに蛆が 124下
氏神
挨拶は時の氏神 2上
失う(失い)
一文惜しみの百 59下
中流に船を失え 379上
元も子も失う 596上
安物買いの銭失 604上
後髪
後髪を引かれる 88上
薄着
伊達の薄着 360上
薄塩
なれて後は薄塩 438下
鶉《うずら》
鷹は水に入りて 352下
嘘(嘘つき)
嘘から出た誠 88下
嘘つきは泥棒の 89上
嘘と坊主の頭は 89下
嘘は盗賊の始ま 89上
嘘も方便 90上
嘘をつくと閻魔 90下
譬えに嘘なし坊 360下
根もない嘘から 462下
歌
歌は世につれ世 91上
引かれ者の歌 497上
疑う
七度探して人を 434上
内
内裸でも外錦 92上
内股
内股膏薬 529上
打つ(討つ)
合口に鐔を打っ 1下
青海苔の答礼に 6上
打てば響く 93下
江戸の敵を長崎 107下
雉も鳴かずば打 193上
草を打って蛇を 214上
孝経を読んで母 237下
袖の下回る子は 338下
太鼓を打てば鉦 344下
鉄は熱いうちに 397上
出る杭は打たれ 399上
美しい
美しい花には刺 92下
美しいも皮一重 93上
移す
愚公山を移す 211下
俯《うつむ》く
菩薩実が入れば 549上
器
水は方円の器に 567上
器物
人は百病の器物 512上
腕
骨なしの腕ずん 553上
腕押し
暖簾に腕押し 470下
腕まくり
朝雨と女の腕ま 13上
独活《うど》
独活の大木 93下
疎《うと》い
去る者は日々に 272上
優曇華《うどんげ》
盲亀の浮木優曇 590下
鰻
山の芋が鰻とな 611上
乳母
乳母日傘 147上
奪う
紫の朱を奪う 582下
馬
後の馬先になる 29上
生き馬の目を抜 43上
馬から落ちて落 95上
馬には乗ってみ 95下
馬の耳に念仏 96上
老いた馬は路を 112上
将を射んと欲せ 309上
天高く馬肥える 401下
人間万事塞翁が 449下
走り馬にも鞭 478下
夕立は馬の背分 614上
旨い
旨いもの食わす 94下
旨い物は宵に食 95上
鯛も一人は旨か 350下
生れる
生れぬ先の襁褓 96下
海
海千山千 97上
海のことは漁師 98上
海のものとも山 98下
蜆貝で海を換え 285下
雀海中に入って 323上
産む(産み)

案ずるより産む　40下
産みの親より育　97下
形は産めど心は　164上
鳶が鷹を産む　416上
膿む
膿んだものは潰　104上
梅
梅伐らぬ馬鹿桜　99上
梅は食うとも核　99下
桃栗三年柿八年　598上
敬う
神は人の敬うに　178下
裏
釘の裏を返す　211下
末木《うらき》
本木に勝る末木　594上
占い師
占い師身の上知　105下
恨む(恨み)
食べ物の恨みは　367下
泥棒が縄を恨む　422下
恨めしい
盗みする子は憎　454上
瓜
瓜に爪あり爪に　101上
瓜の蔓に茄子は　101下
瓜を二つに割っ　102下
売家
売家と唐様で書　100上
売り言葉
売り言葉に買い　100下
売物
売物には花を飾　102上
売る
朝酒は門田を売　14上
塩売れば手がか　278下
憂《うれ》い
酒は憂いを掃う　267下
備えあれば憂い　340上
鱗
目から鱗が落ち　585上
浮気
頭禿げても浮気　24上
噂
噂をすれば影　103上
人の噂も七十五　505下
上塗
恥の上塗　477下
上前
狸から上前　364上
盗人の上前をと　453上
運
運がよけりゃ牛　103下
運を天に任す　104下
勝敗は時の運　308上

え

絵
絵に描いた地震　108上
絵に描いた餅　108下
水に絵を描く　566下
餌《え》(エサも見よ)
憎い鷹には餌を　441下
栄辱
衣食足りて栄辱　49下
英雄
英雄色を好む　105上
英雄並び立たず　636下
笑顔
笑顔に当る拳は　105下
描《えが》く(カクも見よ)
虎を描いて猫に　419下
腋《えき》
千金の裘は一狐　332上
易者
易者身の上知ら　105下
靨《えくぼ》
痘痕も靨　32上
抉《えぐ》る
生き馬の目を抉　43上
餌《えさ》(エも見よ)
釣った魚に餌は　389上
餌食
虻蜂捕らず鷹の　32下
犬骨折って鷹の　69上
桂馬の高上がり　227上
似非《えせ》者
似非者の空笑い　106上
狗母魚《えそ》
鯛なくば狗母魚　348上
枝
陰に居て枝を折　157上
越《えつ》
呉越同舟　242上
越中褌《ふんどし》
当て事と越中褌　28上
得手
得手に帆　106下
江戸
江戸の敵を長崎　107下
火事と喧嘩は江　159上
京女に江戸男　21下
膝頭で江戸へ行　499上
江戸っ子
江戸っ子は宵越　107上
海老
海老で鯛を釣る　109上
鱧も一期，海老　488上
恵比寿
借る時の恵比寿　182下
栄耀《えよう》
栄耀に餅の皮を　109下
選ぶ(択ぶ)
選んで滓を摑む　109下
弘法筆を選ばず　241上
食なき者は職を　309下
大海は芥を択ば　341下
逃げる者は道を　443上
良禽は木を択ん　634下
選り食い
山桃の選り食い　611下
縁
合縁奇縁　1上
一樹の陰一河の　55下
縁なき衆生は度　110下
縁は異なもの　111下
袖振り合うも他　339下
縁側
夏座敷と鰈は縁　432上
円札
挨拶より円札　2上
燕雀
燕雀安んぞ鴻鵠　110上
演じる
二の舞を演じる　446下
縁の下
縁の下の力持　111上

閻魔《えんま》
嘘をつくと閻魔 90下
借る時の恵比寿 182下

お

尾
頭が動けば尾も 22上
犬が西向きゃ尾 67下
鰯の頭をせんよ 77下
尾を振る犬は叩 141下
かしら隠して尾 22下
狐其の尾を濡ら 194下
鯛の尾より鰯の 348下
竜の鬚を撫でて 634上
緒
勝って兜の緒を 167下
堪忍袋の緒が切 188上
甥
伯父が甥の草を 120上
老木
老木に花の咲く 183上
追銭
盗人に追銭 452上
追いつく
稼ぐに追いつく 162上
老いる
老いた馬は路を 112上
老いては子に従 112下
騏驎も老いては 208上
負う
負うた子に教え 113上
負うた子より抱 113下
負うた子を三年 114上
負わず借らずに 140下
蚊虻に嶽を負わ 537下
追う(逐う)
去る者は追わず 271下
鹿逐う猟師山を 279下
鹿を逐う者は兎 280下
中原に鹿を逐う 378上
二兎を追う者は 445下
人の頭の蠅を追 505上
舟盗人を徒歩で 531下
煩悩の犬は追え 555下
王様
陰では王様のこ 156下
多い(多き)
言葉多きは品少 249上
船頭多くして船 335上
蓋《おお》う(掩う)
棺を蓋いて事定 189下
耳を掩いて鐘を 574下
大風
大風が吹けば箱 161下
狼
狼に衣 114下
前門の虎,後門 336下
虎狼より人の口 417下
大川
大川を手でせく 342上
大木《おおき》(タイボクも見よ)
大木に蝉 115下
大木の下に小木 115下
立ち寄らば大木 628下
大きい
大きな魚が小さ 115上
釣り落した魚は 391下
山より大きな猪 612上
大怪我
生兵法は大怪我 436上
大阪
京の着倒れ大阪 203上
京の夢大阪の夢 203下
大所《おおどこ》
犬になるとも大 68上
大荷
大荷に小付 133上
大船
大船に乗ったよ 116上
大風呂敷
大風呂敷を広げ 116下
大水
大水を手でせく 342上
大家
犬になっても大 68上
陸《おか》(クガも見よ)
陸に上がった河 117上
大鋸屑《おがくず》
大鋸屑も言えば 117上
可笑しい
箸が転んでも可 476下
傍目《おかめ》
傍目八目 118上
苧殻《おがら》
餓鬼に苧殻 153下
小木《おぎ》
大木の下に小木 115下
翁
三歳の翁,百歳 273上
起きる
起きて半畳寝て 118下
転んでもただで 258下
子に臥し寅に起 462上
屋
屋上屋を重ねる 118下
置く(居く)
置かぬ棚を探す 117下
奇貨居くべし 191上
屋上
愛は屋上の烏に 4上
屋上屋を重ねる 118下
臆病
用心は臆病にせ 621下
送る
親の恩と水の恩 136下
親の恩は子で送 137上
小車
因果の小車 79下
桶屋
風が吹けば桶屋 161下
起す
寝た子を起す 461下
行う
言うは易く行う 41上
断じて行えば鬼 374上
起る
大事は小事より 347上
病は気より起る 609下
竜吟ずれば雲起 633上
奢る
奢る者は久しか 119上
収まる(収める,埋める)
狐之を埋めて狐 194上
西風と夫婦喧嘩 443下
元の鞘へ収める 594上
雄猿
たまたま事をす 369上

押し
一押し二金三男 54下
伯父
伯父が甥の草を 120上
惜しい
河豚は食いたし 526下
教える(教え)
負うた子に教え 113上
教えるは学ぶの 119下
三つ叱って五つ 570下
孟母三遷の教え 591上
押し倒す
甲張強くて家押 240下
惜しむ
一文惜しみの百 59下
和尚
衣ばかりで和尚 258上
怖じる
落武者は薄の穂 121上
蛇に嚙まれて朽 542下
盲蛇に怖じず 586下
押す
横車を押す 625上
遅い
大器は遅くなる 343上
恐れる
飢えた犬は棒を 80下
恐れ入谷の鬼子 120下
鳴神も桑原に恐 438上
船は水より火を 532下
痩せ馬鞭を恐れ 604下
恐ろしい
食べ物の恨みは 367下
おだてる(煽て)
煽てと畚には乗 120下
豚もおだてりゃ 529下
落武者
落武者は薄の穂 121上
落ち目
人は落ち目が大 510下
落ちる(堕ちる)
一葉落ちて天下 60上
馬から落ちて落 95上
落ちれば同じ谷 121下
木から落ちた猿 191下
猿も木から落ち 271上
棚から落ちた達 361上
問うに落ちず語 406上
仏頼んで地獄へ 550上
目から鱗が落ち 585上
善く泳ぐ者は溺 623上
お月さま
お月さまと鼈 386上
夫
若い時は親に従 112下
お天道さん
お天道さんが西 17上
男
一押し二金三男 54下
男の目には糸を 144下
男は三年に片頬 122下
男は敷居を跨げ 123上
男は度胸,女は 123下
男は妻から 123下
据膳食わぬは男 319下
彼岸過ぎての麦 498上
男心
男心と秋の空 142上
男伊達
男伊達より小鍋 122上
男やもめ
男やもめに蛆が 124下
落す
飛ぶ鳥を落す 416下
布施ない経に袈 527下
大人
子供は大人の鏡 252上
踊
踊三人見手八人 125上
雀百まで踊忘れ 323下
劣る
騏驎も老いては 208上
踊る
人の踊る時は踊 506上
笛吹けど踊らず 525上
驚く(驚かす)
驚き桃の木山椒 125下
草を打って蛇を 214上
同じ
同じ穴の狢 125下
同じ釜の飯を食 126上
鬼
偽りを言うと鬼 90下
鬼に金棒 127上
鬼に瘤を取られ 127下
鬼のいぬ間に洗 128上
鬼の霍乱 128下
鬼の首を取った 129上
鬼の目にも涙 129上
鬼も十八番茶も 129下
鬼も頼めば人食 130下
疑心暗鬼 193上
小姑一人は鬼千 246下
知らぬ神より馴 311下
昔のことを言う 578下
来年のことを言 630下
渡る世間に鬼は 650下
鬼瓦
鬼瓦にも化粧 126下
斧《おの》(ヨキも見よ)
蟷螂が斧 407下
己《おのれ》
己が田へ水を引 169下
叔母
春の雪と叔母の 494上
お萩
開いた口へお萩 2下
帯
帯に短し襷に長 131上
おぶう
おぶった子より 113下
溺れる
溺れる者は藁を 132上
策士策に溺れる 266上
善く泳ぐ者は溺 623上
重い
箸より重い物を 478下
思い
蟻の思いも天に 37下
薄氷を踏む思い 476上
思い立つ
思い立ったが吉 132下
思う
思い面瘡思われ 132上
思う子には旅を 183下
思う仲に垣を結 290上
思う念力岩をも 464下
彼岸が来れば団 498上

人を見たら泥棒　515上
糸瓜の皮とも思　541上
学びて思わざれ　561下
面瘡《おもくさ》
思い面瘡思われ　132上
面白
我が面白の人泣　645下
重荷
重荷に小付　133上
母屋
庇を貸して母屋　499下
親
牛の小便と親の　86上
産みの親より育　97下
親が死んでも食　133下
親苦労す，子は　134上
親の意見と冷酒　136上
親の因果が子に　136上
親の恩と水の恩　136下
親の恩は子で送　137上
親の心子知らず　137下
親の脛を齧る　138上
親の背でもただ　138上
親の七光　138下
親の物は子の物　139上
親はなくとも子　139下
親より先に死ぬ　140上
子供の喧嘩親か　251下
子供の喧嘩に親　252上
子供は親の背中　252下
子の心親知らず　253上
子を見ること親　259上
子を持って知る　259下
立っている者は　357下
若い時は親に従　112下
親子
親子の仲でも金　135上
遠き親子より近　408下
親孝行
親孝行と火の用　134下
親心
這えば立て，立　473上
親父
地震雷火事親父　287上
親擦れ
親擦れより友擦　135下
親不孝
親より先に死ぬ　140上
親まさり
筍親まさり　355上
泳ぐ
大魚は支流に泳　343下
善く泳ぐ者は溺　623上
及ぶ
愛は屋上の烏に　4上
過ぎたるは猶及　320下
折る
陰に居て枝を折　157上
末大なれば必ず　319下
大木は風に折ら　349下
七重の膝を八重　433上
花は折りたし梢　485下
一筋の矢は折る　503下
三たび肘を折っ　569上
終り
終りよければす　141上
始めあるものは　477下
恩
犬は三日飼えば　68下
親の恩と水の恩　136下
親の恩は子で送　137上
恩を仇で返す　147下
子を持って知る　259下
女
朝雨と女の腕ま　13上
男は度胸，女は　123下
女三界に家なし　142下
女三人寄れば姦　142下
女と白魚は子持　143上
女と坊主に余り　143下
女と俎板はなけ　144上
女の目には鈴を　144下
女は相身互い　145上
女は氏なくして　145下
女は髪容　146上
女は国のたいら　146下
犯罪の陰に女あ　494下
女心
女心と秋の空　142上
女やもめ
男やもめに蛆が　124下
おんぶ
おんぶに抱っこ　147上
陰陽師
陰陽師身の上知　105下

か

蚊
蚊虻に嶽を負わ　537下
貝
貝を以て巨海を　285下
怪
怪力乱神を語ら　150上
隗《かい》
隗より始めよ　149下
飼犬
飼犬に手を噛ま　148下
恢恢《かいかい》
天網恢恢疎にし　403下
会稽
会稽の恥をすす　160上
卵《かいご》（タマゴも見よ）
鶯の卵の中のほ　83上
買い言葉
売り言葉に買い　100下
海賊
海賊が山賊の罪　149上
開帳
蟻の開帳参り　38上
海路
待てば海路の日　560上
買う
酒買って尻切ら　266下
児孫のために美　289上
死馬の骨を買う　295上
若い時の苦労は　645上
飼う
犬は三日飼えば　68下
憎い鷹には餌を　441下
孫を飼うより犬　559上
返す
恩を仇で返す　147下
釘の裏を返す　211下
手の平を返す　397下
帰り
行き大名帰り乞　615上
顧みる

鹿を逐う者は兎 280下
蛙
井の中の蛙大海 72上
蛙の子は蛙 150下
蛙の面に水 151上
蛙は口ゆえに呑 151下
蛇に睨まれた蛙 543上
返る
悪事身に返る 11下
年寄れば愚に返 414下
覆水盆に返らず 526上
分別過ぎれば愚 537上
帰る
帰るには錦着て 243上
敵の家へ来ても 163下
花は根に鳥は古 486上
顔
顔で笑って心で 152上
顔に似ぬ心 152下
仏の顔も三度 551上
香り
香り松茸味しめ 153上
嬶《かか》
嬶はずすと六十 10下
鏡
子供は大人の鏡 252上
昔は今の鏡 579上
垣
思う仲に垣を結 290上
柿
青柿が熟柿弔う 5上
柿が赤くなると 153上
猿の柿笑い 270下
吝ん坊の柿の種 313下
桃栗三年柿八年 598上
餓鬼
餓鬼に苧殻 153下
餓鬼の断食 154上
餓鬼の目に水見 154下
餓鬼も人数 155上
蝸牛
蝸牛の角の争い 155下
限り
欲に限りなし 623下
欠く(欠ける)
画竜点睛を欠く 181上
義理と褌は欠か 206下
彩ずる仏の鼻を 264上
満つれば欠ける 571上
描《か》く(エガクも見よ)
絵に描いた地震 108上
絵に描いた餅 108下
水に絵を描く 566下
掻く
親の背でもただ 138上
学者
学者と大木にわ 155下
学者の取った天 156上
隠す
頭隠して尻隠さ 22下
色の白いは七難 75下
鼠捕る猫は爪隠 459下
能ある鷹は爪隠 465上
学問
田舎の学問より 67上
楽屋
楽屋で声を嗄ら 156下
霍乱《かくらん》
鬼の霍乱 128下
隠れ
紅は園生に植え 221下
陰(影)
暑さ忘れりゃ陰 26下
噂をすれば影 103上
陰では殿のこと 156下
陰に居て枝を折 157上
三尺下がって師 273下
犯罪の陰に女あ 494下
寄らば大樹の陰 628下
駆け出す
箸が転んでも可 476下
懸ける
盗みする子は憎 454上
籠
籠で水汲む 157下
駕籠
駕籠に乗る人担 158上
笠
門に入らば笠を 600下
夜目遠目笠の内 628上
若木の下で笠を 646上
傘
弁当忘れても傘 545上
暈《かさ》
日暈雨傘月暈日 496下
重ねる
屋上屋を重ねる 118下
飾る(飾り)
売物には花を飾 102上
枯木も山の飾り 183上
故郷へ錦を飾る 243上
下手こそ上手の 538上
火事
火事後の釘拾い 158下
火事後の火の用 158下
火事と喧嘩は江 159上
火事場の馬鹿力 159下
地震雷火事親父 287上
対岸の火事 342下
屁と火事は騒ぐ 541下
餓死
七度の餓死に遇 291上
賢い
賢い人には友が 159上
商売は道によっ 308上
姦《かしま》しい
女三人寄れば姦 142下
貸家
貸家貸して母屋 499下
頭《かしら》(アタマ,コウベも見よ)
鯛の尾より鰯の 348下
蚤の頭斧で割る 468下
齧《かじ》る
親の脛を齧る 138上
佳人
佳人薄命 500下
歌人
歌人は居ながら 160上
滓《かす》
選んで滓を摑む 109下
架す
屋上屋を架す 118下
貸す
庇を貸して母屋 499下
鎹《かすがい》
鎹思案 160下
子は鎹 253上

豆腐に鎹　406下
霞
霞に千鳥　160下
風
明日は明日の風　18下
網の目に風たま　35上
風が吹けば桶屋　161下
風は吹けど山は　162下
子供は風の子　252下
五風十雨　254上
大木は風に折ら　349下
風前の灯火　524上
分相応に風が吹　536下
柳は風に従う　606上
風邪
一に褒められ二　57上
風邪は万病の元　163上
苛政
苛政は虎より猛　161上
風折れ
柳に風折れなし　605上
稼ぐ
稼ぐに追いつく　162上
汚く稼いで清く　193下
数える
死んだ子の年を　316下
かた
百貫のかたに編　519下
堅い
堅い石から火が　163下
敵《かたき》（テキも見よ）
江戸の敵を長崎　107下
敵の家へ来ても　163下
金が敵　172上
疫病神で敵を取　601下
形
形は産めど心は　164上
蝸牛《かたつむり》
蝸牛の角争い　155下
片手
片手で錐はもま　164下
片頰
男は三年に片頰　122下
固まる
雨降って地固ま　36上
片回り
金と子供は片回　173下
形見分け
泣く泣くもよい　430上
傾く
地が傾いて舞が　280上
傍屋《かたや》
傍屋貸して母屋　499下
語り上手
語り上手聞下手　484下
語る
怪力乱神を語ら　150上
珍談も再び語れ　383下
問うに落ちず語　406上
敗軍の将兵を語　471上
勝
三十六計逃げる　274上
逃げるが勝　442下
負けるが勝　557下
徒歩《かち》
舟盗人を徒歩で　531下
火中
火中の栗を拾う　165上
勝つ
勝って兜の緒を　167下
勝てば官軍　169上
碁で負けたら将　249上
主と病には勝て　300下
相撲に勝って勝　327下
泣く子と地頭に　428下
寄る年波には勝　629上
鰹節
猫に鰹節　455上
担ぐ
駕籠に乗る人担　158上
渇する
渇して井戸を穿　166下
渇しても盗泉の　167上
河童
陸に上がった河　117上
河童に水練　168上
河童も一度は川　168下
屁の河童　542上
門《かど》（モンも見よ）
口は禍の門　217下
笑う門に福来る　651上
門田
朝酒は門田を売　14上
門松
門松は冥土の旅　170上
叶う
女と俎板はなけ　144上
叶わぬ時の神頼　221上
棒ほど願って針　547下
鼎《かなえ》
鼎の軽重を問う　170下
鉄兜《かなかぶと》
石部金吉鉄兜　163下
悲しい
生き別れは死に　44下
悲しい時の神頼　221上
悲しい時は身一　170下
悲しむ（悲しみ）
悲しみの中の喜　430下
狐死して兎悲し　194下
金槌
金槌の川流れ　171上
金棒
鬼に金棒　127上
蟹
蟹の甲より年の　179上
蟹は甲に似せて　171下
金
阿弥陀の光も金　34下
一押し二金三男　54下
江戸っ子は宵越　107上
金一升土一升　172上
金が敵　172上
金が金を儲ける　172下
金で面張る　173上
金と子供は片回　173下
金に糸目はつけ　174上
金の草鞋を履い　174上
金は三欠くに溜　174下
金は天下の廻り　175上
木は木，金は金　198上
地獄の沙汰も金　282上
時は金なり　410上
一つまさりの女　504上
人の情は金ある　508上
鐘（鉦）
鐘も撞木の当り　175上
太鼓を打てば鉦　344下

耳を掩いて鐘を 574下
金貸
昔の某,今の金 578下
金持
金持と灰吹は溜 175下
兼ねる
大は小を兼ねる 349上
下半身
下半身に人格は 76上
株
株を守りて兎を 211上
禍福
禍福は糾える縄 176上
兜
勝って兜の緒を 167下
壁
壁に耳 176下
黙り虫壁を通す 370下
鼠壁を忘る,壁 459上
果報
果報は寝て待て 177上
見目は果報の基 575上
釜
同じ釜の飯を食 126上
月夜に釜 386下
似合い似合いの 440上
女房と鍋釜は古 447上
鎌
秋の夕焼け鎌を 9上
神
神様にも祝詞 177下
神は正直の頭に 178上
神は人の敬うに 178下
神は自ら助くる 403上
触らぬ神に祟な 272下
知らぬが仏,見 311上
知らぬ神より馴 311下
捨てる神あれば 324下
所の神はありが 413上
七歳までは神の 433上
人盛んにして神 556上
仏千人神千人 550上
髪容
女は髪容 146上
剃刀
客と剃刀は立つ 198下
神頼み
苦しい時の神頼 221上
噛みつく
吠える犬は噛み 548上
雷
地震雷火事親父 287上
噛み分ける
酸いも甘いも噛 319上
かむ
鼻をかめと言え 487上
耳取って鼻をか 573下
噛む
飼犬に手を噛ま 148下
窮鼠猫を噛む 201上
煮ても焼いても 445上
蛇に噛まれて朽 542下
亀
一眼の亀浮木に 590下
亀の甲より年の 179上
鶴は千年,亀は 392下
鴨
鴨が葱を背負っ 179下
隣の貧乏は鴨の 415下
人の悪口は鴨の 509下
萱《かや》
千日の萱を一日 335下
痒《かゆ》い
沓を隔てて痒き 166上
通う
惚れて通えば千 555上
からい
塩売れば手がか 278下
辛い
山椒は小粒でも 274下
烏
愛は屋上の烏に 4上
後の烏が先にな 29上
鵜の真似する烏 94上
烏の行水 179下
烏を鵜に使う 180上
烏を鷺と言う 180下
権兵衛が種蒔き 261上
鷺と烏 265上
どこの烏も黒い 412上
闇夜に烏 612下
枯らす
根を断って葉を 463下
嗄らす
楽屋で声を嗄ら 156下
唐様
売家と唐様で書 100上
雁《かり》 →雁《がん》
借着
借着より洗い着 181上
狩人
窮鳥懐に入る時 201下
借りる(借る)
負わず借らずに 140下
借りる八合済す 182上
借る時の恵比寿 182下
虎の威を借る狐 418下
猫の手も借りた 458上
刈る
伯父が甥の草を 120上
千日に刈る萱も 335下
軽い
命は義によって 584上
鰈
夏座敷と鰈は縁 432上
枯木
枯木に花の咲く 183上
枯木も山の賑わ 183上
枯れる
一将功なりて万 62上
川(河)
浅い川も深く渡 13下
一樹の陰一河の 55下
海に千年河に千 97上
海のものとも川 98下
川立は川で果て 184下
提灯持川へはま 381下
百年河清を俟つ 518下
深い川は静かに 525下
皮
美しいも皮一重 93上
栄耀に餅の皮を 109下
皮を斬らせて肉 442下
虎は死して皮を 419上
腹の皮が張れば 491下
羊に虎の皮を着 501下
糸瓜の皮とも思 541上
可愛い(可愛さ)

可愛い子には旅　183下
可愛さ余って憎　184上
孫は子より可愛　558下
川口
川口で舟を破る　52上
裘《かわごろも》
千金の裘は一狐　332上
皮算用
捕らぬ狸の皮算　418上
川立
川立は川で果て　184下
川流れ
河童も一度は川　168下
金槌の川流れ　171上
革袋
新しい酒は新し　24上
川向かい
川向かいの火事　342下
瓦
瓦も磨けば玉と　185上
変る
相手変れど主変　3下
所変れば品変る　412下
棺
棺を蓋いて事定　189下
雁
後の雁が先にな　29上
雁が飛べば石亀　186上
雁は八百，矢は　188下
雁も鳩も食わね　189下
隣の貧乏は雁の　415下
棺桶
棺桶に片足を突　185下
考え
下手の考え休む　539下
勧学院
勧学院の雀は蒙　185下
閑居
小人閑居して不　305下
勘ぐり
下衆の勘ぐり　229下
官軍
勝てば官軍　169上
干城
二卵を以て干城　448上
勘定
勘定合って銭足　186下
邯鄲
邯鄲の夢　187上
元旦
一年の計は元旦　57下
竿頭
百尺竿頭一歩を　517上
艱難
艱難汝を玉にす　187下
堪忍
堪忍袋の緒が切　188上
ならぬ堪忍する　437下
芳《かんば》しい
栴檀は双葉より　334下
頑張り
後家の頑張り　244下
看板
看板に偽りなし　189上
足袋屋の看板で　366下
看病
一に看病二に薬　56下
冠
李下に冠を正さ　631下
甘露
待てば甘露の日　560上

き

木(樹)
一樹の陰一河の　55下
木から落ちた猿　191下
木七竹八塀十郎　192下
木で鼻をくくる　195上
木に竹を接ぐ　196上
木に縁りて魚を　196上
木は木，金は金　198上
木を見て森を見　209下
猿も木から落ち　271上
十年の計は樹を　302上
頼む木の下に雨　364上
豚もおだてりゃ　529下
実のなる木は花　572上
良禽は木を択ん　634下
気
気は心　198下
病は気から　609下
奇
事実は小説より　283下
義
義を見てせざる　209上
命は義によって　584上
消え去る
老兵は死なず，　641下
奇縁
合縁奇縁　1上
奇貨
奇貨居くべし　191上
雉子《きぎす》
焼野の雉子　602下
聞下手
話上手に聞下手　484下
菊
六日の菖蒲，十　577上
効く
牛の小便と親の　86上
親の意見と冷酒　136上
聞く
一を聞いて十を　60下
言わぬことは聞　78上
聞いて極楽見て　190下
聞くは一時の恥　192上
見ざる聞かざる　564下
見ると聞くとは　575下
山のことは樵に　611下
両方聞いて下知　635下
樵《きこり》
山のことは樵に　611下
刻む
舟に刻みて剣を　532上
雉《きじ》
足元から雉が立　19下
雉も鳴かずば打　193上
鬼子母神
恐れ入谷の鬼子　120下
鬼神
断じて行えば鬼　374上
疑心
疑心暗鬼　193上
疵(瑕)
毛を吹いて疵を　232上
脛に疵持てば笹　325下
玉に瑕　369下

着せる
石に布団は着せ 47上
狼に衣を着せた 114下
歯に衣着せぬ 487下
羊に虎の皮を着 501下
着倒れ
京の着倒れ大阪 203上
汚い
金持と灰吹は溜 175下
汚く稼いで清く 193下
指汚しとて切ら 618上
来《きた》る（クルも見よ）
去る者は追わず 271下
冬来りなば春遠 534上
我が亡き後に洪 647上
笑う門に福来る 651上
吉日
思い立ったが吉 132下
狐
狐之を埋めて狐 194上
狐死して兎悲し 194下
狐其の尾を濡ら 194下
千金の裘は一狐 332上
虎の威を借る狐 418下
一つ穴の狐 125下
衣
歯に衣着せぬ 487下
杵柄
昔取った杵柄 578上
昨日
昨日の淵は今日 196下
昨日は人の上， 21下
茸
茸採った山は忘 197下
木登り
蚯蚓の木登り 573上
気前
器量より気前 207下
決め込む
洞ヶ峠を決め込 554上
客
客と白鷺は立っ 198下
九死
九死に一生 199下
九仞
九仞の功を一簣 200上
窮する
窮すれば通ず 200下
梧鼠五技にして 247上
窮鼠
窮鼠猫を嚙む 201上
窮鳥
窮鳥懐に入れば 201下
牛刀
鶏を割くに焉ぞ 449上
虚
一犬虚に吠えれ 61下
毀誉
棺を蓋いて毀誉 189下
清い
汚く稼いで清く 193下
水清ければ魚棲 565下
水清ければ月宿 566上
京
田舎の学問より 67上
京に田舎あり 202下
京の着倒れ大阪 203上
京の夢大阪の夢 203下
強
弱肉強食 298下
柔はよく剛を制 303上
経
経も読まずに布 205上
釈迦に経 297下
習わぬ経は読め 438上
人の頼まぬ経を 507下
布施ない経に袈 527下
門前の小僧習わ 599下
今日
明日の百より今 20下
昨日の淵は今日 196下
今日は人の上， 21上
器用
器用貧乏 204下
尭
尭の子尭ならず 203上
京女
東男に京女 21下
強将
強将の下に弱兵 613下
狂人
狂人走れば不狂 202上
行水
烏の行水 179下
兄弟
兄弟は他人の始 202上
喬木
喬木風に破らる 349下
経文
牛に経文 85上
郷里
預言者郷里に容 624下
漁夫
漁夫の利 205下
清水
清水の舞台から 206上
嫌う
出物腫物ところ 398上
キリ
ピンからキリま 522上
錐
片手で錐はもま 164下
錐は嚢を通す 207上
立錐の余地もな 632下
霧
五里霧中 256下
義理
義理と褌は欠か 206下
器量
器量より気前 207下
麒麟
麒麟も老いては 208上
切る（斬る，伐る）
梅伐らぬ馬鹿桜 99上
酒買って尻切ら 266下
大根を正宗で切 345下
泣いて馬謖を斬 425上
肉を斬らせて骨 442下
指汚しとて切ら 618上
連木で腹切る 640上
着る
故郷へは錦を着 243上
綺麗
綺麗な花は山に 208下
切れる
堪忍袋の緒が切 188上
金
朝の果物は金 16上

沈黙は金 384上
銀
沈黙は金,雄弁 384上
金銀
金銀は回り持ち 175上
金言
金言耳に逆らう 210上
吟ずる
竜吟ずれば雲起 633上
金銭
親子の仲でも金 135上

く

苦
苦は楽の種 218下
発句苦になる馬 549下
楽あれば苦あり 631上
愚
年寄れば愚に返 414下
分別過ぎれば愚 537上
杭
出る杭は打たれ 399上
箸にも杭にもか 476下
食い気
色気より食い気 75上
株《くいぜ》
株を守りて兎を 211上
食い倒れ
京の着倒れ大阪 203上
食いつく
なぶれば兎も食 435上
食い物
食い物の恨みは 367下
食う
旨い物は宵に食 95上
梅は食うとも核 99下
絵に描いた餅は 108下
大きな魚が小さ 115上
同じ釜の飯を食 126上
鬼も頼めば人食 130下
女と白魚は子持 143上
雁も鳩も食わね 189下
食わぬ飯が髭に 222上
塩辛食おうと水 279上
自慢の糞は犬も 296下
据膳食わぬは男 319下
鯛も平目も食っ 351上
蓼食う虫も好き 359下
手飼の犬に手を 148下
鳥食うともどり 420上
七皿食うて鮫臭 433下
煮ても焼いても 445上
鳩が豆鉄砲を食 483下
一人口は食えぬ 530上
夫婦喧嘩は犬も 524下
河豚は食いたし 526下
武士は食わねど 527下
弁当持先に食わ 544下
夢に饅頭を食う 618下
陸《くが》(オカも見よ)
魚の陸に上るご 82上
釘
火事後の釘拾い 158下
釘の裏を返す 211下
出る釘打たれる 399上
糠に釘 451上
くくる
木で鼻をくくる 195上
縊《くく》る
人参呑んで首縊 450上
愚公
愚公山を移す 211下
草
伯父が甥の草を 120上
草を打って蛇を 214上
踏まれた草にも 533上
身過ぎは草の種 565上
臭い(臭き)
息の臭きは主知 43下
臭い物に蠅 212上
臭い物に蓋 212下
臭い者身知らず 43下
七皿食うて鮫臭 433下
腐り縄
腐り縄にも取り 213下
腐る
腐っても鯛 213上
流れる水は腐ら 427上
孔子《くじ》(コウシも見よ)
孔子の倒れ 214下
愚者
愚者にも一得 213下
九十九里
百里の道は九十 519下
鯨
蟻が鯛なら芋虫 37上
鰯網で鯨捕る 76下
鯨に鯱 215上
鯨も魚,白魚も 215下
くじる
生き馬の目をく 43上
死ねがな目くじ 294上
楠
灯心で楠の根掘 404下
医師《くすし》
病治りて医師忘 609上
くすね
手ぐすね引く 395上
薬
姉女房は身代の 31下
一に看病二に薬 56下
薬九層倍 215下
薬より養生 216上
毒にも薬にもな 411下
年が薬 413下
惚れた病に薬な 554下
鑢と薬の飲み違 604下
病治りて薬忘れ 609上
曲者
恋は曲者 236上
糞
運がよけりゃ牛 103下
転べば糞の上 257下
自慢の糞は犬も 296下
味噌も糞も一緒 568下
九層倍
薬九層倍 215下
糞勝ち
先勝ちは糞勝ち 264下
下さる
下さる物は夏で 598下
くたびれ儲け
骨折り損のくた 552下
果物
朝の果物は金 16上
下り
上り一日下り一 467下

下り坂
我がことと下り 646下
口
開いた口がふさ 2下
開いた口へ牡丹 2下
蛙は口ゆえに呑 151下
敵の家へ来ても 163下
口には関所がな 216下
口に蜜,心に針 216下
口八丁手八丁 217上
口は禍の門 217下
死人に口なし 293上
天に口なし人を 402上
虎狼より人の口 417下
人の口に戸は立 506下
目は口ほどに物 589上
病は口から入り 609下
良薬口に苦し 636上
駆逐
悪貨は良貨を駆 25下
漱《すす》ぐ
石に漱ぎ流れに 46下
くちなわ
くちなわ生殺し 543上
朽縄
蛇に嚙まれて朽 542下
觜《くちばし》
鶏の觜となると 225下
唇
物言えば唇寒し 596上
沓《くつ》
沓を隔てて痒き 166上
覆《くつがえ》る
前車の覆るは後 333上
国
女は国のたいら 146下
国に入りては国 240上
国破れて山河あ 218上
九年
面壁九年 589下
桃栗三年柿八年 598上
首
鰯の首も信心か 77上
鬼の首を取った 129上
人参呑んで首縊 450上
猫の首に鈴 457上
真綿で首締める 562上
首枷
子は三界の首枷 253下
首縊り
首縊りの足を引 219上
首引き
朝比奈と首引き 17下
首振り
首振り三年ころ 219上
九分
人の心は九分十 507上
窪い
窪い所に水溜る 219下
窪む
雨垂れに石窪む 33下
踏めば窪む 534上
熊鷹
欲の熊鷹股裂け 623下
熊野
蟻の熊野参り 38上
汲む
籠で水汲む 157下
流れを汲みて源 427上
雲
雲泥の差 104下
竜吟ずれば雲起 633上
悔しい
開けて悔しき玉 13上
蔵
下戸の建てたる 228下
盗人に蔵の番 452下
針を蔵に積む 493上
暗い(罔い)
灯台下暗し 405上
学びて思わざれ 561下
夜明け前が一番 620上
食らう
座して食らえば 269上
毒食わば皿まで 410下
水母《くらげ》
水母も骨に会う 220上
暮す
汚く稼いで清く 193下
暗闇
暗闇の恥を明る 220下
栗
火中の栗を拾う 165上
桃栗三年柿八年 598上
九里
船姿三里帆姿九 531上
繰り返す
歴史は繰り返す 639下
来《く》る(キタルも見よ)
呆れが礼に来る 9下
朝の来ない夜は 16下
苦しい
苦しい時の神頼 221上
車
因果は巡る車の 79下
前車の覆るは後 333上
針とる者は車と 492下
横車を押す 625上
暮
朝三暮四 380上
朝令暮改 382下
紅《くれない》(ベニも見よ)
紅は園生に植え 221下
柳は緑,花は紅 606下
くれる
春の日と継母は 494上
暮れる
日暮れて道遠し 498下
夜道に日は暮れ 627上
黒(黒い)
白を黒と言う 313下
どこの烏も黒い 412上
苦労
親苦労す,子は 134上
若い時の苦労は 645上
黒豆
這っても黒豆 482下
食わす
秋茄子は嫁に食 7下
旨いもの食わす 94下
桑名
その手は桑名の 340下
桑原
鳴神も桑原に恐 438上
君子
君子危うきに近 222上
君子に二言なし 222下
君子は必ずその 306上

君子豹変す 223上
群盲
群盲象を撫でる 223下

け

毛
九牛の一毛 199下
結構毛だらけ猫 230下
毛を吹いて疵を 232上
譬えに嘘なし坊 360下
計
一年の計は元旦 57下
敬
神は人の敬によ 178下
芸
芸は道によって 308下
芸は身を助ける 226下
鷹は水に入りて 352下
早飯も芸のうち 490上
鯨飲
鯨飲馬食 224下
稽古
稽古に神変あり 226上
しくじるのは稽 281上
傾城
傾城買いの糠味 310上
軽重
鼎の軽重を問う 170下
兄弟《けいてい》
兄弟親しまざる 202上
桂馬
桂馬の高上がり 227上
怪我
危ないことは怪 32下
怪我と弁当は自 227上
怪我の功名 227下
生兵法は大怪我 436上
酔どれ怪我をせ 620下
下戸
下戸の肴荒らし 228上
下戸の建てたる 228下
袈裟
布施ない経に袈 527下
坊主憎けりゃ袈 546下
下知
両方聞いて下知 635下
化粧
鬼瓦にも化粧 126下
下衆
下衆の後知恵 229上
下衆の一寸のろ 470下
下衆の勘ぐり 229下
下衆の話下へ回 230上
削り屑
水晶の削り屑 318下
削る
鎬を削る 294下
下駄
下駄を預ける 230上
仏も下駄も同じ 552上
外題
流行る芝居は外 490上
けちん坊
けちん坊の柿の 313下
結構
結構毛だらけ猫 230下
煙
馬鹿と煙は高い 473上
人と煙草の善し 504下
火のない所に煙 515下
螻蛄《けら》
螻蛄の水渡り 231上
螻蛄腹立てれば 231下
剣《けん》(ツルギも見よ)
十年一剣を磨く 301下
ペンは剣より強 545上
喧嘩
相手のない喧嘩 3下
後の喧嘩先です 29下
火事と喧嘩は江 159上
喧嘩過ぎての棒 233上
喧嘩両成敗 233下
子供の喧嘩親か 251下
子供の喧嘩に親 252上
元気
亭主は元気で留 393下
乾坤
乾坤一擲 234上
健全
健全なる精神は 234下

こ

子
熱火を子に払う 27上
老いては子に従 112下
負うた子に教え 113上
負うた子より抱 113下
負うた子を三年 114上
親苦労す,子は 134上
親の因果が子に 136上
親の恩は子で送 137上
親の心子知らず 137下
親の物は子の物 139上
親はなくとも子 139下
負わず借らずに 140下
蛙の子は蛙 150下
可愛い子には旅 183下
尭の子尭ならず 203上
子の心親知らず 253上
子は鎹 253上
子は三界の首枷 253下
子故の闇に迷う 256上
子を見ること親 259上
子を持って知る 259下
子を持てば七十 260上
死んだ子の年を 316下
捨てる子も軒の 325下
千金の子は市に 332下
袖の下回る子は 338下
足らず余らず子 373上
父父たり子子た 376上
ない子では泣か 424下
泣く子と地頭に 428下
泣く子も黙る 429上
泣く子も目を見 429上
盗みする子は憎 454上
寝た子を起す 461下
孫は子より可愛 558下
三つ叱って五つ 570下
持つべきものは 593下
元も子も失う 596上
呉
呉越同舟 242上
碁
碁で負けたら将 249上

恋
恋に上下の隔て 235上
恋の山にはくじ 215上
恋は曲者 236上
恋は思案の外 76上
鯉
鯉の滝登り 235下
俎板の鯉 561上
濃い
血は水より濃し 377下
功
一将功なりて万 62上
九仞の功を一簣 200上
藪に功の者 607下
甲
蟹は甲に似せて 171下
亀の甲より年の 179上
行
千里の行も足下 337上
劫
亀の甲より年の 179上
乞う
若き時の辛どは 645上
剛
柔よく剛を制す 303上
郷
郷に入っては郷 240上
光陰
光陰矢の如し 236下
後悔
後悔先に立たず 237上
紅顔
朝に紅顔あって 18下
孝経
孝経を読んで母 237下
攻撃
攻撃は最大の防 237下
巧言
巧言令色鮮し仁 238上
膏肓
病膏肓に入る 608下
鴻鵠《こうこく》
燕雀安んぞ鴻鵠 110上
高座
下手の長談義高 540上
孔子《こうし》(クジも見よ)
孔子も時に遇わ 239上
孝子
家貧しくして孝 42上
好士
一人の好士より 513下
好事
好事魔多し 238下
好事門を出でず 10下
洪水
我が亡き後に洪 647上
高ずる
寵愛高じて尼に 379下
理の高ずれば非 632下
小唄
引かれ者の小唄 497上
強敵
油断強敵 617下
強盗
娘の子は強盗八 581上
鸛《こうのとり》
掃溜めに鸛 475上
甲張
甲張強くて家押 240下
頭《こうべ》(アタマ,カシラも見よ)
神は正直の頭に 178上
弘法
弘法筆を選ばず 241上
弘法も筆の誤り 241下
高木
高木風に折られ 349下
功名
怪我の功名 227下
孔明
死せる孔明生け 288上
蝙蝠
蝙蝠も鳥のうち 241下
鳥なき里の蝙蝠 421上
紺屋《こうや》 →紺屋《こんや》
膏薬
二股膏薬 529上
理屈と膏薬はど 632上
声
楽屋で声を嗄ら 156下
声なくして人を 242下
肥
彼岸過ぎての麦 498上
肥える
天高く馬肥える 401下
氷
薄き氷を踏む 476上
氷にちりばめ水 566下
夏の虫氷を笑う 432下
木陰
暑さ過ぐれば木 26下
焦がす
鳴かぬ蛍が身を 426上
小刀
小刀に鐔 1下
五技
梧鼠の五技 247上
呼吸
阿吽の呼吸 5上
故郷
故郷へ錦を飾る 243上
故郷忘じ難し 243下
こく
死に馬が屁をこ 292下
極楽
聞いて極楽見て 190下
知らぬが仏,見 311上
信心過ぎて極楽 316上
他人の念仏で極 363上
寝る間が極楽 463上
こくる
木で鼻をこくる 195上
苔
転石苔を生ぜず 401上
後家
後家の踏ん張り 244下
二十後家は立つ 480下
こける
こけても土 258下
心
頭剃るより心を 23上
以心伝心 50下
魚心あれば水心 81上
親の心子知らず 137下
顔で笑って心で 152上
顔に似ぬ心 152下
形は産めど心は 164上
気は心 198下

口に蜜,心に針 216下
子の心親知らず 253上
人の心は九分十 507上
人は見目より只 512下
襤褸は着てても 555下
綿に針を包む心 649下
志
燕雀安んぞ鴻鵠 110上
小魚
高い舟借りて安 351下
虎子
虎穴に入らずん 244上
乞食
慌てる乞食は貰 40上
親苦労す,子は 134上
乞食も場所 245上
乞食を三日すれ 245下
三人旅の一人乞 276下
餅は乞食に焼か 592上
行き大名帰り乞 615上
五十歩
五十歩百歩 246上
五尺
舌三寸の囀りに 289下
五十
明日の百より今 20下
小姑
小姑一人は鬼千 246下
五升
一升の餅に五升 63上
梢
花は折りたし梢 485下
梧鼠
梧鼠の五技 247上
小僧
門前の小僧習わ 599下
五臓
夢は五臓の煩い 618下
小袖
貰う物は夏でも 598下
ご存じ
芋の煮えたもご 74上
子沢山
貧乏人の子沢山 523上
こちら
あちらを立てれ 25下
小付
重荷に小付 133上
骨肉
骨肉の争い 248上
小粒
山椒は小粒でも 274下
コップ
コップの中の嵐 248下
言葉
売り言葉に買う 100下
言葉多きは品少 249上
言葉は身の文 249下
子供
金と子供は片回 173下
子供叱るな来た 250上
子供好きは子供 250下
子供に優る宝な 251上
子供の喧嘩親か 251下
子供の喧嘩に親 252上
子供は大人の鏡 252上
子供は親の背中 252下
子供は風の子 252下
諺
牛の鞦と諺とは 86下
理
言わねば理も聞 78上
小鍋
男伊達より小鍋 122上
木の葉
石が流れて木の 46上
好む
英雄色を好む 105上
拒む
去る者は追わず 271下
小判
小判で面張る 173上
猫に小判 455下
猫に木天蓼お女 456上
瘤
鬼に瘤を取られ 127下
目の上の瘤 588下
五分
一寸の虫にも五 64下
小袋
小娘と小袋 255下
拳
笑顔に当る拳は 105下
小坊主
小坊主一人に天 254下
古木
古木に花の咲く 183上
こぼす
爪で拾って箕で 390上
こぼれる
十分はこぼれる 302下
駒
瓢箪から駒 520下
ごまめ
ごまめの歯ぎし 255上
ごみ溜め
ごみ溜めに鶴 475上
小娘
小娘と小袋 255下
米
いつも月夜に米 66下
子持
女と白魚は子持 143上
肥し
座禅組むより肥 269上
こらえる
こらえ袋の緒が 188上
懲りる
羹に懲りて膾を 27下
難産色に懲りず 439上
焼面火に懲りず 602下
凝る
凝っては思案に 247下
ころ
首振り三年ころ 219上
転がる
転がる石に苔つ 401上
殺す
窮鳥懐に入れば 201下
小の虫を殺して 307上
寸鉄人を殺す 329上
角を矯めて牛を 389上
百人を殺さねば 518上
転ぶ
転ばぬ先の杖 257上
転べば糞の上 257下
転んでもただで 258下
大木は転べども 350上

箸が転んでも可 476下
衣
狼に衣 114下
衣ばかりで和尚 258上
コロンブス
コロンブスの卵 258下
怖い
赤信号皆で渡れ 7上
食い物の恨みは 367下
混淆
玉石混淆 205下
根性
三つ子の根性百 570上
今度
今度と化物見た 260上
蒟蒻
蒟蒻の幽霊 260下
権兵衛
権兵衛が種蒔き 261上
紺屋
紺屋の明後日 261下
紺屋の白袴 262上

さ

差
雲泥の差 104下
骰子《さい》
骰子は投げられ 638下
塞翁
人間万事塞翁が 449下
災害
災害は忘れた頃 262下
細工
細工は流々仕上 263上
細工貧乏人宝 204下
歳月
歳月人を待たず 263下
才子
才子多病 263下
彩ずる
彩ずる仏の鼻を 264上
催促
ある時払いの催 39上
才槌
才槌で庭掃く 388上
囀る(囀り)
勧学院の雀は蒙 185下
舌三寸の囀りに 289下
棹
流れに棹さす 426下
櫓三年に棹八年 643上
逆さ(逆さま)
びいどろを逆さ 495下
水は逆さまに流 567上
探す
負うた子を三年 114上
置かぬ棚を探す 117下
金の草鞋を履い 174上
七度探して人を 434上
一つまさりの女 504上
杯
杯中の蛇影 472上
魚《さかな》(ウオも見よ)
大きな魚が小さ 115上
鯨も魚,白魚も 215下
釣った魚に餌は 389上
釣り落した魚は 391下
餅は乞食に焼か 592上
肴荒らし
下戸の肴荒らし 228上
逆らう
金言耳に逆らう 210上
盛り(盛ん)
凡夫盛んにして 556上
若い時は親に従 112下
下がる
三尺下がって師 273下
先
後の雁が先にな 29上
後の喧嘩先です 29下
先は野となれ山 30下
弁当持先に食わ 544下
鷺
烏を鷺と言う 180下
鷺と烏 265上
闇夜に烏雪に鷺 612下
先勝ち
先勝ちは糞勝ち 264下
先立つ
親に先立つは不 140上
先んずる
先んずれば人を 265下
作
五風十雨は作が 254上
咲く
煎豆に花の咲く 74下
枯木に花の咲く 183上
綺麗な花は山に 208下
死花を咲かす 293上
死んで花実が咲 317上
踏まれた草にも 533上
割く
鶏を割くに焉ぞ 449上
策士
策士策に溺れる 266上
桜
梅伐らぬ馬鹿桜 99上
桜は花に顕れる 266下
探《さぐ》る
痛くもない腹を 52下
酒
新しい酒は新し 24上
酒買って尻切ら 266下
酒の酔本性忘れ 267上
酒は憂いを掃う 267下
酒は百薬の長 268上
とかく浮世は色 409上
友と酒は古いほ 417上
人酒を飲む,酒 503上
裂ける
欲の熊鷹股裂け 623下
避ける
断じて行えば鬼 374上
雑魚
雑魚の魚交じり 268下
笹原
脛に疵持てば笹 325下
さざれ石
さざれ石の巌と 45下
刺す
牛の角を蜂が刺 87上
寸鉄人を刺す 329上
泣く面を蜂が刺 427下
座する
座して食らえば 269上
座禅
座禅組むより肥 269上

沙汰
地獄の沙汰も金 282上
定まる
棺を蓋いて事定 189下
定め
会う者は別れる 4下
札束
札束で面を張る 173上
さっち
にっちもさっち 444下
里
産みの親より里 97下
寺から里 398下
鳥なき里の蝙蝠 421上
砂糖
餅に砂糖 592上
核
梅は食うとも核 99下
鯖
鯖の生き腐り 269下
錆
身から出た錆 564上
寒い(寒さ)
暑さ寒さも彼岸 26上
物言えば唇寒し 596上
さむらい
さむらい食わね 527下
鮫
七皿食うて鮫臭 433下
鞘
元の鞘へ収める 594上
皿
皿嘗めた猫が科 270上
毒食わば皿まで 410下
目を皿 589上
さらわれる
鳶に油揚さらわ 423下
猿
木から落ちた猿 191下
犬猿の仲 232下
猿の尻笑い 270下
猿も木から落ち 271上
去る
一難去ってまた 56上
去る者は追わず 271下
去る者は日々に 272上
煩悩の犬は追え 555下
笊
笊で水汲む 157下
猿似
他人の猿似 362下
さるもの
敵もさるもの引 394下
騒ぐ
屁と火は元から 541下
触る
触らぬ神に崇な 272下
見るに目の欲触 576上
三
一押し二金三男 54下
一に褒められ二 57上
一富士二鷹三茄 58下
山河
国破れて山河あ 218上
三界
女三界に家なし 142下
子は三界の首枷 253下
三欠く
金は三欠くに溜 174下
三軒
向う三軒両隣 581上
三歳
三歳の翁,百歳 273上
三尺
三尺下がって師 273下
三十
三十振袖四十島 273下
二十後家は立つ 480下
彼岸過ぎての麦 498上
三十六計
三十六計逃げる 274上
山椒
驚き桃の木山椒 125下
山椒は小粒でも 274下
三寸
板三寸下は地獄 53上
三寸の見直し 275下
舌三寸の囀りに 289下
のろまの一寸馬 470下
三絶
韋編三絶 73上
三遷
孟母三遷 591上
山賊
海賊が山賊の罪 149上
三代目
売家と唐様で書 100上
山茶
鬼も十八山茶も 129下
三度
三度の飢餓に遇 291上
三度目の正直 276上
二度あることは 445上
仏の顔も三度 551上
三人
踊三人見手八人 125上
負わず借らずに 140下
女三人寄れば姦 142下
三人旅の一人乞 276下
三人寄れば文殊 277上
足らず余らず子 373上
三年
石の上にも三年 47下
犬は三日飼えば 68下
負うた子を三年 114上
男は三年に片頬 122下
首振り三年ころ 219上
乞食三日すれば 245下
七年の病に三年 291下
天井三日底三年 400上
人の痛みは三年 505上
桃栗三年柿八年 598上
櫓三年に棹八年 643上
禍も三年経てば 649上
三杯
居候三杯目には 51上
いやいや三杯 74下
三百
婆育ちは三百安 487下
三分
一升徳利こけて 62下
盗人にも三分の 452上
三歩
三歩下がって師 273下
鶏は三歩歩くと 448下
三本
雁は八百,矢は 188下
秋刀魚

　秋刀魚が出ると　278上
三文
　早起きは三文の　489上
算用
　算用合って銭足　186下
　鼠の子算用　460上
三里
　船形三里帆形七　531上

し

四
　一に褒められ二　57上
師
　三尺下がって師　273下
詩
　詩を作るより田　314上
地《じ》(チも見よ)
　雨降って地固ま　36上
　地が傾いて舞が　280上
仕上げ
　細工は流々仕上　263上
思案
　色は思案の外　76上
　鎹思案　160下
　凝っては思案に　247下
　下手の思案は休　539下
塩
　青菜に塩　5下
　塩売れば手がか　278下
　蛞蝓に塩　436下
塩辛
　塩辛食おうと水　279上
鹿
　鹿逐う猟師山を　279下
　鹿待つところの　280下
　鹿を逐う者は兎　280下
　中原に鹿を逐う　378上
四角
　丸い卵も切りよ　562上
叱る
　子供叱るな来た　250上
　三つ叱って五つ　570下
敷居
　男は敷居を跨げ　123上
食《じき》休み
　親が死んでも食　133下
しくじる
　しくじるのは稽　281上
事件
　事件の裏に女あ　494下
地獄
　板子一枚下は地　53上
　聞いて極楽見て　190下
　地獄で仏　281下
　地獄の沙汰も金　282上
　仏頼んで地獄へ　550上
しし
　向かうししに矢　577下
死屍
　死屍に鞭打つ　286上
獅子
　獅子窟中に異獣　282下
　獅子身中の虫　283上
　獅子の分け前　284下
　獅子は兎を撃つ　284下
事実
　事実は小説より　283下
蜆貝
　蜆貝で海を換え　285下
死者
　死者に鞭打つ　286上
四十
　三十振袖四十島　273下
　四十過ぎての道　286下
四十八癖
　なくて七癖あっ　429下
支証
　支証の出し遅れ　308下
師匠
　和歌に師匠なし　647上
地震
　絵に描いた地震　108上
　地震雷火事親父　287上
　地震の時は竹藪　287下
静か
　深い川は静かに　525下
沈む
　石が流れて木の　46上
死する →死ぬ
時節
　物には時節　597上
地蔵
　借る時の地蔵顔　182下
　地獄で地蔵に逢　281下
　地蔵の顔も三度　551上
士族
　士族の商法　288下
子孫
　子孫に美田を残　289上
し損ずる
　急いては事をし　330上
下《した》(シモも見よ)
　下いびりの上諂　289上
　袖の下回る子は　338下
　桃李もの言わざ　407上
　柳の下にいつも　605下
舌
　嘘をつくと閻魔　90下
　舌三寸の囀りに　289下
　舌を二枚使う　446下
　出すものは舌を　356上
辞退
　猫の魚辞退　457上
次第送り
　洟垂れ小僧も次　485上
従う
　老いては子に従　112下
　郷に入っては郷　240上
　水は方円の器に　567上
　柳は風に従う　606上
下地
　見目は果報の下　575上
親しい
　親しき仲にも礼　290上
したし物
　羹に懲りてした　27下
じたばた
　じたばたしても　290下
地団駄
　雁が飛べば石亀　186上
七尺
　七尺去って師の　273下
七十五
　子を持てば七十　260上
七十五日
　初物七十五日　483上
　人の噂も七十五　505下

七度《しちど》(ナナタビも見よ)
　七度の餓死に遇 291上
七難
　色の白いは七難 75下
七人
　男は敷居を跨げ 123上
七年
　七年の餓死に遇 291上
　七年の病に三年 291下
七里
　船形三里帆形七 531上
実《じつ》
　一人虚を伝ゆれ 62上
十歳
　十歳の翁,百歳 273上
十死
　十死に一生 199下
失敗
　失敗は成功の基 292上
十匹
　姉姑は鬼千匹に 246下
地頭
　泣く子と地頭に 428下
自得
　自業自得 281下
品
　言葉多きは品少 249上
　所変れば品変る 412下
死に馬
　死に馬が屁をこ 292下
死花
　死花を咲かす 293上
死に別れ
　生き別れは死に 44下
死人
　死人に口なし 293上
死ぬ(死する)
　生き恥かくより 44上
　親が死んでも食 133下
　親より先に死ぬ 140上
　狐死して兎悲し 194下
　狡兎死して良狗 239下
　死しての長者よ 284上
　死せる孔明生け 288上
　死ぬ死ぬと言う 293下
　死ねがな目くじ 294上
　死んだ子の年を 316下
　死んで花実が咲 317上
　千金の子は市に 332下
　鷹は死ぬれど穂 352上
　虎は死して皮を 419上
　馬鹿は死ななき 474上
　百足は死んでも 579下
　老兵は死なず, 641下
鎬
　鎬を削る 294下
死馬
　死馬の骨を買う 295上
芝居
　芝居は無学の早 294下
　流行る芝居は外 490上
芝生
　隣の芝生 414下
四百四病
　四百四病より貧 295下
渋柿
　渋柿が熟柿に成 296上
自分
　怪我と弁当は自 227上
慈母
　慈母に敗子あり 296下
島
　とりつく島もな 420下
　鳥なき島の蝙蝠 421上
島田
　三十振袖四十島 273下
自慢
　自慢の糞は犬も 296下
しめじ
　香り松茸味しめ 153上
締める
　勝って兜の緒を 167下
　真綿で首締める 562上
四面
　四面楚歌 297上
下《しも》(シタも見よ)
　下衆の話下へ回 230上
霜
　雪の上に霜 616上
蛇《じゃ》(ヘビも見よ)
　鬼も十八蛇も二 130上
　蛇の道は蛇 299上
釈迦
　釈迦に説教 297下
弱
　弱肉強食 298下
　柔はよく剛を制 303上
杓子
　杓子は耳掻きに 298上
　猫も杓子も 458下
弱卒
　勇将の下に弱卒 613下
芍薬
　立てば芍薬座れ 360上
雀羅
　門前雀羅を張る 599下
じゃこ
　じゃこの魚交じ 268下
鯱《しゃちほこ》
　鯨に鯱 215上
沙弥
　沙弥から長老 299下
朱《しゅ》(アケも見よ)
　朱に交われば赤 304上
主《しゅう》(ヌシも見よ)
　主と病には勝て 300下
十
　一を聞いて十を 60下
柔
　柔よく剛を制す 303上
臭骸
　男女の淫楽は互 374下
十七
　鬼も十七 130上
　十七八は藪力 299下
　姑の十七見た者 300上
十層倍
　手出し十層倍 396下
舅
　甥の草を舅が刈 120上
姑
　姑の十七見た者 300上
　麦と姑は踏むほ 580上
　嫁が姑になる 627下
十難
　色の白きは十難 75下
　人の十難より我 507上
十人

十人十色 301上
一人の文殊より 513下
十年
十年一剣を磨く 301下
十年の餓死に遇 291上
十年の計は樹を 302上
重箱
重箱の隅をつつ 302下
擂粉木で重箱を 328上
十八
鬼も十八番茶も 129下
姑の十八 300上
十八年
桃栗三年柿八年 598上
十分《じゅうぶ》
人の心は九分十 507上
十分《じゅうぶん》
十分はこぼれる 302下
衆盲
衆盲象を模す 223下
熟柿
青柿が熟柿弔う 5上
渋柿が熟柿に成 296上
衆生
縁なき衆生は度 110下
主人
犬は主人を忘れ 68下
出家
出家の念仏嫌い 303下
出藍
出藍の誉れ 7上
撞木
鐘も撞木の当り 175上
駿馬
駿馬痴漢を乗せ 304下
小
小の虫を殺して 307上
大は小を兼ねる 349上
将
将を射んと欲せ 309上
二卵を以て干城 448上
敗軍の将兵を語 471上
背負《しょ》う
鴨が葱を背負っ 179下
正月
寝るが正月 463上
目の正月 588下
将棋
碁で負けたら将 249上
上下
恋に上下の隔て 235上
証拠
証拠の出し遅れ 308下
論より証拠 644上
上戸
腹立ち上戸ねち 491上
小事
大事の前の小事 346下
大事は小事より 347上
障子
壁に耳あり障子 176下
正直
神は正直の頭に 178上
三度目の正直 276上
正直の儲けは身 305上
正直者が馬鹿を 305下
小人
小人閑居して不 305下
上手
上手の手から水 306上
好きこそものの 320下
早い者に上手な 488下
下手こそ上手の 538上
生ずる
転石苔を生ぜず 401上
小説
事実は小説より 283下
嘗胆
臥薪嘗胆 159下
冗談
冗談にも程があ 306下
少年
少年よ大志を抱 307上
定の目
三度目は定の目 276上
勝敗
勝敗は時の運 308上
商売
商売は道によっ 308上
勝負
勝負は時の運 308上
相撲に勝って勝 327下
小便
牛の小便と親の 86上
蛙の面へ小便 151上
商法
士族の商法 288下
証文
証文の出し遅れ 308下
庄屋
犬になるなら庄 68上
諸葛
死せる諸葛生け 288上
食
弱肉強食 298下
食なき者は職を 309下
蜀
隴を得て蜀を望 642上
職
食なき者は職を 309下
所帯
姉女房は所帯の 31下
諸病
諸病は気より起 609下
女郎
女郎買いの糠味 310上
猫に木天蓼お女 456上
白魚
女と白魚は子持 143上
鯨も魚,白魚も 215下
白鷺
客と白鷺は立っ 198下
白骨
他人の飯には白 363下
尻
頭隠して尻隠さ 22下
頭でっかち尻つ 23下
釘の尻を返す 211下
酒買って尻切ら 266下
猿の尻笑い 270下
尻に火 312上
尻に目薬 312下
屁をひって尻つ 543下
鞦
牛の鞦と諺とは 86下
支流
大魚は支流に泳 343下
汁

汁を吸うても同　313上
知る
息の臭きは主知　43下
衣食足りて礼節　49下
一文惜しみの百　59下
一葉落ちて天下　60上
一を聞いて十を　60下
井の中の蛙大海　72上
海のものとも山　98下
易者身の上知ら　105下
燕雀安んぞ鴻鵠　110上
親の心子知らず　137下
歌人は居ながら　160上
雁も鳩も食わね　189下
子供好きは子供　250下
子の心親知らず　253上
子を持って知る　259下
知らしむべから　310下
知らぬが仏　311上
知らぬ神より馴　311下
知らぬは亭主ば　312上
酸いも甘いも知　319上
鯛も平目も食っ　351上
天知る地知る我　400下
流れを汲みて源　427上
故きを温ね新し　535下
実のなる木は花　572上
論語読みの論語　643下
我が身をつねっ　648上
しるし
雪は豊年のしる　617上
城
人は石垣，人は　510上
白(白い)
色の白いは七難　75下
白を黒と言う　313下
白袴
紺屋の白袴　262上
代物
代物には花を飾　102上
吝ん坊
吝ん坊の柿の種　313下
神
怪力乱神を語ら　150上
親《しん》
親は泣き寄り　317下
仁
巧言令色鮮し仁　238上
陣
背水の陣　471下
深淵
深淵にのぞんで　476上
人格
下半身に人格は　76上
仁義
大道廃れて仁義　348上
沈香
沈香も焚かず屁　314下
人事
人事を尽して天　316上
仁者
仁者は山を楽し　315上
真珠
豚に真珠　528下
仁術
医は仁術　72下
信心
鰯の頭も信心か　77上
信心過ぎて極楽　316上
身体
健全なる精神は　234下
身代
姉女房は身代の　31下
辛ど
若き時の辛どは　645上
心頭
心頭滅却すれば　317下
神変
稽古に神変あり　226上
親類
遠くの親類より　408下
辛労
若い時の辛労は　645上
甚六
惣領の甚六　338上

す

酸い
酸いも甘いも嚙　319上
髄
葦の髄から天井　626上
水魚
水魚の交わり　318上
水晶
水晶の削り屑　318下
水練
河童に水練　168上
畑水練　480上
吸う
汁を吸うても同　313上
末
末大なれば必ず　319下
末は野となれ山　30下
据膳
据膳食わぬは男　319下
好き
好きこそものの　320下
亭主の好きな赤　393上
空きっ腹
空きっ腹にまず　321上
過ぎる
過ぎたるは猶及　320下
分別過ぎれば愚　537上
礼も過ぎれば無　639上
頭巾
頭巾と見せて頰　321下
直《すぐ》
屏風と商人は直　9下
木菟《ずく》
木菟引きが木菟　322上
救う
薪を抱きて火を　354下
同舟相救う　404上
同病相憐れみ，　406上
少ない
言葉多きは品少　249上
過す
二人口は過せる　530上
鈴
女の目には鈴を　144下
猫の首に鈴　457上
耳を掩いて鈴を　574下
薄《すすき》
落武者は薄の穂　121上
涼しい
心頭滅却すれば　317下
雀

勧学院の雀は蒙 185下
雀海中に入って 323上
雀百まで踊忘れ 323下
雀網
雀網に鶴がかか 322下
進める
百尺竿頭一歩を 517上
勧める
馬の耳に念仏勧 96上
廃りもの
女と坊主に廃り 143下
廃れる
大道廃れて仁義 348上
頭痛
他人の疝気を頭 362上
鼈《すっぽん》
鼈の時をつくる 324上
月と鼈 386上
捨子
捨子も村のはご 324上
捨てる(棄てる)
捨てる神あれば 324下
捨てる子も軒の 325下
二卵を以て干城 448上
身を捨ててこそ 576下
砂《すな》(イサゴも見よ)
後足で砂 28下
こけても砂を攌 258下
脛
親の脛を齧る 138上
脛に疵持てば笹 325下
すべて
終りよければす 141上
すべての道はロ 326上
すぼめる
屁をこいて尻す 543下
隅
重箱の隅をつつ 302下
墨
雪と墨 615下
住む(棲む)
住めば都 327上
人は情の下に住 511下
水清ければ魚棲 565下
良禽は木を択ん 634下
清《す》む
河の清むを俟つ 518下
相撲
相撲に勝って勝 327下
人の褌で相撲取 508下
一人相撲 513上
李《すもも》
李下に冠を正さ 631下
擂粉木
足を擂粉木にす 20上
擂粉木で重箱を 328上
擂粉木で腹を切 640上
擂鉢
富士の山と擂鉢 527上
座る
立てば芍薬座れ 360上
針の筵に座る 492下
寸鉄
寸鉄人を殺す 329上
ずんばい
骨なしの腕ずん 553上

せ

背
親の背でもただ 138上
背に腹はかえら 331下
夕立は馬の背分 614上
瀬
昨日の淵は今日 196下
身を捨ててこそ 576下
性
性は道によって 308下
習い性となる 437上
背競べ
団栗の背競べ 422下
成功
失敗は成功の基 292上
精神
健全なる精神は 234下
清水
清水に魚棲まず 565下
制する
夷を以て夷を制 79上
先んずれば人を 265下
柔よく剛を制す 303上
毒を以て毒を制 411下
清濁
清濁併せ呑む 329下
青天
青天の霹靂 330上
世界
渡る世界に鬼は 650下
関所
口には関所がな 216下
大軍に関所なし 344上
せく
大海を手でせく 342上
急く
急いては事をし 330上
世間
渡る世間に鬼は 650下
せせる
大黒柱を蟻がせ 344上
説教
釈迦に説教 297下
節句
怠け者の節句働 435下
雪上
雪上霜を加える 616上
雪中
雪中の筍 616下
雪隠
雪隠で饅頭 331上
よい分別は雪隠 621上
せつない
せつない時の神 221上
説法
百日の説法屁一 517下
背中
蛙の背中に水 151上
子供は親の背中 252下
月夜に背中炙る 387上
銭
阿弥陀の光も銭 34下
勘定合って銭足 186下
地獄の沙汰も銭 282上
猫に銭 455下
安物買いの銭失 604上
銭金
銭金ばかりは親 135上
世法
仏法あれば世法 530下

せまじい
せまじきものは 326下
蟬
大木に蟬 115下
攻める
夷を以て夷を攻 79上
群羊を駆って猛 224上
千
焙烙千に槌一つ 547下
善
悪に強ければ善 12下
寸善尺魔 328下
善は急げ 336上
善悪
人は善悪の友に 511上
水は方円の器に 567上
千貫
千貫のかたに編 519下
千貫の鷹も放さ 520上
疝気
他人の疝気を頭 362上
千金
千金の裘は一狐 332上
千金の子は市に 332下
中流に船を失え 379上
善光寺
牛に引かれて善 85下
千丈
千丈の堤も蟻の 333下
先生
先生と呼ばれる 334上
洗濯
鬼のいぬ間に洗 128上
借着より洗濯 181上
栴檀
栴檀は双葉より 334下
船頭
船頭多くして船 335上
千日
千日の萱を一日 335下
千人
仏千人神千人 550上
千年
鶴は千年,亀は 392下
山に千年海に千 97上
千匹
小姑一人は鬼千 246下
千聞
千聞は一見に如 519上
千兵
千兵得易く一将 495上
千里
悪事千里を走る 10下
千里の道も一歩 337上
惚れて通えば千 555上
全力
獅子は兎を撃つ 284下

そ

疎
天網恢恢疎にし 403下
添う
馬には乗ってみ 95下
象
群盲象を撫でる 223下
総仕舞
ないが意見の総 424上
相談
物は相談 597下
惣領
惣領の甚六 338上
添える
錦上に花を添う 210下
蛇に足を添える 542上
楚歌
四面楚歌 297上
削ぐ
時の用には鼻を 410上
賊軍
勝てば官軍負け 169上
息災
一病息災 58下
無病息災 582下
足熱
頭寒足熱 320上
底
底もあれば蓋も 338下
天井三日底三年 400上
そこのけ
道理そこのけ無 583上
俎上
俎上の魚 561上
謗る(謗り)
誉れは謗りの基 553下
人を謗るは鴨の 509下
名人は人を謗ら 583下
育つ(育ち,育て)
氏より育ち 88上
産みの親より育 97下
大木の下に小木 115下
親はなくとも子 139下
子供は親の背中 252下
三つ叱って五つ 570下
袖
袖の下回る子は 338下
袖振り合うも他 339下
外
内裸でも外錦 92上
備え
備えあれば憂い 340上
園生
紅は園生に植え 221下
そば目
そば目八目 118上
空
女心と秋の空 142上
空似
他人の空似 362下
空笑い
似非者の空笑い 106上
剃る
頭剃るより心を 23上
損
一文惜しみの百 59下
小利大損 309上
損して得取れ 340下
短気は損気 373下

た

田
我田引水 169下
詩を作るより田 314上
田もやろ畦もや 371下
鯛
蟻が鯛なら芋虫 37上
鰯網へ鯛がかか 76下

鰯の頭をせんよ 77下
海老で鯛を釣る 109上
腐っても鯛 213上
鯛なくば狗母魚 348上
鯛の尾より鰯の 348下
鯛も一人は旨か 350下
鯛も平目も食っ 351上
大
小の虫を殺して 307上
末大なれば必ず 319下
大なる物には呑 425下
大は小を兼ねる 349上
水広ければ魚大 567下
大海
井の中の蛙大海 72上
大海は芥を択ば 341下
大海を手で塞ぐ 342上
対岸
対岸の火事 342下
大器
大器晩成 343上
大儀
大儀の前の小事 346下
大魚
大魚は支流に泳 343下
大工
下手な大工での 538下
大軍
大軍に関所なし 344上
太鼓
太鼓を打てば鉦 344下
大功
鰯網で大功 76下
大黒天
鼠は大黒天の使 460下
大黒柱
大黒柱を蟻がせ 344上
大根
大根おろしに医 345上
大根を正宗で切 345下
泰山(太山)
それ泰山の霤は 34上
太山は土壌を譲 345下
泰山鳴動して鼠 346上
大志
少年よ大志を抱 307上
大事
三度目が大事 276上
大事の前の小事 346下
大事は小事より 347上
人は落ち目が大 510下
大蛇
灰吹から大蛇 472下
大樹
寄らば大樹 628下
大食
無芸大食 580下
大豆
大豆は畑の肉 347下
太太神楽
青海苔の答礼に 6上
大敵
油断大敵 617下
大道
大道廃れて仁義 348上
台所
女房は台所から 447下
大鵬
燕雀安んぞ大鵬 110上
大木《たいぼく》(オオキも見よ)
独活の大木 93下
学者と大木にわ 155下
大木は風に折ら 349下
大木は倒れても 350上
大名
餅は乞食に焼か 592上
行き大名帰り乞 615上
たいらげ
女は国のたいら 146下
耐える
人の痛みは三年 505上
絶える
古川に水絶えず 534下
倒れる(倒れ)
孔子の倒れ 214下
策士策に倒れる 266上
大木は倒れても 350上
倒れぬ先の杖 257上
倒れる所に土を 258下
百足は死んでも 579下
鷹
虻蜂捕らず鷹の 32下
一富士二鷹三茄 58下
犬骨折って鷹の 69上
犬も朋輩,鷹も 70下
兎を見て鷹を放 84上
鷹は飢えても穂 352上
鷹は水に入りて 352下
鳶が鷹を産む 416上
憎い鷹には餌を 441下
能ある鷹は爪隠 465上
百貫の鷹も放さ 520上
高上がり
桂馬の高上がり 227上
高い
高い舟借りて安 351下
高かろう良かろ 603下
天高く馬肥える 401下
花は折りたし梢 485下
山高きが故に貴 610上
山高ければ谷深 610下
高値
高値一日底百日 400上
高嶺
高嶺の花 352上
高楊枝
武士は食わねど 527下
宝
子供に優る宝な 251上
宝の持ち腐れ 353上
宝の山へ入りな 354上
滝
滝を手でせく 342上
薪
臥薪嘗胆 159下
薪を抱きて火を 354下
ねじれた薪も真 459上
滝登り
鯉の滝登り 235下
焚く
沈香も焚かず屁 314下
抱《だ》く(イダクも見よ)
負うた子より抱 113下
たくらだ
一人の文殊より 513下
竹
木七竹八塀十郎 192下
木に竹を接ぐ 196上

竹を二つに割っ 355下
灯心で竹の根を 404下
嶽
蚊虻に嶽を負わ 537下
猛々しい
盗人猛々しい 451下
筍
雨後の筍 83下
筍親まさり 355上
雪の中に筍を掘 616下
竹藪
地震の時は竹藪 287下
蛸
薬缶で茹でた蛸 600下
胼胝《たこ》
耳に胼胝 574上
他山
他山の石 355下
出し遅れ
証文の出し遅れ 308下
他生
一樹の陰一河の 55下
袖振り合うも他 339下
出す
出すものは舌を 356上
襷《たすき》
帯に短し襷に長 131上
助ける
芸は身を助ける 226下
小の虫を殺して 307上
捨てる神あれば 324下
天は自ら助くる 403上
尋ねる(温ねる)
舟を刻んで剣を 532上
故きを温ね新し 535下
多勢
多勢に無勢 356下
ただ
親の背でもただ 138上
転んでもただで 258下
ただより安いも 357下
戦い
七度の餓死に遇 291上
叩く
石橋を叩いて渡 48上
打てば響く,叩 93下
親の背でもただ 138上
尾を振る犬は叩 141下
叩かれた夜は寝 356下
正す
李下に冠を正さ 631下
畳
畳の上の水練 480上
祟
触らぬ神に祟な 272下
凡夫盛んにして 556上
弱り目に祟り目 629下
立ち寄る
立ち寄らば大木 628下
駄賃
行き掛けの駄賃 43下
立つ
商人と屏風は曲 9下
足元から鳥が立 19下
客と白鷺は立っ 198下
立っている者は 357下
立つ鳥跡を濁さ 358下
立てば芍薬座れ 360上
這えば立て,立 473上
二十後家は立つ 480下
人は情の下で立 511下
火のない所に煙 515下
向かうししに矢 577下
絶つ(断つ)
韋編三たび絶つ 73上
根を断って葉を 463下
抱っこ
おんぶに抱っこ 147上
尊《たっと》い(貴い,トウトイも見よ)
尊い寺は門から 358上
山高きが故に貴 610上
達筆
達筆筆を選ばず 241上
縦
横のものを縦に 625下
蓼《たで》
蓼食う虫も好き 359下
伊達
伊達の薄着 360上
立板
立板に水 359上
立てる
あちらを立てれ 25下
男伊達より小鍋 122上
錐を立てる地な 632下
人の口に戸は立 506下
建てる
下戸の建てたる 228下
譬え
譬えに嘘なし坊 360下
棚
置かぬ棚を探す 117下
棚から落ちた達 361上
棚から牡丹餅 361下
掌《たなごころ》
掌を返す 397下
谷
山高ければ谷深 610下
谷川
落ちれば同じ谷 121下
他人
親子の仲でも金 135上
兄弟は他人の始 202上
他人の疝気を頭 362上
他人の空似 362下
他人の念仏で極 363上
他人の飯には刺 363下
遠くの親類より 408下
のけば他人 465下
狸《たぬき》(りも見よ)
同じ穴の狸 125下
鹿待つところの 280下
狸から上前 364上
捕らぬ狸の皮算 418上
種
苦は楽の種 218下
権兵衛が種蒔き 261上
吝ん坊の柿の種 313下
手品するにも種 396上
蒔かぬ種は生え 556下
身過ぎは草の種 565上
楽しむ
仁者は山を楽し 315上
頼む
鬼も頼めば人食 130下
頼む木の下に雨 364上
人の頼まぬ経を 507下

仏頼んで地獄へ 550上
煙草
人と煙草の善し 504下
旅
門松は冥土の旅 170上
可愛い子には旅 183下
三人旅の一人乞 276下
旅の恥はかき捨 364下
旅は憂いもの辛 365下
旅は道連れ 366上
足袋
足袋屋の看板で 366下
多病
才子多病 263下
食べ物
食べ物の恨みは 367下
食べる
食べてすぐ寝る 367上
玉
瓦も磨けば玉と 185上
艱難汝を玉にす 187下
玉石混淆 205下
他山の石以て玉 355下
玉に瑕 369下
玉磨かざれば光 370上
卵《たま》(カイゴも見よ)
コロンブスの卵 258下
卵に目鼻 367下
卵を盗む者は牛 368上
二卵を以て干城 448上
丸い卵も切りよ 562上
魂
一寸の虫にも五 64下
仏造って魂入れ 550下
三つ子の魂百ま 570上
騙す
騙すに手なし 368下
たまたま
たまたま事をす 369上
玉手箱
開けて悔しき玉 13上
玉の輿
女は氏なくして 145下
玉箒
酒は憂いを掃う 267下
黙り虫
黙り虫壁を通す 370下
溜る
金持と灰吹は溜 175下
窪い所に水溜る 219下
黙る
泣く子も黙る 429上
民
民は之に由らし 310下
為
情は人の為なら 431下
例《ため》し
死ぬ死ぬと言う 293下
試し
物は試し 598上
矯める
矯めるなら若木 371上
角を矯めて牛を 389上
便り
便りのないのは 372上
誑《たら》し
誑しが誑しに誑 372下
足りる
衣食足りて礼節 49下
勘定合って銭足 186下
足らず余らず子 373上
達磨
棚から落ちた達 361上
たるむ
腹の皮が張れば 491下
太郎
一姫二太郎 58上
胆
胆を嘗め薪に坐 159下
短気
短気は損気 373下
団子
開いた口へ団子 2下
花より団子 486下
彼岸が来れば団 498上
談合
膝とも談合 500上
物は談合 597下
たんこぶ
目の上のたんこ 588下
断食
餓鬼の断食 154上
男女
男女の淫楽は互 374下
断ずる
断じて行えば鬼 374上
旦那
旦那の好きな赤 393上

ち

血
血で血を洗う 376下
血は水より濃し 377下
鼻をかめと言え 487上
地《ち》(ジも見よ)
大木は倒れても 350上
天知る地知る我 400下
立錐の地なし 632下
治
治にいて乱を忘 376下
地位
地位は人を作る 375下
小さい
大きな魚が小さ 115上
小さくても針は 375上
知恵
下衆の知恵は後 229上
三人寄れば文殊 277上
近い
遠くの親類より 408下
東に近ければ西 497上
違い
雲泥万里の違い 104下
見ると聞くとは 575下
近しい
近しき仲に礼儀 290上
近寄る
君子危うきに近 222上
力持
縁の下の力持 111上
痴漢
駿馬痴漢を乗せ 304下
乳切木
いさかい過ぎて 233上
父
孝経で父の頭く 237下
子を見ること父 259上

つ

我が身をつねっ 648上
角
牛の角を蜂が刺 87上
角を矯めて牛を 389上
唾
眉唾 561下
鐔
匕首に鐔 1下
唾壺
唾壺から蛇 472下
潰す
膿んだものは潰 104上
礫《つぶて》
闇夜の礫 612下
壺
一升入る壺は一 63下
つぼめる
屁をひって尻つ 543下
罪
海賊が山賊の罪 149上
罪を憎んで人を 390上
摘む
鷹は飢えても穂 352上
積む
針を蔵に積む 493上
爪
瓜に爪あり爪に 101上
爪で拾って箕で 390上
爪に火を灯す 390下
鼠捕る猫は爪隠 459下
能ある鷹は爪隠 465上
欲の熊鷹爪裂け 623下
積る
塵も積れば山と 383上
露
濡れぬ先こそ露 454下
強い
悪に強ければ善 12下
甲張強くて家押 240下
ペンは剣より強 545上
面
蛙の面に水 151上
金で面張る 173上
猿の面笑い 270下
辛い
生き別れは死に 44下
四百四病より貧 295下
旅は憂いもの辛 365下
つられる
牛につられて善 85下
釣り合う
釣り合わぬは不 391上
釣鐘
提灯に釣鐘 381上
蔓
瓜の蔓に茄子は 101下
鶴
鶏群の一鶴 225上
雀網に鶴がかか 322下
鶴の一声 392上
鶴は千年,亀は 392下
掃溜めに鶴 475上
焼野の雉子夜の 602下
釣る
海老で鯛を釣る 109上
高い舟借りて安 351下
釣った魚に餌は 389上
釣り落した魚は 391下
剣《つるぎ》(ケンも見よ)
舟に刻みて剣を 532上
吊す
びいどろを逆さ 495下
釣瓶《つるべ》
秋の日は釣瓶落 8下
つれる
歌は世につれ世 91上

て

手
飼犬に手を噛ま 148下
口八丁手八丁 217上
塩売れば手がか 278下
上手の手から水 306上
その手は桑名の 340下
大海を手で塞ぐ 342上
宝の山へ入りな 354上
騙すに手なし 368下
手に取るなやは 606下
猫の手も借りた 458上
喉から手が出る 466下
文は遣りたし書 533下
焼餅焼くとて手 601下
両の手に花 635上
亭主
知らぬは亭主ば 312上
亭主の好きな赤 393上
亭主は元気で留 393下
手飼
手飼の犬に手を 148下
敵《てき》(カタキも見よ)
男は敷居を跨げ 123上
敵に味方あり味 394上
敵は本能寺にあ 394下
敵もさるもの引 394下
汝の敵を愛せよ 439下
手功
手功より目功 395下
手品
手品するにも種 396上
手出し
手出し十層倍 396下
鉄
鉄は熱いうちに 397上
鉄棒
鬼に鉄棒 127上
鉄砲
下手な鉄砲数打 538下
闇夜の鉄砲 612下
手習い
八十の手習い 481上
手拭
帯には短し手拭 131上
手の平
手の平を返す 397下
出花
鬼も十八番茶も 129下
出船
出船あれば入船 398上
出物
出物腫物ところ 398上
寺
尊い寺は門から 358上
寺から里 398下
寺の前の童は習 599下
照らす
破鏡再び照らさ 475下
出る

出る杭は打たれ　399上
喉から手が出る　466下
鼻をかめと言え　487上
身から出た錆　564上
天
蟻の思いも天に　37下
運を天に任す　104下
天知る地知る我　400下
天高く馬肥える　401下
天に口なし人を　402上
天は二物を与え　402下
天は自ら助くる　403上
貂
鼬のなき間の貂　54下
貂になり兎にな　402上
天下
一葉落ちて天下　60上
学者の取った天　156上
金は天下の廻り　175上
天気
雨の降る日は天　35下
天狗
小坊主一人に天　254下
天災
天災は忘れた頃　262下
天井
天井三日底三年　400上
葦の髄から天井　626上
天神
梅は食うとも核　99下
転ずる
禍転じて福　648下
転石
転石苔を生ぜず　401上
点滴
点滴石を穿つ　33下
天命
人事を尽して天　316上
天網
天網恢恢疎にし　403下

と

戸
人の口に戸は立　506下
十色
十人十色　301上
問う
海のことは漁師　98上
鼎の軽重を問う　170下
問うに落ちず語　406上
問うは一時の恥　192上
よき分別は老人　622下
堂
蟻の堂参り　38上
仏のない堂へ参　551下
同気
同気相求む　404上
道具
下手の道具選び　540上
当座
問うは当座の恥　192上
惚れた腫れたも　554下
同罪
汁を吸うても同　313上
童子
三歳の翁，百歳　273上
同舟
呉越同舟　242上
同舟相救う　404上
灯心
灯心で竹の根を　404下
投ずる
水を以て石に投　568上
盗泉
渇しても盗泉の　167上
盗賊
嘘は盗賊の始ま　89上
灯台
灯台下暗し　405上
尊《とうと》い（貴い，タットイも見よ）
我が仏尊し　647下
和を以て貴しと　652下
同病
同病相憐れむ　406上
豆腐
豆腐に鎹　406下
同憂
同病相憐れみ，　406上
道楽
四十過ぎての道　286下
桃李
桃李もの言わざ　407上
道理
無理が通れば道　583上
答礼
青海苔の答礼に　6上
蟷螂《とうろう》
蟷螂が斧　407下
十
蟻が十なら芋虫　37上
遠い
中らずと雖も遠　25上
遠くの親類より　408下
東に近ければ西　497上
日暮れて道遠し　498下
冬来りなば春遠　534上
十日
六日の菖蒲，十　577上
通す
錐は嚢を通す　207上
黙り虫壁を通す　370下
念力岩をも通す　464下
遠目
夜目遠目笠の内　628上
通り越す
信心過ぎて極楽　316上
通る
無理が通れば道　583上
科
皿嘗めた猫が科　270上
時
挨拶は時の氏神　2上
孔子も時に遇わ　239上
勝敗は時の運　308上
鼈の時をつくる　324上
時に遇えば鼠も　409下
時の用には鼻を　410上
時は金なり　410上
度胸
男は度胸，女は　123下
得
愚者にも一得　213下
損して得取れ　340下
名を取るより得　439上
早起きは三文の　489上
説く

人見て法を説け 450下
研ぐ
秋の夕焼け鎌を 9上
毒
毒食わば皿まで 410下
毒にも薬にもな 411下
毒を以て毒を制 411下
見るに目の毒 576上
徳利
一升徳利こけて 62下
一升徳利に二升 63下
髑髏《どくろ》
皮一枚剝げば美 93上
刺《とげ》
美しい花には刺 92下
他人の飯には刺 363下
解ける
解ければ同じ谷 121下
床
同床異夢 404下
所
所変れば品変る 412下
所の神はありが 413上
年
亀の甲より年の 179上
死んだ子の年を 316下
年が薬 413下
年かさ
松かさより年か 560上
度し難い
縁なき衆生は度 110下
年波
寄る年波には勝 629上
綴蓋
破鍋に綴蓋 651下
土砂降り
降れば土砂降り 536上
土壌
太山は土壌を譲 345下
泥鰌
柳の下にいつも 605下
年寄(年寄る)
年寄の冷水 413下
年寄れば愚に返 414下
十筋
一筋の矢は折る 503下
届く
蟻の思いも天に 37下
魚交じり
雑魚の魚交じり 268下
隣
隣の芝生 414下
隣の疝気を頭痛 362上
隣の貧乏は鴨の 415下
野良猫の隣歩き 469上
殿(殿様)
陰では殿のこと 156下
餅は乞食に焼か 592上
駑馬《どば》
騏驎も老いては 208上
鳶《とび》(トンビも見よ)
鳶が鷹を産む 416上
飛ぶ
雁が飛べば石亀 186上
清水の舞台から 206上
飛ぶ鳥跡を濁さ 358下
飛ぶ鳥を落す 416下
飛んで火に入る 423下
弔う
青柿が熟柿弔う 5上
友
賢い人には友が 159上
友と酒は古いほ 417上
人は善悪の友に 511上
水は方円の器に 567上
灯火《ともしび》
風前の灯火 524上
灯《とも》す
爪に火を灯す 390下
友擦れ
親擦れより友擦 135下
虎
苛政は虎より猛 161上
群羊を駆って猛 224上
虎穴に入らずん 244上
前門の虎,後門 336下
時に遇えば鼠も 409下
虎狼より人の口 417下
虎の威を借る狐 418下
虎は死して皮を 419上
虎を描いて猫に 419下
羊に虎の皮を着 501下
暴虎馮河の勇 546上
竜の鬚を撫でて 634上
寅
子に臥し寅に起 462上
捕える
盗人を捕えてみ 453下
鳥
足元から鳥が立 19下
一石二鳥 65上
蝙蝠も鳥のうち 241下
立つ鳥跡を濁さ 358下
飛ぶ鳥を落す 416下
鳥食うともどり 420上
鳥なき里の蝙蝠 421上
花は根に鳥は古 486上
どり
鳥食うともどり 420上
取柄
苦瓢にも取柄 441上
取粉
一升の餅に五升 63上
取沙汰
世の取沙汰も七 505下
とりつく
とりつく島もな 420下
取り所
腐り縄にも取り 213下
取る(採る,捕る)
虻蜂捕らず 32下
鰯網で鯨捕る 76下
鬼に瘤を取られ 127下
鬼の首を取った 129上
学者の取った天 156上
茸採った山は忘 197下
損して得取れ 340下
捕らぬ狸の皮算 418上
泣く泣くもよい 430上
鳴く猫は鼠捕ら 430上
名を取るより得 439上
針とる者は車と 492下
庇を貸して母屋 499下
ミイラ取りがミ 563上
耳取って鼻をか 573下
昔取った杵柄 578上
泥
雲泥の差 104下

泥中の蓮　394上
泥棒
嘘つきは泥棒の　89上
泥棒が縄を恨む　422下
泥棒にも三分の　452上
泥棒を見て縄を　421下
人を見たら泥棒　515上
団栗
団栗の背競べ　422下
鈍する
貧すれば鈍す　522下
鳶《とんび》(トビも見よ)
鳶に油揚さらわ　423下
廊下とんび　640下

な

名
虎は死して皮を　419上
名のない星は宵　434下
名を取るより得　439上
ない
ないが意見の総　424上
ない子では泣か　424下
なくて七癖　429下
綯《な》う
盗人を見て縄を　421下
直す
角を直して牛を　389上
人の振り見て我　508下
直る(治る)
馬鹿は死ななき　474上
病治りて薬忘れ　609上
仲
親子の仲でも金　135上
犬猿の仲　232下
親しき仲にも礼　290上
長い
命長ければ恥多　71下
牛の小便と親の　86上
帯に短し襷に長　131上
長い物には巻か　425下
長生き
長生きすれば恥　71下
長崎
江戸の敵を長崎　107下
長談義
下手の長談義　540上
半ば
教えるは学ぶの　119下
百里の道は九十　519下
長持
長持枕にならず　426上
流れる(流れ)
石が流れて木の　46上
石に漱ぎ流れに　46下
流れに棹さす　426下
流れる水は腐ら　427上
流れを汲みて源　427上
人の行方と水の　509上
深い川は静かに　525下
水は逆さまに流　567上
泣き面
泣き面に蜂　427下
泣き寄る
親は泣き寄り　317下
泣く(鳴く)
一銭を笑う者は　65下
鶯鳴かせたこと　82下
顔で笑って心で　152上
雉も鳴かずば打　193上
狐死して兎泣く　194下
子を持てば七十　260上
ない子では泣か　424下
泣いて馬謖を斬　425上
鳴かぬ蛍が身を　426上
泣く子と地頭に　428下
泣く子も黙る　429上
泣く子も目を見　429上
泣く泣くもよい　430上
鳴く猫は鼠捕ら　430上
我が面白の人泣　645下
嘆き
嘆きの中の喜び　430下
投げる
骰子は投げられ　638下
仲人
仲人は宵のうち　431上
元の女房に仲人　594下
情
旅は道連れ世は　366上
情は人の為なら　431下
人の情は世にあ　508上
人は情の下で立　511下
梨
ある時は蟻があ　38下
馴染
知らぬ神より馴　311下
済す
借りる八合済す　182上
借る時の恵比寿　182下
茄子《なすび・なす》
秋茄子は嫁に食　7下
一富士二鷹三茄　58下
瓜の蔓に茄子は　101下
夏
飛んで火に入る　423下
夏の虫氷を笑う　432下
貰う物は夏でも　598下
夏座敷
夏座敷と鰈は縁　432上
撫でる
群盲象を撫でる　223下
仏の顔も三度撫　551上
竜の鬚を撫でて　634上
七重
七重の膝を八重　433上
七癖
なくて七癖　429下
七隈
色白は七隈隠す　75下
七合
借りて七合済す　182上
七転び
七転び八起き　433上
七歳
七歳までは神の　433上
七皿
七皿食うて鮫臭　433下
七度《ななたび》(シチドも見よ)
七度探して人を　434上
七つ
三つ叱って五つ　570下
七とこ
親の光は七とこ　138下
七光
親の七光　138下
某

昔の茱,今の金 578下
難波
難波の葦は伊勢 434下
七日
七日探して人を 434上
七日の説法屁一 517下
菜の葉
菜の葉に塩をか 5下
なぶる
なぶれば兎も食 435上
鍋
似合い似合いの 440上
女房と鍋釜は古 447上
一つ鍋のものを 126上
生酔
生酔本性違わず 267上
生臭物
田にも畦にも生 371下
怠け者
怠け者の節句働 435下
生殺し
蛇の生殺し 543上
膾《なます》
羹に懲りて膾を 27下
鯰《なまず》
瓢箪で鯰 521上
生兵法
生兵法は大怪我 436上
波
浅瀬に仇波 14下
兎波を走る 83下
涙
鬼の目にも涙 129上
蛞蝓《なめくじ》
蛞蝓に塩 436下
嘗める
皿嘗めた猫が科 270上
ちょっと嘗めた 382下
習う(習い)
習い性となる 437上
習うより慣れよ 437上
習わぬ経は読め 438上
門前の小僧習わ 599下
老少不定の習い 641下
並び立つ
両雄並び立たず 636下
習わし(習わせ)
明日は明日の習 18下
身は習わし 572下
成り上がる
渋柿が熟柿に成 296上
鳴る
打てば響く,叩 93下
鳴神
鳴神も桑原に恐 438上
なれる
なれて後は薄塩 438下
慣れる
習うより慣れよ 437上
縄
籠で水汲み灰で 157下
禍福は糾える縄 176上
泥縄 421下
泥棒が縄を恨む 422下
盗みする子は憎 454上
難
朝茶はその日の 15上
一難去ってまた 56上
難なくして七癖 429下
難産
難産色に懲りず 439上
汝
艱難汝を玉にす 187下
汝の敵を愛せよ 439下

に

二
一押し二金三男 54下
一に看病二に薬 56下
一に褒められ二 57上
一姫二太郎 58上
一富士二鷹三茄 58下
一石二鳥 65上
似合う
似合い似合いの 440上
煮え返る
腸の煮え返る 492上
煮え太り
味ない物の煮え 19上
煮える
芋の煮えたもご 74上
匂
匂松茸味しめじ 153上
二階
二階から目薬 440下
苦い
良薬口に苦し 636上
逃す
逃した魚は大き 391下
苦瓢《にがひさご》
苦瓢にも取柄 441上
面皰《にきび》
思い面瘡思われ 132上
賑わい
枯木も山の賑わ 183上
肉
弱肉強食 298下
大豆は畑の肉 347下
肉を斬らせて骨 442下
憎い(憎さ)
可愛さ余って憎 184上
憎い鷹には餌を 441下
盗みする子は憎 454上
坊主憎けりゃ袈 546下
憎まれっ子
憎まれっ子世に 442上
憎む
一に褒められ二 57上
罪を憎んで人を 390上
鳩を憎み豆蒔か 484上
二君
忠臣は二君に仕 378下
逃げる
三十六計逃げる 274上
地震の時は竹藪 287下
逃げるが勝 442下
逃げる者は道を 443上
濁す
立つ鳥跡を濁さ 358下
二言
君子に二言なし 222下
西
朝日が西から出 17上
犬が西向きゃ尾 67下
東に近ければ西 497上
虹
朝虹は雨,夕虹 15下

西風
　西風と夫婦喧嘩　443下
錦
　内裸でも外錦　92上
　錦上に花を添う　210下
　故郷へ錦を飾る　243上
　襤褸は着てても　555下
二升
　一升徳利に二升　63下
二足
　二足の草鞋　444上
二代
　長者に二代なし　134上
にっち
　にっちもさっち　444下
二度
　一度見ぬ馬鹿二　56上
　二度あることは　445上
　若い時は二度な　645下
二の足
　二の足を踏む　446上
二の舞
　二の舞　446下
二杯
　一杯は人酒を飲　503上
煮花
　鬼も十七山茶も　130上
二四目
　二四目の泥鰌　605下
二物
　天は二物を与え　402下
二枚舌
　二枚舌を使う　446下
煮豆
　煮豆に花の咲く　74下
女房
　女房と味噌は古　447上
　女房は台所から　447下
　一つまさりの女　504上
　元の女房に仲人　594下
睨む
　蛇に睨まれた蛙　543上
似る
　顔に似ぬ心　152下
　下手の考え休む　539下
煮る(烹る)
　狡兎死して良狗　239下
　煮ても焼いても　445上
庭
　槌で庭掃く　388上
鶏
　鶏群の一鶴　225上
　鶏口となるも牛　225下
　じたばたしても　290下
　鶏は三歩歩くと　448下
　鶏を割くに焉ぞ　449上
人《にん》(ヒトも見よ)
　人見て法を説け　450下
人間
　人間万事塞翁が　449下
　菩薩実が入れば　549上
人参
　人参呑んで首縊　450上
人数
　餓鬼も人数　155上

ぬ

糠
　糠に釘　451上
糠味噌汁
　女郎買いの糠味　310上
抜く
　生き馬の目を抜　43上
　嘘をつくと閻魔　90下
　月夜に釜(を)抜　386下
脱ぐ
　門に入らば笠を　600下
　若木の下で笠を　646上
抜ける
　目から鼻へ抜け　585下
主《ぬし》(シュウも見よ)
　相手変れど主変　3下
　預かり物は半分　20下
　息の臭きは主知　43下
　噂言えば主来る　103上
盗人《ぬすびと・ぬすっと》
　盗人猛々しい　451下
　盗人にも三分の　452上
　盗人に追銭　452上
　盗人に蔵の番　452下
　盗人の上前をと　453上
　盗人の昼寝　453上
　盗人を捕えてみ　453下
　盗人を見て縄を　421下
　舟盗人を徒歩で　531下
盗む(盗み)
　嘘は盗みの基　89上
　卵を盗む者は牛　368上
　盗みする子は憎　454上
　豚を盗んで骨を　530上
　耳を掩いて鐘を　574下
　物種は盗めるが　596下
濡らす
　敵の家へ来ても　163下
　狐其の尾を濡ら　194下
濡手
　濡手で粟　454上
濡れる
　濡れぬ先こそ露　454下

ね

子《ね》
　子に臥し寅に起　462上
根
　根もない嘘から　462下
　根を断って葉を　463下
　花は根に鳥は古　486上
　火吹竹の根は藪　516上
願う
　棒ほど願って針　547下
葱
　鴨が葱を背負っ　179下
猫
　窮鼠猫を噛む　201上
　結構毛だらけ猫　230下
　皿嘗めた猫が科　270上
　虎を描いて猫に　419下
　鳴く猫は鼠捕ら　430上
　猫に鰹節　455上
　猫に小判　455下
　猫に木天蓼　456上
　猫の魚辞退　457上
　猫の首に鈴　457上
　猫の手も借りた　458上
　猫も杓子も　458下
　鼠捕る猫は爪隠　459下

ねじれる
ねじれた薪も真 459上
鼠
泰山鳴動して鼠 346上
時に遇えば鼠も 409下
鳴く猫は鼠捕ら 430上
鼠壁を忘る,壁 459上
鼠ごっこ鼬ごっ 53下
鼠捕る猫は爪隠 459下
鼠の子算用 460上
鼠は大黒天の使 460下
昔のことを言う 578下
ねち
腹立ち上戸ねち 491上
寝耳
寝耳に水 462上
寝る
梅は食うとも核 99下
起きて半畳寝て 118下
果報は寝て待て 177上
叩かれた夜は寝 356下
食べてすぐ寝る 367上
寝た牛に芥かけ 461上
寝た子を起す 461下
寝る間が極楽 463上
練る
意見と餅はつく 45上
念
念には念を入れ 464上
念仏
馬の耳に念仏 96上
出家の念仏嫌い 303下
他人の念仏で極 363上
念力
念力岩をも通す 464下

の

野
後は野となれ山 30下
やはり野に置け 606下
能
鷹は水に入りて 352下
能ある鷹は爪隠 465上
能書
能書は筆を択ば 241上
嚢中
錐嚢中に処る 207上
軒
捨てる子も軒の 325下
軒を貸して母屋 499下
のく
のけば他人 465下
鋸《のこぎり》
鋸屑も言えば言 117上
残す
子孫に美田を残 289上
残り物
残り物に福があ 466上
覗く
網無くて淵を覗 35上
葦の髄から天井 626上
望む
石を抱きて淵を 50上
隴を得て蜀を望 642上
後《のち》(アトも見よ)
後の百より今五 20下
喉
喉から手が出る 466下
真綿で喉を締め 562上
喉元
喉元過ぎれば熱 467上
上る(登る,上り)
魚の陸に上るご 82上
上り一日下り一 467下
馬鹿と煙は高い 473上
豚もおだてりゃ 529下
蚤
蚤の息天に上る 37下
蚤の頭斧で割る 468下
蚤の夫婦 468下
鑿《のみ》
鑿と言えば槌 468上
下手な大工での 538下
飲み違い
鱸と薬の飲み違 604下
飲む(呑む)
朝酒は門田を売 14上
蛙は口ゆえに呑 151下
渇しても盗泉の 167上
塩辛食おうと水 279上
清濁併せ呑む 329下
大なる物には呑 425下
小さくても針は 375上
人参呑んで首縊 450上
人酒を飲む,酒 503上
野良猫
野良猫の隣歩き 469上
糊
糊ついでに帽子 470上
祝詞
神様にも祝詞 177下
乗る(騎る)
馬には乗ってみ 95下
大船に乗ったよ 116上
煽てと畚には乗 120下
駕籠に乗る人担 158上
乗りかかった舟 469下
善く泳ぐ者は溺 623上
暖簾《のれん》
暖簾に腕押し 470下
呪う
人を呪わば穴二 514下
のろま
のろまの一寸馬 470下

は

葉
根を断って葉を 463下
歯
歯に衣着せぬ 487下
目には目,歯に 588上
灰
親孝行と火の用 134下
籠で水汲み灰で 157下
結構毛だらけ猫 230下
敗軍
敗軍の将兵を語 471上
敗子
慈母に敗子あり 296下
背水
背水の陣 471下
灰吹
金持と灰吹は溜 175下
灰吹から蛇が出 472下
入《はい》る(イルも見よ)
一升入る壺は一 63下

這う
　這えば立て,立　473上
　這っても黒豆　482下
蠅
　臭い物に蠅　212上
　人の頭の蠅を追　505上
　飯の上の蠅　587上
生える
　蒔かぬ種は生え　556下
馬鹿
　一度見ぬ馬鹿二　56上
　梅伐らぬ馬鹿桜　99上
　正直者が馬鹿を　305下
　先生と呼ばれる　334上
　のろまの一寸馬　470下
　馬鹿と煙は高い　473上
　馬鹿と鋏は使い　473下
　馬鹿の一つ覚え　473下
　馬鹿は死ななき　474上
　発句苦になる馬　549下
　惚れ病と馬鹿の　554下
馬鹿勝ち
　先の勝は馬鹿勝　264下
剝がす
　仏の箔を剝がす　551下
馬鹿力
　火事場の馬鹿力　159下
墓場
　揺籠から墓場ま　619上
計《はかりごと》(謀)
　一年のはかりご　57下
　十年の計は樹を　302上
　謀は密なるを以　474下
量る
　入るを量りて出　75上
歯ぎしり
　ごまめの歯ぎし　255上
掃溜め
　掃溜めに鶴　475上
破鏡
　破鏡再び照らさ　475下
箔
　仏の箔を剝がす　551下
掃く
　槌で庭掃く　388上
履く
　金の草鞋を履い　174上
　二足の草鞋を履　444上
薄氷
　薄氷を踏む　476上
薄命
　美人薄命　500下
化物
　気の利いた化物　197上
　今度と化物見た　260上
　蒟蒻の化物　260下
禿げる
　頭禿げても浮気　24上
箱
　座して食らえば　269上
はごくみ
　捨子も村のはご　324上
箱屋
　大風が吹けば箱　161下
鋏
　馬鹿と鋏は使い　473下
箸
　箸が転んでも可　476下
　箸にも棒にもか　476下
　箸より重い物を　478下
恥
　命長ければ恥多　71下
　会稽の恥をすす　160上
　聞くは一時の恥　192上
　暗闇の恥を明る　220下
　据膳食わぬは男　319下
　旅の恥はかき捨　364下
　恥の上塗　477下
　恥を言わねば理　479上
はじける
　毬栗も中からは　42下
始まり
　嘘つきは泥棒の　89上
始め(始める)
　会うは別れの始　4下
　隗より始めよ　149下
　始めあるものは　477下
　始めの勝は糞勝　264下
　始めよければ終　141上
場所
　乞食も場所　245上
馬食
　鯨飲馬食　224下
馬謖
　泣いて馬謖を斬　425上
走る
　悪事千里を走る　10下
　兎波を走る　83下
　狂人走れば不狂　202上
　死せる孔明生け　288上
　駿馬痴漢を乗せ　304下
　脛に疵持てば笹　325下
　よく走る者は蹶　623上
　我がことと下り　646下
蓮
　泥中の蓮　394上
はずす
　嬶はずすと六十　10下
外れる
　当て事と越中褌　28上
　牛の鞦と諺とは　86下
　太鼓を打てば鉦　344下
裸
　内裸でも外錦　92上
畑
　大豆は畑の肉　347下
　畑あっての芋種　479下
　畑水練　480上
裸足《はだし》
　じたばたしても　290下
二十《はたち》
　蟻が十なら芋虫　37上
　鬼も十八蛇も二　130上
　二十後家は立つ　480下
　彼岸過ぎての麦　498上
蜂
　虻蜂捕らず　32下
　牛の角を蜂が刺　87上
　泣き面に蜂　427下
八合
　借りる八合済す　182上
　腹八合医者いら　491下
八十
　八十の手習い　481上
　八十の三つ子　481下
八人
　踊三人見手八人　125上
　小坊主一人に天　254下

一人娘に婿八人 514上
娘の子は強盗八 581上
八年
首振り三年ころ 219上
桃栗三年柿八年 598上
櫓三年に棹八年 643上
蜂の巣
蜂の巣をつつく 482上
八分
腹八分に医者い 491下
八目
傍目八目 118上
初鰹
目には青葉山ほ 587下
八卦
当るも八卦当ら 25上
白骨
朝に紅顔あって 18下
男女の交わりは 374下
八丁
口八丁手八丁 217上
法度
不義はお家の御 526上
八百
雁は八百,矢は 188下
八方
八方美人 483上
発明
必要は発明の母 501下
初物
初物七十五日 483上
果てる(果《はて》)
川立は川で果て 184下
寒さの果も彼岸 26上
鳩
雁も鳩も食わね 189下
鳩が豆鉄砲を食 483下
鳩を憎み豆蒔か 484上
花
薊の花も一盛り 18上
煎豆に花 74下
言わぬが花 78上
美しい花には刺 92下
売物には花を飾 102上
男やもめに蛆が 124下
火事と喧嘩は江 159上
枯木に花の咲く 183上
綺麗な花は山に 208下
錦上に花を添う 210下
桜は花に顕れる 266下
死んで花実が咲 317上
高嶺の花 352上
蝶よ花よ 382上
花の傍らの深山 485上
花は折りたし梢 485下
花は根に鳥は古 486上
花も実もある 486上
花より団子 486下
踏まれた草にも 533上
待つうちが花 559下
見ぬうちが花 571下
実のなる木は花 572上
柳は緑,花は紅 606下
両手に花 635上
鼻
木で鼻をくくる 195上
彩ずる仏の鼻を 264上
時の用には鼻を 410上
鼻をかめと言え 487上
耳取って鼻をか 573下
目から鼻へ抜け 585下
花簪
坊主の花簪 547上
鼻糞
目糞鼻糞を笑う 586上
話
下衆の話下へ回 230上
話上手
話上手に聞下手 484下
放す(放つ)
兎を見て犬を放 84上
百貫の鷹も放さ 520上
洟垂れ小僧
洟垂れ小僧も次 485上
離れもの
合せものは離れ 39下
離れる
木を離れた猿 191下
母
孝経を読んで母 237下
失敗は成功の母 292上
必要は発明の母 501下
娘を見るより母 581下
憚る
過ちては改むる 36下
憎まれっ子世に 442上
婆育ち
婆育ちは三百安 487下
はびこる
憎まれ子世には 442上
浜荻
難波の葦は伊勢 434下
浜風
幽霊の浜風に逢 614下
蛤
雀海中に入って 323上
はまる
石を抱きて淵に 50上
提灯持川へはま 381下
元の鞘へはまる 594上
鱧《はも》
鱧も一期,海老 488上
早い
早い者に上手な 488下
早馬
早馬に鞭 478下
早起き
早起きは三文の 489上
早学問
芝居は無学の早 294下
早合点
早合点の早忘れ 489下
早飯
早飯も芸のうち 490上
流行る
流行る芝居は外 490上
腹
後腹が病める 31上
痛くもない腹を 52下
螻蛄腹立てれば 231下
背に腹はかえら 331下
腹が減っては戦 490下
腹の皮が張れば 491下
腹八分に医者い 491下
人の腹は九分十 507上
雌牛に腹突かれ 584下
連木で腹切る 640上
払う(掃う,払い)

熱火を子に払う 27上
ある時払いの催 39上
お鬢の塵を払う 131上
酒は憂いを掃う 267下
腹立ち
腹立ち上戸ねち 491上
孕む
たまたま事をす 369上
腸《はらわた》
腸の煮え返る 492上
針
口に蜜,心に針 216下
針小棒大 315下
小さくても針は 375上
頂門の一針 382上
針とる者は車と 492下
針の筵に座る 492下
針を蔵に積む 493上
棒ほど願って針 547下
綿に針を包む 649下
春
一年のはかりご 57下
春植えざれば秋 493下
春に三日の晴な 493下
春の日と継母は 494上
春の雪と叔母の 494上
冬来りなば春遠 534上
張る
女の目には鈴を 144下
金で面張る 173上
腹の皮が張れば 491下
晴
朝虹は雨,夕虹 15下
春に三日の晴な 493下
腫物
出物腫物ところ 398上
腫れる
惚れた腫れたも 554下
番
盗人に蔵の番 452下
猫に鰹節の番 455上
パン
人はパンのみに 511下
判官《はんがん》 →判官《ほうがん》
万犬
一犬虚に吠えれ 61下
万骨
一将功なりて万 62上
犯罪
犯罪の陰に女あ 494下
万事
一事が万事 55上
人間万事塞翁が 449下
半畳
起きて半畳寝て 118下
晩成
大器晩成 343上
万卒
万卒は得易く一 495上
番茶
鬼も十八番茶も 129下
万人
一人虚を伝ゆれ 62上
半分
預かり物は半分 20下
万里
雲泥万里 104下

ひ

日
雨の降る日は天 35下
春の日と継母は 494上
日暮れて道遠し 498下
夜道に日は暮れ 627上
火
火事後の火の用 158下
堅い石から火が 163下
尻に火 312上
心頭滅却すれば 317下
薪を抱きて火を 354下
爪に火を灯す 390下
飛んで火に入る 423下
火のない所に煙 515下
船は水より火を 532下
屁と火は元から 541下
目から火が出る 585下
焼面火に懲りず 602下
焼け木杭には火 603上
非
理の高ずれば非 632下
尾
末大なれば必ず 319下
贔屓
贔屓の引き倒し 240下
判官贔屓 545下
びいどろ
びいどろを逆さ 495下
非学者
非学者論に負け 496上
日傘
乳母日傘 147上
日暈雨傘月暈日 496下
東
犬が西向きゃ尾 67下
東に近ければ西 497上
光
阿弥陀の光も銭 34下
親の光は七光 138下
玉磨かざれば光 370上
引かれ者
引かれ者の小唄 497上
彼岸
暑さ寒さも彼岸 26上
彼岸が来れば団 498上
彼岸過ぎての麦 498上
引き倒し
贔屓の引き倒し 240下
引く
牛に引かれて善 85下
後髪を引かれる 88上
首縊りの足を引 219上
木菟引きが木菟 322上
手ぐすね引く 395上
我が田へ水を引 169下
低い
低い所に水溜る 219下
髭(鬚)
お鬚の塵を払う 131上
食わぬ飯が髭に 222上
竜の鬚を撫でて 634上
膝
七重の膝を八重 433上
膝とも談合 500上
膝頭
膝頭で江戸へ行 499上
庇
庇を貸して母屋 499下

久しい
奢る者は久しか 119上
肘
三たび肘を折っ 569上
秘事
秘事は睫毛 500上
美人
皮一枚剝げば美 93上
八方美人 483上
美人薄命 500下
引っかく
敵もさるもの引 394下
引越
引越貧乏 501上
引っ込む
気の利いた化物 197上
無理が通れば道 583上
羊
群羊を駆って猛 224上
羊に虎の皮を着 501下
羊頭狗肉 622上
必要
必要は発明の母 501下
美田
子孫に美田を残 289上
人《ひと》(ニンも見よ)
顎で人を使う 13上
旨いもの食わす 94下
馬には乗ってみ 95下
鬼も頼めば人食 130下
賢い人には友が 159上
神は人の敬うに 178下
声なくして人を 242下
歳月人を待たず 263下
先んずれば人を 265下
寸鉄人を殺す 329上
玉磨かざれば光 370上
地位は人を作る 375下
罪を憎んで人を 390上
天知る地知る我 400下
天に口なし人を 402上
虎狼より人の口 417下
虎は死して皮を 419上
七度探して人を 434上
人盛んにして神 556上
人酒を飲む,酒 503上
人と煙草の善し 504下
人と屛風は直に 9下
人の頭の蠅を追 505上
人の意見に餅を 45下
人の痛みは三年 505上
人の噂も七十五 505下
人の踊る時は踊 506上
人の口に戸は立 506下
人の心は九分十 507上
人の十難より我 507上
人の頼まぬ経を 507下
人の情は世にあ 508上
人の振り見て我 508下
人の褌で相撲取 508下
人の行方と水の 509上
人の悪口は鴨の 509下
人は石垣,人は 510上
人は氏より育ち 88上
人は落ち目が大 510下
人は三寸の舌に 289下
人は善悪の友に 511上
人は情の下で立 511下
人はパンのみに 511下
人は百病の器物 512上
人は見かけによ 512上
人は見目より只 512下
人を射んとせば 309上
人を使うは使わ 385下
人を呪わば穴二 514下
人を見たら泥棒 515上
名人は人を謗ら 583下
我が面白の人泣 645下
我が身をつねっ 648上
我もよかれ人も 652上
一重
美しいも皮一重 93上
一口物
一口物に頰を焼 502上
人食らい馬
人食らい馬にも 502下
一声
鶴の一声 392上
一盛り
薊の花も一盛り 18上
一筋
雁は八百,矢は 188下
一筋の矢は折る 503下
一筋縄
一筋縄ではいか 503上
人宝
細工貧乏人宝 204下
人種
物種は盗めるが 596下
一つ
悲しい時は身一 170下
一つ釜の飯を食 126上
百日の説法屁一 517下
焙烙千に槌一つ 547下
一つ覚え
馬鹿の一つ覚え 473下
一つまさり
一つまさりの女 504上
人の上
今日は人の上, 21上
一人《ひとり》(独り,イチニンも見よ)
君子は必ずその 306上
小坊主一人に天 254下
三人旅の一人乞 276下
鯛も一人は旨か 350下
一人相撲 513上
一人の文殊より 513下
一人口
二人口は過せる 530上
一人娘
一人娘に婿八人 514上
火の用心
親孝行と火の用 134下
疲馬
疲馬の鞭を恐れ 604下
日々
去る者は日々に 272上
響く
打てば響く 93下
火吹竹
火吹竹の根は藪 516上
暇
貧乏暇なし 523下
姫
一姫二太郎 58上
ひもじい
ひもじい時のま 321下

百
明日の百より今 20下
一文惜しみの百 59下
雀百まで踊忘れ 323下
三つ子の魂百ま 570上
百害
百害あって一利 516下
百歳
三歳の翁,百歳 273上
百尺
百尺竿頭一歩を 517上
百足
百足の虫は死に 579下
百日
天井一日底百日 400上
百日の説法屁一 517下
百人
百人を殺さねば 518上
百年
百年河清を俟つ 518下
百倍
可愛さ余って憎 184上
理の高じたは非 633上
百病
人は百病の器物 512上
百聞
百聞は一見に如 519上
百薬
酒は百薬の長 268上
百里
百里の道は九十 519下
百両
百両のかたに編 519下
冷酒
親の意見と冷酒 136上
百貫
百貫のかたに編 519下
百貫の鷹も放さ 520上
百犬
一犬形に吠ゆれ 61下
百歩
五十歩百歩 246上
冷水
年寄の冷水 413下
豹
管中に豹を見る 187下
豹は死して皮を 419上
馮河
暴虎馮河の勇 546上
瓢箪《ひょうたん》(瓢)
中流に船を失え 379上
瓢箪から駒 520下
瓢箪で鯰 521上
屏風
商人と屏風は曲 9下
豹変
君子豹変す 223上
日和
待てば海路の日 560上
平目
鯛も平目も食っ 351上
ひる
沈香も焚かず屁 314下
屁をひって尻つ 543下
昼寝
田舎の学問より 67上
盗人の昼寝 453上
昼念仏
朝題目に昼念仏 15上
広い
水広ければ魚大 567下
拾う
火中の栗を拾う 165上
捨てる神あれば 324下
爪で拾って箕で 390上
広げる
大風呂敷を広げ 116下
貧
四百四病より貧 295下
ピン
ピンからキリま 522上
牝鶏
牝鶏晨す 522上
貧者
長者の万灯より 380下
貧人
死しての長者よ 284上
貧する
貧すれば鈍す 522下
貧乏
朝寝朝酒は貧乏 16上
稼ぐに追いつく 162上
器用貧乏 204下
隣の貧乏は鴨の 415下
引越貧乏 501上
貧乏人の子沢山 523上
貧乏暇なし 523下

ふ

歩《ふ》
桂馬の高上がり 227上
夫婦
子は夫婦の中の 253上
蚤の夫婦 468下
夫婦は合せもの 39下
夫婦喧嘩
西風と夫婦喧嘩 443下
夫婦喧嘩は犬も 524下
笛
笛吹けど踊らず 525上
不縁
釣り合わぬは不 391上
深い
浅い川も深く渡 13下
深い川は静かに 525下
山高ければ谷深 610下
深情《ふかなさけ》
悪女の深情 11下
不義
不義はお家の御 526上
福
残り物に福があ 466上
禍転じて福 648下
禍も三年経てば 649上
笑う門に福来る 651上
吹く
明日は明日の風 18下
羹に懲りて膾を 27下
風が吹けば桶屋 161下
風は吹けど山は 162下
毛を吹いて疵を 232上
笛吹けど踊らず 525上
分相応に風が吹 536下
河豚《ふぐ》
河豚は食いたし 526下
覆水
覆水盆に返らず 526上

膨れる
焼餅は膨れなが 601上
嚢《ふくろ》
錐は嚢を通す 207上
ふさがる
開いた口がふさ 2下
不作
悪妻は六十年の 10上
塞ぐ
大海を手で塞ぐ 342上
富士(富士の山)
一富士二鷹三茄 58下
来てみればさほ 195下
富士の山と擂鉢 527上
武士
武士は食わねど 527下
不定
老少不定の習い 641下
臥す
子に臥し寅に起 462上
臥せる牛に芥 461上
布施
経も読まずに布 205上
布施ない経に袈 527下
無勢
多勢に無勢 356下
不善
小人閑居して不 305下
蓋
合わぬ蓋あれば 40下
臭い物に蓋 212下
底もあれば蓋も 338下
似合い似合いの 440上
身も蓋もない 575上
豚
豚に真珠 528下
豚もおだてりゃ 529下
豚を盗んで骨を 530上
舞台
清水の舞台から 206上
二つ
瓜を二つに割っ 102下
竹を二つに割っ 355下
人を呪わば穴二 514下
二つよいことな 528上
双葉
栴檀は双葉より 334下
二股
二股膏薬 529上
二人
娘一人に婿二人 514上
二人口
二人口は過せる 530上
淵
網無くて淵を覗 35上
石を抱きて淵に 50上
昨日の淵は今日 196下
仏法
仏法あれば世法 530下
筆
弘法筆を選ばず 241上
弘法も筆の誤り 241下
太い
太き物には呑ま 425下
懐《ふところ》
窮鳥懐に入れば 201下
布団
石に布団は着せ 47上
舟(船)
磯際で舟を破る 52上
船頭多くして船 335上
高い舟借りて安 351下
中流に船を失え 379上
乗りかかった舟 469下
船形三里帆形七 531上
舟盗人を徒歩で 531下
舟に刻みて剣を 532上
船は水より火を 532下
渡りに舟 650上
浮木
盲亀の浮木 590下
文《ふみ》
文は遣りたし書 533下
踏む
草を踏んで蛇を 214上
三尺下がって師 273下
二の足を踏む 446上
二の舞を踏む 446下
薄氷を踏む 476上
踏まれた草にも 533上
踏めば窪む 534上
麦と姑は踏むほ 580上
竜の鬚を撫でて 634上
冬
冬来りなば春遠 534上
不養生
医者の不養生 49上
振り
人の振り見て我 508下
振り合う
袖振り合うも他 339下
振りずんばい
腕なしの振りず 553上
振袖
三十振袖四十島 273下
振る
尾を振る犬は叩 141下
降る
雨の降る日は天 35下
雨降って地固ま 36上
降れば土砂降り 536上
古い(故い)
医者と味噌は古 48下
友と酒は古いほ 417上
女房と味噌は古 447上
古き革袋に新し 24下
故きを温ね新し 535下
古川
古川に水絶えず 534下
古傷
古傷は痛みやす 535上
古巣
花は根に鳥は古 486上
無礼
礼も過ぎれば無 639上
分
分相応に風が吹 536下
刎頸《ふんけい》
刎頸の交わり 536上
褌《ふんどし》
義理と褌は欠か 206下
人の褌で相撲取 508下
踏ん張り
後家の踏ん張り 244下
分別
色は分別の外 76上
分別過ぎれば愚 537上
よい分別は雪隠 621上

よき分別は老人 622下

へ

屁
鼬の最後屁 54上
死に馬が屁をこ 292下
沈香も焚かず屁 314下
百日の説法屁一 517下
屁と火は元から 541下
屁の河童 542上
屁をひって尻つ 543下
兵
敗軍の将兵を語 471上
塀
木七竹八塀十郎 192下
平家
奢る平家は久し 119上
へお
焼鳥にもへお 601上
霹靂《へきれき》
青天の霹靂 330上
臍《へそ》
臍が茶を沸かす 538上
下手
下手こそ上手の 538上
下手な大工での 538下
下手な鉄砲数打 538下
下手の考え休む 539下
下手の道具選び 540上
下手の長談義 540上
下手の横好き 540下
隔て
恋に上下の隔て 235上
糸瓜《へちま》
糸瓜の皮とも思 541上
諂い
下いびりの上諂 289上
紅《べに》(クレナイも見よ)
売物には紅をさ 102上
蛇《へび》(ジャも見よ)
蛙は口から蛇に 151下
草を打って蛇を 214上
杯中の蛇影 472上
灰吹から蛇が出 472下
蛇に足を添える 542上
蛇に嚙まれて朽 542下
蛇に睨まれた蛙 543上
蛇の生殺し 543上
盲蛇に怖じず 586下
藪蛇 608上
竜頭蛇尾 633下
減らず口
負け惜しみの減 557下
減る
腹が減っては戦 490下
べろ
偽りを言うと鬼 90下
ペン
ペンは剣より強 545上
弁当
怪我と弁当は自 227上
弁当持先に食わ 544下
弁当忘れても傘 545上

ほ

帆
得手に帆 106下
船形三里帆形七 531上
穂
落武者は薄の穂 121上
鷹は飢えても穂 352上
法
人見て法を説け 450下
棒
足を棒にする 20上
犬も歩けば棒に 69下
飢えた犬は棒を 80下
針小棒大 315下
箸にも棒にもか 476下
棒ほど願って針 547下
藪から棒 607上
蚌鷸《ぼういつ》
蚌鷸の争いは漁 205下
方円
水は方円の器に 567上
判官《ほうがん》
判官贔屓 545下
防御
攻撃は最大の防 237下
法師
法師が憎ければ 546下
帽子
糊ついでに帽子 470上
坊主
嘘と坊主の頭は 89下
女と坊主に余り 143下
譬えに嘘なし坊 360下
坊主憎けりゃ袈 546下
坊主の花簪 547上
坊主丸儲け 547上
三日坊主 569下
忘ずる
故郷忘じ難し 243下
棒乳切
喧嘩過ぎての棒 233上
豊年
雪は豊年の貢物 617上
朋輩
犬も朋輩,鷹も 70下
方便
嘘も方便 90上
焙烙《ほうろく》
棚から落ちた焙 361上
焙烙千に槌一つ 547下
吠える
一犬虚に吠えれ 61下
吠える犬は嚙み 548上
頬
一口物に頬を焼 502上
頬被り
頭巾と見せて頬 321下
両方いいのは頬 635上
酸漿《ほおずき》
酸漿と娘は色付 548下
誇り
鼬のなき間の貂 54下
菩薩
菩薩実が入れば 549上
星
名のない星は宵 434下
牡丹餅
開いた口へ牡丹 2下
棚から牡丹餅 361下
蛍
鳴かぬ蛍が身を 426上
牡丹

立てば芍薬座れ 360上
発句
発句苦になる馬 549下
程
冗談にも程があ 306下
仏
彩ずる仏の鼻を 264上
地獄で仏 281下
知らぬが仏 311上
知らぬ仏より馴 311下
仏千人神千人 550上
仏頼んで地獄へ 550上
仏造って魂入れ 550下
仏に向って法を 297下
仏の顔も三度 551上
仏のない堂へ参 551下
仏の箔を剝がす 551下
仏も下駄も同じ 552上
我が仏尊し 647下
施す
豚を盗んで骨を 530上
ほととぎす
鶯の卵の中のほ 83上
目には青葉山ほ 587下
骨
水母も骨に会う 220上
死馬の骨を買う 295上
肉を斬らせて骨 442下
豚を盗んで骨を 530上
骨なしの腕ずん 553上
骨折り損
骨折り損のくた 552下
骨折る
犬骨折って鷹の 69上
炎
ねじれた薪も真 459上
誉れ
出藍の誉れ 7上
誉れは誹りの基 553下
褒める
一に褒められ二 57上
三つ叱って五つ 570下
嫁の三日褒め 628下
洞《ほら》ヶ峠
洞ヶ峠 554上
掘る
渇に臨みて井を 166下
蟹は甲に似せて 171下
灯心で竹の根を 404下
雪の中に筍を掘 616下
惚れる
一に褒められ二 57上
惚れた腫れたも 554下
惚れた病に薬な 554下
惚れた欲目には 32上
惚れて通えば千 555上
襤褸《ぼろ》
襤褸は着てても 555下
亡ぼす
三寸の舌に五尺 289下
盆
覆水盆に返らず 526上
本性
酒の酔本性忘れ 267上
煩悩
煩悩の犬は追え 555下
見るに目の欲触 576上
本能寺
敵は本能寺にあ 394下
凡夫
凡夫盛んにして 556上

ま

魔
好事魔多し 238下
寸善尺魔 328下
舞
地が傾いて舞が 280上
参る(参り)
呆れが礼に参る 9下
蟻の熊野参り 38上
牛に引かれて善 85下
仏のない堂へ参 551下
参らぬ神に祟な 272下
任せる
運を天に任す 104下
曲る
商人と屛風は曲 9下
巻く
長い物には巻か 425下
蒔く
鳩を憎み豆蒔か 484上
蒔かぬ種は生え 556下
枕(枕する)
石に漱ぎ流れに 46下
邯鄲の枕 187上
長持枕にならず 426上
馬鍬
藪に馬鍬 607下
負け惜しみ
負け惜しみの減 557下
負ける
勝てば官軍負け 169上
碁で負けたら将 249上
相撲に勝って勝 327下
非学者論に負け 496上
負けるが勝 557下
孫
親苦労す,子は 134上
孫は子より可愛 558下
孫を飼うより犬 559上
馬子
馬子にも衣装 558上
誠
嘘から出た誠 88下
正宗
大根を正宗で切 345下
勝る(優る)
言わぬは言うに 78下
子供に優る宝な 251上
本木に勝る末木 594上
予防は治療に勝 626下
交わる(交わり)
朱に交われば赤 304上
水魚の交わり 318上
刎頸の交わり 536上
増す
神は人の敬うに 178下
まずい
空きっ腹にまず 321上
まずい物の煮え 19上
貧しい
家貧しくして孝 42上
股
欲の熊鷹股裂け 623下
跨ぐ
男は敷居を跨げ 123上

木天蓼《またたび》
猫に木天蓼 456上
待つ(俟つ)
果報は寝て待て 177上
株を守りて兎を 211上
歳月人を待たず 263下
鹿待つところの 280下
人事を尽して天 316上
百年河清を俟つ 518下
待たせる身とな 559上
待つうちが花 559下
待てば海路の日 560上
松かさ
松かさより年か 560上
睫毛《まつげ》
秘事は睫毛 500上
真直ぐ
麻につるる蓬は 16下
ねじれた薪も真 459上
末代
問うは一時の恥 192上
松茸
香り松茸味しめ 153上
祭
後の祭 29下
俎板
女と俎板はなけ 144上
俎板の鯉 561上
学ぶ
教えるは学ぶの 119下
玉磨かざれば光 370上
学びて思わざれ 561下
よく学びよく遊 624上
真似
鵜の真似する烏 94上
継母
春の日と継母は 494上
豆
鳩を憎み豆蒔か 484上
豆鉄砲
鳩が豆鉄砲を食 483下
守る
株を守りて兎を 211上
眉
眉唾 561下
迷う
子故の闇に迷う 256上
丸い
丸い卵も切りよ 562上
丸儲け
坊主丸儲け 547上
真綿
真綿で首締める 562上
真綿に針を包む 649下
廻り物
金は天下の廻り 175上
回る
急がば回れ 51下
因果は回る車の 79下
かしらが回らに 22上
下衆の話下へ回 230上
袖の下回る子は 338下
饅頭
雪隠で饅頭 331上
夢に饅頭を食う 618下
万年
鶴は千年,亀は 392下
万病
風邪は万病の元 163上
万病気から起る 609下

み

身
悪事身に返る 11下
悪銭身に付かず 12上
悲しい時は身一 170下
臭い者身知らず 43下
芸は身を助ける 226下
言葉は身の文 249下
正直の儲けは身 305上
ちょっと嘗めた 382下
鳴かぬ蛍が身を 426上
待たせる身とな 559上
身から出た錆 564上
身は習わし 572下
身も蓋もない 575上
身を捨ててこそ 576下
身をつめりて人 648上
実
死んで花実が咲 317上
花も実もある 486上
菩薩実が入れば 549上
実のなる木は花 572上
箕《み》
爪で拾って箕で 390上
ミイラ
ミイラ取りがミ 563上
見える
餓鬼の目に水見 154下
磨《みが》く(攻く)
瓦も磨けば玉と 185上
十年一剣を磨く 301下
他山の石以て玉 355下
玉磨かざれば光 370上
見かけ
人は見かけによ 512上
味方
敵に味方あり味 394上
味方見苦し 563下
見苦しい
味方見苦し 563下
見事
客と白鷺は立っ 198下
短い
帯に短し襷に長 131上
微塵
微塵も積れば山 383上
水
魚心あれば水心 81上
魚と水 81下
鵜の真似する烏 94上
落ちれば同じ谷 121下
親の恩と水の恩 136下
蛙の面に水 151上
餓鬼の目に水見 154下
籠で水汲む 157下
渇しても盗泉の 167上
我田引水 169下
窪い所に水溜る 219下
塩辛食おうと水 279上
上手の手から水 306上
雀水に入って蛤 323上
鷹は水に入りて 352下
立板に水 359上
血は水より濃し 377下
所変れば水変る 412下
流れる水は腐ら 427上

寝耳に水　462上
人の行方と水の　509上
船は水より火を　532下
古川に水絶えず　534下
水清ければ魚棲　565下
水清ければ月宿　566上
水に絵を描く　566下
水は逆さまに流　567上
水は方円の器に　567上
水広ければ魚大　567下
水を以て石に投　568上
焼石に水　602上
湯を沸かして水　619下
水遊び
土仏の水遊び　388下
身過ぎ
身過ぎは草の種　565上
水渡り
螻蛄の水渡り　231上
味噌
医者と味噌は古　48下
運がよけりゃ牛　103下
女房と味噌は古　447上
味噌も糞も一緒　568下
三たび
韋編三たび絶つ　73上
三たび肘を折っ　569上
道(路, 蹊)
急ぐ道は回れ　51下
老いた馬は路を　112上
子供叱るな来た　250上
蛇の道は蛇　299上
商売は道によっ　308上
すべての道はロ　326上
千里の道も一歩　337上
玉磨かざれば光　370上
桃李もの言わざ　407上
逃げる者は道を　443上
日暮れて道遠し　498下
道連れ
旅は道連れ　366上
密
謀は密なるを以　474下
蜜
口に蜜, 心に針　216下
三日
犬は三日飼えば　68下
乞食を三日すれ　245下
天井三日底三年　400上
春に三日の晴な　493下
三日坊主　569下
嫁の三日褒め　628下
貢物
雪は豊年の貢物　617上
三つ子
八十の三つ子　481下
三つ子に習いて　113上
三つ子の魂百ま　570上
三つ
三つ叱って五つ　570下
満つる
満つれば欠ける　571上
見手
踊三人見手八人　125上
緑
柳は緑, 花は紅　606下
見直し
三寸の見直し　275下
源
流れを汲みて源　427上
身の上
易者身の上知ら　105下
今日は人の身の　21上
実る
春植えざれば秋　493下
耳
馬の耳に念仏　96上
壁に耳　176下
金言耳に逆らう　210上
寝耳に水　462上
耳取って鼻をか　573下
耳に胼胝　574上
耳を掩いて鐘を　574下
耳搔き
杓子は耳搔きに　298上
蚯蚓《みみず》
蚯蚓の木登り　573上
見目
人は見目より只　512下
見目は果報の基　575上
都
住めば都　327上
宮仕え
すまじきものは　326下
深山木
花の傍らの深山　485上
夫婦《みょうと》いさかい
夫婦いさかいは　524下
見る
一度見ぬ馬鹿二　56上
兎を見て犬を放　84上
管中に豹を見る　187下
聞いて極楽見て　190下
義を見てせざる　209上
木を見て森を見　209下
子を見ること親　259上
鹿逐う猟師山を　279下
知らぬが仏, 見　311上
泣く子も目を見　429上
人を見たら泥棒　515上
見ざる聞かざる　564下
見ぬ商いはでき　571上
見ぬうちが花　571下
見ると聞くとは　575下
見るに目の毒　576上
娘を見るより母　581下
皆
赤信号皆で渡れ　7上

む

六日
六日の菖蒲, 十　577上
向かう
向かうししに矢　577下
無学
芝居は無学の早　294下
昔
昔取った杵柄　578上
昔のことを言う　578下
昔の某, 今の金　578下
昔は今の鏡　579上
百足《むかで》
百足は死んでも　579下
麦
彼岸過ぎての麦　498上
麦と姑は踏むほ　580上
向く

　犬が西向きゃ尾　67下
剝《む》く
　栄耀に餅の皮を　109下
報う
　親の因果が子に　136上
無芸
　無芸大食　580下
婿
　一人娘に婿八人　514上
向う
　当て事と越中褌　28上
　向う三軒両隣　581上
むさい
　指むさしとて切　618上
虫
　一寸の虫にも五　64下
　獅子身中の虫　283上
　小の虫を殺して　307上
　蓼食う虫も好き　359下
　飛んで火に入る　423下
　夏の虫氷を笑う　432下
　百足の虫は死に　579下
　酸漿と娘は色付　548下
狢《むじな》
　同じ穴の狢　125下
筵《むしろ》
　針の筵に座る　492下
　六十の筵破り　643上
娘
　秋茄子は娘に食　7下
　酸漿と娘は色付　548下
　娘の子は強盗八　581上
　娘一人に婿八人　514上
　娘を見るより母　581下
鞭(鞭打つ)
　飴と鞭　35下
　死者に鞭打つ　286上
　走り馬にも鞭　478下
　痩せ馬鞭を恐れ　604下
襁褓《むつき》
　生れぬ先の襁褓　96下
空しい
　座して食らえば　269上
　宝の山へ入りな　354上
胸
　胸に一物　582上
無病
　無病息災　582下
村
　捨子も村のはご　324上
紫
　紫の朱を奪う　582下
無理
　無理が通れば道　583上

め

目
　網の目に風たま　35上
　生き馬の目を抜　43上
　鬼の目にも涙　129上
　女の目には鈴を　144下
　餓鬼の目に水見　154下
　壁に耳あり障子　176下
　死ねがな目くじ　294上
　泣く子も目を見　429上
　腹の皮が張れば　491下
　見るに目の毒　576上
　目から鱗が落ち　585上
　目から鼻へ抜け　585下
　目から火が出る　585下
　目には青葉山ほ　587下
　目には目,歯に　588上
　目の上の瘤　588下
　目の正月　588下
　目は口ほどに物　589上
　目を皿　589上
芽
　根もない嘘から　462下
妻《め》
　男は妻から　123下
　元の妻に仲人な　594下
命《めい》(イノチも見よ)
　命は義によって　584上
名所
　歌人は居ながら　160上
名人
　名人は人を誇ら　583下
冥土
　門松は冥土の旅　170上
鳴動
　泰山鳴動して鼠　346上
雌牛
　雌牛に腹突かれ　584下
めおと
　蚤のめおと　468下
目籠
　目籠で水汲む　157下
目くじら
　目くじらを立て　586上
目薬
　尻に目薬　312下
　二階から目薬　440下
目糞
　目糞鼻糞を笑う　586上
盲
　群盲象を撫でる　223下
　盲蛇に怖じず　586下
巡る
　因果は巡る車の　79下
目功《めこう》
　手功より目功　395下
飯《めし》(イイも見よ)
　いつも月夜に米　66下
　同じ釜の飯を食　126上
　他人の飯には刺　363下
　飯の上の蠅　587上
滅却
　心頭滅却すれば　317下
目鼻
　卵に目鼻　367下
雌鳥《めんどり》
　雌鳥歌えば家滅　522上
面壁
　面壁九年　589下
面々
　面々の楊貴妃　590上

も

儲かる
　風が吹けば桶屋　161下
盲亀
　盲亀の浮木　590下
蒙求
　勧学院の雀は蒙　185下
儲ける(儲け)
　金が金を儲ける　172下

正直の儲けは身 305上
孟母
孟母三遷 591上
燃え杭
燃え杭には火が 603上
もくあみ
元のもくあみ 595上
艾《もぐさ》
七年の病に三年 291下
木椀
元の木椀 595上
文字
水に文字書く 566下
餅
開いた口へ餅 2下
意見と餅はつく 45上
一升の餅に五升 63上
絵に描いた餅 108下
栄耀に餅の皮を 109下
餅に砂糖 592上
餅は乞食に焼か 592上
餅は餅屋 592下
持ち腐れ
宝の持ち腐れ 353上
餅屋
餅は餅屋 592下
持つ
江戸っ子は宵越 107上
子を持てば七十 260上
箸より重い物を 478下
文は遣りたし書 533下
持ちつ持たれつ 591下
持ったが病 593下
持つべきものは 593下
畚《もっこ》
煽てと畚には乗 120下
元《もと》(基《もと》,基《もとい》)
失敗は成功の基 292上
見目は果報の基 575上
元の鞘へ収める 594上
元の女房に仲人 594下
元のもくあみ 595上
元も子も失う 596上
本木
本木に勝る末木 594上
元偲び
世は元偲び 626下
求める
木に縁りて魚を 196上
毛を吹いて疵を 232上
七年の病に三年 291下
同気相求む 404上
舟に刻みて剣を 532上
物
物言えば唇寒し 596上
物には時節 597上
物は相談 597下
物は試し 598上
物好き
下手の物好き 540下
物種
命あっての物種 71上
物種は盗めるが 596下
桃
驚き桃の木山椒 125下
桃栗三年柿八年 598上
股引
呆れが股引で礼 9下
貰う(貰い)
慌てる乞食は貰 40上
女房は台所から 447下
貰う物は夏でも 598下
漏らす
天網恢恢疎にし 403下
森
木を見て森を見 209下
盛る
酒盛って尻踏ま 266下
漏れる
上手の手から水 306上
頼む木の下に雨 364上
門《もん》(カドも見よ)
男は門を出ずれ 123上
好事門を出でず 10下
前門の虎,後門 336下
尊い寺は門から 358上
門に入らば笠を 600下
文殊
三人寄れば文殊 277上
一人の文殊より 513下
門前
門前に市をなす 599上
門前の小僧習わ 599下

や

矢
雁は八百,矢は 188下
光陰矢の如し 236下
一筋の矢は折る 503下
向かうししに矢 577下
八重
七重の膝を八重 433上
八起き
七転び八起き 433上
薬缶
薬缶で茹でた蛸 600下
焼鳥
焼鳥にもへお 601上
焼蛤
その手は桑名の 340下
焼味噌
犬の糞も焼味噌 568下
焼餅
焼餅は膨れなが 601上
焼餅焼くとて手 601下
焼く
千日の萱を一日 335下
煮ても焼いても 445上
一口物に頬を焼 502上
餅は乞食に焼か 592上
焼餅焼くとて手 601下
疫病神
疫病神で敵を取 601下
焼石
焼石に水 602上
焼面
焼面火に懲りず 602下
焼野
焼野の雉子 602下
焼け木杭
焼け木杭には火 603上
養う
犬は三日養えば 68下
やすい
案ずるより産む 40下
安い
高い舟借りて安 351下

　ただより安いも　357下
　婆育ちは三百安　487下
　安かろう悪かろ　603下
休む
　下手の考え休む　539下
安物
　安物買いの銭失　604上
鑢《やすり》
　鑢と薬の飲み違　604下
痩せ馬
　痩せ馬鞭を恐れ　604下
宿る
　神は正直の頭に　178上
　健全なる精神は　234下
　水清ければ月宿　566上
柳
　柳の枝に雪折れ　605上
　柳の下にいつも　605下
　柳は風に従う　606上
　柳は緑,花は紅　606下
やはり
　やはり野に置け　606下
藪
　火吹竹の根は藪　516上
　藪から棒　607上
　藪に功の者　607下
　藪に馬鍬　607下
　藪蛇　608上
藪力
　十七八は藪力　299下
破る(破れる)
　磯際で舟を破る　52上
　国破れて山河あ　218上
山
　後は野となれ山　30下
　海千山千　97上
　海のものとも山　98下
　風は吹けど山は　162下
　枯木も山の賑わ　183上
　茸採った山は忘　197下
　綺麗な花は山に　208下
　愚公山を移す　211下
　座して食らえば　269上
　鹿逐う猟師山を　279下
　仁者は山を楽し　315上
　船頭多くして船　335上
　鷹は水に入りて　352下
　宝の山へ入りな　354上
　塵も積れば山と　383上
　山から里　398下
　山高きが故に貴　610上
　山高ければ谷深　610下
　山の芋が鰻とな　611上
　山のことは樵に　611下
　山より大きな猪　612上
病
　七年の病に三年　291下
　主と病には勝て　300下
　人は病の器　512上
　惚れた病に薬な　554下
　持ったが病　593下
　病膏肓に入る　608下
　病治りて薬忘れ　609上
　病は気から　609下
　病は口から入り　609下
山賤《やまがつ》
　山のことは山賤　611下
山ほととぎす
　目には青葉山ほ　587下
山桃
　山桃の選り食い　611下
闇
　一寸先は闇　64上
　子故の闇に迷う　256上
闇夜
　闇夜に烏　612下
　闇夜の礫　612下
止む
　頭禿げても浮気　24上
　四十過ぎての道　286下
病む
　後腹が病める　31上
　他人の疝気を頭　362上
槍
　槍玉に挙げる　613上
遣る
　文は遣りたし書　533下

ゆ

湯
　湯を沸かして水　619下
勇
　義を見てせざる　209上
　暴虎馮河の勇　546上
ゆう
　嘘と坊主の頭は　89下
勇将
　勇将の下に弱卒　613下
夕立
　夕立は馬の背分　614上
夕虹
　朝虹は雨,夕虹　15下
夕べ
　朝に紅顔あって　18下
雄弁
　沈黙は金,雄弁　384上
夕焼け
　秋の夕焼け鎌を　9上
幽霊
　蒟蒻の幽霊　260下
　幽霊の浜風に逢　614下
歪む
　商人と屏風は歪　9下
行き
　行き大名帰り乞　615上
雪
　春の雪と叔母の　494上
　闇夜に烏雪に鷺　612下
　雪と墨　615下
　雪の上に霜　616上
　雪の中に筍を掘　616下
　雪は豊年の貢物　617上
雪折れ
　柳の枝に雪折れ　605上
雪仏
　雪仏の水遊び　388下
行く
　悪事千里を行く　10下
　行く馬に鞭　478下
行方
　人の行方と水の　509上
柚
　桃栗三年柿八年　598上
譲る
　太山は土壌を譲　345下
油断
　旨いもの食わす　94下

小娘と小袋は油 255下
油断大敵 617下
茹でる
薬缶で茹でた蛸 600下
指
指汚しとて切ら 618上
弓
養由に弓を言う 622下
夢
邯鄲の夢 187上
京の夢大阪の夢 203下
同床異夢 404下
夢に饅頭を食う 618下
夢は五臓の煩い 618下
揺籠《ゆりかご》
揺籠から墓場ま 619上

よ

世
歌は世につれ世 91上
旅は道連れ世は 366上
憎まれっ子世に 442上
人と煙草の善し 504下
人の情は世にあ 508上
世の取沙汰も七 505下
世は塞翁が馬 449下
世は元偲び 626下
夜明け
夜明け前が一番 620上
宵
明日の塩辛食わ 279上
旨い物は宵に食 95上
仲人は宵のうち 431上
名のない星は宵 434下
酔《よい》
酒の酔本性忘れ 267上
良い
高かろう良かろ 603下
便りのないのは 372上
二つよいことな 528上
宵越し
江戸っ子は宵越 107上
宵っ張り
宵っ張りの朝寝 620下
酔どれ
酔どれ怪我をせ 620下
宵念仏
朝題目に宵念仏 15上
用
時の用には鼻を 410上
用のない星は宵 434下
楊貴妃
面々の楊貴妃 590上
楊枝
重箱の隅を楊枝 302下
武士は食わねど 527下
養生
薬より養生 216上
用心
火事後の火の用 158下
用心は臆病にせ 621下
陽報
陰徳あれば陽報 80上
養由
養由に弓を言う 622下
楊柳
楊柳の風になび 606上
斧《よき》(オノも見よ)
蚤の頭斧で割る 468下
欲
見るに目に欲 576上
欲に頂なし 623下
欲の熊鷹股裂け 623下
欲目
惚れた欲目には 32上
預言者
預言者郷里に容 624下
横
横車を押す 625上
横のものを縦に 625下
横好き
下手の横好き 540下
横槌
横槌で庭掃く 388上
葦《よし》(アシも見よ)
葦の髄から天井 626上
善し悪し
人と煙草の善し 504下
よそ
よその疝気を頭 362上
涎《よだれ》
商いは牛の涎 7上
余地
立錐の余地もな 632下
淀
早牛も淀,遅牛 488下
世の中
金が敵の世の中 172上
呼ぶ
声なくして人を 242下
先生と呼ばれる 334上
予防
予防は治療に勝 626下
夜道
夜道に日は暮れ 627上
読む
経も読まずに布 205上
孝経を読んで母 237下
習わぬ経は読め 438上
人の頼まぬ経を 507下
門前の小僧習わ 599下
論語読みの論語 643下
嫁
秋茄子は嫁に食 7下
嫁が姑になる 627下
嫁の三日褒め 628下
夜目
夜目遠目笠の内 628上
蓬《よもぎ》
麻の中の蓬 16下
夜
朝の来ない夜は 16下
叩かれた夜は寝 356下
西風と夫婦喧嘩 443下
焼野の雉子夜の 602下
由る
知らしむべから 310下
寄る
三人寄れば文殊 277上
寄らば大樹 628下
寄る年波には勝 629上
喜ぶ(喜び)
嘆きの中の喜び 430下
螻蛄腹立てれば 231下
世渡り
追従も世渡り 385上
弱り目

弱り目に祟り目 629下

ら

来年
来年のことを言 630下
楽
親苦労す,子は 134上
苦は楽の種 218下
寝るほど楽はな 463上
楽あれば苦あり 631上
落馬
馬から落ちて落 95上
乱
怪力乱神を語ら 150上
治にいて乱を忘 376下

り

利
漁夫の利 205下
小利大損 309上
狸《り》(タヌキも見よ)
虎を描いて狸に 419下
理
盗人にも三分の 452上
恥を言わねば理 479上
理の高ずれば非 632下
理屈
理屈と膏薬はど 632上
竜
画竜点睛を欠く 181上
灰吹から竜が出 472下
竜吟ずれば雲起 633上
竜頭蛇尾 633下
竜の鬚を撫でて 634上
隆車
蟷螂が斧を取て 407下
流々
細工は流々仕上 263上
良医
百人を殺さねば 518上
三たび肘を折っ 569上
良貨
悪貨は良貨を駆 25下
良禽
良禽は木を択ん 634下
猟師
窮鳥懐に入れば 201下
鹿逐う猟師山を 279下
漁師
海のことは漁師 98上
良将
良将の下弱卒な 613下
両成敗
喧嘩両成敗 233下
両手
両手に花 635上
両得
一挙両得 61下
両隣
向う三軒両隣 581上
両方
両方いいのは類 635上
両方聞いて下知 635下
良薬
良薬口に苦し 636上
両雄
両雄並び立たず 636下
力《りょく》
怪力乱神を語ら 150上
綸言
綸言汗の如し 637上

る

類
類を以て集まる 638上
類する
虎を描いて猫に 419下
累卵
累卵の危うき 637下
留守
鬼の留守に洗濯 128上
亭主は元気で留 393下
ルビコン川
ルビコン川を渡 638下

れ

礼
青海苔貰うた礼 6上
呆れが礼に来る 9下
礼も過ぎれば無 639上
礼儀
親しき仲にも礼 290上
令色
巧言令色鮮し仁 238上
礼節
衣食足りて礼節 49下
歴史
歴史は繰り返す 639下
連木
連木で重箱洗う 328上
連木で腹切る 640上
蓮華草
やはり野に置け 606下

ろ

櫓
櫓三年に棹八年 643上
隴《ろう》
隴を得て蜀を望 642上
老化
老化は足から 641上
廊下
廊下とんび 640下
螻蟻《ろうぎ》
千丈の堤も螻蟻 333下
老少
老少不定の習い 641下
老人
子供叱るな来た 250上
よき分別は老人 622下
老馬
老馬道知る 112上
老兵
老兵は死なず, 641下
ローマ
すべての道はロ 326上
ローマは一日に 642下
六十
六十の手習い 481上
六十の筵破り 643上
六十年
悪妻は六十年の 10上
盧生

盧生が一炊の夢　187上
論
棺を蓋いて論定　189下
非学者論に負け　496上
論より証拠　644上
論語
論語読みの論語　643下

わ

和
和を以て貴しと　652下
輪
因果は巡る車の　79下
和歌
和歌に師匠なし　647上
若い
若い時の苦労は　645上
若い時は親に従　112下
若い時は二度な　645下
若木
矯めるなら若木　371上
若木の下で笠を　646上
我が子
盗人を捕えてみ　453下
我がこと
我がことと下り　646下
沸かす
臍が茶を沸かす　538上
湯を沸かして水　619下
我が身
明日は我が身　21上
我が身をつねっ　648上
別れ
会うは別れの始　4下
脇目
脇目八目　118上
分け前
獅子の分け前　284下
盗人の分け前を分ける　453上
夕立は馬の背分　614上
禍
口は禍の門　217下
病は口から入り　609下
禍転じて福　648下
禍も三年経てば　649上
煩い
夢は五臓の煩い　618下
忘れる
暑さ忘れりゃ陰　26下
犬は三日飼えば　68下
魚を得て筌を忘　82上
老いた馬は路を　112上
茸採った山は忘　197下
乞食を三日すれ　245下
災害は忘れた頃　262下
酒の酔本性忘れ　267上
雀百まで踊忘れ　323下
治にいて乱を忘　376下
鶏は三歩歩くと　448下
鼠壁を忘る，壁　459上
喉元過ぎれば熱　467上
早合点の早忘れ　489下
弁当忘れても傘　545上
病治りて薬忘れ　609上
綿
茶碗を投げば綿　377下
綿に針を包む　649下
渡る（渡り）
赤信号皆で渡れ　7上
浅い川も深く渡　13下
石橋を叩いて渡　48上
負うた子に教え　113上
ルビコン川を渡　638下
渡りに舟　650上
渡る世間に鬼は　650下
藁《わら》
溺れる者は藁を　132上
笑う（笑い）
一銭を笑う者は　65下
顔で笑って心で　152上
子供叱るな来た　250上
猿の尻笑い　270下
夏の虫氷を笑う　432下
腹立ち上戸ねち　491上
昔のことを言う　578下
目糞鼻糞を笑う　586上
来年のことを言　630下
笑う門に福来る　651上
草鞋《わらじ》
駕籠に乗る人担　158上
金の草鞋を履い　174上
二足の草鞋　444上
一つまさりの女　504上
童《わらべ》
寺の前の童は習　599下
割る
瓜を二つに割っ　102下
竹を二つに割っ　355下
蚤の頭斧で割る　468下
割った茶碗を接　651上
悪い
雨の降る日は天　35下
安かろう悪かろ　603下
悪口
人の悪口は鴨の　509下
我
天知る地知る我　400下
我が田へ水を引　169下
我もよかれ人も　652上
破鍋《われなべ》
破鍋に綴蓋　651下
割れる
毬栗も中から割　42下

準 項 目 索 引

・解説中に言及していることわざの中から，項目が立っているもの，および異表現を除いたものを集めた.
・読みやすさを配慮して，本文部分と表記が一部異なるものがある.
・欧文のことわざは最後に置いた.

あ

挨拶より銀札,酒樽より木樽　2上
愛して視れば鼻欠も靨《えくぼ》と見える　32上
空樽《あきだる》は音が高い　15上
呆れ返るの頬冠《ほおかむ》り　9下
呆れがお礼で足切《あき》れが踵《かかと》だ　9下
呆れが宙返りして軽業を出す　9下
呆れが宙返りする　9下
呆れが湯気に上る　9下
呆れ切り幕とんとん拍子　9下
商人《あきんど》の嘘は神もお許し　10上
商人は相身互い　145下
悪魔のことを言えば悪魔がやってくる　103上
悪魔のことを話すと角が見える　103上
朝雨に傘いらず　13下
朝雨に笠を脱げ　13下
朝雨に鞍置け　13下
朝雨に長時化《ながしけ》ない　13下
朝雨には蓑いらず　13下
朝雨は旱《ひでり》の元　13下
朝起き五両　489下
朝起き三両始末五両　489下
朝起き七つの徳あり　489下
朝起きの家に福来る　489下
朝起きは富貴の相,朝寝は貧乏の相　16上
朝酒は牛売ってでも飲め　14下
朝酒は女房を質に置いても飲め　14下
朝茶に別れるな　15下
朝茶は縁がよい　15上
朝茶は七里戻っても飲め　15下
朝茶は質を置いても飲め　15下
朝茶は福が増す　15下
朝虹がかかれば雨乞いするな　15下
朝虹傘忘るな　15下
朝虹しぐれあり,夕虹晴　15下
朝虹に川越えな,夕虹日見な　15下
朝虹は七里戻って傘を持て　15下
朝寝する者は貧乏性　489下
朝寝昼寝は貧乏のもと　489下
朝の虹は雨,夕方の虹は風　15下
朝日に向かう虹は雨　15下
朝焼朝虹その日は雨　15下
足の裏に疵あれば笹原走られぬ　326上
明日《あす》のことを言うと鬼が笑う　630下
新しい医者と新しい墓へは行くな　48下
新しい酒を古い革袋に入れる　24下

あなたを祝えばこなたの怨み　25下
穴の狢《むじな》を値段する　418上
兄は弟より年ゃ上だ　36上
姉女房蔵建つ　31下
姉女房は可愛がってくれる　31下
姉女房は子ほど可愛がる　31下
阿呆と髭剃は使いよう　474下
アマメがフを笑わる　586下
余らず過ぎず子三人　373上
網の目に風たまる　35上
飴で餅　3上
雨晴れて笠を忘る　27上
蟻が鯛なら蚯蚓《みみず》は鱧《はも》　37上
蟻が鯛なら蚯蚓は鰯　37上
蟻が十《とお》なら蚯蚓が二十《はたち》,蛇は二十五で嫁に行く　37上
蟻が十なら蚯蚓は二十　231上
蟻の穴から山も崩れる　334上
慌て者半人足　40上
慌てる蟹は穴へ入れぬ　40上
鮟鱇《あんこう》の木に登った如し　191下
あんころ餅で尻を叩かれる　3上

い

家柄より金柄　41下
家柄より食い柄　41下
家を移して妻を忘れる　449上
怒れる拳笑顔に当らず　105下
生きている犬は死んだライオンに勝る　284上
生きている鼠は死んだライオンに勝る　284上
生きている山犬は死んだ虎に勝る　284上
生きているロバは死んだ聖人よりまし　284上
軍《いくさ》見て矢を矧《は》ぐ　166下
石に灸　407上
石に立つ矢　464下
石橋が腐る　75上
石橋を叩いても渡らない　48下
医者と筍は若いがよい　49上
医者は年寄りがよく,弁護士は若いがよい　48下
鼬《いたち》になり貂《てん》になり　402上
痛みに塩　257下
一瓜実《うりざね》に二丸顔三平顔に四長顔　368上
一押二金三姿四程五芸　55上
一金《いちきん》二男《になん》　55上
一謗《そし》り二笑い三惚れ四風邪　57上
一度も登らぬ馬鹿二度登る馬鹿　56上,196上
一度行かぬ馬鹿二度行く馬鹿　56上
一に褒められ二謗《そし》られ三笑われ四風邪引く　57上
一程二金三器量　55上
一文儲けの百失い　59下
一を打って盤を知る　61上
一をもて万と成す　61上
一簣《いっき》を以て江河を障《ささ》う　342上
一寸の光陰軽んずべからず　410下
一寸の光陰は沙裏《しゃり》の金　410下
一寸法師の背競べ　423上
鷸蚌《いつぼう》の争い　206上
一本篦《へら》金の草鞋はいて探せ　504下
田舎の利口より京の馬鹿　67下
犬に小判　85上,456上
戌《いぬ》に棒あり,戊《つちのえ》に棒なし　101上
犬に論語　85上,547上
犬は犬を食わない　248上
犬も頼めば糞食わず　130下
命あっての物種,芋あっての屁の種　71下
命が芋種　71下
茨の中にも三年辛抱　48上
今からすると天井で鼠が笑う

630下
今泣いた烏がもう笑った　251下
芋幹食えるが家柄は食えぬ　41下
いやじゃありまの猫騒動　125下
いらぬお世話の蒲焼　231上
入鉄砲に出女　216下, 344上
煎豆《いりまめ》の選り食い　612上
岩をも通す桑の弓　464下
因果は巡る針の先　80上

う

飢えた犬に硬い骨などない　321下
飢えた鰐《わに》は餌食を選ばない　321下
飢えは食べ物の調味料　321下
上見れば方図がない　81上
上を見れば限りなし　81上
魚の木に登る　82上, 573上
魚の水を離れたよう　191下, 353上
浮世に鬼はない　650下
鶯の巣のほととぎす　83上
兎の罠《わな》に狐がかかる　76下, 280下
牛に説法　85上
牛に対して琴を弾ず　85上
牛に角あり午《うま》に角なし　101上
牛の小便十八町　86上
牛の涎《よだれ》は百里続く　7下
嘘の上塗　477下
嘘をつくことが好きな者は盗むことも好き　89下
嘘をつく者は盗みもする　89下
打たば響け　93下
内は犬の皮, 外は虎の皮　92上
内弁慶外菜虫　289下
独活《うど》の煮え太り　19下
旨い話には裏がある　95上
旨い話には罠《わな》がある　95上
馬に小判　456上
馬に銭　85上
馬の耳に風　85上, 96上
海のことは舟人に問え, 山のことは山人に問え　98上
売られた喧嘩は買わねばならない　4上
瓜の皮は大名に剝《む》かせ, 柿の皮は乞食に剝かせよ　592下
漆は剝《は》げても生地は剝げぬ　570上
膿んだものが潰れたとも言わず　104上
膿んだら端《はな》を突っ潰せ　104上
運のよい者には雄鳥まで卵を産む　104上
運のよい奴はナイル(河)に投げ込まれても魚をくわえて浮び上がる　103下

え

狗母魚《えそ》なくば鯛　348下
枝を撓《た》めて花を散らす　389下
江戸っ子の生れぞこない金を溜め　107上
画にかいた餅を食いたがる　108下
えのころが親犬になり上る　296上
豌豆《えんどう》は日陰でもはじける　42下
縁の下の舞　111上

お

お医者様でも草津の湯でも惚れた病は治りゃせぬ　555上
負たる児《ちご》を人に問う　114上
老いては再び稚児《ちご》になる　481下
老いの繰言　384上
負た子七日尋ぬる　114上
狼の話をすると狼はすぐそこ　103上
狼の話をするとその尾が見える

103上
狼の話をすると庭の向うに狼が現れる　103上
狼は狼を食わない　248上
狼は自分の毛を変えてもその本性を忘れない　570上
大木《おおき》の下に小木《おぎ》育つ　116上
置かぬ棚をも探せ　118上
岡の水稽古　480上
起きて三尺寝て六尺　118下
屋下に屋を架す　119上
奥歯に衣着せる　487下
雄猫が子を産む　75上
男の四十は分別盛り　286下
男の光は七光　139上
男は座敷から貰え,嫁は庭から貰え　447下
男は三年に一度笑う　123上
男は笑うものではない　123上
大人は火の子　252下
同じ翼の鳥は一緒に集まる　87下
同じ羽の鳥は群れる　87下
己《おのれ》に如《し》かざる者を友とすることなかれ　36下
帯にも着物にもならぬ　131下
負ぶえば抱かりょう　147上
思し召しより米の飯　2上
溺れんとする者は草葉に縋《すが》り付く　132上
思いて学ばざれば則ち殆《あや》うし　561下
面《おもて》は顔　36上
親父は男でおっかあ女　36上
親父は俺より年が上　36上
親猫も子猫と同じくらい牛乳をなめる　455上
親の意見と茄子の花は千に一つの無駄もなし　86下
親の恩は送るとも水の恩は送られぬ　137上
親の恩より義理の恩　98上
親の善悪は子孫に報う　136下
親のばちは子に当る　136下
泳ぎ上手は川で死ぬ　184下
終りが大事　141上
尾を振る犬も噛むことあり　141下
女三人と鵞鳥一羽で市が立つ　143上
女三人寄れば囲炉裏の灰飛ぶ　143上
女同士は角目《かどめ》立つ　145下
女と風と運はすぐ変る　19上
女と塩物に廃りものはない　144上
女の髪の毛に大象も繋がる　146上
女の事は女どし　145下
女の敵は女　145下
女は髪頭《かみかしら》　146上
女は一人で銅鑼《どら》一つ,三人寄れば芝居がかかる　143上
女は三つに従う　112上
女は乱の基　146下
恩は恩,仇は仇で報ずべし　148上
恩を以て仇を報ず　148上

か

飼い飼う虫に手を食われる　148下
櫂は三年,櫓は三月　643下
螺《かい》を以て海を酌む　285下
河海《かかい》は細流を択ばず　346上
牡蠣《かき》が鼻垂れを笑う　5下
かぎの穴から天覗く　626上
鉤《かぎ》を窃《ぬす》む者は誅せられ,国を窃む者は諸侯となる　270下
学者の不身持　49上
陰裏の蚕豆《そらまめ》もはじける時ははじける　42下
陰裏の桃の木も時が来れば花咲く

42下
駕籠舁き駕籠に乗らず　49上
傘一本で寺開く　206下
火事の前には鼠がいなくなる
460下
風が吹いたによって箱(桶)屋
161下
稼ぐに追いつく貧乏の種　162上
風邪に効く薬なし　345上
風邪は百病の長　163上
風邪は百病の本　163上
刀屋は刀屋　98上
鵞鳥と豚のように暮す　233上
河童の川流れ　168下,271下,306下
瓜田《かでん》に履《くつ》を納《い》れず　632上
かなたによければこなたの怨　25下
蟹は食うともがに食うな　420下
金さえあれば天下に敵なし　135上
鉦叩きゃ念仏が外れる　345上
金は死者をも生かす　135上
金持金使わず　544下
金持と痰壺《たんつぼ》は溜るほど汚い
175下
金持と塵取は溜るほど汚い　175下
金を出せば王様の口髭の上で太鼓
が叩ける　135上
南瓜《かぼちゃ》に目鼻　368上
神が愛する者には飼犬から子豚が
産れる　104上
神にも物は申してみよ　178上
神へも物は申しがら　178上
髪結いの乱れ髪　49上
嚙む馬は死ぬまで嚙む　570上
烏は烏の脇に止まり,類は類を求め
る　87下
川上手は川で果てる　184下
川向かいの喧嘩　342下
瓦は磨いても玉にならぬ　185上
蚊をして山を負わしむ　537下
考えは雪隠　621下
感心上手の行い下手　41上
韓信の股くぐり　533上
雁捕る罠《わな》に鶴　322下
雁は八百,矢は三文　188下
看板に偽りあり　189上
雁も鳩も食うた者が知る　189下,
351上
雁も鳩も一口　189下

き

聞いた百文より見た一文　21上
機会が人を作る　239上
聞しよりは見る　519上
雉《きじ》が鷹を産む　355上,416上
雉の雌鳥は女鳥　36上
疵もつ足は笹原も恐ろし　326上
北に近ければ南に遠い　36上
狐烹《に》らるる時は兎これを悲しむ
194下
木で造った仏も三度なぶれば腹を
立つ　551上
機に因りて法を説け　451上
昨日の大尽今日の乞食　197上
昨日の楽しみ今日の悲しみ　197上
昨日の綴れ今日の錦　627下
昨日の友は今日の仇　627下
昨日の花は今日の塵　197上
昨日の花は今日の夢　197上
昨日の娘今日の婆　627下
昨日の嫁今日は姑　627下
昨日は人を従え,今日は人に従う
627下
昨日は寡婦《やもめ》,今日は姑　627下
茸の出る山は孫にも知らすな
197下
木登りは木で果つる　184下
木登りは木で果て,川越しは川で果

てる　184下
木登りゃ木から落ちる　184下
伽羅も焚かず屁もこかず　315上
牛首を門に懸けて馬肉を売る　622上
九仞《きゆうじん》の山も一簣《いつき》の土より功を成す　200下
九仞の山も一歩より　200下
窮鼠狸《り》を齧《か》む　201上
尭舜の子に聖人なし　203下
兄弟喧嘩は小豆餅より甘い　202上
器量好みする人は醜婦を娶る　109下
綺麗な物には毒がある　92下

く

空腹は美味しいスープを作る　321下
空腹は最高のソース　321下
食うほど食えば牛臭い　434上
臭い物には蓋をせよ　213上
腐れ柿が熟柿を笑う　586下
草を打って蛇に驚く　214下
薬九層倍，百姓百層倍　215下
薬より看病　216上
管《くだ》によりて天を見る　626上
口先の裃《かみしも》　238下
口自慢の仕事下手　217下
口だけなら大坂城も建つ　41上
口たたきの手足らず　217下
口では大阪の城も建つ　157上
口に地代は出ない　216下
口に税は掛からぬ　216下
口に年貢はいらぬ　216下
口に入るものなら按摩の笛でも　599上
口に蜜あり，腹に剣あり　217上
口ほど重宝なものはない，何でも言うことすぐに出る　41上
首縊《くびくくり》を救うとてその足を引く　219上
雲に梯《かけはし》　161上
水母《くらげ》の風向かい　220下
水母は海老を目とする　220下
くれることなら日の暮れるもいや　356上
黒犬に嚙まれて灰汁《あく》のたれ滓《なす》に怖じる　27下

け

芸が身を助けるほどの不仕合せ　226下
下戸と化物はない　260下
下衆の話糞で収まる　230上
下衆の話尻へ回る　230上
下駄と焼味噌　386上
外面《げめん》似菩薩《じぼさつ》，内心如夜叉《にょやしゃ》　152下
獣を逐う者は目に大山を見ず　279下
螻蛄《けら》の五才　247下
犬猿も啻《ただ》ならず　233上
喧嘩口論は後悔の元　396下
喧嘩は手を出した方が負　396下
賢人は危きを見ず　222上
賢の子賢ならず　203下

こ

恋には身をやつす　236上
恋の重荷　236上
恋の病に薬なし　236上，554下
恋の山には釈迦倒れ　215上
鯉は鯉を呼び，鼈《すつぽん》は鼈を呼ぶ　87下
恋は盲目　32上

恋人のためならバクダードも遠くない 555上
後悔先に立たず,提灯持後に立たず 237下
後悔と槍持は先に立たず 237上
孝行のしたい時分に親はなし 134下
孔子に悟道 298上
孔子に論語 298上
子牛を盗む者は親牛を盗む 368下
耕は奴に問うべく,織は婢に問うべし 98上
幸福と不幸は同じ棒の上をさまよう 176下
幸福と不幸は手をつないでいる 176下
蝙蝠《こうもり》が燕を笑う 5下
蝙蝠も鳥の真似 242上,421上
呉越の仇《あだ》 242下
氷をたたき火を求む 196下
故郷では誰でも預言者たりえない 625上
黒鳥が白い卵を生む 416下
後家に花が咲く 245上
後家の空き重箱 245上
小姑は狐千匹 247上
小姑一人は猫千匹に向かう 247上
五十枚舌のある男でも一枚の舌の女にかなわない 143上
胡椒は黒くて碾《ひ》かれているが,体をかっかとほてらせる 275上
胡椒は粒は小さいがピリッと辛い 275上
御所内裏のことも陰では言う 157上
午前中の果物は金,昼から三時までは銀,三時から六時までは鉄,六時以降は鉛 16上
小僧が後には長老に成り上がる 296上
言葉は立居を表す 250上
言《こと》は密《ひそか》なることを貴ぶ 475上
子供の頃に食べた蜜の味はいまだ舌に残る 570上
子供は大人を映す鏡 252下
子供は風邪の子 260上
小鳥網で鶴をせしめる 225上,323上
小糠にも根性 65上
子の母を得,渡りに船を得るが如し 650上
瘤《こぶ》の上の腫れ物 257下
困った時の神頼み 221下
ごまめの魚《とと》交じり 268下
小道に耳あり 177上
米食った犬が叩かれずに糠食った犬が叩かれる 270下
薦《こも》の上にも三年 48上
子よりも孫が可愛い 487下
凝れば妙あり 247下
衣を染めんより心を染めよ 23下
転んだ所で金を拾う 257下
蒟蒻玉《こんにゃくだま》に目鼻 368上
紺屋の明後日,医者の只今 262上
紺屋の明後日,鍛治の明晩 262上
こんろに目鼻 368上

さ

歳月と流水は人を待たず 263下
棹は三年,櫓は三月 643下
魚は頭から臭くなる 22下
先の雁より手前の雀 21上
先の雁より前の雲雀《ひばり》 21上
先の千両より今の十両 21上
鷺は立ちての跡濁さぬ 358下
桜折る馬鹿柿折らぬ馬鹿 99下
酒入れば舌出ず 267下
酒が沈むと言葉が浮ぶ 267下

酒に酔い本性現る　267下
酒に酔って虎の首　267上
酒の中に真《まこと》あり　267下
酒は古酒,女は年増　417下
酒は諸悪の基　268下
酒は天の美禄　268上
酒は百害の長　268下
酒は忘憂の徳あり　268上
酒は本心を現す　267下
寒き時に汚い物なし,ひだるい時に味なき物なし　321下
笊《ざる》なめた犬が科《とが》かぶる　270下
猿に木登り　298上
猿も頼めば木に登らぬ　130下
触らぬ蜂は刺さぬ　272下
三月平目犬も食わぬ　351上
三寸は見直し　275下
三人一緒に写真を撮ると一人が死ぬ　277上
三人子持は笑うて暮す　373上
三人連れ小便をすると真中の者に悪い事が起る　277上
三人連れは喧嘩の元　277上
三人で歩くと仲間はずれができる　277上
三人で蚊帳《かや》を吊ると化物が出る　277上
三人寄っても下衆は下衆　277下
三人寄れば師匠のできる　277下
三年先のことを言うと鬼が笑う　630下
産はあの世この世の境　40下
秋刀魚《さんま》は秋の使者　278上
秋刀魚は按摩泣かせ　278上

し

幸せと悲しみは同じ橇《そり》に乗ってくる　176下
汐汲み三年柿八年　598下
鹿の角に蜂　87上,151下
地獄にも鬼ばかりはいない　650下
死児の齢《よわい》を数える　317上
四十下がりの色事　286下
四十にして惑わず　286下
四十坊主は鹿の角　286下
師匠の出し遅れ　309上
地震の時は山へ逃げろ　288上
七十の手習い　481上
嫉妬は人を射って我が身を傷つける　601下
品玉取るにも種がなければならず　396下
品玉も種から　396上
死に馬に蹴られる　292下
死に馬の屁　292下
芝居蒟蒻《こんにゃく》芋南瓜　295上
芝栗も時節が来ればはじける　42下
四百四病の外　295下
渋柿の核《さね》沢山　523上
自分の尻糞は見えぬ　271上
自慢高慢馬鹿のうち　297上
自慢は知恵の行き止り　297上
釈迦にも経の読み違い　271下
蛇は寸にして人を呑む　335上
沙弥から長老にはなれぬ　299下
沙弥を経て長老　299下
衆寡敵せず　356下
十七八は寝ごいもの　300上
舅の門《かど》と麦畑は踏むほどよい　580上
十日一雨五日一風　254上
熟柿《じゅくし》が熟柿《うみがき》を笑う　271上
儒者の不届き　49上
春雪と女の腕まくり　494下
春雪とよその殿様おっかなくない　494下
春雪と老人の話は恐ろしくない

494下
順風に帆　106下
障子の破れ目から隣の障子の破れを笑う　271上
生者必滅，会者《えしゃ》定離《じょうり》　4下
掌中の珠　382下
小の虫より大の虫　307下
小の虫を殺して大勢を救う　307下
小よく大を制す　303下
小を捨てて大を助く　307下
牆《しょう》を隔てて耳有り　176下
食後の一睡万病円　134上
食事して横になると角が生える　367上
女郎買い草履履かず　310下
女郎買いの切れ草履　310下
女郎買いの尻切れ草履　310下
女郎買いの拾い草履　310下
女郎買いは汁の実食わず　310上
知らない天使より知った悪魔がまし　312上
知らぬ善より知った悪　312上
知らぬ他国にも鬼はない　650下
死んだら皮剝ごう　294上
死んで骨は光るまい　317下

す

水魚の思い　318下
水中に火を求む　196下
末の百両より今の五十両　21上
空きっ腹に堅いパンなし　321下
好きに赤烏帽子　393下
雀網で雁　322下
雀網で孔雀　322下
雀大水《たいすい》に入って蛤となる　323上
雀の千声　392上
雀変じて蛤となる　323上
酢でも蒟蒻《こんにゃく》でも食えぬ　477上
捨てられた子より捨てる身はせつない　325下
住まば都　327下
酢味噌でも食えぬ　477上

せ

西施の顰《ひそみ》に倣《なら》う　500下
精神一到何事か成らざらん　188上，464下
聖人の門前に孝経を売る　298上
世界に鬼やござらぬ　650下
赤手《せきしゅ》を以て江河を障《ささ》う　342上
世間に鬼はなし　650下
背中に目はない　36上
線香も焚かず屁もひらず　315上
先手は万手《ばんて》　266上
善に強い者は悪にも強い　12下
前門に狼を拒《ふせ》ぎ後門に虎を進む　337上

そ

そうかそうか越谷千住の先だよ　125下
草原に目あり茂みに耳あり　177上
倉廩《そうりん》実つれば則ち礼節を知る　50上
葬礼すんでの医者話　166下
袖から手を出すも嫌い　356上
その俗に入ってはその俗に従え　240上
その母親を見て娘と結婚しろ　582上
蕎麦《そば》の花も一盛り　18上
損せぬ人に儲けはない　341上
損の上塗　477下
損は得の始め　341上
損をせねば儲けもない　341上

た

大海は水の清濁を嫌わず　341下
退却は逃げることではない　274下
大業は一朝一夕にしてならず　642下
大魚は小水に棲むことなし　343下
大魚は小池に棲まず　568上
大工の掘っ建て　49上
大事は小事より過つ　347下
大事は小事より顕る　347下
大象兎径《とけい》にあそばず　343下
大なるは小を食う　298下
大仏の堂を蟻がせせる　344下
大仏の柱を蟻がせせる　344下
鯛も干物は旨からず　351上
鷹のない国では雀が鷹をする　421下
薪を負いて焼原を過ぎる　354下
竹の管から天を覗く　626上
筍親まさり　203下
出すことは目の中の塵でもいや　356上
ただより高いものはない　357下
蓼酢《たです》でもいけぬ　477上
蓼虫《たでのむし》辛きことを忘る　359下
炭団《たどん》に目鼻　368上
棚から落した牡丹餅　361下
たなぼた　361下
他人の飯は強《こわ》い　363下
他人の飯は白い　363下
他人の飯は身の薬　363下
他人の飯を食う　363下
他人は食い寄り　317下
頼む木のもとに雨のたまらぬ　364下
頼めば越後から米搗きに来る　130下
頼めば乞食が馬に乗らぬ　130下
頼めば乞食が味噌汁吸わぬ　130下
頼めば乞食も冷飯食わぬ　130下
頼めば信州から米搗きに来る　130下
旅は情,人は心　366上
旅は人の情け　366上
足袋屋の看板　366下
卵を盗む者は鶏を盗む　368下
騙す騙すで騙される　372下
騙すに敵なし　369上
黙っている者に油断するな　371上
たまに事をすれば雨が降る　369下
玉の瑕《きず》有る　369下
玉琢《みが》かざれば器を成さず　370上
黙り牛が人を突く　371上
黙り猫が鼠を捕る　371上
黙り者の屁は臭い　371上
短気は怒気　373下
団子に目鼻　368上
短慮功をなさず　373下

ち

小さくても鷹の爪　275上
チーズを食べられてから猫を叱ってもしようがない　455下
近づく神に祟あり　273上
智者の辺《ほとり》の童は習はぬ経を読む　600上
智者は水を楽しむ　315上
智者も千慮に一失　271下
血は血だけ　377下

つ

杖を失った盲人　191下
搗き臼で茶漬　298上
鶴は枯木に巣をくわず　225上

て

貞女は二夫を更めず　378下
出る杭は浪にうたる　399上
てんから和尚はできぬ　169上
天狗の飛び損ね　271下
電柱は杭にはできない　349下
貂《てん》なき森の鼬《いたち》　421下
貂なき山に兎誇る　421下
天に橋を架ける　196下
天の火で尻を炙《あぶ》る　387下
天をさして魚を射る　196下

と

堂が歪んで経が読めぬ　280上
唐辛子は辛くて砂糖は甘い　36上, 412上
唐辛子は小さくても辛い　275上
灯明の火で尻炙《あぶ》る　387下
とうもろこしに目鼻　368上
同類相食《は》まず　248上
同類相求む　404上
遠くなれば薄くなる　202下
とかく色の世の中　409上
得を取ろうより名を取れ　439上
どこの浦へ行っても人鬼なし　650下
どこの鳥も黒い　36上
どこの国でも屁は臭い　412上
どこの鶏の声も同じ　412上
どこの鶏も裸足《はだし》　412上
年寄と鼠のおらぬ家はろくなことはない　112下
年寄のある家には落度がない　112下
年寄の言うことに間違いはない　112下
年寄は家の宝　112下
どてら質に置いても初鰹　483下
隣の竈覆《かまどがえ》しぁ雉《きじ》の味　415下
隣の白飯より内の粟飯　415上
隣の糂味噌《じんだみそ》　415上
隣の花は赤い　415上
隣の不幸は蜜の味　415下
隣の牡丹餅は大きく見える　415上
隣の飯は旨い　415上
戸の立たぬは人の口　506下
どの鳥も自分に似た鳥と飛ぶ　87下
鳶が孔雀を産む　416上
鳶が鳳凰を産む　416上
鳶の子鷹にならず　102上
鳶も居住まいから鷹に見ゆる　416上
飛ぶ鳥の献立　418上
飛ぶ鳥は落ちず　416下
富は多くの友を作る　508上
虎の尾を踏む　634上
虎の話をすれば虎が現れ, 人の話をすれば当人が現れる　103上
鳥は同じ種類の鳥と暮す　87下
努力は天才を生む　226上, 247下
取ろう取ろうで取られる　372下
泥に灸　407上

な

ない子では泣かである子に泣く　424下
長生きすれば新しいことを聞く　44上
鳴かぬ猫は鼠捕る　430下
流れぬ水は腐る　427上
七つから大人の葬式をするもの　433下
鍋蓋に目鼻　368上
生物識《なまものし》り川へはまる　436下

生物識り地獄へ落ちる　436下
蛞蝓《なめくじ》にも角　65上
縄にも葛《かずら》にも　477上
縄にも杓子にもかからぬ　477上

に

似合う夫婦の鍋の蓋　440上
逃した物に小さい物なし　391下
憎い子にはあめん棒くれろ　441下
逃ぐるも一手　443上
逃げた猪は大きい　391下
逃げた鰻　391下
逃げた鮒《ふな》は大きい　392上
逃げた者はもう一度戦える　274下
逃げ逃げ家康天下取る　443上
逃げるが奥の手　443上
西から日が出る　75上
女房と畳は新しい方がいい　447下
女房の悪いは五十年の飢饉　10下
女房は変えるほど悪くなる　594上
女房は流し下から貰え　448上
女房は灰小屋から貰え　448上
女房は掃溜めから拾え　448上
鶏に小判　225上
鶏はみな裸足《はだし》　36上
人形にも衣装　558下
人間の一生は善悪ないまぜの糸で編んだ網　176下
人間は万物の霊長である　248下
人参が人を殺す　450下

ぬ

盗人が盗人に盗まれる　373上
盗人に鍵預ける　452下
盗人の番には盗人を使え　411下
沼に杭　407上
濡れぬ先の傘　257上

ね

根がなくとも花は咲く　462下
猫と犬　232下
猫に当てつけて魚を焼く　455下
猫に石仏　85上, 456上
猫に魚屋の番を頼む　455下
猫に念仏　85上
猫には肉のかけらの夢　455下
猫の足でもって火中の栗を拾う　165下
猫の前に魚のおかず　455下
猫は新しい魚は食いたがるが水の中へは入らない　455下
猫は家にばかりいるようでも七軒歩く　469下
猫は三年飼っても三日で恩を忘れる　69上
猫は手の届かぬレバーを腐っているという　455下
鼠は沈む船を去る　460下
熱すとも悪木の陰に息《やすま》ず　167上
寝耳に擂粉木　462上
寝耳に槍　462上
寝耳へ石火矢　462上
寝耳へ小判　3上
寝る子は賢い親助け　461上
念仏申すより田を作れ　269下
念仏申せば鉦が外れる　345上

の

能なし犬の高吠え　15上
後の千金より今の百文　21上
蚤の金玉　468下
蚤の卵　468下
蚤の眼《まなこ》に蚊の睫毛《まつげ》　468下
乗りかかった馬　469下

は

化かす化かすで化かされる　372下
馬鹿と気違いは避けて通せ　474下
馬鹿と暗闇は怖い　474下
馬鹿と子供は正直　473上
馬鹿と見たら手を付けるな,糞と見たら上るな　474下
馬鹿にかまうは馬鹿より馬鹿　474下
馬鹿に苦労なし　474下
馬鹿に付ける薬はない　474上
馬鹿ほど怖いものはない　474下
掃溜めと金持は溜るほど汚い　175下
化物と安物はない　260下
化物の正体見たり枯れ尾花　260下
はしご上戸は虎　268下
箸の転びたること　476下
始めが大事　141上
始めから寺とる坊主はない　169上
始め半分　141上
畑に蛤　196下
二十過ぎての子の意見と彼岸過ぎての肥はきかぬ　371下,498下
八十のちょろちょろわっぱ　481下
鳩は鳩と,鷹は鷹と　87下
話上手の仕事下手　217下
話上手は聞上手　484下
花の下より鼻の下　487上
母親を見て娘を貰え　582上
母を見て娘と結婚せよ　582上
母を見て娘を貰え,縁《ふち》を見て布を貰え　582上
母を見て娘を理解せよ　582上
はまった後で井戸の蓋をする　166下
早いが勝　266上,488下
早いのが一の芸　488下
早起き鳥は餌に困らぬ　489下
早起きは三文の得,長起きは三百の損　489下
早かろう悪かろう　488下
早かろう悪かろう,遅かろう良かろう,安かろう悪かろう,高かろう良かろう　604上
早食い早糞は男子の一芸　490上
早食い早糞早走り　488下,490上
早飯早糞早走り　490上
腹が空いている時は何でも美味しい　321下
腹が沸き返るよう　492上
腹に一物　582上
薔薇に刺あり　92下
腹は立て損,喧嘩は仕損　396下
腸《はらわた》が燃え返る　492上
腸煮える　492上
針の穴から天を覗く　626下
針ほどの事を柱ほどに言う　315下
春の日と親類の金持はくれそうでくれぬ　494上
春の日は暮れそうで暮れぬ　494上
春の雪と子供の喧嘩で長引かぬ　494下
春の雪と年寄りの腕自慢はあてにならぬ　494下
春の雪と歯抜け狼は怖くない　494下
春の雪とよその地頭殿は怖うない　494下
春の雪は根がない　494下
春雪《はるゆき》 →春雪《しゆんせつ》
繁栄は友を作り,逆境は友を試す　508上
万死に一生を得る　200上

ひ

日陰の豆も時が来ればはぜる　42下
日暈月暈でると雨　497上
引かれ者の新内節　497下
飛脚に三里の灸　478下
ピキンの唐辛子小さくてもぴりりと辛い　275上
ひだるい時の味ない物なし　321下
一口物に頬はらす　502下
一つ姉は買うても持て　504下
一つ劣りは金の草鞋で探せ　504下
一つぶせは倉建てる　504下
一つ増しは果報持　504上
人に人鬼はない　650下
人の頭の蠅を追うより己の頭の蠅を追え　505上
人の一寸我が一尺　507下
人の子の死んだより我が子の転けた　507上
人の牛蒡《ごぼう》で法事する　363上
人の賽銭で鰐口叩く　363上
人の七難より我が八難　507下
人の七難我が十難　507下
人の身の上と水の流れほど定まらぬものはない　509下
人の行方と水の定めがたき　509下
人の行く末と枝珊瑚樹《えださんごじゅ》の花や葉は知れぬもの　509下
人は盗人,火は焼亡《じょうもう》　515下
人は人にまで狼だ　114下
一篦《ひとへら》二篦果報篦　504下
一人打つ鼓は鳴りがせぬ　165上
一人喧嘩はならぬ　3下
一人旅するとも三人旅するな　277上
一人は立たぬ　165上
人を叩いた夜は寝られない　357上
人を使うは苦を使う　385下
火の中にも三年　48上
日々が勉強　413下
百日の萱《かや》を一日に焼く　336上
百人百色　301上
瓢箪に目鼻　368上
蛭《ひる》に塩　436下
貧賤友少なし　508上
貧は病より苦し　522下
貧乏柿の核《さね》沢山　523上
貧乏に子あり,山柿にさねあり　523上
貧乏人も三年おけば用に立つ　649上
貧ほど辛いものはない　522下

ふ

夫婦喧嘩と大風は日が入りゃ止む　443下
夫婦喧嘩と北風は夜凪がする　443下
夫婦喧嘩と八月の風は日暮に止む　443下
夫婦喧嘩と昼の風は暮方に止む　443下
夫婦喧嘩と三日月様は一夜一夜に丸くなる　443下
夫婦喧嘩と南風　443下
夫婦喧嘩と夕立後《あと》から晴れる　443下
夫婦喧嘩は尻から晴れる　443下
夫婦喧嘩は寝て直る　443下,525上
不幸の上塗　477下
武士に二言なし　222下
富士の山ほど願って蟻塚ほど叶う　547下
富士の山を蟻がせせる　344下
武士は相身互い　145下

普請と葬式は一人でできん　165上
布施だけの経を読む　528上
布施ない経は読まぬ　528上
豚の木登り　529下
二人は犬の性と猿の性　233上
船端にきざをつけて刀を尋ぬる　532下
舟に懲りて輿《こし》を忌む　28上
船は船頭に任せよ　98上
不身持の儒者が医者の不養生を謗《そし》る　271上
踏む所が窪む　534上
冬の日は釣瓶落し　8下
降りかかる火の粉は払わねばならない　4上
古くてよいのは医者と唐辛子　48下
風呂と客は立ったがよい　199上
褌《ふんどし》には短し手拭いには長し　131下
分別の上にも分別　537上

へ

屁糞葛《へくそかずら》も花盛り　18上
へちまの種は大根にならぬ　102上
蛇の生殺しは人を噛む　543下
箆《へら》増しは果報持　504下
箆増しは世持ち　504下

ほ

法衣は僧を作らず　258上
鳳凰《ほうおう》は卵《かいご》の中にして越境の勢あり　335上
坊主可愛けりゃ袈裟まで可愛い　546下
坊主頼んで地獄　550上
坊主の不信心　49上
帆影七里船端三里　531下
帆かけ船に櫓を押す　478下
ぽつぽつ三年波八年　219下
仏造って眼《まなこ》入れず　550下
仏の沙汰は僧が知る　98上
ほととぎすは鶯の養い子　83上
惚れた病は医者も困る　555上
本掛還《ほんけがえ》りの三つ子　481下

ま

曲って生えた木はけっして真直ぐに成長することはない　570上
孫の可愛いのと向う脛の痛いのは堪えられぬ　488上
まだ知らない善より分っている悪がまし　312上
待つ身になれば一日が十日　559下
窓に耳ありドアに眼あり　177上
丸盆に目鼻　368上

み

蜜柑の皮が色付くと藪医の顔が青くなる　153下
自ら助けるものを神は愛す　403上
水の流れと人の身　509下
三日先のことを言うと鬼が笑う　630下
三つ子の知恵は八十まで　570下
三つでついた癖は百まで　570下
見ぬが仏　576下
実のなる木は花から違う　335上, 572下
身の行方と水の流れは定めなし　509下
実るほど頭《こうべ》をたれる稲穂かな　549上
蓑《みの》を披《き》て火を救う　355上
身は恩の為に使われ，命は義によっ

て軽し　584上
耳搔きで集めて熊手で搔きだす　390下
みめは幸の花　575上
見るは目の毒,聞くは気の毒　576下
見れば目の毒歯の毒　576下

む

昔の剣,今の菜刀《ながたな》　579上
昔の正宗,今の菜刀　579上
昔は奥様,今は口様　579上
昔は長者,今は貧者　579上
昔は昔,今は今　579下
百足《むかで》のあだ転び　271下
麦の蒔時は銀杏の葉を見て　498下
麦畑としうとは踏むほどよし　580下
麦肥料春の二度より冬一度　498下
娘多きは貧乏神の宿　581下
娘三人持てば身代潰す　581下
娘を知りたければ母を見よ,もっと知りたければ母の母を見よ　582上
むぞうかせいで清う喰え　193下
胸に一物手に荷物　582上
無用の長物　547上

め

盲千人目明き千人　223下
飯の上の蠅を追う　587下
目に角を立てる　586上
目の中に入れても痛くない　379下
目は心の鏡　152下
目は心の窓　144下
目は二つ,鼻は一つ　36上
目やにが鼻垢を笑う　586下

も

儲けぬ前の胸算用　418下
百舌《もず》が鷹を産んだ　416下
用うれば虎となり用いざれば鼠となる　409下
持つべきものは友　594上
元の鞘へはまらぬ　594下
物種は盗まれず　596下
桃栗残念　598下
桃栗三年後家一年　598下
貰うものなら元日から葬礼道具　599上
貰うものは夏も牡丹餅　599上

や

焼餅とかき餅は焼く方がよい　601下
焼餅は狐色　601下
焼跡の釘拾い　158下
火傷火に怖じる　28上
痩せ犬は吠える　15上
痩せ腕にも骨　65上
痩せ馬の声嚇《おど》し　15上
八つ子も癇癪《かんしゃく》　65上
病上手の死下手　58下
山に蛤を求む　196下
山の猿にも衣装　558下

ゆ

唯識《ゆいしき》三年倶舎《くしゃ》八年　219下
夕立のせぬ先に下駄はく　279上
柚《ゆず》が黄になると医者が青くなる　153下
柚を二つに割る　102下
夢に牡丹餅　618下

夢に餅食う　618下
ゆりかごの中で覚えたことは一生続く　570上

よ

宵寝朝起き長者の基　489下
用ある時の地蔵顔,用なき時の閻魔顔　182下
羊質虎皮　501下
用心には縄を張れ　621下
よく遊びよく勤めよ　624下
預言者は己が郷己が家では喜ばれない　625上
横になって食べると牛になる　367上
世の中に鬼はない　650下
夜まさに明けなんとして益々暗し　620上
世乱れて忠臣を識る　42上
嫁は木尻から婿は横座から貰え　448上
夜はどんなに長くとも夜明けは必ず来る　16下,620上
弱い犬ほどよく吠える　548上
弱目の霊気《りょうけ》　630上

ら

ラードを取りに猫をやるな　455下
ライオンの尻尾になるより鼠の頭がまし　22下
楽あれば苦あり,苦あれば楽あり　631下
楽をすれば苦をする　631下
落花枝に返らず　475下

り

理屈上手の行い下手　41上
理屈と把手《とって》は付けよう　632上
流水腐らず　427上
竜の子は小さしと雖も能く雨を降らす　335上
竜馬の躓《つまず》き　271下

る・れ・ろ

類は友を呼ぶ　638上

礼法師の無礼　49上
礼も過ぎれば諂《へつら》いになる　639上
蠡《れい》を以て海を測る　285下

櫓三年櫂一時　643上

わ

若い医者にかかると墓地まで大いに繁盛する　518下
若い医者は新しい墓地だ　49上
若い医者は墓地をふくらませる　49上
若木の下で笠を脱げ,古木の下では糞をこけ　646上
我が糞は臭くなし　44上
渡りかけた橋　469下
我は良かれ,人は悪しかれ　652上

欧　文

A dead man does not speak. 293下
A drowning man clings to a blade of grass. 132上
A drowning man will catch at a straw. 132上
A rolling stone gathers no moss. 401上
Adversity makes a man wise. 187下
After night comes the day. 16下
All's well that ends well. 141上
Bad money drives out good. 26上
Barking dogs seldom bite. 548下
Blood is thicker than water. 377下
Calamus Gladio Fortior. 545上
Cast not your pearls before swine. 528下
Custom is a second nature. 437上
Dead men tell no tales. 293上
Deep water runs still. 525下
Don't teach fishes to swim. 168下
Failure teaches success. 292上
God helps those who help themselves. 403上
Habit is a second nature. 437上
He that hunts two hares at once will catch neither. 445下
He that will steal an egg will steal an ox. 368下
He who chooses takes the worst. 109下
He who shoots often, hits at last. 539上
Heaven helps those who help themselves. 403上
History repeats itself. 639下
If winter comes, can spring be far behind? 534下
It is always darkest just before the day dawns. 620上
It never rains but it pours. 536上
It takes two to make a quarrel. 4上
Mens sana in corpore sano. 234下
Necessity is the mother of invention. 501下
No news is good news. 372上
Old friends and old wine are best. 417上
Old soldiers never die, only just fade away. 641下
Practice makes perfect. 437下
Prevention is better than cure. 627上
Rome was not built in a day. 642下
Ships fear fire more than water. 532下
Some people cannot see the forest for the trees. 209下
Speech is silver, silence is golden. 384上
Steal a pig and give the feet for alms. 530下
storm in a teacup 248下
Strike while the iron is hot. 397上

Sweat is pleasure after pain. 218下
'T is strange——but true; for truth is always strange; Stranger than fiction. 283下
The grass is always greener on the other side of the fence. 415上
The hood does not make the monk. 258上
The longer east the shorter west. 497上
The third time lucky. 276下
Time is money. 410下
Tirer les marrons du feu. 165下
To kill two birds with one stone. 65上
Walls have ears. 177上
Where there is smoke there is fire. 516上
Where there's fire there's smoke. 516上
You cannot see the forest for the trees. 209下

ことわざ史料略年表

1007(寛弘 4)	**世俗諺文**《せぞくげんぶん》　源為憲著．藤原道長の子・頼通のために，主に中国の古典に出てくることわざ・金言や慣用語句 630 余を選び，出典・本義を記した日本最初の金言集．上巻の 220 余のみ伝わる．
平安末期	**実語教**《じつごきょう》　教訓書．筆者不詳．ことわざも多く採用，江戸時代まで長く用いられた．
鎌倉初期	**玉函秘抄**《ぎょっかんひしょう》　『玉函要文』とも言う．伝藤原良経編．漢籍から 660 余の金言類を収載．
同	**明文抄**《めいぶんしょう》　藤原孝範編．10 余の国書のほか，主に漢籍から多くの金言・ことわざなどの章句を抽出．
鎌倉時代	**管蠡鈔**《かんれいしょう》　菅原為長編．中国の金言・ことわざを，出典を引用して収録．諸本によって巻数が異なるが，10 巻本の巻 10 に約 70 のことわざを収める．江戸時代に『博覧古言』と改題して刊行．
同	**童子教**《どうじきょう》　教訓書．金言や中国由来のことわざを多く採用，江戸時代まで長く用いられた．
室町後期	**句双紙**《くぞうし》　伝東陽英朝編．主に中国の金言・ことわざを，漢文表記で語句数ごとに配列．注釈類はない．後に『禅林句集』とも題して何種類も刊行．
1520(永正 17)	**金榜集**《きんぼうしゅう》　大東急記念文庫所蔵本．次項『金句集』の一本．学業事・帝王事など内容別に中国の古典から引いた金言・ことわざを収載．
1524(大永 4)	**金句集**《きんくしゅう》　松平家披雲閣文庫本．内容別に中国の古典から引いた金言・ことわざを収載．『金句集』の名をもった十数種の伝本中現存最古．
1533(天文 2)	**玉函抄**《ぎょっかんしょう》　『玉函秘抄』の抄出本．金言 200 余を収載．
天正(1573～92)頃	**月菴酔醒記**《げつあんすいせいき》　宋光著．随筆集の中に「世語」として 60 余の日本のことわざを順不同に収録．
同	**北条氏直時分諺留**《ほうじょううじなおじぶんことわざとめ》　『北条氏直時代諺留』とも言う．写本．筆者不詳．100 余の日本のことわざを順不同に筆録．
1593(文禄 2)	**天草版金句集**《あまくさばんきんくしゅう》　筆者不詳．金言・ことわざ 270

余に解釈をつけて収載.

1603(慶長 8)　**日葡辞書**《にっぽじしょ》　日本イエズス会が刊行した日本語＝ポルトガル語の辞書. 50 余のことわざを収録.「シャクデ鯛ヲ釣ル」のようなほかでは見られないものも含む.

1604～08(慶長 9～13)　**日本大文典**《にほんだいぶんてん》　イエズス会宣教師ロドリゲス著. 約 30 のことわざを収録.

1645(正保 2)　**毛吹草**《けふきぐさ》　俳諧作法書. 松江重頼編. 700 余の「世話」(ことわざ)を, 意味の近いもの同士を配列するなどの工夫をして収載. 解釈はないが日本のことわざを採録した刊本として早い.

1649(慶安 2)　**吾吟我集**《ごぎんわがしゅう》　狂歌集. 石田未得著. ことわざを折り込んだり踏まえたりした狂歌が多く収録され, 特に巻 7 はことわざを主題として構成されている.

1650(慶安 3)　**かたこと**　語彙集. 安原貞室著. 30 余の俗諺を列挙し,「用いてはならない」と例示.

1656(明暦 2)　**世話尽**《せわづくし》　別名『世話焼草』. 俳諧作法書. 釈皆虚編. 770 余をいろは順に配列.『毛吹草』を意識し, 独自色を出そうとしたもので,『毛吹草』にないものが 6 割近くを占める.

1663(寛文 3)　**鼻笛集**《はなぶえしゅう》　狂歌集. 高瀬梅盛編. 現存の下巻に, 20 弱のことわざを題に各 5 首ずつ詠んだ狂歌を収める.

1664(寛文 4)　**世話支那草**《せわしなぐさ》　ことわざ解義書. 松浦某著. 出所や解釈を施した早い書. 3 巻のうちの中・下巻に合計 150 余を収め, 出所・引用例を明示し注解を加える.

1684(貞享元)　**野語述説**《やごじゅつせつ》　松井精著. 収録語数約 250 のうち約 200 がことわざ. 詳細な出所・引用例を明示し注解を加える. ただし, 9 割が『毛吹草』と重なる.

1687(貞享 4)　**籠耳**《かごみみ》　咄本. 草田斎著.「遠いは花の香」など 41 のことわざを題として浮世草子風に綴る.

貞享頃?　**世話類聚**《せわるいじゅ》　海汀疑木軒著. ことわざを漢文表記で 2 言から 8 言まで語数ごとに分類し, 490 余を収録. 柳亭種彦が所蔵していたもので, 彼の書込みがある.

1691(元禄 4)　**漢語大和故事**《かんごやまとこじ》　蔀遊燕著. ことわざ・俗語・成句 330 弱のうち, ことわざは 200 余. そのほとんどに引例・出典を付す. 先行書にないものも少なくない.

1695(元禄 8)　**世話重宝記**《せわちょうほうき》　筆者不詳. いろは順に配列. 語数は約 90 と少ないが, 挿絵を用いたものとしては早い.

1701(元禄 14)　**諺草**《ことわざぐさ》　著者の貝原好古は貝原益軒の甥. 350 弱のことわざと 1200 弱の俗語をだいたいいろは順に配列

し，詳しい解義を付す．ことわざとしては漢語系の硬いものが多い．

1705(宝永 2)　**和漢故事要言**《わかんこじようげん》　青木鷺水著．俳人で浮世草子作家である著者が，いろは順に配列した 190 余の日本のことわざを簡略に解説し，古今の文献典拠などを引用．

1706(宝永 3)　**和漢古諺**《わかんこげん》　貝原益軒著．日本のことわざ約 600 と中国のもの約 210 を別立に収録．日本のものは『毛吹草』に収録語句・配列が極めて近い．

1715(正徳 5)　**本朝俚諺**《ほんちょうりげん》　井沢長秀著．ことわざ・俗語をいろは順に配列し，出典・用例・異表現をあげて詳しく解説．ことわざは約 250 だが，先行書に収載されていない語句を意識的に収めている．

1718(享保 3)　**やぶにまぐわ**　筆者不詳．ことわざ約 730 をつなぎ合せて小咄風に仕立てる．本文自体がことわざで繋がっている．収載語句もこれまでのことわざ集類と異なり口承性の強い卑俗なものが多く貴重．

1720(享保 5)　**軽筆鳥羽車**《けいひつとばぐるま》　筆者不詳．書物の体裁でことわざを意識的に絵画化した初期の書．数は 40 程度で少ないが，ことわざのもつ遊び・戯画の側面が表現されている．

1723(享保 8)　**喩叢**《ゆそう》　五井純禎著．中国の古典から抽出した金言・ことわざの出典を明示．

1726(享保 11)　**軽口初笑**《かるくちはつわらい》　小僧松泉著．ことわざ 80 弱を各話の題に用いた小咄集．

1730(享保 15)　**往昔喩今世話善悪身持扇**《ぜんあくみもちおうぎ》　浮世草子．八文字自笑・江島其磧著．「雀の千声鶴の一声」など 12 のことわざを題にする．

1734(享保 19)　**二重染**《ふたえぞめ》　五重軒露月編．160 余のことわざを主題にした絵入り発句集．

享保頃？　**五十句たとへカルタ**　ことわざをカルタに仕立てた最古のもの．50 のことわざを，絵札に上の句，字札に下の句を配する．

1742(寛保 2)　**五十一諺**《ごじゅういちげん》　平元正信著．51 のことわざを詳しく解説した稿本．近年見出された．

1749(寛延 2)　**尾張俗諺**《おわりぞくげん》　山本格安著．約 350 の尾張地方の俗諺を収録．天保年間に小寺玉晁によって補筆された約 60 を加え，幕末に筆記された写本．全国各地の「他邦通諺」，京都の「京師通諺」も併収．

1753(宝暦 3)　**世話詞渡世雀**《せわことばとせいすずめ》　窓梅軒可耕著．ことわざを繋げ

て書とする構成が『やぶにまぐわ』に酷似．約 560 のことわざには卑俗なものも少なくない．

1758（宝暦 8）　**世諺拾遺**《せげんしゆうい》　菊簾舎巨川編．200 余のことわざを主題にした絵入りの発句集．

1762（宝暦 12）　**普世俗談**《ふせいぞくだん》　残笑子著．60 余のことわざを題にして随筆風に詳しく述べる．

宝暦頃？　**言彦鈔**《げんげんしょう》　本居宣長著．370 弱のことわざを順不同に筆録．『毛吹草』と重なるものが 3 分の 1 あるものの，先行書にないものも多い．

1773（安永 2）　**反古佐羅部**《ほうぐさらえ》　愚鈍斎著．24 のことわざを題にして話に仕立てる．

1774（安永 3）　**諺鏡**《ことわざかがみ》　五息斎園蓂著．1 冊の中にことわざ約 140 を散りばめた教訓書．

1776（安永 5）　**類聚世話百川合海**《るいじゆせわひやくせんがつかい》　恵海著．1700 余のことわざをいろは順に配列．収録数 1000 を超える書として早いもの．先行書にないことわざや，言い回しの珍しいものの占める割合が高い．

1777（安永 6）　**古今諺**《ここんげん》　楊慎著．中国の古典から引用した金言・ことわざを順不同に収める．

1779（安永 8）　**諺合鏡**《ことわざあわせかがみ》　小梅散人五息斎著．儒教を中心に和漢の聖賢の教えを，ことわざを引いて平易に説いた教訓書．前半に『諺鏡』を収め 1 冊をなす．

1780（安永 9）　**口学諺種**《くちまねことわざぐさ》　泥田坊夢成著．数十のことわざを引合いにして遊里を描く洒落本．後に『傾城諺種』『俗談諺種』と改題．

寛政以前　**蘭学秘蔵**《らんがくひぞう》　乙集．宇田川玄随著．約 80 のオランダのことわざを収載．うち 10 には訳文があるが，ほかは訳語だけや訳語もないものもある．

1797（寛政 9）　**諺苑**《げんえん》　太田全斎著．約 3000 をいろは順に収録．既存書収録のものの集成だけでなく，耳にした口承のものも収めており，当時未刊行ながら近世を代表することわざ集．一部に注記や略解もある．

同　**絵本譬喩節**《えほんたとえぶし》　つぶり光序，喜多川歌麿画．44 のことわざを主題に，狂歌と画を配する．

1799（寛政 11）　**古今名諺**《ここんめいげん》　荒井廉平著．中国古典からの金言・ことわざを収める．

同　**新板浮世諺に寄役者見立**《うきよたとえによるやくしやみたて》　筆者不詳．1 枚刷の役者番付．役者の見立てにことわざを用いる．幕末にかけて幾種も類似のものが発行される．

1800(寛政 12) **諺百種談**《ことわざひゃくしゅだん》 無形庵著．25 のことわざを懇切丁寧に解き述べる．前編のみ刊行か．

寛政末頃 **譬喩尽**《たとえづくし》 松葉軒東井編．ことわざを主に，発句などを集めまとめる．いろは順のことわざ収録語数は『諺苑』を凌ぎ江戸時代最大．

1808(文化 5) **諺画苑**《げんがえん》 鍬形蕙斎画．150 のことわざを洒脱な略画で表す．日本のことわざ絵を質量ともに代表すると言ってよい諺画集．

1812(文化 9) **実語教絵抄**《じつごきょうえしょう》 曲亭蟫史序．『実語教』をもとに，挿絵をふんだんに用いて解説．

1814(文化 11) **訓蒙画解集**《くんもうがかいしゅう》 司馬江漢作・画．洋風銅板画で名高い画家が，中国のことわざ・金言に墨絵を添えて解説した書．

1817(文化 14) **心学俗語**《しんがくぞくご》 小林高英著．36 のことわざを見出しに掲げ，心学の教義を解く．挿絵も数点収載．

文化頃？ **皇朝古諺**《こうちょうこげん》 清水浜臣著．五十音順に配列したことわざ集として最も早い．収録語数は 200 にも満たないが，従来の漢籍中心の発想から用例を日本の古典においた特徴ある書．

同 **布流眼貸浮世諺**《ふるめかしうきよのことわざ》 作者不詳．20 余のことわざ・慣用句とその絵を 1 枚の大判版画に表す．

1819(文政 2) **浅瀬**《あさせ》**のしるべ** 藤井高尚著．本居門下の著者が，周知のことわざ 48 について綴る随筆．本居大平序．

1820(文政 3) **三教童喩**《さんきょうどうゆ》 思恩堂非得著．絵入り教訓書の一つで，39 のことわざに道徳的な色合いの濃い解説を施す．

1823(文政 6) **画本道の手引**《えほんみちのてびき》 思恩堂非得著，丹波桃渓他画．ことわざの意を絵にした教訓書．

1825(文政 8) **心学いろは戒**《いましめ》 『いろは字訓抄』とも言う．小山駿亭著．上方系とも江戸系とも異なるいろはカルタの語句(尾張カルタとも言われる)を概説．

1828(文政 11) **有喜世諺草**《うきよことわざぐさ》 十返舎一九作・歌川国安画．ことわざ 38 を題に狂歌と絵を付す．

文政頃？ **北斎**《ほくさい》**カルタ** 葛飾北斎によると推定される江戸系のいろはカルタ．現存の江戸系いろはカルタでは最古．

1832(天保 3) **続拾遺尾張俗諺**《ぞくしゅういおわりぞくげん》 小寺玉晁著．340 余をいろは順に収載．

同 **諺叢**《げんそう》 東岳外史著．約 560 をいろは順に収録．一部に注記や略解がある．

1844(弘化元) **たとへ草** 星野徳祐著．数百のことわざを順不同に書

き連ねる．既存の類書に見えないことわざも少なくない．

弘化頃？ **俚言集覧**《りげんしゆうらん》　太田全斎著．『諺苑』に俗語類を大幅に加えた辞書．『諺苑』のことわざは基本的に収載．移山ら補筆．明治時代に増補の活字本が刊行される．

嘉永(1848～54)頃？ **教訓いろはたとゑ**　豊国画．役者の姿とことわざを使った文字札を配した大判の錦絵．「い」から「京」まであり，いろはカルタにも使われた．

安政(1854～60)頃？ **新板いろはたとゑ尽**《づくし》　国美画．上方系に近いいろはカルタの一種で1枚刷．

1860～62（万延元～文久2） **童蒙世諺和解集**《どうもうせげんわげしゆう》　後露月庵著．130弱を順不同に収録し，来歴・逸話などを交えて詳説．

1861（文久元） **役者研言草**《やくしやたとえぐさ》　戯場堂夢遊・梅月亭有蝶著．86のことわざを見立てに用いた役者評判記．

同 **講談落語仮名歌留多喩言**《いろはがるたたとえのことのは》　作者不詳．54のことわざを見立てに用いた講談師・落語家の番付．

1862（文久2） **教訓いろはたとへ**　歌川芳盛画．11のことわざを描いた1枚刷錦絵．2種あり，連作か？

この頃 **狂斎百図手控**《きようさいひやくずてびかえ》　河鍋暁斎著．いろは順に約430を収録．「い」～「は」「も」の項目が欠けているが，他書にない珍しいことわざも少なくない．

同 **狂斎百図**《きようさいひやくず》　河鍋暁斎画．100余のことわざを極彩色の戯画で表現．異種も多く，明治中頃まで種々発行された．絵葉書などにも利用され人気が高かった．

1864（元治元） **諺尽道斎噺**《たとえづくしどうさいばなし》　道斎著．『やぶにまぐわ』等に酷似する形で，何百ものことわざを繋げて浮世草子風に仕立てた戯文．既存書にないことわざも散見．

1867（慶応3） **俳優**《はいゆう》**いろはたとへ**　豊原国周画．いろはカルタの字札を表題に役者を描いた連作版画．

同 **道外**《どうけ》**たとへ尽し**　二世歌川広重画．7のことわざを1枚の錦絵に表現．

幕末頃 **俗諺集成**《ぞくげんしゆうせい》　本居内遠著．写本．約1000を五十音順に筆録．既存類書に見えない珍しいことわざも多く貴重．

同 **国字分類諺語**《げんご》　椎園著．約1500をいろは順に筆録．未刊行の自筆稿本ながら，類書に見られないことわざも多く，一部に注解もあって貴重．

同 **いろはだとへ智恵の字廻**　芳雪画．上方系のいろはカルタを双六に仕立てる．

同　**たとへ草**　上田香宗著．下巻のみ残る写本．「江戸の敵を長崎」などを詳説．

同　**心学以呂波仮令**《しんがくいろはたとえ》　筆者不詳．いろは順に「す」までを題にした教訓話集．「俄雨に木の下」「下手は上手の飾り物」など珍しいことわざを含む．

この頃？　**笑謡**《わらいうたい》　筆者不詳．「口車」「石原薬罐」「娑婆弥次郎」の三曲を謡本にしたもの．合計 290 余のことわざが散りばめられている．

幕末～明治初期　**いらぬことわざ**　石井縄斎著．500 余のことわざ・慣用句をいろは順に収める．後人の補筆部分もある．

同　**諺臍の宿替**《ことわざへそのやどかえ》　一荷堂半水作・歌川芳梅画．ことわざや俗語を題にした色刷りの絵入り小咄集．ことわざ絵集としては質量とも一級品．

同　**世俗俚言集**《せぞくりげんしゅう》　写本．筆者不詳．2100 余のことわざをいろは順に配列．

1868（明治元）　**人こころ浮世のたとへ**　歌川歌重画．10 余のことわざを用いて世相を風刺した 2 枚続きの錦絵．

1871（明治 4）　**教訓言黒白**《きょうくんげんくろしろ》　昇斎一景作・画．10 余のことわざを題に教訓話にした錦絵．

明治初期　**新板いろはたとへ双六**　歌川芳藤画．江戸系のいろはカルタの語句と絵からなる大判の彩色双六．

同　**ポンチにならゐて教訓たとへ草**　東斎画．4～5 のことわざを 1 枚の錦絵にした，3 枚連作．

1877（明治 10）　**西洋諺草**《せいようことわざぐさ》　岩見鑑造編．西洋のことわざ 700 余をいろは順に収載．解釈はないが，まとまって西洋のものを紹介した早い書．

1879（明治 12）　**西哲格言鈔**《せいてつかくげんしょう》　内藤伝右衛門編．約 600 の西欧の格言・ことわざを 9 主題に分類して収録．

1880（明治 13）　**修身児訓**《しゅうしんじくん》　亀谷行編．西洋のものを中心にことわざを多く取り入れている教訓書．明治初期の教科書としても用いられた．

1881（明治 14）　**小学用西諺以呂波譬**《せいげんいろはたとえ》　小林鉀三郎編．いろは順に 47 の西洋のことわざを収載．

1883（明治 16）　**修身諺草**《しゅうしんことわざぐさ》　深津顕編．五十音順に収載．ことわざ以外のものも少なくない．

同　**小学修身書**　首巻．文部省編輯局編．修身教育向けに格言・ことわざを多く用いた教科書．

1884～85（明治 17～18）　**天気予考古諺俚語**　筆者不詳．『島根県勧業雑報』4～8・10・11 号所収．内容別．天気俚諺の収集としては早

	いもの．
1885（明治18）	**和漢洋諺**　里見法爾編．日本・中国・西洋のことわざ約1000をいろは順の同列に並べる．
同	**修身古諺**　日柳喬編．140余を収載．ことわざ以外のものも少なくない．
同	**雅俗故事新編**　板井慶次郎編．303の金言・故事を，出所を明示して解説．
同	***Cent Proverbes Japonais***　F. Steenackers・T. Uéda　フランスのルルー出版社刊．河鍋暁斎の『狂斎百図』の紹介．1991年に翻訳本も出る．
1886（明治19）	**日本いろはたとへ 英訳**　近藤堅三訳．上方系のいろはカルタの語句と絵を多色刷で仕上げた洋本．ほぼ同時期にカルタとしても発行．
同	**諺百人一首**《ことわざひゃくにんいっしゅ》　勝野正満編．100のことわざを題に和歌・詠者名を記し，絵を添える．
1887（明治20）	**英文挿訳通俗一語千金集**　安藤次郎訳．500弱を17の主題別に収載．
同	**尋常小学読本**　文部省編輯局編．巻5の26･30課に「諺」の章題で47のことわざをいろは順に収載．解釈はない．
1888（明治21）	**西洋諺喩一語千金**　存庄居士編．約700の西洋のことわざ・金言を順不同に収載．
同	**一読百感立志奮発金言万集**　延原寿恵編．和漢洋のことわざ約1500を順不同に収載．
1888～89（明治21～22）	**英和対訳泰西俚諺集**　ヘンリー・ボーン原著，平石嘉久太訳．ヨーロッパ諸国のことわざの英訳とその邦訳で構成した対訳書．配列はABC順．
1889（明治22）	**西諺参照ことわさ**　泉本宗三郎編．日本のことわざ約350をいろは順に収載し，西洋のもの110余を参照項目に立てる．
同	**和漢泰西金言集**　菫花園主人編．付録の「各国俚諺抄」に約400を順不同に収載．
1890（明治23）	**日本の諺**　正岡子規著．自筆稿本『無花果艸紙』所収．704のことわざを，注解を加えずにいろは順に収載．
同	**和漢泰西俚諺集**　菫花園主人編．いろは順に約2000を収録．半分が西洋のもの．
1890～91（明治23～24）	**いろは短句**　花月漁史著．雑誌『知玉叢誌』38～44号所収．日本のことわざ約600をいろは順に連載．
1891（明治24）	**金諺一万集**　柴垣馥編．主題別にした金言に，類義の

多くの日本・西洋のことわざを対応.

同　**国民錦嚢**　渋江保編.「金言俚諺集」の部に西洋・日本の格言・ことわざを17の主題別に収録.

同　**俚諺千篇堪忍袋**《かんにんぶくろ》　上巻. 鳥居橋氏明編. 約500の日本のことわざをいろは順に収載.

1892(明治25)　**作文良材世言考**《せげんこう》　長屋鐘太郎著. 400余をいろは順に収載し解説を施した書として近代では早いもの.

同　**本朝諺林貫珠**《げんりんかんじゅ》　上巻. 漢人幸政著. 約150をいろは順に配列. 児童向けにやさしく解説する教訓書.

同　**和漢泰西ことわざ草**　菫花園主人編. 2000弱をいろは順に収載. 前々年の『俚諺集』に比べ日本のことわざが増える.

1893(明治26)　**古今俚諺類聚**《りげんるいじゅ》　岡本経朝編. 約2000の日本のことわざを4類に分け, それぞれいろは順に配列.

同　**格言俚諺一言万金**《いちげんまんきん》　三田村熊之介編. 1800余の古今東西の金言・ことわざを順不同に収載.

1894(明治27)　**日本諺語俚語及文句小集**　黒野義文著. ペテルブルク帝国大学東洋語学科の教科書の付録として書かれた日本人による日本のことわざの最も早い紹介.

1897(明治30)　**世界格言大全**　渋江保編. 約1万語の格言の中にことわざも混在.

同　**俚諺論**　大西祝著.『太陽』3巻2･3号所収. ことわざの本格的な概論.

1897～98(明治30～31)　**教育いろは談語**　小林清親画. 明治の広重とも称された画家が教育勅語をもじって風刺画に表した1枚刷の連作で「い」～「な」の21枚.

1898(明治31)　**俚言集**　長野県編. 県内各地からの気象俚諺の報告を19に分類し, 採集地域を記載. 俚諺調査をまとめた早い時期のもの.

同　**英語熟語詳解**　川田正澂著. 英語の語句500を英文で略解し邦訳を添える.

1898～99(明治31～32)　**各地俚諺集**　『日本弘道叢記』69, 72～77, 79, 80, 82号所収. 各地の珍しいものも少なくない.

1899(明治32)　**俚諺通解**　高宮感斎編. 約350をいろは順に収載し, 解説を施している早い時期のもの.

同　**処世要訣規箴**《きしん》　錦織学堂編. 約550のことわざをいろは順に配し, 対応する格言・金言を併記.

同　**福岡県内方言集**　福岡県教育会本部編. 付録の「俚諺」に五十音順で約500を収載.

1899～1900（明治32～33） **増補俚言集覧**　太田全斎の『俚言集覧』を近藤瓶城・井上頼圀が増補して刊行.

1900（明治33） **出処註釈世諺叢談**　衣笠宗元編. 450のことわざをいろは順に収載. 中国由来のことわざや硬い語句の占める割合が高く,『諺草』以来の正統性の匂いが強い.

1901（明治34） **英和対訳西洋古語格言**　越山平三郎著. 約1200を25の主題別に配列. 一部に注解がある.

同 **和諺英訳集**　元田作之進編. 約500をいろは順に配列. 日本のことわざをまとめて英訳した早い書.

同 **皇国俚諺叢**　松本真弦編. 約4200をいろは順に配列し一部に注解する.

同 **新選俚諺集**　松村桑蔭著. 約1000をいろは順に配列するが注解はない. 既出書に比べて特に新しいことわざが多いわけではない.

同 **尾三気象俚諺**　愛知県名古屋測候所編. 晴・雨・風など内容別に約730を収載.

同 **俗諺辞林**　干河岸貫一著. 約1000をいろは順に配列し, 略解や詳解を施す.

1902（明治35） **俚諺金言集**　勝俣銓吉郎著. 英文からの翻訳で, ヨーロッパと西アジアのことわざ999を収載.

同 **和漢英文諺海**　内田鉄三郎著. 660を主題別に配し, 英文・和訳・漢訳・略解を付す.

1903（明治36） **独逸俚諺詳解**　高田善次郎編. ドイツのことわざ約600. 原文と訳語を併記し, 略解も付す.

同 **一語千金俚諺集**　岡本経朝著. 約2200をいろは順に配列. 約9割が10年前の同人の著作と同じ.

1905（明治38） **立志成功豆格言**　皎々亭主人編. 約600を順不同に収載.

同 **作文新辞林**　畠山健編.「俚諺の部」に約1000を五十音順に収載.

同 **新式いろは節用辞典**　大田才次郎編. 付録の「俚諺」にいろは順で約2000収載.

1906（明治39） **俗諺論**　藤井乙男著. 日本初のことわざの研究書. ことわざの意義・形式・発生・変遷・機能・地方的特色や道徳・宗教との関連などを論ずる. 付録に男女・親子など主題別のことわざ集も併載.

同 **俚諺辞典**　熊代彦太郎編. 約7500を五十音順に配列し, すべてに解釈を施した近代的な辞典. 実生活から採録したことわざを多く収載している点でも貴重.

同 **故事熟語辞典**　池田四郎次郎著. 成語や中国のことわ

ざも多く収める大辞典．1913年に増補版『故事熟語大辞典』刊行．

同　**伝説俗謡童話俚諺調査答申書**　下新川郡役所編．富山県が文部省の通達に対して行なった実施調査の報告書で，県内各地からの約1800のことわざを含む．

同　**日本の仏教的俚諺**　小泉八雲著・大谷正信訳．『東洋哲学』13巻10号所収．ラフカディオ・ハーンによる100の仏教に関わることわざとその英訳を掲げる．

1906～08（明治39～41）　**日本俚諺大全**　馬角斎編・黒坊子挿絵．『滑稽新聞』122～167号所収．掲載後に単行本として刊行．約1万をいろは順に配列．読者の投稿ことわざも載せ，既存書にない珍しいことわざも多く貴重．

1907（明治40）　**分類一覧俚諺全書**　熊代彦太郎著．約5000を題別に分け五十音順に配列．

同　**通俗仏教世諺百話**　守本恵観著．仏教に関わる100のことわざを主題にした随筆集．

同　**出世暦**　菅野徳助・奈倉次郎訳注．フランクリンの*POOR RICHARD'S ALMANAC*の訳注本．

同　**故事成語大辞典**　簡野道明編．中国のことわざを多数含む大辞典．

1909（明治42）　**俚諺通解**　久原茂著．1000をいろは順に配列し略解を施す注解書．

同　**俚諺類纂**　熊代彦太郎編．約7000を83の主題別に配列．

同　**教育適用俚諺心理百話**　浦谷熊吉著．心理に関わる100項目を五十音順に詳説．

1910（明治43）　**諺語大辞典**　藤井乙男編．五十音順に約2万を収める．日本のことわざの出典や古い用例を探り，西洋や地方のことわざも意識的に収載した近代の本格的なことわざ辞典．

同　**品性修養金言俚諺釈義**　松原玄波著．約500を収載，一部に注解を付す．

同　**筑豊気象俚諺**　福岡一等測候所編．300余を晴雨などの内容別に収載．

同　**気仙郡誌**　岩手県教育会気仙郡部会編．約300を五十音順に所収．

この頃より全国の郡町村の郷土・地方誌等にことわざの項目が収録されるようになる．

同　**韓国の俚諺**　高橋亨著．『帝国文学』16巻8号所収．

京城地方のことわざ約 290 に略解を付す.

1911(明治 44) **一辞千金**　金井望編. 中国古典の名言や西洋のことわざを, 人情・世態など 5 主題に分類し収載.

明治末? **俚諺調**　編者不詳. 岩手県内の採集地別に約 3100 を収録. 1905 年頃に全国十数県で実施された郷土調査書の一部と見られる.

同 **福岡県俚諺集**　編者不詳. 県内各地域ごとに収録. 1905 年頃に全国十数県で実施された郷土調査書の写本と見られる.

1913(大正 2) **諺の教育的研究**　谷本富著.『芸文』4 年 1 号所収. ことわざの教育学的観点からの本格的な研究論考.

1914(大正 3) **英和和英諺語辞典**　浅田栄次著. ABC 順に 5000 弱を収載. 欧州圏のことわざを英文で表記し, 日本のことわざを対応させる.

同 **いろは諺新釈**　吉祥真雄著. 主に上方系のいろはカルタにまつわる随筆.

同 **朝鮮の俚諺集附物語**　高橋亨著. 朝鮮の 1298 のことわざに略解を付す.

同 **台湾俚諺集覧**　台湾総督府編. 約 4300 を 20 の内容別に分類. 原語に片仮名で読み仮名, 全語に解釈を付す.

同 **日台俚諺詳解**　片岡巌編. 日台・台日・母国のことわざに分け, それぞれ五十音順に配列.

1915(大正 4) **金言一万集一語千金**　守田有秋編. 約 2000 をいろは順に, 欧州・中国・日本の格言と併記.

同 **俚諺研究**　貝塚渋六編. 日本で「ことわざ」の名を冠した最初の雑誌.

同 **南総の俚俗**　内田邦彦編. 千葉県南部のことわざ 300 を収め, 採集地を記す.

同 **放言録**　村上浪六編. 所収の「いろは俗諺」に, いろは順に約 1500 を収載.

1916(大正 5) **万国共通ことわざ集**　神田雄次郎編. 日本のことわざ約 800 を五十音順に配列し, 世界のことわざを併記.

同 **欧米の諺と格言**　大沢定吉編. 約 800 を 85 の主題別にし, 名言も併せて記載.

同 **法窓夜話**　穂積陳重著. 法律に関することわざの随筆を収載.

1917(大正 6) **格言俚諺辞典**　科外教育叢書刊行会編集部編. 約 3200 を五十音順に配し, 略解を付す.

同 **徳之島小史**　栄友直著. いろは順で 138 のことわざに

略解を付す節がある.

1918(大正 7)　**引用和英金言俚諺辞典**　渡部万蔵編．約 2500 の欧州の金言・ことわざ，日本のことわざを五十音順に配列.

1920(大正 9)　**格言全集**　難波経幸編．主題別に約 2000 を収載．格言と西洋のことわざが多い.

同　**ろしあ俚諺集**　昇曙夢訳編．神話・歴史など 6 の主題に分類し，訳語のみ約 3000 を収載.

1924(大正 13)　**八重山の俚諺**　宮良当壮編．『国学院雑誌』30 巻 1～4 号所収．沖縄八重山のことわざ約 200 とその解説.

1925(大正 14)　**北京官話俗諺集解**　鈴江万太郎・下永憲次編．日本人による北京語のことわざ集で 700 余を収載.

1926(昭和元)　**朝鮮俚諺集**　朝鮮総督府発行，編纂者不詳．ハングルによることわざ表記がある早い書.

同　**泰西の格言と俚諺**　原田英夫著．27 の主題に分類した欧州の格言とことわざを収載.

同　**俗諺六百**　鷲尾順敬・小泉登美編．『国文東方仏教叢書』文芸部下所収．仏教に関連する 600 のことわざを既存辞典類から抽出し，仏・法・僧・雑に分類して配列.

同　**農業俚諺考**　小野武夫著．『日本村落史考』所収．愛媛県松山の西園寺源透が収集した 340 の農業関連のことわざを経済史学者の小野が刊行.

1927(昭和 2)　**金言千句一句辞典**　文学書院編輯部編．西洋のことわざを併せて五十音順に約 4500 を収載.

1928(昭和 3)　**格言警句集**　伊藤長七著．主題別に約 1 万を収録．金言とことわざはほぼ半々の割合.

同　***POPULAR PROVERBS OF NIPPON***　牛窪第二郎・秋山愛三郎著．日本のことわざ約 260 をローマ字 ABC 順に収載．英文と対応する西洋のことわざを併記.

同　**性的俚諺辞典**　向山繁編．性に関連することわざ 1233 を五十音順に配列．主題別に編集した「俚諺雑話」などを付録として併載.

同　**能登鹿島郡俚諺集**　諏訪藤馬編．『民族』3 巻 6 号所収．項目数約 160.

同　**幼年大双六**　寺内万治郎他編．『幼年倶楽部』正月号付録．格言・ことわざを双六にする.

同　**金言名句の泉**　欧米篇．村山勇三著．約 8000 を 900 の主題別に分類し，それぞれを五十音順に配列.

1928～30（昭和3～5） **壱岐国テェモン集** 山口麻太郎著.『民族』1928年3巻4号,『民俗学』30年2巻5・11号所収. 300余を島の住人から採録.

1929（昭和4） **金言集** 田中信澄編. 欧米の金言やことわざを中心に約6500を16の主題別に分類.

同 **金言名句の泉** 日本篇. 村山勇三著. 約8000を800ほどの主題別に分類し, それぞれを五十音順に配列.

同 **金言名句人生画訓** 当時の多くの漫画家等が参加してことわざ・金言・川柳などを略画で著した大部.

同 **俚諺百話** 今井白郎著. フランスのことわざ100に丁寧な解説を施す.

同 **処世教訓漫画双六** 谷脇素文他画.『講談倶楽部』新年号付録. ことわざ・格言・地口などを双六にする.

1930（昭和5） **ことわざの話** 柳田国男著.『日本児童文庫』の「歌・俳句・諺」の巻所収. 子供向けにことわざを解説するだけでなく, 日本のことわざの概論となっている.

同 **金言警句川柳漫画集** 北沢楽天画. ことわざ類を漫画に仕立てる.

同 **俚諺要解** 伊賀駒吉郎著.『教訓文学』4所収. 約400を略解.

1931（昭和6） **宮城県下天気俚諺** 石巻測候所編.『郷土の伝承』1輯. 約120収録.

同 **土佐幡多郡の俗諺** 中平悦磨編.『民俗学』3巻8号所収. 約100項目.

1932（昭和7） **福島県の俚諺** 福島県師範学校編.『岩磐文化』第1輯所収. 県下の小学校に依頼し回答をまとめる. ことわざの使用頻度の数値も記す点で画期的.

同 **俚諺俗信聞書帖** 中山徳太郎著. 約800を五十音順に収録. 一部に脚注や解釈がある.

同 **北安曇郡郷土誌稿** 第4輯. 信濃教育会北安曇郡部会編. 1842項目を主題別に収録. 柳田国男の論考「俚諺と俗信との関係」も収録.

同 **方言・俚諺集** 有畑尋常高等小学校編. 青森県上北郡のことわざ約120を五十音順に収録.

同 **教訓漫画双六** 田河水泡画.『少女倶楽部』新年号付録. ことわざを含む48の語句をいろは順に双六に仕立てる.

1933（昭和8） **俚諺大辞典** 中野吉平編. 大主題に分類し五十音順に

配列．『諺語大辞典』(1910 年)を下敷きにした大部．

同　**金言俚諺心の糧**　天野金治郎編．約 1000 を 20 の主題別に収録．一部に略解がある．

同　**格言俚諺集**　淵田忠良編．雑誌『キング』4 月号付録．内外の金言を中心にことわざも収載．

同　**大原郷土誌稿**　第 1 輯．難波剛一編．岡山県のことわざを五十音順に約 1500 収録．解釈はない．

同　**尾北地方の俚諺・戯言・慣習**　谷川三郎編．『土の香』8 巻 4 号臨時増刊号．149 を順不同に収録し略解を付す．

同　**阿蘇俚諺集覧**　八木三二編．『民俗学』5 巻 6･7 号所収．240 を五十音順に収録．1935 年に増補して単行本として刊行．

同　**俚諺集**　慶留間知徳編．『琉球千草之巻』所収．日本のことわざ約 700 を五十音順に収載．

1935(昭和 10)　**諺の解釈**　土永国男著．約 450 を五十音順に配列し解釈を施す．

同　**土佐俚諺集**　高知県女子師範学校郷土室編．五十音順に 980 余を収録．

同　***JAPANESE PROVERBS AND PROVERBIAL PHRASES***　秋山愛三郎著．日本のことわざをローマ字で ABC 順に約 1500 収録．英文の略解を付す．

同　**分類対訳英文警句俚諺集**　米本新次編．64 の主題別に約 1800 を収録．日本のものを対照し注も加える．英語の学習用を意図する．

同　**俚諺俗信其他聞書仕入帳**　中山徳太郎編．五十音順に約 3800 を収録．

1936(昭和 11)　**俚諺読本**　細川謙二著．小学生向けに約 750 のことわざを五十音順に配列し，やさしく丁寧な解説を付す．

同　**総合郷土研究**　山梨県師範学校編．県内のことわざの調査報告と約 1000 のことわざ集．

同　**伊予の俚諺**　西園寺富水編．自筆本．いろは順に約 3000 の伊予方面のことわざを収載．

同　**いろは譬喩《だとえ》**　モラエス著．『日本夜話』所収．外国人による上方系いろはカルタの詳解．

1937(昭和 12)　**趣味的解説警句と名言**　高橋福雄編．内外の金言・ことわざ約 1000 を 70 余の主題別に分類し解説．

1938(昭和 13)　**相場道の金言**　安達太郎著．相場に関する金言約 250 を詳解．

同　**農業俚諺抄**　富田準作編．『土のいろ』15巻2号所収．約100の農業に関することわざを収録し，一部に解説を施す．

1939(昭和14)　**総合郷土研究**　茨城県師範学校・茨城県女子師範学校編．1936年の文部省からの指定に対する答申書．県内のことわざに関する報告と約1000のことわざ集．

同　**コトワザエバナシ**　八波則吉・宇野浩二他著．15のことわざを主題に児童向け絵本に仕立てたお話集．

1940(昭和15)　**ことわざ物語**　八波則吉著．順不同に300余を詳解することわざ教育書．

同　**趣味常識俚諺と世相**　伏見韶望著．五十音順に約800を詳解．書物からの用例を多数用いる．

同　***A COLLECTION OF JAPANESE PROVERBS AND SAYINGS***　水上斉編．日本のことわざをローマ字でABC順に1259収録．英文の注釈と類諺も付す．

同　***JAPANESE PROVERBS***　OToo Huzii著．日本のことわざの概論とローマ字表記のことわざを詳解する入門書．

1941(昭和16)　**山東省ニ於ケル樹木ニ対スル俚諺ト俚謡**　山東省陸軍特務機関編．約190収録．造林の参考を意図して作成．

同　**支那常用俗諺集**　田島泰平編．730の原語に読み方を付しその訳語と対応する日本のことわざを記す．配列はローマ字方式と少し異なるトマス・ウェード方式により，ローマ字の発音表記順．

1942(昭和17)　**標準上原マレー語**　上原訓蔵著．「謎」「諺」の章で90を紹介・解説．

同　**種子島のターキ**　古市春彦編．『民間伝承』8巻4･6･7号所収．種子島のことわざ約270を収録．

1943(昭和18)　**自然暦**　川口孫治郎著．日本各地の自然現象・動物・植物について番号順に722のことわざを詳しく解説．

同　**教育技法としての諺**　山口麻太郎編．『民間伝承』9巻5～8号所収．壱岐島のことわざを用いてことわざの教育的な機能や教育内容を明示．

参考文献

この辞典を著するにあたり，さまざまな文献を参考にしたが，特に第二次大戦後のことわざ関連書に限定して主なものを以下に掲げる．

俳説ことわざ辞典　鈴木棠三　1963年　東京堂
非理法権天　瀧川政次郎　1964年　青蛙房
蕎麦の諺と方言　新島繁　1965年　新島文庫
日本故事物語　池田弥三郎　1967年　河出書房新社
ことわざ医学事典　朝日新聞科学部　1970年　朝日新聞社
中国古典名言事典　諸橋轍次　1972年　講談社
英米故事伝説辞典　増補版　井上義昌　1972年　冨山房
今昔いろはカルタ　鈴木棠三　1973年　錦正社
故事成語ことわざ事典　石田博　1975年　雄山閣出版
村のことわざ事典　星克美　1975年　富民協会
ドイツ語ことわざ辞典　山川丈平　1975年　白水社
韓国ことわざ選　若松實　1975年　高麗書林
英語諺辞典　大塚高信・高瀬省三　1976年　三省堂
暮らしの中のことわざ　池田弥三郎　1977年　毎日新聞社
フランス語ことわざ辞典　渡辺高明他　1977年　白水社
ことわざの論理　外山滋比古　1979年　東京書籍
続・村のことわざ事典　星克美　1979年　富民協会
動物故事物語　実吉達郎　1980年　河出書房新社
ラルース世界ことわざ名言辞典　田辺貞之助監修　1980年　角川書店
中国故事名言辞典　新訂版　加藤常賢・水上静夫　1981年　角川書店
下野の故事ことわざ辞典　栃木県教育研究所　1981年　三弥井書店
故事・俗信ことわざ大辞典　尚学図書　1982年　小学館
日本のことわざ　金子武雄　1982〜83年　海燕書房
知ったか振りのことわざ集　笹原繁　1982年　蜻蛉舎
食物諺集『日本の食文化大系』第4巻　平野雅章　1982年　東京書房社
健康ことわざ事典　西来武治　1983年　東京美術
俚諺資料集成　金子武雄監修　1986年　大空社
スペイン語諺読本　並松征四郎　1986年　駿河台出版社
コトワザ教育のすすめ　庄司和晃　1987年　明治図書出版

世界ことわざ辞典　北村孝一　1987年　東京堂出版
故事成語名言大辞典　鎌田正・米山寅太郎　1988年　大修館書店
ことばの民俗学　安藤隆夫他　1988～90年　創拓社
ことわざ栄養学　落合敏　1988年　日本放送出版協会
俚諺大成　加藤定彦・外村展子　1989年　青裳堂書店
西洋の故事・名言ものしり辞典　三浦一郎　1989年　大和出版
スラヴのことわざ　栗原成郎　1989年　ナウカ
四字熟語・成句辞典　竹田晃　1990年　講談社
名言の内側　木村尚三郎他　1990年　日本経済新聞社
郡山のことばとくらし　大島建彦監修　1990年　郡山市教育委員会
鳥のことわざ うそほんと　国松俊英　1990年　山と渓谷社
岡山のことわざ12か月　立石憲利　1991年　山陽新聞社
ことわざの科学　橋本尚　1991年　講談社
中国故事成語大辞典　和泉新・佐藤保　1992年　東京堂出版
ブリューゲルの諺の世界　森洋子　1992年　白凰社
新編故事ことわざ辞典　鈴木棠三　1992年　創拓社
続名言の内側　木村尚三郎他　1992年　日本経済新聞社
ことわざのレトリック　武田勝昭　1992年　海鳴社
故事ことわざ活用辞典　戸谷高明監修　1993年　創拓社
インドネシアと日本のことわざ：550　H.ロスライニ・HS監修　1993年　私家版
北東北のたとえ　毛藤勤治　1994年　岩手日報社
ことわざ研究資料集成　北村孝一・時田昌瑞監修　1994年　大空社
世界ことわざ大事典　柴田武他監修　1995年　大修館書店
成語大辞苑　西岡弘他監修　1995年　主婦と生活社
動物ことわざ事典　佐草一優　1995年　ビジネス社
植物ことわざ事典　足田輝一　1995年　東京堂出版
続ことわざ研究資料集成　北村孝一・時田昌瑞監修　1996年　大空社
故事ことわざ知識辞典　日本編　和田利政監修　1996年　主婦と生活社
ことわざ学入門　ことわざ研究会　1997年　遊戯社
英語常用ことわざ辞典　北村孝一・武田勝昭　1997年　東京堂出版
ことわざの謎と裏　北嶋廣敏　1997年　太陽企画出版
釣りと魚のことわざ辞典　二階堂清風　1998年　東京堂出版
いろはかるた噺　森田誠吾　1998年　筑摩書房
図説日本のことわざ　時田昌瑞　1999年　河出書房新社
鹿児島のことわざ随想　入佐一俊　1999年　私家版